中国人力资源和社会保障年鉴
（工作卷）

CHINA HUMAN RESOURCES AND SOCIAL
SECURITY YEARBOOK

2020

中国劳动社会保障出版社
中国人事出版社

图书在版编目（CIP）数据

中国人力资源和社会保障年鉴. 2020：文献卷、工作卷/人力资源和社会保障部组织编写. -- 北京：中国劳动社会保障出版社：中国人事出版社，2020

ISBN 978-7-5167-4855-8

Ⅰ. ①中… Ⅱ. ①人… Ⅲ. ①人力资源管理-中国-2020-年鉴②社会保障-中国-2020-年鉴 Ⅳ. ①F249.21-54②D632.1-54

中国版本图书馆CIP数据核字（2020）第265844号

中国劳动社会保障出版社
中国人事出版社 出版发行

（北京市惠新东街1号　邮政编码：100029）

*

北京新华印刷有限公司印刷装订　　新华书店经销
880毫米×1230毫米　16开本　61.5印张　1彩色印张　1492千字
2020年12月第1版　　2020年12月第1次印刷
定价：498.00元

读者服务部电话：（010）64929211/84209101/64921644
营销中心电话：（010）64962347
出版社网址：http://www.class.com.cn

版权专有　　侵权必究
如有印装差错，请与本社联系调换：（010）81211666
我社将与版权执法机关配合，大力打击盗印、销售和使用盗版图书活动，敬请广大读者协助举报，经查实将给予举报者奖励。
举报电话：（010）64954652

《中国人力资源和社会保障年鉴》
编辑委员会成员

主　任	张纪南				
副主任	汤　涛	王少峰	游　钧	张　敏	李　忠
成　员	胡　驰	俞家栋	卢爱红	芮立新	张立新	张　莹
	张文淼	刘　康	李金生	鲁士海	尚建华	聂生奎
	李秀山	聂明隽	桂　桢	郑玄波	刘从龙	汤晓莉
	王振麒	李新旺	刘丽军	郝　斌	薛　虹	冯　怡
	刘旭刚	马　刚	吴礼舵	王　军	翟燕立	王明政
	江力平	贾怀斌	王　涛	余兴安	金维刚	程　超
	王玉军	吴剑英	王文铎	吕玉林	夏文峰	张宝忠
	赵国君	范　勇	徐　熙	沈　超	宋立民	陈振亮
	那炜清	段君明	吴　兰	沙广华	赵永峰	戴元湖
	刘国富	徐　建	林卫宠	刘三秋	梅建华	刘世伟
	刘艳红	唐白玉	陈奕威	唐云舒	王　鹏	陈元春
	胡　斌	潘　荣	杨榆坚	李富忠	张光进	周丽宁
	王定邦	孙晓军	热合满江·达吾提	李华斌	王　健	
	孙志军	郑　喆	杨志宏	苏　鹏	刘　莅	卢光文
	孟宪新	王　壮	叶茂东	刘士武	胡义瑛	赵忠良
	李宗泽	陈　瑜				

《中国人力资源和社会保障年鉴》编辑部成员

主　　　编　李　忠

常务副主编　王明政

副　主　编　俞家栋　卢爱红　张立新　江力平　范　勇

成　　　员　饶志刚　袁泽春　李　宏　仲艳平

编辑说明

一、《中国人力资源和社会保障年鉴（2020）》是关于人力资源和社会保障工作的专业性史料工具书。本年鉴收录了2019年度我国人力资源社会保障工作重要文献、资料和数据，记录了2019年度我国人力资源社会保障事业发展概况，客观反映了人力资源社会保障工作改革发展成就、经验以及今后需要继续研究解决的问题。本年鉴是对党政机关领导干部和各部门工作人员、人力资源社会保障系统工作者、企业领导和人力资源管理者，以及人力资源社会保障科研理论工作者有价值的参考用书和工具书。

二、本年鉴分文献卷、工作卷两卷。文献卷包括人力资源和社会保障重要文献、人力资源和社会保障大事记。工作卷包括人力资源和社会保障工作概览、全国人力资源和社会保障工作、地方人力资源和社会保障工作、人力资源和社会保障统计资料。

三、本年鉴中，全国人力资源和社会保障工作分为28个部分：就业工作、人力资源流动管理、职业能力建设、专业技术人才工作、事业单位人事管理、城镇职工养老保险、失业保险、工伤保险、城乡居民基本养老保险、社会保险经办管理、中央国家机关事业单位养老保险经办管理、社会保险基金监管、劳动关系、劳动人事争议调解仲裁、事业单位工资福利离退休工作、农民工工作和发展家庭服务业促进就业工作、人力资源和社会保障法治建设、劳动保障监察、国家表彰奖励工作、规划统计、信息化建设、科学研究、干部教育培训与系统行风窗口单位建设和评比表彰、行风建设、人力资源社会保障扶贫、新闻宣传政务信息报刊与出版、国际及与港澳台地区交流合作、社团活动；地方人力资源和社会保障工作47篇。

《中国人力资源和社会保障年鉴（2020）》的编辑出版是在全国人力资源社会保障系统的共同努力下完成的。在此，向所有参加编辑出版工作的领导和同志表示衷心的感谢。

《中国人力资源和社会保障年鉴》编辑部

2020年10月

目 录

工作卷

人力资源和社会保障工作概览

2019年人力资源和社会保障工作情况 …………………………………（529）

全国人力资源和社会保障工作

就业工作 ……………………………………………………………………（535）
人力资源流动管理 …………………………………………………………（541）
职业能力建设 ………………………………………………………………（544）
专业技术人才工作 …………………………………………………………（550）
事业单位人事管理 …………………………………………………………（552）
城镇职工养老保险 …………………………………………………………（554）
失业保险 ……………………………………………………………………（556）
工伤保险 ……………………………………………………………………（558）
城乡居民基本养老保险 ……………………………………………………（560）
社会保险经办管理 …………………………………………………………（562）
中央国家机关事业单位养老保险经办管理 ………………………………（565）
社会保险基金监管 …………………………………………………………（568）
劳动关系 ……………………………………………………………………（571）
劳动人事争议调解仲裁 ……………………………………………………（573）
事业单位工资福利离退休工作 ……………………………………………（575）

农民工工作和发展家庭服务业促进就业工作 …………………………… (577)

人力资源和社会保障法治建设 …………………………………………… (579)

劳动保障监察 ……………………………………………………………… (581)

国家表彰奖励工作 ………………………………………………………… (583)

规划统计 …………………………………………………………………… (586)

信息化建设 ………………………………………………………………… (588)

科学研究 …………………………………………………………………… (591)

干部教育培训与系统行风窗口单位建设和评比表彰 …………………… (596)

行风建设 …………………………………………………………………… (599)

人力资源社会保障扶贫 …………………………………………………… (601)

新闻宣传政务信息报刊与出版 …………………………………………… (604)

国际及与港澳台地区交流合作 …………………………………………… (612)

社团活动 …………………………………………………………………… (614)

地方人力资源和社会保障工作

北京市 ……………………………………………………………………… (635)

天津市 ……………………………………………………………………… (639)

河北省 ……………………………………………………………………… (643)

山西省 ……………………………………………………………………… (648)

内蒙古自治区 ……………………………………………………………… (652)

辽宁省 ……………………………………………………………………… (656)

 沈阳市 …………………………………………………………………… (661)

 大连市 …………………………………………………………………… (664)

吉林省 ……………………………………………………………………… (669)

 长春市 …………………………………………………………………… (674)

黑龙江省	(677)
哈尔滨市	(680)
上海市	(684)
江苏省	(688)
南京市	(693)
浙江省	(697)
杭州市	(700)
宁波市	(706)
安徽省	(710)
福建省	(716)
厦门市	(722)
江西省	(728)
山东省	(736)
济南市	(741)
青岛市	(746)
河南省	(750)
湖北省	(754)
武汉市	(759)
湖南省	(763)
广东省	(767)
广州市	(775)
深圳市	(781)
广西壮族自治区	(786)
海南省	(791)
重庆市	(796)
四川省	(800)

成都市	(804)
贵州省	(807)
云南省	(811)
西藏自治区	(816)
陕西省	(820)
西安市	(824)
甘肃省	(828)
青海省	(834)
宁夏回族自治区	(840)
新疆维吾尔自治区	(844)
新疆生产建设兵团	(848)

人力资源和社会保障统计资料

（一）综合 ……………………………………………………………（857）

国内生产总值增长及构成	(857)
全国分城乡就业人员年末人数及构成	(858)
全国分产业就业人员年末人数及构成	(859)
分登记注册类型城镇单位就业人员构成	(860)
分登记注册类型城镇单位就业人员年末人数	(861)
分行业城镇单位在岗职工年末人数（1995—2002年）	(863)
分行业城镇单位在岗职工年末人数（2003—2011年）	(864)
分行业城镇单位在岗职工年末人数（2012—2019年）	(865)
分登记注册类型城镇单位在岗职工平均工资及增长情况	(866)
城镇非私营单位在岗职工平均工资	(866)
分行业城镇单位在岗职工平均工资（1995—2002年）	(868)

分行业城镇单位在岗职工平均工资（2003—2011年）……………（869）
分行业城镇单位在岗职工平均工资（2012—2019年）……………（870）
分地区城镇单位就业人员在岗职工平均工资（2019年）………（871）
居民消费价格指数和商品零售价格指数…………………………（873）
城乡居民收入及增长情况…………………………………………（874）

（二）就业与失业……………………………………………………（875）

分地区城镇非私营单位就业人员年末人数（2019年）…………（875）
分地区城镇非私营单位在岗职工年末人数（2019年）…………（876）
分地区城镇私营个体就业人员年末人数（2019年）……………（877）
历年全国城镇登记失业人数及登记失业率………………………（878）
分地区城镇登记失业人数及登记失业率（2019年）……………（879）
分地区城镇登记失业基本情况（2019年）………………………（880）

（三）技工教育、职业培训与技能鉴定………………………………（882）

历年技工院校综合情况……………………………………………（882）
分地区技工院校综合情况（2019年）……………………………（885）
分地区技工院校培训情况（2019年）……………………………（888）
分地区就业训练中心综合情况（2019年）………………………（890）
分地区民办职业培训机构综合情况（2019年）…………………（891）
分地区职业技能鉴定综合情况（2019年）………………………（892）

（四）劳动关系与监察…………………………………………………（896）

历年劳动人事争议仲裁案件处理情况……………………………（896）
分地区劳动人事争议仲裁案件处理情况（2019年）……………（900）
劳动保障监察情况（2019年）……………………………………（903）

（五）社会保障…………………………………………………………（904）

历年全国社会保险基金收支及累计结余…………………………（904）
历年全国基本养老保险基金收支及累计结余……………………（906）

目录

历年全国参加城镇职工基本养老保险职工及离退休人数 ………（908）

历年全国基本养老保险待遇水平 …………………………………（909）

历年分地区城镇职工基本养老保险参保人数 ……………………（911）

分地区城镇职工基本养老保险情况（2019年）…………………（917）

历年全国养老金社会化发放人数 …………………………………（918）

分地区养老金社会化发放人数（2019年）………………………（919）

历年分地区基本医疗保险参保人数 ………………………………（920）

分地区职工基本医疗保险参保人数（2019年）…………………（924）

分地区基本医疗保险参保人数（2019年）………………………（925）

分地区基本医疗保险基金情况（2019年）………………………（926）

历年分地区失业保险参保人数 ……………………………………（927）

分地区失业保险基金情况（2019年）……………………………（931）

历年分地区工伤保险基本情况 ……………………………………（932）

分地区工伤保险基金情况（2019年）……………………………（936）

分地区工伤认定情况（2019年）…………………………………（937）

分地区劳动能力鉴定情况（2019年）……………………………（938）

历年分地区生育保险基本情况 ……………………………………（939）

分地区城乡居民基本养老保险情况（2019年）…………………（943）

工作卷

人力资源和社会保障
工作概览

2019年人力资源和社会保障工作情况

2019年，在以习近平同志为核心的党中央坚强领导下，全国人力资源社会保障系统坚持以习近平新时代中国特色社会主义思想为指导，全面贯彻党的十九大和十九届二中、三中、四中全会精神，认真落实党中央、国务院决策部署，提高政治站位、强化使命担当，砥砺实干、锐意进取，圆满完成全年目标任务。

一、就业局势保持总体稳定

（一）就业目标任务全面完成。

坚持把稳就业作为重大政治任务和头等大事，落实和完善就业优先政策，加强政策储备，健全工作机制，多措并举稳就业。全年全国城镇新增就业1 352万人，城镇失业人员再就业546万人，就业困难人员实现就业179万人，年末全国城镇登记失业率3.62%，城镇调查失业率稳定在5%左右的较低水平。

（二）就业优先政策落实完善。

国务院出台《关于进一步做好稳就业工作的意见》（国发〔2019〕28号），从支持企业稳定岗位、开发更多就业岗位、促进劳动者多渠道就业创业等方面，提出一系列稳就业政策措施。中共中央办公厅、国务院办公厅出台《关于促进劳动力和人才社会性流动体制机制改革的意见》，人力资源社会保障部印发《关于充分发挥市场作用促进人才顺畅有序流动的意见》（人社部发〔2019〕7号），进一步畅通劳动者流动渠道、拓展就业空间。开展就业政策落实服务落地专项行动，推动促进就业政策落实。失业保险援企稳岗加力增效，支持劳动密集型企业和困难企业稳定岗位，全年向114.8万户企业稳岗返还资金551.7亿元，惠及职工7 290万人次。

（三）重点群体就业平稳有序。

人力资源社会保障部会同有关部门印发《关于做好当前形势下高校毕业生就业创业工作的通知》（人社部发〔2019〕72号），把高校毕业生就业作为重中之重，启动实施三年百万青年见习计划、青年就业启航计划，开展稳就业百日攻坚行动，深入实施高校毕业生就业创业促进计划和基层成长计划，"三支一扶"计划选派3.1万名高校毕业生到基层服务，组织开展"最美基层高校毕业生"学习宣传活动，高校毕业生就业状况持续稳定。会同有关部门印发《关于切实做好化解过剩产能中职工安置工作的通知》（人社部发〔2019〕56号）、《关于进一步推动返乡入乡创业工作的意见》（人社部发〔2019〕129号）、《关于进一步规范招聘行为促进妇女就业的通知》（人社部发〔2019〕17号）等政策文件，扎实推进去产能和处置"僵尸企业"职工分流安置、农民工转移就业和返乡创业、退役军人就业创业、就业困难人员帮扶等工作，规范招聘行为促进妇女平等就业，重点群体就业保持稳定。

（四）职业技能提升行动扎实开展。

国务院办公厅印发《职业技能提升行动方案（2019—2021年）》（国办发〔2019〕24号），对技能提升行动作出部署。人力资源社会保障部会同有关部门积极推进职业技能提升行动"315工程"，即用3年时间，使用1 000亿元失业保险基金结余，完成补贴性培训5 000万人次的任务，针对不同群体广泛开展职业技能培训，扩大培训规模，不断提高培训质量。制订实施新生代农民工职业技能提升计划，统筹推进各项职业培训行动计划。全年全国开展补贴性职业技能培训1 877.1万人次，超额完成1 700万人次培训任务，劳动者素质稳步提高。阶段性放宽失业保险支持参保职工技能提升补贴申领条件，全年累计向126.1万人次发放补贴20亿元。

（五）公共就业服务持续优化。

简化创业担保贷款手续流程，推进创业孵化示范基地和园区建设，举办第二届全国创业就业服务展示交流活动。"10+N"专项活动有序开展，为广大劳动者求职就业搭建平台，共组织招聘会数万场，免费服务超1亿人次。发布13个新职业信息、9个新职业的就业景气报告、全国招聘求职100个短缺职业排行。全面实施《人力资源市场暂行条例》（中华人民共和国国务院令第700号），推动人力资源服务产业发展，实施西部、东北人力资源市场建设援助计划，新建一批国家级人力资源服务产业园，开展人力资源市场专项整治，推进诚信体系建设。

二、社会保障制度体系不断完善

（一）全民参保计划扎实推进。

实施2019年全民参保计划扩面专项行动，以养老保险为重点强力推进参保扩面。截至年底，基本养老、失业、工伤保险参保人数分别达到9.68亿人、2.05亿人、2.55亿人，民生保障安全网进一步织密扎牢。全年三项社会保险基金总收入5.91万亿元，总支出5.45万亿元，年底基金累计结余6.93万亿元，制度可持续发展的物质基础更加坚实。社保卡持卡人数13.05亿人，开通100多项持卡应用，电子社保卡签发9 092.5万张。

（二）社保降费率工作取得积极成效。

国务院办公厅印发《降低社会保险费率综合方案》（国办发〔2019〕13号），明确降低养老保险单位缴费比例、继续阶段性降低失业和工伤保险费率、调整社保缴费基数政策等措施。人力资源社会保障部会同有关部门积极推进降费率、调费基，稳定征缴方式。企业职工基本养老保险单位缴费比例高于16%的省份全部降至16%，机关事业单位养老保险单位缴费比例均降至16%。实现企业特别是小微企业社保缴费负担实质性下降，全年降费4 252亿元。

（三）社会保险制度改革深入推进。

养老保险省级统筹扎实推进，为加快实现全国统筹打下基础。失业、工伤保险省级统筹取得阶段性成效。养老保险基金中央调剂稳妥实施，调剂比例提高到3.5%。划转部分国有资本充实社保基金取得积极进展。机关事业单位养老保险制度改革、职业年金市场化投资运营等扎实开展。

（四）社会保险待遇水平稳步提高。

企业和机关事业单位退休人员基本养老金继续同步调整，10个省份增加城乡居民基本养老保险的基础养老金标准，退休人员和老年人保障水平有了新的提高。失业人员保障水平稳步提高，全年为1 430.4万人次发放价格临时补贴10亿元。

（五）基金投资运营和监督管理不断加强。

基本养老保险基金投资运营取得积极进展，截至年底，已有22个省（区、市）签署基本养老保险基金委托投资合同，委托总金额达到10 930亿元，其中19个省（区、市）启动城乡居民基本养老保险基金委托投资，合同金额2 123亿元，同比增加1 350亿元。加强社保基金运行监测，政策、经办、信息、监督四位一体的风险防控体系不断完善，监管手段和效能不断提升，基金管理运行有序平稳。

三、人才人事工作扎实推进

（一）专业技术人才队伍建设不断加强。

制定实施《职称评审管理暂行规定》（人力资源和社会保障部令第40号），明确了职称评审管理的主要规定和程序。加快推进分系列职称改革，会同有关部门印发中等职业学校教师等10个系列职称制度改革的指导意见。完善职业资格制度，印发注册安全工程师等职业资格制度文件。加强高层次人才选拔培养，国家百千万人才工程入选者6 100多人，博士后创新人才支持、留学人员回国创业启动支持等计划工程项目扎实开展。实施专业技术人才知识更新工程，培养培训高层次急需紧缺人才112.1万人次。开展新疆、西藏特培工作，共培养520名少数民族专业技术人才。

（二）技能人才发展取得新成效。

出台《关于改革完善技能人才评价制度的意见》（人社部发〔2019〕90号），促进优秀技能人才脱颖而出。开展职业技能等级认定试点，制定修订颁布143个国家职业技能标准。大力发展技工教育，推动技工院校纳入统一招生平台，举办第一届全国技工院校学生创业创新大赛。推行企业新型学徒制。加强高技能人才表彰激励，组织开展第十四届高技能人才评选表彰活动。组织参加第45届世界技能大赛，获得16枚金牌、14枚银牌、5枚铜牌和17个优胜奖，再次位列金牌榜、奖牌榜、团体总分第一。筹备第46届世界技能大赛。组织开展国家级技能大赛60项，举办"一带一路"国际技能大赛、"三区三州"职业技能大赛。

（三）事业单位人事管理进一步规范。

县以下事业单位管理岗位职员等级晋升制度试点工作顺利完成。事业单位人事管理配套制度更加完善，会同中央组织部制定实施《事业单位人事管理回避规定》（人社部规〔2019〕1号）、《事业单位工作人员培训规定》（人社部规〔2019〕4号）、《事业单位工作人员申诉案件办理规则》（人社厅发〔2019〕17号）等。

（四）事业单位工资收入分配和表彰奖励工作稳步推进。

完善事业单位高层次人才工资分配激励政策，研究制定消防员工资待遇政策，深入推进公立医院薪酬制度改革，切实保障义务教育教师工资待遇，做好中央事业单位绩效工资核定工作，稳慎推进院士退休工作。会同相关部门开展国家级和部级表彰奖励，圆满完成庆祝新中国成立70周年表彰奖励有关重要任务。

四、劳动关系保持总体和谐稳定

（一）根治欠薪工作力度不断加大。

国务院出台《保障农民工工资支付条例》（国务院令第724号），法制保障进一步加强。开展2018年度保障农民工工资支付工作情况省级政府考核通报，压实属地监管责任。加强劳动仲裁、行政执法与司法衔接，实施"护薪"行动。开展根治欠薪夏季专项行动和冬季攻坚行动，集中整治突出问题，拖欠农民工工资问题多发高发态势得到明显遏制。全年各级劳动保障监察机构共查处工资类违法案件5.8万件，为83.1万名劳动者追发工资等待遇79.5亿元，同比分别下降33.1%、50.8%、50.4%。各级人力资源社会保障部门向社会公布重大劳动保障违法行为3 286件，其中拖欠工资案件2 395件，向公安机关移送涉嫌拒不支付劳动报酬罪案件3 135件。人力资源社会保障部公布4批次280条拖欠农民工工资"黑名单"信息，实施多部门联合惩戒。

（二）劳动关系协调工作进一步加强。

稳妥推进集体合同制度实施，加强对企业劳动用工的指导规范和服务，推行集体协商，深入推进和谐劳动关系创建活动，对全国模范劳动关系和谐企业与工业园区进行表彰。国有企业工资决定机制改革、国有企业负责人薪酬制度改革稳步推进。开展2019年企业薪酬调查工作，指导各地合理调整最低工资标准和发布工资指导线，最低工资标准调整评估机制进一步健全。

（三）劳动人事争议调解仲裁和劳动保障监察效能不断提升。

推进"互联网+调解仲裁"2020行动实施计划，开展网上调解试点，推广使用"互联网+调解"服务平台，优化服务流程，依法处理劳动人事争议案件。全面推行"双随机、一公开"监管机制，加大劳动保障监察执法力度。

五、人社扶贫政策措施落地见效

（一）就业扶贫全面推进。

通过扶贫车间吸纳、返乡创业带动、有组织劳务输出、公益性岗位安置等渠道积极拓宽贫困劳动力就业门路，促进贫困劳动力就业创业。加强易地扶贫搬迁就业帮扶，促进有劳动力的搬迁贫困家庭至少一人就业。优化政策供给，对"三区三州"针对性下达就业补助资金。累计帮扶农村贫困人口实现就业1 213万人，比上年增加225万人。

（二）社保扶贫有力有序。

落实为贫困人员代缴城乡居民养老保险费和贫困老人领取城乡居民养老保险待遇政策，做好建档立卡贫困人员参保工作。截至年底，全国5 978万名建档立卡贫困人员参加基本养老保险，参保率达到99.99%，基本实现应保尽保。全年为3 808万名贫困人员代缴城乡居民养老保险费近42亿元，2 885.5万名贫困老人领取待遇。

（三）技能扶贫力度加大。

在"三区三州"等深度贫困地区新建技工院校或开设分校（教学点）10所，西藏技师学院开始招生。积极开展技能脱贫千校行动，加大贫困家庭子女就读技工院校支持力度，加强贫困劳动力技能培训。截至年底，全国建档立卡贫困劳动者及贫困家庭子女参加补贴性培训259.7万人次。

（四）积极引导人才向贫困地区流动。

开展"定向评价、定向使用"职称评审和岗位聘用，单独划定"三区三州"等深度贫困地区考试合格标准，在援藏援疆援青专业技术人才职称评审方面实施相应倾斜支持政策，实施专家服务脱贫攻坚专项行动计划。提高"三区三州"等深度贫困地区事业单位专业技术中高级岗位结构比例。在"三区三州"事业单位开展脱贫攻坚专项奖励。"三支一扶"计划招募名额继续向贫困地区倾斜，招募岗位继续向扶贫和支农类岗位倾斜。

六、人社系统行风建设取得新进展

（一）系列便民服务举措陆续推出。

全面深化"放管服"改革，围绕"清事项、减材料、压时限"持续发力。在国务院部门中率先出台行政审批和公共服务事项清单，涵盖人社领域42个主项、178个子项，各地制定公布本地事项清单和办事指南。进一步优化办事流程和服务，分三批取消125件次证明材料，在人事考试、社保领域18个事项中开展证明事项告知承诺制试点，530余万人免证明材料报名参加了人事考试，大力推行当场办结、限时办结等服务模式，全力推行"社保经办异地业务不用跑、无谓证明材料不用交、重复表格信息不用填"。大力压缩社保卡办卡时限，批量制发压缩至30个工作日以内，零星制发压缩至5个工作日。

（二）标准化信息化建设进一步加强。

发布国家标准4项，行业标准23项。积极推进金保工程二期建设，业务协同平台完成部省对接，"互联网+人社"有序推进。12333电话咨询服务量超过1亿人次，国家社会保险公共服务平台、全国统一的网上服务大厅和"掌上12333"移动应用上线运行，部分业务实现"一网通办"、网上办、移动办。加大事中事后监管力度，探索建立严重失信"黑名单"联合惩戒等制度。

（三）窗口单位队伍能力建设不断加强。

会同有关部门出台《关于进一步加强人力资源社会保障窗口单位经办队伍建设的意见》（人社部发〔2019〕13号），在人员配备、能力提升、服务保障等方面提升服务质量和效率。深入开展"人社服务标兵"主题宣传活动，常态化开展业务技能练兵比武，对窗口单位经办人员开展多种形式的业务培训，服务能力得到普遍提升。举办人社系统窗口单位业务技能练兵比武活动全国赛，以比促练、以练促用，人社服务效能不断提高。

工作卷

全国人力资源和社会保障工作

就业工作

一、就业目标全面完成

2019年，全国城镇新增就业1 352万人，城镇失业人员再就业546万人，就业困难人员就业179万人，年末城镇登记失业率为3.62%，完成年初确定目标（城镇新增就业1 100万人以上，城镇失业人员再就业500万人，就业困难人员就业130万人，城镇登记失业率控制在4.5%以内）。截至年底，累计帮扶建档立卡贫困劳动力就业1 213万人，较上年同期增加225万人。

二、推动重大改革任务落实

党的十九大提出，破除妨碍劳动力、人才社会性流动的体制机制弊端，使人人都有通过辛勤劳动实现自身发展的机会。中央全面深化改革委员会将出台相关意见列入重点改革事项，人力资源社会保障部会同中央组织部等9部门承担了该项重点改革任务，研究起草了《关于促进劳动力和人才社会性流动体制机制改革的意见》（以下简称《意见》）。2019年9月9日，中央全面深化改革委员会第十次会议审议通过，12月12日，中共中央办公厅、国务院办公厅印发《意见》，12月25日，《意见》正式对外公布。《意见》坚持以习近平新时代中国特色社会主义思想为指导，注重改革发力、服务助力，搭建横向流动桥梁、纵向发展阶梯，激发全社会创新创业创造活力，构建合理、公正、畅通、有序的社会性流动格局，引导个人发展融入国家富强、民族复兴进程，促进经济持续健康发展、社会公平正义、国家长治久安。《意见》共6部分16条政策措施，围绕创造流动机会、畅通流动渠道、拓展发展空间、兜牢社会底线等4个方面作出顶层设计和制度安排，首次构建了促进劳动力和人才社会性流动的政策体系框架。

三、深入实施就业优先政策

（一）扎实推进稳就业工作。

人力资源社会保障部报请成立国务院就业工作领导小组，制定领导小组工作规则和办公室职责，召开第一次全体会议，制定年度工作要点和重点任务安排。配合国务院办公厅，对上年落实就业创业政策措施工作力度大、促进重点群体就业创业等任务完成较好的广东、河南、陕西、江苏、安徽等5省进行表扬激励。继续加大资金支持力度，2019年中央财政共安排就业补助资金547.3亿元，为就业创业政策落实提供了坚实保障；会同财政部向各地下达150亿元工业企业结构调整专项奖补资金，专门支持稳就业工作。5月，国务院召开全国就业创业工作暨普通高等学校毕业生就业创业工作电视电话会议，李克强总理作出重要批示，胡春华副总理出席会议并讲话，对做好全年就业创业工作进行全面部署。5月开始，人力资源社会保障部配合全国人大做好就业促进法执法检查相关工作，督促相关省份抓好整改，形成《关于落实全国人大常委会检查就业促进法实施情况建议及审议意见的报告》报送全国人大常委会并审议通过。5月、6月、7月，连续召开稳就业工作部门座谈会、就业政策座谈会、就业工作电视电话会议，研究就业形势和下一步工作举措。主题教育期间，部党组围绕稳就业专项行动开展集体学习。9月，配合做好第六次国务院大督查稳就业专题督查，宣传推广地方典型经验，督促指导地方做好督查发现问题的整改工作。10月，协调全国政协将就业优先政策作为双周协商会重要议题，在会上介绍当前就业工作进展和下一步工作打算，并回答委员关心关切。12月，召开就业工作座谈会，总结全年工作情况，交流就业扶贫、农民工返乡创业工作，部署做好下一年就业创业工作。

（二）完善就业优先政策制度体系。

2月，人力资源社会保障部配合财政部、税务总局、国务院扶贫办印发《关于进一步支持和促进重点群体创业就业有关税收政策的通知》（财税〔2019〕22号），提高限额标准，扩大对象范围，加大对重点群体就业创业的支持力度。3月，召开就业优先政策专家研讨会，研究分析就业优先政策内涵、体系构建，提出实施意见。6月，出台《关于开展就业政策落实服务落地专项行动的通知》（人社部函〔2019〕77号），要求各地公布政策服务清单、创新政策推介方式、突出重点群体帮扶、加大招聘专项活动力度，推动就业创业政策落实到位。7月，召开推动实施就业优先政策重点督办建议办理座谈会，向有关人大代表介绍就业优先政策实施情况，对推动就业政策落实作出部署安排。9月，会同财政部印发《关于进一步精简证明材料和优化申办程序充分便利就业补贴政策享受的通知》（人社部发〔2019〕94号），部署各地精简证明材料，优化申办程序，便利就业补贴政策享受。10月，人力资源社会保障部办公厅会同财政部办公厅印发《就业补助资金使用监管暂行办法》（人社厅发〔2019〕98号），要求进一步加强就业补助资金管理，保障就业政策落实，确保资金规范运行。12月，报请国务院印发《关于进一步做好稳就业工作的意见》（国发〔2019〕28号），要求健全有利于更充分更高质量就业的促进机制，突出重点、统筹推进、精准施策，推出一批切实管用的政策措施，全力防范化解规模性失业风险，全力确保就业形势总体稳定。

四、全面推进就业扶贫工作

（一）加强工作推动部署。

人力资源社会保障部贯彻落实党中央、国务院脱贫攻坚决策部署，以巡视整改为主线，不断完善政策、强化服务，全力推进就业扶贫工作。6月、9月，分别在武汉市、北京市召开就业扶贫座谈会，部署就业扶贫及巡视整改工作，交流经验做法。7月，举办就业扶贫培训班，学习传达习近平总书记关于脱贫攻坚重要论述精神，开展就业扶贫业务培训，提升系统内政策业务水平。12月，召开就业扶贫推进会，总结2019年工作，部署2020年重点任务，并现场考察贵州省凤冈县凤翔社区易地扶贫搬迁安置点。在第二届创业就业展示交流活动中，专设就业扶贫展区，集中展示各地就业扶贫典型做法、劳务品牌、贫困劳动力就业创业典型人物，扩大就业扶贫社会影响力，营造良好氛围。编辑出版《就业扶贫在路上》一书，在中国就业网开设就业扶贫工作专栏，通过部信息专刊、《中国劳动保障报》、微信公众号、就业扶贫座谈会、培训班等，持续宣传典型经验做法，带动各地深入推进就业扶贫。

（二）进一步健全配套政策。

5月，人力资源社会保障部会同发展改革委、国务院扶贫办、财政部印发《关于做好易地扶贫搬迁就业帮扶工作的通知》（人社部发〔2019〕47号），从多渠道开发岗位、属地化就业服务管理、大规模开展职业技能培训等方面明确政策措施，并总结推广一批典型经验做法。6月，会同国务院扶贫办印发《关于进一步做好就业扶贫工作的通知》（人社部函〔2019〕64号），明确全年重点工作任务，提出工作要求。12月，会同财政部印发《关于做好公益性岗位开发管理有关工作的通知》（人社部发〔2019〕124号），首次在国家层面对公益性岗位开发管理作出专门规定，强调公益性岗位"托底线、救急难、临时性"属性，健全"按需设岗、以岗聘任、在岗领补、有序退岗"管理机制，明确公益性岗位范围和主要岗位类型，对安置对象、安置程序、在岗待遇作出细化规定，拓宽政策保障范围，对乡村公益性岗位作出规定，助力脱贫攻坚。协调财政部首次对"三区三州"涉及地区"戴帽"下达中央补助资金36.5亿元，同比增幅90.3%，并在下达文件中明确将就业扶贫列为资金支持的首要工作。

（三）持续加大帮扶力度。

2月至3月，人力资源社会保障部会同国务院扶贫办和全国总工会、全国妇联组织开展了以"促进转移就业，助力脱贫攻坚"为主题的"春风行动"，为贫困劳动力发放"春风卡"等宣传资料，组织各类招聘会和技能培训，免费提供政策咨询、就业创业指导、职业介绍和岗位信息等服务。5月，会同中国残联印发《关于开展2019年农村贫困残疾人就业帮扶活动的通知》，以"就业助残，扶贫济困"为主题，通过政策宣讲、需求登记、岗位推介、专场招聘等方式，集中开展面向贫困残疾人的就业帮扶。6月、9月，两次赴山西省天镇县开展专题调研，会同山西省人社厅、省扶贫办开展就业扶贫天镇专场招聘会，并联系协调湖南科技大学赴天镇县开展三周支教活动。9月，会同国务院扶贫办和全国工商联、中国企业联合会/中国企业家协会公布第二批全国就业扶贫基地153家，发挥示范作用，动员更多企业吸纳贫困劳动力就业。10月，印发《人力资源社会保障部办公厅关于开展"就业扶贫行动日"活动的通知》，以"就业扶贫促攻坚"为主题，开展系列活动，为农村建档立卡贫困劳动者送政策、送信息、送服务、送岗位，促其就业脱贫。培树推广"天镇保姆"等一批贫困县劳务品牌，以品牌带动精准劳务输出。在中国公共招聘网开设"就业脱贫 供需对接"专栏，发布就业扶贫基地地址和电话，支持各地联系开展有组织劳务输出。开发"互联网+"精准就业扶贫平台，通过微信小程序"就业扶贫直通车"，直接将岗位信息送到有就业意愿的贫困劳动力手中。

五、努力做好高校毕业生就业工作

（一）联合教育部推动工作。

5月，国务院召开全国就业创业工作暨普通高等学校毕业生就业创业工作电视电话会议，李克强总理作出重要批示，孙春兰副总理、胡春华副总理出席会议并讲话，对做好2019年高校毕业生就业创业工作进行全面部署。10月，人力资源社会保障部联合教育部召开网络视频会议，提早部署安排2020届高校毕业生就业创业工作，对2019届未就业毕业生就业工作作出安排。12月，会同教育部在北京市举办公共就业创业服务培训班，进一步贯彻落实党中央、国务院关于高校毕业生就业工作决策部署，提升公共就业人才服务机构和高校就业工作部门工作人员政策水平和服务能力，推进做好高校毕业生就业创业工作。

（二）落实完善相关政策。

人力资源社会保障部督促指导地方落实社保补贴、培训补贴、贷款贴息、学费补偿和贷款代偿、高定工资等政策，鼓励引导高校毕业生到小微企业、城乡基层就业和自主创业。持续实施三年百万青年见习计划，帮助未就业毕业生增强实践经验，提升就业竞争力。3月，会同共青团中央印发《关于实施青年就业启航计划的通知》（人社部函〔2019〕36号），将16~35岁有劳动能力、失业一年以上的青年纳入计划，以"就业启航，梦想扬帆"为主题，使有需要的失业青年都能得到相应就业政策和服务帮扶。7月，联合教育部、公安部、财政部、中国人民银行印发《关于做好当前形势下高校毕业生就业创业工作的通知》（人社部发〔2019〕72号），把高校毕业生就业作为重中之重，积极拓宽就业领域，大力加强就业服务，强化就业权益保护，全力做好兜底保障。

（三）加强就业指导和服务。

人力资源社会保障部将建档立卡贫困家

庭、城乡低保家庭、残疾等困难毕业生作为重点帮扶对象，落实求职创业补贴政策，建立专门台账，实行"一对一"帮扶，帮助尽快实现就业。2018年12月至2019年5月，会同教育部、国务院国资委开展第八届中央企业面向西藏青海新疆高校毕业生专场招聘活动，加大对少数民族高校毕业生就业帮扶力度。3月和10月，组织大中城市联合招聘高校毕业生活动，开展网络招聘、巡回招聘、现场招聘等服务。在7月、8月、9月三个月实施百日攻坚行动，集中对离校未就业高校毕业生开展帮扶。7月，发出致2019届高校毕业生的公开信，发布政策服务指引、信息查询渠道和求职陷阱提示。8月10日至9月20日，在全国组织开展高校毕业生就业服务专项行动，以"服务解忧促就业，指导关爱助发展"为主题，综合运用各项政策措施和服务手段促进离校未就业高校毕业生就业。8月开始，陆续推出高校毕业生就业指导公开课，邀请业内专家通过视频短片，为高校毕业生提供就业形势与政策解读、就业服务与信息获取、就业流程与手续办理等方面指导。

六、大力促进群体就业和推进公平就业

（一）稳妥做好去产能职工安置工作。

6月，人力资源社会保障部会同发展改革委等8部门印发《关于切实做好化解过剩产能中职工安置工作的通知》（人社部发〔2019〕56号），进一步明确工作重点任务，做好实名信息管理，妥善分流安置职工，强化兜底保障，继续稳妥推进去产能职工安置工作。10月，会同发展改革委召开部门、地方和企业座谈会，深入6省份进行实地调研，开展数据比对，了解去产能、"僵尸企业"职工安置基本情况，提出应对举措，形成专题报告上报国务院。

（二）统筹做好其他群体就业工作。

人力资源社会保障部配合退役军人事务部研究做好新时期退役军人工作的政策措施。配合国家禁毒办开展禁毒督导和示范创建工作，推进毒品预防教育和社区戒毒康复。配合发展改革委、中国残联研究出台完善残疾人保障金制度促进残疾人就业工作方案。研究促进南疆少数民族就业和脱贫攻坚工作思路。做好外国人来华工作管理相关工作。

（三）推动解决就业性别歧视问题。

人力资源社会保障部会同教育部和全国妇联等有关部门与组织共同印发《关于进一步规范招聘行为促进妇女就业的通知》（人社部发〔2019〕17号），在现有法律规定基础上对就业性别歧视具体表现作出细化认定，要求加强人力资源市场监管，对用人单位或人力资源服务机构发布含有性别歧视内容的招聘信息的，给予责令改正、罚款、实施失信惩戒等处罚；建立联合约谈机制，及时开展调查调解和督促改正，设置平等就业权纠纷案由，多渠道保障妇女平等就业权益。同时，要求大力开展技能培训，支持妇女生育后重返工作岗位。

七、深入推进创业带动就业

（一）完成全国创业孵化示范基地复评和推荐工作。

为进一步加强对全国创业孵化示范基地的动态管理，促进其更好发挥示范引领作用，人力资源社会保障部在各地省级复评基础上，启动全国创业孵化示范基地复评和认定工作。其间，人力资源社会保障部在指导各省级人社部门做好相关工作基础上，委托中国就业促进会对前三批全国创业孵化示范基地进行了复评，对各地推荐的第四批示范基地进行审核，复评审核工作于3月底完成。4月，人力资源社会保障部印发《关于公布全国创业孵化示范基地复评和认定结果的通知》（人社部发〔2019〕28号），共有68家全国创业孵化示范基地通过复评，55家省级创业孵化示范基地被认定为全国创业孵化示范基地。

（二）举办第二届全国创业就业服务展示交流活动。

6月13日至15日，人力资源社会保障部与湖北省人民政府在武汉市联合举办第二届全

国创业就业服务展示交流活动,集中各地优选的创业服务、创业培训、就业服务、就业扶贫4大类342个项目进行展示。人力资源社会保障部部长张纪南、湖北省省长王晓东出席开幕式并致辞巡馆。人力资源社会保障副部长游钧,财政部等7部门相关司局负责同志,各省(区、市)和新疆生产建设兵团人社厅(局)相关负责同志出席开幕式。展示期间,累计入馆观展3万多人次。活动期间,还举办了"互联网+就业"研讨活动、创业大讲堂,邀请来自大型互联网企业、国内知名院校和科研机构的20余名专家、创业者代表进行研讨和经验分享,在汉大学生、青年创业者、创业服务工作者等逾千人参与活动。

(三)推动外出务工人员返乡入乡创业。

为落实中央领导同志关于外出务工人员返乡创业的重要批示指示精神,8月,人力资源社会保障部在河南省周口市组织召开了部分省份返乡创业工作经验交流会,传达学习习近平总书记重要指示精神,7省8县做了经验交流发言。河南省副省长戴柏华致辞,人力资源社会保障部副部长游钧讲话。会议期间,参会代表现场观摩了河南省部分返乡创业园及返乡创业典型企业。12月,会同财政部、农业农村部出台《关于进一步推动返乡入乡创业工作的意见》(人社部发〔2019〕129号),提出了加大政策支持、提升创业培训、优化创业服务、加强人才支撑、强化组织实施5方面政策措施,以创新带动创业,以创业带动就业。

八、加强完善公共就业和人才服务

(一)提供全方位公共就业服务。

人力资源社会保障部坚持以人民为中心的发展思想,牢固树立新发展理念,坚持就业优先政策,提供全方位公共就业服务。把握公共就业服务公益属性,保障各类服务对象获得机会均等的基本公共就业服务,全面提升公共就业服务质量、效率和群众满意度。截至年底,54.9万个街道、乡镇建立了服务窗口(覆盖了99%的街道和乡镇),9.3万个社区(占全部社区的92%)和大部分行政村聘请了专职或兼职的工作人员。全年各级公共就业和人才服务机构共办理登记求职3 178.2万人次,为4 852.3万家次用人单位提供了登记招聘服务,为1 652.8万人次提供了职业指导服务,为354.4万人次提供了创业服务。

(二)推进公共就业服务信息化工作。

人力资源社会保障部积极推进"互联网+公共就业服务",指导各地加快应用大数据、云服务技术,联网发布就业创业政策信息和公共就业服务机构招聘、见习、培训等服务信息。全面推进信息数据向上集中,打造线上线下一体的多渠道服务平台,进一步增强公共就业创业服务供给能力和社会创新活力。持续加强中国公共招聘网建设工作,全年日均发布招聘岗位信息百万条,全年累计发布岗位信息764万条,涉及招聘人数超5 000万,全年浏览量3 500万人次。

(三)开展公共就业服务专项活动。

针对各类劳动者和用人单位不同时段就业需求,人力资源社会保障部会同有关部门在全国组织开展了一系列就业服务专项活动。元旦、春节期间,会同中国残联组织开展了以"就业帮扶,真情相助,不让一个困难群众掉队"为主题的就业援助月专项活动,走访60多万户就业困难人员家庭,登记认定41万名未就业困难人员,帮助66万名困难人员享受就业扶持政策,帮扶32万名困难人员实现就业,登记认定1.9万户零就业家庭,帮助其中1.7万人实现就业。2月中旬至3月中旬,会同国务院扶贫办和全国总工会、全国妇联组织开展了以"促进转移就业,助力脱贫攻坚"为主题的"春风行动",发放"春风卡"等宣传资料5 512万份,组织招聘会2.66万场,提供免费政策咨询、就业创业指导等服务1 872万人次,开展技能培训78万人次,提供劳动维权和法律援助服务68万人次,提供职业介绍和岗位信息服务1 423万人次。4月15日至21日,会同教育部和全国总工会、全国工商联组织开展了以"就业政策惠民企,就业服务促发展"为主题的民营企业招聘周活动,组织20.14万家企业参加活动,提供岗位信息286.3万条,举办招聘活动3 597场次,发放政策宣传资料492.33万份,提供维权及法律援助14.23万人次,53.8万名求职者与用人单位达成就业意向。10月21日至11月20日,会同退役军人事务部和全国总工会、全国工商联组织开展了以"金秋送岗位,就业暖人心"为主题的金秋招聘月活动,组织19.8万家企业参加活动,举办招聘活动7 545场次,提供岗位信息433.9万条,发放政策宣传资料499.8万份,提供维权及法律援助13.4万人次,65万名求职者与用人单位达成就业意向。

九、做好就业形势监测和分析

（一）做好就业统计监测工作。

人力资源社会保障部继续做好城镇新增就业、失业人员再就业、困难人员就业数据月度统计汇总和城镇登记失业人员、城镇登记失业率数据季度统计汇总工作,定期进行数据分析,形成就业数据分析报告。开展31个大中城市就业形势分析和11省市人力资源市场供求和企业用工情况监测工作,按月对相关情况进行汇总分析。开展20省2 000个行政村农村劳动力转移就业监测工作,及时掌握农村劳动力外出、返乡人数变化情况。建立4 000家重点企业用工监测半月报制度,了解经济形势变化对企业用工影响情况。在全国层面建立市场短缺职业信息发布制度,为劳动者和用人单位求职招聘、人力资源开发和职业技能培训提供指引。

（二）定期开展就业形势分析研判。

人力资源社会保障部依托部内及相关部门组织开展的多个项目,运用统计、调查、监测以及实地调研、课题研究等多种手段,从就业失业总体状况、劳动力市场运行、企业用工、重点群体就业等多个维度,分析研判就业形势,按季度形成分析报告上报国务院。与智联招聘、58同城等市场机构合作,利用人力资源市场大数据,分析劳动力市场供求变化。探索利用移动通信等大数据,分析劳动力流动趋势。同时,针对春节后企业用工和劳动者就业、人工智能对就业影响等问题,撰写了专题报告报国务院领导,提出政策建议。

人力资源流动管理

2019年，人力资源流动管理工作以习近平新时代中国特色社会主义思想为指导，贯彻落实党的十九大和十九届二中、三中、四中全会精神，紧紧围绕就业优先战略和人才强国战略，坚持改革创新，狠抓工作落实，各项工作取得显著成效。

一、促进人才流动改革任务取得重大突破

贯彻党的十九大改革任务和习近平总书记在全国组织工作会议上的重要讲话精神，1月，人力资源社会保障部印发《关于充分发挥市场作用促进人才顺畅有序流动的意见》（人社部发〔2019〕7号），着眼于破除人才流动体制机制弊端，更好发挥市场决定性作用，从健全人才流动市场机制、畅通人才流动渠道、规范人才流动秩序、完善人才流动服务体系等4个方面提出16项政策措施。这是近年来人才工作领域首个关于人才流动配置的改革性文件，将对规范流动秩序，促进人才顺畅有序流动发挥重要指导作用。

5月中旬，全国人力资源流动管理工作座谈会在苏州市召开。这是按照中央深化党和国家机构改革要求，根据人力资源社会保障部"三定"方案，组建人力资源流动管理司局后的第一次相关会议。主要任务是学习贯彻习近平总书记关于人力资源流动管理工作重要论述精神，落实全国人力资源社会保障工作会议部署，围绕流动管理工作新职能，总结交流工作经验，研究分析形势任务，安排部署2019年重点任务。会议要求，各级人力资源流动管理工作部门要以习近平新时代中国特色社会主义思想为指导，围绕"提高人力资源流动配置效能"这条工作主线，充分发挥市场在人力资源配置中的决定性作用和更好发挥政府作用，以推进市场性流动、引导性流动、计划性流动为抓手，聚焦服务就业创业、服务人才开发、服务高质量发展、服务脱贫攻坚，着力推动人力资源市场法制化、人力资源服务产业化、人才流动配置科学化、人才流动公共服务规范化，努力把各类人力人才资源集聚到党和国家各项事业中来。

二、人力资源市场管理不断完善

一是人力资源市场法治建设不断深化。全面贯彻《人力资源市场暂行条例》（中华人民共和国国务院令第700号），完善人力资源市场法规体系，研究起草《网络招聘服务管理规定（草案）》。贯彻落实《外商投资法》精神，对《人才市场管理规定》《中外合资人才中介机构管理暂行规定》《中外合资中外合作职业介绍机构设立管理暂行规定》三件部门规章进行专项修订，按照内外资一致的原则，取消人力资源服务业外资准入限制，降低审批门槛，简化审批程序，为外商投资人力资源服务业创造良好环境。

二是人力资源市场秩序不断规范。人力资源社会保障部印发实施《关于进一步规范人力资源市场秩序的意见》（人社部发〔2019〕87号），进一步规范人力资源市场活动，维护公平竞争、规范有序的人力资源市场秩序，更好发挥市场在人力资源配置中的作用，为促进就业创业营造良好的市场环境。

三是人力资源市场"放管服"改革持续推进。人力资源社会保障部办公厅印发《关于开展2018年国务院所属部门人力资源服务机构年度报告公示工作的通知》（人社厅函〔2019〕40号），开展国务院所属部门人力资源服务机构年度报告公示工作，在18个自贸区创新开展人力资源服务许可告知承诺制改革试点。

四是人力资源市场执法检查力度不断加强。开展清理整顿人力资源市场秩序专项行动，加强对职业中介机构和用人单位招工行为的监督。会同市场监管总局等部门继续开展清理整顿市场秩序专项执法行动，集中治理人力资源服务机构参与高校毕业生签订不实就业协议、不履行审查信息义务、发布歧视性招聘信息等违法违规行为。

五是人力资源市场诚信体系建设不断推进。人力资源社会保障部办公厅印发《关于深入推进人力资源服务机构诚信服务主题创建活动的通知》，开展人力资源服务机构诚信服务主题创建活动，进一步提高行业诚信水平，逐步树立人力资源服务行业守法经营、诚信服务的理念。

六是举办全国人力资源市场建设与管理培训班。9月，在山东省烟台市举办全国人力资源市场建设与管理培训班，各省级和副省级人力资源社会保障厅（局）、公共就业和人才服务机构、"三区三州"人力资源和社会保障部门等相关负责同志参加培训，进一步加强全国人力资源流动管理工作队伍建设。

三、人力资源服务业长足发展

2019年，"人力资源与人力资本服务业"新增列入国家《产业结构调整指导目录（2019年本）》"鼓励类"，保持健康快速发展。全国共有各类人力资源服务机构3.96万家，营业收入1.96万亿元，帮助2.55亿人次实现就业流动，服务4 211万家次用人单位，为就业创业、人才开发和高质量发展做出积极贡献。

一是组织实施第三轮西部和东北地区人力资源市场建设援助计划，围绕实施区域协调发展战略，从各地遴选出16个项目，支持相关省份开展人力资源服务机构助力脱贫攻坚、人力资源市场管理人员培训、与东部人力资源市场建设对口交流等活动，人力资源市场协同发展不断拓展。

二是制定出台《国家级人力资源服务产业园管理办法（试行）》（以下简称《办法》），健全行业发展政策体系。《办法》共5章22条，对国家级人力资源服务产业园的概念界定、园区作用、基本原则等内容予以明确，并对申报设立、运营管理、评估考核等方面进行规定。

三是新建一批国家级产业园，批复设立中国长沙、中国合肥、中国武汉、中国宁波人力资源服务产业园，国家级产业园达到19家，成为行业集聚发展的重要载体。

四是实施人力资源服务业发展行动计划，加快推进骨干企业培育、领军人才培养，开展"互联网+"人力资源服务、"一带一路"人力资源服务等行动。7月，在广东省深圳市举办"全国人力资源服务业发展能力建设高级研修班"；9月，会同全国博士后管理委员会办公室在江西省南昌市举办"第四届中国人力资源服务业博士后学术交流会"，指导各地组织开展人力资源服务业发展系列活动。

五是开展人力资源市场一线观察、人才公共服务机构市场供求情况分析，举办全国人力资源市场高校毕业生就业服务周，市场在促进就业中的作用更加凸显。

六是组织开展人力资源服务机构助力脱贫攻坚行动。人力资源社会保障部办公厅印发《关于进一步开展人力资源服务机构助力脱贫攻坚行动的通知》（人社厅函〔2019〕54号），支持鼓励人力资源服务机构开展劳务组织提升行动、精准对接行动、专场招聘行动、创业指导行动、技能扶贫行动、贫困地区人力资源市场援助行动等6项活动。人力资源服务机构举办招聘会、对接活动3 500余场，提供岗位72.2万个,帮助实现就业或达成就业意向22.4万人。9月,在甘肃省兰州市召开人力资源服务机构助力脱贫攻坚工作交流座谈会。

四、引导鼓励高校毕业生到基层工作成效显著

聚焦乡村振兴和脱贫攻坚重大战略,引导鼓励高校毕业生到基层服务工作。人力资源社会保障部会同中央组织部、教育部、财政部、水利部、农业农村部、国家卫生健康委、国务院扶贫办、共青团中央继续实施高校毕业生"三支一扶"计划,全年选派3.1万名"三支一扶"人员到基层从事支教、支农、支医和扶贫等服务。实行"三区三州"等深度贫困地区招募计划单列,全年招募3 223人。

实施"三支一扶"人员能力提升专项计划,中央财政支持举办80期专项培训班,培训8 000名"三支一扶"人员,其中47期为脱贫攻坚专项培训班,培训4 700人次。6月,人力资源社会保障部在北京市举办第三期全国"三支一扶"人员能力提升专项计划示范培训班。

12月,人力资源社会保障部会同中央宣传部组织开展"最美基层高校毕业生"学习宣传活动,遴选确定10名"最美基层高校毕业生"和29名"最美基层高校毕业生提名奖"获得者,会同中央宣传部、中央广播电视总台录播了"最美基层高校毕业生"发布仪式,并印发《中共中央宣传部 人力资源社会保障部关于开展"最美基层高校毕业生"学习宣传活动的通知》(人社部发〔2019〕139号),取得积极成效。

职业能力建设

2019年是职业能力建设事业极不平凡的一年。在党中央、国务院的高度重视和部党组的坚强领导下，在相关部门、行业企业、社会各界的共同努力下，人力资源社会保障部门认真贯彻落实党中央、国务院决策部署，以参加和筹办世界技能大赛为契机，以实施职业技能提升行动为抓手，全面加强技能人才培养、使用、评价和激励等各项工作。第45届世界技能大赛取得历史最好成绩，职业技能提升行动超额完成1 500万人次的培训目标任务，技工院校招生142万人，职业技能等级认定试点稳步推进，新增高技能人才201.4万人，圆满完成年度各项任务。

一、精准部署年度工作任务

4月，全国职业能力建设工作座谈会在长沙市召开。会议以"抢抓历史机遇，大胆改革创新，全力推进大规模职业技能培训行动"为主题，深入学习贯彻习近平总书记关于职业技能培训工作重要论述精神，全面贯彻党的十九大精神，落实政府工作报告要求，认真分析当前形势，对全年工作任务进行安排部署。

会议提出，要全力实施职业技能提升行动，大规模开展职业技能培训和转岗转业培训，对农民工、城乡未继续升学初高中毕业生等青年、退役军人和失业人员开展各项培训。加大贫困劳动力技能扶贫工作力度，深入推进技能脱贫千校行动和深度贫困地区技能扶贫行动。

同时，加强高技能人才表彰激励和服务工作，实现高技能人才队伍建设新发展。推进技能人才评价"放管服"改革，组织实施好职业技能等级认定试点工作。做好第45届世界技能大赛参赛和第46届世界技能大赛筹备工作，推动职业技能竞赛工作再上新台阶。大力推进技工院校改革发展，提升培训规模，加强专业课程和师资队伍等建设工作，为促进就业和建设现代经济体系做出更大贡献。

二、持续做好技能人才工作

（一）加大表彰激励力度。

1月17日，国务院召开高技能人才座谈会，胡春华副总理与受表彰的高技能人才代表进行座谈并讲话。人力资源社会保障部组织召开第十四届高技能人才表彰大会，对30名中华技能大奖获得者和300名全国技术能手进行表彰并提高奖励标准。至此，人力资源社会保障部已开展十四届高技能人才评选表彰活动，共表彰260名中华技能大奖获得者和3 028名全国技术能手。

（二）深入推进高技能人才振兴计划。

指导各地深入实施高技能人才振兴计划，加强高技能人才培训基地和技能大师工作室建设，会同财政部印发《关于2019年国家级高技能人才培训基地和国家级技能大师工作室项目单位备案的通知》（人社厅函〔2019〕197号），完成127个高技能人才培训基地和161个技能大师工作室备案工作。

（三）提高技术工人待遇。

深入贯彻落实《关于提高技术工人待遇的意见》，不断提高技术工人荣誉感和获得感。春节前，部领导看望慰问高技能领军人才并听取他们对技能人才工作的意见建议。7月和11月,先后在吉林省延吉市和福建省南平市、三明市开展高技能领军人才暑期与冬季休假活动。分别在安徽省金寨县、湖北省孝感市和安徽省铜陵市举办汽车、数控、焊接等专业国家级技能大师工作室带头人交流活动,加强技术攻关、工艺创新、带徒传艺等方面的交流与沟通。

三、大力发展技工教育

(一)狠抓技工院校招生。

贯彻落实《国家职业教育改革实施方案》(国发〔2019〕4号),先后印发《关于做好2019年技工院校招生工作的通知》(人社部函〔2019〕40号)和《关于做好技工院校招生工作的指导意见》(人社部发〔2019〕76号),会同教育部印发《关于做好技工院校招生工作的通知》(人社部发〔2019〕119号),明确招生目标任务和主要措施,支持各省份技工院校纳入职业教育统一招生平台。首次将技工院校招生目标纳入人力资源和社会保障事业发展计划,7—10月每月统计通报各省份招生进展,对进度滞后的地区加强指导。全国技工院校全年招生142万余人,超过年度目标22万余人,比上年增长11.2%。在国家相关政策和项目支持下,技工院校总体保持了平稳发展,校均学生规模和办学实力不断增强,就业率保持较高水平。

(二)深入实施技能脱贫千校行动。

在2016年以来技能脱贫千校行动基础上,会同国务院扶贫办出台《关于深入推进技能脱贫千校行动的实施意见》(人社部发〔2019〕2号),全国技工院校全年招收建档立卡贫困家庭子女8.8万人,建档立卡贫困家庭子女在校生21.3万人,同时面向建档立卡贫困家庭劳动者开展职业培训18.2万人次。支持"三区三州"等深度贫困地区发展技工教育,动员15个省份44所技工院校参与对口帮扶,指导地方新建技工院校或开设分校(教学点)10所,实现"三区三州"技工院校全覆盖。援建西藏技师学院,成立援建项目办公室,联合16所院校对口帮扶,选派13名教师进藏支教。9月,西藏技师学院如期开学,结束了西藏没有技工院校的历史。

(三)加强师资队伍建设。

指导各地落实《关于技工院校公开招聘有关事项的通知》(人社厅发〔2019〕95号),扩大选人用人视野,推动建设高素质技工院校教师队伍。指导各地做好技工院校表彰工作,全年共有16所技工院校获得全国教育系统先进集体荣誉、7名技工院校教师获评全国模范教师、1名技工院校工作者获评全国教育系统先进工作者。继续指导各地深入推进技工院校教师职称制度改革工作。举办两期全国骨干技工院校校长高级研修活动,开展一体化师资培训,实施教师职业能力提升计划,培训技工院校校长和教师共计3 200余人次。

(四)做好技工院校教育教学和学生就业创业工作。

深入推进第三批技工院校一体化课程教学改革工作,开展世赛成果转化相关课题研究。做好技工院校学生资助工作,配合财政部出台《学生资助资金管理办法》(财科教〔2019〕19号),印发相关文件并召开会议,部署并落实资助工作。推动技工院校学生创业创新工作,举办第一届全国技工院校学生创业创新大赛,300余所技工院校的1 000多个项目参与选拔,经过初赛复赛现场赛层层选拔,共有45个项目获奖,促进了技工院校创业创新工作,有助于营造大众创业、万众创新的良好社会氛围。

(五)举办"7·15"世界青年技能日主题活动。

会同工业和信息化部、商务部、国务院国资委、全国总工会、共青团中央在全国组织开展以"技能扶贫"为主题的世界青年技能日宣传活动。7月15日,在辽宁省铁岭市举行主题活动暨技能中国行2019——走进辽宁启动仪式,公布2019年劳动出版"技能雏鹰"奖(助)学金获奖名单,向技工院校赠送技能扶贫相关书籍，组织开展技能成果展览展示、技能脱贫技能成才先进事迹报告会、技术技能交流等活动。世界青年技能日前后，组织各地同步开展"大国小工匠"青少年技能体验品牌发布会、全民职业技能体验活动等面向社会、全民参与、形式多样的主题活动，进行集中宣传，进一步营造宣传效果。

四、全力以赴推进实施职业技能提升行动

5月，国务院办公厅印发《职业技能提升行动方案（2019—2021年）》（国办发〔2019〕24号），提出3年共开展各类补贴性职业技能培训5 000万人次以上，其中2019年培训1 500万人次以上。5月23日，国务院就业工作领导小组召开部署推进职业技能提升行动电视电话会议，李克强总理作出重要批示，胡春华副总理出席会议并讲话。人力资源社会保障部将推进实施职业技能提升行动列入部重点工程，成立了领导小组，张纪南部长任组长，汤涛、游钧副部长任副组长，并组建工作专班统筹推进各项工作。实行挂图作战、台账管理，全力以赴推进实施，全年超额完成培训1 500万人次的目标任务。

（一）加大政策推动力度。

全面贯彻落实党中央、国务院部署要求，印发《职业技能提升行动方案（2019—2021年）重点任务分工》，明确国务院相关部门任务分工。人力资源社会保障部会同财政部先后印发《关于做好失业保险基金支持职业技能提升行动资金管理工作的通知》（财社〔2019〕79号）、《关于进一步精简证明材料和优化申办程序充分便利就业补贴政策享受的通知》（人社部发〔2019〕94号）、《关于做好职业技能提升行动专账资金使用管理工作的通知》（人社厅发〔2019〕117号），明确1 000亿元失业保险基金结余的使用和管理办法，精简补贴申办程序，提高培训补贴资金落实效率，明确了职业技能提升行动专账资金使用范围和管理的有关事项。印发《关于利用"12333"做好职业技能提升行动政策咨询服务的通知》，指导各地制定清晰准确、统一规范、通俗易懂的咨询答复口径。印发《关于进一步做好补贴性职业技能培训信息实名制管理工作的通知》，建立完善培训实名制信息系统，保障资金安全和使用效益，有效防控风险。同时，编制印发全国急需紧缺职业目录，指导各地坚持就业导向，提升职业技能培训工作的针对性实效性，推进实现更高质量更加充分就业目标。

（二）加强部门协作。

积极主动加强与相关部门的沟通协作，共同推动实施职业技能提升行动。先后会同发展改革委、卫生健康委、国家邮政局、退役军人事务部、老龄委、应急管理部、国务院扶贫办等7部门印发专项培训计划，加大对家政服务、医疗护理、快递人员等急需紧缺职业以及高危行业从业人员、退役军人、贫困村创业致富带头人的技能培训，并在职业院校全面开展职业培训。

（三）强化工作调研与指导。

部领导分别到安徽、山西、广东等多个省份调研推动工作，并先后召集部分省份人社部门约谈督导推进工作。面向省级和地市级人社系统举办三期职业技能提升行动专题培训班，共培训500余人，统一思想，增强责任感、使命感、紧迫感，明确目标任务，加深政策理解，推动各项工作落地落实。先后派出多个调研组到17个省份实地调研督导。针对资金使用缓慢问题，会同财政部在郑州召开13个省份座谈会，研究扩大政策范围。召开推进职业技能提升行动和"三区三州"职业技能大赛电视电话会议，督导各地使用专账资金开展培训。

（四）举办职业技能提升行动服务周活动。

11月24日，人力资源社会保障部会同天津市人民政府举办以"深入实施职业技能提升行动，稳就业惠民生帮企业促发展"为主题的全国职业技能提升行动服务周活动启动仪式。各地人社部门选择市民广场、会展中心等空间宽裕、交通便利的公共场所，向企业、院校、培训机构、鉴定评价机构和各类劳动者提供政策咨询、集中受理办理等服务，促进职业技能提升行动向纵深推进。服务周活动进一步扩大了职业技能提升行动的社会影响力和政策认知度，将政策和服务直接送到企业、院校、培训机构和劳动者手中，引导和鼓励城乡各类劳动者积极参加职业技能培训，有效增加培训供给。

五、积极稳慎推动技能人才评价制度改革

（一）做好技能人才评价改革顶层设计。

8月，印发《关于改革完善技能人才评价制度的意见》（人社部发〔2019〕90号），提出发挥政府、用人单位、社会组织等多元主体作用，建立健全以职业资格评价、职业技能等级认定和专项职业能力考核等为主要内容的技能人才评价制度，健全完善技能人才评价体系，形成科学化、社会化、多元化的技能人才评价机制，形成有利于技能人才成长和发挥作用的制度环境，促进优秀技能人才脱颖而出，为经济高质量发展提供支撑。

（二）研究水平评价类技能人员职业资格退出国家职业资格目录。

为落实"放管服"改革要求，进一步简政放权，加快政府职能转变，形成科学化、社会化、多元化的技能人才评价机制，经反复研究，征求有关部门、地方和企业、劳动者意见，并经国务院同意，决定分步取消水平评价类技能人员职业资格，推行社会化职业技能等级认定。除与公共安全、人身健康等密切相关的（职业）工种依法调整为准入类职业资格外，分步有序将其他水平评价类技能人员职业资格全部退出国家职业资格目录，不再由政府或其授权的单位认定发证。

（三）推进企业自主认定。

推动各级人社部门加强职业技能等级认定工作综合管理，结合实际制定具体办法并指导实施，以企业为主阵地，大力推进企业职业技能等级认定试点工作。2019年，18家中央企业、30个省份和新疆生产建设兵团的900多家企业进行了试点，4万多名职工经企业自主评价合格，取得职业技能等级证书。企业自主评价符合生产实际，充分发挥了主体作用，为本企业职工提供了更加高效便捷、有针对性的职业技能评价服务，推动了技能人才评价与使用激励紧密结合。

（四）启动第三方评价。

有序推进职业技能等级认定第三方评价试点工作。公开遴选并公布第一批社会培训评价组织，为社会人员、中小微企业提供职业技能评价服务。启动技工院校学生职业技能等级认定试点工作，依托技工院校合作企业、社会培训评价组织、技工院校职业技能鉴定所站等，为学生提供职业技能等级认定服务，为提高技工教育人才培养质量、促进学生就业创业发挥积极作用。

（五）推动人才贯通发展。

指导各地出台工程技术领域高技能人才与工程技术人才职业发展贯通实施细则并推动落实，打破职业技能评价与专业技术职称评审界限，改变人才发展"独木桥""天花板"现象，拓宽人才发展空间，促进人才合理流动，提高技术技能人才待遇和地位，促进两类人才深度融合发展。加强国家资历框架研究，搭建人才成长"立交桥"。

（六）强化基础工作。

加强职业分类和职业标准开发。建立新职业信息发布制度和职业分类动态调整机制，面向社会征集新职业信息，经专家评估、向社会公示、征求国务院有关部门意见等程序，向社会发布第一批13个新职业信息，组织研究论证第二批新职业信息。全年共颁布143个国家职业技能标准，推动符合条件的行业企业评价规范上升为国家职业技能标准，进一步健全国家职业技能标准体系。面向社会公开征集职业技能标准、标准开发单位和编审专家。

六、职业技能竞赛工作蓬勃发展

（一）第45届世界技能大赛取得历史最好成绩。

8月，第45届世界技能大赛在俄罗斯喀山举行，我国派出63名选手参加所有56个项目比赛，共取得16枚金牌、14枚银牌、5枚铜牌和17个优胜奖，再次位列金牌榜、奖牌榜、团体总分第一，创造历史最好成绩。9月22日，习近平总书记对我国技能选手取得佳绩作出重要指示。李克强总理作出批示，胡春华副总理会见中国代表团全体成员、出席参赛总结大会并讲话。人力资源社会保障部召开第45届世界技能大赛先进事迹视频报告会，并组织开展第4届中国青年技能营活动。

（二）扎实推进第46届世界技能大赛筹办工作。

1月30日，胡春华副总理主持召开第46届世界技能大赛工作领导小组第一次全体会议，明确各成员单位主要职责任务及筹办重点工作任务。上海市委书记李强先后主持召开第46届世界技能大赛组委会第一次、第二次全体会议，听取筹办工作进展，统筹推进各项筹办工作。在第45届世界技能大赛期间，我国在喀山举行了官方招待会，发布了第46届世界技能大赛吉祥物、主题口号，在闭幕式上举行了会旗交接仪式，现场播放了习近平总书记在申办第46届世界技能大赛时发表的视频讲话，传达了中国政府办好世界技能大赛的坚定信心和决心。全国政协副主席汪永清及张纪南部长、上海市应勇市长从俄方手中接过世界技能组织会旗，世界技能大赛正式进入中国时间、上海时刻。

（三）大规模举办国内职业技能竞赛。

充分发挥职业技能竞赛引领带动作用，以赛促学、以赛促训、以赛促评、以赛促建。全年共组织开展国家级一类大赛8项、国家级二类竞赛52项，带动全国上千万企业职工和院校师生参与。5月，会同发展改革委、国际发展合作署和重庆市人民政府在重庆市举办"一带一路"国际技能大赛，44个国家和地区共698人参赛，近5万人次赴现场观摩。11月，会同云南省人民政府举办"三区三州"职业技能大赛，来自"三区三州"的21支代表队共211名选手参赛。创新举办新能源汽车、智能制造等新技术领域职业技能大赛。举行7次"2019年技能中国行"活动。

七、扎实推进技能扶贫工作

2019年，全国建档立卡贫困劳动力和贫困家庭子女参加政府补贴性培训259.7万人次，完成年度目标计划（120万人次）的216.4%。

一是设立技能扶贫专项组，成立技能扶贫工作专班，形成工作合力，充实工作力量，统筹做好技能扶贫和定点扶贫工作，完成43项技能扶贫整改措施和4项为民办实事工作，组织11个调研组深入调研，现场指导技能脱贫工作。

二是会同国务院扶贫办出台相关文件，大力推进深度贫困地区技能扶贫行动和技能脱贫千校行动，开展新生代农民工职业技能提升计划，指导各地做好贫困劳动力技能培训、就读技工院校等工作。

三是支持"三区三州"等深度贫困地区发展技工教育，组织开展"三区三州"职业技能大赛，推动贫困地区群众了解技能、学习技能、掌握技能，走技能成才、技能脱贫之路。

四是创新做好山西天镇、安徽金寨两地定点扶贫工作，组织举办创业带头人培训班，组织世界技能大赛专家团队、国家级技能大师工作室带头人开展技能培训交流，组织开展技能脱贫技能成才先进事迹系列报告会。

八、持续加强职业能力建设宣传工作

（一）聚焦重点工作。

聚焦职业技能提升行动，加大宣传力度，全方位做好宣传，扩大政策知晓范围。充分利用国新办政策吹风会、答记者问、专家访谈等机会，全面立体解读职业技能提升行动方案，推动地方工作经验共享。充分发挥新媒体力量，多方联动，打造全天候宣传新态势。对接央视、新华社、人民网等多家中央媒体宣传报道职业技能提升行动服务周，相关采访新闻在央视播出4次，其中2次在新闻联播播出。

（二）把握重要节点。

参加第45届世界技能大赛期间，组织11家中央主要新闻媒体跟团现场直播、现场采访，协调中央各大新闻媒体进行系列报道，新闻联播2次播发世界技能大赛相关新闻，新闻频道、中文国际频道等央视频道先后8次进行报道，央视"新闻1+1"栏目推出《职业技能：从金牌选手到"金牌人才"》的报道，掀起了持续时间长、覆盖面广、社会影响大的宣传热潮。

（三）坚持多措并举。

在"学习强国"学习平台增设"技能频道"，面向全体民众，重点聚焦广大企业职工和转岗转业人员，各高校、职业院校、技工院校学生，技能人才工作者以及对学习掌握技能有兴趣的广大群体，提供政策解读、信息发布、技能培训等服务，吸引更多的人特别是青年人走技能成才之路。充分发挥《人民日报》等中央媒体和"技能中国"等微信公众号、《中国组织人事报》《中国劳动保障报》等宣传平台作用，做好新闻宣传。深入开展主题宣传，重点做好世界技能大赛金牌选手、中华技能大奖获得者等优秀技能人才的宣传报道工作，进一步在全社会营造劳动光荣、技能宝贵、创造伟大的氛围。

专业技术人才工作

2019年，认真贯彻落实习近平总书记关于人才工作重要论述精神和党中央、国务院决策部署，坚持党管人才原则，坚持实施人才强国战略，围绕部中心工作和人才工作总体部署，聚焦新发展理念，聚焦深化改革，聚焦国家重大战略，聚焦人才队伍建设，切实履行政府人才综合管理职能，实施更加积极、更加开放、更加有效的人才政策，深化人才体制机制改革，加强创新型人才队伍建设，强化服务保障，推动各项人才工作向前发展。

一、人才评价等制度改革稳步推进

一是分类推进人才评价机制改革，指导督促有关行业主管部门完善配套政策，加快推进科技、哲学社会科学、教育等重点领域人才评价改革，指导各地制定出台具体实施方案，相关改革工作顺利推进。与科技部等5部门深入开展清理"唯论文、唯职称、唯学历、唯奖项"专项行动，配合中央组织部加大人才工程计划优化整合力度，着力破解人才评价领域重点难点问题。

二是持续推进职称制度改革。印发会计、工程、民航飞行技术、自然科学研究、经济、中等职业学校教师、哲学社会科学研究、翻译、农业、文博等10个系列改革指导意见。印发《职称评审管理暂行规定》（人力资源和社会保障部令第40号），进一步规范职称评审程序，加强职称评审管理。会同教育部做好2019年中小学教师职称评审工作。

三是完善职业资格制度。印发注册安全工程师、执业药师、注册计量师等职业资格制度文件。研究修订监理工程师、经济专业人员等制度文件。启动考试报名证明事项告知承诺制试点。配合最高人民法院、最高人民检察院出台《刑法修正案（九）》关于组织考试作弊的司法解释，依法从严从重打击作弊行为。开展职业资格证书查询验证服务，试行职业资格电子证书。295万名专业技术人员考取职业资格证书。

四是完善专业技术人员继续教育制度。会同中央宣传部、国家卫生健康委等部门研究制定出版、卫生等行业专业技术人员继续教育规定。

二、高层次创新型专业技术人才队伍建设不断加强

一是加强高层次人才选拔培养和引进工作。配合中央组织部实施"万人计划"等国家重大人才工程。加强高层次人才选拔培养工作，开展国家百千万人才工程人选选拔工作，遴选确定414名人选入选2019年国家百千万人才工程。加强高级专家培养培训，在中国浦东、井冈山、延安三个干部学院各举办1期百千万人才工程国情研修班；分别以"从脱贫攻坚到乡村振兴——农业科技人才支撑""5G创新发展"为主题，举办2期创新大讲堂；组织高级专家赴以色列培训。资助123名高层次留学回国创业创新人才。支持广州海交会、大连海创周、南京留交会等人才项目对接交流活动。

二是完善博士后管理制度，新设博士后科研流动站339个，进站22 514人，出站

14 030 人。实施博士后创新支持计划 400 人，博士后国际交流计划引进项目 300 人、派出项目 120 人、学术交流项目 100 人，中德博士后交流项目 48 人，香江学者计划 60 人，澳门青年学者计划 30 人。为了进一步提高博士后研究人员培养质量，更好地为博士后研究人员搭建交流平台，全年举办 37 期学术交流活动，涉及理学、工学、农学、医学、哲学、社会科学等领域的 30 多个一级学科，来自全国 800 余家博士后设站单位的 4 200 余名博士后研究人员参加了活动，近 750 位知名专家应邀到会交流。

三是深入实施专业技术人才知识更新工程。指导各地各部门按计划举办近 300 期高研班，培训高层次专业技术人才约 2 万人次。新设 20 家国家级专业技术人员继续教育基地。开展急需紧缺人才培养培训和岗位培训 112.1 万人次。

四是开展新疆、西藏特培工作。经国务院同意，启动实施第三批西藏特培工作，为西藏培养 120 名少数民族专业技术人才骨干；继续实施第五批新疆特培工作，为新疆培养 400 名少数民族科技骨干；开展 4 批特培专家服务团活动，组织专家赴新疆南疆、西藏等地培训和指导当地专业技术人员和管理人员约 2 000 人次。

三、支持专业技术人才创新创业的政策和服务环境逐步优化

一是坚持党管人才原则，扎实做好政府人才综合管理工作。贯彻落实中央领导同志重要批示精神，配合中央组织部引导地方做好引才工作。落实中央有关部署要求，围绕实施创新驱动发展战略、全国科创中心建设、制造强国建设、交通强国建设、新材料、集成电路等国家重大战略和新兴产业发展，研究完善专门人才支持政策，做好国家重大战略人才支撑工作。

二是研究完善回国高层次人才在养老保险、薪酬及其团队在职称评审、博士后招收等方面的保障政策，营造高层次人才回国创业创新良好环境。

三是研究提出支持民营企业发展、自贸区建设、京津冀协同发展、雄安新区建设等人才倾斜政策。紧扣地方产业发展、技术攻关、人才培养等实际需求，助力打赢脱贫攻坚战，部署实施 60 个专家服务基层重点服务项目、30 项赤子计划，开展 12 期博士后科技服务团活动，为基层发展提供人才和智力支持。新建国家级专家服务基地 20 个，形成服务长效机制。

四是推进系统行风建设，开展行风建设大学习大讨论活动，完成对规章和规范性文件设定证明事项的清理，摸查梳理行政审批和公共服务事项清单并编制办事指南，认真抓好国务院大督查有关问题整改落实。开展专家春节慰问、冬季海南休假和学术休假活动。

事业单位人事管理

2019年，事业单位人事管理工作以习近平新时代中国特色社会主义思想为指导，贯彻落实党的十九大和十九届二中、三中、四中全会精神，以深化"放管服"改革、激发事业单位活力和调动事业单位工作人员积极性、主动性、创造性为重点，全面深化事业单位人事制度改革，完善配套政策，规范人事管理，取得新的成效。

一、进一步推进事业单位人事制度改革

一是完成县以下事业单位管理岗位职员等级晋升制度试点工作。

二是积极推动哲学社会科学领域专业技术一级岗位设置试点工作。

三是按照中央有关文件任务安排，会同国家文物局印发《关于进一步加强文博事业单位人事管理工作的指导意见》（人社部发〔2019〕120号），建立符合文博行业特点的事业单位人事管理制度，促进文物事业发展。

四是会同财政部、应急管理部联合印发实施《国家综合性消防救援队伍消防员管理规定（试行）》（人社部规〔2019〕3号），进一步加强和规范国家综合性消防救援队伍消防员管理工作。

五是落实《国务院关于推动创新创业高质量发展打造"双创"升级版的意见》（国发〔2018〕32号）有关要求，出台实施《关于进一步支持和鼓励事业单位科研人员创新创业的指导意见》（人社部发〔2019〕137号），为事业单位科研人员参与创新创业提供更有力的政策保障。

二、进一步健全完善事业单位人事管理政策法规体系

一是建立事业单位人事管理回避制度。会同中央组织部印发《事业单位人事管理回避规定》（人社部规〔2019〕1号），建立以岗位回避和履职回避为基础的事业单位人事管理回避制度，促进社会事业健康发展。

二是建立事业单位工作人员培训制度。会同中央组织部印发《事业单位工作人员培训规定》（人社部规〔2019〕4号），对岗前培训、在岗培训、转岗培训、专项培训4类培训分别提出明确要求，推进事业单位工作人员培训工作科学化、制度化、规范化。

三是规范事业单位工作人员申诉、再申诉工作。会同中央组织部办公厅印发《事业单位工作人员申诉案件办理规则》（人社厅发〔2019〕17号），规范事业单位工作人员申诉案件办理程序，促进事业单位人事综合管理部门和主管部门公正及时处理申诉案件。

四是完善事业单位考核制度。会同中央组织部研究起草《事业单位工作人员考核规定》，树立重实干重实绩的用人导向。

五是完善事业单位人事管理监督制度。会同中央组织部研究起草《事业单位人事管理监督规定》。

三、进一步规范完善事业单位人事管理工作

一是落实习近平总书记对技能人才工作重要指示精神，印发《关于技工院校公开招聘

有关事项的通知》（人社厅发〔2019〕95号），切实加强技工院校教师队伍建设。

二是加强中央本级事业单位公开招聘工作。加快完善中央和国家机关所属事业单位公开招聘服务平台，共发布招聘信息550余次，提供岗位4 300余个，有效拓宽了事业单位选人用人视野，发挥了中央和国家机关所属事业单位在公开招聘中的示范引领作用。

三是规范岗位管理。研究起草《关于进一步规范和加强事业单位岗位管理工作的指导意见》，指导各地规范开展岗位设置管理工作，做好国务院直属事业单位、中央国家机关所属事业单位岗位设置方案动态调整备案工作。

四是规范开展事业单位奖励工作。指导各地各部门贯彻实施《事业单位工作人员奖励规定》（人社部规〔2018〕4号），制定相关实施细则开展奖励工作。

五是继续保持防治"吃空饷"高压态势。根据各地各部门报送的机关事业单位防治"吃空饷"工作开展情况，起草了《关于机关事业单位防治"吃空饷"问题长效机制建设情况的报告》。从地方和部门报送情况看，在全国范围内防治"吃空饷"问题长效机制已经基本建立，"吃空饷"问题频发的不良态势得到根本性扭转。2019年，及时指导部分省份妥善处置"吃空饷"舆情。

六是针对各地工作中出现的问题，召开全国事业单位人事管理工作座谈会，指导规范、提出要求。

四、扎实推进脱贫攻坚

一是进一步加大人事扶贫倾斜性政策供给。细化、优化基层事业单位岗位管理制度。支持"三区三州"等深度贫困地区基层事业单位设置特设岗位引进急需高层次人才。指导"三区三州"等深度贫困地区基层事业单位设置"定向评价、定向使用"中高级专业技术岗位。同时，在专业技术人员相对集中的基层事业单位，允许适当上调专业技术中高级岗位结构比例。

二是进一步落实人事扶贫倾斜性政策。落实基层事业单位公开招聘"三放宽、一允许"倾斜政策，指导"三区三州"等深度贫困地区县乡事业单位开展公开招聘时结合本地实际放宽招聘条件。据不完全统计，2019年1—7月，各省（区、市）艰苦边远（贫困、欠发达等）地区县乡事业单位共组织招聘2 053次，实际招聘145 224人。

三是开展"三区三州"脱贫攻坚专项奖励，重点对"三区三州"深度贫困地区奋战在脱贫攻坚第一线表现突出、成绩显著的事业单位工作人员给予专项奖励，共评选出嘉奖32 266个（个人30 606个，集体1 660个）、记功3 875个（个人3 439个，集体436个）、记大功105个（个人62个，集体43个），并于全国扶贫日前后开展了集中宣传。

四是配合国家卫生健康委等部门落实《关于进一步做好艰苦边远地区全科医生特设岗位计划实施工作的通知》（国卫人发〔2017〕48号），指导贫困地区开展全科医生特设岗位计划实施工作，落实全科医生"县管乡用""乡管村用"政策，引导医疗人才向贫困地区基层一线集聚。

五是组织开展贫困地区事业单位人事管理工作业务骨干培训。全年共举办3期人事扶贫政策培训班，培训人数超过330人次，投入经费100余万元，全国所有贫困地区特别是"三区三州"深度贫困地区贫困县均派员参加。

城镇职工养老保险

2019年是新中国成立70周年，也是决胜全面建成小康社会的关键之年。在部党组的坚强领导下，城镇职工养老保险工作以实施社保降费为重点，以贯彻落实养老保险制度改革总体方案为主线，坚持深化改革与确保发放相结合、规范政策与创新机制相结合，圆满地完成了全年的各项任务。

一、全力推进降低社会保险费率工作

4月1日，国务院办公厅印发《降低社会保险费率综合方案》（国办发〔2019〕13号），明确自2019年5月1日起降低城镇职工基本养老保险单位缴费比例，各省（区、市）和新疆生产建设兵团养老保险单位缴费比例高于16%的，可降至16%，目前低于16%的，要研究提出过渡办法；调整社会保险缴费基数政策，各省以全口径城镇单位就业人员平均工资核定社会保险个人缴费基数上下限。全年社保减费4 252亿元，其中养老保险减费2 915亿元。企业缴费负担进一步减轻，广大企业和社会公众的获得感和满意度提高，市场主体活力进一步释放。

二、推动规范省级统筹

10月，人力资源社会保障部、财政部、税务总局印发规范企业职工基本养老保险省级统筹制度的通知，要求各省（区、市）和新疆生产建设兵团2020年底前在养老保险政策、基金收支管理、预算管理、责任分担机制、信息系统、经办管理、激励约束机制等方面，做到全省规范和统一。截至年底，实现养老保险省级统收统支的省份达到13个（含新疆生产建设兵团）。

三、实施并完善中央调剂制度

2019年，人力资源社会保障部会同财政部，将企业职工基本养老保险基金中央调剂比例提高到3.5%，并完善了基金中央调剂制度，加大对基金收支困难省份的支持力度，提高中央调剂基金的使用效率。11月，人力资源社会保障部、财政部印发2019年企业职工基本养老保险基金中央调剂方案，全年中央调剂基金总规模6 300多亿元，22个省份受益1 500多亿元，年底前全部缴拨到位，进一步均衡了地区间基金负担，缓解了部分省份基金收支压力。

四、推动机关事业单位养老保险制度改革落实

加快推进机关事业单位养老保险制度改革落地，指导各地做好待遇平稳衔接和按新办法计发落地工作。截至11月底，全国29个省份启动了新办法计发工作。

五、提高退休人员基本养老金水平

按照政府工作报告的部署，统一安排、同步调整企业和机关事业单位退休人员基本养老金。总体调整水平5%左右，1.2亿名退休人员受益。

六、进一步加强养老保险基金运行分析

人力资源社会保障部会同财政部指导地方

建立基金风险预警体系，形成2019年度基金运行分析报告，对各省份未来3~6年内城镇企业职工基本养老保险基金收支情况进行预测分析，防范化解基金潜在风险。

七、完善养老保险关系转续政策

针对各地反映的养老保险关系转移接续中存在的问题，人力资源社会保障部办公厅印发《关于职工基本养老保险关系转移接续有关问题的补充通知》（人社厅发〔2019〕94号），完善了相关政策，更好地保障了流动就业人员的养老保险权益。

八、推动多层次养老保险体系发展

进一步落实《企业年金办法》（人力资源和社会保障部、财政部令第36号），鼓励更多的用人单位建立企业年金，截至第三季度，建立企业年金的用人单位9.3万家，参加职工2 506.34万人，积累基金1.7万亿元。第三支柱方面，与财政部牵头，会同相关部门研究拟订建立发展养老保险第三支柱的政策措施，健全多层次养老保险体系。

失 业 保 险

2019年，全国失业保险工作以习近平新时代中国特色社会主义思想为指导，全面贯彻落实党的十九大和十九届二中、三中、四中全会及中央经济工作会议精神，积极发挥失业保险"保生活、防失业、促就业"三位一体功能作用，突出抓好参保扩面、援企稳岗、提高待遇、风险防控、脱贫攻坚、行风建设，助力实现更加充分更高质量就业和就业局势的总体稳定，各项工作取得新进展。

一、参保人数持续增长，基金运行总体平稳

参保人数继续呈增长态势，截至12月末，全国失业保险参保人数20 542.7万人，突破2亿人大关，比上年末增加899.2万人。基金运行总体平稳，全年基金收入1 284亿元，同比增长9.7%；基金支出1 333亿元，同比增长45.7%。其中，保生活支出524.8亿元，占支出总额39.4%；防失业支出547.9亿元，占41.1%；促就业支出260.5亿元，占19.5%。从失业保险基金结余中划转1 138.6亿元技能提升行动专项资金后，基金累计结余4 625亿元。

二、打出"降、返、提"稳就业政策组合拳，加速释放政策红利

一是"降"。按照《国务院办公厅关于印发降低社会保险费率综合方案的通知》（国办发〔2019〕13号）要求，自2019年5月1日起，实施失业保险总费率1%的地区，延长阶段性降低失业保险费率的期限至2020年4月30日。失业保险基金相对减收1 134亿元，为企业减了负、助了力。

二是"返"。落实中央稳就业部署，人力资源社会保障部会同财政部、发展改革委、工业和信息化部印发《关于失业保险支持企业稳定就业岗位的通知》（人社部发〔2019〕23号），在继续实施原有稳岗返还政策的基础上，明确在2019年度，对面临暂时性生产经营困难且恢复有望、坚持不裁员或少裁员的参保企业加大援企稳岗支持力度。通过重点督促、典型示范、集中观摩等举措，指导各地加快工作进度。全年全国共向114.8万家企业发放稳岗返还资金551.7亿元，惠及职工7 289.5万人，其中向23.4万家经营困难且恢复有望企业发放331.9亿元，惠及职工721.7万人。这项政策深受企业欢迎，支持"真金白银"，作用"雪中送炭"，传递了党和政府的关心温暖，提振了信心，稳定了预期。

三是"提"。落实政府工作报告提出的从失业保险基金结余中拿出1 000亿元用于职业技能提升行动的要求，从全国832个账户中筹措资金1 138.6亿元，为大规模开展职业培训提供了坚强资金支撑。落实习近平总书记"技能强国"重要指示精神，大力开展支持参保职工技能提升"展翅行动"，全年共向126.1万人次参保职工发放技能提升补贴20亿元，提高了就业质量，增强了就业稳定性。

三、提高失业保险金标准，保障水平稳步提高

失业保障水平稳步提高，待遇调整与经济

社会发展基本同步。按规定为失业人员发放失业保险金，为符合条件的失业农民工发放一次性生活补助，为领金人员代缴医疗保险费。按规定及时启动失业保障与物价联动上涨机制，发放价格临时补贴。继续落实《关于调整失业保险金标准的指导意见》（人社部发〔2017〕71号），指导各地逐步提高失业保险金水平。全年全国失业保险金月人均1 393元，同比增长10%。

四、着力防范风险，失业动态监测工作持续完善

面对国内外风险挑战明显上升的复杂局面，进一步完善失业动态监测工作，以对经济和就业影响大的省份为重点，增强主动性和有效性，提高对规模性、区域性失业风险的监测和防控能力。充分发挥全国约5.2万家监测企业、2 700万个岗位监测数据的作用，进一步加强对重点地区和重点行业的岗位变化分析。运用失业风险监测值和警戒线数据指标，提高研判岗位变化趋势和失业风险的准确性和科学性。开展失业预警试点，积累经验、完善措施，增强调控失业和防范失业风险的能力。

五、脱贫攻坚聚焦聚力，扶贫工作有序推进

落实脱贫攻坚专项巡视整改工作要求，会同财政部、国家税务总局印发《关于失业保险基金省级统筹的指导意见》（人社部发〔2019〕95号），指导各地提高基金统筹层次，强化基金使用效率，增强基金保障能力。指导各地继续抓好失业保险基金支持脱贫攻坚倾斜性政策措施落实。"三区三州"失业保险金标准全部达到最低工资标准的90%。2019年，"三区三州"深度贫困地区累计向2万名失业人员发放失业保险金1.4亿元，为1.4万名失业人员代缴基本医疗保险费0.3亿元，向5 220家企业发放稳岗返还资金2.3亿元，向2 779人次参保职工发放技能提升补贴471万元，事业单位吸纳建档立卡贫困户的工作在多个省份取得突破。失业保险在支持深度贫困地区群众实现脱贫、稳定脱贫上发挥更加积极的作用。

六、开展行风建设，经办管理服务水平不断提升

落实"放管服"改革，按照"正行风、树新风，打造群众满意的人社服务"要求，把加强系统行风建设作为释放政策活力的重要抓手，在"清、减、压"上持续发力，推进失业保险经办"网路"变"主路"，"马上办、就近办、一次办"水平进一步提升。印发文件要求减少失业保险金申领证明材料、增加服务供给、推进网上申领失业保险金。在人社系统的共同努力下，全国已全面取消领金人员按月到现场签到，省会城市和计划单列市基本实现了失业保险金网上申领。失业保险稳岗返还和技能提升补贴政策的网上经办也在加速推进，120个地级以上城市实现稳岗返还"不见面"审批，11个省份和13个省份的部分地市实现技能提升补贴全程网办，提高了政策享受便利度，群众和企业满意度不断提升。

工伤保险

2019年，工伤保险工作以习近平新时代中国特色社会主义思想为指引，深入贯彻落实党的十九大和十九届二中、三中、四中全会精神，积极推进工伤保险扩面、工伤保险基金省级统筹、工伤保险降费、工伤认定和劳动能力鉴定便民化服务、工伤保险普法宣传、工伤保险扶贫，以及尘肺病攻坚工作，各项工作取得积极进展。

一、推进工伤保险扩面工作

积极应对工作中的新变化、新挑战，坚守"先参保，后开工"的政策底线，稳步推进工程建设项目参保工作，积极推进农民工等各类群体参保工作。截至年底，全国工伤保险参保人数达25 478万人，比上年同期增加1 604万人，增长6.7%，增量和增长率均处于近五年最高水平。其中，建设施工企业参保人数为3 671万人，占总参保人数的14.4%；农民工参保人数为8 616万人，较上年同期增加531万人。

二、推进工伤保险基金省级统筹工作

推进工伤保险基金省级统筹是贯彻党的十九大精神的重要举措，也是落实中央脱贫攻坚巡视整改的重要政治任务。为推进工伤保险基金省级统筹工作，全面落实人力资源社会保障部、财政部出台的《关于工伤保险基金省级统筹的指导意见》（人社部发〔2017〕60号）和中央脱贫攻坚巡视整改工作要求，9月专门印发了《关于加快推进工伤保险基金省级统筹工作的通知》（人社厅函〔2019〕164号），指导地方制定实施方案、时间表以及任务图。按照"抓两头、促中间，树标杆、督后进"的思路，通过印发通知、片会调度、实地调研等多种方式，推动工伤保险基金省级统筹工作换挡提速。对广东这一参保人数最多的省份，支持其于7月高标准实现统收统支模式的省级统筹，在全国树立省级统筹工作的标杆。截至年底，已有19个省份基本实现省级统筹，其他13个省份正在积极推进相关工作。

三、推进工伤保险降费工作

按照党中央、国务院统一部署，2019年5月1日至2020年4月30日，工伤保险继续执行阶段性降低费率工作。按照人力资源社会保障部的统一部署，迅速制定工作方案，成立工作小组，印发文件并召开会议进行部署，督导政策落实，降费政策有效实施，取得了较好成效。全年工伤保险降费203.85亿元，降低了企业社保缴费成本。

四、推进工伤认定和劳动能力鉴定便民化服务

做好工伤保险领域证明事项和证明材料的清理，共取消证明事项3项、证明材料45项（含工伤经办），其中证明材料取消数量占人力资源社会保障部总取消数量（125项）的36%。认真落实《关于推进工伤认定和劳动能力鉴定便民化服务工作的通知》（人社厅发〔2018〕104号）明确的下放省级人社部门工伤认定和劳动能力初次鉴定事项等6项便民举措，指导地方结合实际进一步优化服务，工伤

认定及劳动能力鉴定服务质量、效率进一步提升。

五、推进工伤保险普法宣传工作

围绕工伤保险业务工作，不断创新政策宣传形式，加强普法宣传力度，形成了主题普法宣传与日常宣传相结合、传统媒体与新媒体共同发力的宣传格局，推动工伤保险普法宣传工作取得新的成效。以部门户网站、《中国劳动保障报》工伤保险专版、"中国工伤保险"微信公众号为宣传主阵地，宣传工伤保险法规政策、地方先进经验、典型案例，展播《漫话工伤保险条例》微动漫及工伤保险相关微电影，不断创新表现形式，针对网民留言中出现频次较高的问题进行政策解读。依托"中国工伤保险"微信公众号，调动系统干部的积极性和创造力，主动回应社会热点，如针对阶段性降低工伤保险费率、意外险是否可以代替工伤保险、上班族雪天摔伤算不算工伤等热点问题，及时推出《一文看懂工伤保险阶段性降费》《意外伤害险不能替代工伤保险》《上班族雪天摔倒能不能报销治疗费》等普法文章，使职工群众进一步了解相关政策。

六、推进工伤保险扶贫工作

为进一步发挥工伤保险在打赢脱贫攻坚战中预防和减少贫困的作用，防范职工因工伤致贫返贫，开展了"工伤保险走进扶贫车间"主题普法宣传活动。针对包括扶贫车间在内的小微企业规模较小、营业收入不高、抗风险能力较弱的现状，开展"工伤保险走进扶贫车间"主题活动，通过现场宣传、动漫展播、微信推送、平台直播等形式深入企业、深入车间、深入职工进行政策宣讲和安全培训，增强了企业依法参保的积极性，更好地保障了职工的工伤保险权益。活动得到了国务院扶贫办、全国总工会等有关部门和组织的大力支持。在全年的集中宣传活动中，全国各地累计深入企业宣传1.8万余次，开展现场咨询22万余次，现场咨询人数145万余人，组织培训班5 000多次，累计培训54.8万余人。较多省市深入一线开展现场办公送服务上门活动，送法规、送政策到扶贫车间，提升了扶贫车间特别是一线职工的政策知晓度。

七、推进尘肺病攻坚工作

落实国务院第46次常务会议精神，围绕加强尘肺病重点行业工伤保险工作，会同国家卫生健康委印发了《关于做好尘肺病重点行业工伤保险有关工作的通知》（人社部发〔2019〕125号），就开展扩面专项行动、工伤预防专项行动和提升尘肺病工伤职工待遇保障能力作出部署。

城乡居民基本养老保险

一、城乡居民基本养老保险取得新进展

贯彻落实人力资源社会保障部、财政部《关于建立城乡居民基本养老保险待遇确定和基础养老金正常调整机制的指导意见》（人社部发〔2018〕21号）的要求，指导各地制定出台城乡居民基本养老保险待遇确定和基础养老金正常调整机制政策文件，推动各地建立激励约束有效、筹资权责清晰、保障水平适度的城乡居民基本养老保险待遇确定和基础养老金正常调整机制。截至年底，全国29个省份和新疆生产建设兵团出台了政策文件。在建立年限养老金、65岁以上老人加发养老金、建立基础养老金调整机制、个人缴费档次和缴费补贴调整机制、开展基金委托投资等多方面落实了文件精神，推动完善当地城乡居民基本养老保险制度，提高制度保障能力。内蒙古等21个省份制定了丧葬补助费政策和标准；山西等26个省份将最低缴费档次提高至200元以上，增强了制度筹资能力。北京、天津、上海、江苏、福建、河南、广东、西藏、青海、宁夏10个省份提高了城乡居民基本养老保险省级基础养老金标准，提标幅度为每人每月5元至95元。加强政策宣传，落实对困难人群代缴保费政策，将符合条件的贫困老人纳入城乡居民基本养老保险保障范围，引导广大城乡居民早参保、勤续保。截至年底，全国城乡居民基本养老保险参保人数53 266万人，比上年同期净增874万人，其中60周岁以上实际领取待遇人数16 032万人。2019年，人均缴费351元，月人均养老金160元。

二、城乡居民基本养老保险扶贫成效显著

开展贫困人口应保尽保专项工作。一是明确责任。由农保司负责统筹协调建档立卡贫困人口应保尽保专项整改工作，组织制定具体工作方案，研究解决重点难点问题；社保中心督促指导各地社保经办机构落实城乡居民养老保险扶贫政策，积极引导建档立卡贫困人员参加城乡居民基本养老保险；信息中心提供数据支撑，推动实现精准扩面。二是完善政策。各地按照贫困人员城乡居民基本养老保险应保尽保工作要求，扩大代缴范围、提高代缴比例，进一步完善当地政策，细化工作措施。三是精准识别。利用人力资源社会保障扶贫信息平台做好社会保险数据核实报送工作，将国务院扶贫办提供的建档立卡贫困人口数据与人力资源社会保障部联网监测和全民参保数据库进行数据比对，对疑似未参保人员数据进行标识后下发各省份，指导各地利用人力资源社会保障扶贫信息平台，精准定位扶贫工作对象和参保扩面重点人员，推动贫困人员精细化管理，建立上下协同的数据核实报送机制，形成全国社会保险贫困人员基础信息库。全年比对核实近1.58亿人次，核实完成率100%。四是狠抓落实。组成多个调研组分赴全国24个省份开展调研督导，走村入户，指导各地工作。开展季调度，定期通报各地进展情况，加强跟踪指导，强力跟进推动。五是核查验收。创新核验方式，利用人力资源社会保障全民参保登记库和联网监测库数据，采取数据验证为主、随机抽检为辅的方式，对各地建档立卡贫困人员参

加基本养老保险情况开展核验。

截至年底，全国5 978万名符合条件的建档立卡贫困人员参加基本养老保险，参保率达到99.99%，基本实现贫困人员基本养老保险应保尽保。共为2 529.4万名建档立卡贫困人员、1 278.7万名低保对象和特困人员等贫困群体代缴城乡居民基本养老保险费近42亿元，为2 885.5万名贫困老人发放养老保险待遇，合计6 693.6万名贫困人员从中受益。

三、被征地农民社会保障工作取得成效

一是积极配合国务院有关部门做好修法工作。8月26日第十三届全国人大常委会第十二次会议审议通过新修正的《中华人民共和国土地管理法》，对被征地农民社会保障有关内容作出了新的规定。二是加强政策指导，河南省和山西省人民政府先后出台了被征地农民参加基本养老保险补贴办法，全国已有26个省（区、市）按照社会保险法要求改革完善原有政策。三是在山西省运城市和江西省九江市举办了2期全国被征地农民社会保障工作培训班，在浙江省宁波市召开了全国被征地农民社会保障工作座谈会，总结交流工作经验，切实加强对被征地农民社会保障工作的政策解读和业务指导。四是研究起草了进一步做好被征地农民社会保障工作指导意见的讨论稿，并在系统内广泛征求意见。五是继续做好被征地农民社会保障调度工作。截至年底，全国大部分被征地农民纳入被征地农民社会保障政策保障范围。六是组成联合调研组，前往甘肃、山西、江苏、新疆、四川、云南等省份调研，加强对各地的工作指导和相互交流学习。

社会保险经办管理

2019年是新中国成立70周年，也是全面建成小康社会进入决胜阶段的关键一年。面对错综复杂的国内外形势和艰巨繁重的社保改革任务，各级社会保险经办机构迎难而上，稳中求进，攻坚克难，改革创新，圆满完成了目标任务，各项工作取得积极进展。

一、改革任务落实实现重点突破

（一）社保降费率政策落实效果超出预期。

党中央、国务院高度重视减税降费工作，出台了降费率综合方案，将职工养老保险单位缴费比例下调至16%，并继续阶段性降低失业、工伤保险费率。综合方案印发后，人力资源社会保障部认真学习贯彻习近平总书记关于减税降费的重要指示批示精神，落实党中央、国务院决策部署，按照"两个不得一个务必"的要求，确保政策落地落细。大力开展社保降费减负宣传，认真做好降费效果统计工作，为社会预期回稳、企业信心增强营造良好氛围。全年企业职工养老、失业、工伤保险降费共计4 252亿元，政策实施的积极效应持续显现，企业降成本、市场增活力、个人得实惠，社会预期积极向好。

（二）全力以赴打赢打好社保扶贫攻坚战。

坚持将做好社保扶贫工作，落实脱贫攻坚专项巡视整改要求作为重要政治任务来抓，突出一个"准"字，尽锐出战，决战决胜，为打赢打好脱贫攻坚战做出积极贡献。按照"3月摸清底数，6月应发尽发，9月应保尽保"的工作安排，挂图作战，持续发力，积极落实社保扶贫代缴政策，在6月实现应发尽发的基础上，全国5 978万名建档立卡贫困人员参加了基本养老保险，参保率达到99.99%，基本实现应保尽保。着眼方便快捷，强化贫困地区社保经办能力建设，积极落实整改脱贫攻坚专项巡视提出的优化关系转移接续、加大定点扶贫力度等问题，社保助力脱贫攻坚成效显著，发挥了重要兜底作用。

（三）征收体制改革稳妥有序推进。

人力资源社会保障部认真贯彻落实中央关于稳妥推进征收体制改革和稳定缴费方式的工作要求，与相关部门持续深化务实合作，认真开展社保费收入数据比对分析和信息共享平台建设工作，稳妥推进征收体制改革。各地机关事业单位和城乡居民社保费征管职责平稳有序完成了划转，双方业务对账衔接更加顺畅，"职责清晰、流程顺畅、征管规范、便民高效"的缴费机制初步建立。企业职工基本养老保险和企业职工其他险种缴费，原则上暂按现行征收体制继续征收，"成熟一省、移交一省"，缴费方式基本稳定。社保费信息共享平台建设不断优化，认真研究制定征收职责划转"成熟"标准，为下一步职责划转工作打好基础。

二、各项重点工作落实稳健

（一）全民参保计划推动扩面成效明显。

人力资源社会保障部启动了全民参保扩面专项行动，在巩固前期全民参保登记成果基础上，落实参保登记"回头看"、宣传服务"送上门"、参保缴费"不用跑"的要求，以养老保险为重点，不断针对未参保人员开展精准宣传，提供方便快捷的参保缴费服务，强力推进参保扩面。持续加强国家全民参保库建设，已获得13.7亿人的基础数据。全民参保助推参保扩面的成效持续显现，截至年底，全国基本养老保险参保人数9.68亿人，失业保险参保人数2.05亿人，工伤保险参保人数2.55亿人，分别较上年同期增加2 461万人、900万人、1 604万人。

（二）社保基金运行总体平稳。

各项社保基金运行总体平稳，基金收支整体平衡，基本养老、失业和工伤保险基金总收入59 130亿元，总支出54 492亿元，累计结余达到69 281亿元。基金运行管理不断加强，认真做好年度基金预决算工作，落实加强基金中央调剂力度各项要求，持续开展基金运行监测分析，防范化解运行风险。养老保险基金投资运营工作顺利开展，投资规模持续扩大，投资收益稳步提升。划转部分国有资本充实社保基金工作全面推进，基金可持续能力进一步增强。

（三）各项待遇稳步提升、按时发放。

连续第15次调整企业退休人员养老金，第4次同步调整机关事业单位退休人员养老金。调待工作总体平稳顺利，切实使退休人员更好分享新中国成立70周年的发展成果。工伤保险医疗、伤残和工亡等各项待遇稳步提升，确保了工伤职工合法权益，维护了社会稳定，人民群众的获得感、幸福感和安全感显著提升。

（四）全国统一的社会保险公共服务平台建设迈出关键步伐。

人力资源社会保障部坚持边规划边建设的思路，持续推进统一平台建设。印发了平台建设指导意见，要求建立健全组织架构体系、技术支撑体系、标准规范体系、协同管理体系、风险防控体系等5个体系，加快平台建设步伐。9月，国家社会保险公共服务平台网站上线运行，平台上线以来运行平稳。截至年底，已可向参保人和参保单位提供个人权益记录查询、社保待遇资格认证、养老保险待遇测算等全国性、跨区域的9类22项社会保险公共服务，平台总访问量达4 800万人次，极大方便了群众办事，统一平台建设取得了重大积极成果。

（五）宣传和国际合作工作亮点突出。

围绕庆祝新中国成立70周年的主题，精心组织开展社保成就宣传，持续推进"最美社保人"和"人社服务标兵"典型宣传，集中展现了社保事业发展取得的辉煌成就和社保干部队伍的良好形象。着力推进养老保险政策"看得懂、算得清"宣传，在《中国劳动保障报》、人力资源社会保障部政务微信公众号开设专栏，用接地气的群众语言、群众喜闻乐见的形式解读政策，得到社会一致好评。出台港澳台居民参保暂行办法，有利于进一步便利港澳台居民在内地（大陆）工作、生活，保障其社会保险权益。不断深化社保领域国际合作，双边协定、行政协议磋商有序进行，"朋友圈"进一步拓展，双边社保协定执行便捷化程度不断提升，多边平台交往亮点纷呈，社保国际合作再上新台阶。

三、社保经办系统行风建设持续深入推进

（一）揭根溯源，纠建并举，"清、减、压"工作持续推进。

人力资源社会保障部切实贯彻"放管服"改革精神，坚持底线思维和问题导向，深挖行风问题中的深层次矛盾，持续将行风建设向深处、实处推进。狠抓行风问题整改，着重从体制机制上铲除问题根源，积极推动经办规程修订工作，全力推行"三个不用"，清事项、减材料、压时限。大力推行告知承诺制，倒逼数据共享、制度建设和模式转型。完善信用体系建设，出台社会保险领域严重失信人名单管理暂行办法，对失信行为堵后门、断后路。持续优化营商环境，进一步优化企业社保登记流程，推进企业登记事项"一网通办"。积极参与业务技能练兵比武，培养一批"一口清"

"事事通""问不倒"的业务能手。

（二）聚焦堵点，改革创新，着力破解转移接续和资格认证难题。

持续完善相关政策，优化转移经办流程设计，取消参保缴费凭证，开通网上申请服务，推进转移接续网上办理，完善转移平台建设，开展超期业务清理，社保关系转移的便捷化水平不断提升。全国各地企业职工养老保险已全部接入部转移系统，并在国家社会保险公共服务平台开通了转移进度网上申请和查询功能。在全面取消集中认证的基础上，不断探索创新认证服务模式，进一步加大资格认证信息比对范围，规范异地居住人员认证工作，努力提升境外居住人员认证服务便捷性，推进自助认证，探索构建递延认证机制，"寓认证于无形"的认证服务格局更加完善。

四、始终保持风险防控高压态势

人力资源社会保障部坚持把防范化解社保领域风险作为贯穿全年工作的主线，始终保持了风险防控高压态势。风险防控意识持续增强，详细梳理了社保领域风险清单，做到四个明确，层层压实责任，打赢打好风险"防御战""攻坚战""歼灭战"的信心和决心不断增强。大力加强内控制度建设，深入推进风险防控措施"进规程、进系统"，开展了基金管理风险专项检查，启用稽核通知书，发挥震慑作用，有效维护了基金安全。深入推进数据稽核，建立数据共享比对机制，制定数据稽核规程，把风险防控的重点向"重复领取、死亡冒领、违规一次性补缴、违规提前退休"等疑点信息聚焦，发起了一场数据稽核"风暴"。总体来看，牢牢守住了不发生系统性风险的底线，风险增量得到初步遏制，存量正在逐步消化，形势总体平稳，为新中国成立70周年营造了和谐稳定的社会氛围。

五、社保经办数字化转型初见成效

人力资源社会保障部初步构建了以社保大数据分析应用为"体"，以精确管理和精细化服务为"两翼"的社保经办数字化转型新模式。数据共享交换取得积极进展，与司法部、国铁集团等部门单位开展数据共享合作，在国家共享平台申请市场监管、卫生健康、教育等部门数据共享接口，社保数据资源池规模不断扩大。联网数据质量持续提升，对数据质量问题严重的省份进行约谈，指导各地做好质量自查工作，数据准确性得到更好保障。积极推进数据分析应用，支持各地开展数据比对，数据在待遇资格认证、数据稽核、社保降费政策制定等方面发挥了重要作用。稳步开展社保精算工作，修改完善养老保险精算模型，启动第一套生命表编制，有效地发挥了社保精算服务经办管理和政策决策的积极作用。

中央国家机关事业单位养老保险经办管理

2019年是全力推进中央单位养老保险制度改革落地、努力提升中央经办管理服务水平的关键之年。按照人力资源社会保障部党组的统一部署和要求，中央国家机关事业单位养老保险经办管理工作进一步提高政治站位，以习近平新时代中国特色社会主义思想为指引，按照"站位高、理念新、视野宽、服务优"的工作思路，精诚团结、锐意进取、真抓实干，推动养老保险经办管理工作取得积极进展。

一、全力推进按新办法计发养老金，确保机关事业单位养老保险制度改革有效落实

坚持把按新办法计发作为全年工作主线，切实增强责任感紧迫感，集中人力物力，内外协调、挂图作战，制订推进计划，明确了2020年初启动退休"中人"新办法计发，实现基本险和职业年金"同步发、准确发、规范发"的工作目标。据实核定缴费工资基数，在试点部分参保单位实施准备期结算的基础上，不断优化系统流程，全面完成准备期数据确认工作。加强部门联动，保持密切沟通、凝聚共识、形成合力，配合做好新办法待遇测算分析等基础工作。督促、指导参保单位更正人员信息，夯实数据基础。测试完善计发信息系统，开发新老办法计发对比等辅助功能模块，制定关于实施在京中央单位退休中人新老办法对比计发工作有关问题的宣传提纲，及时通过网上办事大厅、短信等手段做好相关宣传解释工作，确保新办法计发工作顺利推进。

二、持续扩大参保登记，基本实现征缴和发放全覆盖

积极采取有效措施，分类推进超编等单位参保登记工作，工作重点从登记转向精准扩面。截至12月底，共有1 735家中央机关事业单位按规定办理参保登记并通过审核，参保人数59.2万人。不考虑超编等因素，基本实现了"应保尽保、应发尽发"。全年前台累计办理业务76 412笔，开具参保缴费证明8 600余人次。认真落实降费率要求，于5月按时准确执行新费率。积极推进解决部分非政府借调国际职员参保问题，完成两批符合条件的非政府借调国际职员养老保险待遇发放工作，认真落实院士等人员参保及待遇发放工作。同时，根据政策做好基本养老金调整工作，周密部署调待工作方案，组织召开中央国家机关事业单位退休人员养老金调整工作动员会，于9月底顺利完成2019年基本养老金调整工作，保证23万多名退休人员在新中国成立70周年大庆前领到调整的养老金。

三、加快推进养老保险关系转移接续，规范个人账户和档案管理

全面开展基本养老保险关系转入工作，全年共办理转入业务12 979笔，寄送联系函2 131封，实现基本养老保险和职业年金转入业务一单受理。完成基本养老保险关系转出系统功能开发需求及功能测试，11月29日正式接入人力资源社会保障部异地转移平台。完成参加北京市企业职工养老保险的中央单位摸底调查及基金收支测算工作,与部相关单位和财政部相关单位及北京市相关单位就政策意见、数据比对、工作对接等问题进行会商座谈,加快推进在北京市参加企业职工养老保险的中央单位纳入央保工作。切实做好关系转续咨询答疑工作,汇总整理43个重点政策及经办问题答复口径。为进一步规范管理个人账户,维护2019年基本养老保险个人账户记账利率,研究准备期收支轧差个人账户视同到账,完成2014—2019年个人账户数据清理,征求部相关单位和财政部相关单位意见,制定出台央保中心基本养老保险个人账户记账计息办法。业务材料归档有序进行,全年共整理归档业务材料4万件14.6万页。参加档案调研及标准化制定相关工作,研究在线归档模式,为下一步推进不见面式办公打下基础。

四、加强基金收支管理,努力做好中央经办风险防控

全年基本养老保险基金征缴收入134亿元,财政补助124.7亿元,支出224.3亿元,当期结余38.4亿元,累计结余81.7亿元。按时完成预算编制及上报工作,确保资金预算充足,为待遇计发及准备期结算提供资金保障。严密监控基金账户资金,认真做好财务会计核算、账务处理和财务会计档案管理工作。实施电子票据一期系统建设,大力推进电子票据管理工作。加强内部稽核风控,配合部相关单位开展专项检查,制定《内部控制检查整改清单》,对照清单逐项抓好任务整改。定期对经办系统中的参保数据进行清查、比对,做好风险评估工作。进一步完善树形结构功能模块,发挥好树形结构对风险防控、统计数据的决策支持作用。邀请会计师事务所开展审计,确保基金收支规范安全。

五、发挥示范引领作用,全面启动职业年金委托投资

与受托人签订受托管理合同,完成备案流程,建立全国首个职业年金计划。完善各项基金管理制度,构建职业年金委托投资激励约束机制,自2月底开始,将按月归集的当期职业年金缴费通过受托直投方式,在全国率先启动投资运营。8月全面启动7个计划、41个普通组合投资运营。截至12月31日,中央单位职业年金资产净值达287.2亿元,累计投资收益率5.02%,年化投资收益率6.03%,实现净收益约6.5亿元。研究确定中央单位职业年金投资目标和风险预算,建立投资监督及风险控制机制,引导受托人制定资产配置方案,控制各计划投资风险。同时加强与地方的交流,分享做法经验,发挥示范引领作用,推动全国职业年金工作。

六、大力开展宣传培训,有效提高经办水平

完成面向1 700多家参保单位、近2 000名经办人员的业务培训工作。通过集中培训,经办人员业务水平得到有效提高,参保单位培训满意度达到95%以上。全年累计接听咨询电话1.35万个,处理咨询邮件近5 000封,认真解答经办各类问题。完成海报、幻灯片、动画片等大屏幕宣传品的制作,不断加强中央经办成果宣传。同时,在重点工作推进的关键阶段,及时通过网厅、微信群、短信等方式做好宣传解释工作,方便参保单位及时了解业务办理进展情况和相关要求。研究起草中央单位工伤保险经办管理办法,为中央国家机关事业单位工伤保险经办做准备,推动中央单位工伤保险,切实保障职工合法权益。

七、强化行风建设,打造中央经办服务标杆

一是全面加强行风建设。开展"走进参保单位"和"走进金融机构"活动,加强调查研究,学习先进服务经验。共走进国家医保局、兵器工业集团等30多家单位,深入参保单位听取意见建议,现场解决实际问题。开展参保单位满意度调查,对参保单位反馈的意见建议,做到"事事有回应、件件有落实",为参保单位提供良好经办环境和优质服务。二是优化业务流程。加大监督检查力度，开展业务办理巡查，简化业务流程，缩短业务办理周期。严格执行证明事项清理工作，落实国务院"放管服"改革政策措施，建议政策部门取消证明材料 20 余项。三是创新服务模式。综合利用互联网、大数据、区块链等智能化、现代化技术，搭建多种场景的服务方式，加快央保系统二期及不见面式办公项目的开发建设进度，上线网厅个人参保证明打印、统计查询以及单位层级管理等功能，积极推进系统优化升级。四是提高服务能力。做好社保卡发放和应用准备工作。积极参加全员技能练兵比武活动，提高业务经办能力。同时，加强与相关单位沟通，建立问题定期会商机制；加大与省市经办机构的沟通联系，建立顺畅有效的协作互助机制，确保中央经办工作取得更大进展。

八、创新定点扶贫举措，扎实推进帮扶工作

落实人力资源社会保障部脱贫攻坚巡视整改相关要求，完善脱贫攻坚领导小组工作体制机制，制定《脱贫攻坚专项巡视及自查自纠问题整改方案》和整改台账。创新扶贫举措，继续支援茶苗 30 多万株，举办茶叶种植技术培训班，联系注册"长冲创福"网商平台，上线农副产品 10 余款，帮助安装电子付款机，方便群众不出村就能缴纳社保费和领取待遇。开展支部共建，邀请扶贫村干部来京参加扶贫培训，组织参观农业嘉年华和花卉苗木基地，着力提高扶贫干部工作能力。选派青年干部驻村蹲点，为小学生上"理想"课并捐赠图书，与村民同吃同住同劳动；积极开展定点扶贫村调研，扎实做好对口帮扶工作。

社会保险基金监管

一、加强基金监督，社保基金管理风险防控取得积极成效

一是检查督导加力度。以查为本，拓展项目，扩大范围，保持高压态势。2019年的检查围绕推动风险防控意见落实展开，项目多，范围广，时间长，从年初查到年尾。全年在全国开展社保基金管理风险专项检查，布置培训、自查抽查、督促整改交替进行。2月，对央保中心养老保险基金管理情况进行检查。上半年，督导云南、贵州、四川、甘肃、青海、新疆、西藏、江西8省份贫困地区社保基金管理风险防控工作，推动健全"四位一体"防控体系，落实风险防控措施。下半年，围绕意见落实、经办内控、"三个全面取消"、"三类违规发放"、提前退休等5个方面，突出省级重点，兼顾市县和险种，对山西、黑龙江、山东、福建、广西、海南6省份进行抽查。11月，对河北省社保局养老保险基金管理情况进行集中诊判，帮助排查风险漏洞。同时，开展非现场检查，利用基金监督系统，持续分析比对养老保险待遇重复领取和死亡冒领数据，推动养老保险待遇严格发放。全年全国4 883个单位开展风险防控检查自查，对2 298个单位开展抽查。

二是督促整改显成效。以查促改，对发现的问题，积极督促整改。坚持政策、经办、信息、监督"四位一体"防控思路，加强调度，督促相关部门制定配套文件，督促地方出台实施办法，推动意见贯彻落实。督促9省份核查审计发现的违规发放养老保险待遇问题，推动整改，追回基金1.3亿元。推动"三个全面取消"落实，取消现金业务基本完成，取消手工经办进展显著，取消社银人工报盘完成近七成。督促整改2018年工伤保险内控检查发现的问题，特别是部里抽查6省份发现的问题，促进工伤保险内控制度完善和工作落实。推动央保中心整改检查发现的问题，取得积极成效。

三是查处警示强震慑。坚持底线思维，督促大案要案的查处。严厉打击犯罪分子。推动实施"一案双查"，督促案发地对案件相关责任人员进行追责问责。探索以案示警，通报大案要案和典型案件，警示风险，教育干部。设计、张贴海报，以农村居民为重点，宣传"养老保险保养老，欺诈骗取要坐牢"，增强参保人员的法制意识。举办培训，以社保工作人员为重点，讲案件、讲风险、讲原因、讲措施，提高风险认识。

四是监督能力稳提升。围绕风险防控，研究监督能力和监督体系建设，借势借力借机，努力推动基金监督工作法制化、规范化、常态化。探索案件通报办法，建立健全监督制度机制。选择部分地方业务骨干，建立专家库，组建监督检查队伍。研究业务需求，推动监督系统升级完善。推动检查数据统计分析工作，全面掌握地方情况。与最高人民法院大数据研究院合作，分析2016—2018年判决的社保基金刑事犯罪案件数据。与劳动社保科研院合作，研究监督检查规范。在《中国社会保障》杂

志开办专栏，编印社保基金管理风险防控硬招实招征文集，推广交流各地风险防控的好做法好措施。

二、扎实推进基本养老保险基金投资运营，基金投资运营规模破万亿元

推动扩大投资规模，会同财政部发文明确2019—2020年启动城乡居民养老基金委托投资的省份名单，督促指导列入2020年启动的省份全部如期启动委托投资工作。继续推动有能力的省份扩大企业职工养老基金委托投资规模。截至年底，全国已有22个省（区、市）与社保基金理事会签署了委托投资合同，合同金额10 930.36亿元。投资运营3年来，年均投资收益率超过5%，累计投资收益额接近900亿元。完善配套制度，规范委托投资业务流程。组织养老基金委托投资业务培训班和委托省份年度联席会议，推动业务交流。在包商银行因严重信用风险被监管部门实施接管的背景下，开展地方社保基金银行存款情况调查，梳理风险点，做好预案，切实防范金融风险。规范企业年金信息报告和信息披露，拟定数据管理工作规范，研究制定职业年金基金信息报告和信息披露暂行办法。会同财政部等印发通知全面推开划转部分国有资本充实社保基金，截至年底，中央层面已先后部署81家中央企业和金融机构实施划转，划转规模约1.33万亿元。

三、深入落实年金基金监管制度，推动职业年金基金市场化运营工作

会同有关单位联合成立职业年金启动阶段基金监管专项工作组，在广泛听取意见的基础上提出规范要求，强化基金监管，防范管理风险。开展职业年金基金归集账户现状调查摸底，下发情况通报，进一步强化职业年金基金归集账户开立、账户基金存放以及支出户管理。深入开展配套政策研究，协调人民银行解决职业年金及养老金产品进入银行间债券市场开户问题。利用国家实施大规模减税降费政策的有利时机，积极协调财税部门，推动研究年金缴费、投资、领取各环节的一揽子税优政策，并统筹研究养老保险第二、第三支柱税优政策。启动扩大年金基金投资范围课题，对规范已纳入年金基金投资范围的金融产品以及若干金融产品纳入年金基金投资范围的可行性进行研究。加强养老金产品监管，发文规范养老金产品管理运行，开展对现有养老金产品市场的清理整顿工作。组织对15家机构的23个企业年金基金管理机构资格开展了资格延续评审工作，经评审，相关机构资格均获得了延续认定。持续做好计划管理合同和养老金产品备案工作，全年完成审核备案新增或变更单一企业年金计划86个，集合计划11个，职业年金计划14个，新增或变更备案养老金产品105只，注销79只，不予通过2只。

四、紧紧抓住机构改革契机，推动基金监管机构人员能力作风建设呈现新局面

按照部里统一部署，认真做好机构改革"三定"工作，增编制、调结构、优职能，做好职务职级晋升、交流轮岗、调训、援派和人员补充工作，力量进一步充实、作风进一步扎实、能力进一步增强，在全国基金监管机构改革中发挥了"走在前、作表率"作用。指导推动地方继续落实好"一会一文"要求，结合本地实际持续加强机构建设和岗位设置，充实人员力量，优化队伍结构。与此同时，按照部里党建、行风建设和机构改革部署要求，以"1+8"工作为抓手，坚持作风和能力一体建设，"敢"和"会"一体推进，摸清底数、找准问题、明确思路、抓实措施，积极推动和带动基金监管系统机构人员能力作风呈现新局面新态势。

认真落实人社干部培训规划，坚持思想政治、职业道德与业务能力培训相统一，专业培训与实践锻炼相结合，以初任、换证和"三区三州"培训为重点，加大培训力度。举办2

期全国社会保险基金监督业务培训班,共计培训332人;举办"三区三州"贫困地区基金监督业务培训班,培训100人;指导支持22个省(区、市)培训近4 600人次。截至年底,全国基金监督工作人员共有7 300余人经考试合格持有基金监督检查证。基金监管人员专业能力专业素质进一步提升,专业精神专业作风进一步增强。

劳动关系

一、着力规范企业劳动用工管理

一是加强对企业用工的指导服务。密切关注经济形势变化、经济结构调整等对劳动关系的影响，指导企业做好化解过剩产能、处置"僵尸企业"、国有企业改革、事业单位转企改制、高速公路收费改革过程中职工劳动关系处理工作。深入研究新业态劳动用工问题，指导中国互联网协会推动平台代表企业发布关爱劳动者倡议书，发挥行业自律作用。浙江、成都先行先试，印发关于新业态劳动用工意见。

二是全面实施劳动合同制度。制定发布劳动合同示范文本，为用人单位和劳动者签订劳动合同提供指导。继续以农民工、小微企业为重点，提升劳动合同签订率和履约质量。吉林、云南等地组织开展劳动合同法相关宣传活动，京津冀三地联合发布《京津冀劳动合同参考文本》，广东省在制造、餐饮、物流、建筑等行业积极推广简易劳动合同示范文本，云南省印发提升农民工劳动合同履约质量的通知。湖北、云南、甘肃等地加快整合劳动用工备案与就业失业登记、社会保险登记信息系统，建立健全劳动关系信息系统。

三是加强劳务派遣用工监管。落实"证照分离"改革要求，进一步优化劳务派遣行政许可。通过"双随机"抽查、人力资源市场秩序整治等加强劳务派遣用工监管。黑龙江省、江苏省、福建省、海南省印发规范劳务派遣工作通知，辽宁、上海、湖北、西藏、甘肃等地通过加强年度核验，积极防范劳务派遣用工风险。北京市、湖南省、广东省针对劳务派遣存在的突出问题，开展专项行动着力规范劳务派遣用工。内蒙古自治区印发文件禁止机关事业单位以政府购买服务名义使用劳务派遣人员，明确聘用制书记员、公安机关警务辅助人员由用人单位直接招用，大力规范机关事业单位劳务派遣用工。

四是稳妥推进集体合同制度实施。国家协调劳动关系三方四家联合印发《关于实施集体协商"稳就业促发展构和谐"行动计划的通知》（总工发〔2019〕23号），各地积极推动行动计划落实，充分发挥集体协商在协调劳动关系中的作用。安徽、陕西等地继续开展集中要约活动，推动集体协商开展。人力资源社会保障部与国际劳工组织合作完成"推进集体协商，构建和谐劳动关系"项目，组织编写了分别针对政府工作人员、职工、企业三本培训教材，中外集体协商典型实践和集体协商争议指导手册。截至年底，全国经人力资源社会保障部门审查备案有效的集体合同累计175万份，覆盖职工1.49亿人。

二、继续加强企业工资宏观调控

一是完善最低工资制度。指导各地健全最低工资评估机制，进一步规范最低工资标准调整。重庆等8个省份调整了最低工资标准，平均调整幅度为10.6%。截至年底，全国月最低工资标准最高的是上海的2 480元，小时最低工资标准最高的是北京的24元。

二是指导各地完成2019年工资指导线发布工作。全国共有25个省份发布了企业工资指导线，基准线多在7%左右。

三是组织开展企业薪酬调查,覆盖全国31个省(区、市)、153个城市的18个行业门类、约7万家企业。截至年底,全国共有29个省(区、市)建立了企业薪酬调查和信息发布制度。

四是持续推进国有企业负责人薪酬制度改革实施。严格规范组织任命的企业负责人薪酬管理,核定印发中央企业负责人2019年度基本年薪基数,组织开展中央企业负责人2018年薪酬分配备案和地方国有企业负责人2017年薪酬分配备案工作。

五是全面推动国有企业工资决定机制改革落实。指导各地区和中央有关部门抓好贯彻落实,制定印发本地区、本部门改革配套政策措施。制定印发《关于做好2019年中央企业工资分配宏观指导和调控有关工作的通知》,指导中央企业做好工资总额预算编制等工作。选取60家中央企业开展2016—2018年工资内外收入监督检查,进一步规范工资收入分配秩序。

三、加强劳动标准管理工作

一是指导广东、四川等地开展特殊工时改革试点。同时,加强对地方特殊工时审批指导。截至年末,经各级人力资源社会保障部门审批且在有效期内实行特殊工时制度的企业8.4万家,涉及职工1 480万人。其中,部本级审批中国冶金科工集团有限公司、中国交通建设集团有限公司和中国建筑集团有限公司3家中央企业实行特殊工时制度。

二是进一步推动落实带薪年休假制度。指导各地继续做好带薪年休假制度落实工作。人力资源社会保障部11月开展的人力资源社会保障基本情况(60个城市)调查显示,当年有60%左右的职工享受了带薪年休假。

四、推进和谐劳动关系创建活动和构建和谐劳动关系综合配套改革试点

召开了国家协调劳动关系三方会议第24次会议,审议通过《关于表彰全国模范劳动关系和谐企业与工业园区的决定》(人社部发〔2019〕25号)。7月11日召开了全国构建和谐劳动关系先进表彰会,胡春华副总理出席会议并讲话。会议表彰了全国模范劳动关系和谐企业342家、工业园区50家。10—11月,选拔60家受表彰企业分4组在全国16个省份开展了18场"全国模范劳动关系和谐企业巡回演讲活动"。会同全国总工会、中国企联和全国工商联提出《关于建立劳动关系风险监测预防制度的意见》(人社部发〔2019〕85号),指导各级三方建立劳动关系风险动态监测制度。加强对地方三方协调工作的指导,编辑印发三方信息交流5期,宣传地方三方机制的经验做法、创建表彰活动情况等。同时,印发《深化构建和谐劳动关系综合配套改革试点方案》,在天津滨海新区等8个地区开展深化构建和谐劳动关系综合配套改革试点,在构建中国特色和谐劳动关系工作体制、制度和方式方法方面进行积极探索和创新。

劳动人事争议调解仲裁

2019年，劳动人事争议调解仲裁工作在部党组的坚强领导下，以习近平新时代中国特色社会主义思想为指导，深入学习贯彻党的十九大和十九届二中、三中、四中全会精神，坚持围绕中心、服务大局，以进一步加强劳动人事争议处理效能建设为主线，充分发挥调解基础性作用和仲裁准司法制度优势，着力防风险、建制度、提能力、树行风，不断提高工作规范化、标准化、专业化、信息化水平，各项工作取得明显进展。

一、以加强风险防控为重点，做好争议预防处理工作

（一）及时有效处理劳动人事争议案件。

全年全国各级劳动人事争议基层调解组织和仲裁机构共处理劳动人事争议案件211.9万件，同比增长16.0%，其中10人以上集体劳动人事争议案件1.8万件；涉及劳动者238.1万人，同比增长9.3%。当年办结争议案件202.3万件，调解成功率为68.0%，仲裁结案率为95.5%，仲裁终结率为68.3%（其中，终局裁决率为41.2%，仲裁调解率为51.7%）。

（二）加强动态监测和形势研判。

持续开展统计分析工作，密切关注分析中美贸易摩擦、"三新"经济发展、化解过剩产能等对争议处理工作的影响。加大与工会、企业代表组织等的协调力度，加强信息沟通、联合会商。建设仲裁案件信息监测系统，对争议案件实施动态监测，完善预警机制。

（三）加强风险防控。

要求全国各级调解仲裁机构做好争议案件发展趋势分析，健全动态监测和预警机制，深入排查化解风险隐患，层层压实责任，完善应对预案。指导地方积极配合做好"去产能"职工安置和"僵尸企业"出清过程中的争议处理工作，妥善处理重大集体劳动人事争议，全年调解仲裁方面未发生群体性和极端事件。

（四）加强工作指导。

会同有关部门，以历次预防调解示范工作为基础，总结各类调解组织工作模式和成功经验。启动仲裁标准化工作，指导全国劳动管理与保护标准化技术委员会制定《劳动人事争议仲裁术语》国家标准。与最高人民法院联合起草了第一批劳动人事争议典型案例初稿和程序衔接、法律适用指导意见初稿。

二、以部"1+6"专项行动为中心，着力推进重点工作

（一）落实根治拖欠农民工工资工作要求。

会同最高人民法院等5部门印发《关于实施"护薪"行动全力做好拖欠农民工工资争议处理工作的通知》（人社部发〔2019〕80号），畅通拖欠农民工工资争议案件处理的绿色通道，将案件审限由45天缩短至30天。同时，在人力资源和社会保障部会同国务院扶贫办印发的文件中明确，对发生劳动人事争议的贫困劳动力，开辟仲裁绿色通道，快立、快调、快审、快结。实施"百日清案"行动，建立拖欠农民工工资争议处理长效机制，办结仲裁超审限拖欠农民工工资争议案件2 427件。

（二）落实部党组关于加强人社系统行风建设要求。

制定印发《关于加强劳动人事争议调解仲裁行风建设的通知》，从优化服务流程、提升服务能力、规范服务行为、提高信息化水平和加强基础保障等5个方面提出要求，努力打造公平公正、高效快捷、群众满意的调解仲裁服务。会同国家邮政局、中国邮政集团公司在全国开展仲裁专递工作，着力解决送达难问题，进一步方便当事人维权，提高仲裁服务水平。

（三）加快推进"互联网+调解"工作。

在北京等7省市开展试点基础上，印发了《关于在全国推广使用"互联网+调解"服务平台的通知》，在全国推广使用调解服务平台。全年通过互联网调解争议案件近5 000件。

三、以夯实调解仲裁工作基础为目标，加强信息化和宣传培训工作

（一）对仲裁机构队伍建设情况进行深入研究。

汇总全国仲裁机构队伍建设情况，分析存在问题，起草上报《关于加强劳动人事争议仲裁机构队伍建设情况的报告》，提出工作建议。持续关注辽宁等地机构改革对仲裁工作的影响，多次与中央组织部、中央编办等有关部门沟通，推动统一明确仲裁院性质和专职仲裁员身份。简化优化仲裁员资格审核和证书发放流程。

（二）推进信息化建设。

开展仲裁办案监测工作，全年共监测仲裁案件67.7万件。推进仲裁办案系统建设和应用，截至年底，全国31个省份和新疆生产建设兵团均已完成办案系统建设；467个地市级以上仲裁机构已经使用办案系统的有460个，占98.5%；2 693个县级仲裁机构已经使用办案系统的有2 548个，占94.6%；线上办案率达到85.3%。

（三）综合发挥报刊媒体作用。

全年在《中国劳动保障报》刊发调解仲裁专版23期，刊发地方经验、专家点评、工作动态、典型案例、人物写真等文章198篇；发布"中国劳动人事争议调解仲裁"微信公众号95期，登载信息281篇，对法规政策、基层经验、典型案例、专家访谈等进行广泛宣传，调解仲裁宣传效应进一步放大。

（四）持续加强调解仲裁队伍培训工作。

不断增强培训工作的针对性和有效性，全年共举办6期调解仲裁师资骨干示范培训班，培训学员近900名；开展1期远程培训，在线培训调解员、仲裁员近1万人。落实脱贫攻坚巡视整改要求，积极发挥职能作用和培训优势，将"三区三州"地区的309名专职仲裁员全部培训一遍。

事业单位工资福利离退休工作

2019年，事业单位工资福利离退休工作深入贯彻落实习近平新时代中国特色社会主义思想，认真领会党的十九大和十九届二中、三中、四中全会精神，按照全国人力资源和社会保障工作会议部署与部年度工作要点的安排，逐步完善新形势下的事业单位工资分配制度，扎实推进各项工作，取得明显成效。

一、完善高层次人才工资分配激励政策

会同有关部门出台完善事业单位高层次人才工资分配激励机制的指导意见，加大事业单位高层次人才工资分配激励力度，指导地方和部门做好组织实施工作。

二、研究制定消防员工资待遇政策

根据中央领导指示精神和组建国家综合性消防救援队伍要求，研究提出消防员工资政策。经报中央同意，与中央组织部、财政部共同制定国家综合性消防救援队伍工资政策方案，指导各地做好实施工作。同时落实好消防救援队伍职业保障的牵头任务。

三、深入推进公立医院薪酬制度改革

在进一步指导各地做好试点工作的基础上，梳理总结各地经验做法，提炼总结符合医疗卫生行业特点的工资制度模式，研究起草深化公立医院薪酬制度改革的指导意见。确定10家联系点医院开展模拟运行，召开座谈会听取意见后进一步修改完善。

四、切实保障义务教育教师工资待遇

会同有关部门落实调整义务教育教师基本工资标准，指导各地落实《关于进一步保障义务教育教师工资待遇的通知》（国办发〔2018〕89号），及时研究解决落实过程中遇到的问题。督促各地报送相关情况，形成2018年度保障义务教育教师工资待遇情况报告。

五、做好中央事业单位绩效工资核定工作

会同财政部、科技部等部门，通过召开座谈会和实地调研听取意见建议等方式，了解中央事业单位实施绩效工资情况，研究提出中央事业单位绩效工资核定办法。会同相关部门研究起草事业单位科研人员职务科技成果转化现金奖励计入单位绩效工资总量，但不受总量限制，不纳入总量基数的具体操作办法。

六、稳慎推进院士退休工作

会同科技部研究出台关于做好院士延迟退休有关工作的通知，明确院士延迟退休具体条件和有关规定。组织有关地区和部门基本完成70周岁以上院士退休手续办理工作，研究提出符合延迟退休备案院士名单，制定做好常态化院士退休工作方案。

七、统筹推进其他业务工作

一是配合有关部门研究全时全职承担国家关键领域核心技术攻关任务的团队负责人以及引进的高端人才实行年薪制的具体办法。二是研究制定事业单位管理岗位职员等级试点配套工资政策并做好组织实施工作。三是对中央组织部提出的调整艰苦边远地区津贴标准方案提出具体意见，配合中央组织部研究制定调整西藏特殊津贴标准和驻外使领馆艰苦地区津贴，研究拟订调整驻外使领馆工勤人员基本工资的意见。四是商中央组织部研究提出进一步落实事业单位带薪年休假制度的考虑，通过调研座谈等形式听取意见建议。五是整理编印2018年全国事业单位工资数据统计资料。六是研究制定部分特殊行业事业单位调整基本工资标准政策。七是研究提出调整文物考古野外工作津贴标准意见报送国务院，研究明确冬残奥会运动员奖金和卫生防疫津贴标准转财政部会签，研究提出"高新工程"人才特殊津贴标准意见。八是组织有关单位开展"建立适合行业特点的事业单位收入分配制度研究"和"高校、科研机构薪酬调查比较制度研究"。

农民工工作和发展家庭服务业促进就业工作

一、农民工工作

2019年，国务院农民工工作领导小组各成员单位和各地区认真贯彻落实党中央、国务院决策部署，突出根治欠薪，着力加强农民工就业创业，加快推进农民工市民化，各项工作取得新的进展。

（一）农民工就业工作稳中有进。

实施就业优先战略和积极的就业政策，不断健全覆盖城乡的公共就业服务体系，完善就业失业登记制度，农民工就业规模持续扩大，收入水平进一步提高。截至年底，农民工规模达29 077万人，比上年增加241万人。其中，外出农民工17 425万人，比上年增加159万人，增长0.9%；本地农民工11 652万人，比上年增加82万人，增长0.7%。月人均收入3 962元，比上年增加241元，同比增长6.5%。支持和引导农民工返乡创业，加大资金支持和税收优惠力度，农民工创业担保贷款余额大幅增加。以农民工为主体的返乡创业人员超过850万人，带动就业约4 000多万人。以农民工为重点，实施职业技能提升行动和新生代农民工职业技能提升计划，持续开展"春潮行动"。深入推行科技特派员制度。实施青年就业见习计划。促进贫困地区农村劳动力转移就业脱贫，累计帮扶1 213万名贫困劳动力实现就业。

（二）农民工劳动权益保障力度不断加大。

农民工参加城镇职工社会保险规模不断扩大，积极推进农民工按工程项目参加工伤保险。截至年底，农民工参加企业职工养老保险、失业保险、工伤保险分别为6 301万人、4 958万人、8 616万人，共向36万名失业农民工发放一次性生活补助19.1亿元，有效保障了失业农民工基本生活。加强农民工尘肺病预防控制和救治救助，在全国范围内组织开展尘肺病防治攻坚行动，累计救治2.2万余人，覆盖74%的贫困尘肺病患者。畅通农民工工资争议处理"绿色通道"，建立快立、快调、快审、快结长效机制。推进对农民工法律服务工作，开展"尊法守法 携手筑梦"服务农民工公益法律服务行动，实施"法援惠民生 助力农民工"法律援助品牌创建活动。

（三）农民工享受均等化公共服务水平逐步提高。

深化户籍制度改革，放开放宽城镇落户条件，调整积分落户政策，农民工落户门槛进一步降低。保障农民工农村"三权"，基本完成农村承包地确权登记颁证工作，落实土地延包政策，稳慎推进宅基地制度改革，全面开展农村集体资产清产核资。健全以居住证为主要依据的入学政策，确保符合条件的随迁子女在流入地应入尽入，全年共有22.4万名符合条件的随迁子女在流入地参加高考。加大对农民工的住房保障和资金补助，在农民工相对集中的开发区、产业园区集中建设单元型或宿舍型公租房，部分地区建设蓝领公寓、租赁型职工集体宿舍。面向农民工开展示范性文化活动和文化志愿服务，农民工精神文化生活更加丰富。

（四）农民工社会融合进一步加深。

注重做好在农民工中发展党员工作，2014年以来，共在农民工中发展党员10.5万名，组织农民工党员参加教育培训、过好组织生活。完善农民工在居住地参加社区居民委员会选举方式方法，保障农民工的民主政治权利。持续推进农民工参加工会，有1名农民工担任全国总工会兼职副主席，16个省（区、市）总工会配备了农民工兼职副主席。加大农民工劳模评选比重，荣获全国五一劳动奖章的人员中农民工占比达15%。进一步健全农村"三留守"人员关爱服务体系，农村地区居家和社区养老服务水平进一步提高。

二、家庭服务业工作

2019年，发展家庭服务业促进就业工作围绕"增加服务供给、提高服务质量"中心任务，立足深化供给侧结构性改革，通过促就业、提技能、强保障，努力扩大家庭服务领域就业，努力提升家庭服务人员职业技能，努力保障从业人员合法权益，积极支持家庭服务企业发展，不断满足广大居民家庭对美好生活的需要。《关于促进家政服务业提质扩容的意见》（国办发〔2019〕30号）的出台实施，进一步推动了家庭服务业快速健康发展。家庭服务业发展势头良好，"互联网+家政服务"线上线下进一步融合，家庭服务业规模继续扩大，有力促进了家庭服务领域就业。

（一）开展家政服务提质扩容行动。

人力资源社会保障部为贯彻国务院《关于促进家政服务业提质扩容的意见》精神，要求部属各有关单位切实加强组织领导，明确职责任务，进一步分解细化工作，研究制定和调整完善相应的政策措施并抓好落实。各地人社部门结合当地实际，提高失业保险基金结余等支持家政培训的力度，对员工制家政企业实行企业稳岗返还，加强员工制家政企业社保补贴支持等，抓好文件各项政策措施的落实落地。

（二）推动家政服务业提质扩容"领跑者"行动。

组织中心城市和大型龙头家政企业开展家政服务业提质扩容"领跑者"行动，遴选了32个"领跑者"试点城市，支持家政企业发展壮大。

（三）加强家庭服务职业培训。

组织开展大规模家庭服务职业技能培训，继续将家庭服务职业培训纳入"春潮行动"，重点开展职业技能提升行动。全年各地人社部门培训家政服务员37.3万人次，建成省级家庭服务培训示范基地272个。

（四）继续推进全国家政服务劳务对接扶贫行动。

通过省际省内对接、中心城市与贫困县对接、家政企业与贫困县对接等方式，进一步畅通协作机制，出台鼓励性政策，中西部地区输出家政服务员达到9.5万人，其中建档立卡贫困劳动力3.3万人。

（五）开展家政扶贫。

引导、组织建档立卡贫困妇女到家政服务机构就业，鼓励家政企业积极为建档立卡贫困劳动力提供就业机会。加强"三区三州"家政服务职业培训，积极培养贫困地区家政行业培训师资。支持打造"天镇保姆"等家政扶贫品牌，推动在北京、内蒙古等地建立"天镇保姆"工作站点。

（六）开展家庭服务业专项调查统计。

指导36个家庭服务体系建设联系点城市开展家庭服务业专项统计，重点对家政服务企业数量和基本情况，从业人员基本情况、劳动报酬、培训情况，家庭使用家政服务员有关情况等进行统计调查。

（七）加强宣传。

利用《中国劳动保障报》农民工专版、《家庭服务》杂志等载体，宣传总结一批中心城市和家庭服务企业的经验和做法，营造促进家庭服务业发展的良好社会氛围。

人力资源和社会保障法治建设

2019年，全国人力资源社会保障系统深入学习领会习近平总书记全面依法治国新理念新思想新战略，认真落实全面依法治国各项工作任务，协调推进立法、执法、执法监督和法治宣传教育，全系统的法治意识得到了明显提升，工作人员依法办事能力不断提高，人力资源和社会保障法治建设取得了新成效。

一、围绕中心工作推进立法

一是推进行政法规制定工作。落实习近平总书记关于根治拖欠农民工工资问题的重要批示精神，根据2019年政府工作报告关于抓紧制定专门行政法规的要求，研究起草《保障农民工工资支付条例》。12月30日，李克强总理签署第724号国务院令予以公布，自2020年5月1日起施行。

二是做好部门规章立改废工作。4月28日，公布《人力资源社会保障部关于废止〈社会保险登记管理暂行办法〉的决定》（人力资源和社会保障部令第39号），自公布之日起生效。7月1日，公布《职称评审管理暂行规定》（人力资源和社会保障部令第40号），自2019年9月1日起施行。11月29日，公布《香港澳门台湾居民在内地（大陆）参加社会保险暂行办法》（人力资源和社会保障部、国家医疗保障局令第41号），自2020年1月1日起施行。12月9日，公布《人力资源社会保障部关于修改部分规章的决定》（人力资源和社会保障部令第42号），对第二批证明事项清理涉及的2件规章做了修改，自公布之日起施行。12月31日，公布《人力资源社会保障部关于修改部分规章的决定》（人力资源和社会保障部令第43号），对与外商投资法不相符的3件规章做了修改，自公布之日起施行。

三是完善部内立法工作制度，落实科学立法、民主立法、依法立法的要求，修订《人力资源社会保障部立法工作规定》。

二、推进行政审批制度改革

一是对保留的行政许可事项目录清单、服务指南、工作流程图进行修改完善，采取推行年度报告公示制度、实行告知承诺制度、组织开展资格延续评审等方式，明确办理规则、优化审批流程、精简申报材料。

二是印发《人力资源社会保障部关于在自由贸易试验区开展"证照分离"改革全覆盖试点的实施方案》（人社厅发〔2019〕103号），就"证照分离"改革全覆盖试点事项提出具体改革举措和事中事后监管措施。

三、加强行政执法监督

一是依法妥善处理行政争议。全年部本级共处理行政复议申请225件，其中，受理69件，办理行政应诉案件50件、检察院监督案件2件、国务院行政裁决案件4件。

二是加强规范性文件监督管理。全年共对65份规范性文件草案进行了合法性审核。修订《人力资源社会保障部行政规范性文件合法性审核和清理办法》。

三是推进行政执法"三项制度"。印发人力资源社会保障部门全面推行三项制度的实施方案，对部本级全面推行"三项制度"作出具体部署，对地方人社部门推进工作提出指导意见。印发人力资源社会保障部行政许可公示行政许可全过程记录重大许可决定法制审核规定，对部本级实施的行政许可事项作出具体明确规范。印发人力资源社会保障系统行政执法事项指导目录，供地方人社部门在推行中参考。

四、深入开展法治宣传教育

举办全国人力资源社会保障法治知识竞赛活动，活动包括社会公众网络答题和人社系统现场竞赛两个部分，社会公众和系统干部广泛参与，参加网络答题人数达到255万人，答题系统总访问量超过6.6亿人次，组织系统内现场竞赛200余场，参与现场竞赛人数近1万人，4月8日至9日，在重庆市成功举办了现场竞赛全国总决赛。

五、其他工作有序推进

研究起草人力资源社会保障部2018年度贯彻落实《法治政府建设实施纲要（2015—2020年）》情况的报告，经部党组会讨论通过后上报党中央、国务院。

印发《2019年人力资源和社会保障法治工作要点》，召开全国人社系统法治工作座谈会，对全年重点任务进行部署。

全面清理证明事项。先后印发《人力资源社会保障部关于取消部分规范性文件设定的证明材料的决定》（人社部发〔2019〕20号）和《人力资源社会保障部关于第二批取消部分规章规范性文件设定的证明材料的决定》（人社部发〔2019〕115号），共取消115项证明材料，并按照规定向司法部报送了拟保留的证明材料清单。

配合全国人大常委会执法检查组开展就业促进法执法检查，5月9日至6月6日，由全国人大常委会副委员长张春贤、吉炳轩、艾力更·依明巴海分别担任组长的3个执法检查小组，先后赴6省（区）开展实地执法检查。游钧副部长陪同张春贤副委员长赴广东省、云南省开展执法检查。8月24日，全国人大常委会审议通过就业促进法执法检查报告。此外，还配合做好防震减灾法、中小企业促进法、高等教育法执法检查工作。

全年办理"放管服"改革和部外立法征求意见200余件次。

劳动保障监察

2019年，劳动保障监察坚持稳中求进工作总基调，围绕根治欠薪工作主线，着力解决拖欠农民工工资等劳动保障领域突出违法问题，加快完善制度机制，推动构建源头预防、动态监管和失信惩戒相结合的监察执法体系，切实保障劳动者的合法权益，取得较好成效。

一、扎实推进根治欠薪工作

（一）加强组织领导，完善工作机制。

8月，在解决企业工资拖欠问题部际联席会议的基础上增加相关部门和单位，国务院成立了由胡春华副总理任组长的根治拖欠农民工工资工作领导小组，加强对根治欠薪工作的组织领导和统筹协调。各省级政府均成立由分管负责同志为组长的根治欠薪领导小组。

（二）加快推进立法，强化制度保障。

人力资源社会保障部会同司法部研究起草并由国务院颁布《保障农民工工资支付条例》（中华人民共和国国务院令第724号，以下简称《条例》）。《条例》紧扣根治欠薪，坚持源头预防，强化全程监管，压实用人单位主体责任，加强政府属地责任和部门监管责任，为根治拖欠农民工工资问题提供了强有力的法治保障。12月13日，召开全国农民工工作暨保障农民工工资支付工作电视电话会议，对根治欠薪工作和贯彻实施《条例》作出部署。全面落实各项工资支付保障制度，指导各地在工程建设领域全面推行农民工工资专用账户管理、实名制管理、施工总承包企业代发工资等制度。

（三）开展年度考核，层层压实责任。

根据《国务院办公厅关于印发保障农民工工资支付工作考核办法的通知》（国办发〔2017〕96号）要求，人力资源社会保障部会同有关部门和单位对各省级政府保障农民工工资支付工作开展2018年度考核，重点考核各地加强根治欠薪工作组织领导、建立健全工资支付保障制度、治理欠薪成效等情况。国务院根治拖欠农民工工资工作领导小组办公室对考核结果印发通报，对考核评价为C级的省政府负责同志进行约谈。同时，督促各地加强考核工作，有效传导压力，逐级压实属地监管责任。

（四）开展专项行动，整治突出问题。

开展根治欠薪夏季行动。7月16日至8月26日，组织开展以"三查两清零"（查欠薪隐患苗头、查历史欠薪存量案件、查政府投资项目及国企项目农民工工资支付情况，政府投资项目欠薪案件清零、国企项目欠薪案件清零）为目标的根治欠薪夏季行动，为13.12万名农民工补发工资待遇21.85亿元。开展根治欠薪冬季行动。11月15日至2020年春节前，组织开展根治欠薪冬季攻坚行动，以招用农民工较多的工程建设领域和劳动密集型加工制造等行业为重点，突出政府投资项目和国企项目，严厉打击欠薪违法行为，为34.85万名农民工追发工资待遇45.61亿元。

二、加强劳动保障监察执法

（一）指导各地加强劳动保障监察日常执法。

全年全国各级劳动保障监察机构共查处各类劳动保障违法案件11.2万件，与上年同期相比下降19.8%。其中，查处工资类违法案件5.8万件，同比下降33.1%；查处社会保险类案件2万件，同比持平；查处劳动合同类案件0.7万件，同比下降23.1%。各地人社部门共为83.1万名劳动者追发工资等待遇79.5亿元，比上年同期分别下降50.8%和50.4%。

（二）组织开展清理整顿人力资源市场秩序专项检查活动。

3月28日至4月26日，为进一步加强人力资源市场监管，维护公平、规范、竞争有序的就业环境，组织开展清理整顿人力资源市场秩序专项检查活动。专项行动期间，全国共出动执法人员11.6万人次，检查单位13.4万家次，其中，用人单位10.3万家，职业中介机构2.8万家，未经许可和登记从事职业中介活动的组织0.3万家。各地共查处各类违法案件3 559件。

（三）加大案件督查督办力度。

在部官网开设"根治欠薪进行时"专栏，收集处理欠薪线索。截至12月31日，共收到欠薪线索15 411件，督办5 114件。对重大欠薪舆情事件进行实地督查，对一批案件进行问责或提出问责意见。

三、加大对违法行为的惩戒力度

（一）加大重大违法行为社会公布力度。

全年人力资源社会保障部公布4批次重大拖欠劳动报酬违法行为案件，涉及40家企业；各地人力资源社会保障部门共公布重大劳动保障违法行为3 286件。

（二）依法实施联合惩戒。

全年人力资源社会保障部发布4批次拖欠农民工工资"黑名单"，涉及280家企业，对欠薪单位及相关责任人实施联合惩戒。

（三）严厉打击恶意欠薪犯罪。

全年各地人力资源社会保障部门共向公安机关移送涉嫌拒不支付劳动报酬犯罪案件3 135件，公安机关立案侦查2 583件。

国家表彰奖励工作

2019年，国家表彰奖励工作在人力资源社会保障部党组领导下，在党和国家功勋荣誉表彰工作委员会办公室具体指导下，坚持以习近平新时代中国特色社会主义思想为指导，全面贯彻党的十九大和十九届二中、三中、四中全会精神，坚决落实中央和部党组关于功勋荣誉表彰奖励工作的各项决策部署，取得显著成绩。

一、积极做好庆祝中华人民共和国成立70周年相关工作

（一）圆满完成组织全国先进模范出席国庆系列活动工作。

按照中央统一部署要求，人力资源社会保障部牵头组织全国先进模范人物出席庆祝中华人民共和国成立70周年观礼活动。部党组高度重视，部领导多次作出批示，承办单位全力做好名额分配、人选推荐、信息采集、审查核对、证件统发等工作，热情周到做好接待服务任务。先后组织先进模范参加国家勋章和国家荣誉称号颁授仪式、观看文艺晚会、参加国庆招待会、出席庆祝大会和联欢活动，邀请著名老一辈建设者及后代参加庆祝大会群众游行"致敬方阵"。活动整体平稳有序、高质高效，受到先进模范和各地各相关部门的高度评价。

（二）扎实开展庆祝中华人民共和国成立70周年纪念章统计发放工作。

牵头承担全国机关事业单位中中华人民共和国成立前参加革命工作、健在的老战士老同志和中华人民共和国成立后获得国家级表彰奖励及以上荣誉并健在的人员的纪念章统计工作。会同中央相关部门下发通知，收集、汇总、统计、审核各地各部门上报的数据。稳妥开展所有中央单位相关人员纪念章的发放工作，做到了人章编号匹配、精准发放到位。

（三）稳慎做好对部分服刑罪犯特赦中"省部级以上荣誉称号"认定工作。

根据国家主席特赦令，在中华人民共和国成立70周年之际，对依据2019年1月1日前人民法院作出的生效判决正在服刑的九类罪犯实行特赦。人力资源社会保障部负责配合相关部门，做好对第三类人员（中华人民共和国成立以后，为国家重大工程建设做过较大贡献并获得省部级以上"劳动模范""先进工作者""五一劳动奖章"等称号的）开展特赦的认定工作。积极研究、制定认定意见和标准，督促指导各省级表彰奖励部门主动协调配合同级刑罚执行机关做好认定工作。

二、扎实推进国家级和省部级表彰奖励各项工作

（一）加强对各地和中央各有关部门表彰奖励工作的指导。

7月，在山东省济南市召开全国表彰奖励工作座谈会，总结交流表彰奖励和评比达标表彰工作经验，研究探讨工作中面临的重点难点问题，学习党和国家功勋荣誉表彰奖励相关法律法规，安排部署重点工作。12月，在北京市召开全国座谈会，对各地表彰奖励工作中遇到的重点难点问题进行研究，听取各地表彰奖励工作部门同志的意见建议，细化工作措施。

在日常工作中，主动加强与中央部门和各地表彰奖励部门相关同志的沟通交流，及时加强指导，确保工作有序推进。

（二）积极参与国家勋章和国家荣誉称号评选颁授工作。

根据党和国家功勋荣誉表彰工作委员会办公室相关部署要求，积极参与开展国家勋章和国家荣誉称号评选颁授工作调研，指导各地表彰奖励工作部门做好申报工作，组织召开专家评审会，对部分初步建议人选进行归口评审，参与由中央相关部门成立的共和国勋章、国家荣誉称号人选考察组，赴相关省份和部门，对部分人选进行考察，确保全面、细致、准确。

（三）认真做好全国民族团结进步模范评选表彰工作。

会同国家民委，研究起草《全国民族团结进步模范评选表彰办法》及《全国民族团结进步表彰大会模范集体和模范个人评选表彰工作方案》。完成表彰对象的人选推荐、初审、复审等评选工作，报请国务院印发表彰决定。参与组织召开表彰大会，进一步促进民族团结进步事业。

（四）持续推进省部级表彰奖励工作。

按照"坚持标准、从严掌握"原则，集中批复中央单位的部级表彰奖励计划，会同中央相关部门，严格履行评选程序，认真落实"两审三公示"制度，做好"最美奋斗者""全国财政系统先进集体和先进工作者""基本解决执行难工作"等部级表彰，并及时授予或追授先进模范。

（五）强化对表彰奖励获得者事迹的宣传。

在开展评选表彰工作的同时，注重运用新媒体和传统媒体广泛宣传先进模范人物的典型事迹，对全国脱贫攻坚模范黄文秀同志、全国模范法官李庆军同志及全国公安系统一级英雄模范等先进模范人物事迹进行广泛宣传，在系统内和全社会取得良好反响，营造了尊崇模范、争做先锋的良好氛围。

（六）开展省部级以上表彰奖励获得者休假疗养活动。

11月，在广西壮族自治区举办省部级以上表彰奖励获得者休假疗养活动，邀请部分省部级以上表彰奖励获得者参加，涉及公安、民政、教育、卫生、信访、人社等工作系统，主要是长期在基层、一线和条件艰苦地区努力工作、贡献突出、具有广泛社会影响的先进模范代表。休假疗养活动突出政治性，切实让先进模范感受到党和国家的关心关爱；突出服务性，真正让先进模范乘兴而来、满意而归。活动让先进模范受到了教育，增强了使命感；放松了身心，激发了荣誉感；开阔了视野，强化了责任感。

三、认真做好评比达标表彰系列工作

（一）严格履行评比达标表彰项目审批。

按照《评比达标表彰活动管理办法》，坚持总量控制、从严从紧原则，严格履行初审、传批、公示等程序。组织召开全国评比达标表彰工作协调小组办公室会议，批复同意各地各部门评比达标表彰项目；加强对各地人力资源社会保障部门制定的评比达标表彰活动管理办法或细则的审核把关，强化工作指导，完成保留项目的审核备案工作。

（二）从严从紧清理规范创建示范活动。

根据中共中央办公厅、国务院办公厅《关于清理规范创建示范活动的通知》和全国评比达标表彰工作协调小组《清理规范创建示范活动实施方案》（国评组发〔2018〕2号）要求，持续推进清理规范创建示范活动工作。按照"分步实施"原则，从严从紧完成对各地各部门上报的省部级项目的清理审核，提出初审意见，对其中的城市类项目研究提出清理初步意见，为建立全国创建示范保留项目目录奠定了基础。

（三）加强评比达标表彰工作日常管理。

在人力资源社会保障部门户网站设立"表彰奖励"专栏，公开《评比达标表彰活动管理办法》，公布全国评比达标表彰保留目

录,公示项目新设、调整、变更等相关情况;设置表彰奖励违规举报信箱,实现评比达标表彰活动查询、公示、举报功能,初步建立违规设奖颁奖举报机制。

4月,人力资源社会保障部正式组建国家表彰奖励办公室。表彰办成立后,一手抓党建,一手抓业务,圆满完成所承担的工作。

规 划 统 计

2019年，规划统计工作深入学习贯彻党的十九大和十九届二中、三中、四中全会精神，坚持围绕中心、服务大局，积极发挥规划引领、决策支撑、服务保障作用，取得新进展。

一、规划计划工作

一是启动"十四五"规划编制工作。组织召开部"十四五"规划编制工作领导小组会，印发"十四五"规划编制工作方案和编制工作通知，组织开展规划前期重大问题研究。组织研究部"十四五"规划体系，提出"十四五"人力资源和社会保障事业发展基本思路，以及"十四五"重大政策、重大改革举措和重大工程项目，召开部分省（区、市）人社部门座谈会进行研究讨论。开展"十三五"规划年度监测评估和"十三五"165项重大工程项目实施情况年度评估工作。

二是编制实施人力资源和社会保障事业发展年度计划。加强年度计划与规划的有机衔接，下达2019年人力资源和社会保障事业发展计划。加强调度指导，强化责任落实，跟踪分析监测，定期通报计划执行情况，计划实施约束力不断增强。经各方共同努力，完成全年目标任务。深入分析研判形势，科学测算，综合平衡，编制2020年人力资源和社会保障事业发展计划草案。

三是推动国家重大战略实施。印发《支持雄安新区人力资源和社会保障改革创新实施方案》，召开京津冀人社协同发展第三次部省市联席会议。与广东省签署推进粤港澳大湾区建设部省合作协议，组织研究《粤港澳大湾区发展规划纲要》部内分工方案。印发《推进海南全面深化改革开放2019年工作要点》部内分工方案。印发《乡村振兴战略规划（2018—2022年）》部内分工方案。

四是加强对口支援工作。会同西藏自治区人力资源社会保障厅组织开展人社系统对口支援西藏工作专项调研，组织召开人社系统对口支援四省藏区工作座谈会，进一步贯彻落实中央第六次西藏工作座谈会精神，推进"十三五"规划项目落实，部署下一步工作，加强支援地与受援地对接。落实第七次全国对口支援新疆工作会议精神，继续开展对口支援新疆有关工作。

五是开展脱贫攻坚工作。完成全国11个集中连片特困地区、"三区三州"深度贫困地区公共服务机构情况专题报告。印发《关于加强贫困地区基层就业和社会保障公共服务平台建设有关工作的通知》，加强贫困地区基层平台建设。组织《"十三五"脱贫攻坚规划》和11个集中连片特困地区脱贫攻坚规划实施。

二、统计工作

一是贯彻落实党中央关于统计工作重大决策部署。在人力资源和社会保障领域深入贯彻落实党中央完善统计体制、发挥统计监督职能作用等重大决策部署，推动实施《人力资源社会保障部关于进一步加强人力资源和社会保障统计工作提高统计数据质量的意见》及配套文件，依法规范开展各项统计工作，防范统计造假、弄虚作假，切实提高统计数据质量。

二是顺利实施人力资源和社会保障统计调查制度，组织开展常规报表统计工作。定期审核汇总分析人力资源和社会保障统计数据，编印统计数据资料，为科学决策和政策制定提供坚实的数据支撑。

三是完成专项统计调查任务。组织开展人力资源和社会保障基本情况统计调查、人力资源和社会保障政策满意度调查、企业薪酬调查、失业动态监测、家庭服务业调查、公有制领域人才资源统计、职业（技能）培训机构和社会保险经办机构财务状况统计调查等工作，获得大量第一手调查数据，形成了一批统计调查报告，弥补了常规报表统计的数据空白，发挥了重要的数据保障作用。

四是强化统计分析决策咨询。组织围绕《2019年人力资源和社会保障统计分析参考选题》开展统计分析，形成了一批针对重点、难点和热点问题的统计分析报告。利用扶贫、第四次全国经济普查等数据深入分析，形成专题分析报告。定期编印《统计分析报告》《国际统计监测分析》。

五是发布统计数据，提供数据服务。发布《2018年度人力资源和社会保障事业发展统计公报》，在人力资源和社会保障年鉴中公布统计资料。会同国家统计局等部门出版《中国劳动统计年鉴2019》，为《中国统计年鉴2019》及有关专业统计年鉴提供资料。组织编写《辉煌70年——新中国经济社会发展成就（1949—2019）》社会保险发展报告。

六是加强统计基础建设和能力建设。分别举办针对系统的、中央单位的人力资源和社会保障统计业务培训班。组织召开部分省（区、市）人力资源和社会保障计划统计工作座谈会。推动统计信息化建设，组织编译第20届国际劳工统计大会文件，推进人力资源和社会保障统计与国际交流接轨。

三、信息化工作

一是加快推进金保工程二期项目建设。全年金保工程二期（中央本级）项目建设继续加快推进。启动业务专网系统等20个项目的建设工作，完成国家异地就医结算系统、社保信息网上查询系统、扶贫信息平台等项目最终验收。截至年底，工程已完成投资占总投资的70%。编制完成工程投资概算调整方案，报送发展改革委备案。人力资源社会保障部办公厅印发《关于加快完成全民社会保障信息化工程——金保工程二期立项工作的通知》，加快推动地方立项工作进展。截至年底，已完成安徽等15个省份金保工程二期可行性研究报告的审查。

二是人力资源社会保障监测指挥平台建成并投入使用。平台实现了统计数据汇集展示、业务运行监测分析、专项工作指挥调度、视频会议支撑保障四大功能，填补了人力资源社会保障部信息化建设的一项空白。

三是新农保信息系统试点工程进入验收阶段。截至年底，金保工程新农保信息系统试点工程建设任务已全部完成。完成工程、技术、财务、档案四个分项验收报告的编制，开展工程决算编制工作。

信息化建设

2019年，人力资源社会保障信息化工作以习近平新时代中国特色社会主义思想为指导，围绕人力资源社会保障中心工作，积极落实金保工程二期项目实施任务，加快推进社会保障一卡通、大数据、"互联网+人社"等重大规划部署，保障重点改革任务落实到位，取得明显成效。

一、加快落实重点项目建设及"互联网+人社"行动计划

加快推进金保工程二期建设，完成业务协同、公共服务信息、外部数据交换三大平台建设任务，启动就业、社会保险、劳动关系、人才人事四个核心业务系统开发工作，视频会议系统改造、异地就医结算、公务员考试报名、人社扶贫信息平台等建设成果初见成效。加快实施"互联网+人社"行动计划，推动各地提升信息化便民成效，形成了一批可持续、可推广、可复制的实践方案和发展模式。举办"互联网+人社"现场会及培训班，总结推广浙江"最多跑一次"、南宁"一网通办"及海南、青岛等地电子社保卡建设经验，推动落实行动计划。

二、全面推广社会保障一卡通

截至12月底，全国持卡人数13.05亿人，普及率93.2%，提前完成"十三五"发卡任务。23个省份的58个地区启动第三代社保卡建设，发放3 547万张。推进电子社保卡签发，所有地市开通电子社保卡签发服务，已开通297个渠道，累计签发电子社保卡9 092.5万张，25个省份的162个地市上线移动支付功能。"粤省事""浙里办"等16个省级政务服务平台和更多的地市级政务服务平台对接电子社保卡服务，实现了便捷的扫码登录和服务对接。拓展社保卡应用，推动在养老保险、人事考试等重点领域"一卡通"应用，开通100多项就业、社保等服务事项。深入开展"提升社保卡服务能力"行动，组织现场调度调研工作。进一步压缩制发周期，实现批量制发卡从受理到领卡压缩至30个工作日内，零星制发卡压缩至5个工作日内，有条件的地方实现"立等可取"，快速发卡网点实现区县全覆盖。推动海南、雄安、深圳、江西、青海、吉林等地建立以社保卡为载体的"一卡通"服务管理模式。开展社保卡20周年惠民服务季活动，通过线下网点和线上渠道，加大社保卡宣传和服务力度，加大电子社保卡签发和线上应用力度。在上海市召开社保卡20周年座谈会，发布了《社会保障卡20年发展报告》。人力资源社会保障部与工商银行、农业银行、中国银行、建设银行、交通银行、邮储银行、招商银行、中国银联、平安集团、蚂蚁金服、腾讯11家金融机构和互联网公司签署了社保卡创新应用服务合作协议。

三、积极推进人社扶贫信息化

加快推进人社扶贫信息平台建设，支持地方全面掌握贫困人员基本情况，实现对贫困人员及"三区三州"等深度贫困地区及重点群体帮扶情况的动态跟踪和分析。继续与国务院扶贫办定期交换建档立卡贫困人员信息，完成

就业、社保等扶贫数据比对工作，为各地精准扶贫提供数据支持。

四、切实落实人社系统行风建设任务

推进人社政务服务平台建设，与国务院建设的国家政务服务平台实现对接，在国家政务服务平台上开设人社政务服务旗舰店，支持国家政务服务平台网页端通过电子社保卡扫码登录，支持国家政务服务平台移动端签发电子社保卡。印发《关于全面启动业务协同平台和公共服务信息平台对接实施工作的通知》（人社网信函〔2019〕25号），组织各地做好与部级平台对接，推动人力资源社会保障全国一体化在线政务服务体系建设。开通"掌上12333"移动应用，已实现32项全国性服务和252项地方性服务的"移动办""指尖办"。完成人社业务协同平台部省对接工作，制定人社系统跨层级共享访问流程，已向各地开通24个共享服务接口，为各地精简服务流程和办事材料提供支持。以"智慧人社、智慧服务"为主题，举办第8届12333全国统一咨询日活动。全年全国12333话务总量超1亿人次，部级12333短信平台为群众发送服务短信近1 000万条。建成外部数据交换平台，与公安、财政、税务、教育、民政、司法、扶贫、交通等部门开展数据共享。

五、全力保障重点改革任务

初步建成国家社会保险公共服务平台，面向参保人提供全国性、跨地区的"一网通办"社保服务，已开通9类22项服务，总访问人次超过5 000万。为加快推进多层次养老保险体系建设，充分发挥养老保险第三支柱作用，重点推进第三支柱个人养老金管理服务信息平台建设，在福建省开展可行性验证，完成商业银行开展对接测试工作。保障跨地区系统稳定运行，全年累计办理社保关系转移业务224万笔，异地居住退休人员资格认证50万人次，养老保险参保待遇状态比对查询1.65亿人次。做好机构改革的技术保障，指导各地建设社保费信息共享平台。保障国家异地就医结算系统平稳运行，累计结算406.25万人次，有效解决异地就医参保人"跑腿垫资"等问题。完成中央机关及其直属机构2020年度公务员招考、公开遴选和选调公务员等报名工作，累计网上报名210余万人次。

六、深入开展人社数据应用

建设人力资源社会保障监测指挥平台、数据管理平台，开展大数据应用，为养老全国统筹、社保基金风控、全民参保、清理挂证等提供数据支持。建设人社信用信息采集系统，推动人社信用评价模型应用，支持重庆创业担保贷款试点工作。开展数据综合分析和比对核查服务，利用联网监测、人口库等数据，全年累计为部内相关单位、地方人社部门、政府其他部门提供比对核查服务80余次，涉及数据10亿余条。完成数据共享交换平台建设，截至12月底，人力资源社会保障部17个共享接口被其他部门调用93.5万次；与教育部、公安部、民政部、卫生健康委、扶贫办5部门已对接13个共享接口，部内相关单位累计调用近1 000万次，支持告知承诺制、扶贫、优化营商环境等重点工作。印发人力资源社会保障行业跨层级信息共享访问流程（试行），将涉及人社、教育、公安、民政、卫生健康、扶贫、移民等24个接口开放给各地，推进人社部门各层级及人社部门与其他部门的信息共享和业务协同。建成部级全民参保登记库，各地累计上报13.7亿条人员基础信息、33.9亿条参保信息。中国公共招聘网与全国292家公共就业人才服务机构实现联网，累计发布招聘岗位信息3 454.44万余条。就业联网监测已覆盖5.95亿名劳动者数据。养老保险、医疗保险、失业保险、工伤保险、生育保险联网监测数据上报量分别达到9.25亿人次、5.93亿人次、2.21亿人次、2.42亿人次和1.41亿人次。加强人力资源市场信息监测与分析工作，为分析和研判就业形势提供数据支持。

七、进一步提升网络安全防护能力

指导各地开展电子政务外网建设,加快推进电子政务内网项目主体建设。推动部省业务专网改造,提升网络承载能力。举办首次全人社系统网络攻防演练活动,检验了全系统网络安全事件应对能力,提高了全系统安全防护和应急响应处理能力。推进电子认证体系建设,印发关于全面开展人力资源社会保障电子认证体系建设和应用的通知。为进一步保障数据安全,印发人力资源社会保障数据安全管理规范(试行)。

科 学 研 究

2019年，中国人事科学研究院、中国劳动和社会保障科学研究院紧紧围绕人力资源社会保障中心工作，组织开展多方面的课题研究，为部党组和部内相关单位的决策及工作的开展提供科研支持，其中一些研究成果得到部领导的肯定和有关方面的好评。

一、人事科学研究

中国人事科学研究院全年完成科研项目近百项，发表学术论文百余篇，出版学术著作6部。

（一）聚焦重点难点问题开展课题研究。

一是认真做好部级课题研究工作。承担部级课题共6项，重点对人才发展治理体系、人社公共服务队伍能力提升、新就业形态下劳动关系变革、人口结构变化对就业的影响、高等院校工作人员薪酬调查方案设计、人力资源服务产业园发展质量等问题进行深入研究，总体质量比往年同类课题有较大提高。

二是积极完成部内相关单位课题研究任务。承担了部内相关单位委托的10余项研究课题，围绕"十四五"人社事业发展思路、事业单位工资制度改革、人力资源与高质量发展协同机制、技能人才队伍建设、技工院校学生创新创业等问题开展研究。

三是为中央国家机关及其直属单位提供高端智库服务。承担了中央组织部、中央宣传部、中央编办、国务院扶贫办、教育部、科技部、交通运输部、水利部、市场监管总局、国家体育总局、国家知识产权局、国家林业和草原局、国家自然科学基金委员会、国家博物馆等委托的近20项课题研究任务。内容涉及高层次人才培养与评价、事业单位绩效管理、工资制度改革、职称制度改革与职业资格制度建设等。部分课题已交付研究成果，并转化为实际政策应用。

四是为地方组织与人社部门及有关企事业单位提供咨询服务。全年新立项相关咨询课题20余项，这些课题研究成果为各地制定人力资源发展规划、推动事业单位岗位管理、有效实施绩效工资制、深化职称制度改革、做好人才引进与服务工作、构建人力资源市场指数体系、建设人力资源服务产业园、促进人才创新创业等，提供了理论支撑、实证分析与方案设计。

五是组织全国人社系统所属研究机构开展合作课题研究。全年共有24家单位与中国人事科学研究院共同开展了地方合作课题研究，研究主题包括城市人才竞争力提升、先进制造业技能人才用工瓶颈调查、乡村振兴战略下的人才支撑、事业单位特设岗位设置、事业单位绩效分配机制、新经济形态下的非标准劳动关系、东北地区吸引人才回流问题等，形成了一批体现地方特色、有一定参考价值的研究成果。

六是自主确定课题开展研究。聚焦一些基础性问题，自主确定了10余项研究任务，内容涉及科研事业单位人事制度改革、事业单位公益属性评估指标体系、科技成果转化中的收益分配、东南亚地区人力资源发展状况、人力资源市场的新变革、家政服务人员职业心理等。组织力量系统梳理了中华人民共和国成立

70年来人事制度历史资料，分析历史发展脉络。与国家图书馆合作编纂70年人事制度研究论文索引与著作提要，为人事制度研究提供基础文献支撑。

七是建立及时向部领导报送研究成果的"调研专报"制度。全年共上报13篇专项调研成果，其中多篇获部领导肯定性批示。同时，按照部里的工作安排，向部内相关单位提供研究成果。

八是加强课题研究工作进度与成果质量的督促检查。全年组织召开了近10次课题选题立项、督促检查会议，严格立项审批，加强过程控制，督察研制进程，努力提高成果质量。

（二）构筑人事科学研究成果高端发布平台。

一是完成《中国人事科学》全年的编辑发行工作。2019年是《中国人事科学》公开发行的第二年，期刊编辑部采取多种措施，共征集稿件600余篇，经过严格筛选刊载150余篇。同步完成在中国哲学社会科学、人民大学报刊数据库、知网、维普和超星5个数据平台的电子化出版。《中国人事科学》刊载的文章受到学术界和决策部门的关注，《新华文摘》和人大书报资料相继转载有关文章，在引领、深化人才工作和人事理论研究方面发挥了不可替代的重要作用。

二是做好《国际行政科学评论》（中文版）编译工作。完成第83卷共3辑的出版任务，以及84卷、85卷共7辑的翻译编审工作。

（三）持续推出有较高水准的学术论著。

一是年度报告又添新产品。在连续出版《中国人事科学研究报告》《中国人力资源发展报告》《中国人力资源市场分析报告》《中国事业单位发展报告》《全国人才与人事研究主题征文获奖作品集》等年度学术报告的同时，2019年又推出《中国企业人力资源发展报告》，年度报告体系中又添新的成员，受到理论与实务界的广泛关注。

二是学术文库作品更加丰富。出版《人事制度改革与人才队伍建设（1978—2018）》《职称制度的历史与发展》《强化公益属性的事业单位工资制度改革研究》《人才创新创业生态系统案例研究》《职业社会学》《澜湄国家人力资源开发合作研究》等学术著作，不断充实院学术文库。

三是学术论文不断推出新作。鼓励广大科研人员多发表有价值的学术论文，全院全年共发表各类学术文章百余篇。

（四）举办各类学术研讨活动。

一是举办多场学术研讨会。与江苏省人社厅、苏州市人社局共同举办"首届中国事业单位创新发展研讨峰会"，在安徽省蚌埠市举办"新时代绩效管理的新思路和新方法研讨会"，与青岛市人民政府共同举办"首届中国青岛国际人力资源高峰会"，与中国人才研究会、重庆市委组织部及市人社局共同举办"2019重庆英才大会·新时代西部大开发人才发展峰会"，与中国人才交流协会、上海人力资源产业园管委会共同举办"人力资源产业园发展研讨会"，收到良好效果。

二是举办人力资源服务创新创业大赛。与宁波市人民政府共同举办第五届"中国（宁波）人力资源服务创新创业大赛"。参赛项目400余个，项目质量有较大提升，受到广泛关注。

三是主题征文活动得到广泛响应。继续开展年度性的全国人才与人事研究主题征文活动。这项活动连续多年举办，得到各地组织、人社部门与高校、科研机构的积极响应，有的省份还转发征文通知，并对本区域内申报的作品进行初评，保证了参评文章质量。活动共收到参评论文331篇，为历年之最。经专家评议，评选出一、二、三等奖论文80篇和优秀组织单位9家，为推动全国人才与人事研究事业的发展做出了贡献。

四是研究基地建设取得新进展。先后与天津市和平区政府、绍兴市政府合作建立研究基地，与景德镇市政府合作的研究基地也即将建立，进一步拓展了中国人事科学研究院与地方政府合作的空间。

（五）广泛开展国际学术交流活动。

一是积极参加国际学术交流活动。组团赴新加坡参加国际行政科学学会年会，赴印度尼西亚参加亚洲公共行政网络年会，赴韩国参加东盟与韩中日（10+3）职业能力开发论坛，赴英国参加亚欧行政联合专场会，赴菲律宾参加东部地区公共行政组织年会，还选派科研人员出国参加有关培训与考察活动。

二是举办国际学术会议。6月在苏州市举办了"公营机构管理模式比较"国际研讨会，11月在青岛市举办了"经济动能转换与人力资源管理新趋势"国际研讨会，12月组织中日专家就公职人员薪酬调查进行专题研讨。

三是深度参与国际学术组织的工作。做好国际行政科学学会（IIAS）、东部地区公共行政组织（EROPA）和亚洲公共行政网络（AGPA）等三个国际学术组织秘书处的工作。2019年，IIAS、AGPA两组织先后进行换届选举，余兴安同志顺利连任IIAS副主席，柳学智同志当选AGPA副主席。同时，经EROPA执委会讨论通过，将设于中国人事科学研究院的EROPA电子政务研究中心改为EROPA人力资源研究中心。

四是组织开展多次双边和多边来访接待与交流活动。接待来自日本、英国、巴林等12国来访人员29人次。其中，接待国际行政科学学会新任主席本·沙明、欧洲公共行政组织主席昂加罗的来访，深化了与两国际学术组织的友谊。

二、劳动保障科学研究

中国劳动和社会保障科学研究院全年共组织开展各类课题项目279项，其中国家级课题5项、部级课题17项、部相关单位委托课题44项、基科课题项目82项，以及地方政府、企业和国际机构委托课题131项。

（一）开展就业创业有关问题研究。

重点围绕中美贸易摩擦对就业影响、"十四五"就业发展规划、就业优先政策内涵及实施路径、稳就业对策、新兴业态发展对就业的影响、青年就业、季度就业形势分析、人工智能对就业影响、新中国成立70年就业与职业能力开发经验总结、人力资源市场监管、技能人才队伍建设、就业大数据采集及处理等开展研究，取得了一批高质量的研究成果。其中，"全国人社公共服务机构调查分析报告""国际劳工组织危机应急与重建主体计划分析报告""IMD世界竞争力报告中国情况""新生代农民工就业创业调查""2019年第三季度全国招聘求职100个紧缺职业排行""中美贸易摩擦对美国经济和就业的影响及趋势分析报告""人工智能对就业影响的调查报告"，以及中国劳动和社会保障科学研究院执笔的关于第四次全国经济普查人社有关数据分析报告，获得部领导批示肯定。此外，在技能人才发展专题研究中关于平行研究和国外技能人才发展借鉴研究成果受到有关部门高度肯定，继而又承担了该专题研究的综合报告修改和摘要稿的起草工作；"老年人力资源开发与利用研究"成果得到老龄办领导肯定，报告终稿拟向国务院有关领导呈送。

（二）开展社会保障有关问题研究。

重点围绕城乡居民基本养老保险、机关事业单位养老保险改革、延迟退休年龄、降低养老保险费率政策评估、新经济新业态从业人员职业伤害保障制度、多层次工伤保险制度体系构建、工伤保险待遇、失业保险制度、失业保险基金、被征地农民社会保障政策、中国特色医疗保障制度、医疗保障基金行政执法监管、医疗保险支付方式改革、社保基金监管等重大课题开展研究，取得了丰硕成果。其中，"公务员参加工伤保险与民政抚恤制度待遇衔接比较研究"课题报告获得部领导批示肯定。汇集过去完成的一系列有关养老保险制度改革的研究报告，包括"机关事业单位养老保险制度改革实施情况评估""新就业形态从业人员社会保险问题研究""养老保险精算平衡与基金可持续研究""提高领取基本养老保险待遇最低缴费年限研究""个人养老金制度研究"

等，通过有关领导呈报胡春华副总理参阅。此外，"适应高质量发展的劳动用工和社会保障制度研究"成果得到好评，报告终稿拟向国务院有关领导呈送；"费基、费率变化对基金征缴收入、待遇支出的影响分析"的研究成果被中国国际经济交流中心采纳；"吉林省医保扶贫政策落实情况调研报告"报送国家医保局参阅。

（三）开展劳动保障法治与劳动关系有关问题研究。

重点围绕"十四五"时期构建和谐劳动关系总体思路、创新中国特色劳动关系协调机制、欠薪问题源头治理、劳动关系风险监测、新业态劳动用工政策风险评估、协调劳动关系基层治理、非标准就业发展与法律规制、改革开放以来我国劳动人事争议处理制度经验总结、劳动人事争议制度、特殊工时、民营企业劳动关系、体面劳动、平等就业、集体协商和集体协商争议等重大课题开展研究，取得了一批高质量的研究成果。其中，"域外平台劳动者权益保障对我国的启示"、域外法律政策交流平台2017年和2018年成果汇编、"欠薪问题源头治理研究"课题阶段性成果"工程建设领域农民工劳动用工及劳动报酬支付实态"获得部领导批示肯定；应急管理部煤监局委托课题"煤矿企业劳动用工情况调研报告"获应急管理部领导批示。

（四）开展工资收入分配有关问题研究。

重点围绕"十四五"时期工资收入分配发展规划、我国工资分配制度改革70年经验总结、最低工资标准调整对企业的影响、国有企业工资决定机制改革、制造业人工成本、企业薪酬调查、提高技术工人待遇、特殊群体工资、女职工用工成本等部中心工作开展研究，取得了一批有影响的研究成果。其中，"工资支付保障机制研究"成果直接服务于《保障农民工工资支付条例》草案的制定，运用于国家法制建设；"关于2019年上半年制造业人工成本监测情况的报告"获部领导批示；"2018年全国最低工资标准调整评估研究报告"经部领导批准作为相关文件附件印发各地；"集体协商质效评估体系研究"课题成果被全国总工会办公厅采纳。此外，完成"深化国有企业工资决定机制改革研究"报告，编入出版发行的相关政策解读和实务操作书籍。

（五）开展综合性和基础性问题研究。

重点围绕"十四五"时期人力资源和社会保障事业发展思路、人社公共服务体系建设、农民工工作"十四五"规划、人社领域大数据技术和方法、农民工和技工院校数据调查、人社领域统计调查类项目预算支出标准化、工业机器人应用工程师培训规范行业标准、工业机器人系统操作员国家职业资格标准、劳动定员定额标准、人力资源和社会保障标准等开展研究，取得了新的进展。

（六）加强扶贫政策研究。

高度重视扶贫研究工作，将科研扶贫作为重点工作来抓，组织开展了9项扶贫政策课题研究，还委托部对口扶贫的山西省天镇县承担了与扶贫工作相关的2项课题。其中，"我国人社扶贫数据分析报告""'三区三州'人社公共服务机构调查分析报告"获部领导批示。承担了人社扶贫与乡村振兴战略相关政策衔接研究课题任务，"人社扶贫与乡村振兴战略相关政策衔接研究报告"提交部扶贫办。在10月17日全国扶贫日，组织召开了人社扶贫政策研讨会，部内相关单位和部分省市人社厅局负责同志共40多人参加。

（七）组织召开重要科研会议。

7月，在北京市组织召开全国劳动和社会保障科研工作座谈会，邀请部内相关单位、部分省（区、市）人社厅（局）及科研院所、研究基地所在地区（或单位）有关部门负责同志、特约研究员代表，交流研讨劳动和社会保障工作面临的形势和科研工作重点，探讨如何发挥科研在促进劳动和社会保障事业发展中的重要作用。组织召开庆祝新中国成立70周年就业、社会保障、劳动关系、工资收入分配等一系列研讨会，来自人社部门、地方科研院所、高等院校以及企业的100多名代表深入研讨当前劳动和社会保障领域的突出问题及对策措施。

（八）加强科研合作体系建设。

与深圳市、上海市静安区和吉林省白山市人力资源社会保障局，苏州市汇思人力资源研究所，山西杏花村汾酒集团有限责任公司、金川集团股份有限公司、北京易才宏业管理顾问有限公司等7家单位签订协议并挂牌。新聘请15位国内外知名专家、教授为中国劳动和社会保障科学研究院特约研究员。与中国劳动关系学院、开封市人民政府、北京三快在线科技有限公司签订了战略合作协议。通过积极主动加强与有关部门和院外专家的交流与合作，建立合作平台，有力地提升了科研水平和社会影响力。

（九）拓宽国际与地区间交流合作。

全年共派员参加国际会议、出访、培训、访学等活动39人次，举办国际研讨会7个，执行国际合作项目5个，并接待有关来访。

出席国际会议并发言。赴土耳其出席第一届老年大会并作大会主旨发言；参加国际社会保障协会在俄罗斯举行的欧亚社会保障服务质量研讨会并发言；参加在韩国举办的第17次东北亚劳动论坛并发言；赴日本参加由国际劳工组织、亚太研究院以及亚洲开发银行联合举办的亚洲商业可持续发展目标实施研讨会和负责任供应链利益相关人会议并发言；作为中方牵头研究机构派员参加金砖国家劳工就业部长会和就业工作组会议并发言。结合执行的国际合作项目，分别组团赴乌干达、英国和澜湄国家开展调研、研究交流。派员赴捷克参加中捷第四轮社保双边谈判，赴意大利、瑞士等国家参加有关培训。

举办国际会议。举办"澜湄国家职业技能开发现状"与"一带一路框架下职业技能开发"两个国际研讨会；与国际劳工组织研究司举办2019年"中国劳动世界的未来"国际研讨会；与国际劳工组织北京局联合召开"电子和纺织行业供应链负责任劳动实践高端论坛"；与国际劳工组织曼谷局联合召开国际劳工公约履约报告撰写研讨会；举办中英繁荣基金项目——中英年金比较研究国际研讨会；与国际劳工组织联合召开"劳动法的未来"国际研讨会。

执行国际合作项目。开展"澜湄国家职业技能开发合作项目"；开展中英繁荣基金年金比较研究项目；与国际劳工组织北京局合作，开展"促进艾滋病感染者公平就业专题研究项目"；执行国际劳工组织就业政策司关于"有关人工智能机器换人对就业的影响"合作项目；执行国际劳工组织与人力资源社会保障部"建设集体协商机制备忘录"的政府方培训项目和《集体协商和集体协商争议指导手册》编制工作。

接待来访。接待日本女子大学、日本国立社会保障与人口问题研究所、美国密西根大学等机构5人次来院做学术讲座。接待澳大利亚驻华使馆等4个机构26人次，就我国的劳动保障特别是养老保障制度改革等相关议题进行探讨交流。

（十）组织出版一批研究著作。

组织编写的《中国社会保障70年》专著已出版发行；组织编写了《中国就业发展报告》《中国薪酬发展报告》《中国人力资源产业园发展报告》3本2019年度系列蓝皮书，资助出版2部学术专著。编发8期《劳动和社会保障政策研究》（内刊）。加强对《中国劳动》杂志管理，实现向学术期刊转型的目标，期刊学术影响力和行业声誉明显提升。

干部教育培训与系统行风窗口单位建设和评比表彰

2019年，人社系统干部教育培训、系统行风窗口单位建设和评比表彰工作以习近平新时代中国特色社会主义思想为指导，全面贯彻党的十九大和十九届二中、三中、四中全会精神，按照部党组统一部署，围绕中心，服务大局，不断提升系统和部内干部的党性修养与能力素质，激励干部担当作为，提高窗口干部服务能力、服务意识，为培养造就忠诚干净担当的高素质专业化人社干部队伍、推动人社事业改革发展提供有力支持。

一、深入贯彻落实习近平新时代中国特色社会主义思想，组织开展案例编写工作

根据中央组织部统一部署，3月至6月，参与"贯彻落实习近平新时代中国特色社会主义思想、在改革发展稳定中攻坚克难的生动案例"社会建设方面部分案例的编写工作。一是突出政治性、时效性，精准选题。案例紧紧围绕人力资源社会保障部在贯彻落实习近平总书记关于就业、社保、扶贫等指示批示精神方面编选案例，入选案例内容着眼基层实际、聚焦矛盾冲突、注重典型引领。二是建队伍、配班子，提高编写水平。编写单位积极选派精干力量，全力配合做好案例编选工作，每个案例均由相关单位和案例发生地人社干部、高校指导老师、中央媒体记者共同组成编写工作小组，共同研究起草，确保了案例编写的规范性和生动性。三是严把政治关、质量关，分级审核。案例经编写小组统稿、牵头司局把关、分管部领导审定，并征求中央宣传部、中央政研室、中央改革办、中央保密办等多家单位意见建议，确保工作质量和符合各方面规定要求。案例经数十次修改完善，最终人力资源社会保障部负责编写的6篇案例材料入选"不忘初心、牢记使命"主题教育案例丛书。

二、围绕中心、服务大局，高质量开展干部教育培训

（一）对标主题教育要求，举办不同层级干部培训班。

将"不忘初心、牢记使命"主题教育作为部内不同层级干部教育培训的重要内容，在年度培训计划中，统筹安排，重点实施，共培训217人次。在司级干部培训上，重点选调新任职的干部参加培训，在教学内容上突出"不忘初心""担当作为"两个关键导向，通过再学再悟习近平新时代中国特色社会主义思想，到上海参观一大会址、学习上海的改革创新精神，牢固树立锐意进取、担当作为的干事创业情怀。在处级干部培训上，突出对革命老区和定点扶贫工作的认识和深化，到安徽省金寨县接受思想政治教育的洗礼，进一步坚定理想信念，强化做好本职工作的担当意识，落实好各项工作要求。在青年干部培训上，突出实地体验，到革命圣地延安开展革命传统和理想信念教育，到梁家河村学习习近平新时代中国特色社会主义思想的源头，不断锤炼青年干部忠诚干净担当的政治品格，参加学习的青年干部提交了54篇近2万字的心得体会。在新入部人员培训上，突出打牢基础，转变角色，尽快融入，更好地履职尽责，加强重点业务、机关公文、财务保密和警示教育的学习培训，提升新入部人员的应知应会工作能力。

（二）助力脱贫攻坚，重点面向贫困地区开展干部培训。

一是注重统筹谋划，制订专项计划。组织相关单位围绕就业扶贫、技能扶贫、社保扶贫和定点扶贫等研究制订专项计划，大规模开展扶贫专项培训，全年共举办扶贫培训班27期。二是重点面向"三区三州"和西部地区，分别组织举办人社局长、扶贫干部培训班。培训期间，由部领导主持召开学员代表座谈会，交流情况，听取意见。学员围绕培训主题学政策、学业务，交流经验和做法，进一步深化对扶贫工作的认识，明确工作目标，坚定信心和决心。学员们还围绕人社扶贫工作提出上百条工作建议，为部里出台政策、改进工作提供了很好的参考和借鉴。三是加强需求调研，扎实开展定点扶贫培训。将年度培训计划提供给定点扶贫县，开展"菜单式"服务，根据反馈的培训需求提供培训，围绕社会治理、乡村振兴和新技术应用等专门组织培训班，培训两县共60名乡镇党委书记、镇长，帮助他们进一步拓宽思路，开阔视野。此外，还组织7名扶贫挂职干部参加中国干部网络学院"扶贫挂职干部脱贫攻坚"网上专题班学习。

（三）多措并举，全方位多渠道提升干部能力素质。

一是有计划地举办人力资源社会保障部讲坛，重点围绕就业、养老、职业能力建设、人社扶贫、劳动关系、劳动监察、人工智能和安全保密等，邀请部内相关单位负责同志和专家学者，为部属各单位干部讲授政策业务和热点议题。全年共举办讲坛8期，约1 800人次参加专题辅导，受到部内干部的广泛好评。二是做好部内干部参加中央组织部、中央国家机关工委调训的组织工作，统筹把握培训主题和各单位人员参训情况，合理分配调训名额，确保相关学员按时参训，全年组织司级干部参加调训80人次。三是配发学习资料，包括第五批全国干部学习培训教材和《公务员法及职务职级并行规定》《党政领导干部选拔任用工作条例》等，帮助干部学习新政策新理论。四是支持部内干部利用业余时间参加在职学历教育，自我提升，全年共支持7名干部报考在职研究生学习。

三、强化督促整改，扎实组织人社服务窗口调研暗访

按照主题教育找差距、抓落实的相关要求和系统行风建设的工作安排，在主题教育期间，集中开展了2019年度人社系统服务窗口调研暗访。在调研暗访内容上，聚焦群众关心的精简证明材料、减少排队时间、压缩办结时限、严格工作纪律、推进设施便民和保持热线畅通六项内容，重点针对业务办理量大的市县两级人社系统服务窗口，找问题、促整改。在调研暗访方式上，坚持"四不两直"的方式，开展"蹲点"式暗访，实地查看、旁听、咨询、拨打电话、浏览网站等，跟随服务对象走流程，体验业务办理，切实掌握第一手资料、掌握服务实情。此次调研暗访在全国省级范围内做到全覆盖，共走访了70余个地市、120余个区县的440余家窗口单位，并将发现的问题通报反馈各地，加强督促整改，不断提升窗口服务水平。

四、选树优秀典型，开展优质服务评选表彰

为进一步推进人社系统行风建设工作，充分发挥先进典型示范引领作用，激励全国人社系统窗口单位和工作人员不忘初心、牢记使命，勇于担当、奋发作为，组织开展了"全国人力资源社会保障系统2017—2019年度优质服务窗口和优质服务先进个人"评选，评选表彰优质服务窗口389个、优质服务先进个人161名。12月29日，召开全国

人力资源社会保障工作会议暨全国人社系统2017—2019年度优质服务窗口和优质服务先进个人表彰大会,隆重表彰获奖单位和个人。同时,注重宣传引导,在部属两报和门户网站做好公示宣传,并选树6个窗口和6名个人作为先进典型,在全系统形成良好舆论氛围。对内蒙古自治区人力资源社会保障厅因公殉职干部王晓东同志追授"全国人社系统先进工作者"称号。

行 风 建 设

2019年，行风建设工作坚持以习近平新时代中国特色社会主义思想为指导，全面贯彻党的十九大和十九届二中、三中、四中全会精神，坚持以人民为中心，坚持问题导向、结果导向，组织实施行风建设专项行动，突出标本兼治、纠建并举，持续推进行风建设与业务工作有机融合，人民群众对行风工作的满意度有明显提升。

一、规范审批服务事项

按照职权法定原则，出台人社系统行政审批和公共服务事项清单，涵盖人社领域42个主项、178个子项，30个省份已对照制定公布本省事项清单和办事指南。统一规范系统事项清单标准，为实现人社政务服务平台部省对接、国家社会保险公共服务平台上线运行和开展政务服务"好差评"工作奠定基础。

二、开展政策"看得懂、算得清"工作

从老百姓最为关注的养老保险入手，组织开展政策待遇"看得懂、算得清"工作，通过政策解读、权益查询、测算服务，让群众真正看得懂、用得上。截至年底，人力资源社会保障部官微已发布22篇政策解读，总点击量逾百万次，受到了社会各界和新闻媒体的关注好评。在此基础上，部署推进人社领域其他政策"看得懂、算得清"工作。

三、加大"清事项、减材料、压时限"工作力度

抓减证便民，减少办事环节，推动全面取消社保待遇领取资格集中认证，分三批次取消125件次证明材料，在人事考试、社保经办领域18个事项中开展证明事项告知承诺制试点，基本实现就业失业登记、社保登记、劳动用工备案"三口合一"。压缩办事时限，推行当场办结、限时办结等服务模式，大力压缩社保卡办卡时限，将企业申请实行特殊工时等审批时限减半。规范服务规程，发布4项国家标准和23项行业标准。推动信息化应用，编制金保工程信息标准32项，国家社会保险公共服务平台上线运行，实现与公安、教育、税务等部门信息共享和数据交换，在10个省份启动人社系统一体化在线服务试点。强化服务监管，建立健全失信"黑名单"。

四、抓好问题专项整改

在人力资源社会保障部官网、12333电话服务中专门设立行风建设投诉举报专区，及时受理核处群众反映问题。对人社窗口单位采取"四不两直"调研暗访，基本实现省份全覆盖，对发现的问题逐条督促地方进行整改。针对证明材料多、排队时间久、办结时限长、工作纪律差、热线不好打、设施不便民等问题，开展专项整改提升，督促各地采取厅局长走流程方式，形成问题台账和整改措施台账，明确整改时限，扎实开展整改。

五、加强窗口单位经办队伍建设

会同财政部印发加强人社系统窗口单位经办队伍建设文件，在人员配备、能力提升、服务保障等方面发力。在全系统开展了业务技能

练兵比武，实现部、省、市、县（区）、乡镇（街道）、社区（村）六级经办人员练兵全覆盖，举办人社系统窗口单位业务技能练兵比武邀请赛、全国赛，培树了一批"人社知识通""业务一口清"，在央视、人民网等媒体进行活动宣传，在全系统营造"学政策、钻业务、强技能、优服务"的良好风气。

六、加大典型宣传力度

强化正面引导，开展"人社服务标兵"主题宣传活动，集中宣传报道100名人社服务标兵，挖掘、总结、推广地方行风建设方面便民创新举措，多形式多载体广泛宣传推介人社行风建设成效。加大负面典型通报，建立负面典型案例实名通报制度，对发现的负面问题，及时核实，坚决整改和处理，特别恶劣的，点名道姓予以通报，发挥警示教育作用。

七、不断创新服务模式

深入挖掘、推广地方行风建设方面的"土特产""一招鲜"，在全系统推广宁波深化"最多跑一次"改革、深圳人才引进"秒批"改革、南宁"线上一网通、线下一门办"、雅安"社银合作"等一批人社服务的创新举措，刊发13期行风建设信息专刊，摘登各地特色做法，促进系统交流借鉴。

八、切实抓好行风扶贫工作

加强对山西天镇、安徽金寨两个定点扶贫县行风工作指导，建立"直联"机制，通过开展"两指导一督促"，即指导优化办理流程，指导开展练兵比武，督促专项问题整改，并通过协调提供免费培训名额，进一步提升扶贫县人社服务能力和服务水平。

人力资源社会保障扶贫

2019年，各级人力资源社会保障部门深入学习贯彻习近平总书记关于扶贫工作的重要论述，加大就业创业、技能培训、社会保险、人才人事等专项扶贫及定点扶贫工作力度，聚焦深度贫困地区，抓实脱贫攻坚专项巡视整改，完善政策措施，人力资源社会保障扶贫工作取得新成效。

一、扎实开展就业扶贫

（一）加强易地扶贫搬迁就业帮扶。

会同发展改革委等部门全面摸排易地扶贫搬迁就业情况，开展数据比对分析和实地调研，形成专题报告上报国务院。联合发展改革委、财政部、国务院扶贫办印发《关于做好易地扶贫搬迁就业帮扶工作的通知》（人社部发〔2019〕47号），从多渠道开发岗位、属地化就业服务管理、开展万人安置点专项帮扶等方面明确政策措施。截至年底，有搬迁任务的22个省份全部制定专门举措，促进235万名搬迁贫困劳动力实现就业。

（二）加强公益性岗位开发管理。

在全面摸排公益性岗位开发情况基础上，会同财政部印发《关于做好公益性岗位开发管理有关工作的通知》（人社部发〔2019〕124号），从科学设置岗位、明确安置对象、规范岗位聘任、保障在岗待遇、明确补贴期限、实施后续扶持、强化岗位管理等方面作出具体规定。对安置农村建档立卡贫困劳动力的乡村公益性岗位，要求明确岗位聘任程序，根据劳动时间、劳动强度确定岗位补贴标准。

（三）大力推进劳务协作。

明确输出地与输入地的主体责任和帮扶责任，促进贫困劳动力就业意愿、就业技能与就业岗位精准对接。既深化东西部扶贫协作、对口支援等省际协作机制，也建立经济发展较好地市与贫困县区对口帮扶的省内协作机制。培树推广"吕梁护工""化隆牛肉拉面"等一批贫困县劳务品牌，以品牌带动劳务输出。

（四）突出精准服务。

开展人力资源服务机构助力脱贫攻坚行动，在"春风行动"、就业援助月等专项服务活动中，将贫困劳动力作为重点对象，召开专场招聘会。"春风行动"期间，为贫困劳动力提供职业介绍和岗位信息服务125万人次，举办招聘会、对接活动3 500余场，提供岗位72.2万个。会同国务院扶贫办等部门征集认定第二批全国就业扶贫基地153家。支持顺丰集团实施"千店百县万人"就业扶贫计划，鼓励阿里巴巴集团在贫困县试点数字就业扶贫车间。实施典型引路，在第二届创业就业展示交流活动中举办就业扶贫专场，集中展示各地就业扶贫典型做法、劳务品牌、贫困劳动力就业创业典型人物。编印《就业扶贫在路上》和《东西部扶贫协作劳务输出输入工作手册》，在中国就业网开设就业扶贫工作专栏，持续宣传典型经验做法，带动各地深入推进就业扶贫。截至年底，已累计帮扶1 213万名贫困劳动力实现就业，比上年底新增就业225万人。

二、大力推进技能扶贫

（一）加大职业技能培训支持力度。

筹集1 138亿元失业保险基金结余实施职业技能提升行动，报请国务院办公厅印发职业技能提升行动方案（2019—2021年），要求加大技能扶贫工作力度，将贫困劳动力和贫困家庭子女作为重点对象，落实培训补贴和生活补贴政策。印发新生代农民工职业技能提升计划（2019—2022年），为新生代农民工中的贫困人员优先提供精准技能培训服务。全年组织贫困劳动力和贫困家庭子女参加补贴性培训259.7万人次。

（二）深入实施技能脱贫千校行动。

会同国务院扶贫办印发《关于深入推进技能脱贫千校行动的实施意见》（人社部发〔2019〕2号），进一步聚焦深度贫困地区加大政策创新力度，优化服务流程，完善激励支持政策。继续做好技工院校招生工作，推动技工院校加大对农村贫困地区、贫困家庭的招生力度，为贫困家庭学生开设绿色通道，优先享受免学费和助学金政策，优先安排实习，优先推荐就业。全国技工院校新招收贫困家庭子女8.8万人，面向贫困家庭劳动者开展职业培训18.2万人次。

（三）大力营造技能扶贫技能脱贫氛围。

编印《技能扶贫百问百答》《职业技能提升行动口袋书》《全国技工院校资助政策选编》。通过"技能中国"微信公众号、中国就业网等媒体，集中宣传各地技能扶贫领域的工作动态和经验做法。在全国技工院校开展技能扶贫主题宣传教育活动，组织开展以技能扶贫为主题的世界青年技能日宣传活动，举行第4届中国青年技能营活动。在青海海西、四川凉山等地组织开展多场世界技能大赛先进事迹报告会和6次技能中国行活动。举办"三区三州"职业技能大赛，推动贫困群众了解技能、掌握技能、投身技能。

三、精准实施社会保险扶贫

（一）精准识别确定工作对象。

将建档立卡贫困人口数据和全民参保数据库进行数据比对，指导各地利用人社扶贫信息平台，精准定位社保扶贫工作对象，通过系统核验、实地走访等方式推动贫困人员参保精细化管理，为贫困人口参保扩面、社会保险精准扶贫提供技术支撑。

（二）大力推进贫困人口基本养老保险应保尽保。

落实城乡居民养老保险扶贫政策，为贫困人员代缴部分或全部最低标准城乡居民养老保险费，将没有领取基本养老保险待遇的贫困老人按规定纳入城乡居民养老保险制度，按月发放养老金。全年共为3 808万名建档立卡贫困人口、低保对象、特困人员代缴城乡居民养老保险费近42亿元，为2 885.5万名贫困老人按月发放城乡居民养老保险待遇，6 693.6万名贫困人员直接受益。截至年底，全国5 978万名建档立卡贫困人员参加基本养老保险，未参保贫困人员由年初的766万人降至1 414人，基本实现贫困人员基本养老保险应保尽保。

（三）提高城乡居民养老保险待遇水平。

指导各地出台城乡居民基本养老保险待遇确定和基础养老金正常调整机制政策文件。当年有10个省份提高了基础养老金，29个省份及新疆生产建设兵团出台了政策文件，在年限养老金、高龄人员倾斜性基础养老金等方面细化和落实中央要求。全国城乡居民养老保险月人均养老金水平约160元，比上年增加10元；年人均缴费水平约为351元，比上年增加53元。有19个省份开展了城乡居民养老保险基金委托投资。

四、深入开展人才人事扶贫

（一）加强贫困地区事业单位人事管理工作。

指导艰苦边远地区县乡事业单位结合本地实际，放宽年龄、学历、专业等岗位条件，拿出一定数量的岗位面向本地户籍人员（或生源）、贫困家庭大学毕业生等组织专项招聘，降低或不设开考比例，对脱贫攻坚急需紧缺专业人才，采取面试、组织考察等方式公开招聘。

（二）发挥"三支一扶"计划助力脱贫攻坚作用。

全国共招募3.1万名"三支一扶"人员，主要面向贫困地区、革命老区、民族地区和边疆地区，其中从事扶贫的占36%。将西部地区"三支一扶"人员工作生活补助标准提高至每人每年3万元，西藏和南疆四地州提高至每人每年4万元。开展"最美基层高校毕业生"学习宣传活动，引导高校毕业生扎根基层和贫困地区。

（三）加强人才服务和智力支持。

全年组织开展100期专家服务脱贫攻坚重点示范团，共组织2 240名两院院士、特贴专家、百千万人才工程人选、留学回国人员等各类专家人才发挥智力技术优势助力精准脱贫。2019年批准新建的19家国家级专家服务基地中，西部地区有10家。深入实施专业技术人才知识更新工程，在高级研修项目中单列扶贫开发专项，专门支持以服务脱贫攻坚为主题或在贫困地区举办的高研班50期。继续实施新疆、西藏少数民族专业技术人才特殊培养工作，分别为新疆、西藏培养400名、120名专业技术人才骨干。

（四）配合做好援藏援疆援青干部人才选派轮换工作。

组织第九批援藏和第四批援青干部人才选派、培训和送行工作，协调第十批省市援疆干部人才选派工作。全年共选派援藏干部人才2 006名，援青干部人才301名，省市援疆干部人才4 066名。

五、加大深度贫困地区支持力度

（一）加大就业补助资金支持力度。

会同财政部下达2019年就业补助资金，中央财政就业补助资金对"三区三州"有针对性下达，并明确将就业扶贫列为资金支持的首要工作。

（二）支持技工教育发展。

全国44所技工院校对口帮扶"三区三州"，新建技工院校或开设分校（教学点）10所。援助西藏技师学院建设，协调北京、江苏等省份16所技师学院对口帮扶，从加强专业和师资队伍建设等方面提出帮扶举措，结束了西藏无技工院校的历史。

（三）发挥失业保险保生活稳就业效应。

针对深度贫困地区，将失业保险金标准上调至最低工资标准的90%，将稳岗返还标准提高到上年度实际缴纳失业保险费总额的60%。全年共向"三区三州"的2万名失业人员发放失业保险金1.4亿元，向5 220家参保企业发放稳岗返还资金2.3亿元，惠及职工56.6万人。

（四）制定特殊的人才人事政策。

在"三区三州"等深度贫困地区全面开展专业技术职称、岗位"定向评价、定向使用"，全年新增1.36万名专业技术人才取得高级职称。自2019年起，对护士、执业药师、社会工作者、审计、统计、高级会计师和一级翻译等7项职业资格考试，在"三区三州"单独划定考试合格标准，当年单独划线工作已完成，单独划线后新增加7 097人通过考试，增幅达158.03%。在"三区三州"事业单位开展脱贫攻坚专项奖励，重点对表现突出、成绩显著的事业单位工作人员给予奖励，记功或嘉奖2 139个集体、34 107人。

六、扎实开展定点扶贫

人力资源社会保障部把定点帮扶的山西省天镇县和安徽省金寨县作为落实人社政策的示范点和行风建设的联系点，多措并举，压实责任。帮助两县贫困劳动力转移就业10 135人，年均户增收6 000元。着力打造"天镇保姆"品牌，在北京、内蒙古等周边地区及其他地区建立"天镇保姆"工作站点。筹集资金1 000万元新建4 800平方米的天镇县人社扶贫技能培训基地。推动江苏省昆山市与金寨县签署协议，推进产业优先向金寨县转移。将金寨县金梧桐创业园确定为省级返乡创业园，带动就业2.2万余人。对口帮扶金寨技师学院，拨付500万元建设国家级高技能人才培训基地。全年共向定点扶贫县投入帮扶资金1 797.8万元，引进帮扶资金843万元，培训基层干部922名，培训技术人员7 263名，购买农产品432万元，帮助销售农产品470万元。

新闻宣传政务信息报刊与出版

2019年,人力资源社会保障宣传工作坚持以习近平新时代中国特色社会主义思想为指导,认真贯彻落实党的十九大和十九届二中、三中、四中全会精神及全国宣传思想工作会议、全国宣传部长会议精神,增强"四个意识",坚定"四个自信",做到"两个维护",加大正面宣传和舆论引导,为人社事业改革发展营造良好的社会氛围。

一、主要工作情况

(一)重大主题活动宣传深入推进。

一是全面持续深入宣传习近平新时代中国特色社会主义思想。将党中央确立的重大思想观点、重大战略任务和重大决策部署作为宣传工作重要内容,组织部属媒体通过专题专栏等形式深入开展宣传,在人社系统营造浓厚的学习宣传氛围。

二是深入开展庆祝新中国成立70周年宣传。组织参加庆祝新中国成立70周年大型成就展,集中展示70年来人社事业辉煌成就。协调《人民日报》分别刊发70年就业和社保成就专版,组织部属媒体在重要位置开设专栏,有序开展宣传。

三是深入开展主题教育宣传。对宣传人力资源社会保障部"不忘初心、牢记使命"主题教育进行整体策划,组织部属媒体在重要位置开设专栏,刊发报道百余篇。协调中央主要媒体采访部有关单位,《人民日报》、中央电视台、《经济日报》等主题教育专栏刊发稿件十余篇。

四是持续掀起技能大赛宣传热潮。全媒体呈现第45届世界技能大赛、"一带一路"国际技能大赛和"三区三州"技能大赛等盛况,认真组织第十四届高技能人才表彰大会宣传和技能大奖获得者集体采访,形成"常规报道+新闻发布+网络直播+抖音小视频+其他形式"的宣传格局,大赛开幕式直播观众每场超2000万人,累计刊发原创报道2000余条,形成持续时间长、覆盖面广、社会影响大的宣传热潮。

五是结合年度经济数据发布、全国"两会"等重要节点主动回应关切。结合人社重点和热点问题及时分析研判,通过答记者问、部领导专访、召开新闻发布会和在中央媒体刊发系列文章等方式,权威解读就业和社保热点问题,提高宣传针对性、引导力。

(二)专项行动宣传精彩纷呈。

一是保持就业工作宣传热度。采取召开新闻发布会、中央人民广播电台中国之声"公益报时"、部属报刊网上展厅等形式,开展"春风行动"、民营企业招聘周、第六届大中城市联合招聘高校毕业生(春季)专场活动、第二届全国创业就业展示交流活动等宣传,解读《关于做好当前形势下高校毕业生就业创业工作的通知》(人社部发〔2019〕72号)等重大政策,累计发稿1000余条。

二是大力宣传职业技能提升行动、降低社会保险费率、《保障农民工工资支付条例》(中华人民共和国国务院令第724号)等有关政策成效。通过专题专栏、答记者问、专家解读文章、实地采访、开展宣传月活动和公益平台推送等,扩大政策宣传覆盖面。先后参加国务院政策吹风会5次，召开新闻发布会和媒体见面会15次，受理采访100余次，形成上下联动的宣传声势。

三是加大人社扶贫宣传力度。通过广泛开展人社扶贫典型事例征集展示活动，在部门户网站和部政务微信分别开设"人社扶贫"专题、"人社扶贫进行时——政策解读"专栏等，集中宣传人社扶贫政策、工作成效和典型经验。

四是深入开展人社行风建设宣传。组织部属媒体深入挖掘宣传"人社服务标兵"先进事迹，认真组织做好人社系统练兵比武活动宣传，加强养老保险等政策"看得懂 算得清"宣传，人社行风建设宣传成效显著。

（三）网络新媒体宣传再上新台阶。

一是强化部门户网站主阵地作用。加强部门户网站综合管理，规范部属单位信息发布和栏目开办维护，加大日常巡查督导力度。围绕部重点工作新开设专题专栏10个，共刊发稿件4 657篇，录制在线访谈6期。及时调处办理网民来信，办理找错来信69封。开发上线"1+2+X"政策解读模板，实现政策和解读同步发布、同页展示，方便网民浏览。

二是打造部新媒体矩阵群。部政务微信和《人民日报》、今日头条号、澎湃、百度百家、腾讯企鹅客户端矩阵粉丝超过2 000万人，覆盖面不断扩大，新媒体宣传影响力传播力有较大提升。其中，部政务微信重点围绕庆祝新中国成立70周年和部专项行动开设专题专栏，通过图解、漫画、短视频、在线服务等形式，集中展示人社事业辉煌成就和部专项行动等生动实践，订阅用户数、"10万+"稿件数和总阅读人数再创新高。

三是推进人社网络宣传矩阵建设。加强宣传矩阵建设督促指导，全国31个省（区、市）制定省以下宣传矩阵建设方案，部、省、市、县上线联动协同配合的宣传工作格局基本形成。

（四）宣传管理水平进一步提升。

一是加强整体策划和督促指导。印发2019年度人力资源和社会保障宣传工作要点，召开全国人社宣传工作座谈会，对全年工作进行部署。坚持系统新闻舆论季度通报机制，每季度编报人社新闻舆论工作信息，推广基层宣传工作经验，督促指导宣传工作落实。

二是规范宣传工作管理。进一步加强新闻发布和宣传报道工作，推进政务新媒体健康有序发展，规范工作流程，明确任务，落实责任。

三是举办全国人社宣传工作培训班。重点围绕宣传队伍建设、典型宣传策划、推进媒体深度融合和舆论引导能力素质提升等内容，组织全国人社系统宣传干部开展集中培训。

二、新闻发布

新闻发布工作取得积极成效。坚持团结稳定鼓劲、正面宣传为主，紧扣庆祝新中国成立70周年这条主线，统筹谋划、主动设计、周密实施，举行或参加各类新闻发布活动，取得良好宣传效果。

（一）重大新闻发布活动成效明显。

1月，张纪南部长接受中央电视台专访，邱小平副部长出席国务院新闻办专题新闻发布会，积极宣传人力资源社会保障部门贯彻落实中央经济工作会议精神的措施，重点解读稳就业和深化社会保障制度改革工作进展和系列措施。3月，张纪南部长在两会"部长通道"接受集体采访时，回答记者关于就业、降低社会保险费率等方面的问题，全面阐释了促进就业工作的实招硬招，宣传实施降低社会保险费率政策的重大意义。7月，张纪南部长接受中央电视台采访，介绍主题教育开展特别是解决群众操心事烦心事情况。9月，张纪南部长出席庆祝新中国成立70周年活动新闻中心策划的"满足人民新期待，在发展中保障和改善民生"新闻发布会，介绍新中国成立70年特别是党的十八大以来就业和社会保障工作取得的成就，回答了记者关于技能人才发展、就业等方面的问题。部领导出席重大新闻发布活动，突出宣传事业发展成绩，权威解读政策，积极回应关切。媒体报道广泛充分，引起强烈社会反响，为人社事业改革发展营造了良好舆论氛围。

（二）例行和专题新闻发布工作扎实推进。

1月、4月、7月、10月分别举行季度例行新闻发布会，围绕提振信心、稳定预期，加强宏观经济数据解读。创新方式方法，邀请部有关单位负责人参加发布会，就舆论关注的就业形势、养老保险基金将用光、降低社会保险费率、根治拖欠农民工工资、人社扶贫、电子社保卡等热点问题回答记者提问。根据重点工作推进情况，及时组织专题新闻发布，7月举行根治欠薪夏季专项行动专题新闻发布会，10月参加国务院新闻办打击恶意欠薪犯罪新闻发布会，介绍根治欠薪相关工作情况。每场新闻发布会到场中外媒体30家左右，记者人数在40人左右，发布会后，媒体策划推出大量报道，对发布内容进行全方位、多角度挖掘，广泛凝聚了社会共识。

三、政务信息

政务信息工作紧紧围绕党中央、国务院重大决策部署以及人力资源社会保障重点任务、重大政策，聚焦社会普遍关注和群众反映强烈的热点、难点、焦点问题，加大信息报送的力度频度，发挥政务信息报告情况、反映问题、提出建议、服务决策的重要作用。进一步提高政务信息质量，提升政务信息工作服务决策的能力和水平。通过信息刊物加强对全系统的业务指导，推动业务工作更好开展。全年人力资源社会保障部共向党中央、国务院报送《人力资源社会保障部简报》30期，《人力资源社会保障要情快报》25期；专报信息稿件433篇。采用各地人力资源社会保障部门报送信息172条，编发《工作信息》37期。

（一）强化政务信息辅助决策的功能。

围绕中共中央办公厅、国务院办公厅信息报送要点，围绕《政府工作报告》等重要文件赋予人力资源社会保障部门的重点任务，围绕人力资源社会保障部年度工作要点，以就业、社会保障、人才人事、劳动关系和工资收入分配等业务领域为重点，进一步强化信息报送意识，确保重点工作进展情况及时上报。全年编辑报送的政务信息主要包括就业、社会保险等月度指标完成情况，就业、劳动关系等形势分析，中美经贸摩擦对就业的影响，高校毕业生就业、农村劳动力转移就业、推进农民工返乡创业、对美贸易重点企业监测、职业培训、调整退休人员基本养老金、落实社保降费率、企业职工养老保险基金运行、失业保险基金运用、失业动态监测、治欠保支等人社重点工作推进情况，国内外经济形势变化对就业的影响等新问题新情况，人力资源社会保障重点难点工作推进中的新思路新举措新经验等，为党中央、国务院提供了高效的政务信息服务和决策支持。

（二）增强政务信息服务中心工作的能力。

充分发挥信息在抓落实方面的重要作用，掌握部内重点工作的时间节点，主动约稿督办，确保重点工作进展情况及时上报。主动从文件简报、调研报告、重大活动中挖掘信息点，注重发现和提炼带有普遍性、苗头性、倾向性的问题，着重从大量一手信息中归纳、综合具有较大参考价值的深层次信息。加强与部内各业务单位的沟通交流，督促其按时限报送信息。对被中共中央办公厅、国务院办公厅采用信息按季度进行通报，及时向部属各单位传达部领导关于信息工作的批示。在筛选、综合、分析、编辑和审核把关等环节狠下功夫，对信息进行整体开发和综合利用，加工提炼、去粗取精，做到选点准确、直入正题、言简意赅。

（三）更好发挥政务信息指导推动系统业务工作的作用。

进一步提高刊物质量，围绕领导关心、社会关注的重点工作，如人社扶贫、行风建设等，定期对全系统印发专刊，发挥督促检查引领作用，实现了通过《人力资源社会保障工作信息》对全系统的业务指导，促进了业务工作顺利开展。紧盯人力资源和社会保障重点业务工作推进情况，及时推广地方好的经验好的做法，供各地在工作中借鉴参考。加强与各地的沟通交流，加大采纳各地人社部门信息力度，对《人力资源社会保障工作信息》采纳各地信息情况及时进行通报，要求各地及时向部里反映本地重要情况，找准工作切入点和着力点，发挥好报送信息主渠道作用。

四、部属报刊

（一）中国人事报刊社。

紧紧围绕组织人社工作主线，深入推进党建与业务融合，突出宣传重点，丰富报道形式，健全完善机制，提高报刊质量，报刊的影响力和覆盖面进一步扩大，为组织人社事业发展提供了有力支持。

《中国组织人事报》积极唱响主旋律，服务大局取得新进展。

一是深入宣传习近平新时代中国特色社会主义思想。突出报道习近平总书记重要活动、重要论述，刊发重要文章，及时组织学习与反响报道，突出报道了习近平总书记关于技能人才的重要指示精神。

二是及时准确宣传重大会议。及时充分报道党的十九届四中全会、全国"两会"、中央和国家机关党的建设工作会议，以及全国组织部长会议、人力资源和社会保障工作会议精神。

三是浓墨重彩做好重大主题宣传。按照两批"不忘初心、牢记使命"主题教育工作的不同特点，迅速组织动态报道、言论引导和综述文章，充分展示各地开展主题教育的有力举措和成效。突出做好"壮丽70年 奋斗新时代"宣传，推出4篇成就综述，1篇署名祖任平的重大述评《中国共产党的组织优势》，引起广泛热议。

四是精准发力做实专题宣传。深入"三区三州"深度贫困地区，走村入户调研抓党建促脱贫和人社扶贫情况，充分反映组织人社部门扶贫的进展成效，鼓舞干劲。积极做好技能人才报道，及时跟踪世界技能大赛进程，报道世界技能大赛成绩和技能人才队伍建设成效，策划采访5个地方典型和16个项目金牌得主风采。深入推进行风建设宣传，充分报道了人社服务标兵、练兵比武、便民服务的生动实践，推出重大述评《高扬人民至上 凝聚行风力量》，全面总结行风建设的成效和经验。

五是深入浅出做活政策解读。制作《职称评审管理暂行规定》（人力资源和社会保障部令第40号）、《关于改革完善技能人才评价制度的意见》（人社部发〔2019〕90号）等13个整版政策图解。

六是媒体融合发展再上新台阶。建立媒体融合机制，加强新媒体与传统媒体选题策划、采访制作协调合作，在重大宣传中，与报刊同步宣传，互为呼应，形成了良好的宣传合力。健全激励机制，在人员招聘、资金投入、设备购置等方面向新媒体倾斜，提高新媒体作品稿费标准，激励编辑记者为新媒体供稿，推出了图解、动漫、视频等系列新媒体原创作品。开发了新闻网手机版，让广大读者随时随地看到组织人社事业的改革发展。入驻学习强国、百度百家、澎湃新闻等宣传平台，提高影响力。全年出版《中国组织人事报》145期，1 160版，发行超过35万份。

《中国人才》突出特色，指导性、可读性不断提高。

一是坚持以习近平总书记关于人才工作的重要论述为统领，及时宣传中央关于人才工作的新思想新要求。开设专栏，约请地方组织部长、专家畅谈学习习近平总书记关于人才工作重要论述精神的体会，帮助广大人才工作者深刻理解内在精神实质，结合实际扎实贯彻中央精神。

二是重点宣传人才工作成就和经验，为推进人才工作改革创新营造良好舆论氛围。推出"改革开放40年人才发展回眸"主题报道，开设"壮丽70年 奋斗新时代"栏目，报道人才领域重大改革及对经济社会发展产生的巨大成效。

三是深入研究新时代人才领域前沿问题，帮助读者准确理解把握人才工作新要求。推出"如何增强政治引领的针对性和有效性"等话题讨论，拓宽工作思路；推出"聚焦"专题，探讨乡村振兴、精准脱贫对人才队伍建设新要求。

四是大力宣传优秀人才典型，引导广大人才弘扬践行爱国奋斗精神。推出"两弹一星"精神、专家人才的初心等综合报道，立体宣传广大人才爱国奋斗、以智报国的家国情怀和感人事迹，宣传南仁东、张嗣瀛等各类创新创业人才特别是高层次创新型人才和基层一线人才典型的先进事迹，引导更广大人才群体自觉弘扬践行爱国奋斗精神。全年出版《中国人才》12期，发行超过6万份。

2019年中国人事报刊社党委被评为部"优秀基层党组织"，记者部荣获全国妇联授予的"巾帼文明岗"称号。

（二）中国劳动保障报社。

改革创新，开拓进取，突出重点，服务大局，认真开展各项工作，人社宣传有声有色。

一是重要时政新闻报道力度不断加大。及时报道习近平总书记在党的十九届四中全会、十九届中央纪委三次全会、深化党和国家机构改革总结会议、关于"不忘初心、牢记使命"主题教育等重要讲话；全面报道习近平总书记出席新中国成立70周年有关活动和对脱贫攻坚、技能人才工作作出的重要指示等。全年头版头条报道习近平总书记出席的活动、作出的重要指示、发表的重要讲话等消息60条，基本做到重要时政要闻不漏报。特别是浓墨重彩开展习近平总书记对技能人才工作重要指示的宣传。

二是庆祝新中国70华诞宣传报道精彩纷呈。按中央宣传部统一安排部署，推出"壮丽70年 奋斗新时代"系列报道，刊发部党组有关就业、社保成就的文章和就业、社保、人社法制建设、技能建设等方面的大综述。"筑梦社保：新中国成立70周年纪念专刊"总结梳理了新中国成立70年社保70件大事，获中央宣传部重点选题资助。加大"在习近平新时代中国特色社会主义思想指引下·新时代新作为新篇章"报道的力度，推出《地方创新实践》等栏目，系列报道了各地创新实践。

三是两会报道任务圆满完成。用8期报纸、29个版面、8期特刊进行报道。推出《两会聚焦》《代表委员专访》《两会走笔》等10余个栏目，刊发两会新闻235篇（幅），其中文字稿件131篇、图片（图表、漫画）104幅。报社网站、微信、微博等8个新媒体平台积极参与两会报道，共发送稿件603篇。《中国人力资源社会保障》杂志推出两会专题报道，刊登报道11篇。报社记者采写的"脱贫攻坚 人社部门大有可为"一文，被中央网信办重点推荐，受到行业报协的表扬。

四是部领导和部机关活动报道认真努力。及时报道部领导的相关活动，如张纪南部长出席第108届国际劳工大会并发言、到山西省天镇县和广东省调研工作、在庆祝新中国成立70周年新闻发布会上介绍就业和社保工作情况等。报道人力资源社会保障部学习贯彻习近平总书记对技能工作重要指示精神会议、全国人力资源和社会保障工作会议、人社扶贫工作座谈会、部党组专题民主生活会、部脱贫攻坚专项巡视整改工作推进会等。

五是全力做好部重点工作的报道。开设《不忘初心 牢记使命》专栏，大力宣传党中央关于开展主题教育的重要精神和决策部署，及时报道部机关和全国人社系统开展主题教育进展情况。开设《稳就业在行动》专栏，深度解读党的十九届四中全会和《政府工作报告》有关就业内容，报道"新春走基层"及各地"春风行动"开展情况，全面反映人社部门为稳就业所做工作。开设《看得懂 算得清》专栏，全面宣传各项社保政策，报道社保降费率举措，报道生育保险和职工基本医疗保险合并实施的相关政策和推进情况。开设扶贫专版，策划了系列选题，包括就业扶贫、社保扶贫、技能扶贫、定点扶贫等，报道东西部扶贫协作、易地扶贫搬迁群众就业脱贫、东西部技工院校开展对口帮扶、农村残疾人就业帮扶等，以及"三区三州"脱贫攻坚工作亮点，同时开展了2019年"人社领域精准扶贫典型事例"征集评选展示活动。开设《学习贯彻习近平总书记重要指示精神·大家谈》专栏，全面报道系统学习贯彻习近平总书记对技能人才指示精神的情况，浓墨重彩报道第45届世界技能大赛，全方位、多角度、图文并茂刊发赛事全过程，刊登金牌选手技能成才典型事迹，并重点报道职业能力提升行动。开设《人社工作为人民　行风建设专题》专栏，全方位报道各地行风建设经验做法，报道人社系统开展业务技能练兵比武活动情况，报道各地服务标兵的先进事迹。开设《聚焦根治欠薪专项行动》栏目，集中报道根治欠薪"冬病夏治"行动和"冬季攻坚"行动，以及各地根治欠薪创新措施，曝光拖欠农民工工资"黑名单"。对构建和谐劳动关系受表彰园区和企业的经验进行了集中报道。

六是新媒体宣传作用充分发挥。部政务微信用户数达191万人，较上年同期增长121万人，共推送消息1 300条，总阅读量1 630万人次。数百篇文章被中国政府网、新华社、人民网及相关部委和各级人社系统微信公众号转载。报社官微总关注人数达到22.9万人，较上年增加2.7万人。"技能中国"关注人数突破15万人，较上年增长4万人。新媒体各平台影响力不断提升，在"2019第四届中国产经媒体融合发展高峰论坛"上，中国劳动保障报社获得中国产经媒体"新媒体影响力指数"进步奖。积极探索宣传新模式，坚持中心工作重点报道，热点新闻及时追踪，频现"10万+"文章，新媒体宣传作用突显。比如《看得懂　算得清》专栏，以图解漫画的形式、轻松活泼的语言，将社保政策讲得通俗易懂。《便民！人社部决定取消73项由规范性文件设定的证明材料》引发强烈关注，当天即登顶微博热搜，阅读数达8 500万。《你问我答》专栏邀请13个部属相关单位对网民提问作了权威解答，获得中央网信办"中国互联网辟谣影响力2018年度优秀作品"奖。视频工作地位作用初显，制作了《七一，我宣誓》和《就业、社保、收入，1分钟带你掌握最新数据》《第二届全国创业就业展示交流活动短视频报道》等十几部视频作品，由报社牵头制作的《全国人社系统窗口单位业务技能练兵比武活动全国赛》录像实况节目，获得部领导肯定。在赴相关媒体调研的基础上，结合报社自身实际，研究制定了《中国劳动保障报社全媒体建设的方案》，编制了《中国劳动保障报社人社融媒平台建设技术方案》，全媒体建设取得新进展。

七是发行经营工作保持平稳。继续贯彻落实全年发行、草根发行、精准发行、绿色发行的方针，根据新形势，加大重点城市和发行薄弱地方工作力度，多方式、全方位促发行。通过召开发行会和通信员培训，大力宣传报社作为人社系统宣传主阵地、主渠道的作用，推动发行。大力推进电子报发行，发行达到1.6万份，增长率达14%。全年《中国劳动保障报》发行20.5万份、《中国社会保障》杂志发行16万份、《劳动和社会保障法规政策专刊》发行4万多份、《中国人力资源社会保障》杂志发行1万多份。同时，开拓创新搞经营，广告经营坚持"多寻求合作、多开拓市场、多提供优质服务"的理念，不断扩大合作伙伴，以客户需求为导向，以优质服务为手段，认真维护原有渠道，积极开拓全新渠道，通过开展"人社扶贫典型事例征集展示活动"，努力扩大报社品牌影响力。报社法律事务中心与相关人力资源服务公司开展股份合作经营，以智力入股的方式增加创收，加强与相关企业合作，努力增加咨询收入。

八是党建和干部队伍建设扎实推进。经过主题教育，理论学习有收获，思想政治受到洗礼，担当意识进一步增强，工作作风进一步改进，整改落实力度进一步加大。在党的建设方面，思想政治建设、组织建设、党风廉政建设、制度建设和党群共建均得到加强。同时，切实做好对安徽省金寨县东莲村的定点扶贫工作，取得显著成效。

五、出版工作

坚持围绕中心、服务大局的工作主线，坚持改革创新、开拓进取，优化产品结构，整合优势资源，推进管理制度改革创新，释放发展潜力，圆满完成年度目标任务，取得新的成绩。全年实现销售码洋6.6亿元、实洋4.7亿元，分别比上年增长16%和18%，其他生产经营指标也保持行业较好水平。社会效益显著，首次入选国家出版基金资助项目，8种出版物入选国家新闻出版署农家书屋推荐目录。积极履行社会责任，组织完成2019年"技能雏鹰"奖学金和助学金学生名单评定工作。拨付专项资金，实施精准扶贫措施，支持对口贫困县经济建设。

（一）进一步加强专业化选题开发。

聚焦人社业务主线，出版了一系列重点图书。围绕庆祝新中国成立70周年、改革开放40年主题，出版了《新中国社会保障发展史》《中国就业70年》《改革开放40周年农民工发展报告》等具有历史标志性图书。策划出版的《中国收入分配与劳动力市场研究》（全12卷），首次入选国家出版基金资助项目。考试类教材、教辅开发与改版工作进一步推进，不断扩大考试类教材的市场影响力。新开发消防设施操作员教材4种，配套教辅开发组稿工作有序推进。改版经济师教材、教辅55种，注册消防工程师考试教材3种、教辅22种，保安员教材4种，社会工作者考试教辅4种，企业人力资源管理师考试教材改版工作如期开展。深入落实全国教材建设工作座谈会精神，推动教材建设持续发展。继续加大职业教育教材改版力度，加快新兴专业教材开发力度，进一步扩大职业教育教材影响力。组织完成通用职业素质课程8个模块教材开发工作，并在全国100所技工院校开展了教学实验。落实中央有关要求，开发出版职业教育领域第一本劳动教育教材《劳动创造美好生活》。启动新能源汽车专业教材开发工作，填补技工院校新兴专业市场空白。依托人力资源社会保障部职业技能提升行动方案，编制了《国家职业技能提升行动推荐教材目录》，出版了《职业技能提升行动口袋书》以及百余种国家职业技能标准。国家基本职业培训包和企业新型学徒制培训教材开发工作快速推进。配合人社扶贫工作，出版了一系列扶贫政策宣传产品。

（二）进一步推动数字出版业务。

凝聚合力，把数字出版业务作为出版集团事业发展的新增长点。印发《关于加强融合发展、推进数字出版的决定》，在顶层设计、制度保障、资金支持、考核方式上进行完善和革新，推动了出版融合向纵深发展。制定《数字出版业务管理暂行办法》等管理制度，进一步健全机制，规范流程。不断加大资金支持力度，加强对2017年和2018年获批的国资预算资金的统筹管理，依托财政资金支持出版融合发展。首次在目标考核办法中设立数字出版收入目标，明确奖励措施。全年共立项数字化选题542种，同比增长26%。"技工教育网"和"职业培训在线"两个数字化资源服务平台完成构建，极大地推动了数字资源的开发利用，加快了出版工作的深入融合发展。

（三）进一步增强营销能力。

在加强内部建设的同时坚持面向市场，提高市场营销能力，营销工作实现创新发展。加强渠道建设，根据大规模职业技能培训工作开展的需要和考试类教材的销售需求，开发一批培训、考试教材经销商，有效促进教材和课程的销售。加强与各地人社系统的沟通和协调，参与起草开学第一课、职业技能提升行动教材服务方案等文件，进一步稳固与出版集团自身产品相匹配的销售渠道，营销工作取得实效。承办技工院校教师教学能力提升计划培训任务，开办培训班22次，培训2300余名教师。加大信息化建设力度，充分利用微信公众号、微店、电商渠道等实现平台引流和资源共享，大力推广技工教育和职业培训资源服务平台，不断优化人事考试网，加大人力投入，初步实现"四线四平台"营销模式。折扣率、回款率均保持行业最好水平。

（四）进一步提升生产经营和综合管理水平。

持续推进改革创新，推进市场营销、综合管理和服务保障工作的开展。按照中央宣传部和主管部门对文化企业的发展定位要求，突出关键考核指标，促进各业务单元更好创造社会效益和经济效益。修订完善17项生产经营管理相关制度，加强工作衔接和协调，确保生产高效顺畅运行。首次全面对下属子公司和分公司进行财务检查，改进下属公司管理。不断加强队伍建设，开展中层管理干部竞聘上岗，加强职工队伍的政治素养和业务能力建设，营造鼓励实干的良好氛围。

（五）不断提高党建工作质量和水平。

以"不忘初心、牢记使命"主题教育为契机，加强自身建设，把主题教育融入各项工作中，切实用习近平新时代中国特色社会主义思想武装头脑、指导实践、推动发展。进一步强化"一岗双责"主体责任，坚持党建工作和业务工作一起谋划、一起部署、一起考核，把加强党的领导贯穿内部建设全过程，确保工作成绩有提高、工作作风有改进。2019年，在人力资源社会保障部党建和业务工作"双特色"评选中，被评为"十佳"特色党建单位。

国际及与港澳台地区交流合作

2019年，人力资源社会保障部对外交流合作工作坚持服务国家总体外交和人力资源社会保障中心工作，多双边交流、技术合作、社保协定谈判、对港澳台交流合作等各个方面稳步推进，不断取得新的进展。

一、积极参与多边合作

全国政协副主席汪永清率团赴俄罗斯出席第45届世界技能大赛闭幕式和会旗交接仪式，会见俄政府和世界技能组织官员，张纪南部长、汤涛副部长陪同出席相关活动。汤涛副部长两次会见世界技能组织首席执行官一行，就第46届世界技能大赛筹备工作交换意见。

张纪南部长出席"共商共建共享劳动世界美好未来"三方对话会并发言，邱小平副部长主持会议开幕式。张纪南部长率中国三方代表团出席第108届国际劳工大会并作大会发言，介绍中华人民共和国成立70年来特别是党的十八大以来中国经济社会发展取得的辉煌成就，祝贺国际劳工组织成立100周年，会议通过《百年宣言》。张纪南部长陪同出席李克强总理与主要国际经济金融机构负责人第四次"1+6"圆桌对话会，并会见参会的国际劳工组织总干事盖·莱德。游钧副部长与莱德进行了工作会谈。

游钧副部长会见国际社会保障协会秘书长，签署关于中国会员事宜的谅解备忘录。游钧副部长率团赴巴西出席金砖国家劳工就业部长会并发言。张义全副部长率团赴日本出席二十国集团劳工就业部长会并发言。

二、务实推进技术合作

张纪南部长在第二届"一带一路"国际合作高峰论坛期间，会见国际劳工组织总干事盖·莱德，签署《人力资源社会保障部与国际劳工组织"一带一路"框架下南南合作备忘录》。游钧副部长率团出席人力资源社会保障部与国际劳工组织在瑞士日内瓦举办的第十次备忘录联合委员会会议，就未来两年双方合作达成一致。启动人力资源社会保障部、国际劳工组织、欧盟"提升中国机构能力，实现全民社会保护"三年项目，欧盟援助基金230万欧元，游钧副部长和欧盟驻华使团大使郁白出席项目启动会议。

组织8期出国培训团组。制定《人力资源社会保障部出国（境）培训管理办法》，进一步规范出国（境）培训工作。

三、不断拓展双边合作

积极拓展双边交流合作。张纪南部长等部领导访问瑞士、俄罗斯、德国、法国、新加坡、巴西等国家。汤涛副部长随孙春兰副总理访德，出席中德职教论坛相关活动。接待巴西、塞尔维亚、斐济、瑞士、波兰、新加坡、德国、伊朗、巴基斯坦、丹麦、法国等高级别团组。积极参与双边政府磋商和中英等经济财金对话机制。参加第三次中瑞劳工对话，深化务实交流与合作。协调推进中英年金制度比较研究项目，推动中英职业技能开发、中挪劳动保障等领域务实合作。努力探索双边援助性合作，展现负责任大国形象。在广州市举办巴基斯坦职业技术培训委员会师资高级研修班，组织专家赴印度参加中印技能开发联合工作组第二次会议。

落实高访成果，青年国际实习交流计划工作取得较大进展。习近平主席访法期间，中法双方签署《关于〈中华人民共和国政府和法兰西共和国政府关于千人实习生计划的协议〉及实施方案的第一修正案》。游钧副部长与德国驻华大使葛策签署《关于中华人民共和国政府和德意志联邦共和国政府青年实习交流计划的实施方案》。在韩正副总理和新加坡副总理王瑞杰见证下，游钧副部长与新加坡教育部长王乙康签署《中华人民共和国政府与新加坡共和国政府关于青年实习交流计划的协议》。积极开展宣传，深入地方调研，努力推进中法、中德千人实习生计划实施，与新加坡启动实习交流计划实施方案磋商，与意大利启动实习交流计划意向磋商。

四、有序开展双边社会保险协定谈判工作

《中华人民共和国政府和卢森堡大公国政府社会保障协定》和《中华人民共和国政府和日本国政府社会保障协定》正式生效。协定的生效能够有效维护在对方国就业人员的社会保障权益，减轻缔约双方投资企业和人员的社保缴费负担，进一步促进双边经贸和人员往来。

游钧副部长与法兰西共和国社会团结和卫生部国务秘书克利斯泰勒·迪博在法国巴黎签署《关于实施中华人民共和国政府和法兰西共和国政府社会保障协定的行政协议》。双方商定，待完成各自所必需的国内程序后，协定和行政协议将同日生效。

五、促进与港澳台地区交流合作

游钧副部长会见香港劳工处陈嘉信处长一行，交流内地与香港特别行政区在就业和劳动关系等方面的最新进展情况。在就业、社会保险登记等方面推动做好人力资源社会保障领域港澳居民出入境证件便利化应用工作。

社团活动

一、中国人才研究会

2019年，中国人才研究会在人力资源社会保障部党组的领导下，坚持"围绕中心，服务大局，增进交流，创新发展"的办会方针，以贯彻落实习近平总书记关于人才工作系列重要讲话精神和国家中长期人才发展规划纲要为重点，在学术研究、学术交流、组织建设、对外宣传等方面积极开展工作，取得一定成绩。

（一）积极参与脱贫攻坚工作。

《"三区三州"人才政策调查研究》是按照人力资源社会保障部党组深入贯彻落实习近平总书记关于打好深度贫困地区脱贫攻坚战尤其是赴四川省凉山州所属深度贫困县腹地调研后对打好脱贫攻坚战的一系列讲话精神，切实做好人才人事扶贫工作的部署、要求，于4月初立项的重大科研课题。课题组制定了详尽的实施方案，列出了有针对性的调研提纲，提出了多形式、多渠道、多途径的调研方法。在经过事前深入沟通、充分准备的基础上，课题组先后前往四川省凉山州及西昌市，云南省迪庆州及香格里拉市、怒江州及泸水市，青海省海西州及德令哈市、格尔木市，新疆维吾尔自治区喀什地区及喀什市、克州及阿图什市进行调研，在区、州及县（市）分别召开了由组织、人社、教育、卫生、发改、水利、农牧、工业信息化、国资等部门有关负责同志，经济开发区以及医院、学校、科研单位、国有企业、民营企业等负责人，引进的人才、少数民族人才参加的座谈会。同时，对10余个有关方面的负责人或人才个人进行了专访。在乌鲁木齐市，同新疆维吾尔自治区党委组织部及自治区人社厅、教育厅、卫生厅、科技厅、农业厅、国资委相关负责同志进行了座谈交流。课题组成员与地方同志共同总结这些年来在人才工作方面的创新做法与成效，分析各类人才在成长、发展及工作中遇到的困难和问题，分析研究加以解决的办法、政策、措施。由于调研比较深入、范围比较广、方法比较得当，课题成果原汁原味地反映"三区三州"艰苦边疆、深度贫困地区对人才切身诉求和应对措施，为有关方面提供了有价值的参考。

（二）广泛开展学术交流活动。

1月19日，中国人才研究会出版传媒人才专业委员会在江苏省无锡市举办了中国出版传媒人才发展峰会暨专业委员会年会。与会专家学者就"培养造就新时代又红又专的传媒人才队伍""坚持优先投资于人 加快全球人才布局""与时俱进 亟待实践自信""新时代企业选人用人方略""智媒时代出版传媒人才变革与未来发展"为主题作了发言。来自当地政府部门及部分高等院校、科研院所、相关企事业单位负责同志200余人参加会议。

6月5日至6日，中国人才研究会人才学专业委员会在南京林业大学举办了新时代人才发展定力和人才学科建设研讨会。会议共收到46篇相关论文，会上有18名研究人员分享了研究成果。结合新时代人才发展定力与人才学学科建设，部分与会人才学专家围绕新机器时代与就业政策、中国人才学学派建设、培养创新人才、中国人才学研究回顾与未来、培养造就新时代优秀军事人才等内容做主题报告。北京大学、华东师范大学、中国海洋大学、西南大学、河海大学、南京林业大学、南京邮电大学、上海社科院、中国人民解放军军事科学院等单位的10余位学者进行了大会交流。全国高校、企业、人才研究机构的80多名会员代表参加会议。

7月16日，中国人才研究会汽车人才专业委员会在吉林省长春市举办了"2019汽车人才研究会理事会年会暨中国汽车人才高峰论坛"。会议以"进阶与蝶变：人才赋能中国品牌新征程"为主题，围绕人才工作的共性难点、疑难杂症展开经验交流、问题研讨，为汽车行业人才工作提供服务，获得了汽车企业的肯定与信任。中国汽车工业协会、清华大学、一汽集团及100多家整车与零部件企业领导、人力资源部门负责同志约300人参加会议。

9月7日，中国人才研究会和四川省乐山市人民政府共同主办的中国旅游人才发展峰会在峨眉山隆重举行。来自相关领域的专家学者就"发展夜游经济 提升文旅产业""持续寻求人才""构建文旅人才培育体系 繁荣文旅产业生态""基于游客感知视角的民宿文化符号研究"等主题做了发言。参会代表围绕"培育文旅人才 发展文旅产业"进行了互动交流，近200人参加会议。

11月1日，中国人才研究会超常人才专业委员会在河南省新乡市举办了中国人才研究会超常人才专业委员会暨新乡一中超常教育实验30周年教育研讨会。会议共收到40篇相关论文，会上有18名研究人员分享受了研究成果。涉及议题有"本真致美育英才""中学超常教育：为培养杰出人才做准备""智力超常群体创新元能的构成状态及改善"等，并围绕"新时代超常儿童教育的实践与价值（研究类）""聚焦英才核心素养 展望超常教育发展之路"开设分论坛。来自全国高校、企业、人才研究机构的150余名会员代表参加会议。

11月8日，中国人才研究会2019年年会在重庆市召开。与会专家围绕基层治理、西部发展、各地人才新政、人才制度、人才能力建设、产业人才等问题，为高质量发展"聚智"。来自全国各地的会员单位代表100多人出席会议。同日下午，召开了"2019重庆英才大会·新时代西部大开发人才发展峰会"。峰会由中国人才研究会、中国人事科学研究院、重庆市委组织部、重庆市人力资源社会保障局主办。260余名来自国内外的知名学者、专家、企业家及西部12省（区、市）相关机构负责人齐聚一堂，为西部未来发展献策。重庆市、中国人才研究会相关领导出席峰会并致辞。峰会期间，还发布了《2019年中国人力资源发展报告》，举办了西部人才服务联盟启动仪式。

11月16日，中国人才研究会工资福利专业委员会在湖北省武汉市举办了以"新时代高质量发展的人才激励战略：机遇、挑战与制度选择"为主题的研讨会。研讨了新时代背景下，政府和企事业单位如何优化和实施人才激励战略，从而更好地激发人才的创新创造活力，助推我国新时代高质量发展战略的落地。会议共收到40余篇相关论文，会上有10余名研究人员分享了研究成果，涉及议题有"构建责任与权限相统一的公务员薪酬制度和治理体系""专业的回归：从'流浪地球'到人力资源管理""国有企业与改革发展的动力机制革命""技术驱动破解人力服务业成本病"等。中国人才研究会会长何宪在会上做了"关于事业单位工资管理体制的思考"主旨演讲。湖北省人力资源社会保障厅负责同志及全国高校、企业、人才研究机构的300多名会员代表参加会议。

（三）认真做好人才学术研究。

2019年，中国人才研究会和各专业委员会整合科研力量，完善与高等院校、科研机构合作机制，围绕当前国家人才工作重点和社会热点、难点问题，联合开展学术研究，科研成果显著。完成了"习近平军事人员现代化思想探析""坚持党管人才 探索张江科学城科技人才培育成长服务新路径""新时代人才学理论的发展与完善研究""新时代中国人才创新力开发研究""新时代人才环境优化研究""新时代领军人才开发培养研究""新时代军事人才体系的改革与重塑研究""新时代大学生法制素养培育与评估研究""新时代的干部绩效与能力评价研究""新时代人才流动规律与对策研究""人才引进的政策创新及环境创造研究""我国人才评价乱象与规范研究""现代化大农业人才队伍建设研究""人才资本与产业需要精准对接研究""科技人才培养和引进的政策体系研究——基于鲁苏浙粤等四省的比较""金融人才成长规律研究""农业青年科技人才成长环境优化研究""新能源产业领军人才的培养研究""中国大成智慧与哲理研究""中国汽车产业中长期人才发展研究""公益性办学方向引领下上海市民办高校人才创新性建设路径研究""充分调动引进使用栓留人才主体积极性创造性研究""东北地区人才流失的原因与对策研究""人才环境与营商环境的关系及对策研究""海南自贸岛建设背景下旅游人才培养机制研究""新形势下人才工作保障县域经济高质量发展的思考——以浙江海宁为例""乡村振兴战略背景下基层农技推广人才激励机制研究"等27个课题。同时出版了《中国金融人才发展报告》《新时代人才理论创新》《中国人才研究40年》3部著作。

(四) 深入实地开展调查研究。

2019年,中国人才研究会开展了4次调研活动,调研主题聚焦于事业单位工资制度改革、金融人才队伍和基层地区人才队伍建设等。

3月10日至15日,赴湖南省就高校和公立医院的薪酬分配制度进行调研。先后在长沙市、郴州市召开座谈会8场,同省人力资源社会保障厅、长沙市人力资源社会保障局、郴州市人力资源社会保障局、资兴市人力资源社会保障局和苏仙区人力资源社会保障局有关同志,实地考察公立医院3家,高校1家,中小学2家,深入了解湖南省事业单位工资改革的经验和遇到的问题,听取意见和建议。

6月20日至24日,赴宁波市参加"新时代人才强国战略理论与实践研讨会",会后在宁波调研金融人才队伍建设情况,先后考察了宁波银行、东海航运保险、江丰电子等多家金融机构和上市科技公司。

8月24日至9月6日,赴贵州省和四川省调研事业单位工资制度改革情况,先后在贵阳市、六盘水市、毕节市和泸州市、宜宾市考察了高校、公立医院、卫生防疫机构的薪酬制度改革情况。

7月15日至19日,赴通化市、白山市调研基层地区人才队伍建设情况。

2019年,中国人才研究会微信公众号采集、编辑、制作并推送44期350多篇文章,为人才学术成果转化起到了推动作用,受到社会的好评。

二、中国继续工程教育协会

2019年,中国继续工程教育协会坚持以习近平新时代中国特色社会主义思想为指导,全面贯彻党的十九大和十九届二中、三中、四中全会精神,认真落实人力资源社会保障部党组决策部署,立足协会章程,围绕专业技术人员继续教育重点工作,深度参与实施国家专业技术人才知识更新工程,着力开展专业技术人员网络培训,进一步深化国际交流与合作,稳步推进协会脱钩改革。

(一) 深度参与实施专业技术人才知识更新工程。

一是在人力资源社会保障部有关职能单位的指导和支持下,负责专业技术人才知识更新工程300期高级研修项目的选题征集、申报遴选、财务报销等具体实施工作。

二是围绕重点领域与脱贫攻坚主题,获批举办"继续教育机构质量管理创新发展""精准扶贫中的农产品品牌体系建设"等6期高研班,累计培训450人次。

三是会同理事会员单位在生态环境、信息技术、现代物流等领域,联合开展岗位和急需紧缺人才培训项目，累计培训2 000多人次。

四是密切联系地方和中央单位设立的国家级专业技术人员继续教育基地，围绕师资库、课程库、项目库、基地库等资源要素共建共享，在四川省、广西壮族自治区、北京市组织召开三次基地负责人座谈会，推动建立国家级继续教育基地间常态化的沟通交流和业务对接机制。

（二）推进专业技术人员网络培训。

一是优化完善中国继续工程教育协会网、国家继续教育公共服务平台的功能模块，围绕重点领域和新职业专业技术人员培训需求，健全完善"线下示范+线上学习"相结合的培训模式。

二是会同华北电力大学、北京理工大学、国家知识产权培训中心、中国农业科学院培训中心等单位，在知识产权、金融财会、电力、装备制造、农业科技等领域整合共建专业科目课程1 500门。

三是赴四川、重庆、广西、陕西等省份调研，推进专业技术人员公需科目和专业科目网络培训合作。

（三）深化继续教育国际交流与合作。

进一步深化与国际继续工程教育协会、亚太工程教育协会的交流联系，全年完成3次出访、1次来访外事任务。参加国际研讨会、国际视频会议5次，积极协助开展2020年世界继续工程教育大会征文工作，组织征集国内征文12篇，提升了中国协会在国内外继续工程教育领域的影响力和话语权。

（四）稳步推进协会与行政机关脱钩改革工作。

参加发展改革委和民政部组织的全面推开行业协会商会与行政机关脱钩改革工作动员部署暨专题培训。按照人力资源社会保障部相关职能部门的要求，及时报送协会基本情况摸底调查和脱钩建议方案等材料。

三、中国人才交流协会

2019年，中国人才交流协会认真贯彻党的十九大与十九届二中、三中、四中全会和习近平总书记系列重要讲话精神，深入落实《中共中央关于坚持和完善中国特色社会主义制度　推进国家治理体系和治理能力现代化若干重大问题的决定》《国家中长期人才发展规划纲要》《人力资源服务业发展行动计划》（人社部〔2017〕74号）、《人力资源市场暂行条例》（中华人民共和国国务院令第700号）、《关于进一步规范人力资源市场秩序的意见》（人社部发〔2019〕87号）要求，围绕中心、服务大局，适应人力资源服务业发展的新形势、新变革、新要求，发挥桥梁纽带作用，坚持"稳脱钩、促发展"的工作主线，团结带领广大会员，积极推动行业改革创新，加强行业交流合作，促进行业健康发展，协会的凝聚力和向心力不断增强，社会影响力和品牌效应逐步扩大。

（一）聚焦重点、精准服务，高校毕业生就业创业服务取得新成果。

认真贯彻落实党中央、国务院关于促进高校毕业生就业创业的决策部署，充分发挥行业社会组织作用，凝聚行业力量，促进高校毕业生实现更高质量更充分就业。

配合人力资源社会保障部相关单位举办第六届大中城市联合招聘高校毕业生（春季）和第七届大中城市联合招聘高校毕业生（秋季）专场活动。发挥协会大中城市会员单位的资源优势，分别举办城市联合网络招聘会、跨区域巡回招聘活动和现场招聘会，提供就业信息、就业指导和政策咨询等服务。城市联合网络招聘大会有500余个省、市、县级公共就业人才服务机构参与；跨区域巡回招聘活动有300余个省市组团参与，组织1.6万家用人单位提供55.9万个岗位信息，35.3万名高校毕业生入场求职；各地举办现场招聘会近2 700场，入场毕业生达218.4万人次。

参与承办2019年全国人力资源市场高校毕业生就业服务周活动。组织现场招聘会1 400余场，参会单位7.7万家，提供就业岗位156万个，参会毕业生102万人；网络招聘参会单位3.5万家，提供岗位71万个，投递简历31万份。参会经营性人力资源服务机构1.1万家，提供就业岗位19万个；发放就业政策等宣传资料148万份，开展职业指导2100余场，为25万名高校毕业生提供了就业指导服务；举办万名企业人力资源经理进校园活动500场，8000余名企业人力资源经理参加；现场、网络招聘会以及经营性人力资源服务机构举办的招聘会达成初步意向40.6万人次。

（二）围绕需求、搭建平台，人力资源服务行业创新发展取得新突破。

围绕行业高质量发展新要求，协会与各地人社部门、行业协会以及人力资源服务机构，共同开展人力资源服务活动，搭建平台，打造品牌，加强行业交流与合作。

围绕国家发展战略方面。3月，在福建省平潭县召开了"一带一路"人力资源服务业创新发展研讨会，深入探讨"一带一路"建设给人力资源服务业带来的机遇和挑战，分享"走出去"的经验，分析问题，提出建议，推动人力资源服务行业做出积极贡献。7月，在北京市举办了第三届国防军工企业人力资源管理创新大会，聚焦国防军工企业人力资源管理的热点难点问题，深入推进"军民融合"，分享理论思考、趋势分析、发展构想，起到了相互学习和促进的作用。

围绕区域协调发展方面。6月，联合福建省人力资源社会保障厅、中国海峡人才市场等单位，举办了第17届"6·18"海峡两岸人才交流合作大会，并组织召开了海峡两岸人力资源服务业创新发展座谈会，进一步推动两岸人力资源服务领域的交流合作。9月，联合江苏省镇江市人力资源社会保障局举办了第八届全国中小城市人才服务工作座谈会，分享各地好的做法，交流人力资源服务业集聚发展、行风建设和脱贫攻坚经验。

围绕产业集聚发展方面。12月，在上海市举办中国人力资源服务产业园峰会，以"融合创新、集聚发展"为主题，邀请全国20余家不同类别的人力资源服务产业园区以及百余家人力资源服务企业和行业协会，共同探讨交流人力资源服务产业园区高质量发展的热点难点问题。

围绕行业国际化发展方面。12月，协会参与人力资源社会保障部在广州市举办的"一带一路"框架下职业技能开发国际研讨会，承办"职业技能人才交流合作机制建设"圆桌会议，邀请会员单位和马来西亚、斯里兰卡、柬埔寨的相关机构进行交流，为行业和会员搭建国际交流平台，探索协会国际化发展新路径。

（三）服务行业、提升质量，人力资源服务标准化建设取得新进展。

为贯彻相关法规规定，落实加强人社系统行风建设工作的要求，全国人力资源服务标准化技术委员会在人力资源服务标准制定修订、宣传贯彻和组织建设方面，积极开展相关工作。

急用先行，加强服务窗口建设标准研制工作。完成《公共就业和人才服务窗口服务人员行为规范》《流动人员人事档案安全管理》两项行业标准送审稿，推进《公共就业服务视觉识别系统》行业标准研制工作，启动《公共就业和人才服务中心设施设备要求》国家标准修订工作，开展"公共就业和人才服务质量评价"和"人力资源供求信息的收集和发布基本要求"两项标准的预研究工作，完成标准草案。

需求导向，完成高端领域标准修订工作。根据人力资源服务发展的需求，完成了《高级人才寻访服务规范》国家标准修订工作，已正式发布。此项标准的修订有利于更好落实人才强国战略，破除体制机制障碍，推进人力资源服务体系和治理能力现代化，高质量引导高级人才寻访服务行业的健康发展，让人才创新创造活力充分迸发。

打造精品模式，举办标准宣贯班。举办了第八期全国人力资源服务标准宣贯培训班，邀请人力资源社会保障部相关单位和部外有关专家，结合就业形势，紧扣公共就业服务标准化工作，对最新政策文件和下一步工作部署进行权威解读。从不同维度选出7家标准化实施标杆单位分享经验。来自全国各省份和新疆生产建设兵团的90余名学员参训，提升了对标准化的认识，取得了标准实施应用的经验。

跟踪试点地区，完善国标实施体系。针对吉林、上海和河南焦作等先行先试地区指数标准实施情况，总结梳理贯标取得的经验，验证了标准对于政府部门、行业协会、人力资源服务机构、第三方、社会公众五个纬度的价值，完善了应用推广国标的体系建设，带动其他单项业务标准实施，促进培育行业骨干机构，引领行业服务能力的提升。

组织编写《人力资源服务机构能力指数》国标解读手册。为更好配合国标实施推广，组织开展指数国标解读手册编写。主要对能力指数标准内容进行诠释，推广贯标先进经验，便于从业人员理解标准，借鉴经验实施标准，真正起到科学指导和实用指南的作用，助力人力资源服务机构提升服务水平。成立了编写组，确定了手册框架，组织专家会征求意见和建议。经过努力，四易其稿，形成了《〈人力资源服务机构能力指数〉国家标准解读手册》送审稿。

（四）围绕中心、服务大局，在服务社会服务政府方面取得新成效。

深入贯彻"服务政府、服务社会"的宗旨，围绕行业发展需求，有效发挥参谋助手作用，主动贴近人力资源社会保障部重点工作，承担具体任务，做好各项服务工作。

承接人力资源社会保障部相关单位的课题研究工作，包括"留学回国高层次人才服务窗口建设标准""留学人员创业园建设标准""中国实习生赴德交流实习指南"项目课题。此外，还参与组织第二届全国创业就业服务展示交流活动、国家级人力资源服务产业园创业就业展示交流活动。

在安徽省金寨县开展"好工行动"。认真细化人力资源社会保障部《关于进一步开展人力资源服务机构助力脱贫攻坚行动的通知》（人社厅函〔2019〕54号）要求，与部相关单位联合发起"好工行动"，发挥人力资源服务机构在助力脱贫、提高劳务组织化程度中的作用，助力金寨县脱贫攻坚工作。协会组织了上海外服、南方人才等5家国内知名人力资源服务机构参与"好工行动"，同金寨县人力资源社会保障局签订了服务协议，认领了帮扶任务，取得阶段性成果，国务院扶贫办《中国扶贫》杂志社对活动进行了专题报道。

（五）主动作为、提质增效，会员服务工作实现新作为。

服务会员是协会的根本宗旨之一，协会立足会员需求，精准服务，不断提升服务质量和效率。

9月，在甘肃省兰州市举办了"一带一路"倡议背景下人力资源服务企业"走出去"战略高研班，充分发挥行业社会组织作用，帮助人力资源服务机构深入了解"一带一路"倡议，研判新形势，把握新机遇，提升"走出去"服务能力，构建全球化的人力资源服务体系，促进人力资源服务业发展。高研班既是一项会员服务活动，也是为会员搭建的一个高端学习平台。

支持会员单位举办人力资源服务活动，应会员单位的邀请，协会出席了部分会员单位活动，主要有上海外服"2019中国人力资源技术大会"、丽水市全国"两山"发展人才论坛、"中国·长春人力资源服务业创新发展大会"、湖北省第三届人力资源大讲坛等。

支持地方人力资源服务行业协会建设，出席了湖南省人力资源服务行业协会成立大会，为西藏人力资源服务行业协会的成立致贺信。

全年共编辑了7期《中国人才资讯》会刊，紧扣人力资源社会保障部、人力资源服务行业和会员的关注重点，宣传政策、介绍经验、传递信息，为会员单位搭建学习交流平台。

（六）改革创新、强身固本，自身建设展现新气象。

为适应改革发展需要，协会切实加强内部

建设，提升服务能力和水平，积极为脱钩改革做好准备，为创新发展夯实基础。

继续发挥会长秘书长办公会、常务理事会、理事会和分支机构服务体系的优势作用。在甘肃省兰州市召开四届二次会员代表大会、四届五次会长秘书长办公会、四届三次理事常务理事会，总结协会工作，研究2020年工作计划，审议各项议案。会议邀请民政部中致社会发展促进中心、中国医药教育协会、江苏协会、上海协会和航天分会围绕新时代行业协会发展建设做主题演讲。

加强调研工作。先后到绍兴市、湖州市、昆山市、武汉市、广州市、长春市开展人力资源服务业和行业协会建设情况调研，到杭州市、苏州市开展脱贫攻坚"好工行动"实施情况调研，到中国环保产业协会开展协会脱钩情况调研，到北京市、上海市、南京市、济南市开展课题调研。

加强信息化建设。建立多个微信工作群，充分利用协会网站和微信公众号等新媒体的优势，加强宣传、改进服务手段，宣传效果进一步显现。

四、中国博士后科学基金会

2019年，中国博士后科学基金会持续深入学习贯彻习近平新时代中国特色社会主义思想和党的十九大与十九届二中、三中、四中全会精神，结合"不忘初心、牢记使命"主题教育活动，着重学习习近平总书记关于人才工作的重要论述，推进落实全国人力资源社会保障工作会议部署，在部相关单位与综合部门的直接指导下，紧紧围绕高层次专业技术人才队伍建设的需要，聚焦"高精尖缺"人才，主动适应新常态下博士后工作新需求，结合"人社扶贫"和"行风建设"，丰富服务内容，提高服务效能，推动博士后工作取得新成绩。

（一）中国博士后科学基金资助工作。

2019年，中国博士后科学基金资助经费总额实现大幅增长，财政部下拨基金经费9.2亿元，较上一年度增加2.4亿元。全年共开展面上资助两批次，特别资助两批次，开展"博士后创新人才支持计划"资助和博士后优秀学术专著出版资助各一批次。累计资助博士后研究人员9 804人，资助出版优秀学术专著26部。

2018年底，发布了《中国博士后科学基金资助指南（2019）》，明确博士后科学基金资助类型、申报条件、申报流程以及全年资助工作时间安排。2019年，完成第65批、第66批面上资助工作。申报面上资助的总人数29 881人，获资助8 015人，资助比例为26.8%，资助总额62 486万元。其中，获一等资助560人，获二等资助7 455人（含"西部地区博士后人才资助计划"100人）；共聘请通信评议专家7 016人。同时，完成第1批特别资助（站前）和第12批特别资助（站中）工作。第1批特别资助（站前）申报人数1 547人，获资助400人，资助比例为25.9%；第12批特别资助（站中）申报人数4 891人，获资助989人，资助比例为20.2%；资助总额24 471万元；共聘请通信评议专家1 434人，会议评议专家75人。经《博士后文库》编委会初审、《博士后文库》专家评审会议复审、科学出版社选题论证，2019年度资助出版博士后优秀学术专著26部，资助总额156万元。

"博士后创新人才支持计划"（以下简称"博新计划"）资助400人，资助总额8 000万元。为促进"博新计划"人员间的学术交流，使"博新计划"服务国家重大发展战略，为"博新计划"人员打造高水平创新创业平台，成立"博新计划"入选人员联谊会。举办了第二届"博新计划"前沿论坛，近200名入选人员参加。开展"博新计划"成果调查。举办"博新计划"珠海横琴创新创业峰会，来自全国各设站单位的90余名入选人员参加。

依照《中国博士后科学基金资助规定》，在湖南省、辽宁省及部分军队系统单位开展博士后基金经费使用情况的检查工作。编印

《2018年度中国博士后科学基金资助者选介》，总结和宣传博士后科学基金资助成效，展示获资助优秀博士后的风采。

（二）博士后科学基金会理事会工作。

按照民政部要求，完成博士后基金会2018年度年检工作。根据《中国博士后科学基金会章程》，1月15日召开了中国博士后科学基金会第六届理事会第五次、第六次会议。中国科学院院士、国家自然科学基金委员会主任、党组书记李静海研究员当选中国博士后科学基金会理事长。

（三）博士后日常管理和服务工作。

发扬和巩固"不忘初心、牢记使命"主题教育成果，狠抓行风建设，对照先进，查找不足，深挖潜力，高标准做好博士后日常管理和服务工作。

加强博士后工作平台建设，做好新设站评审等事务性保障工作。2019年，人力资源社会保障部、全国博士后管理委员会组织开展了新设博士后科研流动站工作，批准新设湖南大学哲学等339个博士后科研流动站。

出台政策引领博士后进出站服务质量提升，打造群众满意的博士后进出站服务窗口。《全国博士后管委会办公室关于改进博士后进出站有关工作的通知》（博管办〔2018〕121号）于2019年1月1日正式实施，国家及各地博士后进出站服务窗口提前准备，周密部署，顺利完成博士后进出站改革工作过渡，实现了博士后人员办理进出站业务由"最多跑一次"到"零跑路"的跨越，为博士后人员"减负"，提升了博士后日常工作效率。全年全国共进站博士后人员2.5万余人，出站博士后人员1.4万余人，在站博士后人数达到7.5万余人。

着力提升全国博士后服务窗口硬件水平，树立人才服务标杆。全国博士后进出站服务窗口经过全新改造后正式投入使用，新窗口设有人工接待、自助打印、休息等待等功能，同时将人工智能引入窗口服务，启用人工智能语音咨询，为博士后人员提供周到贴心的服务。

深入开展调查研究，推进人才服务下沉。指导召开博士招收工作推进会，总结分析博士后科研工作站招收、管理上的经验和问题，并组织开展企业高校、人才项目对接。

科学编制博士后日常经费项目预算，全年拨付总金额111 400万元。严格按照财政部拨款有关要求，及时完成各类项目经费拨款工作，使经费执行效率得到有效提升。

（四）博士后国（境）外交流工作。

配合全国博士后管理委员会办公室开展博士后国（境）外交流项目申报工作。全年博士后国际交流计划派出项目资助120人，引进项目资助300人，学术交流项目资助100人；"香江学者计划"资助60人，"澳门青年学者计划"资助30人；"中德博士后交流项目"资助48人。

博士后国（境）外交流项目培养质量和影响力持续提升。一是博士后国际交流计划引进项目"随时申请，适时评审，择优资助，先到先得"改革顺利实施。二是顺利完成"澳门青年学者计划"首批次人选遴选工作。三是博士后国（境）外交流项目获选人员凝心聚力，联谊活动精彩，学术交流渐成体系。成功举办第四届"香江学者计划"学术年会和第二届博士后国际交流计划派出项目青年学者论坛，筹备组建引进项目联谊会，筹备召开引进项目学术年会。四是继续加强和国（境）外学术机构联系，完善现有项目管理服务工作，开拓博士后国际交流新平台。与香港学者协会、澳门科学技术协进会按期举办联席会，接待来访国际应用系统分析研究所总干事一行。五是继续探索改革派出项目、引进项目和学术交流项目，简化申报程序，提升项目水平和影响力。

（五）博士后学术交流、人才与科技服务。

2019年，与全国博士后管理委员会办公室、有关省（市、区）及部门共同主办，由有关博士后设站单位承办，在全国分专业领域开展了36场博士后学术交流活动。活动涉及理学、工学、农学、医学、哲学社会科学等领域的30多个一级学科,来自全国700余家博士后设站单位的4 200余名博士后研究人员参加了活动,近750名专家应邀到会交流。活动收到论文1 800余篇,评选优秀论文500余篇。

与全国博士后管理委员会办公室共同印发《关于举办2019年博士后科技服务基层活动的通知》,全年组织12批次"中国博士后科技服务团",深入"三区三州"深度贫困地区和集中连片特困地区开展科技服务,向山西天镇、黑龙江齐齐哈尔、湖北恩施、广西柳州、四川阿坝、云南迪庆、西藏日喀则、甘肃临夏、青海海西、新疆喀什和河南省等地共派出博士后研究人员280余人次,对接项目近240个。在河南省和山东青岛、江苏泰州、广东佛山与江门等地,联合开展博士后人才引荐及创新创业系列活动。

编印《2018博士后人才科技服务掠影》《2018全国博士后学术交流活动巡礼》,展示博士后人员服务地方发展、助力脱贫攻坚、开展学术交流的风采。

(六)博士后联谊会活动。

指导北京博士后联谊会理事会换届及开展联谊会日常工作。举办2019年北京博士后趣味运动会、博士后鹊桥会、中国博士后科学基金申请讲座等活动,举办"横琴杯"第七届全国博士后网球大赛。

(七)其他工作。

会同中国高级公务员培训中心在山东威海、河南郑州、海南海口分别举办中国博士后科学基金业务培训班;在广东佛山、湖北宜昌、贵州贵阳分别举办全国博士后工作管理人员培训班。近600家设站单位及地区博士后管理部门的管理人员2 000余人参加。管理和维护中国博士后网站及中国博士后科学基金会网站。编辑出版《中国博士后工作年报(2018)》。"中国博士后"微信公众号全年共推出110期。全年编辑出版6期《中国博士后》杂志。

五、中国劳动学会

2019年,中国劳动学会深入学习贯彻习近平新时代中国特色社会主义思想和党的十九大精神,按照部党组的统一部署,坚持围绕中心、服务大局,积极开展调查研究、学术交流和企业活动,努力推动事业发展和自身建设,各项工作取得了新的成效。

(一)围绕中心工作开展理论研究。

积极开展课题研究。针对农民工专题,承担国务院参事室、人力资源社会保障部、中国科协等委托的多项政策研究课题,开展中国农民工薪酬状况调查、新形势下协调农民工劳动关系难点问题、"十四五"时期农民工工作总体思路、农民工高技能人才开发的有效途径等研究,撰写课题报告提交有关政策制定部门。为《保障农民工工资支付条例》起草出台建言献策、提供参考,得到有关部门肯定。

积极开展调研活动。赴多地企业开展实地调研20余次,走访生产一线、车间班组,与用工单位代表、职工代表进行座谈,了解企业劳动管理和职工工作中遇到的困难问题,研判最新劳动用工形势和发展趋势。

(二)开展新中国成立70周年系列活动。

为庆祝新中国成立70周年,组织编写了《七十年七十位农民工口述历史》,开展了中国劳动发展座谈会等系列活动。12月8日,由中国劳动学会等5家科研院所在北京联合举办新中国成立70周年中国劳动发展座谈会。座谈会总结回顾了70年来中国劳动实践发展经验、劳动理论和政策,对劳动关系领域的新形势新情况新变化作出分析研判,并积极探索劳动关系工作的新思路新方法新举措。会上,还举行了《七十年七十位农民工口述历史》一书首发式。该书详细记录了70位有代表性的农民工创业就业经历,通过大量鲜活的事例和感人故事,从不同角度勾勒出新中国成立以来我国农民工发展奋斗的群像。人力资源社会保障部有关领导,中国劳动和社会保障科学研究院、中国劳动关系学院、中国人民大学劳动人事学院、首都经济贸易大学劳动经济学院的专家学者，来自中国建设集团、富士康集团、阿里巴巴集团、中煤科工集团等20多个行业企业的代表，农民工代表、高技能人才代表近150人参加座谈会。

（三）组织政产学研社会各界会员单位开展学术交流。

组织政产学研社会各界会员单位在北京召开"中国农民工发展"系列研讨会。主会场以"中国农民工发展"为主题，总结了中国农民工发展的历程，阐述了农民工的三大贡献，分析了经济新常态下农民工面临的"三新"变化，对新时代农民工的发展进行了预测展望。参会代表聚焦"中国农民工的历史贡献与权益维护""新就业形态与农民工社会保护"和"平台经济下的农民工劳动权益保障"等专题进行主旨发言和讨论。会议认为，20世纪80年代乡镇企业异军突起之后，中国农民工经历了三次大发展高潮，每次高潮后都迈上一个发展的新台阶。进入新时代，农民工在新型城镇化过程中从劳动技能的提升走向文化素质的提升，走向融入城市整体素质提升。经济新常态下，大量新生代农民工投身家庭服务、快递、外卖、网约车服务和寻呼服务等新业态，大批优秀农民工技工正在成长为新工匠。农民工发展是一个历史过程，解决农民工市民化问题胆子要大、步子要稳，要宽容失误、鼓励探索、分步推进、成熟先行。推进农民工市民化，要敢于冲破思想观念的障碍，突破利益固化的藩篱，使农民工尤其是新生代农民工得以充分发展，使中国特色农民工发展道路取得更大成效。分会场邀请了学界专家、企业家、人社系统相关同志等32人发言，50余位嘉宾代表进行点评。

（四）召开第八届会员代表大会完成换届工作。

6月2日，在北京召开中国劳动学会第八次会员代表大会。大会选举产生了新一届学会会长、副会长、秘书长，杨志明同志当选会长。中国劳动学会的发展目标将以围绕建设国家劳动研究智库为核心，发挥人才和平台两大优势，实现学术性上有引领、影响性上有提升、互促性上有发展。出席会议的人力资源社会保障部有关领导同志代表部党组寄语新一届理事会，要坚持正确的政治方向，用发展的理论解决发展中的问题，加强政策理论研究、加强学会自身建设，肩负起自身使命，把准发展方向，发挥职能优势，开拓创新、扎实工作，为推动人力资源社会保障事业发展做出更大贡献。全国工商联等单位代表、有关人力资源社会保障领域社团代表、人力资源社会保障部相关单位和部分省市人社部门负责同志，以及代表40多个行业的会员、理事，优秀农民工代表，新闻界代表参加大会。

（五）分支机构开展丰富活动，为社会各界交流搭建平台。

7月20日，中国劳动学会薪酬专业委员会在北京举行第五届会员代表会议暨新中国70年工资收入分配研讨会，就新中国成立以来我国工资收入分配制度的历史沿革、发展历程和成功经验进行深入研讨。

9月21日至22日，中国劳动学会劳动科学教育分会在辽宁大连举办年会，主题为"新技术革命与东北全面振兴"。党的十八大以来，中央出台了全面振兴东北地区等老工业基地的一系列重大决策部署，推动东北振兴向纵深发展。参会专家聚焦新技术革命对劳动力市场的影响，以"创新发展与东北振兴""互联网使用对劳动力创业的影响"以及"人工智能的发展及应用"等为主题，就国内劳动经济、社会保障、劳动关系、人力资源管理等领域的最新研究成果进行充分研讨，为全面振兴东北提供理论探讨和决策参考。中国劳动学会、中国经济体制改革研究会、中国社会科学院、中国人民大学、东北财经大学等高校和科研机构的140余位代表参加会议。

10月14日至16日，中国劳动学会劳务经济与境内劳务派遣专业委员会在天津召开年会，以"新时代新动能新业态——劳动者权益保护出现新变化"为主题,深入研讨新业态、共享经济平台等对劳动用工的影响和挑战。与会专家认为,进入新时代,新一轮信息革命对生产方式的深刻影响,表现为信息化带来的产业技术路线革命化变化和商业模式突破性创新,进而形成信息技术驱动下的产业范式变迁、企业组织形态重构以及就业和消费方式变化。生产方式智能化,产业形态数字化,产业组织平台化,在这个背景下,新业态劳动者权益保护出现了新的变化。与会专家探索性提出切实保障新业态劳动者合法权益的思路建议,如制定出台新业态行业规范准则和监管措施,建立适应新业态发展模式的多元化用工关系调整模式,建立新业态灵活就业人员的社会保障制度,加大工会组织对劳动者权益维护力度等。中国劳动学会、人力资源社会保障部相关单位代表,广州红海人力集团等人力资源服务业代表,富士康科技集团等用工单位代表,以及学术界同仁应邀参加会议。

冶金分会召开年会,组织开展大钢学组、地钢学组、矿山学组、科研学组多项活动,以及庆祝新中国成立70周年活动。继续编辑发行《冶金劳动》杂志,传递企业经验、对标信息交流通畅,受到首钢、宝钢、河钢等广大会员单位的欢迎。

其他各分会、专业委员会也都开展了不同形式的学术研究和信息交流活动。

六、中国社会保险学会

(一)课题研究。

首先是抓好重点课题研究。

完成上年度重点课题"建立全国统一的社会保险公共服务平台研究"。课题组先后对20余个省、市、县(区)不同层级的社保经办情况进行调研,在部分地方开展了问卷调查,组织召开课题研讨会,形成《建立全国统一的社会保险公共服务平台研究报告》。该报告从理论界定、政策依据、实践探索、需求分析、问题与挑战、经验借鉴等方面对全国社会保险公共服务平台进行了研究,从目标功能定位、总体思路、阶段目标与实施进度等方面对建立全国统一的社会保险公共服务平台提出了建议,并对部分地区已建立起的社会保险公共服务平台典型案例进行了归纳。

启动本年度4项重点课题:

"第一套社会保险经验生命表研究"。研究目标是以全国养老保险联网监测数据为基础,借鉴国内外相关经验,探索编制第一套适合社会保险制度应用的经验生命表。完成数据采集、数据验收与清洗两个阶段的工作,计算出分年龄分性别的城镇企业职工基本养老保险参保人员的粗死亡率,进入到生命表编制阶段。

"我国城镇职工基本养老保险待遇计发办法研究"。研究目标是在实地调研和政策分析的基础上,对我国现行的基本养老保险待遇计发与调整办法进行系统分析和评估,为促进基本养老保险全国统筹和劳动力跨地区自由流动,提出完善基本养老保险待遇计发和调整办法方案。课题组分别到东、中、西部地区部分社保经办机构进行专题调研,向36个主要城市社保经办机构发放调查问卷,对收集到的调查资料与数据进行整理和分析。

"新业态从业人员社会保险管理研究"。研究目标是通过对新业态劳动关系类型与变化的调查与分析,研究社会保险制度与新业态就业形态的适配性,对新业态下社会保险基本制度构架的调整、政策优化、管理与服务创新等方面提出政策建议。课题组到部分地方人社部门开展专题调研,了解东南沿海部分地区新业态从业人员社保管理情况,并就新业态从业人员社保需求进行问卷调查。

"全国统筹条件下社保经办管理体制研究"。研究目标是通过对养老保险全国统筹下的社保管理体制和全国统一的社保公共服务平台运行机制的研究,探索建立与统筹层次相适应的经办管理体制、与行风建设要求相适应的经办服务体系,为构建全国统筹养老保险制度、强化社保经办机构的社会管理和公共服务职能提供支持。课题组先后到东北、西部、东部部分省市进行调研，听取社保经办部门的意见和建议，形成初步课题报告。

同时，推进常规性课题研究。

与有关机构合作，开展了9项常规性课题研究。在养老保险与养老服务方面，继续推进"综合性公证养老服务研究"课题；在医疗保险和长期护理保险方面，完成"互联网+门诊慢病人群健康管理与送药服务研究（二期）""基本医疗保险药品管理与智能监控研究""医疗保险医用耗材管理方法研究"等三项课题，推进"成都市武侯区相互保险与长期护理保险结合创新研究"课题；在基金监管方面，完成"第三支柱个人养老金监管与信息披露研究"课题，推进"企业年金和职业年金基金管理配套政策系列研究"课题；在社保管理服务方面，推进"人社信用体系模型建设及社会保险数据社会化应用安全监管研究"课题。此外，启动《中国社会保险管理服务发展报告（2018—2019）》编撰工作。

（二）学术活动。

一是开展新中国成立70周年系列活动。围绕对社会保障历程的回顾和思考，集中举办了以下三项学术活动。

召开"庆祝新中国成立70周年座谈会"。会议以习近平新时代中国特色社会主义思想为指引，回顾了新中国社会保障的光辉历程，总结了伟大成就和宝贵经验，展望了新时代社会保险事业发展前景。人力资源社会保障部和有关地方领导，原劳动保障部和部分地方老领导，国家医保局领导，部内有关单位、有关地方人力资源社会保障部门负责同志，部分特邀老同志以及学会部分负责同志近50人出席会议。会议期间，举办了主题展览，通过展板和实物资料展示了新中国成立以来社会保障主管部门沿革、社会保障法律法规发展进程、社会保障历史变迁和取得的成就。

承担新中国成立70周年有关书籍和资料的编著工作。根据人力资源社会保障部工作安排，参与《中国的社会保障》（外宣读物）的编写组织和统稿。同时应中国人力资源和社会保障出版集团邀请，学会有关同志精心组织撰写了《新中国社会保障发展史》，记述了70年来我国社会保障产生和沿革的概貌，展示了各历史阶段社会保障制度的特点及与之相关的经济社会背景，为研究新中国社会保障发展进程和经验留下了宝贵史料。

与有关单位合作，整理和编写了《中国社会保险70年大事记》，梳理了新中国社会保障事业的建树与成就。为此，与中国劳动保障报社、《中国社会保障》杂志社共同举办了"新中国成立70年社保大事"评议活动。在征求广大网友和专家学者意见基础上，筛选出新中国成立以来对社会保障事业发展产生重大影响的70件大事，召开"社会保障事业70年发展回顾与展望座谈会"，对70件大事进行评议。

二是服务和支持雄安新区社会保障规划建设。应河北省人力资源社会保障厅之邀，组织有关人员赴雄安新区进行调研，了解新区基本情况和社会保障领域当前迫切需要解决的问题与长远考虑，形成调研报告呈报人力资源社会保障部有关领导，部领导对学会支持雄安新区社会保障体系建设的工作思路给予充分肯定。在此基础上，制订了召开雄安新区社会保障体系建设专题研讨会的计划，邀请各有关方面的同志共同研究，制定了研讨会方案，成立了筹备工作小组。

三是切实做好社保扶贫工作。到河北邯郸等地就社保扶贫工作开展专题调研，深入了解社保扶贫政策执行和社保扶贫管理服务情况，形成专题报告报送人力资源社会保障部有关单位，得到高度重视。在调研过程中，注意收集地方社保管理机构的扶贫工作情况，及时报送部有关单位参阅。同时，向会员印发《关于积极参加脱贫攻坚有关工作的通知》，动员全体会员发挥专长和优势，主动参与脱贫攻坚，切实履行学会的社会责任。

四是组织参与横向学术交流。委托有关单位开展了两项学术研究活动，分别是河南省社会保险信用模型建设和社会保险数据社会化应用研究、上海市浦东新区退休人员意定监护相关问题研究。与有关单位合作举办了多项学术研讨活动，主要有养老金投资运营研讨会、职业年金投资策略研讨会、医疗保险医疗服务协议管理研讨会、综合性公证养老服务研讨会等。应邀参与了有关机构举办的学术研讨和交流活动。通过这些活动，分享了学会的研究成果，推介了学会的平台作用。

五是配合做好年金监管有关工作。受托做好企业年金数据统计工作，按季度发布《全国企业年金基金业务数据摘要》；负责《年金文件汇编》的编印，收集和整理近30年来有关年金的文件、文书、资料等300余篇，合计8卷；推进养老保障基金投资运营监管系统建设，根据工作需要建立新的年金业务子系统，提升原有系统功能；配合完成企业年金基金管理资格延续工作，协助研究和出台相关规范性文件。

（三）境外交往。

与澳门社会保障学会进行了多次交流，共同商讨课题研究和养老保险研讨会有关工作，并就"澳门社会保障制度给付恒常调整机制"课题进行交流性研究，为澳门社会保障制度的完善提出建设性意见。

10月，应澳门社会保障学会邀请，赴澳门参加主题为"公平·效率·善治"的第十一届养老保险研讨会，主要就养老保险制度新进展、善治与养老保障政策、养老保障制度的社会公平、养老保障第三支柱的发展现状与挑战、养老保险基金投资策略等议题，与港澳台社会保险学会会员及有关专家学者进行交流与研讨。

（四）组织建设。

根据有关规定，对学会部分副会长、秘书长和有关分支机构负责同志进行调整。加强内部管理，健全学会规章制度。做好会员服务工作，向有关单位和部分会员赠阅《中国社会保险学会纪念改革开放40周年座谈会纪念会刊》。对学会有关会员主持的研究课题给予支持，帮助其联系有关单位和地方人社部门，到相关地区开展课题调研和问卷调查。

七、中国职工教育和职业培训协会

2019年，中国职工教育和职业培训协会（以下简称中国职协）按照人力资源社会保障部党组的有关要求，在部相关单位的指导下，在会员单位的支持配合下，深入学习领会习近平总书记对技能人才工作重要指示精神，贯彻落实人力资源社会保障部关于职业培训和技能人才工作安排部署，圆满完成各项任务。

（一）狠抓党建工作，充分发挥中国职协党支部的战斗堡垒作用。

按照人力资源社会保障部党组统一部署，坚持以习近平新时代中国特色社会主义思想为指导，扎实开展"不忘初心、牢记使命"主题教育，认真组织"两学一做"学习教育，全面落实"三会一课"制度，狠抓党风廉政建设，深入开展党员干部和职工队伍思想教育，不断增强"四个意识"，坚定"四个自信"，坚决做到"两个维护"，以党建工作保障和促进业务工作开展。

（二）紧紧围绕人社扶贫目标任务，全力开展扶贫工作。

一是积极推动贫困家庭学生帮扶工作，支持贫困学生走技能成才、技能脱贫之路。利用设在中国职协的全国技工院校学生资助管理工作办公室这一工作平台，积极与教育部、财政部相关部门沟通协调，明确要求将在技工院校就读的建档立卡贫困家庭学生全部纳入免学费和助学金享受范围，为"三区三州"等深度贫困地区学生开设绿色通道，优先落实中职资助政策，优先享受资助，并进一步规范家庭经济困难学生认定依据和工作程序，确保资助政策有效落实，鼓励、引导和支持贫困学生就读技工院校，通过接受技工教育实现技能成才、技能脱贫。

二是扎实开展数据统计和比对工作，为制定扶贫政策提供参考。开展技工院校在校生、"三区三州"地区在校生、免学费和助学金受助学生等数据统计工作，与国务院扶贫办进行数据比对，统计在技工院校就读的建档立卡贫困家庭学生数据，并对建档立卡贫困家庭学生和"三区三州"学生进行数据分析，为人力资源社会保障部有针对性地制定扶贫政策、研究开展扶贫工作提供数据支撑。

三是参与山西省天镇县扶贫工作，为公共实训基地建设提供技术咨询服务。5月，与部相关单位同志一起到天镇县考察，就天镇县人社技能扶贫公共实训基地建设项目可行性进行深入研究，起草考察报告，为决策提供参考。9月，与部相关单位同志再次到天镇县实地调研，就基地建成后运行方案、入驻基地的职业培训机构等问题进行调查。随后，就基地主要建设专业、培训师资选择与管理、培训需求与课程设置、实训设备配备等问题，与有关专家共同研究论证，提供咨询意见。

四是参加技能扶贫调研工作，深入了解各地技能扶贫工作情况。按照人力资源社会保障部技能扶贫专项组统一安排，参加了两个调研组，深入青海省西宁市、海东市、黄南州，以及四川省凉山州等地，深入调查了解职业培训和技能扶贫政策、资金、培训项目、技工院校建设等方面的工作进展、存在问题，并提出意见建议。

（三）主动配合职业技能提升行动有关安排，积极开展督导调研工作。

一是参加人力资源社会保障部职业技能提升行动工作专班，全面配合职业技能提升行动各项工作开展。按照部领导统一调度，抽调政策理论水平高、工作业务能力强的同志到部职业技能提升行动工作专班专职工作，主要负责对各地职业技能提升行动实施方案制定、资金筹措、组织机构设立、培训机构及培训目录发布、培训活动开展实施等方面情况进行督导检查，推动指导各地大规模职业培训工作全面开展。

二是开展央企职业技能提升行动情况调研，为发挥企业积极性建言献策。先后到中国中车、中国铁建、中国石化、中国交建和中国航空工业等央企集团公司进行调研，撰写《部分央企职业技能提升行动情况调研报告》，梳理央企技能人才队伍建设现状、主要做法和存在的困难问题，并提出相关工作建议。

三是组织召开职业技能提升行动座谈会，推动行业协会积极开展大规模职业培训活动。组织中国机械工业联合会、中国纺织工业联合会、中国轻工业联合会等8家全国性行业协会（联合会），召开贯彻落实《职业技能提升行动方案（2019—2021年）》座谈会，交流经验做法，沟通思路计划，推动行业协会依托行业龙头企业和专家力量，紧贴行业技能人才需求，积极参与职业技能提升行动，深入开展大规模职业培训活动。

（四）充分发挥社团组织特点优势，组织开展各种交流活动。

一是召开技校委员会第30届年会。为深入贯彻党中央、国务院关于打赢脱贫攻坚战的决策部署，认真落实人社扶贫工作目标任务，积极推动技能扶贫工作开展，于5月在重庆市召开技校委员会第30届年会。孙宝树会长出席会议并讲话，职协六届理事会副会长单位、常务理事单位和理事单位的代表以及部分特邀代表，共约150余人参加会议。会议介绍了人力资源社会保障部关于高技能人才和职业培训工作方面的基本思路和最新进展，明确提出了下一步技工教育和技能扶贫工作的重点任务和工作安排，并对发动技校委员会会员学校参与技能扶贫工作进行了动员部署。

二是组织开展各类活动。中国职协技校委员会各专业委员会围绕技工院校办学实际需求，积极组织开展主题明确、内容丰富、特点鲜明的各类活动。教学改革工作委员会于6月在广州市开展技工院校一体化课程教学改革现场观摩和交流活动，组织中西部技工院校主管教学的领导和教师现场观摩学习广州工贸技师学院一体化课堂教学。校园文化工作委员会于11月中旬在天津市组织开展技工院校校园文化建设交流活动，集中展示了技工院校校园文化建设的成果，推动全国技工院校校园文化共同创新发展。校企合作工作委员会联合华为公司于11月下旬在深圳市举办以"高端引领、深度合作、产教融合、先行示范"为主题的校企合作高端论坛,深入探讨了校企合作、互利共赢的主要内容和成功模式。

三是规范开展职业培训活动。为深入推进技工院校教学改革和教师队伍建设,暑期组织开展了班主任专业能力提升等内容丰富、形式多样的培训活动,来自全国技工院校的数百名教师参加了培训,有效提高了受训教师的教学水平和科研能力。

(五)贴紧职业能力建设热点问题,开展课题研究工作。

一是撰写《公共实训基地建设情况研究报告》。该课题是人力资源社会保障部委托的部级重点课题,经过一年的系统研究,撰写完成由一份主报告、三份调研报告和一份96家公共实训基地情况统计表组成的系列成果。课题报告梳理了以中央财政支持、地方政府资金为主建设的96家公共实训基地的情况,总结了公共实训基地的建设模式、运营模式和人才培养模式,分析了公共实训基地建设运行取得的基本经验和存在的问题,并就今后工作提出了改进完善建议。

二是开展制冷空调系统从业人员国家职业标准研究。根据生态环境部委托的国际环保署有关制冷设备运行维修相关职业技能人才培养标准研究项目,组织地方职业技能鉴定机构、制冷设备行业组织和企业、高职院校、技工院校等单位资深专家近百人组成课题研究团队,围绕制冷空调系统安装维修工、制冷工和中央系统运行操作员等职业的国家职业技能标准和技能鉴定标准,全面启动研究工作。

三是指导职业培训机构开展理论研究工作。根据当前职业培训和高技能人才工作领域的热点难点问题,梳理形成年度重点研究方向和研究题目,制定印发《中国职工教育和职业培训协会2019年重点研究课题指南》,鼓励引导职业技能鉴定机构、技工教育研究机构、企业、技工院校等单位进行课题立项和开展相关研究工作。

(六)切实加强制度建设,扎实做好技工院校学生资助工作。

一是开展学籍注册和资助政策落实工作。年初,起草并报请人力资源社会保障部办公厅印发《关于做好2019年技工院校学生资助工作的通知》(人社厅发〔2019〕44号),从学籍管理、资助管理、资金管理、毕业管理4个方面,提出了明确要求。4月,与部相关单位在四川省成都市召开全国技工院校学生资助管理工作座谈会,部署2019年资助工作重点。指导各地和技工院校开展春秋学期新生学籍注册和毕业证书打印工作,享受免学费和助学金学生申请、审批工作。编辑印发《全国技工院校学生资助政策选编》,指导各地制定出台地方资助政策和准确落实资助政策。全年共为240万名学生落实了免学费政策,为近50万名学生落实了助学金政策。

二是修改完善国家政策及实施细则。上半年,与教育、财政等部门的相关单位共同修改完善国家中等职业教育免学费和助学金实施细则,5部委联合印发《学生资助资金管理办法》(财科教〔2019〕19号),对原中职免学费和助学金资助政策进行了调整和完善。

三是首次组织中职国家奖学金评审。配合财政、教育等部门相关单位,研究制定了《中等职业教育国家奖学金评审暂行办法》(教财函〔2019〕104号)。商教育部全国学生资助管理中心,研究制定了2019年中等职业教育国家奖学金各省名额分配办法,最大限度保证了技工院校学生的权益。与财政、教育两部门相关单位建立了中职国家奖学金评审机构,于11月下旬组织召开评审会议,完成首次中职国家奖学金评审工作。

四是组织开展学生资助专项核查工作。于6—11月组织开展全国技工院校学生资助管理专项核查工作,对各地技工院校学生学籍管理情况、资助政策落实情况和资助资金管理情况进行全面核查,并要求各地对大龄学生享受资助和学籍异动情况进行重点核查,确保资助政策正确落实和国家资金安全。

五是不断完善信息管理系统。正式开发上线全国技工院校学生学籍信息查询系统，实现了全国技工院校学生学籍信息可公开查询。与国家税务总局进行系统对接，为有子女在技工院校就读的家长个税专项附加扣除提供数据校验。与教育、扶贫等部门建立数据比对机制，定期与中职学生资助系统、建档立卡贫困家庭信息系统进行数据比对。借助人力资源社会保障部"金宝二期"工程启动时机，对技工院校信息系统进行全面梳理，研究建立可对技工院校学生学籍注册、学籍异动、助学金和免学费以及毕业等学习经历进行全程信息化管理的综合性管理系统建设方案。

（七）严格按照有关部门委托，认真开展评估咨询工作。

一是开展职业训练院评估工作。根据人力资源社会保障部相关单位委托，组建由全国资深技工教育专家组成的职业训练院评估专家委员会，开展28所职业训练院建设试点总结评估工作。起草《职业训练院建设试点工作评估标准》《职业训练院建设试点工作评估表》等相关技术文件，书面审核试点院校材料和实地考察了解试点建设情况，进行评估打分，形成评估意见。评估工作总结了试点建设开展情况、试点成效、经验做法和存在的主要问题，提出了职业训练院进一步创新发展的意见建议，《建设职业训练院试点工作总结评估报告》已报人力资源社会保障部领导。

二是研究制定《技工院校学生学籍管理办法》。按照《技工教育"十三五"规划》（人社部发〔2016〕121号）有关要求，受人力资源社会保障部相关单位委托，组织开展原劳动部颁发的《技工学校管理规定》修改完善工作。通过广泛调研和座谈，起草了《技工院校学生学籍管理办法（稿）》，并通过部内法审程序，报请部务会审议。

三是开展全国制冷维修良好操作培训中心建设项目。根据生态环境部委托，为中国制冷维修服务行业第二阶段含氢氯氟烃淘汰管理计划及全国性制冷维修良好操作培训中心建设项目提供技术咨询服务。上半年组织召开2次工作研讨会，对北京轻工技师学院、杭州市技协职业技能培训中心、黄冈职业技术学院等10家良好操作培训中心申报单位开展了实地考察评估；对金华市高级技工学校、青岛海洋技师学院等6家培训中心的良好操作培训活动进行了现场督导；对天津职业大学等几十家单位的申报材料进行了书面审核，指导各申报单位修改完善工作方案，并按计划推进项目建设工作。

（八）依托中国职协网站和《中国培训》杂志，积极开展政策宣传工作。

充分利用中国职协网站、官方微信公众号、《中国培训》杂志等自有媒体资源，通过开设"职业技能提升行动"专栏和"技校学生资助"专栏，组织主题策划系列文章等方式，积极宣传国家和地方相关政策，介绍职业技能提升行动实施进展，报道技能扶贫先进事迹，推广技能人才培养先进经验。组织业内资深专家撰写政策解读文章，推荐到人力资源社会保障部官网和《中国劳动保障报》、"技能中国"微信公众号等媒体发表，及时宣传国家政策和地方的做法经验。

八、中国就业促进会

2019年，中国就业促进会在人力资源社会保障部党组领导下，在全国人社系统和全体会员的支持参与下，认真贯彻党的十九大精神，不忘初心、牢记使命，紧密围绕新时代促进就业工作需要，坚持"围绕中心、服务大局"工作主线，充分发挥参谋助手和桥梁纽带作用，为稳就业和扩大就业做出了积极贡献，赢得社会广泛认可。

（一）理论研究取得丰硕成果。

一是受委托组织就业优先政策课题研究。通过研究分析论证，阐述了就业优先从战略到政策推进的必要性，首次明确提出就业优先政策的基本内涵，并提出实施就业优先政策并使之纳入宏观政策层面全面发力的具体对策建议，为行政工作的开展提供重要参考。研究报告得到部领导充分肯定，张纪南部长作出重要批示，并批转有关业务司局阅研，国务院领导也对报告做了阅批，张小建会长还受邀为全国就业政策培训班做专题讲座，部内有关媒体对研究报告做了专版宣传。为传播分享研究成果，组织编写了《就业优先政策研究与探索》一书，向全国就业战线工作实践者和政策理论研究者发送。

二是受委托开展优秀劳务品牌选树工作。研究制定《典型劳务品牌推荐条件和基准》，特别将劳务品牌吸纳就业能力、转移劳动力情况和扶贫效果作为典型劳务品牌推选重要依据。组织专家在各地报送的劳务品牌中推选出34个典型劳务品牌和6个创新品牌。结合品牌选树深入地方开展调研，挖掘地方特色亮点及涌现的新模式，总结发展规律、分析存在问题，对推动劳务品牌创新发展提出建议。积极协助行政部门在全国就业服务展示交流活动中进行宣传，举办专题交流活动。为更好地发挥典型引路作用，编辑出版《典型劳务品牌风采录》一书，向全国发送。

三是多渠道组织参与就业领域专题研讨。受邀参加中央政策研究室和国务院研究室座谈会，分析就业工作面临的新问题，提出对策建议。利用会长扩大会研讨推动就业创业政策落实、细化、创新及应对中美贸易摩擦影响对策，供行政部门参考。加强与国际劳工组织、国内有关地方、平台和院校合作，围绕中国青年就业数据分析组织专项调查和研究，编印相关统计数据摘录。

（二）交流平台作用进一步发挥。

一是组织创业培训讲师大赛。与中国就业培训技术指导中心共同举办创业引领者专项活动暨第二届全国创业培训讲师大赛。展示创业培训师资风采，分享创新培训技术和方法，交流创业指导的经验，研讨进一步推动全国创业培训师队伍建设。

二是开展公共就业服务交流。围绕贯彻落实人力资源社会保障部等3部委关于推进全方位公共就业服务的指导意见，组织公共就业服务经验交流会，总结创新做法与工作经验，探讨推进全方位公共就业服务创新发展思路，提出工作意见建议。

三是合作共建交流研讨平台。与麦斯特人力资源有限公司共同举办第二届"一带一路"建设人力资源发展论坛，围绕企业走向世界面临的挑战、如何创新人力资源管理进行研讨，为推动"一带一路"建设高质量发展建言献策。与首都经济贸易大学、滴滴公司共同举办稳就业与平台经济发展研讨会，为推动新就业形态发展积极建言。

四是促进两岸就业学术交流。组团赴台湾地区参加2019年劳动与就业关系学术研讨会，向台湾同行介绍大陆就业创业工作，并就两岸专家学者共同关心的就业热点问题进行交流，形成促进就业的共识，达到了学术交流与情感融合的双重目的。

（三）就业宣传取得良好成效。

一是宣传中国就业发展成果。受中国人力资源和社会保障出版集团委托，编写中央宣传部庆祝新中国成立70周年外宣图书《中国的就业》，并在完成人力资源社会保障部重大课题"就业改革发展重点史料研究"基础上出版《中国就业改革发展40年》，向国内外宣介中国就业改革发展成就，传播中国就业改革发展经验。

二是推广就业创业工作亮点。组织完成2019年度就业10件大事及地方就业创新事件评选活动，组织编写《聚焦中国就业（2018—2019）》系列丛书，继续配合"春风行动"做好就业创业指南扑克牌的宣传发行工作。

三是引导就业宣传舆论导向。充分发挥《中国就业》杂志、《就业工作通讯》、中国就业促进会微信公众号等多维立体宣传平台作用，宣传就业创业新政，推广各地典型经验，引导就业宣传舆论导向。

（四）组织影响力进一步提升。

一是搭建学习交流平台。举办"聚焦中国就业：回顾70年，站在新起点"主题活动，围绕做好新时期就业创业工作集中组织主题演讲、专题讲座、业务交流，召开三届五次理事会、课题研讨会、典型劳务品牌交流会和老同志座谈会等系列专项研讨活动，有效促进工作成果交流和分享。

二是深入地方基层调研。深入雄安新区安新县调研，了解新区建设产业转型中的就业情况，邀请专家为安新县就业创业成员单位、各乡镇领导和企业家举办专题讲座。赴滴滴公司调研，了解新业态发展及平台就业状况。组织赴武汉、无锡、吉林、银川等地调研就业创业工作。

三是凝聚共促就业合力。指导支持天津、长春、无锡、丽水等地及58同城、连锁经营协会等企业和会员单位开展就业创业活动。指导地方就业促进会换届工作，推动社团网络建设，形成共促就业的合力。

四是助力就业扶贫工作。以劳务品牌选树作为重点助力脱贫攻坚，组织专题调研，提出推进品牌建设发展建议。邀请人力资源社会保障部定点扶贫县同志参加就业促进会就业创业活动。在《中国就业》杂志、微信公众号开设扶贫专栏，提供公益广告宣传等，积极参与就业扶贫工作。

五是推动党建业务融合。将"不忘初心、牢记使命"主题教育贯穿于就业促进会理论研究、项目开展、就业宣传和组织建设工作全过程，加强政治理论学习，提升工作能力，指导工作实践，努力打造一支学习型、服务型工作团队。

工作卷

地方人力资源和社会保障工作

北 京 市

2019年，北京市人力资源社会保障系统以习近平新时代中国特色社会主义思想为指导，深入贯彻党的十九大和十九届二中、三中、四中全会精神，深入贯彻习近平总书记视察北京重要讲话精神，深入贯彻党中央、国务院及市委、市政府决策部署，自觉践行以人民为中心的发展思想，主动服务首都发展大局，坚持党建引领，牢牢守住保障群众基本生活和基本权益这条主线，深入实施就业配套支持措施，推动社会保障重大改革落地，启动实施职业技能提升三年行动计划，全面深化事业单位人事薪酬制度改革，强化劳动关系治理，不断优化营商环境，扎实开展人社扶贫，各项目标任务圆满完成，有力促进了首都高质量发展。

一、坚决履行"稳就业"政治责任，牢牢守住就业基本盘

（一）凝聚就业工作合力。

经市政府常务会议审议通过，正式成立北京市就业工作领导小组，领导小组各成员单位和16个区政府紧密配合、共同发力，先后召开全市性就业工作会、推进会，对就业创业工作作出安排部署，进行工作调度，全市上下形成了稳就业、促就业、惠民生的强大合力，为圆满完成全年就业再就业重点工作目标任务提供了坚强的组织保障。

（二）深入实施就业配套支持措施。

瞄准产业搬迁调整带来的多重就业压力，加大企业分流职工转岗就业援助力度，深化城市副中心等重大项目建设地区及就业困难地区"一地一策"帮扶，支持生态涵养区等农村地区劳动力到城市公共服务岗位就业，积极有效化解失业风险。实施"降、返、补"一揽子举措，降低社保费率，对不裁员、少裁员参保企业加大失业保险费返还力度，对于吸纳就业困难人员的企业给予社保补贴和技能提升补贴等，有效激发市场活力和企业创造力，提振市场信心。

（三）推动重点群体就业增收。

深入实施高校毕业生"一生一策"帮扶，做好困难毕业生精准帮扶，北京地区困难家庭高校毕业生全部实现就业。创新基层就业模式，推动高校毕业生到农村从事支农工作。落实乡村振兴战略和精准扶贫战略，出台吸引返乡下乡人员创业就业政策措施。推行城乡就业困难人员、低收入农户劳动力、零就业家庭"清单化"援助，持续开展城市公共服务类岗位安置农村地区劳动力就业工作。

（四）持续鼓励创业带动就业。

健全青年创业"陪跑"助推机制，深化大学生创业服务平台和创业板建设，成功举办第二届"创业北京"创业创新大赛，共吸引1 132个创业项目参赛。加大创业融资支持力度，促进创新链、资本链、产业链"三链"融合，发挥创业引领作用，全年扶持各类人员创业1万人，带动就业2.9万人。

（五）发挥市场配置人力资源的决定性作用。

助力新一轮服务业扩大开放综合试点，出台促进猎头机构发展政策措施，首创国内政府引导、市场运作、专业服务有机结合的引才模式。以人力资源服务产业园建设为重点，指导通州园区正式对外运营，吸引入驻国内外知名人力资源服务机构，打造人力资源服务业集聚高地，辐射带动城市副中心产业提升。以贯彻《人力资源市场暂行条例》为契机，出台《北京市经营性人力资源服务业务规程（试行）》，简化三项行政许可为"一许可一备案一报告"，许可申请材料压缩至4项，实现全程网上办理。

全年全市城镇新增就业35.1万人，城镇登记失业率1.3%，全市就业局势保持稳定。

二、积极顺应人民群众对美好生活的向往，进一步织密扎牢社会保障安全网

（一）落实国家顶层设计，推动社会保障重大改革落地见效。

深化机关事业单位养老保险制度改革，退休人员待遇按照国家要求落实到位。做好城乡居民养老保险基金市级统筹准备工作，委托审计部门对各区基金进行专项审计，摸清底数，会同财政部门研究制定市级统筹工作方案。进一步推进工伤预防办法的制定和试点工作，研究起草了《工伤预防费使用管理暂行办法》草案，并征求相关部门与单位的意见，同时调研形成了开展试点初步工作方案。

（二）以企业年金为重点，健全多层次养老保险体系。

积极推进职业年金投资运营，成为全国首个实现市区两级资金全部归集到位并投资运营的城市。加快研究促进企业年金集合计划发展的政策方案，与企业面对面座谈，了解企业诉求，建立健全"年金政策进企业"宣传工作机制，组织"2019企业年金主题宣传季"活动，以科创和中小微企业为主要对象开展政策宣传培训，提高政策知晓度。积极与各基金管理机构联系，摸底调查企业年金运行数据并进行分析整理，起草形成加快企业年金集合计划发展若干措施的征求意见稿。

（三）落实社保待遇调整机制，稳步提高社保待遇水平。

企业和机关事业单位退休人员基本养老金、失业保险金、工伤保险定期待遇、城乡居民基础养老金、福利养老金、最低工资标准等联动调整、同步提高，促进了发展成果全民共享。

（四）启动第三代社保卡建设，提升便捷化服务水平。

签发全市首批电子社保卡，与实体卡对应的线上线下应用结合更加紧密；对标国家102项人力资源社会保障公共服务，拓展社保卡应用功能，为北京市民生卡"多卡合一"建设奠定坚实基础。

全年全市企业职工养老、失业、工伤保险参保人数分别达1651.6万人、1294.8万人、1242.3万人，同比分别增长3.8%、4.4%、4.7%。

三、主动契合全国科技创新中心建设和战略性新兴产业需求，强化人才智力支撑

（一）启动实施职业技能提升三年行动计划，全面加强技能人才队伍建设。

加大政策和资金投入，搭建"一网通核"信息平台，全年大规模开展补贴性技能培训60万人次。聚焦重点产业、重大项目及居民需求，培养人工智能、冬奥世园赛会服务保障及家政、养老护理等急需技术技能人才。创新职业技能培训模式，推行新型学徒制，形成"校企双元建专业、技能双师育人才、企校双核创基地"的技能人才培养模式。启动清单式人才培养和职业技能等级认定试点，推进技能大师工作室建设，调动企业积极性。圆满完成第45届世界技能大赛16项国家集训任务，北京市16个国家集训基地项目全部获奖，取得8金5银2铜1优胜的优异成绩。

（二）以职称制度改革为引领，深入推进专业技术人才队伍建设。

坚持以完善评价标准为核心、以支撑发展为目标、以改进服务为保障，创新职称评价机制。突出能力、业绩、贡献导向，全面实行人才分类评价。在全国率先增设技术经纪、科学传播职称专业，对促进成果转化、农民增收的

农业科研人才优先评聘职称。推行职称评审权下放和领军人才职称评审"直通车"制度，建立职业资格与职称对应关系，充分发挥评价"指挥棒"作用。加强专业技术人员继续教育，增设博士后站点41家，全力助推"产学研用"协同创新。

四、全面深化事业单位人事薪酬制度改革，不断推动人事人才工作取得新突破

（一）填补制度空白，持续加快人事制度改革。

出台《北京市事业单位特设岗位设置管理暂行办法》，打破现行的常规聘用模式，事业单位可突破现有岗位总量、岗位最高等级，在全球聘用急需紧缺高端人才，工资采取年薪制、项目工资制、协议工资等灵活的方式，不占单位绩效工资总额。建立院前急救人员"644"席位序列，结合岗位职责特点、工作年限、工作量等因素，设置急救医师6级席位、急救护士4级席位、急救指挥调度人员4级席位；完善考核方案，将绩效工资与席位挂钩，向随车医生、担架工、司机等一线艰苦岗位倾斜，解决院前急救人员职业发展受限、职业吸引力不强、人员短缺等问题。

（二）勇于创新突破，大力推进工资制度改革。

出台《关于进一步完善义务教育学校绩效工资分配制度的指导意见》。打破原有统发普涨的"大锅饭"格局，优化绩效工资结构，实现向校长、骨干教师、班主任、特殊教育教师、课后服务教师、一线教师等六类群体的精准激励，实现多劳多得、优绩优酬的分配格局。创新卫生绩效工资激励机制，支持医疗卫生体制改革。会同市卫健委开展三级公立医院绩效考核工作，建立健全科学合理、精细高效的绩效评价体系，并完善考核指标、评价标准的动态调整机制，加强各部门对绩效考核结果的科学应用；建立"增、奖、补"激励机制，会同市卫健委印发了《关于完善基层医疗卫生机构绩效工资政策保障家庭医生签约服务工作的通知》，进一步提升基层医疗卫生机构医务人员收入水平。

五、强化劳动关系治理，着力防范化解风险隐患

（一）以根治欠薪为突破，打造立体化劳动者权益维护体系。

创新根治欠薪机制，在工程建设领域实行"全流程管理、全环节管控、全周期联动"管理模式，形成工程项目立项审批、施工过程、资金垫付、竣工验收4个环节的监管框架。开通农民工维权投诉举报二维码，开展"冬病夏治"及冬季攻坚行动，变年末集中检查为全年常态化执法，为根治欠薪打下良好基础，北京市连续两年被国务院考核组评为优秀。鼓励支持新就业形态有序发展，与市邮政管理局联合印发《关于促进快递行业规范发展加强从业人员权益保障的通知》，率先在快递行业推行规范用工、协同治理。推动劳动人事争议多元处理机制建设，开展"互联网+调解"试点，推行调解建议书、仲裁建议书制度，出台要素式办案办法，将调解纳入街乡职责，实现海淀区、大兴区"互联网+调解"试点街乡全覆盖。

（二）完善调控体系，全市劳动关系保持和谐稳定。

建立一整套裁员联动处置机制，针对企业产品结构调整、生产转型升级、生产经营困难等原因出现的裁员问题，在加大对不裁员、少裁员企业给予政策鼓励支持的同时，注重发挥第三方和市场机制作用，成功化解一批社会影响较大的裁员事件，及时组织国内知名企业参加的招聘会，90%被裁员工实现再就业。建立和谐劳动关系"红名单"制度，首次发布十大正面典型案例，引导企业合法用工、劳动者依法维权。强化市、区联动，落实信访维稳机制，维护了庆祝中华人民共和国成立70周年、世园会等重大节日和活动期间全系统和谐稳定。深化国有企业工资决定机制改革，统筹落实激发重点群体活力，带动城乡居民增收取得

新成效。

六、强力推进"放管服"改革，不断优化营商环境

（一）推动政务服务"瘦身提速"，进一步方便办事企业和群众。

持续优化业务流程，累计取消证明材料65项，服务事项承诺办理时限压缩超过55%，减少企业和群众办事平均跑动次数。印发《关于加强全市政务服务基层平台人力社保标准化建设的指导意见》，从12个方面规范服务标准，全面推行无差别服务。高质量完成世行和中国营商环境评价工作，"劳动力市场监管"在全国试评价中排名第一。

（二）深入实施"互联网+人社"，全面提升公共服务能力。

推行网上办事，深入拓展政务服务事项网上办事的广度和深度，深化"就业超市"建设，为服务对象提供岗位信息发布、档案服务、业务办理等一体化服务。落实"街乡吹哨、部门报到"，建立"回天（回龙观、天通苑）地区"10公里半径职住平衡服务圈。深入开展电子证照、电子签章系统建设工作，精简社保经办、劳动能力鉴定服务流程，新开办企业可使用电子营业执照全程网上办理参保登记和缴费等业务，积分落户实现全网通办、一次不跑、公开透明。

七、扎实开展人社扶贫，助力脱贫攻坚

（一）完善制度机制，建强推进体系。

将就业扶贫劳务协作列入2019年度就业再就业重点工作目标，进一步压实就业帮扶责任。出台《关于进一步提高我市重点群体创业就业有关税收扣减限额标准的通知》，明确建档立卡贫困人口等重点群体创业就业及招用建档立卡贫困人口等重点群体的企业可按规定享受税费减免政策。印发《北京市深入开展技能脱贫千校行动实施方案》，引导和组织北京市技工院校、职业技能培训机构参与技能扶贫工作。

（二）加大人才支持，提升智力帮扶。

积极开展专家帮扶活动，组织7名医疗专家赴内蒙古锡林郭勒盟正镶白旗开展为期一周的医疗帮扶。组织北京博士后智力服务团到河北承德开展智力扶贫，4名农业领域博士后导师深入田间地头现场讲解并举办4场专题讲座。组织5家博士后设站单位赴河北张家口开展智力帮扶并参加"首届冬奥冰雪产业大型人才交流会"。承办两期"电商扶贫"培训班，组织开展对口交流交往学习班、能力提升培训班，落实《2019年东西部扶贫协作协议》，为内蒙古技工院校、培训机构人员提供来京技能培训服务。

（三）深化劳务协作，聚焦就业脱贫。

结合"春风行动"和就业援助月、民营企业招聘月等专项活动，深入受援地开展招聘活动，在河北、内蒙古等受援地组织现场及网络招聘会。发挥技能培训优质资源，聚焦贫困劳动力培训需求，帮助贫困劳动力提高就业技能，为对口帮扶地区举办劳务协作培训班。组织市属5所技工院校与河北阜平职业技术教育中心分别签署技能扶贫框架协议和技能帮扶合作意向书，提升当地技工教育水平。选派6名市属技工院校教师赴西藏技师学院进行援助建设，实施技能脱贫千校行动，组织动员贫困家庭有就读技工院校意愿的应、往届毕业生免费来京接受技工和职业教育培训。

北京市人力资源和社会保障局

天 津 市

2019年，天津市人力资源社会保障系统坚持以习近平新时代中国特色社会主义思想为指引，全面贯彻党的十九大精神，认真落实人力资源社会保障部决策部署，围绕中心、服务大局，坚持稳中求进、创新竞进、担当作为，抓重点、攻难点、创亮点，圆满完成各项目标任务，人社事业再上新水平、取得新成效。

一、就业局势总体稳定

坚持把稳就业作为重大政治任务，不断完善促进就业政策措施，全年新增就业首次突破50万人，达到50.2万人，城镇登记失业率3.5%，低于全年3.8%控制目标。

（一）稳住企业用工。

实施援企稳岗"护航行动"，对受贸易摩擦、国企混改、化解债务、转型升级影响的企业，支持其不裁员、少裁员，稳住企业岗位。全年共为4988家企业减负11.2亿元，惠及职工111.1万人。落实国家社保降费政策，采取多项措施，将职工养老保险单位费率由19%降至16%，延长阶段性降低失业保险费率，维持现行工伤保险费率不变，暂缓调整最低缴费基数，全年为企业减负64.4亿元。

（二）创业带动就业。

深入实施创业带动就业计划，出台支持"海河英才"自主创业12项措施，对在津落户5年内自主创业的人才，给予创业担保贷款、创业培训、房租补贴、社保和岗位补贴等支持政策，全年开展创业培训3.1万人，发放创业担保贷款3亿元。搭建创业孵化载体，鼓励支持在产业园区、大学城周边建设创业孵化载体，培育一批创业孵化基地，截至年底，共有创业孵化基地47家。

（三）实施就业见习。

启动三年百万青年见习计划，就业见习范围从毕业学年的在校生、离校2年内未就业高校毕业生扩大到16~24岁的失业青年、建档立卡贫困青年等4类人员，见习补贴标准由最低工资标准的70%提升到75%，见习单位每留用1人给予2000元奖励。全年新发展见习基地458家，新增见习人员1.2万人。

（四）帮扶重点群体。

围绕高校毕业生、农民工、退役军人、就业困难人员等重点群体，分类施策、托底帮扶。落实困难毕业生求职创业补贴政策，向1.9万名应届高校毕业生发放5700万元求职创业补贴。落实离校未就业毕业生实名制帮扶，建立帮扶台账，实行"一对一"就业服务，全年共帮扶1.6万人实现就业。聚焦"4050"人员、零就业家庭人员、低保家庭人员等十类困难群体，加大企业吸纳、灵活就业、公益性岗位托底安置等扶持力度，共有4.4万名困难人员实现再就业，零就业家庭保持动态清零。

（五）强化就业服务。

全面实施就业服务专项行动，开展就业援助月、"春风行动"、民营企业招聘周、大中城市高校毕业生联合招聘等活动，全年共组织各类招聘会1179场。加快培育人力资源市场，国家级人力资源服务产业园挂牌运行，全市人力资源服务机构达到1214家。

二、人才引育成效明显

坚持完善引育体系、激发人才活力，为高质量发展提供人才支撑。

（一）持续推进"海河英才"行动计划。

累计引进"海河英才"24.8万人，平均年龄32岁，本科以上学历超过75%，战略性新兴产业人才占比由政策实施初期的20%提高到29%。新引进两院院士、长江学者、杰出青年科学基金获得者等顶尖领军人才112人，博士、博士后等青年后备人才1200多人；引进战略性新兴产业从业人员6万多人。出台了《天津市战略性新兴产业领军企业认定暂行办法》，向战略性新兴产业领军企业下放引才自主权，累计认定领军企业485家，企业自主引进急需紧缺人才4500多人。

（二）深化人才体制机制改革。

向96家高校、科研院所、大型国有企业下放高级职称评审权，支持企业人才用专利、项目、案例等成果替代论文参评职称，率先增设人工智能、科学传播、快递工程职称专业，颁发第一张电子职称证书，全年4.7万人申报职称，同比增长56%。出台事业单位工作人员奖励政策，改革义务教育教师人事管理制度。

（三）优化人才服务保障。

实施引进人才"绿卡"制度，做好金融、交通、医疗等配套服务工作，累计发放"绿卡"4.6万张。出台实施《天津市人才公寓认定支持办法（试行）》，认定市级人才公寓100万平方米，着力解决各类人才来津安居问题。持续跟踪"海河英才"行动计划引进落户人才的就业情况，提供就业指导、专场招聘等配套保障，累计举办"海河英才"专场招聘会11场，提供岗位2.8万个。

三、社会保障稳步推进

健全覆盖城乡的社会保障制度，人民群众获得感、幸福感、安全感持续增强。

（一）健全完善社保制度体系。

出台了完善城乡居民基本养老保险待遇确定和基础养老金正常调整机制文件，推动城乡居民养老待遇水平提高制度化、规范化。深化机关事业单位养老保险制度改革，全市4.94万机关事业单位新退休人员按新办法计发待遇，占全部退休人员的81.67%。修订《天津市工伤保险若干规定》，推进新业态从业人员职业伤害保障制度。建立政策、经办、信息、监督四位一体的基金风险防控体系，保障基金安全。

（二）深入推进全民参保计划。

推动城乡居民基本养老保险应保尽保，以新业态从业人员、中断缴费人群为重点，加强参保登记信息比对，促进未参保人员参保缴费。强化参保联合惩戒措施，综合运用法律、行政等手段，促进各类用人单位依法参保。截至年底，养老、工伤、失业保险参保人数分别达到860.1万人、400.2万人、335.5万人，同比增长15.8万人、1.7万人、12.1万人。

（三）持续提高群众待遇水平。

2019年全市221万退休人员月人均增加养老金178元，增幅5.18%。其中，企业职工养老保险待遇水平实现15连调，月人均达到3220元。城乡居民基础养老金由295元提高到307元，老年人生活补助由113元、123元、133元分别提高到125元、135元、145元。在此基础上，对年满65周岁以上的人员给予适当倾斜，每人每月再增加5元。失业保险金月人均增加90元。调增了伤残津贴、退休补贴、供养亲属抚恤金三项长期待遇。

四、技能培训取得新进展

出台"海河工匠"建设政策，开展职业技能提升行动，不断提高工作的针对性和实效性，全年培训18.6万人次，超额完成年度目标任务。

（一）发挥企业培训主体作用。

依托企业培训资源，遴选一批企业培训中心，命名为"海河工匠"培训基地，对开展企业内训的，按照市场需求程度，给予企业培训补贴。鼓励企业培训中心面向社会开展公共实训，培训补贴在原有基础上上浮25%。鼓励企业公共实训基地更新设施设备，提升培训能力，对认定的高技能人才培训基地，给予最高500万元建设经费资助。截至年底，已在战略性新兴产业和先进制造业认定205家企业培训中心、10家企业公共实训基地。

（二）完善技能人才培养模式。

开展名师带徒特色培训，遴选1 000名技能名师，面向企业技术骨干，开展师徒结对培养，每带培1人给予4 000元资助。实施项目定制培训，对国家职业资格、技术等级等基本培训制度未涵盖的培训内容，开展"一企一策"定制培训，每个项目最高给予50万元经费资助，全年实施11个定制项目。开展新型学徒制培训，推行"企校双师带徒、工学交替培养"，截至年底，全市已有20家院校与企业签约合作培训，开展培训5 521人。

（三）深化技能人才评价机制改革。

支持企业自主开展职业技能等级认定，截至年底，已认定中海油等20家试点企业，涉及62个职业9 104人。打通高技能人才与专业技术人才职业发展通道，对"中华技能大奖"和"全国技术能手"获得者、国家级技能大师工作室带头人和"海河工匠"获得者，可破格评审认定高级工程师职称。开展首届"海河工匠"评选表彰，评选10名爱岗敬业、技艺精湛的高技能人才，授予"海河工匠"称号，营造技能成才良好氛围。

五、劳动关系和谐稳定

坚持维护劳动者权益和促进企业发展同向发力、同步协调，依法维护双方权益，积极构建和谐劳动关系。

（一）重拳根治农民工欠薪。

制定根治农民工欠薪长效机制，开展根治农民工欠薪专项行动和工程建设领域专项治理，以工程建设领域和劳动密集型企业为重点，加大政府投资工程项目和国企项目检查力度，圆满实现"两个清零"目标。全年共查处工资类违法案件824件，为5 020名劳动者追发工资等待遇3 436.3万元，同比分别下降36%、53.5%、29%。

（二）加强企业用工指导和服务。

普遍实施劳动合同制度，劳动合同签订率达90%以上。深入开展和谐劳动关系创建活动，累计命名和谐企业6 234家。出台《天津市用人单位劳动合同管理工作指引》，企业用工管理更加规范。加大劳动人事争议案件处理力度，"一裁终局"率达到65%，同比提高19.2个百分点，仲裁终结率达到84.9%。

六、人社扶贫深入开展

全年实现扶贫协作地区建档立卡贫困户来津就业1 978名，就近就地就业28 126名，帮助34 889名贫困人口转移就业。

（一）抓实就业扶贫。

落实就业扶贫劳务协作三年实施方案，依托"天津就业扶贫网"，搭建就业信息对接服务工作平台，在受援地举办高校毕业生招聘、企业用工对接等专场招聘会105场，提供精准岗位信息7.2万个。合作建立劳务协作工作站47个，扶贫车间187个，给予每个工作站10万元、每个车间5万元支持。

（二）抓好技能扶贫。

落实技能脱贫"千校行动"，依托市公共实训中心、21所技工院校和职业培训机构，实现岗位供需、技能培训、转移帮扶、技工院校招生、人才智力支持无缝对接。对在本市接受中等职业教育的建档立卡贫困户学生，落实免学费、助学金等政策。

（三）抓牢人才扶贫。

为贫困地区提供人才培养和智力服务，组织50余名专家赴甘南州等8个贫困地区开展扶贫活动，服务430余人次，解决难题80多个，为贫困地区培训专业技术人才80人，预留继续教育高级研修班名额105个。

七、服务能力显著提升

坚持把改进和加强行风建设作为服务企业

和群众的突破口，全力推进"一制三化"改革，不断优化营商环境，企业和群众办事更方便、更快捷。

（一）经办服务更便捷。

办事要件减少30%，办理时限压缩83%，90%的事项实现网上办，行政类事项证明材料全部实行告知承诺制，综合柜员制全面推行，手机App、网上办事大厅、微信公众号等服务功能不断拓展，95%的对外服务事项实现"一窗通办、一次办结"。

（二）服务能力持续提升。

制定出台窗口管理规范和窗口单位评价标准、评价方法，对全市窗口单位进行全面规范。出台加强人社窗口单位经办队伍建设意见，着力解决窗口队伍力量薄弱、能力不足等问题。启动实施政务服务事项事中事后监管工作，推进工作重心由事前审批向事中事后监管转移。深入开展业务技能练兵比武、基层单位互评互学、劳服窗口专项整治等活动，全市系统12个优质服务窗口和5名先进个人获得人力资源社会保障部表彰。

（三）信息化水平不断提升。

深化"互联网+人社"，授权合作银行多网点经办养老保险待遇资格认证等20项社保业务，实现了"社银一体化"。经办服务向全市243家街镇劳服中心下沉，在74个街乡镇服务点设置105台自助服务设备，实现《基本养老保险缴费凭证》出具等14项业务"全城通办、就近可办"。

天津市人力资源和社会保障局

河 北 省

2019年，河北省人力资源社会保障系统坚持以习近平新时代中国特色社会主义思想为指导，深入践行以人民为中心的发展思想，坚决落实党中央、国务院和河北省委、省政府重大决策部署，认真落实"三六八九"工作思路，着力抓重点、促改革、补短板、强弱项、防风险，深入开展"不忘初心、牢记使命"主题教育活动，统筹做好就业创业、社会保障、人才人事、工资收入分配、劳动关系协调等各项工作，圆满完成全年目标任务。

一、就业局势保持总体稳定

全省城镇新增就业89.6万人，完成全年任务的105.4%；失业人员再就业27.7万人，完成全年任务的115.4%；困难人员实现就业11.7万人，完成全年任务的116.9%；零就业家庭动态为零。高校毕业生就业率达到95.6%。城镇登记失业率为3.1%，控制在4.5%以内的较低水平。

（一）高校毕业生等重点群体就业稳中有进。

深入实施高校毕业生就业创业促进计划，加强离校前与离校后信息衔接与资源共享，对应往届离校未就业毕业生实行实名制动态管理，运用多种方式提供"一对一"跟踪式指导和服务。印发《关于做好当前形势下高校毕业生就业创业工作的通知》，制定鼓励高校毕业生到基层就业、加大求职补贴力度、放宽创业担保贷款申请条件、拓展培训生活费补贴范围等新政策。加大"三支一扶"招募力度，全年招募"三支一扶"志愿者1 200名。进一步完善就业援助长效机制，积极开发设置公益性岗位，对符合条件的就业困难人员进行托底安置。深入实施农民工返乡创业专项计划，开展百万农民工大培训，集中开展"春风行动"、组织就业援助月、举办民营企业招聘周等服务活动，组织各类招聘会千余场，指导帮助建档立卡农村贫困劳动力、就业困难人员、退役军人等重点群体实现就地就近就业或转移就业，有效稳定了就业局势。

（二）去产能职工安置稳妥有序。

认真落实"三包一"机制，做好去产能企业分流职工核实认定工作，巩固和拓展多元化安置渠道，积极开展就业援助，妥善解决各种问题，使职工安置与去产能任务同部署、同推进、同落实，将去产能企业解除劳动关系人员全部纳入就业创业政策扶持范围，去产能职工安置率达到100%。

（三）鼓励创业带动就业成效显著。

实施创业就业孵化基地提升活动，全省报送129家创业就业孵化基地培育名单，完成任务数100家的129%。评选认定50家省级示范创业就业孵化基地、30家省级退役军人创业就业孵化基地、10家河北创业大学。积极组织参加第二届全国创业就业服务展示活动，在全国第二届创业培训讲师大赛中实现金牌零的突破，进一步激发了全社会创新创业热情和活力。持续扩大创业担保贷款放贷规模，全年发放创业担保贷款24.2亿元，直接扶持1.98万人自主创业，带动5.95万人实现就业。

（四）人力资源市场健康快速发展。

全面实施人力资源服务业发展行动计划，

落实人力资源市场暂行条例，全省人力资源服务机构达到1 947家，从业人员近1.7万人，年营业收入321.3亿元，呈现出快速增长、全面发展、结构优化的良好态势，市场促进就业和配置人力资源的能力显著增强。首次开展人力资源服务机构等级评定，评选12家诚信服务示范机构，建成全省首家省级人力资源服务产业园，将产业园打造成人力资源配置的重要枢纽、人才超市和智慧高地，吸引更多的创新资源和创新主体聚集。

(五) 就业培训和职业教育质量稳步提高。

全力实施职业技能提升行动，将全体企业职工、就业重点群体和贫困劳动力全部纳入职业技能培训范围；针对不同群体特点，改进培训方式，大力推广"互联网+培训"，支持企业和职业技能培训定点机构采取线上与线下相结合的培训模式，切实提高培训质量和效果，全年培训各类人员51.2万人，完成全年任务的106.7%。深化技工教育改革，推进技工教育国际合作交流，实施"十百千技工教育国际合作交流工程"，举办国际合作交流管理人员和骨干教师培训班，进一步提高技工院校培养质量。

二、社保制度改革持续深化

截至年末，全省企业职工基本养老保险、失业保险、工伤保险参保人数分别达到1 328.95万人、554.1万人、951.4万人。全省城乡居民基本养老保险参保人数达到3 524.1万人。

(一) 养老保险制度改革进一步深化。

一是企业职工基本养老保险制度改革成效显著。印发《河北省企业职工基本养老保险基金可持续发展总体方案》《河北省企业职工基本养老保险精准扩面续保三年行动实施方案》《关于进一步完善企业职工基本养老保险省级统筹制度的通知》，研究起草企业职工养老保险基金省级统收统支办法，进一步增强基金调控能力。二是机关事业单位养老保险制度改革顺利推进。进一步健全完善政策体系，扎实推进基金清算，全力推进退休中人按新办法计发待遇。全省参保人数达到301.2万人，超额完成扩面任务。三是城乡居民基本养老保险政策体系进一步完善。出台《关于建立城乡居民基本养老保险待遇确定和基础养老金正常调整机制的实施意见》，全面细化落实待遇确定、基础养老金正常调整、缴费档次调整、缴费补贴调整和基金保值增值等工作举措。

(二) 失业保险援企稳岗深入推进。

全年征收失业保险费31.1亿元，为12.7万人发放失业保险金8.9亿元。深入实施援企稳岗"护航行动"和支持企业参保职工提升技能"展翅行动"，全面落实援企稳岗和技能提升补贴政策，全年全省失业保险基金用于稳就业支出12.8亿元，惠及企业17 709家、职工216.1万人。

(三) 工伤保险工作成效明显。

出台煤炭、钢铁、水泥、玻璃、焦炭、火电六类行业企业降费政策，最大限度降低企业缴费负担。通过落实建设工程按项目参保制度，进一步扩大工伤保险保障范围，提高保障程度。创新工伤认定合作调查服务新模式，避免基金流失。扎实推进工伤预防和工伤康复，从源头上减少工伤事故的发生。全年享受工伤保险待遇人数10.0万人，基金征缴收入55.1亿元。

(四) 社会保障待遇稳步提高。

顺利完成养老金调整工作，2019年全省企业离退休人员月平均养老金为2 785元，其中退休人员2 769元。建立城乡居民基本养老保险待遇确定和基础养老金正常调整机制，设立城乡居民高龄基础养老金，政府缴费补贴最高标准由60元提高至120元。工伤保险伤残津贴1~4级工伤职工分别提高315元、300元、285元和270元，供养亲属抚恤金同步提高。

(五) 基金风险防控体系不断完善。

深入开展社保基金风险防控提升年活动，印发《社会保险基金管理风险防控若干措施》

《关于全省社会保险经办风险防控的实施方案》《企业职工基本养老保险基金支付风险防控方案》，建立社保基金安全责任制和责任追究机制，社保基金监管实行上收一级管理，深入开展风险防控省级抽查、市级互查和城乡居民基本养老保险待遇领取人员大普查，各险种全部实现社银联网，有效防范基金管理运行风险。

三、人才人事制度改革持续深化

（一）人才政策改革深入推进。

深入实施人才助力产业发展三年行动计划，为加快推动供给侧结构性改革、产业转型升级、经济社会高质量发展提供重要人才支撑。加快推进分系列职称改革，完善职称专业类别，建立职称专业动态调整机制，坚持科学评价，全面下放自主评审权，打通高技能人才参加工程技术专业职称评审通道。出台关于充分发挥市场作用促进人才顺畅有序流动的实施意见，人才流动配置机制进一步健全。

（二）专业技术人才和技能人才选拔培养力度进一步加强。

全年评选河北省政府特殊津贴专家222人，评选"三三三人才工程"一二层次人选110人，优秀专家出国培训人选62人，"百千万人才工程"国家级人选7人，引进海外高层次人才"百人计划"21人，资助博士后人才43人、留学回国人才86人，评选"河北省突出贡献技师"100人。积极组织参加第45届世界技能大赛和第三届全国智能制造应用技术技能大赛等赛事，河北省选手获得第45届世界技能大赛一枚银牌，创历史最好成绩，获得第三届全国智能制造应用技术技能大赛一等奖4个、二等奖10个、三等奖6个。

（三）人才创新创业平台建设进一步加强。

积极组织各项专技人才工程计划项目，深入推进专业技术人才知识更新工程，新增博士后科研流动站7个、博士后科研工作站分站7个、创新实践基地23个，中国（河北）博士后成果转化基地累计签约入驻项目126个，投资额达到346亿元。河北省博士后创业股权投资基金启动运营，基金规模达到1亿元。成功举办中国河北高层次人才洽谈会及高校行、京津冀招才引智大会、沿海经济带高级人才洽谈会等系列招才引智活动，吸引高端人才来冀创业发展。加强高技能人才培训基地建设，新建国家级高技能人才培训基地5个、省级高技能人才培训基地10个。加快技能大师工作室建设，新建国家级技能大师工作室5个、省级技能大师工作室10个，并积极推动工作室项目升级，为加快高技能人才培养提供重要支撑。

（四）人事管理工作规范有序开展。

认真落实河北省委《关于深化机构改革期间机构编制和干部人事工作有关要求的通知》要求，严格执行机构改革期间有关人事工作纪律。规范公开招聘制度，建立事业单位面试评委库，进一步提高面试评价的公平性。坚持科学设岗，动态管理，科学设置岗位结构比例，认真做好岗位聘任工作，下放岗位聘任管理权限，及时做好聘任备案工作，充分调动工作人员积极性。落实国家要求，圆满完成固安县职员等级晋升制度试点任务，会同相关部门做好河北省高速公路管理局转企改制工作，积极配合公立医院改革，做好试点医院编外人员过渡工作，推进公立医院改革平稳进行。

（五）评选表彰工作进展顺利。

出台评比达标表彰活动管理实施细则，调整规范省、市、县（市、区）三级党委和政府表彰项目，完成国家勋章和国家荣誉称号提名推荐工作，颁发庆祝新中国成立70周年纪念章3.5万余枚。

四、工资收入分配制度改革稳步推进

按要求调整提高事业单位基本工资标准和离休费，积极推动干部职工收入水平稳步提高。印发《关于切实做好义务教育教师工资待遇保障工作的实施方案》，义务教育教师平均工资收入全部实现不低于当地公务员工资收入水平。加强公立医院医务人员收入情况调

研，进一步深化公立医院薪酬制度改革。研究制定关于鼓励高校实行灵活多样薪酬分配办法的工作方案，积极推动高层次人才激励政策落实落地。印发《河北省人民政府关于改革国有企业工资决定机制的实施意见》和《关于进一步加强全省国有企业负责人薪酬制度改革工作的通知》，进一步完善企业收入分配宏观调控机制。调整河北省最低工资标准，月最低工资标准四档提高到1 900元、1 790元、1 680元、1 580元，对应的小时最低工资标准提高到19元、18元、17元、16元。发布363个职业（工种）工资指导价位，完成2017年度省属国有企业负责人薪酬备案和信息披露工作。

五、劳动关系总体和谐稳定

（一）扎实推进构建和谐劳动关系工作。

积极开展劳动用工备案工作，规范劳动用工管理，推进全省就业失业登记、社会保险登记、劳动用工备案统一登记工作有序开展。推行人力资源社会保障部和京津冀劳动合同参考文本，推进集体协商和集体合同制度建设，开展集体协商"百日行动"。17家国家级模范劳动关系单位和2个和谐园区受到国家表彰，新奥集团股份有限公司作为第1家企业代表（全国共6家），在全国构建和谐劳动关系先进表彰大会上做经验交流发言。全省评选出59家劳动关系和谐先进单位和4个先进园区。

（二）保障农民工工资支付工作成效显著。

加强组织领导，壮大根治欠薪工作力量，成立省直22个部门为成员单位的河北省根治拖欠农民工工资工作领导小组。深入开展治欠保支专项行动、"冬病夏治"专项督查和根治欠薪冬季攻坚行动，严厉打击恶意欠薪企业和欠薪违法行为，快速稳妥解决欠薪问题。强化欠薪违法行为联合惩戒，深入落实《河北省重大劳动保障违法行为社会公布实施办法》《河北省拖欠农民工工资"黑名单"管理暂行办法实施细则》，公布28起重大欠薪违法行为，25家严重欠薪企业列入"黑名单"。组织评定82家省级劳动保障守法诚信优秀企业。全省政府投资工程项目、国企项目欠薪案件实现动态清零，拖欠农民工工资问题得到有效遏制。

（三）依法维护劳动者合法权益。

全省各级人力资源社会保障行政部门办理行政复议案件130件，办理行政诉讼案件849件。各级劳动人事争议仲裁机构全年共受理劳动人事争议案件3.4万件，涉及劳动者4.1万人，其中，集体劳动人事争议案件226件，涉及劳动者0.3万人。全年调解仲裁立案受理的劳动人事争议案件结案率为98.0%。全省劳动保障监察机构主动检查用人单位2.6万家，书面审查用人单位1.2万家，调查处理举报投诉案件1 214件。通过劳动保障监察执法，责令用人单位与劳动者补签劳动合同2.6万份，追发劳动者工资等待遇1.3亿元，退还收取劳动者的风险抵押金77万元，督促12家用人单位补缴社会保险费13.7万元。取缔非法职业中介机构17家。对拒不签订劳动合同、违反最低工资和工资支付规定等违反劳动保障法律法规、侵害劳动者权益的用人单位给予行政处罚86件。

六、人社扶贫工作精准推进

一是全力推进就业扶贫。重点抓好扶贫车间吸纳、返乡创业带动、有组织劳务输出、公益性岗位安置四渠道就业，全年帮扶未脱贫贫困劳动力实现就业28.3万人，其中四渠道实现就业8.2万人，超额完成全年目标任务。二是深入推进技能扶贫。大规模开展就业扶贫技能培训，实施技能扶贫千校行动，增强培训对象精准性、项目针对性、方式有效性、效果实效性，全省培训贫困劳动力8.3万人、实现就业5.3万人。三是全面落实社保扶贫政策。符合城乡居民基本养老保险扶贫政策的280.8万贫困人员全部参保，实现当前阶段参保率、代缴率和待遇发放率"三个100%"。加强深度贫困县失业保险脱贫互助工作，失业保险金标准提高至当地最低工资标准的90%。四是持续加强人才人事扶贫。"三支一扶"招聘向扶贫和支农类岗位倾斜，大幅度提高志愿者生活补贴标准。开展"定向评价、定向使用"职称评审和岗位聘用，举办京津冀专家团精准扶贫活动，促进人才、智力、技术等要素向贫困地区流动。

七、支持服务雄安新区规划建设迈出新步伐，京津冀协同发展进一步深化

一是举全系统之力支持雄安新区规划建设。人力资源社会保障部出台支持新区人力资源社会保障改革创新实施方案，河北省制定印发实施意见。编制发布雄安新区急需人才目录，成功举办新区首届人才智力交流会，开展系列就业招聘活动，推动新区就业创业。帮助筹建新区社会保障管理服务机构，调剂省本级基金支持新区启动工伤保险经办工作，工伤保险按项目参保全面推行。指导新区制定被征地群众养老保险参保补贴办法，服务保障新区开工建设。二是加快推进京津冀人力资源社会保障工作协同合作。充分发挥京津冀人力资源社会保障部省（市）联席会议机制作用，与京津新签劳动关系、扶贫劳务协作、工伤保险和雄安新区人力资源开发等合作协议，累计签署协议31项。三是全力服务北京冬奥会筹办工作。实施冰雪产业技能人才培养储备计划，全年培养冰雪人才1万人以上。成功举办首届冬奥冰雪产业人才交流会，对河北体育学院、河北北方学院等单位的5项冬奥项目给予资助。

八、系统行风建设持续加强，公共服务能力进一步提升

一是深化放管服改革持续发力。印发了全省人力资源社会保障"三级四同"政务服务事项目录清单和实施清单，建立全省统一的服务标准。全面推进减证便民行动，在清理取消43项证明材料的基础上进一步取消22项。继续向用人单位放权、为人才松绑，向10所三甲医院下放职称自主评审权限，人力资源社会保障领域营商环境不断优化。二是加快"互联网+政务服务"建设。积极推进政务服务"一网通办"，133项服务事项全部实现网上办理，38项服务信息实现手机客户端查询，劳动能力鉴定、劳务派遣信息管理等5个管理系统实现全系统互联互通。三是覆盖省市县乡村五级的公共服务体系基本建立。基层公共服务信息系统延伸到村和服务对象个人。在全省人力资源社会保障系统深入开展业务技能练兵比武活动，窗口单位服务水平显著提升。四是推进社会保障"一卡通"。实施提升社保卡服务能力专项行动，开通全省统一的社保卡网上申领渠道，实现社保卡尽快办、即时办、就近办、网上办。截至年末，全省累计发放社保卡7 282万张，全省累计签发电子社保卡502万张。

河北省人力资源和社会保障厅

山 西 省

2019年，在省委、省政府的正确领导下，山西省人力资源社会保障系统坚决贯彻习近平总书记关于民生工作的重要指示批示，不忘初心、牢记使命，重大改革持续推进，政策体系日趋完善，保障水平稳步提升，民生基础更加稳固。"实施全民技能提升工程、扩大就业和居民增收、稳步提高社保待遇、推动创业创新"等4项工作入选党的十八大以来山西深化改革、改善民生重大举措和成果。

一、"人人持证、技能社会"成效明显

山西省人社系统认真贯彻落实习近平总书记对技能人才工作的重要指示，持续实施全民技能提升工程，召开全省"人人持证、技能社会"推进会，印发《山西省推进职业技能提升培训实施方案》，筹集专项资金38.7亿元，全面推行培训实名制，率先颁布职业技能培训8项地方标准。举办首届全省技能大赛，设置30个职业（工种）项目，其中19个项目对接世界技能大赛，2万余名选手参赛。持续开展失业保险支持技能提升"展翅行动"，为1.67万名职工发放技能提升补贴2 917.2万元。人力资源社会保障部领导同志给予高度评价，认为山西提出的"人人持证、技能社会"是职业培训工作的一大创新，其经验在全国范围可学习、可复制、可借鉴。全年组织各类职业技能培训104.74万人，完成年度任务的104.74%，涵盖150多个职业（工种），培训人数全国排名第三，打造了职业技能培训的"山西品牌"，更多劳动者走上技能就业、技能成才、技能增收之路，崇尚技能的社会氛围更加浓厚。

二、就业局势保持总体稳定

把稳就业作为重大政治任务和头等大事，出台《关于做好当前和今后一个时期促进就业工作的实施意见》等系列政策，召开新闻发布会，就业优先政策持续发力。失业保险援企稳岗加力增效，全省发放稳岗返还资金6.4亿元，同比增长47.4%，惠及3 195家企业133.8万名职工，指标完成度全国排名第四，发放额全国排名第九。突出抓好高校毕业生就业创业、农民工转移就业、去产能职工分流安置、就业困难人员帮扶、退役军人和残疾人就业工作，零就业家庭实现动态清零。大力推动创业带动就业，举办了山西省星火创业大赛等系列活动，对48个优秀项目实施奖励。开展"春风行动"、民营企业招聘周、就业服务进校园、人才智力交流大会等公共就业服务活动，实施就业政策落实服务落地专项行动，为广大劳动者求职就业搭建平台。贯彻实施《人力资源市场暂行条例》，新增人力资源服务机构127家。在国务院第六次大督查中，运城市服务在外务工创业人员"凤还巢"计划受到国务院办公厅的通报表扬。全省城镇新增就业55.7万人，转移农村劳动力40.2万人，分别完成全年目标任务的121.1%、121.9%；城镇登记失业率2.71%，控制在4.2%的目标以内，全省就业局势稳中有进、稳中向好。

三、社会保障制度改革深入推进

落实中央减税降费决策部署，出台《山

西省降低社会保险费率实施方案》，养老、失业、工伤三项社会保险共为企业减负162.7亿元，实现企业降成本、市场增活力、个人得实惠。完善企业职工基本养老保险省级统筹，在全国率先出台《关于完善企业职工基本养老保险省级统筹制度的通知》及5个配套政策。深入推进机关事业单位养老保险制度改革，启动职业年金投资运营。完善被征地农民社保补贴政策。出台工伤保险基金省级统筹方案，建立起省直部门间工伤认定疑难案件定期会商机制。稳步推进全民参保计划，基本养老保险、失业保险、工伤保险参保人数分别达2 499.1万人、443.9万人、624.2万人，均超额完成年度目标任务。企业和机关事业单位退休人员基本养老金分别实现"十五连涨"和"四连涨"，提高工伤职工三项待遇和失业人员丧葬费、抚恤金标准，参保农民工可与城镇失业人员享受同等待遇，保障水平稳步提高。

四、人才人事工作全面加强

实施高技能人才开发工程，启动18所省级示范技工院校建设，全面推行企业新型学徒制，全省新增高技能人才培训基地8个、技能大师工作室21个，新增高技能人才4.49万人。全面深化职称制度改革，修订完善12个系列职称评价标准，建立起以品德、能力、业绩和贡献为标准的评价体系。在太钢、太重推行工程技术领域高技能人才与专业技术人才职业发展贯通试点，促进两类人才深度融合。公布《山西省专业技术人员职业资格与职称对应目录》，推动职称制度与职业资格制度有效衔接。聚焦转型综改试验区建设、能源革命综改试点及"1331"工程和"136"工程，实施高端创新型人才、新兴产业领军人才培养引进工程，培养引进高层次人才1 416名。实施专业技术人才知识更新工程，培训急需紧缺高层次人才2 929人，带动全省各级各行业培训专业技术人才20万人次。发布《山西省能源领域急需紧缺人才目录》，为打造能源革命"排头兵"集聚人才。实施"三支一扶"计划，为基层乡镇招募大学毕业生631名。高校"三支队伍"、县级医疗集团专项招聘1 255人。全面启动山西大学和太原理工大学管理岗位职员制试点，完成首轮5~8级234名职员选聘。优化事业单位专业技术岗位设置，在全国率先实行主辅系列合并使用。支持和鼓励事业单位专业技术人员兼职创新，建立事业单位工作人员奖励机制。落实以增加知识价值为导向的收入分配政策，完善事业单位岗位绩效工资制度，对159个事业单位实施绩效工资总量倾斜，惠及7.7万人。完善科技成果转化现金奖励有关政策，赋予科研机构和人员更大分配自主权。

五、劳动关系保持和谐稳定

加强企业劳动用工管理，劳动合同签订率达93.8%，集体合同覆盖率达85%。出台国有企业下岗人员到民营企业就业社保转移接续办法。帮助制定222家省属国企厂办大集体改革职工安置方案，出清省属"僵尸企业"86家，妥善处理省直18家生产经营类事业单位转企改革职工劳动关系。深入推进和谐劳动关系创建活动，成功举办全国模范劳动关系和谐企业首站巡回演讲活动，推荐太钢集团炼钢工在全国进行巡回演讲。积极做好调解仲裁和信访接待工作，劳动人事争议调解成功率达71.95%，仲裁结案率达98.64%，信访案件数量占全省信访案件总量的比重逐年下降。强力推进根治欠薪攻坚行动，欠薪案件、涉及人数、涉案金额同比下降82%、87%、85%，在国务院保障农民工工资支付工作考核中排名A级第5名，位列全国第一方阵。加强企业工资宏观调控，发布企业工资指导线，建立企业薪酬调查和信息发布制度。国有企业工资决定机制改革、国企负责人薪酬制度改革稳步推进，清退省属金融企业负责人超发薪酬1 619万元。全省城镇居民人均可支配收入33 262元，增长7.2%。

六、人社扶贫工作扎实推进

健全完善人社扶贫组织协调机制，制定出台支持深度贫困地区就业扶贫、社保扶贫和易地搬迁群众就业帮扶等政策，加大对深度贫困地区帮扶力度。深入实施培训就业扶贫行动，支持劳务品牌培训和有组织劳务输出，培育发展63个劳务品牌，全省转移农村建档立卡贫困劳动力10.22万人，完成全年任务的128%。全省建档立卡贫困人口城乡居民养老保险参保率和待遇发放率均达100%。落实深度贫困地区失业保险倾斜支持政策。在全国率先出台扶贫车间参加工伤保险政策，惠及64家企业6 463人。动员组织医疗、林业、农业等方面专家助力脱贫攻坚，将医务人员"乡招村用"政策扩展到所有深度贫困县，为每个深度贫困县专项保障15个"三支一扶"招募名额，促进人才、智力、技术等要素向贫困地区流动。完成中央脱贫攻坚专项巡视人社领域10个问题的整改任务，做到件件有落实、事事有回音。积极筹建天镇县省级高技能人才培训基地，推动人力资源社会保障部定点扶贫工作。连续9年对口帮扶五台县东雷乡，形成了以驻村工作队为主、全厅干部职工积极参与的扶贫工作格局。

七、行风建设不断加强

深入开展"改革创新、奋发有为"大讨论，在全系统树立起对标一流、创优争先的工作理念。全面深化"放管服效"改革，梳理11项行政审批事项、157项公共服务事项清单，编制办事指南。大力精简证明材料，开展6项社保经办和12项人事考试证明事项告知承诺制试点工作，受益人数分别达1.05万人和17.3万人。开展养老保险"看得懂算得清"政策解读活动。组织全省人社窗口单位8 900余人参加在线学习、练兵比武，营造人人学政策、钻业务、练技能、强服务的浓厚氛围。对各级人社窗口单位和基层服务平台开展两次明察暗访，对证明材料多、排队时间长、办结时限长等六类突出问题进行专项整治，全省人社窗口工作作风明显好转。以信息化助力行风建设，构建"一网一卡一微一端一号"全方位、立体化、多渠道的服务格局，社保卡集中制卡周期压缩至2周。电子社保卡签发577万张，"民生山西"App注册人数突破600万人，完成518万退休人员线上资格认证，实现74项人社服务"掌上办""指尖办"，群众满意度明显提升。

八、"不忘初心、牢记使命"主题教育取得预期成效

认真贯彻落实中央和省委部署要求，紧扣主线主题，围绕"十二字"总要求，把四项重点措施有机融合、贯穿全程，推动"不忘初心、牢记使命"主题教育取得重要成果。突出思想引领抓学习，组织党员干部及时跟进学习领会习近平总书记"三篇光辉文献"和重要指示批示精神，进一步铸牢了广大党员干部思想深处的初心和使命，提振了干事创业、担当作为的精气神。开展服务地方、服务基层、服务群众"三服务"，收集问题建议26个，形成调研报告10篇，提出思路举措35条。坚持上下联动抓整改，对准靶心、集中发力，持续推进技能提升、稳就业、降费率、根治欠薪、脱贫攻坚、行风建设6个专项行动，扎实开展"8+5"整改整治，着力解决农民工培训监管不严、漠视轻视农民工利益、骗取套取社保基金、社保基金"跑冒滴漏"等问题。研究推出"证明事项个人承诺制""优化事业单位岗位设置""公益性岗位管理办法"等一批主题教育制度性成果，解决了群众最急最忧最盼的突出问题。

九、全面从严治党不断向纵深推进

坚持以政治建设为统领，奋力推动人社系统党的建设走在前列。修订厅党组工作规则，明确把政治建设作为首要任务。严格落实民主集中制，全年研究议定事项400余项，科学决策、民主决策、依法决策的能力不断提升。树

立"忠诚干净担当"的用人导向,调整配备处级干部66名,晋升职级200人次,凭担当立身、靠实绩进步的风气日益浓厚。组织全系统1.56万名干部参加专业基本能力测评,对基层党支部书记进行全员脱产培训。在窗口单位设立"党员先锋岗",推进党建与业务深度融合。坚持把纪律和规矩挺在前面,明确领导干部配偶、子女及其配偶经商办企业的禁业范围,修订机关公务差旅费报销规定。坚决整治形式主义、官僚主义突出问题,基层负担大幅减轻。排查梳理出人社领域资金基金风险点69个,廉政风险防控机制更加健全。开展警示教育,组织党员干部观看《初心泯灭的歧路》《叩问初心》和法院庭审直播。抓实以案促改,用身边事教育身边人,引导党员时刻保持为民务实清廉的政治本色。持之以恒正风肃纪,对履职不力的7个处室、单位班子追责问责,对违纪违规的19名党员干部进行诫勉谈话、6人实施党纪政务处分,涵养了风清气正的政治生态。

山西省人力资源和社会保障厅

内蒙古自治区

2019年，内蒙古自治区人力资源社会保障系统以习近平新时代中国特色社会主义思想为指导，认真贯彻落实党中央、国务院和自治区党委、政府的决策部署，坚持民生为本、人才优先，提高政治站位，围绕中心、服务大局，抓重点、守底线、补短板、强弱项、防风险、稳预期，圆满完成了年度目标任务，各项重点工作取得积极成效。

一、就业局势保持总体稳定

针对就业形势日益严峻的局面，坚持把稳就业作为改善民生的首要任务，不断完善促进就业创业的政策措施，持续扩大就业规模，不断提高就业质量，就业局势稳中有进，成为自治区经济社会发展的一个亮点。全年全区城镇新增就业26.3万人，完成年度目标22万人的119.6%；城镇登记失业率3.7%，低于年初目标0.8个百分点。

（一）建立就业优先协调机制。

成立了由自治区主席任组长的自治区保障和改善民生工作领导小组，下设由分管副主席任组长的就业服务专项工作组和农牧民工服务专项工作组，开展就业形势前瞻性研究。自治区政府领导多次听取就业工作汇报，并作出具体部署。4月，首次由自治区政府举办春季招聘月活动，同步开展为期1个月的线上线下活动，共征集就业岗位53.8万个，达成就业意向21.9万人次。

（二）完善落实积极的就业政策。

积极落实就业优先政策，以稳定就业和高质量就业为目标，出台《关于做好当前和今后一个时期促进就业工作的实施意见》，完善就业补助资金管理办法、自治区就业技能培训管理办法，制定了推进全方位公共就业服务的实施意见和自治区新生代农牧民工职业技能提升计划。

（三）统筹推进以高校毕业生为主的重点群体就业。

始终把高校毕业生就业摆在就业工作的首位，深入实施高校毕业生就业创业促进计划和基层成长计划，全年高校毕业生实现就业15万人，完成年度计划的115.2%。健全农牧民工技能提升、就业服务、权益维护"三位一体"工作机制，农牧民转移就业254.7万人，完成年度计划的104%。采取送信息、送政策、送岗位等措施，开展"一对一""个性化"援助帮扶，零就业家庭保持动态归零；失业人员再就业8.9万人，完成年度计划的178.4%；就业困难人员就业6万人，完成年度计划的120.8%。

（四）大力开展职业技能培训。

把化解就业结构性矛盾作为稳就业的重要内容，调整职业培训目录和补贴标准，将217个自治区重点产业和民族特色、区域特色专项能力培训项目纳入补贴范围，并提高了补贴标准、扩大了补贴范围，给予盟市补贴目录调整空间，增强了培训工作的针对性。开展补贴性培训城乡劳动者近28万人次，完成年度计划的139.8%。支持困难企业稳定就业岗位，推进失业保险援企稳岗"护航行动"和支持技能提升"展翅行动"，发放补贴5.4亿元，惠及职工79.1万人。

（五）积极搭建就业创业对接平台。

为破解企业招工和劳动者求职信息不对称难题，启动了企业用工需求和劳动者求职意见"双向调查"行动，建立了"双向调查"供需链，增强就业服务针对性和有效性。将"双向调查"获取信息反馈到各级就业服务部门，有针对性地开展招聘对接、组织培训、创业指导和政策咨询等服务。为用人单位和高校毕业生、失业人员、退役军人、农牧民工等重点群体搭建供需平台，推动就业创业政策落实落地，共调查各类企业4 288家，有技术岗位用工需求7.9万人；调查劳动者14 393人。"双向调查"的做法被中国就业促进会评为2019年地方就业创业事件。

二、社会保障工作扎实推进

坚持全覆盖、保基本、多层次、可持续方针，持续深化社会保障制度改革，切实兜牢社会保障安全网。

（一）社会保险覆盖面进一步扩大。

深入推进全民参保计划，通过进一步摸清底数、全面宣传动员、持续完善经办服务、狠抓精准扩面等举措，推动参保覆盖面进一步扩大。截至12月底，全区参加城镇职工基本养老保险763.42万人、工伤保险338.2万人、失业保险267.4万人，分别比上年同期增加29.9万人、12.7万人、11.8万人，分别完成年度任务的101.9%、103.4%、104.9%；参加城乡居民基本养老保险人数为768.2万人，比上年同期增加18.3万人。

（二）健全社会保障制度。

进一步完善城乡居民基本养老保险制度，出台了城乡居民基本养老保险丧葬补助办法，建立了城乡居民基本养老保险待遇确定和基础养老金正常调整机制。按照国家部署，按时完成退休人员养老金待遇调整工作，退休人员养老金月人均增加147元。坚决贯彻中央部署要求，从5月1日起，城镇职工基本养老保险单位缴费比例由19%降至16%，延长阶段性降低失业保险、工伤保险费率政策，为用人单位减负78.3亿元，实现了企业降成本、市场增活力、个人得实惠。

（三）社会保险经办管理服务水平进一步提升。

全面推行人脸识别等远程自助认证方式，领取待遇资格认证工作更加便捷规范。全面梳理并对外公布了自治区本级养老保险经办公共服务事项清单。积极推广社会保障卡应用，在全区范围内建成208个社会保障卡即时补换卡业务服务网点，实现旗县（市、区）全覆盖。全区社会保障卡持卡人数达到2 082.7万人，完成年度计划的103%。

三、人才人事工作不断加强

（一）推进人才政策创新。

进一步规范自治区人才引进和流动相关政策，会同自治区党委编办制定印发了《自治区政府直属事业单位和部门所属事业单位"绿色通道"引进人才办法》《自治区政府直属事业单位和部门所属事业单位人员调配办法（试行）》。

（二）加大高层次人才引进培养力度。

发布了2019年度高层次人才需求目录，涵盖自治区高校、科研院所等事业单位、大中型企业及部分盟市事业单位和企业，提供1 184个岗位、2 467人的需求。充分发挥"绿色通道"引才便捷优势，为自治区本级的高等院校、科研院所、医疗机构等单位刚性引进高层次人才348人。推动引才待遇落实，安排748万元人才开发基金对引进的高层次人才给予支持。

（三）加强专业技术人才队伍建设。

深入实施专业技术人才知识更新培训项目，承办大数据、生态环境保护、矿山绿色开采、新材料和扶贫等5个国家级高级研修项目，举办自治区级专业技术人员高级研修项目6期，培养培训各类高层次人才900余人。开展少数民族专业技术人员特殊培养计划，选拔培养少数民族专业技术人才65人。深化职称制度改革，加大政策创新和改革力度，在全区范围推行网络电子证书，切实提升评审工作信息化服务水平。

（四）加强高技能人才队伍建设。

大力弘扬工匠精神，把加强高技能人才队伍建设作为推动高质量发展的基础，建立了自治区技能人才工作联席会议制度、职业技能终身培训制度，大力实施职业技能提升行动计划，技能人才队伍不断发展壮大。新培养高技能人才3.7万人，超额完成2.3万人的全年目标任务；新增2个国家级高技能人才培训基地和10个自治区级高技能人才培训基地，分别给予500万元、100万元的资金支持；新增5个国家级技能大师工作室和10个自治区级技能大师工作室，分别给予10万元的资金支持。

（五）加强事业单位人事管理。

为激励广大事业单位工作人员担当作为、干事创业，制定了贯彻落实事业单位工作人员奖励规定有关工作的政策措施。积极解决中小学教师职称制度改革前已取得中高级职称教师岗位聘用问题，对公立医院岗位结构比例偏低等问题进行调研并提出解决意见。

四、收入分配制度改革不断推进

切实保障义务教育教师工资待遇，会同财政、教育部门联合印发《关于进一步保障义务教育教师工资待遇的通知》，确保义务教育教师工资待遇不低于当地公务员工资水平。推进公立医院薪酬制度改革，试点医院从38家增加到63家，完成了年初提出的试点医院达到20%的目标。加强企业工资收入宏观调控，持续深化国有企业负责人薪酬制度改革，推进国有企业工资决定机制改革。发布了2019年企业工资指导线和部分行业工资指导线，引导企业职工工资合理增长。

五、劳动关系总体保持和谐稳定

健全完善三方协商协调机制，全区劳动关系三方委员会组建率达到100%。大力推进劳动保障领域社会信用建设，全面推进构建和谐劳动关系综合试验区工作，全区已认定（动态管理）和谐劳动关系单位1 647家、工业园区25个。完善调解仲裁制度，加强基层调解组织建设，建立仲裁员办案激励机制，全区共处理劳动人事争议案件2.13万件，结案率97.8%，调解成功率62.6%，终局裁决率达到45%。治欠保支工作取得明显成效，全面落实工作责任，治欠保支主要制度覆盖率和落实质量稳步提高，欠薪案件数量、金额、人数大幅下降，农牧民工劳动报酬权益得到了有效维护，根治欠薪工作取得了明显进展。按照"三查、两清零"要求，部署开展了根治欠薪夏季专项行动和冬季专项行动。全区各级劳动保障监察机构主动检查用人单位3.1万家，督促补签劳动合同4.7万人，立案办结欠薪案件188件、涉及金额4 265万元、涉及人数3 657人，同比分别下降71%、64%和72%，欠薪三项主要指标连续大幅下降。

六、人社扶贫工作稳步推进

坚持把脱贫攻坚作为重大政治任务，强化责任担当，积极发挥职能职责，全面推进人社扶贫工作。依托产业发展、强化就业托底，帮扶贫困劳动力就业7 637人，2018年以来累计实现就业27 136人，完成了目标任务。加大易地扶贫搬迁就业服务力度，新建就业服务平台21个，积极开展"一对一"就业帮扶工作，帮助搬迁贫困劳动力实现就业11 424人。持续加强技能扶贫工作，有培训意愿的14 623名建档立卡贫困劳动力全部完成培训，帮助336名建档立卡贫困家庭子女就读技工院校，实现有培训意愿的贫困劳动力应培尽培。社会保障兜底扶贫实现全覆盖，为7.3万名贫困人口代缴了城乡居民基本养老保险费，23.3万名贫困人口领取待遇，代缴率和发放率都达到100%，实现动态清零。积极推进京蒙劳务协作，落实京蒙对口帮扶和全面合作框架协议，建档立卡贫困劳动力赴京就业1 080人，完成目标任务的197.1%；选派贫困地区技工院校、职业培训机构136名教师进京参加培训，完成目标任务的113.3%。

七、人社行风建设成效明显

为加强和改进人社领域公共服务，优化行政审批，群众和企业办事更加方便，机构改革后，新成立了厅政务服务处，实现了政务服务标准化、信息化以及行风建设、受理审批行政许可事项等工作的归口管理。加快推进公共服务标准化建设，发布了审批服务事项清单及办事指南165项，为企业和群众办事提供清晰指引。推进"减证便民"工作，取消证明事项149项。全面对接自治区政务服务平台，上传了社保卡、专业技术资格证、行政许可证等电子证照，对接社会保险、人事考试等自建信息系统，统一身份认证，自治区本级105个政务服务事项中有92个实现网上经办，网上办事比例达到87.6%。大力推进人社系统行风建设，以"练兵比武强技能、人社服务树新风"为主题，在全区人社系统窗口单位开展业务技能练兵比武活动，并在人社系统窗口单位业务技能练兵比武全国赛中获得优胜奖，营造了人人学政策、钻业务、练技能、强服务的良好氛围。

内蒙古自治区人力资源和社会保障厅

辽 宁 省

2019年，辽宁省各级人力资源社会保障部门以习近平新时代中国特色社会主义思想为指导，认真贯彻党的十九大和十九届二中、三中、四中全会精神，深入落实习近平总书记在辽宁考察时的重要讲话精神、关于人力资源社会保障工作的指示批示精神，牢固树立"四个意识"，坚定"四个自信"，做到"两个维护"，坚持以人民为中心的发展思想和新发展理念，坚定不移落实党中央、国务院决策部署和辽宁省委、省政府工作要求，以"不忘初心、牢记使命"主题教育为动力，扎实开展"重实干、强执行、抓落实"专项行动，着力谋发展、促改革、惠民生、防风险、保稳定，统筹推进人力资源社会保障各项工作，圆满完成全年目标任务。

一、就业创业工作

（一）主要目标完成情况。

把稳就业作为首要政治任务，贯彻《辽宁省人民政府关于做好当前和今后一个时期促进就业工作的实施意见》，制发就业补助资金管理使用办法等配套政策，开展全省性政策解读培训，狠抓政策落实。全年城镇新增就业47.5万人，完成年计划的113.1%，14个市均按时序进度完成工作目标。城镇登记失业率4.16%，低于年度控制目标0.34个百分点，全省就业局势保持总体稳定。

（二）高校毕业生就业创业情况。

实施促进大学生留辽回辽来辽就业创业专项行动、国家三年百万青年就业见习计划、青年就业启航计划、"百校千企"人才对接计划，大规模开展就业创业政策宣讲活动、高校毕业生就业创业典型巡回宣讲活动、大中城市联合招聘高校毕业生活动等各类招聘活动417场，提供就业岗位52.97万个。建立就业见习单位1259家，发放补贴资金880.3万元。全省高校毕业生初次就业率91.95%，有就业意愿的建档立卡贫困家庭高校毕业生动态就业率100%。

（三）创业带动就业情况。

落实创业扶持政策，支持高校、科研院所科研人员离岗创业，促进大中专毕业生和复转军人创业创新、农民工等人员返乡创业，培育创业带头人1.1万人，完成年计划的111.1%，带动就业6.5万人。加强创业孵化基地建设，建成创业孵化基地185个，入驻企业6798家，吸纳就业4.4万人。全省举办创业文化周、创业创新博览会、创业创新大赛、创业高端论坛峰会、农民工返乡创业服务周等各类创业活动1159场，营造崇尚创新创业的社会氛围。

（四）职业技能培训情况。

出台《关于全面推行终身职业技能培训制度的实施意见》，实施辽宁省职业技能提升行动（2019—2021年），制发企业新型学徒制、以工代训等培训项目实施细则，从失业保险基金结余中提取57亿元开展大规模职业技能培训，面向贫困家庭子女、退役军人、下岗失业人员等重点群体开展免费技能培训，提升职业技能水平。全年各类职业技能培训29.1万人，完成年计划的132.3%；企业新型学徒培训10071人，完成全年任务的100.7%。

（五）重点群体就业援助情况。

开展就业援助月、"春风行动"、城市结对帮扶、劳务对接、送岗位到基层以及专场招聘等系列活动，妥善做好化解过剩产能、厂办大集体改革等离岗失业人员安置工作，落实岗位补贴和社保补贴，帮助12.3万就业困难人员就业，帮助52.7万失业人员就业，帮助96.7万农村劳动力实现转移就业，全省零就业家庭动态清零。

（六）就业失业监测情况。

出台防范就业失业风险工作方案、加强预警稳定就业应急预案，建立就业失业风险防控责任机制、风险研判机制、决策风险评估机制、风险防控协同机制。定期开展全省就业形势分析研判、中美经贸摩擦对就业影响评估，重点动态监测全省5 038家企业用工情况、1 202家企业失业情况和102家涉美经贸重点企业用工变化情况，向人力资源社会保障部上报就业监测数据累计7亿条，上报失业保险联网数据累计8 300万条。

二、社会保障工作

（一）企业职工基本养老保险情况。

坚定不移落实有关文件精神，制发确保养老金按时足额发放风险防控工作方案、应急处置预案，建立企业养老保险基金缺口省市分担机制，强化扩面征缴，积极争取基金中央调剂支持，加大财政补助力度，严格基金支出管理，确保养老金按时足额发放。年末全省企业养老保险参保人数1 808.7万人，完成年计划的100.2%。

（二）机关事业单位养老保险情况。

全省机关事业单位养老保险参保人数217.4万人，参保率100%；实际缴费人数118.3万人，缴费率94.5%；养老金发放人数92.3万人，发放率为100%。中央驻辽单位参保人数8.5万人，完成驻辽军队92家单位796名文职人员参保核定。基金当期总收入471.4亿元，当期总支出469.4亿元。开展职业年金投资运营，全省建立职业年金归集账户107个，征收归集191.8亿元。

（三）城乡居民基本养老保险情况。

全省城乡居民基本养老保险参保人数1 057.7万人，其中60周岁以上享受待遇人员437.9万人。基金当期总收入76.9亿元，当期总支出71.4亿元，基金累计结余78.3亿元。建立城乡居民养老保险待遇确定和基础养老金正常调整机制，为全省327.9万名65周岁以上老年居民发放高龄倾斜养老金。稳妥推进老农保遗留问题清理工作，已有30万人转入城乡居民基本养老保险，92.6万人退出老农保制度。

（四）失业保险情况。

失业保险参保人数668.2万人，完成年计划的101.2%。基金当期总支出36.4亿元，滚存结余218.6亿元。开展经营困难且恢复有望企业稳岗返还工作，发放稳岗返还资金1 949.2万元。实施失业保险援企稳岗"护航行动"和技能提升"展翅行动"，向1.8万家（次）企业发放稳岗补贴8.6亿元，惠及职工242.9万人（次）；向1.6万名企业职工发放技能提升补贴2 654.3万元。

（五）工伤保险情况。

全省工伤保险参保人数816.7万人，完成年计划的102.1%。基金当期总收入39.8亿元，总支出33.6亿元。持续推进符合建筑施工领域按项目参加工伤保险政策工作，新开工项目参保率达到95%。全省完成工伤认定30 192件、工伤职工劳动能力鉴定20 303人次、非因工伤残病退鉴定14 510人次、复查鉴定580人次，省厅受理再次鉴定548人次。

（六）社会保险基金监管情况。

高质量开展社会保险基金管理风险警示教育活动，全面开展基金管理风险专项检查，深入开展基金支出风险排查，对省市县三级人社部门和社保经办机构进行无死角抽查，梳理基金支出风险点70余项，核查全省养老、工伤、失业保险待遇支出134万人，涉及欺诈冒领395人，追回基金1 058万元。

（七）社会保险经办管理服务情况。

在全国率先实现企业职工养老保险转移业务网上申请受理，全年共办理10.2万人次，办结回复率达到96%。搭建完成机关事业单位省级转移平台，是第3个与国家联网省份，在全国率先实现机关事业单位参保人员跨省、跨制度电子化转移。省本级失业保险待遇及待遇转移申领要件由10项精简为7项。全省社会保障卡持卡人数达到3 550万，完成年计划的125%。

三、人才人事工作

（一）专业技术人员队伍建设情况。

全省新增专业技术人才11.4万人，完成年计划的126.7%。落实人才集聚政策，出台第二批操作细则，形成"人才新政9+17"完整体系。制发在工程技术领域实现高技能人才与工程技术人才职业贯通发展的实施意见。深化职称制度改革，分类推进人才评价制度改革，拓展新兴专业领域人才职业发展空间。"百千万人才工程"国家级人选入选6人，省"百千万人才工程"人选新增1 348人。实施"辽宁青年英才储备计划"，新招收博士后618人，国家批准辽宁省新设立博士后科研流动站9家。

（二）高技能人才队伍建设情况。

制定《关于深入贯彻落实习近平总书记重要指示精神进一步加强技能人才工作的若干意见》。实施高技能人才振兴计划，建设国家级高技能人才培训基地5家、国家级技能大师工作室4家、省级技能大师工作站14家。全省新增高技能人才4.2万人，完成年计划的100.5%。评选功勋高技能人才5名、有突出贡献高技能人才50名、技术能手100名。成功承办全国"7·15"世界青年技能日活动，开展了第二批"辽宁工匠"评选。

（三）人才引进情况。

全省引进高层次人才1 938人，完成年计划的193.8%。畅通用人单位自主选人、聘人、用人，为省属高校、公立医院等事业单位办理公开招聘备案225批次，招聘人员共计2 104人。组织210家重点企事业单位提供6 987个岗位。试运行高层次人才服务中心，有序承接1 124名高层次人才健康证发放、650名专家体检、留学生创业园创业服务展示项目推荐等任务。推进人才资源市场化配置，促成省政府与中智公司签署战略合作框架协议，在沈抚新区设立辽宁沈抚新区人力资源服务产业园，全省人力资源服务机构达到1 219家。

（四）人事管理情况。

进一步深化事业单位人事制度改革，与省委组织部联合印发《关于进一步完善优化整合后省直公益性事业单位人事管理有关政策措施的通知》，从优化事业单位岗位设置等七个方面出台系列政策措施，为1.59万人办理转隶后人员聘用备案手续，为28个涉及转企改制单位的163人办理提前退休备案。出台《辽宁省评比达标表彰活动管理实施细则》，完成国家勋章、国家荣誉称号人选推荐和新中国成立70周年纪念章颁发工作。

四、工资收入分配工作

（一）企业工资收入分配情况。

启动国有企业工资决定机制改革，14个市全部出台实施办法。推进国有企业负责人薪酬制度改革，纳入改革范围的省、市属国有企业负责人薪酬全部按改革要求进行审核和兑现。调整最低工资标准，月最低工资标准一、二、三、四档分别提高到1 810元、1 610元、1 480元、1 300元。公布企业工资指导线，2019年企业货币工资增长上线、基准线、下线分别为12%、8%、4%。

（二）机关事业单位工资收入分配情况。

健全事业单位绩效管理和事业单位考核与奖励挂钩制度，扩大公立医院薪酬制度改革试点范围，落实义务教育教师工资待遇，提高乡镇事业单位人员收入水平。允许高校院所等人才智力密集型和承担国家省重点项目单位突破绩效工资水平控制线、落实分配权，允许单位自主确定内部各岗位基础性绩效工资和奖励性绩效工资占比和标准，建立科研人员绩效工资稳定增长机制。

（三）提高社保待遇水平情况。

为697.1万名企业退休人员提高基本养老金水平，调整后达到月人均2 608元。为87.2万名机关事业单位退休人员提高基本养老金水平，调整后达到月人均4 281元。提高工伤保险待遇水平，一级工伤人员伤残津贴、生活护理费和供养亲属抚恤金最低标准，调整后分别达到每月2 481元、1 940元、1 136元，惠及4.2万人。提高失业保险金标准，月人均提高287元，惠及失业保险金领取人员25万人；向57.5万人次失业保险金领取人员发放价格临时补贴3 331.2万元。

五、和谐劳动关系建设工作

（一）和谐劳动关系建设情况。

及时调整构建和谐劳动关系工作领导小组，加强协调劳动关系三方工作，在全省5 236个街道社区开展协调劳动关系工作，配备劳动关系协调员8 257人。出台厂办大集体职工身份认定和安置办法，14个市实际参与改革企业1 598家，涉及职工247 147人，已妥善安置194 102人，安置完成率78.5%。完善和谐劳动关系创建评价体系，劳动争议案件发生率下降42%。全省16家企业和2个园区被评为全国模范劳动关系和谐企业和工业园区。

（二）劳动保障监察执法情况。

加强日常巡视检查、用人单位书面审查和举报投诉案件专查力度，着力提高案件查处质量。主动巡视检查用人单位2.48万家，查处各类违法案件4 937件，各类违法案件结案率达到100%。开展清理整顿人力资源市场秩序专项行动，检查各类机构和单位2 503家，查处各类行政违法案件280件，责令退赔劳动者中介服务费、押金或其他费用22.5万元，罚款6件5.5万元，责令停办非法职业介绍活动7件。

（三）劳动人事争议调解仲裁情况。

推进劳动人事争议调解仲裁规范化建设，建立仲裁专递制度、农民工工资争议快裁快审机制，开展劳动法律公益服务"千街万企行"活动，引导企业规范用工，化解劳动争议纠纷。全省各级仲裁机构立案受理劳动人事争议案件3.7万件，涉及劳动者4.3万人，涉案金额8.2亿元，当期结案率97.8%，终局裁决率40.1%。各类基层调解组织调解案件1.4万件，调解成功率60.4%。

（四）农民工工资支付工作情况。

实施根治欠薪2019年行动计划，成立省根治拖欠农民工工资工作领导小组，从人社、住建、信访、公安、法院等成员单位和各市抽调精干力量组建工作专班；落实"三制""三金"制度，实行"人盯人、人盯项目""四清零、四兜底"制度，为4.2万农民工解决欠薪10.9亿元；向公安机关移送欠薪犯罪案件17件，向社会公布重大欠薪违法案件129件，列入"黑名单"案件63件，保持欠薪惩戒高压态势。

（五）信访维稳工作情况。

全力做好"保平安、迎大庆"安保维稳工作，分别制定信访稳定风险防范工作方案和应急处置预案，推进信访矛盾减存控增三年攻坚和人社领域扫黑除恶专项行动，开展人社领域信访突出问题和农民工欠薪领域行业治乱专项整治。深入推进信访工作制度改革，建立厅领导下访、机关处长信访室轮流值班、接访日报告、案例分析周例会等制度，确保了春节、"两会"、国庆等重要时期人社系统信访安全稳定。

六、人社扶贫工作

（一）就业扶贫情况。

制发《辽宁省进一步加大就业扶贫支持力度提高劳务组织化程度若干政策实施细则》，编印《辽宁就业扶贫工作手册》。开展建档立卡贫困家庭高校毕业生就业帮扶等专项行动，全省本年度515名建档立卡贫困家庭高校毕业生中有就业意愿的全部实现就业。深化扶贫劳务协作，建立劳务输出基地，与顺丰速运等企业合作开展就业扶贫，设立就业扶贫车间等载体181个，带动就业3 890人。

（二）技能扶贫情况。

实施技能脱贫千校行动，开辟贫困家庭学生就读技工院校"绿色通道"，结合"一乡一业""一村一品"建设实施订单定向培训，深入乡镇社区家庭开展"点对点""一对一"培训，面向偏远地区开展"大篷车"送技能下乡和农村远程培训，深度贫困县（市）企业职工技能提升补贴申领条件由36个月缩短至12个月，培训建档立卡贫困劳动力4 490人。

（三）社会保险扶贫情况。

全省165.6万名贫困人员参加基本养老保险，其中78.5万人领取基本养老保险待遇，为38.5万符合城乡居民基本养老保险政府代缴政策的人员代缴养老保险费4 609万元。在全国率先完成87.8万建档立卡贫困人口数据核实比对工作，其中77万符合参保条件的建档立卡贫困人口已全部实现应保尽保。落实全省10个深度贫困县稳岗补贴、技能提升补贴、失业保险金提标等优惠政策。

（四）人才人事扶贫情况。

实施高校毕业生"三支一扶"计划，新招募"三支一扶"人员324名，其中支农、扶贫岗位224名，占招募人员总数的69.1%；选派辽西北等贫困地区服务人员135名，占招募人员总数的41.7%。举办全省在岗"三支一扶"计划人员能力提升示范培训班2期，培训学员180人，资助经费30万元。

七、行风建设工作

（一）"放管服"改革情况。

进一步梳理现有行政许可事项，省本级行政许可事项仅保留5项，其中有2项为委托下放各市事项。政务服务事项全部录入省政务服务一体化平台，发布办事指南和流程图。取消证明材料115项，对6项社保服务事项和12项专业技术人员资格考试开展证明材料告知承诺制试点，建立了告知承诺书、资格考试合格人员公示制度和严重失信"黑名单"制度。

（二）专项整治情况。

在"不忘初心、牢记使命"主题教育中自主开展行风建设突出问题专项整治，针对证明材料多、排队时间久、办结时限长、工作纪律差、设施不便民、热线不好打六大类18项突出问题，深入开展自查自改、互查互检。选树14个全省人社系统优质服务窗口和6名优质服务先进个人，承办全国"人社服务标兵"先进事迹宣讲活动，发挥典型示范带动作用。在全系统开展行风建设反面典型案例教育，加大警示力度。

（三）窗口服务技能练兵比武情况。

编制百姓关心的业务知识试题库，分层分级分类组织业务政策知识和实际技能操作培训，积极组织参与在线学习答题活动，参与人数及学习答题人次数均居全国前三名，本省代表队参加全国赛获团体"挑战奖"。

（四）监督检查情况。

建立"三制度两办法两机制"，即行风建设通报制度、约谈制度、信息报送制度，明察暗访实施办法、监督员管理办法，政务服务"好差评"机制、问题整改机制。在省厅及各市局门户网站和12333开通行风问题投诉举报专区、专线，建立健全受理、转办、督办、限时办结反馈四位一体闭环工作机制。邀请人大代表、政协委员、服务对象，优选系统内业务能手组建行风建设百人监督团队，密集开展明察暗访，通报行风问题326起，约谈5人，行风建设投诉举报数量四季度比一季度下降50%。

辽宁省人力资源和社会保障厅

沈 阳 市

2019年是沈阳市人力资源社会保障事业积极应对风险、改革创新突破、积蓄前进能量的一年。在市委、市政府的坚强领导下，全系统牢固树立以人民为中心的思想，全面贯彻落实国家和省市决策部署，上下同欲、和衷共济、务实有为，任务指标圆满完成，发展基础不断夯实，各项工作取得新的突破和进展。

一、就业创业工作亮点纷呈

深入落实创业就业优先政策，推行积极的创业就业举措，确保全市就业创业工作落到实处。全年实现城镇新增就业11.89万人，城镇登记失业率2.94%；扶持创业带头人2 499人，带动就业1.49万人。扎实推进高校毕业生就业创业促进计划，引导3 264名高校毕业生到企业参加就业见习，招录1 046名高校毕业生从事基层公共服务岗位，累计吸引储备高校毕业生13.7万人。落实购房、租房补贴政策，向7 679人发放购房补贴1.4亿元，受理8 207人租房补贴申请，涉及资金2 085万元。组织开展普惠制就业培训、农村劳动力转移技能培训、进城务工农民培训等培训活动，全年培训2.1万人（次）。全市开展各类创业活动500余场（次），沈阳1905文化创业（辅导）基地获评国家级创业示范基地。开展失业保险援企稳岗和技能提升行动，为4 456家企业发放稳岗补贴27 669万元，2家企业返还稳岗资金231.5万元，2 668人次发放技能补贴417万元。推进辽宁省首个国家级人力资源服务产业园建设，推动铁西园区、沈河园区快速发展，入驻人力资源服务企业37家。全年组织各类招聘洽谈会736场，发布求职信息13万条。积极开展人社系统扶贫帮困工作。实施精准的就业帮扶，帮助3.29万就业困难人员实现就业，认定并帮助零就业家庭实现就业125人，农村劳动力转移就业4.41万人，返乡创业1 243人。创新实施"政府+银行"创业担保贷款新模式，降低贷款门槛，提高贷款最高额度，全年发放创业担保贷款856笔，累计贷款1.88亿元。

二、社保制度改革实现突破

社保制度改革逐步深入推进，各项工作实现新的突破。全市企业职工养老保险、工伤保险、失业保险参保分别达到402.8万人、180.9万人和146万人。全年企业养老保险基金收入308.2亿元，支出440.0亿元，财政补助131.6亿元，调剂金41.6亿元，当年净结余41.4亿元，滚存结余5.1亿元，确保了全市132.1万企业离退休人员养老金按时足额发放。积极推进降费率、调基数，将养老保险单位缴费比例从20%降至16%，全面启动全省全口径社会平均工资用于企业养老保险费征缴，企业工伤保险平均缴费费率由0.97%下降到0.77%，将阶段性降低失业保险费率政策延长至2020年8月31日。全面落实国家和省停止补缴政策，积极做好政策宣传、保费收缴和维护稳定等工作。机关事业单位养老金准确计发工作圆满顺利，全市正式计算待遇人数14 441人。调整企业职工和机关事业单位基本养老保险金标准，月人均增长137.4元和174.5元，分别达到2 757元和4 593元；失业保险金平均涨幅达到25%；上调了工伤人员伤残津贴、生活护理费和供养亲属抚恤金等待遇标准。调整完善了被征地农民养老保险政策。劳动能力鉴定服务进一步优化，全年受理鉴定7 720人。

三、人才工作全面提质增效

把招才、育才、用才、助才作为人才工作的重要环节抓紧抓实，全市人才工作效益明显增强、质量全面提升。全年新增两院院士3名、国家"千人计划"人选9名（增长15%）、国家"万人计划"人选20名（增长38%）、国家百千万人才工程人选5名、享受国务院政府特殊津贴专家13名。新增专业技术人才45 801名，引进高层次人才595名，分别完成省考核指标的130%和140%。新增技能人才3.5万人，其中高技能人才8 000人。新建市技能大师工作室5个、省级技能大师工作站1个、国家级高技能人才培训基地1个。编制发布《沈阳市紧缺急需人才目录》，涵盖10大产业、104个职业小类。邀请10余所"双一流"高校的216名博士、硕士人才来沈洽谈对接；组织全市250余家知名企事业单位赴外埠招才引智，在京举办大型成熟人才专场招聘会，与2 000余人达成合作意向；借力大数据"慧眼"提高引才精度，与智联招聘签署战略协议，帮助本市精准高效寻觅"千里马"。补充完善高层次人才认定办法，将实用人才和外籍人才纳入认定范围，分四批次认定沈阳市高层次人才1 218人，给予767名高层次人才税收补贴1 624万元；奖励33名中青年科技英才和6家培养单位共7 910万元；评选出13个推动产业升级、产财融合的代表性创新创业团队，奖励资助4 300万元，带动项目投资4.43亿元。采取政府与社会资本合作等方式实施人才公寓建设，和平、铁西等地区人才公寓挂牌，建筑面积近4万平方米，房间990套；首个人才驿站正式运营，累计接待1 272人次来沈求职毕业生入住。制定《沈阳市提高技术工人待遇实施方案》，59个学校成为市级政府补贴项目培训机构，90多家企业与学校开展校企合作对接交流。在全省率先开展非公有制领域工程系列高级专业技术资格评审工作，1 287名非公有制企业人员申报参评，615人通过评审，通过率为47.8%，比往年高出20个百分点。

四、人事制度改革不断深化

深入贯彻落实人事制度改革举措，结合实际巩固扩大事业单位改革成果，推进研究解决人事制度改革后出现的身份管理、欠缴保费、人员补充、晋升渠道不畅等问题。结合人员聘用变化及队伍发展需要，及时调整优化岗位结构比例；落实"放管服"改革相关要求，调整了岗位管理、人员交流、聘用合同管理以及高层次人才引进等4项人事管理权限，扩大事业单位管理自主权；加强事业单位队伍建设，全年开展公开招聘活动11项，共为市教育局、卫健委、急救中心、退役军人事务局等单位招聘工作人员1 938人；放宽高层次人才引进条件，沈阳大学等7家单位自主引进博士以上人才57名。贯彻落实国家和省关于增加知识价值为导向分配政策，深入推动市公立医院薪酬制度改革试点工作，市生态环境事务服务与行政执法中心、沈阳医学院、沈阳职业技术学院、市第四人民医院和沈阳肛肠医院等单位注重完善和创新内部收入分配制度，有效发挥了吸引人才激励人才的作用。实施全市重点群体激励计划，全市城镇居民人均可支配收入达到23 581元，同比增长7.2%。为有突出贡献的4人颁发市长奖，倡导优良社会公德，弘扬昂扬社会正气。

五、劳动关系保持和谐稳定

以保持和谐稳定的劳动关系为目标，扎实开展全市人力资源市场秩序和劳务用工管理。深入开展"集中要约行动"，全年累计有效集体合同数量7 326份，覆盖企业29 158家，涉及职工706 700人，集体合同备案率100%。完成了931家企业204 744名职工薪酬信息采集工作。加大劳务派遣工作监管力度，开展了劳务派遣市场秩序专项检查行动，全年审批劳务派遣行政许可192家。以建筑工程、餐饮服务等劳动密集型和中小微企业为重点，推行简易劳动合同，全市招工备案487 025人。深入开展和谐劳动关系创建活动，新松机器人、中德（沈阳）高端装备制造产业园等5家驻沈企业（工业园区）获评全国模范劳动关系和谐企业（工业园区），数量居全省第一。研发推广智慧劳动关系信息服务系统，注册企业7 985家，网上备案人数43 600余人。加大农民工治欠保支力度，开展根治欠薪夏季和冬季攻坚行动，全年处理农民工欠薪案件149件，涉及7 078人，涉及金额2.01亿元。加强劳动监察执法和争议仲裁，全年全市劳动监察队伍检查用人单位9 188家，受理举报投诉案件1 066件，受理投诉咨询4万余件；全年立案5 747件，当期案件结案率97.48%，终局裁决率40.91%，调解成功率60.21%。持续推进"书记抓信访"工作，全年接待群众信访10 386件次。

六、行风建设管理稳步提升

以主题教育为抓手，大力开展人社系统行风建设，确保各项工作任务圆满完成。集中开展为期一周的党风行风专题教育。按照五个"对照"、四个"找一找"及对照党章党规和行风建设标准找差距，共检视行风方面的问题64个，制定了"1+12"整治方案，提出了94条整改措施，完成了52项内容的整改，对尚未完成整改的明确了对策措施和解决时限。全面推进营商环境建设，18项人社工作纳入"全市通办"，11项工作列入"一事一网一窗一次"改革，82项工作列入全市一体化建设平台。组织64名机关干部参加"万人进万企"活动，服务76家企业，主动帮助解决诉求企业有关人力资源社会保障、企业经营管理等事项200余件。开展模范人社系统"共产党员窗口创建"活动，对涉及人力资源社会保障的各项工作实行延时服务、容缺办理、错峰分流等措施，优化办事流程、简化办事要件，高频事项实现"最多跑一次"。开展"惠民真情牵百姓，法治人社耀沈城"活动，在全市街道社区建立普法工作站122个，打通了政策直通基层的"最后一公里"。

沈阳市人力资源和社会保障局

大 连 市

2019年，大连市人力资源社会保障部门坚决贯彻落实十九大及十九届二中、三中、四中全会精神，紧密围绕习近平总书记在辽宁考察时和在深入推进东北振兴座谈会上重要讲话精神、《中共中央国务院关于支持东北地区深化改革创新推动高质量发展的意见》精神，在市委市政府的坚强领导下，坚决贯彻落实党中央国务院、省委省政府和市委市政府决策部署，自觉提高政治站位，牢记初心使命，勇于担当作为，着力开展"重实干、强执行、抓落实"专项行动，全面完成了年度工作目标任务，重点工作取得新突破，改革创新取得新进展，服务能力取得新提升，为大连市率先振兴发展做出了积极的贡献。

一、积极落实就业优先政策，维护全市就业形势稳定

一是落实积极的就业政策。围绕国家稳就业工作要求和市委市政府的工作部署，制定了2019年稳就业工作方案，市政府分别与省和各区市县签订就业工作目标责任书。印发《关于做好当前和今后一个时期促进就业工作的实施意见》《关于失业保险支持企业稳定就业岗位的通知》等一系列文件，召开全市就业工作会议，积极推进国家及省各项就业政策落实。全年共向9588家企业发放失业保险稳岗返还资金2.6亿元，为经营困难且恢复有望企业发放稳岗返还资金258万元。

二是鼓励创业带动就业。举办第十七届市创业就业博览会，现场对接了106个创业项目，接待洽谈人员4338人次，形成初步合作意愿291个，市级创业孵化平台现场接待咨询1000多人次，初步达成合作意愿174个，现场提供创业培训实训、人力资源和投融资对接等服务500多人次。举办70余场"创业大讲堂""大手拉小手，创业伴你行"等创业培训品牌服务活动。向21家市级创业孵化平台发放补贴资金2300万元。

三是分类帮扶援助就业。组织实施高校毕业生就业促进计划，推进"三支一扶"、就业见习、基层服务岗位计划，举办春夏秋三季人才招聘暨大中专毕业生就业洽谈会等活动，提供岗位4.78万个，初步达成就业意向3.68万人。离校未就业高校毕业生实名登记和就业帮扶工作扎实推进，就业率达到88.66%。落实就业困难人员公益性岗位，开展就业援助月、"春风行动"等专项活动，累计为3.2万名就业困难人员发放灵活就业社保补贴5819.23万元，为4025名就业困难人员发放公益性岗位补贴5759.62万元，社保补贴3566.47万元。

四是强化就业技能提升。贯彻落实失业保险提升技能补贴政策，为2364名提升技能的企业职工发放补贴资金350.3万元。开展职业技能培训4万人次，开展政府补贴培训8608人次，发放补贴资金1520.94万元。选树20名高技能人才为2019年"大连工匠"。完成当年国家级技能大师工作室和省级技能大师工作站申报推荐工作。11月12日，《中国劳动保障报》头版三条刊发大连市人力资源社会保障局开展的"两公开"推进落实职业技能提升行动工作的报道。

五是加大东西部劳务协作力度。与六盘水市签订《东西部扶贫劳务协作协议》，每周调度、按月通报情况，截至年末，转移来连156人，稳定在岗满3个月以上的有118人，完成国家指标30人的393%；就近就地就业2 580人，完成国家指标750人的344%；转移到其他地区就业2 095人，完成国家指标1 850人的113%，圆满完成了对口帮扶工作任务。

全年全市实现城镇新增就业11.6万人，完成省指标的120.6%；城镇登记失业率为2.65%，较省指标、市指标分别低0.95、0.55个百分点；城镇失业人员再就业14.3万人，完成省指标的195.3%；就业困难人员就业1.9万人，完成省指标的158.6%；扶持创业带头人1 643人，完成市指标的102.7%。职业技能培训4万人次，完成指标的155.8%。各地区参加青年就业见习人数为983人，达到省计划的103.5%；零就业家庭保持动态清零，累计消除770户。

二、深入推进社保制度改革，社保体系日趋完善

一是深入推进全民参保计划。鼓励和推进居民户籍人员、农民工参加城镇企业职工基本养老保险，引导城乡居民参加社会保险，社会保险覆盖面不断扩大。截至年末，全市基本养老、失业、工伤保险参保人数分别达到307.1万人、160.1万人、263.9万人。

二是充分发挥基金筹集主渠道作用。全力配合税务部门做好征缴工作，努力实现应收尽收。全年企业职工基本养老保险基金总收入357.55亿元，其中，保险费总收入243.06亿元，基金总支出371.73亿元，基金当期赤字14.18亿元，累计结余36.69亿元。贯彻落实减税降费政策，企业基本养老保险单位缴费比例由18%降至16%，缴费基数由市在岗平均工资调整为省全口径平均工资，累计为企业减轻负担31亿元。

三是做好养老金调整工作。企业退休人员养老金连续第15年调整，人均增长131元；机关事业单位退休人员养老金同步调整，月人均增长184元。建立城乡居民基础养老金调整机制，目前基础养老金标准每人每月218元，属全省最高。调整并及时发放了军转干部生活补贴，解决了历史遗留难题。

四是制定养老金按时足额发放风险防控工作方案和工作预案。建立发放风险研判、决策风险评估、风险防控协同、风险防控责任四项工作机制，进一步防范养老金支付风险，确保养老金按时足额发放。

五是中央、省属国有企业退休人员社会化管理工作取得阶段性成果。完成接收中车大连机车车辆有限公司、辽渔集团有限公司等10家中省属国有企业的1.4万名退休人员实行社会化管理服务。中国石油、国家电网等多家集团公司驻连企业移交工作有序开展。

六是城乡居民养老保险扶贫工作扎实推进。全市应参加城乡居民养老保险的59 292名贫困人员已全部参保，参保率达到100%，提前完成贫困人员城乡居民养老保险参保率90%的工作目标。统筹协调解决老农保问题，切实做好大连市老农保与城乡居民养老保险制度衔接工作，出台《关于妥善解决农村社会养老保险遗留问题的实施方案》，坚持"制度并轨、账户统一、权益保障、平稳过渡"原则，分类处理，实现老农保与城乡居民养老保险制度的有效衔接。全市使用城乡居民养老保险基金为7 343名老农保人员发放待遇，清退2 676名老农保有集体缴费无个人缴费人员，工作进展位于全省前列。

三、实施积极开放有效的人才政策，打造拴心留人环境

一是推进人才发展体制机制改革。持续深化改革创新，人社部门牵头和配合承担的75项人才发展体制机制改革任务基本完成。分工推动出台《关于落实"5+22"人才政策的几个问题》，实现大连市人才政策提档升级，31项配套实施细则中人社部门承担22项。配合梳理2019年"一事一议"人才支持事项21

项，个性化支持"高精尖缺"人才创新创业。下放人才政策项目管理权限，实施市区分级管理。

二是组织开展人才分类认定评价。配合完善高层次人才分类目录和编制城市发展紧缺人才开发目录，初审认定引进和本地高层次人才3 486人，认定城市发展紧缺人才434人，申请住房保障高校毕业生1.5万余人。持续推进职称制度改革，年度31个系列（专业）职称评审顺利完成，参评9 549人，通过7 185人。推进职业技能等级评价改革，完成48家企业技能人才评价工作，7家企业入选省首批职业技能等级认定试点。安全平稳完成辽宁省考试录用公务员笔试、卫生专业技术资格考试等33项，参考近12.4万人。

三是抓好技术技能人才引育用留。全年新增专业技术人才41 632人、高技能人才6 286人，引进博士和高级职称人才518人，分别完成省考指标任务的139%、126%、122%；新增流动人员档案38 637份，人才落户30 889人，继续保持人才正流入态势。重点资助75名领军人才、70名企业博士后、63名高技能人才开展创新活动和研修培训，支持举办高级研修班30期、高技能人才操演4批，重点培训产业紧缺人才2 000多人，普惠培训专业技术人才2万余人，取得职业资格证书技能人才2.5万人次。选拔新增享受政府特殊津贴专家和特聘专家97人、"兴辽英才"百千万人才工程领军人才6人、省百千万人才工程人选284人，获批省博士后创新实践基地5家，享受政府薪酬补贴紧缺人才和高技能人才增至169人。

四是不断提升人才公共服务水平。分工编制《大连市人才政策实用手册》，深入地区、行业以及日资、企联和"双创""留创"等企业，并借助海创周、青年学者星海国际论坛等契机开展人才政策宣讲20余次，受益单位1 000余家。成功举办人力资源创新发展峰会、行业人才高研班等活动，加快建设人力资源服务产业园。人力资源服务行业准入由许可审批改为许可备案，服务机构达到631家。依托中国大连人力资源市场，举办人才招聘会247场，提供岗位48.3万个次，接待求职者32.6万人次。依托"人才大篷车"，组织100余家重点单位赴外招聘12场。加强专家联系服务，组织323名专家免费体检、休假疗养。

四、全力维护劳动者合法权益，劳动关系和谐稳定

一是加强和推进协调劳动关系建设工作。组织市协调劳动关系三方业务联动和资源共享，联合开展"双合同月"和"集中要约行动"，合力推进劳动合同签订工作，持续推进区域性、行业性集体协商工作，劳动关系和谐稳定。

二是稳步推进劳动人事争议处理效能建设工作。开展"千街万企行"法律公益服务活动，实现仲裁文书特快专递业务送达，有力地保障了劳资双方的合法权益。

三是认真做好信访稳定工作。及时对重大风险隐患集中排查，全力推进信访案件化解攻坚行动，市人力资源社会保障局2018年、2019年减存控增案件结案息访率均为100%。

四是提高劳动者工资报酬。发挥政府对企业工资宏观调控作用，调整大连市最低工资标准，创新开展企业薪酬调查，利用薪酬调查数据及时发布大连市企业人工成本信息和工资指导价位，发布企业工资指导线。启动国有企业工资决定机制改革工作，促进收入分配更合理、更有序。

五是强力整治欠薪问题。全面落实习近平总书记根治欠薪批示精神和国务院"两清零"要求，制定出台根治欠薪新机制，创新建立"双报告、双推送"等制度。建立失信欠薪企业"黑名单"，全年曝光57家"黑名单"企业。创新提出大连市根治欠薪"五个转变"的工作思路，全年共召开全市清欠工作调度会20次，向8个欠薪积案地区派驻工作组，成立市清欠工作专班，合力推进积案化解。全市全年累计化解拖欠农民工工资案件1 321件，为15 884名农民工追回工资共计3.17亿元，历史上首次实现了当期存量案件全部化解，月新增案件动态清零。中央、省委"不忘初心、牢记使命"主题教育指导组和人力资源社会保障部、省政府和省人力资源社会保障厅等领导来大连市调研时均给予高度评价，相关工作经验在《中国劳动保障报》头版头条刊发，并在《大连日报》头版最醒目位置全文转发。

五、事业单位人事工资管理更加规范

一是建立市直部门属事业单位工作实绩考核制度。制定《大连市市直部门属事业单位工作实绩考核实施意见》，对部门属事业单位划分局级事业单位、学校类、医院类及其他事业单位四个类别实行差异化考核。

二是开展区市县事业单位公开招聘工作。全市共招聘342人，其中公开招聘171人，定向招聘村（社区）党组织书记、村（居）委会主任85人，"三支一扶"高校毕业生49人，退役大学生27人，六盘水市建档立卡贫困家庭高校毕业生10人。本次招聘充分体现了市委市政府对基层工作人员的关心和爱护，坚持工作重心向基层下移、干部人才政策和机构改革红利向基层一线倾斜的原则，不仅提高了村（社区）干部的待遇水平，而且夯实了区市县事业单位服务基层工作力量，进一步解决村和社区干部"出口"问题，树立了面向基层的选人用人导向。首次跨省市在六盘水市招聘建档立卡贫困家庭高校毕业生10人，在当地反响热烈，被誉为全国首例。

三是规范事业单位招聘、选聘管理。除医院、学校外的事业单位招聘，均统一组织集中公开招聘，区市县事业单位公开招聘或自主招聘均需先由所在地政府上报市政府同意后公开实施。对现行的事业单位选聘人员办法进行修订，调整区市县从外地选聘人员或选聘不具有事业身份人员的备案权，改由市人社部门备案。

四是制定绩效奖励分配方案。审核市直事业单位绩效奖励数据，准确及时地完成了市直事业单位2018年绩效奖励、2019年阶段性绩效考核奖励相关工作。

五是全力做好新中国成立70周年相关庆祝活动。按照国家统一部署安排，做好大连市受邀1名英模和3名已逝老英模的子女赴京参加国家国庆活动的背景调查、材料整理等工作。做好大连市机关事业单位庆祝中华人民共和国成立70周年2 900余枚纪念章发放工作。

六是配合做好大连市园区改革工作。组成由市委组织部、市人力资源社会保障局、市财政局、试点单位金普新区相关部门参加的联合调研组，赴天津、深圳两个开展法定机构建设的园区，集中开展实地调研薪酬制度建设情况，初步形成了全市园区法定机构薪酬制度建设的指导意见。

六、驰而不息抓作风，人社系统行风建设取得新进展

制定行风建设通报、约谈谈话、信息报送和明察暗访的"三制度一办法"，有力推动全市人社系统各部门各单位加强行风建设。响应人力资源社会保障部号召，在全系统组织开展练兵比武活动，在线答题中始终保持注册人数和总分数领先的优异成绩，并在全省率先试点进行市级比赛，邀请省厅行风办和全省各地市人社系统领导观摩，得到了高度评价。在全省人社窗口单位业务技能练兵比武比赛中，大连市取得全省唯一团体一等奖。为进一步巩固"不忘初心、牢记使命"主题教育成果，推动中央和省巡视反馈意见常态化整改落实和市委巡察反馈意见整改落实，市人力资源社会保障局开展打造让组织放心的人社"铁军"、群众满意的"店小二"专项行动，坚持问题导向、目标导向、效果导向，从加强党对人社工作的领导、激励干部担当作为、持续提高履职本领、促进工作作风转变、提升优化行风建设等方面持续发力，全市人社系统党员干部围绕守纪律、抓落实、重学习、转作风、优服务等方面，打造信念坚定、履职尽责、本领过硬、作风优良的铁军，做为群众办事尽心、顺心、贴

心，让群众满意的"店小二"。针对全局208个窗口每日1.36万人的接待量，建立全局日巡窗口制度，全局副处以上干部排班轮流巡查窗口部门，全局干部职工作风明显转变，极大地提升了服务质量和服务效率。11月30日，《中国劳动保障报》头版刊发大连市人力资源社会保障局做法。

大连市人力资源和社会保障局

吉 林 省

2019年，吉林省人力资源社会保障系统坚持以习近平新时代中国特色社会主义思想为指引，认真贯彻落实人力资源社会保障部、吉林省委省政府决策部署，勇于担当、狠抓落实、攻坚克难、改革创新，突出抓好"全力以赴稳就业，强化人才政策落实，强化社保基金安全，提升系统党建工作质量，提升人社队伍改革创新能力，提升公共服务水平，做好精准扶贫攻坚、人力资源开发攻坚、农民工治欠保支攻坚"等工作任务，实现人社事业全面发展，为吉林经济社会发展和民生改善提供了坚强保障。

一、就业方面

贯彻落实就业优先政策，全力以赴稳定就业，实现了就业局势总体稳定。全年全省城镇新增就业37.6万人，超过年度目标任务，城镇调查失业率和登记失业率都控制在预期目标之内。农民工等人员返乡创业累计10.5万人，比上年年末增加1.9万人。

一是稳就业机制建设推进有力。建立了就业形势监测分析制度和稳就业预案，按月监测企业用工变化和农村劳动力回流情况。首次将就业创业工作纳入市（州）政府绩效考评指标，制定印发了促就业激励办法，按月通报就业主要指标进展情况，不断压实地方政府抓就业的刚性责任。在上海挂牌成立劳务输出办事处，推动家庭服务业提质扩容促就业。

二是创业促就业工作成效明显。全年发放创业担保贷款22亿元、创业促就业资金1.8亿元，累计促进创办各类经济实体5.63万个。高位推动返乡创业工作，由省政府主要领导主持召开大会部署推进，累计建设返乡创业示范县24个、基地425个，推动了全省农民工等群体从"打工经济"向"创业经济"的快速转变。

三是重点群体就业工作扎实开展。组织"吉人生根·招才引智"高校毕业生大型招聘会，达成意向1.9万人次。为0.98万名困难毕业生发放求职创业补贴1 025.82万元；"三支一扶""基层公共服务项目"招募高校毕业生900人，高校毕业生总体就业率达到93.79%。钢铁煤炭去产能失业人员再就业3 217人，农村劳动力转移就业414.13万人，培训农技工2.98万人，就业困难人员就业6.25万人，援助城镇零就业家庭560户，援助率100%。退役军人就业总体保持稳定。

四是防范失业工作力度不断加大。从失业保险基金中先后计提26.8亿元用于实施大规模技能培训。实施失业保险援企稳岗政策，支持经营困难且恢复有望企业，全年向1.8万家企业返还约10亿元，惠及职工167万人，较好引导了企业不裁员少裁员。城镇失业人员再就业达到13.9万人。

五是公共就业服务得到强化。全面启动并加快推广应用全省就业信息管理系统，业务经办量291.3万人次。组织全省开展政策落实服务落地专项活动，开通了96885就业援助专线，推进精准就业扶贫，就业服务质效明显提升。

二、社会保障方面

实施降低社会保险费率政策，突出制度改革创新，强化风险防控确保平稳运行，有效发挥社保托底作用。降费政策为参保企业和个人减负83亿元，各险种基金累计结余721.96亿元，运行总体平稳。基本养老金、工伤人员待遇得到进一步提高。

一是制度政策体系不断完善。企业养老保险基金调剂模式持续完善，构建以《关于建立企业职工基本养老保险基金统收统支省级统筹制度的实施意见》为主体的基金统收统支省级统筹"1+10"制度政策体系，2020年即将启动实施。全面落实城乡居民基本养老保险待遇确定和基础养老金正常调整机构。机关事业单位养老保险改革配套政策全面落地，职业年金基金归集和清算工作有序推进，《吉林省失业保险办法》修订工作稳步推进，工伤保险基金统收统支省级统筹"1+12"制度政策文件框架初步形成。

二是经办管理服务不断加强。基金征缴管理、基金支付管理、基金财务管理、运行风险防控、公共服务保障、组织机构保障和信息技术保障"七大工作体系"进一步健全完善，全省统一、14个部门信息共享的社会保险公共服务平台初步构建，为社会保险公共服务提供有效技术支撑。

三是服务保障大局功能有效发挥。降低社会保险费率各项政策落实到位，省政府办公厅印发《关于印发吉林省落实降低社会保险费率实施方案的通知》，同步调整缴费基数核定办法及使用的工资口径，最大力度支持企业降负担、促转型，在国务院部署会上做了典型发言。调整了退休人员基本养老金、工伤人员待遇。成立厅推进厂办大集体改革领导小组，印发《关于厂办大集体改革职工接续养老保险关系有关问题的通知》等系列政策，积极助推国有企业改革。

四是确保发放任务顺利完成。着力防范化解养老金支付风险，持续推进全民参保计划，稳妥适度开展基金征缴，"一县一策""一企一策"扩面征缴深入实施，进一步压实地方政府征缴主体责任和确保发放兜底责任，获得国家政策资金支持，确保了基金收支稳定在可控范围。企业养老保险、失业保险、工伤保险在职参保人数分别达到424.16万人、273.63万人、445.3万人，城乡居民基民养老保险参保人数达到702.06万人。各险种运行总体平稳。

三、人才和人事方面

坚决贯彻习近平总书记在吉林考察时和在深入推进东北振兴座谈会上的重要讲话精神，落实推进职业技能提升行动，制定出台了人才18条政策"1+3"配套实施细则，全年各级人才（人力资源）市场意向性引才27.32万人，为吉林老工业基地全面振兴全方位振兴提供人才保障。

一是组织领导体系发挥作用。根据机构改革和工作实际需要，省厅相关职能处室统筹调动各方面人才工作资源。省市联动开展人才基础情况调查与急需紧缺高技能人才情况调查，编制了《吉林省2018—2019年度高层次急需紧缺人才目录》。启动吉林省企业人力资源高管素质提升工程，到发达省市开展人力资源服务业从业人员培训、家庭服务职业经理人培训，促进了人力资源合理有效配置。

二是制度政策体系日益健全。制定出台的相关政策和配套实施细则，有效回应了"配偶就业""子女入学""安家补贴"等人才关注问题，制定推出了"吉享卡"服务措施，人才工作态势持续向好。评聘结合改革持续推进，复合型人才职称评定"双试点"改革成效初显，用人单位"自主评价、定向使用"机制进一步健全，人才创新创业活力不断释放。绩效和表彰奖励工作扎实推进，修订完善了省直单位绩效考评暂行办法，在全国率先开展了事业单位脱贫攻坚专项奖励。平稳完成县以下事业单位管理岗位职员等级晋升制度试点工作，人均月增资305元。推进了公立医院薪酬制度改革试点等工作。

三是职业技能培训不断加强。贯彻中央关于大规模开展职业技能培训的部署，省政府办公厅印发了《关于印发吉林省职业技能提升行动实施方案（2019—2021年）的通知》。召开全省职业技能提升行动推进会，主要领导直接部署推动职业技能培训工作。会同省财政厅从失业保险基金结余中筹集26.8亿元，统筹用于职业技能提升行动，在扩大补贴范围、提高补贴标准、发挥民办机构作用等方面实现了突破，全年完成补贴性培训26.8万人次。全面推行企业新型学徒制，出台的实施意见得到人力资源社会保障部领导的肯定。

四是开发应用体系全面激活。吉林省公共实训基地筹建有效推进，将技工院校纳入中职统一招生平台，全省技工院校招生23 450人，同比增加16.53%。新打造了一批"吉林技能名师""技能大师工作室""师徒工作间"，技能人才队伍结构持续优化。创建吉林省博士后创新实践基地15个，推动高端人才创新创业与经济社会发展同频共振。举办了2019吉深人才深度合作高峰论坛、吉林松原2019查干湖人才论坛、吉林省赴北京招聘高校毕业生（2020届）专场双选会等系列活动，营造出引才、聚才、用才的良好氛围。

四、劳动关系方面

积极构建和谐劳动关系，强化综合整治和风险防范化解，维护劳动者权益。全年因拖欠农民工工资立案数、涉及人数、拖欠工资金额同比分别下降约64%、71%、83%，共为7 929名农民工解决拖欠工资1.43亿元。

一是农民工工资治欠保支不断强化。颁布《吉林省企业工资支付办法》，首次以省政府规章的形式对工程建设领域全面实行农民工工资保证金制度和工资专用账户制度作出明确规定。积极督办、快速办结四平市绥沈公路欠薪案件，并通过强化通报曝光、组织督导暗访、下发工作建议函及警示函等措施，持续推动各地政府治欠保支主体责任落实。向社会公布了11起拖欠劳动报酬典型案例，累计完成2 337家企业的诚信等级评价工作，形成了极大震慑。

二是仲裁信访工作持续加强。积极推进仲裁办案标准化、规范化、专业化、信息化建设，编制了全省统一的调解仲裁服务事项指南，进一步简化优化了仲裁办案程序，完善仲裁专递送达制度，加强仲裁员职业保障。全省仲裁机构立案受理争议案件10 309件，仲裁结案率99.24%，调解成功率59.37%，同比分别提高1.69个百分点和0.24个百分点。妥善处理信访事项，省人力资源社会保障厅共接待办理1 044件次3 869人次，圆满完成重要节点及会事期间赴京接访工作，得到人力资源社会保障部、省驻京信访联席办的充分肯定。

三是企业工资收入分配制度改革深入推进。稳妥推进国有企业负责人薪酬制度改革，完成了2017、2018年度省管及省直部门（单位）管理企业负责人薪酬分配方案审核、调整兑现和信息披露工作。督促指导出资人机构及时制定国有企业收入分配制度实施办法。经人力资源社会保障部和省政府审定同意，于10月29日发布实施了2019年企业工资指导线。印发了《关于建立企业薪酬调查和信息发布制度的通知》，开展全省2019年企业薪酬调查。

四是企业劳动用工管理更加规范。落实"最多跑一次"改革要求，规范了特殊工时审批、集体合同审查备案、劳务派遣许可等服务事项，调整和改进了劳动用工备案等业务经办模式，将管理服务权限按层级下放地方，取消了相关证明材料。加快推进劳动关系工作信息系统建设，指导各地依托软件系统提升劳动关系经办服务水平。规范劳务派遣行为，查处了未经许可擅自开展劳务派遣业务的违法违规案件，维护了劳动者合法权益。推进实施企业集体协商"百日要约行动"，督促指导企业与职工平等协商签订集体合同。

五、脱贫攻坚方面

聚焦中央巡视和国务院考核发现的问题，举一反三，全面进行问题整改。统筹抓好就业、技能、社保、人事人才等人社扶贫工作，累计为全省艰苦边远地区县乡事业单位招聘急需紧缺人才6 756人。"点"上包保帮扶成效明显，省厅机关、省社保局、省就业局包保的5个贫困村均已实现整体脱贫。

一是就业扶贫扎实推进。通过组织贫困劳动力专场招聘会、建设就业扶贫车间、开发公益性岗位等措施，促进了5 394名贫困劳动力就地就近就业，达到有转移就业意愿人数的93.2%。建设返乡创业基地425个，公益特岗安置贫困劳动力3 473人，建立各类劳务输入基地1 080个，培育劳务经纪人8 011人。抓好就业援助月、"春风行动"、送岗下乡等活动载体，全省新建农村半小时就业服务圈基层服务平台353个，覆盖率达到100%。

二是技能扶贫精准施策。印发了《关于开展技能扶贫行动的通知》，深入推进技能脱贫千校行动，向社会公布了120所落实技能脱贫千校行动重点技工院校和职业培训机构、重点专业，并采取调查摸底、政策宣讲、双向选择等方式，做好技工院校技能扶贫对接工作，累计对1 480名建档立卡贫困家庭适龄子女开展免费技工教育。

三是全面落实建档立卡贫困人口参加基本养老保险全覆盖。全省符合参保条件的建档立卡贫困人口436 370人全部参加基本养老保险，其中领取待遇人数229 080人，符合城乡居民基本养老保险代缴人数210 352人，实现应保尽保、应享尽享、应代尽代。深度贫困县失业保险金标准由1 110元/月提高到1 332元/月，参保企业稳岗补贴标准可提高到上年度实际缴纳失业保险费总额的60%，技能提升补贴放宽到"依法参加失业保险，累计缴纳失业保险费12个月（含12个月）以上"。

四是包保帮扶成效明显。健全处级干部包保联系贫困户制度，进一步细化贫困户帮扶台账，制定《因户因人帮扶手册》和贫困户信息服务宣传卡，先后五批次共7位厅领导带领百余名处级干部进行走访，解决实际问题。扶贫产业项目全面开工，产业项目产权归属及规范管理持续推进，基础设施建设持续改善，"两不愁三保障"得到巩固。

六、自身建设方面

始终坚持把党的建设摆在首位，扎实开展"不忘初心、牢记使命"主题教育，落实巡视反馈问题整改，不断推进行风建设，继续深化"放管服"改革，着力打造优质高效的人社公共服务体系，"人社工作为人民"理念深入人心。

一是党建工作质量明显提升。扎实开展"不忘初心、牢记使命"主题教育，召开系统党风廉政建设暨行风建设工作视频会，积极部署厅党组第5次巡察，印发机关文化建设实施方案、党风廉政建设工作要点、党员干部理论学习计划等文件，探索实行"合聚变"支部工作法，有效改进了党建工作质量。以省委巡视为契机，坚持边查边改、即查即改，制定整改措施193项，完善制度58项，整改举措得到巡视组的肯定，推动支持民营企业发展等政策进一步落实。

二是行风建设持续推进。成立厅行风办，负责全省系统行风建设。每季度采取"四不两直"方式开展异地交叉暗访，对发现的问题采取通报、建账销号和"回头看"等方式督促整改。实地调研查找厅直属各窗口单位薄弱环节，研究改进措施。省人力资源社会保障厅代表队在全国人社系统窗口单位业务技能练兵比武中荣获三等奖。集中宣传了全国人社系统"十大服务标兵"——白城洮北区就业局入选同志先进事迹，有效提升为民服务意识。

三是公共服务水平稳步提升。深入推进"放管服"改革，职工参保、劳动用工备案、行政审批等办事程序进一步简化优化。率先推动了全省三代社保卡发行应用，较早启动了电子社保卡建设。加快推进"吉林智慧人社"

建设，在已上线的政务服务事项中，74%已实现"零跑动"，全年业务办理量为839.8万笔，被电子政务理事会评为"互联网+政务服务"先进单位。驻省政务大厅窗口完成审批21.67万件，办件量居大厅窗口前列。

吉林省人力资源和社会保障厅

长春市

2019年，长春市人力资源社会保障系统坚持以习近平新时代中国特色社会主义思想为指引，深入贯彻落实党的十九大和国家、省、市系列会议精神，深刻分析研判人社工作面临的新形势新任务，坚持以人民为中心的思想，紧紧围绕长春振兴发展，自觉融入中心，服务大局，锐意进取，改革创新，全力以赴稳就业，千方百计引人才，扎实推进优化营商环境攻坚、"万人助万企"行动攻坚、人力资源服务业攻坚、职业技能提升行动攻坚等系列任务，进一步提升了工作的科学化水平，确保年度任务得以高质量完成。

一、就业局势保持稳定

落实中央稳就业要求，把保持就业局势稳定作为第一政治责任，积极应对经济增速放缓、中美经贸摩擦等风险考验，健全机制，精准施策，全年城镇新增就业9.75万人，城镇登记失业率控制在4%以内，农村劳动力转移就业118万人，零就业家庭保持动态为零。以"汇聚发展动力、智领双创升级"为主题，成功举办2019中国长春创业就业博览会，打造长春"双创"升级版。举行"赋能双创·智领长春"峰会等5项活动，设置创业项目对接等3个展馆，吸引10余万名观众参会参展，在线观看并参与互动观众279万人次，创业项目意向对接1 473人次，提供就业岗位7 642个，达成就业意向1 877人次。持续实施高校毕业生"留长工程"，组织1.6万余家企业，开展校园招聘会500余场，吸引和留住高校毕业生8.1万人。落实就业兜底帮扶政策，开展"春风行动"、就业援助月活动，建设95个农民工返乡创业服务中心，新增4个省级农民工返乡创业基地，6 239名农民工返乡创业。实施职业技能提升行动攻坚，出台《长春市职业技能提升行动实施方案（2019—2021年）》，开展民办培训机构（中心）清理整治行动，全面推广职业培训管理系统，完成补贴性培训6.2万余人次，新增高技能人才3 790人。技工院校招生同比增长19%，超额完成任务。发放创业担保贷款5亿元，帮助2 773名创业者破解发展瓶颈。拨付求职创业补贴资金668.91万元，惠及6 348名就业困难应届毕业生。为9 477名灵活就业人员发放社保补贴7 312万元，为9 994名公益岗从业人员发放岗位补贴1.43亿元、社保补贴8 592万元。

二、社会保障体系更加完善

严格执行降低社保费率政策，努力减轻企业负担。继续实施阶段性降低工伤保险费率50%的政策，全年为企业减负2.22亿元；开展援企稳岗"护航行动"，全年全市共发放稳岗返还资金1.69亿元，涉及企业8 114家，惠及职工49万人。将经营困难且恢复有望的企业纳入稳岗返还补贴范围，涉及企业122家，惠及职工6.82万人，补贴金额达6.19亿元。不断提高社保待遇。连续15年调整企业退休人员基本养老金待遇水平，每人每月平均涨幅135.88元，月平均养老金达到2 718.18元，同比提高5.84%。工伤保险待遇实现7连调，增幅在4%以上。滚动实施增加城乡居民收入"暖流计划"，直接与间接惠及城乡居民

1 002万人次，实现总增收53.71亿元，人均增收536元，比上年度分别增长3.72%、6.08%和2.29%。社会保障卡发行量达到709万张。坚持严格执法和柔性执法并举，较好完成社会保险基金监督工作。

三、人才工作成效显著

大力宣传人才政策，提升长春市人才工作的城市影响力，奖补人才数量成倍增长。审核通过高端人才年度奖励项目材料由上年的1 885份增加到4 100份，增长117.5%；审核通过人才住房保障支持项目材料由上年的1 716份增加到3 275份，增长90.9%；441人入驻长春市人才公寓，累计入住978人；新成长技师由上年的514人增加到1 021人，增长98.6%；高级技师由上年的185人增加到507人，增长174.1%。"真金白银"兑现人才政策，高端人才年度奖励和人才住房保障支持2个项目，市本级兑现奖励资金近7 600万元。持续推进"强师强医计划"，面向吉林大学、东北师范大学开展"采兰计划暨强师强医"系列专场招聘活动，签约168人，意向签约218人。实施人力资源服务业攻坚，市域内新增人力资源服务机构100余家，全市总量达到700余家（含省直驻长机构）。举办中国长春人力资源服务业创新发展大会暨"才聚春城"高峰论坛，搭建长春招才引智工作站和人才市场化配置服务平台，成功孵化出北方人力资源投资集团（长春）有限公司。中国长春人力资源服务产业园入驻企业达到51家，全年累计引进各类人才1 200余人，形成市场化引才新格局。加强技能人才建设，评审长春技能大奖7人、长春技术能手10人。

四、人事制度改革稳步推进

稳步推进公立医院薪酬制度改革试点工作。以长春市中医院被列为吉林省公立医院薪酬制度改革试点单位为契机，启动公立医院薪酬制度改革。为长春市中医院新增绩效工资总量8 257万元，年人均8万元，比上年年人均收入增长16.5%，初步实现服务能力不断增强、医院效益不断提升、人员待遇稳步提高的目标。着手研究破解义务教育学校教师工资待遇难题。分别对长春市直及各县（市）区、开发区的公务员和义务教育学校教师的平均工资水平进行了测算和比较，并结合现行工资政策，起草了《关于进一步完善长春市义务教育学校绩效工资的指导意见》。彻底破解长春市九台区、榆树市、德惠市、农安县四县（市）区中小学教师职称评聘历史遗留问题，共计有10 404名教师通过职称评审取得副高级和中级职称资格。开展市政府部门绩效考评和全市表彰奖励工作，有效激发广大干部职工干事创业热情。

五、劳动关系保持和谐稳定

探索推进构建和谐劳动关系综合试验区建设，一园、一企获评全国模范劳动关系和谐工业园区和全国模范劳动关系企业。推进全市劳动用工信息备案系统省内互联互通，实现15个县（市）区、开发区劳动用工备案工作与省人社劳动用工备案系统互联。稳步推进国有企业工资决定机制改革、国有企业负责人薪酬制度改革。聚焦根治欠薪，坚持源头治理，不断完善制度机制，持续加大查处力度。8月份正式上线建设领域农民工工资支付"e网"监管平台，真正实现从农民工入场实名登记、考勤打卡、开设工资专户、银行工资代发的全流程闭环管理，使欠薪案件有据可查。全年全市农民工欠薪案件立案数量、涉及农民工人数、涉及拖欠金额三项指标同比分别下降18.99%、23.85%和11.02%，连续4年呈现大幅度下降趋势。全力推进劳动人事争议调解仲裁机构建设，积极开展裁审衔接工作，完成《仲裁办案实务丛书（增补）》编制工作，依法接待、处理仲裁案件11 442件，结案率、调解成功率持续提升。全年接待来访群众217件次、890人次，信访案件办结率100%。高标准落实局长接待日工作，实现与来访群众良性互动，形成系统联动为群体解决难题格局。

六、人社服务能力全面提升

持续优化营商环境，本着"容错监管、服务企业"理念，在全国率先推出劳动保障监察"首违警示"等四项制度，以新型信用监管方式衔接传统市场监管手段，经验做法登上人民网、新华信用头条等主流媒体。率先制定管理制度并出台规范性文件，规范权力运行，打造权责清晰、边界明确、运行顺畅的政务服务环境。实施"万人助万企"行动攻坚，6个助企工作队、12个助企工作组累计帮助36家企业解决各类难题38项。坚持每月一次为一汽集团上门办理职工退休审核等常态化助企措施，降低了企业办事成本，提高了办事效率。分别召开装备制造、医药等产业座谈会，广泛征求意见建议，发挥政校企联合平台作用，与修正药业等企业开展对接活动，形成装备制造业、医药产业等4个专项调研报告。针对中小企业研发力量薄弱等问题，拿出专项资金聘请9组高层次专家团队，围绕5家企业提出的9项技术难题，逐一研究破解，为企业降低成本1 000余万元。全力支持服务一汽发展，为一汽集团3 000名技能人才开展专场职业技能鉴定。狠抓系统行风建设，为群众解决涉及证明材料多、排队时间久、办结时限长等6大类13个具体问题，将12333咨询台人工座席从6个增加到30个。开展练兵比武活动，市人力资源社会保障局代表队夺得吉林省人社系统窗口单位业务技能练兵比武现场二等奖。推进"互联网+人社"建设，"一网一门一次"和"最多只跑一次"事项154项，落实率达100%。

七、人社扶贫攻坚取得实效

充分发挥人社部门职能作用，就业、技能、社保、人才人事扶贫统筹推进，行业扶贫和包保帮扶取得扎实成效。全年开发就业扶贫专岗460个，组织扶贫专场招聘会57场，建立扶贫车间5个，开展对口帮扶招聘会3场，培育贫困村返乡致富带头人260名，完成建档立卡贫困劳动力培训191人，为2.6万余名建档立卡贫困人口（含已脱贫人员）代缴城乡居民基本养老保险费270余万元。通过加强党组织建设、依托冠科种植专业合作社、建设现代都市农业综合体等方式，继续帮助长春市双阳区齐家镇广生村发展壮大村集体经济，在已建成酒坊、油坊、豆腐坊"三坊"基础上，新建杂粮加工坊和煎饼加工坊。3次集中走访慰问贫困户，4次组织专家义诊、政策宣讲等活动。开展广生"春节大集""以购代捐"、节日采购、展会促销、政府采购、第一书记代言等活动，帮助广生村打开农产品销售渠道。通过持续帮扶，广生村已由后进村成为先进村，贫困户人均年收入从2016年的不足2 000元增加到2019年的10 460元，先后接待来自乌干达、博茨瓦纳的外宾参观学习，脱贫成效显著。

八、自身建设不断加强

坚持把党的建设放在首位，坚决贯彻落实新时代党的建设总要求，牢固树立"四个意识"，增强"四个自信"，做到"两个维护"，坚持以上率下。坚决落实从严治党要求，健全绝不姑息、坚决问责、零容忍、全覆盖的监督问责制度体系，强化"两个责任"和"一岗双责"的落实，实现党务、业务、队伍的同步建设、同步推进。扎实开展"不忘初心、牢记使命"主题教育，市局上下认真学习、科学调研、全面查摆、扎实整改，实现了理论学习有收获、思想政治受洗礼、干事创业敢担当、为民服务解难题、清正廉洁作表率的工作目标，圆满完成了主题教育各项工作。召开全局党风廉政建设工作会议，组织签订《党风廉政建设责任书》《廉政承诺书》。全面落实"创建一流机关，打造一流队伍、培养一流作风、创造一流业绩"的总体要求，营造了严管厚爱与凭能力和实绩用干部的氛围，引导干部担当作为、干事创业，机关风清气正、心齐气顺，干部队伍充满活力、干劲十足。

长春市人力资源和社会保障局

黑 龙 江 省

2019年，黑龙江省人力资源社会保障系统坚持以习近平新时代中国特色社会主义思想为指导，全面贯彻党的十九大及十九届二中、三中、四中全会精神，认真贯彻落实人力资源社会保障部和黑龙江省委、省政府决策部署，真抓实干，锐意进取，圆满完成各项目标任务，事业发展呈现良好态势。

一、就业形势总体稳定

全年全省实现城镇新增就业59.69万人，完成年计划的114.8%；城镇登记失业率3.53%，同比下降0.46个百分点，低于控制目标0.97个百分点。进一步完善政策体系，出台了《就业创业工作十二条》《黑龙江省就业失业登记管理暂行办法》和《关于推进全方位公共就业服务的实施意见》等政策。推动创业带动就业，加大创业支持力度，为1.25万人发放创业担保贷款13.84亿元，贷款人数和金额同比增长18%、58%。扶持创业孵化基地129个，孵化创业实体3 791家，创业带动就业1.82万人。加大职业技能培训力度，深入推进"职业技能提升三年行动计划"，将失业保险基金支持职业技能提升行动资金额度从34.3亿元提高至40亿元，在全国率先出台技工院校扩招"八条政策"。全年全省开展职业技能培训34.8万人，完成目标任务的116%，技工院校扩招3.04万人，超额完成1万人扩招任务。统筹推进重点群体就业，以大学生、农村转移劳动力、退役军人、残疾人等为重点，开展公共就业创业服务专项活动，帮助16.3万名就业困难人员实现就业，始终保持零就业家庭月动态为零。实施失业保险援企稳岗"护航行动"，全年共实施稳岗返还17亿元，惠及企业6 961家、职工134万人。

二、社会保险体系健全完善

把确保养老金发放作为政治责任，多措并举强化基金征缴，积极争取国家支持，确保养老金按时足额发放。全面贯彻落实降费减负政策，职工养老保险单位缴费比例降至16%，5—12月为企业减负44.9亿元；落实失业保险阶段性降费率政策，减轻企业负担27亿元。推进企业职工养老保险省级统筹，按照国家要求，省政府印发《关于完善企业职工基本养老保险省级统筹制度的通知》，养老保险基金实行统一集中管理，统收统支。创新参保政策，劳动年龄内无雇工的个体工商户、具备条件的灵活就业人员，可不受户籍限制参加企业职工养老保险。将用人单位缴费基数由双基数调整为单基数，进一步优化了营商环境。深入推进机关事业单位养老保险改革，开展职业年金基金管理机构的遴选，11家受托管理机构入选，积极推进职业年金系统开发进程，进度及质量位居全国前列。稳慎推进新老农保制度衔接，指导解决新老农保制度衔接过程中的有关问题，全省老农保参保人数123.07万人，已退保和衔接人数达到110.98万人，退保和衔接率为90.17%，基本完成老农保遗留问题处置工作任务。统筹做好失业保险和工伤保险工作，采取灵活方式，降低参保门槛，合理确定工伤保险缴费办法，全面推进农业地区合作经营组织参加工伤保险。推进非公经济组织、事业单位职工等群体参加失业保险。强化基金监督，选取6个重大风险点，开展全省社保基金专项检查，形成最大限度防范和化解风险隐患机制，确保基金安全。

三、人才人事体制机制更加优化

完善人才政策体系，印发《关于分类推进人才评价机制改革的实施意见》《企业学徒制实施办法》《技能人才队伍建设工作实施方案（2019—2020年）》等一系列政策文件，进一步完善了政策体系。深化事业单位人事制度改革，起草了《黑龙江省事业单位工作人员奖励规定实施细则》，对事业单位工作人员奖励条件和种类、奖励周期、组织实施、监督管理等进一步细化。起草了《黑龙江省事业单位绩效工资总量核定暂行办法》，推进事业单位实施绩效工资制度。完善人才评价机制，出台《关于进一步做好我省援藏专业技术人才职称评聘工作的通知》，鼓励优秀专业技术人才积极参与对口支援。持续实施破格晋升高级职称政策，共有3 874名长期在农村一线工作的专业技术人员获得基层高级职称，得到广泛好评。加强表彰奖励工作，健全完善评比达标表彰政策制度，为工作依规有序开展打牢基础。组织开展中华人民共和国成立70周年国家勋章、国家荣誉称号提名评选，本省王启民同志被评为"人民楷模"。

四、劳动关系更加和谐稳定

加强劳动关系协调工作，全面实施劳动合同备案制度，全省各市（地）备案企业劳动合同签订率达96%。健全协调劳动关系三方机制，全省13个市（地）都已成立同级协调劳动关系三方委员会。深化企业工资收入宏观调控，稳步推进国有企业负责人薪酬制度改革，测算发布2018年度省管企业负责人年薪基数。强化企业工资宏观调控，指导省各市（地）测算发布2019年企业工资指导线，各地平均标准分别为上线7%、基准线5%、下线3%。狠抓治欠保支工作，全面建立投诉举报案件省级联动处理机制，农民工可通过平台进行投诉举报，实现"一点举报投诉，全网联动处理"，持续开展欠薪排查，将拖欠工资情况纳入台账管理，建立定期通报制度，实行"挂账销号"，全年累计为3.18万名农民工解决拖欠工资6.59亿元。推进劳动人事调解仲裁工作，全省各级仲裁办案机构共立案受理劳动人事争议案件3.68万件，审结3.63万件，结案率为98.6%。全面推进"互联网+调解"，着力打造阳光高效的"智慧仲裁"。扎实做好人社领域信访维稳工作，全年全省人社系统共接待处理信访事项1 869件次、2 696人次，同比分别下降20.8%和23.6%，形势总体向好。做好庆祝中华人民共和国成立70周年和全国"两会"期间信访维稳工作，人员到人力资源社会保障部信访量大幅度下降。

五、人社扶贫攻坚扎实推进

发挥就业扶贫"造血"功能，全省累计帮扶4.8万人就业，提前完成人力资源社会保障部3年工作任务，其中316个扶贫车间带动贫困人口就业5 056人。巩固技能扶贫效果，创建特色培训方式，推行集中培训、弹性培训、上门培训和点对点培训，对建档立卡贫困劳动力开展职业技能培训8 084人次，招收537名贫困家庭应往届"两后生"免费就读技工院校。发挥城乡居民基本养老保险兜底作用，将符合条件的建档立卡贫困人员全部纳入城乡居民基本养老保险保障范围，参保率达到100%，由地方政府为建档立卡贫困人员代缴最低标准养老保险费，代缴率达到100%。强化人才人事扶贫，全年全省招募"三支一扶"人员509名，其中扶贫人员309人，占比达60.7%。组织专家、博士后赴基层一线技术指导22次，解决技术问题94个，义诊1 697人，培训基层专业技术人才604人（次）。扎实推进定点扶贫，省人力资源社会保障厅定点帮扶的佳木斯市汤原县香兰镇新建村216名建档立卡贫困人口全部实现脱贫，贫困发生率由

9%降为0，新建村被省委、省政府授予省级文明村称号。

六、作风行风建设进一步加强

落实落靠主体责任，组织召开全省人社系统全面从严治党暨行风建设工作会议，对全面从严治党和行风建设工作进行安排部署。加大警示教育力度，集中观看"党风政风热线"暗访片，采取上廉政党课、参观警示教育基地、重要节假日廉政提醒等形式，引导党员干部始终做到廉洁自律。加强对权力运行的监督制约，建立"双承诺、双监督""八必谈"工作机制，聚焦资格审核、职称评定、劳动能力鉴定、集中采购等重点工作，开展全程监督，确保公开透明。加强廉政风险防控，对廉政风险点集中排查作出具体安排，重新制定廉政风险防控措施，确保措施具体到处室、到单位、到岗位、到人头，从源头上堵塞漏洞。着力提升人社公共服务水平，深入开展"办社保不求人"工作，年末第三方组织开展的满意度调查显示，满意率较部署此项工作前提升了近20%。深入开展窗口单位业务技能练兵比武活动，先后组织了省级层面选拔赛和决赛，参加了全国层面省际邀请赛和全国决赛，2次获得优胜奖，2名选手分别获得全国笔试成绩第3、4名。推动信息平台省集中建设，提升"互联网+政务服务"水平，服务对象网上可办业务达139项，累计采集制发社保卡3 200万张，超额完成"十三五"发卡任务。实现就业失业登记、社会保险登记、劳动用工备案三项业务数据共享和业务协同，定期与公安、工商、民政等17个部门数据交换共享。聘请50名行风社会监督员，省人力资源社会保障厅领导班子成员带队集中开展"一线走流程"和明察暗访，推进公共服务水平进一步提升。

黑龙江省人力资源和社会保障厅

哈 尔 滨 市

2019年，哈尔滨市人力资源社会保障部门在市委市政府的坚强领导和省人力资源社会保障厅的精心指导下，牢固树立以人民为中心的理念，紧紧围绕年度目标任务和市委市政府的决策部署，紧贴民生需求，强化使命担当，狠抓工作落实，各项工作有力推进，目标任务较好完成，为推动全市经济和社会事业发展做出了积极贡献。

一、以就业困难群体为重点，积极开展各项创业就业活动

全年全市公共职业介绍机构累计办理求职登记23.57万人次，全市发放《就业失业登记证》和《就业创业证》5.9万本，创业担保贷款发放1356笔2.5亿元。发放公益性岗位补贴10 213.64万元、社保补贴5 035.45万元，办理减员971人，其中劳动保障协理员255人。为上年度10 185名灵活就业人员补办（漏）发放社会保险补贴2 300万元，发放企业吸纳就业困难人员补贴资金1 734.9万元。针对农民工、退役军人、贫困残疾人、建档立卡贫困户等重点群体，组织大型专项招聘活动20场，提供岗位6.4万个，签订意向性协议5 264份。全市就业系统组织各类招聘活动共计203场，提供岗位20.8万个，签订意向性协议3.9万份。就业地图累计服务121万人次，提供15万个岗位信息，扩大自主发布信息企业2.2万家，推送大型活动信息186条。零工平台累计访问量28万人次，实现灵活就业2.6万人。开办创业培训班330个，对8 005人进行创业培训。市本级（6个主城区）就业技能培训总人数3 465人，其中女性1 774人，培训合格人数2 932人。

根据企业用工需求和劳动者求职需要，在全市开展就业援助月、民营企业招聘周、黑龙江省2019年退役军人推荐就业暨大项目企业专场招聘会等公益性就业专项活动。就业援助月活动期间，全市共走访就业困难人员和零就业家庭4 989户，登记认定未就业困难人员3 653人，帮助就业困难人员实现就业1 929人，帮助困难人员享受政策5 190人，辖区内招用就业困难人员并享受扶持政策的企业561家。按照国家和省关于开展"春风行动"的总体部署和要求，全市18个区、县（市）于2月中旬至3月底开展各类形式的"春风行动"专场招聘会59场，为3.27万人提供公共就业创业服务。抓好重点群体就业，积极为就业困难人员、农村建档立卡贫困劳动力、去产能企业下岗职工、分流转岗职工、军队退役人员等特殊群体提供专场招聘会。深入基层，服务上门，在延寿、木兰、阿城、巴彦四县分别举办2019年"春风行动"暨就业扶贫招聘会、"不忘初心、牢记使命"主题教育暨就业服务木兰专场招聘会、"守初心、担使命 支持企业转型、助力职工转岗"专场招聘会和哈尔滨市"就业扶贫行动日"专场招聘会，为农村建档立卡贫困劳动力提供就业岗位。

组织召开哈尔滨市创业培训机构政策业务培训会，讲解了SYB创业培训周期、创业培训档案建立、就业实名制管理系统的使用和规范要求，以及一次性创业补贴、创业项目征集补贴政策落实经办要件与流程等业务。布置创

业讲师信息统计工作，并对创业讲师大赛、创业师资班及师资提高班等工作内容进行介绍。9月上旬，开展以"就业是民生之本，创业是发展之源"为主题的2019年人社系统创业服务周活动。活动现场有各区、县（市）筛选出的78项创业项目参展，展示了73个创业典型事例，为9名创业者代表现场发放创业贷款696.6万元，组织6个创业项目现场路演和4家培训机构现场宣传。同时，设立政策咨询区和就业指导区为现场参加活动人员提供各方面的服务，包括生产制造、商业服务、互联网科技等在内的110家企业进行现场招聘，480人现场达成意向协议。

对2018年就业地图信息发布情况进行通报，配合完成"春风行动"等大型招聘活动线上及现场服务。完成就业地图与人才局大型活动对接及道里区军人事务局微信公众号数据对接，实现对退役士兵的精准服务，该项目在第二届全国创业就业服务展示交流活动中获得"优秀项目奖"。

二、不断优化服务管理，加快提升社会保障水平

截至年末，全市养老、工伤、失业保险参保人数分别达到162.75万人、140.48万人、100.21万人，城乡居民基本养老保险参保人数234.8万人，城镇职工参保本年度新增14.86万人。全市养老保险基金征缴收入完成202.04亿元，其中18.6万人办理断缴补费，增收54.23亿元。全年参保人数、实际缴费人数和基金征缴收入实现大幅提升。按时足额发放基本养老金314.36亿元，为100.6万退休人员完成待遇调整工作，人均增加130.86元，平均基本养老金由2 527.38元增至2 658.24元。

降费率，将城镇企业职工和机关事业单位基本养老保险单位缴费比例由原来的20%调整为16%，全年预计为企业减负约10.62亿元；失业保险费率单位缴费由2%降至0.5%，个人缴费由1%降至0.5%。调待遇，全面提高城乡居民基本养老保险重度残疾人员政府代缴标准和被征地农民养老保险待遇标准、参保缴费标准；全市企业退休人员平均养老金增长5.5%。优服务，大力推行"办社保不求人"，不断优化服务管理；实行断保缴费政策，18.6万名断保人员接续关系；推行养老保险人脸识别认证系统，参保人员足不出户就可通过哈尔滨智慧人社和龙江人社掌上手机App完成养老金资格认证，切实提升群众的幸福感和满意度，截至年末，全市完成93.3万人认证，认证率90%，其中手机App认证57.8万人，占比62%。

为优化服务管理，采取多项措施推进"办社保不求人"。加大宣传力度，保障群众知情权。开通社保经办机构官方抖音账号、微信公众号、网上服务大厅信息通告功能，年内累计浏览量超过34.8万次。与电台、电视台等传统媒体密切合作，3次组织业务处室走进直播间讲解经办服务。大力推进"网办"，提升自助服务能力。企业、个体人员参保、缴费实现网上办理，自助一体机增加个人缴费等功能。企业注册4.79万家，占全市参保缴费企业的93%，个人注册71.86万人，累计网办业务157.2万笔。多方优化流程，缩短群众办事路径。梳理对外服务事权从131项归并为44项，最大限度减少办事环节。继续向各区、县（市）下放"单位合并"等5项经办权限。缩短跨省转移资金转出汇款、转入到账时限50%。微信公众号增加跨省转移进度等查询功能，公众号关注人数达4.6万人，累计浏览、查询16.3万次，分流窗口查询量约34%。

稳妥化解信访隐患。对企业养老保险历史遗留问题，积极采取应对措施，建立信访维稳工作体系，成立工作专班，坚持领导大厅带班，处（室）主要负责人轮值咨询，设立咨询电话，按日整理《日接听日志》。派人常驻市信访接待窗口和哈尔滨制锹厂、衬衫厂信访工作组，积极处理群众反馈诉求。现场接待咨询16.9万人次，接听咨询电话10 389个，受理百姓谈、市长热线1 616件，妥善处理市信访系统来件93件，群众满意度99.6%。

与市医保局敲定相关公共业务经办管理职能移交协议内容，签订移交协议，组织业务系统拆分，同时将失业保险、工伤保险经办管理与养老保险经办管理统一归并到人社部门社保经办机构。

三、大力加强人才队伍建设，全方位服务经济发展大局

全年全市共为592个单位3 445人次申请各类人才发展资金1 649万元，其中，为硕士1 109人次申请安家费570万元，为本科2 118人次申请生活补贴655.2万元，为"英才计划"33人次申请安家费、生活补贴、购房补贴137.1万元，为重点企业73人次申请扶持资金18.6万元，为小微企业112人次申请扶持资金268.1万元。加强公寓日常管理，为166名高层次人才提供147套人才公寓，并与市委市政府机关局明确了管理职责和资金渠道，更好为入住人才服务。按照哈尔滨确定的"4+4"现代产业体系，遴选240家企业作为重点服务对象设立人才服务专员，市人力资源社会保障局相关处室通力合作，配备人才服务专员，将人才服务触角前置，即时掌握企业需求，第一时间提供人力资源社会保障全链条服务。同时，围绕构建"4+4"现代产业新体系、新区开展人才服务工作调研，形成了《关于哈尔滨市产业项目人才需求的调研报告》并编制了2019年全市人才需求目录。

多措并举，毕业生创业就业服务取得新突破。做好大学生就业创业服务工作，发放创业就业资金630.45万元，其中为28所高校6 057人申报高校毕业生求职创业补贴605.7万元，为11家企业15人申报小微企业社保补贴18.15万元，为22名创业大学生申报高校毕业生一次性创业补贴6.6万元。成功举办第十届哈尔滨大学生创业大赛，吸引来自全国11个省（区、市）的35所高校参赛，征集10类行业1 501个参赛项目，并对有意向在哈市落地转化的获奖优质项目提供入驻孵化、创业指导等后续服务。做好"三支一扶"工作，新招募"三支一扶"志愿者146人。落实留学回哈人员人才扶持政策，为216名留学回国人员办理了相关手续。延伸服务触角，促进政校之间深度合作，在哈尔滨师范大学、哈尔滨工程大学、哈尔滨学院等十家高校设立高校人才工作站。

推行"互联网+人才服务"，人才公共服务能力有了新提升。加强窗口规范管理和窗口人员业务培训，继续优化人才公共服务，全面推进自助服务和网上办公服务，通过网上办事平台，受理人才引进、人事代理、留学回国人员人事服务、大学生就业创业服务、高校毕业生网上报到等25项业务11 829件，并在微信公众平台设立在线客服，工作人员在线实时为办事群众答疑解惑，提高办事效率和服务质量，关注人数达4.3万人，影响力不断扩大。为11.7万人次提供了档案接转、查阅借阅等服务；受理10 278人职称申报，发放证书3 949本，邮寄证书及材料350份；为198名流动人员办理退休手续；接转集体户口771人，集体户口总数6 020人；接转党员278人，在册党员2 646人。按照省里部署，做好市本级及所辖区县（市）人才服务机构流动人员档案总量及流动情况数据统计工作并形成分析报告，截至年末两级保管档案总计37.22万份，同比增加1.64万份。

强化资源统筹，人力资源产业园建设起步良好，为全市高质量发展提供充分的人力资源保障支撑。重新调整人力资源产业园建设方案，立足现有硬件条件，不搞大兴大建。与先进地区对标，提升园区的服务功能，引入补齐缺项功能，按照"一核三园、多点辐射"规则布局筹划建设。与20家知名人力资源服务机构进行对接。起草市人力资源产业园的可行性论证报告及发展规划、基本概述、一期工程建设实施工作方案、报批申请、现行省市扶持政策等。完成省级人力资源产业园资料整理申报工作，经省人力资源社会保障厅初审通过。在获批省级产业园后，按照"边申报、边建

设、边完善"原则，积极推进国家级产业园申报工作。

四、积极构建和谐劳动关系，扎实做好人社扶贫工作

在构建和谐劳动关系上下功夫。强化用工备案管理，进一步精简备案要件、优化备案流程、推行网上办理，全市劳动用工备案达100.1万人，用人单位约4.6万家，各类企业劳动合同签订率动态保持在96%。指导国企改制工作，对供水集团、工投集团、哈电集团等7家企业职工安置方案进行认真研究论证，找准破解路径和政策支持，指导做好裁员成本核算、劳动合同解除、社会保险转移等工作，同时，帮助道里区、双城区解决78家国企改革历史遗留问题，涉及安置职工1.5万名。做好劳动仲裁工作，研究建立了疑难档案联审工作机制和档案丢失、损毁补建处理办法，职工档案丢失、损毁和疑难档案信访问题得到有效解决。全市接待咨询1.8万余人次，处理劳动人事争议案件1.3万余件，结案率95.15%，调解率60.52%，一裁终局率35.79%。

扎实做好人社扶贫工作。在就业扶贫方面，通过各类帮扶措施，实现就业16 054人，超额完成省下达2018—2020年3年安置指标总数5 545人的289.5%，其中，通过扶贫车间、返乡创业带动就业、有组织劳务输出、公益性岗位等四个渠道安置4 431人，提前并超额完成当年四个渠道安置指标数729人的607.8%。在社保扶贫方面，落实国家、省、市社会保险扶贫工作要求，全面完成当年扶贫代缴社保费工作，享受政府代缴38 582人，代缴金额385.82万元，实现建档立卡贫困人员应保尽保。在技能扶贫方面，组织建档立卡贫困劳动力开展各类项目培训累计20期、29班次，开展职业技能培训1 767人次。

五、全面加强系统行风建设，公共服务体系不断完善

在全市人社系统深入开展行风建设。加强党风廉政建设，按照有关规定，转变作风、健全机制，加强监督管理。建立各级党组织学习制度，制订学习计划、明确学习内容，定期开展学习讨论。结合"解放思想大讨论""转变机关作风优化营商环境""不忘初心、牢记使命"等主题教育活动，开展党日活动，并重温入党誓词，进一步加强党员干部的责任感和使命感。着力优化营商环境，围绕"惠企、助企、暖企、便民"制定26项具体措施，结合主题教育，建立健全30余项工作机制，解决162个具体问题，促进营商环境不断优化，人社服务效能明显提升。加大"放管服"改革力度，公布11类27项"办事不求人"事项清单，将235个政务服务事项全部纳入《市人社局政务服务清单目录》，编制完善《服务指南》在哈尔滨政务服务网向社会公布，下放行政确认3项、公共服务27项，压缩办事时限79个工作日，优化办事环节32个，减少办事要件53个，在"申请材料齐全、符合法定条件"前提下，实现了"最多跑一次"。

哈尔滨市人力资源和社会保障局

上 海 市

2019年是中华人民共和国成立70周年，上海市人力资源社会保障系统以习近平新时代中国特色社会主义思想为指导，认真贯彻党的十九大及十九届二中、三中、四中全会和习近平总书记考察上海重要讲话精神，坚持稳中求进的工作总基调，围绕实施三项新的重大任务，提高站位，积极作为，全面完成了年度工作任务，各项重点工作取得新成效，改革创新取得新进展，为民为企服务实现新提升，为经济社会平稳健康发展做出新贡献。

一、聚焦国家战略取得显著成效

（一）世界技能大赛（以下简称"世赛"）参赛和筹办工作取得积极进展。

上海选手参加第45届世赛取得2枚金牌、1枚银牌、3个优胜奖的历史最好成绩。圆满完成世赛交接系列活动，实现了"比赛展现风采、交接呈现精彩"，世赛正式进入中国时间、上海时刻。发布第46届世赛吉祥物和主题口号，世赛官网正式上线。加强与世界技能组织对接，选调人员组建第46届世赛执行局。世界技能博物馆建设有序推进，广泛征集国际国内展品。

（二）聚焦自贸区新片区和浦东改革开放再出发创新人才政策。

围绕上海自贸试验区临港新片区重点产业需求，从海内外人才引进、培养、评价、激励等方面，提出并落实12条人才特殊政策和特别举措。支持新片区大力引进海内外人才，落实居住证转办户籍年限缩短、境外人才参加职业资格考试等工作。设立上海市人才服务中心科创人才分中心，国内人才引进直接落户和留学人员落户审批权在浦东落地实施，上海成为国内唯一一个向部分城区下放户籍审批权的直辖市和超大城市。

（三）长三角区域一体化人社合作机制不断深化。

细化落实长三角区域一体化发展规划纲要，开展长三角区域一体化生态绿色示范区"要素流动一体化制度研究"课题研究。持续推进就业、人才、社会保险、劳动关系等合作，举办构建长三角一体化和谐劳动关系研讨会、长三角创业孵化合作发展论坛、长三角人才交流洽谈会等活动。

（四）人社扶贫和对口支援工作扎实开展。

与贵州遵义、云南人社部门签订劳务协作扶贫协议，组织企业赴当地开展对口扶贫劳务协作。与西藏日喀则、新疆喀什等地开展就业创业交流合作。组织新疆生产建设兵团等地区的干部人才培训班，组织上海医务人员、教师赴云南、贵州开展"智力帮扶"，开展"万名专家服务基层"基地项目申报。推进社保精准扶贫，年底上海贫困人员参保覆盖率达95%。

二、就业局势始终保持整体稳定

（一）各项就业指标全面完成。

制定实施《关于做好本市当前和今后一个时期促进就业工作的实施意见》，健全完善就业创业政策体系。加强就业统计分析，持续开展重点企业用工监测，进一步完善风险预警应对预案。全年新增就业岗位58.9万个，年底城镇登记失业人数为19.3万，城镇登记失业率控制在3.6%。

（二）创业带动就业专项行动计划稳步推进。

在开展新一轮创业型城区创建基础上，创建特色创业型社区28个。积极推进市级创业孵化示范基地、高校创业指导站的认定和评估。持续推进中国（上海）创业者公共实训基地项目建设和南部科创中心分基地建设，形成嘉定、青浦分基地规划方案。全年帮扶引领成功创业11 339人，其中青年6 966人。

（三）职业培训力度持续加大。

出台《上海市职业技能提升行动实施方案（2019—2021年）》，将自贸试验区外商独资设立职业技能培训机构的措施复制推广到全市，研究加强上海养老护理员队伍建设相关政策举措，开展职业培训补贴专项检查。"四大品牌"（"上海服务""上海制造""上海购物""上海文化"）上海职业技能大赛获得广泛关注。全年开展职业技能培训106.6万人，其中农民工培训44.7万人；开展职业技能鉴定35.7万人，鉴定发证24.5万本，企业新型学徒制累计培训10 029人。

（四）重点群体就业创业工作成效明显。

全力做好高校毕业生就业创业工作，超过85%的2019届离校未就业毕业生实现了就业。实施青年就业启航计划，加强就业援助，完善农民就业扶持政策，配合做好退役军人就业创业工作。全面完成上海市政府实事项目，全年帮助8 698名长期失业青年实现就业创业；为建档立卡农民提供培训等就业服务13 402人，其中实现就业8 036人。

三、人才人事工作实现创新突破

（一）海内外人才集聚力度不断加大。

聚焦人才和用人单位需求，推进区域特殊人才引进工作，提升区域引才自主性，修订完善居住证转办户籍政策，实施"海外人才集聚工程2.0"，打造留学人才工作经典品牌"留·在上海"，出台《关于加快本市人力资源服务业发展的若干意见》。

（二）专业技术人才队伍建设取得新进展。

实施上海分类推进人才评价机制改革，试行工程系列人工智能专业高级职称认定，深入推进科技创新领域职称评价，畅通特殊人才职业发展通道。完善上海各领域继续教育基地布局。全年人事考试安全顺利完成。组织领军人才、国家百千万工程、人才发展资金、"超级博士后"等人才计划选拔奖励，优秀人才脱颖而出。

（三）高技能人才队伍建设水平全面提高。

在工程技术领域试点高技能人才与工程技术人才职业发展贯通工作，完成53个新技能项目开发和培训。启动技能等级认定工作，完成首席技师、技能大师工作室资助项目的评审，开展高技能人才培养基地申报资助和绩效评估。年末高技能人才占技能劳动者的比重达到34.2%。

（四）事业单位管理机制进一步健全。

规范上海事业单位公开招聘工作人员面试工作，成立上海事业单位工作人员申诉公正委员会。实施2019年事业单位绩效工资调整办法，在国内率先出台上海市文创产品开发收入分配激励相关政策。

（五）评选表彰活动有序开展。

圆满完成上海市庆祝中华人民共和国成立70周年国家勋章和国家荣誉称号提名推荐和国庆观礼、纪念章发放等工作，有序开展30多项国家评比达标表彰活动和47项上海市评比达标表彰活动。

四、社会保障体系更加健全完善

（一）社会保障制度持续完善。

按照国家部署要求，做好应用全口径城镇单位就业人员平均工资相关工作。修订实施《上海市城乡居民基本养老保险办法》，落实机关事业单位基本养老保险关系和职业年金转移接续相关政策，进一步优化上海征地落实社会保障工作流程，制定《上海市工伤保险辅助器具配置管理办法》。

（二）各类民生待遇稳步提高。

调整各类人员养老金，发放一次性节日补助费，调整最低工资、失业保险金、工伤保险待遇、夏季高温津贴、部分困难群体生活补贴等标准，发布企业工资指导线和技能人才市场工资价位，调整社区工作者和政府购买服务人员薪酬水平，改革国有企业工资决定机制。

（三）社保基金管理规范有力。

按照国家部署要求，将职工养老保险单位缴费比例从20%降到16%，继续阶段性降低失业保险和工伤保险费率，继续实施失业保险援企稳岗"护航行动"等政策。实施上海市贯彻职业年金基金管理暂行办法和职业年金基金投资运营实施方案。做好社保费征收，顺利移交城乡居民养老保险费征收职责，做好生育保险移交衔接。做好社会保险基金预决算管理、审计、行政监督等工作，强化基金预警监测和安全评估。

五、劳动关系保持总体和谐稳定

（一）根治欠薪工作力度持续加强。

深入贯彻习近平总书记关于根治欠薪的指示精神，在国家考核中再次获评A级。成立上海市根治拖欠农民工工资工作领导小组，积极完善根治欠薪相关制度。全年劳动保障监察机构共受理举报投诉2万件，查处违法案件1.2万件；处置劳动关系群体性突发事件167起；欠薪保障金垫付145家企业共4 054.9万元。

（二）和谐劳动关系创建大力推进。

授予2018年度3 481家企业"和谐劳动关系达标企业"称号，约2 200家新增企业参加2019年度评审。做好劳务派遣规范管理工作，全市共新许可劳务派遣公司1 142家，共注销许可475家。密切关注劳动关系矛盾变化情况，及时分析研判形势，保持劳动关系形势稳定。

（三）调解仲裁工作机制进一步健全。

推进上海市街镇专业性劳动人事争议调解组织实体化建设，成立上海市劳动人事争议联合调解中心金融工作站，在全国范围率先实施调解组织代收仲裁申请举措。建立仲裁机构和基层调解组织向劳动保障监察机构提供违法行为线索工作机制。"上海人社"App网上调解功能正式上线运行。推动与上海市高级人民法院的裁审衔接。全市调解仲裁机构共受理案件15.9万件，共办结案件15.7万件，结案率为94%。

六、人社政务服务工作持续优化

（一）"一网通办"全面推进。

将上海市市级行政审批事项和192项政务服务事项对接上海"一网通办"总平台。市级审批事项承诺时限平均减少51%，提交材料平均减少60%，下沉社区的67项事项中17项已实现"零材料"提交。向上海市大数据中心归集数据超过15亿条，完成上海人社5种高频电子证照的业务系统改造。完成上海人社云平台环境搭建。全力推进金保工程二期建设。"上海人社"移动应用累计下载量已达658.9万，功能数达到218个。

（二）人社服务效能全面提升。

进一步提升"乐业上海""海纳百创"品牌影响力，组织开展高校毕业生就业服务行动、"春风行动"、民营企业招聘周、青年创客体验日等各类就业创业活动。试点推行社保业务容缺办理与社保证明事项告知承诺制，精心做好退役士兵参保补缴工作，平稳推进社会保险待遇资格静默化认证。建立市、区人才服务中心"一网通办"协同机制，全面推行职称评审资格证书电子证书。应用人工智能技术，全面推进上海市人力资源社会保障咨询服务中心业务转型升级。以"一网通办"好差评工作为抓手，健全政务服务问题发现和处置机制。

（三）干部队伍能力水平不断提升。

扎实推进"不忘初心、牢记使命"主题

教育，以上率下加强督促指导，促进干部队伍增强以人民为中心的发展理念。建立大调研常态化、制度化机制，做到大调研与重点工作同部署、同推进、同督促。结合庆祝中华人民共和国成立70周年活动，组织开展上海市人社系统"最美人社人""人社之星"评选、表彰、宣传工作，积极凝聚和弘扬正能量。坚持严管和厚爱相结合，人社干部队伍建设不断加强，助力人社事业不断取得新发展，书写新篇章。

上海市人力资源和社会保障局

江 苏 省

2019年，江苏省人力资源社会保障系统深入学习贯彻习近平新时代中国特色社会主义思想，在人力资源社会保障部、省委省政府的坚强领导下，以"不忘初心、牢记使命"主题教育为引领，以机构改革职能优化为契机，以接受省委专项巡视和改革专项督察为动力，聚焦主责主业，抓重点、补短板、防风险、促发展、惠民生，圆满完成各项目标任务，事业发展"稳"的格局在巩固，"进"的因素在累积，"好"的态势在延续，为经济社会发展大局做出了积极贡献。

一、就业创业稳中有进

坚持把"稳就业"作为重大政治任务和头等大事，实施稳就业攻坚行动，就业创业量质齐升，局势总体平稳，就业工作再次受到国务院表扬激励。全年城镇新增就业148.32万人，位居全国前列；城镇登记失业率控制在3.03%左右，继续处于较低水平。

（一）政策体系更加健全。

坚持就业优先政策导向，有效应对中美经贸摩擦、高校毕业生就业压力等风险挑战，先后出台做好当前和今后一个时期促进就业工作、大力发展实体经济积极稳定和促进就业、失业保险支持企业稳定就业岗位等10多个配套文件，推动就业政策由保障型向促进型转变。开展失业保险"护航行动"，加大企业稳岗返还政策落实力度，为26.40万户企业返还失业保险费约25.48亿元、惠及职工734.46万人。

（二）重点帮扶精准高效。

实施高校毕业生就业创业促进、三年十万青年就业见习等计划，举办公共就业人才服务进校园活动，落实离校未就业毕业生实名制管理和"一对一"帮扶，高校毕业生总体就业率达95.9%。扎实做好农民工、就业困难人员等重点群体的就业援助，城镇零就业家庭和农村零转移家庭保持动态清零。创新建成特色化就业扶贫示范区，深层次开展东西部扶贫劳务协作，帮扶10.3万名省内外劳动力就业创业，超额完成国家和省下达的扶贫任务。

（三）创业氛围更加浓厚。

实施全民创业行动计划，大幅提高创业担保贷款和税收优惠额度，政策供给贯穿创业全程、覆盖各类群体，成功举办"创响江苏"大学生创业大赛等品牌赛事，成立江苏省创业服务协会，创新建立江苏省大学生优秀创业项目和省级创业基地备案制度。新增2家全国创业孵化示范基地，创业带动就业倍增效应进一步发挥，全年扶持城乡劳动者成功创业31.6万人，带动就业127.65万人。

（四）服务能力显著提升。

进一步健全全方位公共就业服务体系，完善就业失业登记管理办法，建立全省统一的公共人力资源市场招聘服务平台，密集开展各类品牌化公共就业服务活动，就业服务更加精准高效。会同南京大学发布首份省级就业质量蓝皮书。建立健全就业运行情况预警监测机制，深入排查就业领域风险，精准使用就业补助资金，全力支持企业稳岗位、职工提技能，守住了不发生规模性失业的底线。

二、社会保障稳中有进

按照"兜底线、织密网、建机制"的要

求，以落实国家社保改革顶层设计为牵引，全面推动养老、失业、工伤保险可持续发展，城乡基本养老、失业、工伤保险参保人数分别达5 755.22万人、1 794.2万人、2 016.31万人，保持参保人数稳中有增、基金收支总体平衡的良好态势。

（一）制度改革深入推进。

巩固机关事业单位养老保险制度改革成果，分步推进视同缴费指数修正工作，全省机关事业单位"中人"待遇加快落地，职业年金基金实现全省集中统一运营。完善企业职工养老保险基金省级调剂补助办法，推进失业保险和工伤保险基金省级统筹，更大力度发挥基金统筹共济功能。下调企业职工养老保险费率，继续阶段性降低失业、工伤保险费率，预计全年降费近400亿元，有效助力企业降成本、市场增活力、个人得实惠。

（二）扩面工作成效明显。

深入实施全民参保计划，开展扩面专项行动，各项社会保险参保率持续提高。落实城乡居民养老保险"三个100%"政策，督促推动被征地农民应保尽保。全面推进工程建设项目参加工伤保险，重点推进危化品和建筑等高风险行业参保，建筑项目参保率达98.01%。

（三）待遇水平稳步提升。

统筹调整企业和机关事业单位退休人员养老金，惠及全省近820万退休人员，人均调增比例超过5%。贯彻落实城乡居民基本养老保险待遇确定机制和基础养老金正常调整机制，基础养老金省定最低标准由每人每月135元提高至148元。稳步提高失业保险和工伤保险待遇水平，失业保险金月人均水平达1 543.3元，工伤保险伤残津贴调增6%左右，群众获得感显著增强。

（四）基金运行总体平稳。

加强社保基金运行监测，开展基金管理风险专项检查，扩大基金安全评估试点，有效维护基金安全完整。稳步推进企业职工养老保险基金、城乡居民养老保险基金委托投资，全面开展职业年金投资运营，初步实现保值增值。有序推进社会保险费征收职责划转，当期基金收大于支，抗风险能力不断增强。

三、人才工作稳中有进

坚持党管人才原则，深入开展人才工作解放思想大讨论，有效履行政府人才综合管理职责，全年新增专业技术人才、高技能人才分别达55万人和36.01万人，总量分别达825万人和428.88万人，均位居全国前列。

（一）人才改革持续深化。

制定人才评价机制改革方案，全面启动新一轮专业技术资格条件修订，组织开展高层次和急需紧缺人才高级职称考核认定，首批认定102名正高、180名副高；开展首批乡土人才高级职称评审，产生34名正高级、101名副高级乡村振兴技艺师；建立高级职称评审工作事中事后监管机制，人才评价"指挥棒"作用进一步彰显。出台提高技术工人待遇实施意见、终身职业技能培训制度实施意见，技能人才工作取得新突破。完善中小学教师岗位管理政策举措，率先将思想政治工作人员纳入专业技术岗位设置并聘用。

（二）人才队伍发展壮大。

优化实施人才计划项目，选拔资助"六大人才高峰"高层次人才和创新团队项目610个。新增省级留创园5家、留创示范基地6家、博士后工作站22家、博士后创新实践基地60家，累计引进留学回国人员超过14万人、博士后超过2万人，评选专业技术二级岗214人。大规模开展职业技能培训，全面推行企业新型学徒制，全年政府补贴培训215万人次，有效缓解就业结构性矛盾，助力技能人才队伍建设。新建15个省级以上高技能人才培训基地、25个省级以上技能大师工作室，评选10名江苏大工匠、100名江苏工匠、100名企业首席技师，每万名劳动者中高技能人才有855人。

（三）人才活动品牌升级。

坚持"走出去""引进来"并重，江苏北京"四对接"更加紧密，首届全国百所高校院所江苏行、"江苏招才月"系列引才活动、百名海外博士江苏行和海外留学人才创新创业大赛暨人才及项目交流会等活动成效明显，108所全国"双一流"高校、25家重点科研院所参与成立人才合作联盟。全省百万技能人才技能竞赛岗位练兵、中国江苏人才创新创业大赛、中国江苏乡土人才传统技艺技能大赛等赛事蓬勃开展，第45届世界技能大赛江苏省选手获得2银2铜，以赛选才、以赛聚才、以赛育才效应持续扩大。

（四）人才环境不断优化。

规范实施事业单位岗位管理、人员聘用、公开招聘三项制度，研究制定江苏省事业单位工作人员奖励实施细则，畅通高层次人才引进流动绿色通道。加快推进人才服务数字化转型，建成上线江苏人才信息港，助力人才招引更加精准。出台支持民营人力资源服务机构高质量发展若干政策，新建1家省级人力资源服务产业园，新增10家省级人力资源服务骨干企业，人力资源服务业营业收入超过1800亿元。高标准完成庆祝中华人民共和国成立70周年系列表彰及其他各项表彰工作，千余名表彰奖励获得者成为引领江苏新时代发展的精神标杆。顺利完成100多项、175万人次、370万科次人事考试任务，安全管理达标率100%。

四、劳动关系稳中有进

紧扣率先建成"劳动关系和谐省"目标，着力创新和完善职工权益保障、劳动关系协商协调和劳动关系矛盾调处机制，全省规模以上企业劳动合同签订率、已建工会企业集体合同签订率分别保持在98%和95%以上，劳动关系和谐稳定的态势持续巩固。

（一）和谐创建纵深推进。

强化劳动关系形势分析研判，加快推进劳动关系监测预警维权调度指挥中心建设，加强对企业劳动用工规范指导和服务。创新成立省级旅游行业协调劳动关系三方委员会，修订发布劳动关系和谐企业评价规范，制定加强劳动关系和谐企业正向激励意见，实施集体协商"稳就业促发展构和谐"行动计划，启动深化构建和谐劳动关系综合配套改革试点，全年建成22家全国模范和110家省优秀劳动关系和谐企业（工业园区）。

（二）权益保障成效显著。

率先在全国省级层面实现裁决书互联网公开，建立长三角"三省一市"劳动人事争议疑难问题审理意见人社仲裁委、法院联合会商机制，强调调解仲裁审判衔接，大力推进劳动人事争议多元调解机制建设，着力提高仲裁案件质量管理信息化监测水平，全省各级劳动人事争议仲裁机构立案受理争议案件8.55万件，结案率为98.6%。联合住建等部门出台建筑工人实名制管理和工资支付保障实施办法，制定实施根治农民工欠薪攻坚行动方案，开展源头治理防欠、制度落实冲刺、风险防控密网、严格执法维权、欠薪失信联惩、年底清欠护薪"六大行动"，连续两年在国家保障农民工工资支付工作考核中获评A级。

（三）工资分配日益规范。

深入推进事业单位收入分配制度改革，调整事业单位工作人员基本工资标准，义务教育教师月均增资高于其他事业单位群体，公立医院年人均薪酬水平稳步增长。开展全省企业薪酬调查和最低工资政策实施效果评估专项调查，率先发布企业薪酬信息蓝皮书。稳步推进国有企业负责人薪酬制度改革和国有企业工资决定机制改革，薪酬分配激励作用进一步发挥。

五、行风建设稳中有进

坚持问题导向，精简证明材料，减少排队时间，压缩办结时限，严格工作纪律，优化服务设施，畅通服务热线，持续加强基层人社服务平台建设，有力助推各项民生政策落地落实。

（一）"放管服"改革深入推进。

制定全系统审批服务事项清单，实现省市县105项人社审批服务事项"三级六同"。深化"一网一门一次"改革,创新"不见面审批"服务模式,全省不见面审批服务事项占比超过80%,90%以上实现"马上办、就近办、一次办"。联动开展"清、减、压"和证明事项告知承诺制试点工作,大力推进"减证便民"行动,取消人事考试类、社会保险类等各类证明材料97项。

(二)信息化支撑全面增强。

以政策统一、业务统一、流程统一为目标,制定建设方案,抽调精兵强将,举全局之力推进人社一体化信息平台建设,扎实做好服务流程梳理、数据标准化清洗等各项工作。持续做优"一网通""一卡通""一号通"等服务品牌,全面拓展各级人社旗舰店服务功能,累计发放社会保障卡8 847万张,签发电子社保卡400万张,全年12333服务总量超过2 200万人次。

(三)专业化能力持续提升。

修订《江苏省人社基层平台建设标准和服务规范(2019年版)》,全省标准化街镇、村居平台建成率分别达100%和98%。出台加强窗口单位经办队伍建设意见,组织全省五级人社部门4万余名干部职工参加业务技能练兵比武,在全系统掀起以比促练、以练促用的热潮,并先后在省际邀请赛、全国赛中获得团体第一名和第二名的好成绩,3名选手荣获全国"人社知识通"称号。

六、人社扶贫成果丰硕

进一步强化政治担当,突出部门特色,统筹推进就业援助、创业扶持、技能提升、社保惠民、人才引领、服务优化六大脱贫行动,进一步丰富人社扶贫成果。

(一)就业扶贫彰显新特色。

全力推进电商就业创业、免费技能培训、就业扶贫车间、岗位开发援助、技校招生培养特色化就业扶贫示范区建设。开展"10·17"就业扶贫行动日活动,组织专场招聘会53场次,为2万人提供各类就业创业、技能培训、政策咨询服务。新增21家全国就业扶贫基地。创新建立就业扶贫"脱贫不脱钩"机制。全年实现低收入农户劳动力新增转移就业9.3万人。

(二)创业扶贫取得新进展。

将各项创业扶持政策全面覆盖到有创业意愿的低收入农户劳动力,创办企业和个人创业享受"富民创业贷"额度分别提高到300万元和50万元,从事个体经营的可享受为期3年、最高每年14 400元的税收扣减限额。支持各地建设农民工返乡创业园等各类创业载体,引导低收入农户劳动力入园孵化,提高创业成功率。全年帮扶0.36万名低收入农户劳动力成功自主创业。

(三)技能扶贫呈现新气象。

提请省政府出台《关于推进终身职业技能培训制度的实施意见》,对低收入农户劳动力及其家庭子女参加专项职业能力或初、中级职业资格培训的,按规定给予全额补贴。开展进乡镇、进村组、进家庭等"点对点、一对一"精准培训。依托省重点以上技工院校,全面落实面向低收入农户家庭学生技工院校免学费、助学金、生活费补贴等政策,帮助其接受正规职业教育,有效阻断贫困的代际传递。

(四)社保扶贫迈出新步伐。

深入实施确保100%登记参保、100%代缴全部最低标准养老保险费、100%享受城乡居民基本养老保险待遇的"三个100%"精准扶贫举措,为77.3万低收入人口等困难群体代缴全部不低于省定最低标准的城乡居民养老保险费1.4亿元。推进实施工伤保险"同舟计划",健全失业保险待遇正常调整机制,有效防范工伤致贫和失业返贫风险。

(五)人才扶贫筑牢新基础。

出台《江苏省乡土人才专业技术资格条件(试行)》,在全国首创乡土人才职称评价制度,组织开展乡土人才高级职称申报评审工作,举办2019年中国江苏乡土人才技艺技能大赛。健全专家服务基层活动常态化机制,鼓励专家赴经济薄弱地区开展技术对接、人才培训等服务活动。将脱贫攻坚主题列入专业技术人才知识更新工程高级研修项目年度计划。选拔400名优秀高校毕业生到苏中苏北的乡镇（街道）基层单位，从事支教、支农、支医和扶贫等志愿服务。深化职称制度改革，放宽乡村中小学和中职教师职称申报条件和指标限制。及时下达乡村教师培养计划和定向医学生免费培养计划，组织开展面向农村基层医疗机构的医学类人才全省统一公开招聘工作。

（六）对口扶贫打造新亮点。

举办扶贫劳务协作"春风行动"系列招聘会，送"就业岗位、创业项目、培训合作、优质服务"到对口帮扶地区。健全完善就业创业培训交流合作长效机制，创新组织开展"创业大讲堂——江苏创业专家青海行"活动。全年陕西省、青海省西宁市和海东市、贵州省铜仁市分别赴苏转移就业4 917人、387人、1 268人，分别完成国家下达江苏省考核任务的140%、117%、231%。选派1 463名江苏优秀专业技术人才到对口帮扶地区支教、支医、支农，完成全年任务的105%。

江苏省人力资源和社会保障厅

南京市

2019年，南京市人力资源社会保障系统坚持以习近平新时代中国特色社会主义思想为指引，深入贯彻党的十九大及十九届二中、三中、四中全会精神，紧紧围绕创新名城和"强富美高"新南京建设，坚持新发展理念和以人民为中心的发展思想，坚持"民生为本、人才优先"工作主线，把握高质量，聚焦首位度，发力"稳进好"，凝心聚力促发展、惠民生、防风险、保稳定，人社事业高质量发展迈出坚实步伐。

一、全力以赴"稳就业"，就业创业规模质量双提升

强化"稳就业"责任担当，积极有效应对内外复杂形势，城镇新增就业32.52万人，城镇登记失业率1.75%，就业态势稳定向好。

（一）就业优先政策体系更加健全。

出台做好当前和今后一个时期促进就业工作实施意见、失业保险支持企业稳岗、就业失业登记管理实施办法等文件，进一步健全稳就业、促创业、防失业政策体系。升级实施青年大学生"宁聚计划"，加强硕博人才引进力度，全年新增就业参保大学生39.13万人，其中硕博人才增长显著，为2018年同期的两倍多。修订外地高校毕业生来宁一次性面试补贴和高校毕业生租房补贴操作办法，打通跨层级、部门间数据共享，实现审核发放"智慧升级"。

（二）创业带动就业势头强劲。

深入实施全民创业行动，持续落实全链条扶持政策，遴选资助优秀创业项目344个，创业担保贷款"绿色通道"覆盖33所高校、16个创业园区。建成创业基地138家，其中大创园75家，紫东国际创意园大学生创业基地成为南京首家国家级创业孵化示范基地。精心举办第二届"大学生双创节"、百所高校在华留学生双创大赛及第七届"赢在南京"青创大赛等系列双创活动，培育自主创业者3.88万人，带动就业19.76万人，其中大学生创业6 619人，再创新高。在第五届中国"互联网+"大学生创新创业大赛上获12金9银，金奖数占全省约三分之二，居全国同类城市前列。

（三）重点群体就业平稳有序。

推进高校毕业生基层成长、就业指导、就业见习等工作，加强供需对接，做好离校未就业高校毕业生实名登记与帮促，开发青年就业见习岗位9 051个，高校毕业生年末就业率96.48%。加大就业困难人员帮扶力度，促进就业困难人员就业，就业援助月、"春风行动"等成效显著，城镇零就业家庭和农村零转移家庭动态清零。全年举办各类招聘会1 230场、提供岗位37.87万个，实现再就业11.51万人，援助就业困难人员就业1.47万人，转移农村劳动力1.09万人。

（四）援企稳岗政策举措扎实有效。

认真落实社保降费政策，全年为企业减负71.24亿元。发放企业吸纳就业岗位补贴、社保补贴、一次性奖励等7.16亿元。在全省率先开展困难企业认定与稳岗返还，失业保险稳岗返还5.86亿元、惠及企业12 244家。大力实施职业技能提升行动，开展政府补贴培训27.12万人次。密切关注做好失业预警监测和

应急准备，切实防范化解规模性失业风险。

二、织密社保"安全网"，城乡一体社保体系更加健全

按照"兜底线、织密网、建机制"要求，深化制度改革，提升服务效能，强化兜底保障功能，进一步提升群众获得感、幸福感、安全感。

（一）社保制度改革不断深化。

积极稳妥推进机关事业单位养老保险改革，4 988名机关退休"中人"待遇发放到位。在全省率先出台城乡居民基本养老保险市级统筹实施办法，全市域范围实现政策、待遇、基金管理、经办服务和信息系统"五统一"。出台国有企业年金办法，企业年金制度新增备案67家，累计349家，养老保险"第二支柱"不断做强。以建筑、化工、餐饮等六大行业为重点开展工伤预防工作，提升工伤预防康复的战略高度，促进工伤补偿、工伤预防、工伤康复"三位一体"的工伤保险制度协调发展。对接税务部门有序推进社保缴费征收职能划转。

（二）社保待遇水平稳步提高。

企业退休人员月人均养老金3 063元，继续居全省前列，城乡居民基本养老保险基础养老金由每月410元调至440元，失业保险金月最低标准由1 290元调至1 350元。

（三）社保覆盖范围持续扩大。

深入实施全民参保计划，职工五险累计参保1 690.49万人次，基金收入825.55亿元。工伤保险"同舟计划"成效显著，建筑业新开工项目参保率100%。社保扶贫政策精准落实，7.78万名困难人员享受居民养老待遇或政府代缴养老保险费。强化基金监管，开展打击欺诈骗保维护基金安全专项行动，有效降低基金运行和支付风险。

（四）社保经办服务不断优化。

推进企业退休人员社会化管理服务市区一体化建设，完成免费健康体检45.69万人。完善部门间数据交换共享机制，提供免费自助打印服务54.46万份，社保智能服务水平进一步提升。

三、做大人才"蓄水池"，多层次人才队伍不断建强

围绕创新名城建设，实施更加积极开放、精准有效的人才政策与服务，引培并举壮大"第一资源"，育才用才成效彰显。

（一）引才渠道更为拓展。

持续放大南京留交会品牌效应，第十二届留交会吸引1 200名海内外人才参会，现场达成合作意向300个。加强留学回国人才创新创业扶持，30个留学人员创新创业项目获国家和省级资助，入选数全省领先，203个项目获市级专项扶持，新增留学回国人员3 820人，总量近4万人。发布主导产业高层次紧缺人才目录，"南京人才驿站"前端引才为近千家单位匹配硕士、博士简历3 500份、成功引进逾500人。创新举措助力事业单位引才，采取合并同质岗位、校园招聘、赴外招聘等方式，服务教育、医卫招录近7 000人，帮助高校院所引进紧缺人才435人。

（二）育才载体更富成效。

新增省级以上博士后工作站14家、招录博士后1 299人，新增数量均居全省首位。评选产生40名第十批市有突出贡献中青年专家。新增2家省级、3家市级留创园，成立"留宁佳"留创园服务联盟打造综合服务平台。首批遴选产生市级企业专家工作室18家、区级企业专家工作室48家，新增国家级2个、省级3个、市级7个技能大师工作室，省级高技能人才公共实训基地2个，全市每万名劳动力中高技能人才数逾千人。

（三）人才体制改革更加深化。

深入实施高层次人才举荐制，36名各行业领域非共识性人才脱颖而出。深化职称制度改革，申报、审核、评审、发证实现一站式线上办理，电子职称证书全省首发。事业单位人事制度改革试点"编制+员额"岗位管理，指导义务教育教师"区管校聘"，研拟特设岗位管理办法。健全终身职业技能培训制度，推进

新型学徒制，大型骨干企业先行先试开展职业技能等级认定，改革技工院校办学和管理模式，启动乡土人才职称评审，技能人才队伍建设实现新突破。

（四）人才发展生态更优。

调整完善适用对象目录，持续做好人才安居工作。新建市级人力资源服务产业园1家，成功举办第七届长三角地区十佳HR经理人评选，诚信人力资源服务体系建设成效连续两年受到人力资源社会保障部和国家市场监管总局通报表扬。深化事业单位人事制度改革，创新岗位管理，分级分类做好行业招聘，优化绩效工资总量调控，市、区表彰奖励工作更加规范。顺利实施30项、25.8万人次、58.4万科次人事考试，确保考试安全"零事故"。

四、打造社会"稳定器"，和谐劳动关系建设扎实有效

创新完善劳动关系调处机制，切实增强劳资纠纷调处能力，促进劳动者权益维护和企业发展实现共赢，全市规模以上企业劳动合同签订率近100%。

（一）和谐创建成效卓著。

依法规范劳动用工管理，劳动合同备案人数达310.5万人，注重劳务派遣用工监管，强化劳动关系监测预警，从源头防范化解风险隐患。建立家庭服务业行业协调劳动关系三方委员会，行业协调迈出实质步伐。2家企业获评全国模范劳动关系和谐企业，中国（南京）软件谷获评省优秀劳动关系和谐园区，徐庄高新区成为省级和谐劳动关系综合试验区，江北新区产业技术研创园成为省级和谐劳动关系示范园区，129家企业为市级和谐劳动关系示范企业。

（二）工资调控科学规范。

深入开展企业薪酬调查和制造业人工成本监测试点，动态掌握企业人工成本变动情况。发布2019年度企业工资指导线，首次发布非竞争类国有企业职工平均工资调控水平和工资增长调控目标，推进改革国有企业工资决定机制，配合做好国企负责人薪酬制度改革。开展"春季要约"行动和首届集体协商竞赛，持续推进集体协商集体合同制度扩面提质，引导企业建立工资正常增长机制和支付保障机制。

（三）权益保障常抓不懈。

聚焦根治拖欠农民工工资问题，强化组织领导，市区联动、部门协同开展根治欠薪攻坚行动，为5 976名劳动者追讨薪酬5 060万元，在2018年度省对市治欠保支工作考核中再获A级，代表江苏接受国务院部际联席会议考核，为省获A级做出贡献。构建劳动人事争议"三纵三横"调解网络，健全矛盾纠纷多元化解机制，加强调裁审衔接，提升办案质效，仲裁立案处理案件结案率达99.96%、调解成功率89.52%。

五、打好扶贫"组合拳"，深化对口帮扶成效彰显

紧扣东西部劳务协作目标，担当作为、锐意进取，开拓思路、优化方法，积极对接西宁、商洛需求，深化人社扶贫，在就业帮扶、人才交流、技能培训等方面达成多项合作成果，全年共帮扶两地2 236人赴苏就业，其中建档立卡贫困人员899名。

（一）帮扶方式从有形覆盖向有效覆盖转变。

坚持一把手负总责、亲自抓，实施制度化安排、项目化管理、长效化推进。搭建全方位、高质量对接平台，建立定期交流互访机制，全年分别与西宁、商洛两市（含区）人社部门互访24次和11次。抢抓开年以"春风行动"为契机，掀起劳务协作高潮，市区联动赴西宁、商洛开展岗位招聘、职业技能培训等活动。全国扶贫日期间开展"就业扶贫行动日"系列活动，精选50家企业、130个适合贫困劳动力速上岗、见效快的岗位信息向两市积极推送，促成人岗高效对接。进一步优化服务，将西宁、商洛籍赴宁贫困劳动力管理服务全面纳入新南京人服务中心体系，指导用工企业帮助落实本地就医、社保、子女就读等政策，营造拴心留人良好环境。

（二）扶持体系从分隔独立向统筹集成转变。

加快推进扶贫基地创建，吸纳更多建档立卡贫困劳动力就业。加大创业支持力度，与商洛人社部门共建"商洛市公益性创业创新孵化服务中心"，68家创业企业入驻孵化，已有18家成功孵化出园。积极支持在当地建立劳动密集型社区工厂，在帮助贫困劳动力就近就地转移就业的同时，实现企业发展共赢。积极拓展合作平台，设立宁商、宁西劳务协作服务站，为当地来宁务工人员提供就业帮扶、政策咨询、权益维护等一站式服务。搭建"互联网+"宁商、宁西网络招聘平台，及时发布招聘岗位信息，以第一线服务、零距离沟通，帮扶农村贫困劳动力，助力企业招贤揽才，全年共发布424条招聘信息，提供就业岗位8 985个，达成就业意向391人。

（三）援助模式从输血扶持向造血扶持转变。

结合西宁、商洛市情，大力开展劳动者技能培训，举办劳务协作培训班44期，培训1 228名当地建档立卡贫困劳动力，帮助提升就业能力和职业转换能力。同时，组织培训当地职业培训师资队伍，在宁举办2019年宁商、宁西对口协作IYB创业特训营、职业培训项目研发暨就业岗位开发研修班，帮助职业培训与就业创业服务工作者掌握必要的知识和方法，留下一支"不走"的师资队伍、专业机构、市场主体。精心做好"三支"人才选派工作，强化干部人才双向挂职交流培训，精心选派181名专业技术人才赴西宁、商洛当地支教支医支农。结合人力资源社会保障部"海外赤子为国服务行动计划"，精心组织开展海外高层次人才对接交流，精选多个高端项目向当地政府和企业进行推介，为助推引进高层次创业人才项目建立有效平台。

六、创树人社"宁满意"，系统行风建设持续推进

以深化系统行风建设为抓手，深入推进减证便民、拓服创优、限时提效三项行动，进一步简流程、优服务，致力打造南京人社"宁满意"品牌，受到服务对象好评。

（一）公共服务提质增效。

深化"放管服"改革，动态调整行政审批和公务服务事项清单及办事指南，试点告知承诺制，行政审批数据省市互联互通、实时共享，平均审批时间压至1天以内。持续优化线上线下公共服务，常态化走访基层和企业，创新设立市、区人社105个服务企业微信群，持续推送政策信息，精准掌握企业需求，实时对接提供服务，日均答疑解惑6 000条。"一站""一窗""一网"服务再升级，清单内审批服务网办率98.9%，社保卡功能进一步拓展，启动三代卡和电子卡建设，人社服务信息化支撑能力不断加强。12333咨询总量达439万人次、综合服务满意度93.2%。

（二）练兵比武全员行动。

在全系统大力开展业务技能练兵比武，以比促练、以练促用，全员参与学政策、钻业务、练技能、强服务、提质效，人社四级平台专业水平和服务能力得到整体提升。在江苏省比武大赛中实现团体一等奖和个人奖项"大满贯"；选手代表江苏参加省际邀请赛和全国赛为获团体佳绩做出贡献，个人获最佳风采选手奖和"人社知识通"称号，省厅专门致函表扬。

（三）班子队伍持续建强。

深入扎实开展"不忘初心、牢记使命"主题教育，严格落实党风廉政建设责任制，推动全面从严治党向纵深发展。抓实日常教育管理监督，力行监督执纪"四种形态"，强化纪律规矩刚性约束。认真做好干部工作，常态化选派年轻干部赴基层一线锻炼，巩固拓展"人社学思行"、各类专题培训等学习平台，按需施教增强干事创业本领。

南京市人力资源和社会保障局

浙 江 省

2019年，面对国内外风险挑战明显上升的复杂局面，面对改革发展稳定的繁重任务，浙江省人力资源社会保障系统在浙江省委、省政府的坚强领导下，坚持以习近平新时代中国特色社会主义思想为指导，坚持稳中求进工作总基调，认真贯彻落实中央和省委、省政府决策部署，坚持新发展理念，紧紧围绕"八八战略"再深化、改革开放再出发，聚焦聚力稳企业、增动能、保平安，扎实开展"三服务"活动，高标准开展"不忘初心、牢记使命"主题教育，各项工作取得显著成效，圆满完成全年目标任务。

一、就业创业工作

聚焦稳企业防风险，完善落实稳就业政策，全省就业局势保持总体稳定。坚持"稳企业就是稳就业"的工作理念，积极落实社保费返还等援企稳岗政策，全年为企业减负361亿元，其中全国率先返还企业社保费达127亿元，返还金额居全国第一位，切实减轻了企业负担，稳定了企业用工，确保了全省就业局势稳定。全年城镇新增就业125.7万人，失业人员再就业45.39万人，年末城镇登记失业率2.52%，城镇调查失业率4.3%，继续保持低位运行。有效应对中美经贸摩擦对就业的影响，建立省市县三级联动应对机制，加强重点企业用工监测，精准帮扶2万余名失业职工和缺工企业有效对接，实现就地就近再上岗。制定出台职业技能提升行动实施方案，从失业保险基金中提取86.9亿元专项培训资金，全年培训109万人次。强化重点群体就业帮扶，健全以高校毕业生为主体的青年就业帮扶机制，全年组织见习1.97万人，帮扶困难人员实现就业15.31万人。注重发挥创业带动就业的倍增效应，大力推进创业孵化基地建设，2家基地入选全国示范基地，全年发放创业担保贷款32.25亿元，扶持创业5.12万人。探索开展返乡入乡合作创业带头人培训，省市县联动开展培训169期，培训7 755人次。持续深化东西部扶贫劳务协作，结对4省建档立卡人员在浙稳定就业新增3.2万人，超额完成国家下达的目标任务，继续走在全国前列。

二、人才队伍建设

聚焦增动能注活力，持续强化人才有效供给，积极赋能经济高质量发展。坚持做大人才"基本盘"，全年引进各类人才98万人，其中省外大学生50万人。聚焦引进海外优秀青年人才，首次联合浙江大学、西湖大学、之江实验室和阿里达摩院，成功举办数字经济国际青年人才论坛。大力实施"博士后倍增工程"，全年招收培养博士后研究人员2 130人。积极向人力资源社会保障部争取并获批之江实验室、西湖大学博士后独立招收资格，助力新型创新平台引进高端人才。在全国率先启动大学生实习计划，全省共组织近6万余名大学生来浙实习。建成国际人才路演中心，为国际高端人才落地提供全流程的一站式服务。率先建成省人才服务平台，人才服务受到各类人才的好评。加强技能人才队伍建设，打通工程技术领域高技能人才与工程技术人才职业发展贯通渠道，出台企业职业技能等级认定试点办法。大力发展技工教育，5所技工学校升格为技师学院，同时，围绕技工教育招生渠道不顺畅、学历待遇不平等和师资力量薄弱等瓶颈问题，开展专题调研，并提出针对性的政策意见。在第45届世界技能大赛中，浙江省选手获得1金2银1优胜的优异成绩。成功举办首届中国（浙江）技能培训教育博览会。深入实施人力资源服务业发展工程，编制省级人力资源服务业发展蓝皮书，确定首批100家重点培育机构。全年举办人力资源供需对接活动1.5万场次，服务市场主体200万家次。助推宁波建成国家级人力资源产业园。

三、人事制度改革

完成2018年度全省事业单位工作人员年报数据统计上报工作。出台《关于支持和鼓励高校科研院所科研人员兼职创新创业的指导意见（试行）》。印发《关于深化机关内部"最多跑一次"改革开展"省属事业单位工作人员交流（调动）""一件事"联办的通知》。完成事业单位人事管理省集中数字化平台首期建设。全年批复32家省属事业单位岗位设置及变更，核准备案316家省属事业单位岗位聘任变动8 085人，办理省属事业单位管理岗位五、六级职员等级晋升118人。集中发布52家省属高校、科研院所和医院的高层次、紧缺急需岗位4 717个，审核省属事业单位公开招聘方案418批次、计划招聘10 178人，核准备案360家省属事业单位公开招聘4 196人，办理省属事业单位人员交流手续383人次。

四、社会保障工作

聚焦惠民生暖民心，着力提升社会保障水平，让百姓更好共享发展成果。坚持突出重点，面向非公有制经济组织和新业态从业人员，精准扩大参保覆盖面，全年全省基本养老保险参保人数达到4 231万人。着力完善养老保险制度体系，在深入开展调查研究的基础上，初步形成企业职工基本养老保险基金省级统收统支方案。积极落实企业职工基本养老保险中央调剂制度，上解中央调剂金113亿元，为全国保发放大局做出了贡献。建立城乡居保待遇确定和基础养老金正常调整机制。全面推行实习学生和超龄人员单险种参加工伤保险政策，参保人数近20万人，受到用人单位和劳动者普遍欢迎。率先创建新业态从业人员职业伤害保障机制。围绕实现社保基金保值增值，牵头完成省政府与全国社会保障基金理事会签署城乡居保基金委托投资合同；研究制定职业年金基金管理实施方案及配套制度，积极做好职业年金基金投资运营准备工作。加强社保基金监督，推动实现全省社保基金第三方审计全覆盖，出台防范和查处涉刑等人员违规领取养老保险待遇问题的政策意见，切实加强社保基金管理风险防控。

五、劳动关系工作

聚焦促和谐保平安，打赢根治欠薪攻坚战，全省劳动关系更加和谐稳定。围绕促进新业态经济健康发展和保障从业人员合法权益，在全国率先出台优化新业态劳动用工服务的综合性指导意见，对新业态实行更加多元的用工形式和更加灵活的社会保险、工时休假等政策。深入推进特殊工时制审批清单式改革，积极开展技术工人工资集体协商试点。开展全省劳动关系和谐企业、和谐园区创建表彰。稳步推进国有企业工资决定机制改革。按照习近平总书记关于根治欠薪问题的批示精神，全力开展"无欠薪"创建，强化重点领域专项治理，完善欠薪治理长效机制，对受中美经贸摩擦影响的困难企业开展执法服务，充分发挥省欠薪联合预警指挥平台作用，欠薪治理效能进一步提升。全年各级劳动保障监察机构立案查处欠薪案件487件，涉及7 455人、7 905.2万元，同比分别下降67.4%、56%和58.6%。在国务院对省级政府2018年度保障农民工工资支付工作考核中，浙江省继续位列第一，"浙江无欠薪"行动品牌进一步擦亮叫响。坚持矛盾纠纷化解在基层，推动全省乡镇（街道）"1+

X"劳动争议多元化解机制建设，实现60%以上劳动纠纷在基层化解。上线试运行"浙江劳动人事争议调解仲裁网络平台"，建成全国首个全业务全流程线上劳动人事争议维权平台。积极化解重点人群的信访诉求，守住平安底线。

六、行风建设工作

聚焦优服务促转型，深化"最多跑一次"改革，人社治理效能持续提升。对照国际国内"领跑者"标准，以深化"最多跑一次"改革"领跑者"（金华）综合试点为牵引，持续推动"最多跑一次"改革，迭代升级"八统一"标准，进一步精简申请材料、压缩办事时限，群众办事便利度进一步提升。在国家"互联网+政务服务"评估考核中，省本级跑零次、即办率等6项指标领跑全国。坚持整体政府理念，聚焦公民个人和企业生命周期，牵头推进个体劳动者就业创业、失业、社保关系转移接续、退休和员工招聘5件"一件事"改革和事业单位人员交流调动"部门联办一件事"改革，实现群众办事只到政府"跑一次"。加快推进人社数字化转型，编制总体规划方案，加大业务协同和数据归集共享力度，全省政务服务事项"网上办""掌上办"和民生事项"一证通办"实现率分别达到100%、99.8%、100%。稳步推进全省就业监测平台和事业单位人事工资管理服务等系统建设，省本级数字化转型工作位居省级部门第3名。积极推进电子社保卡签发和应用，全省共签发电子社保卡1 172万张，居全国首位。借助电子社保卡扫码设备，实现了持卡人"凭码办事"。同时，大力开展窗口单位业务技能练兵比武活动，在全国邀请赛和总决赛中分别获得第二名和第五名，全省系统窗口服务质量和水平进一步提升。

七、人社扶贫工作

在贵州省黔西南州举办2019"浙江—贵州"就业扶贫劳务协作专场招聘会，参加企业75家，提供就业岗位8 000余个，其中针对建档立卡贫困人员的没有技能要求、没有学历要求的爱心岗位有3 000多个，招聘会共有8 000余名劳动者进场求职，其中建档立卡贫困人员1 023人，易地搬迁户2 131人，现场达成就业意向2 362人，其中建档立卡贫困人员687人。"浙江—吉林"就业扶贫劳务协作专场招聘会在吉林省四平市举行，根据当地贫困劳动力特点和浙江省产业发展导向，共组织宁波、绍兴、金华、衢州、台州等地的53家用人单位前往招聘，共推出岗位6 400余个，其中爱心岗位2 800多个，这次招聘会有近2 200名求职者参加，现场达成就业意向687人，其中贫困劳动力64人。2019年"两不愁三保障"就业扶贫劳务协作"浙江—四川"（阿坝州专场）招聘会在四川省阿坝州马尔康市举行，组织69家用人单位推出岗位5 287个，其中1 407个爱心岗位优先招聘建档立卡贫困人员，招聘会现场登记求职2 000余人，达成就业意向465人。

浙江省人力资源和社会保障厅

杭 州 市

2019年，杭州市人力资源社会保障部门坚持以人民为中心，促进就业创业，完善社会保障，强化人才支撑，推进"最多跑一次"改革，发展和谐劳动关系，有力发挥了保障民生和服务发展的功能。

一、就业创业

（一）就业局势保持稳定。

出台《杭州市人民政府关于做好当前和今后一个时期促进就业工作的实施意见》及配套文件，持续实施失业保险援企稳岗"护航行动""展翅行动"和困难企业社保费返还工作，推进高校毕业生就业引领工程，实施新引进应届高学历毕业生本科1万元、硕士3万元、博士5万元的一次性生活补贴政策，就业形势保持稳定。全年新增城镇就业33.95万人，应届高校毕业生就业8.8万人，城镇登记失业率控制在1.8%的较低水平。

（二）大众创业持续推进。

实施大学生创业三年行动计划（2017—2019年）。开展大学生创业见习工作，12家创业见习基地提供创业见习项目68个。成立杭州大学生创业企业发展促进会，无偿资助大学生创业项目348个2 967万元，资助留学人员在杭创新创业项目51个3 135万元，新成立大学生创业企业2 390家、带动就业9 078人。举办第六届中国杭州大学生创业大赛、400强项目中119个项目在杭落地。扶持大众创业，开展创业培训1.4万人，其中网络创业培训6 121人，发放创业担保贷款5.4亿元，新认定市级创业陪跑空间6个。组织"2019杭州国际创业马拉松"活动，举办2019杭州国际众创大会，促进投融资对接5 000万元。

（三）就业帮扶及时有力。

落实鼓励用人单位吸纳、灵活就业、公益性岗位安置等城乡失业人员就业帮扶政策，全面完成公益性岗位改革转型，全年帮扶失业人员实现再就业6.4万人。强化大学生就业能力，全市见习训练大学生8 914人，大学生就业创业师友计划服务延伸至复旦大学、南京大学、上海财经大学、黄山学院等长三角重点高校。

二、社会保障

（一）社保一体化加速推进。

临安区、桐庐县、建德市、淳安县四地社会保险信息系统纳入市本级统一管理，上线社保市级集中应用系统，实现全市社保服务一个平台、业务经办一个应用系统、信息数据一个数据库，实现市域范围内社保关系自动接续。实施临安区社保融杭计划，至年末，临安区各项社保待遇90%与主城区保持一致。助力长三角一体化发展，实现长三角地区养老保险关系转移接续全流程线上办理。

（二）全民参保计划基本实现。

截至年底，全市职工基本养老保险、工伤保险、失业保险参保人数分别达658.5万人、556.7万人、486.7万人，比上年同期分别新增参保33万人、36.6万人、27.3万人，基本养老保险参保率99.1%，基本实现"人人享有社会保障"。

（三）社保待遇水平持续提高。

继续提高企业退休人员养老保险待遇，惠

及全市企业退休人员145.8万人，其中，市区（不含临安区）养老金月人均提高153.7元，调整后市区平均基本养老金水平为3 130.2元/月。调整城乡居民基本养老保险基础养老金标准，其中市区（不含临安区）由每人每月220元提高到240元，临安区由每人每月190元调整到220元。出台《关于调整杭州市工伤保险费率有关问题的通知》，完善全市工伤保险费率政策。

（四）社保综合降费全面落实。

推进社保降费减负工作。对不裁员或少裁员的工业企业和受中美经贸摩擦影响的商贸企业返还3个月的企业及其职工应缴社保费，全市返还2.2万家企业社保费30.3亿元，惠及职工67.9万人。对不裁员或少裁员的企业，返还2018年实际缴纳失业保险费的50%，全市返还0.58万家企业失业保险费2.9亿元，惠及职工86万人。对制造业、交通运输业、建筑业等行业企业阶段性降低社保费，相当于单位缴费部分2个月的额度，全市减征5.9万家企业社保费32.7亿元。延长阶段性降低失业保险、工伤保险费率期限，单位和职工失业保险按0.5%费率缴纳、工伤保险基准费率降低50%等政策延长至2020年4月30日，减征企业失业保险费13.5亿元、工伤保险费5.4亿元。降调灵活就业人员和个体工商户缴费基数，5月起灵活就业人员和个体工商户参加企业职工基本养老保险最低缴费基数调整到全省在岗职工上年度月平均工资的60%。

（五）社保基金管理进一步加强。

开展社保基金管理风险专项检查和全市社保经办机构工作人员及其直系亲属参保和待遇享受情况排查，加强社保基金监管和经办风险防控。对全市服刑领取、死亡冒领、重复领取养老金"三项指标"疑点数据开展核查比对，加强违规领取养老金追缴工作。开展社会保险稽核工作，稽核228家用人单位14.5万人次。

（六）社保服务数字化转型升级。

推进企业与公民个人生命周期"一件事"联办，协同实现商事登记、上学报名、公民身后、退役军人等"一件事"联办。提高咨询解答水平和服务接待能力，试行智能语音和人工交互接待服务，推进线上线下智能导办。升级"社银合作"，全市共700余个银行网点提供参保登记、查询打印、保险关系转移接续等30余项常用事项办理服务。

三、人才队伍建设

（一）重大人才政策持续创新。

出台《关于服务"六大行动"打造人才生态最优城市的意见》（"人才生态37条"）和博士后倍增计划、"钱江特聘专家"计划、"杭州工匠"培养计划、应届高学历毕业生生活补贴、大学生创业项目资助、海外人才工作顾问等实施细则，发布杭州市高层次人才分类目录（2019年修订版）。接轨杭州产业发展，聚焦数字经济中云计算、大数据、物联网、网络数据安全、集成电路、人工智能六大重点发展领域，编制发布《杭州市2019年度数字经济重点领域紧缺人才需求目录》。杭州人才净流入率和海外人才净流入率均居全国城市榜首。

（二）引才引智引项目质量提升。

举办2019杭州国际人才交流与项目合作大会，组织中德生物经济大会、海外高层次人才项目洽谈、长三角高层次人才招聘会、"创客天下"大赛等38项活动，58个国家和地区的867名留学人员1 200余个高质量项目参会，长三角地区1 561家企业设展招聘，与会人员达7.2万人，杭州市签约人才项目391个、金额60.8亿元，达成初步就业意向1.1万人次。举办"创客天下·2019杭州市海外高层次人才创新创业大赛"，1 545个项目进入海选，同比增长99%，其中外国（非华裔）人才项目416个，14个项目在杭签约落户。新入选"国家千人计划"人才25名、"省千人计划"人才101名。

（三）人才培养培育加大力度。

实施《杭州市"131"中青年人才培养计划（2016—2020年）》，选派11名"131"培养人选赴美开展"数字技术融合创新"短期培训，5名"131"培养人选参加出国中长期培训。新增百千万人才工程国家级人选2人，选聘钱江特聘专家94人，入选省有突出贡献中青年专家5人，设立省级博士后工作站26家，引进博士后研究人员221人。出台《关于进一步加强"名城工匠"培养生态建设的实施意见》，实施培育"杭州工匠"行动计划（2016—2020），组织20名高技能人才赴美国开展"基于先进制造业和现代服务业需要的职业技能培训"，新建省级技能大师工作室4家、市级技能大师工作室36家，组织市、区（县市）级技能竞赛130场、带动岗位练兵24.5万人次。全年培养高技能人才4.2万人，认定杭州市首席技师20人、市技术能手70人，遴选市"百千万"高技能领军人才"拔尖技能人才"30人、"优秀技能人才"302人，获得第45届世界技能大赛美发项目金牌、汽车喷漆项目优胜奖各1个。

（四）人力资源服务业发展。

举办"发现驱动·智创未来"2019杭州人力资源服务和产品创新路演，推动行业技术创新、服务创新、模式创新，对10个创新项目给予240万元资助。举办承办第七届中国（浙江）人力资源服务博览会、2019中国杭州国际人力资源峰会、2019浙台合作周·人力资源交流与产业合作论坛等活动，促进人力资源产品创新和供需对接。引导人力资源服务机构助力脱贫攻坚，提升打造"产教融合+校企合作""互联网+全域扶贫""阵地前移+三送服务""订单培训+定向输出""创业培训+创业带就业"等助力脱贫攻坚"五大模式"。32家人力资源服务机构入选浙江省首批100家重点培育人力资源服务企业名录。

四、人事制度改革

（一）深化事业单位人事制度改革。

市委组织部、市人力资源社会保障局出台《杭州市事业单位特设岗位设置管理暂行办法》，允许突破单位常设岗位总量、最高等级和结构比例，允许单位自行制定收入分配倾斜办法，市属事业单位在绩效工资总量内单列。拓展多层次、有针对性的公开招聘模式，组织101家市属事业单位统一招聘工作人员258人，组织事业单位到"双一流"大学设点公开招聘高层次人才178人，指导市教育、卫健系统开展自主招聘工作，市属事业单位以备案方式引进A、B、C类高层次人才9名。

（二）完善机关事业单位工资制度。

深化事业单位收入分配制度改革，开展绩效工资专题调研，市人力资源社会保障局、市财政局制定出台《关于完善市本级事业单位绩效工资政策的若干意见》，加强对市本级事业单位绩效工资的精细化管理。根据经济社会发展，稳步提高事业单位绩效工资水平，调整月考核奖和部门调控额标准。

（三）认真做好表彰奖励工作。

对全市符合条件的中华人民共和国成立前参加革命工作、中华人民共和国成立后获得国家级表彰奖励及以上奖励荣誉两类对象共2 103人，按"一章对一人"要求颁发中华人民共和国成立70周年纪念章。

五、劳动关系

（一）夯实劳动关系和谐基础。

深入实施"构建和谐劳动关系三年行动计划（2018—2020年）"，开展劳动用工政策法规宣传，引导企业培养劳动关系领域专业人才，免费为企业开展劳动用工诊断。市企业社会责任建设暨发展和谐劳动关系工作领导小组出台《关于深入开展区域性（园区）和谐劳动关系创建活动的实施意见》，培育和谐劳动关系标杆园区，从点到面推进区域性和谐劳动关系创建工程。传化集团等10家民营企业确定为首批"杭州民营企业构建和谐劳动关系现场教学点"。规范劳务派遣用工行为，开展劳务派遣年度经营情况报告核验、劳务派遣用工情况专项检查。督促规范劳动合同签订，加强协调劳动关系三方机制建设，全市劳动合同签订率99.4%。

(二) 完善企业工资收入分配。

继续深化国有企业工资决定机制改革。开展工资集体协商"集中要约行动",推进行业性、区域性工资集体协商,全市签订工资专项集体合同2.9万余份,覆盖企业7.6万余家、职工320万余人。发布2019年杭州市劳动力市场工资指导价位、养老护理员工资指导价位和部分技术工人40个职业(工种)分等级的薪酬调查结果,为各类企业招工、劳动者求职以及双方协商确定工资报酬提供参考依据。发布2018年杭州市区全社会单位在岗职工(含劳务派遣)年平均工资为73 678元,同比增长11.2%,扣除价格因素,实际增长8.7%。

(三) 推进基层劳动纠纷多元化解。

至年末,全市154个乡镇街道完成劳动纠纷多元化解机制建设,完成率80%。吸纳律师和人民调解员充实劳动纠纷多元化解队伍,举办劳动纠纷多元化解工作人员培训班,提升基层调解仲裁队伍工作能力。推广劳动争议调解工作经验,参与发布《长三角区域(杨浦—杭州—南京—合肥)2017—2018年劳动争议白皮书》。全市处理劳动人事争议案件15 330件,结案15 729件(含上年结转未处理案件),当期结案率102.6%。

(四) 加大劳动保障监察力度。

深入开展"杭州无欠薪"专项治理行动,全市各级劳动保障监察机构监察检查用人单位12.5万余家(次),协调处置各类劳动保障违法案件5 439件。组织实施农民工工资支付检查、人力资源市场秩序整治、互联网企业执法服务、安全月检查、根治欠薪夏季行动、根治欠薪冬季攻坚行动等专项治理行动6次,检查用人单位11 070家,针对性集中整治、规范劳动用工秩序。推动根治欠薪工作,全年为2 414名劳动者追发工资待遇1 517万余元,向公安机关移送涉嫌拒不支付劳动报酬犯罪案件23件,公开曝光重大欠薪违法企业57家。

六、行风建设

(一) 开展行风查纠整治。

坚持抓整治、优服务两手并举,着力查纠"三不""四风"问题。围绕人力资源社会保障部"正行风、树新风,打造群众满意的人社服务"目标,加强全市系统行风建设,开展行风问题警示教育、行风建设专项暗访督查,以窗口工作人员服务态度、服务效率、服务能力为重点,查纠突出问题,督促落实首问责任制、一次性告知制等服务制度。以"党建双强双优"为抓手,开展岗位练兵和业务竞赛、微笑服务评比等系列活动,选树一批"两优一先""最美人社奋斗者"和优质服务窗口、服务标兵等先进典型,引领系统服务水平提升。开展"走亲连心三服务"蹲点调研活动,深入基层村镇和企业调查研究、宣传政策,帮助解决问题。

(二) 深化"最多跑一次"改革。

持续深化"最多跑一次"改革,全面构建群众办事便利的人社政务服务体系。人社领域33个主项、129个子项、10个孙项、2个特有事项100%实现跑零次、网上办、掌上办,其中,39个民生事项全部实现"一证通办",65个事项实现"全市通办"。做好"个体劳动者就业创业""大学生创新创业""引进人才居住证办理""社会保险关系转移接续""员工招聘""失业"等6个"一件事"全流程"最多跑一次"工作,深化"企业职工退休"24个事项"一件事"联办,全市平均每月办理退休5 800余人次。推进机关内部"最多跑一次"改革,梳理7个主项32个子项,100%实现线上(浙政钉App)办和跑零次,14个事项做到当场办结,占事项总数43.8%。

(三) 推进公共服务信息化标准化。

完成杭州人社所有民生事项"一证通办"在华数综合自助办事服务机终端办事接入,推行政务服务事项"全省通办",集成长三角地区政务服务"一网通办"事项。全面推进企业退休人员档案电子化工作,主城区退休人员档案至12月底全部完成上传应用,各县(市)启动整理扫描。开发建立领取养老待遇资格认证手机终端平台(支付宝)应用,实现"静默认证"。增加支付宝App和市民卡App两个渠道签发电子社保卡,截至12月,全市社保卡发卡1 027万张,电子社保卡签发211.5万张。

七、人社扶贫

(一)开展东西部对口帮扶协作。

实施《杭州市东西部扶贫劳务协作三年行动计划(2018—2020年)》,进一步加大东西部就业扶贫政策支持力度。2019年度,贵州省建档立卡贫困人员在杭稳定就业6 232人,新增就业1 894人,其中黔东南州在杭稳定就业3 364人,新增就业1 274人;湖北省建档立卡贫困人员在杭稳定就业5 976人,新增就业1 336人,其中恩施州在杭稳定就业1 596人,新增就业537人。杭州市在对口帮扶地区共举办专场招聘会82场,861家(次)杭州企业参会,累计提供扶贫就业岗位6.7万个。发挥黔东南州驻杭"1+16"、恩施州"1+8"劳务协作工作站职能优势,打造"总站+分站+企业+联络员"劳务协作工作体系,为贫困人口来杭就业提供政策指导、权益维护等"一条龙服务"。择优评选10家就业扶贫"爱心企业",给予每家5万元的一次性奖补。与对口地区共同推进"教育+就业"精准扶贫模式,继续招收200名恩施籍建档立卡贫困生到杭州第一技师学院、轻工技师学院就读,杭州帮扶资金给予每位学生每年1万元生活补助,恩施州给予每位学生3 000元交通补助和2 000元生活补助,并向20名优秀贫困学生颁发"浙金奖学金"。举办创新创业培训班,200余名创客参加培训。在恩施州举办2019杭州市·恩施州·黔东南州东西部协作网络创业大赛,黔东南、恩施两州共选拔50余个项目参赛。杭州大学生创业企业发展促进会与黔东南州雷山县签订创业帮扶协议,启动"涌泉计划"雷山企业服务工程,浙江华博特教育、艺福堂茶叶、浙江每日互动等20家大学生创业企业与雷山脚尧茶业、雷山万城生态农业等20家当地企业一对一结对。组织2个国家级人力资源产业园与黔东南州、恩施州签订人力资源战略合作协议。杭州市与对口地区签订劳务合作协议34份,召开劳务协作会议92场,协调解决劳务协作方面的问题203个。

(二)推进人社领域各项扶贫工作。

实施2019杭州就业援助精准服务计划,推进就业援助市场化、社会化运作,开展就业援助公益示范、私人定制服务周和重点群体公益周等活动,帮扶就业困难人员实现就业。全市全年发放用工社保补贴、自主创业社保补贴、公益性岗位补贴、灵活就业社保补贴等补助补贴12.2亿元,惠及各类就业人员26万人。开展淳安县创业扶贫工作,实施2019—2020年"结对淳安·创业助跑"帮扶计划,将创业资源导入淳安,助推淳安"大众创业、万众创新"发展。

推进贫困人员参加城乡居民基本养老保险应保尽保,对贫困人员参加城乡居民基本养老保险个人缴费按当地最低档次缴费标准给予全额补贴;对残疾人参加城乡居民基本养老保险个人缴费按当地最低档次缴费标准给予部分或全额补贴。截至年底,全市财政代缴城乡居民基本养老保险的困难人员2.8万人、金额257万元,已享受基本养老金待遇的困难人员5.6万人。

促进人才政策向西部区、县(市)倾斜,在萧山区、余杭区、富阳区、临安区、桐庐县、淳安县、建德市四区三县(市)工作的A、B、C类人才可以在市区落户,安排子女入学。对四区三县(市)符合市级无偿资助条件的大学生创业项目,在享受当地项目无偿资助的基础上,由市财政再按当地财政项目无偿资助额50%的标准给予追加资助。应届大学毕业生在富阳区、临安区、桐庐县、淳安县、建德市等西部区、县（市）工作满3年后，在享受一次性生活补贴政策的基础上，再给予本科1万元、硕士3万元、博士5万元的生活补贴，引导推动人才向西部区、县（市）流动。

杭州市人力资源和社会保障局

宁 波 市

2019年，宁波市人力资源社会保障系统坚持以习近平新时代中国特色社会主义思想为指引，认真贯彻国家、省人社工作部署和市委、市政府"六争攻坚、三年攀高"行动要求，扎实构建"品质+、阳光+、互联网+、美丽+"的"4+人社"发展格局，深化打造"2+5"品牌计划，圆满完成了各项工作任务。

一、城乡就业

深入实施"甬上乐业"计划，以"援企稳岗促发展""重点扶持促就业""夯实基础强服务"三大行动为抓手，大力支持和促进各类群体就业创业。

（一）稳妥实施援企稳岗专项行动。

全面落实失业保险援企稳岗政策，发放困难企业稳岗返还资金11.07亿元，惠及企业29 695家。成功举办"甬上乐业"——2019宁波就业创业服务交流大会，深化校企合作精准对接，市县联动组织开展"春风行动"、就业援助月、就业创业服务月等专项活动，切实把就业创业相关政策措施落实到位。全年城镇新增就业25.38万人，同比增长9.41%；城镇登记失业率1.61%，继续保持低位。

（二）持续优化就业创业服务机制。

深化高质量就业社区（村）和创业型区县（市）建设，加强对口支援劳务协作，创新实践"公共就业创业服务+"新模式，着力打造宁波市就业创业资源对接平台，提升全方位公共就业创业服务水平。全年建成300个市级高质量就业社区（村），吸纳对口帮扶地区建档立卡贫困劳动力来甬稳定就业2 208人，全市新增创业实体17.8万家、新增创业者22.74万人，发放创业担保贷款7.65亿元，连续6年发放额度领跑全省。

（三）深入开展就业监测分析研判。

强化稳就业风险应对，建立"周会商、月分析、季通报和半年度评估"就业形势会商研判工作机制，密切关注中美贸易摩擦对就业的影响。专题对涉美贸易5 000余家企业开展用工调查、1 258家企业进行问卷调查、376家涉美加税企业按月按旬就业监测。

二、社会保障

按照从"制度全覆盖"向"人员全覆盖"推进的目标，基本实现人员全覆盖目标，社会保险事业已进入全民社保新时代。

（一）持续推进参保扩面工作。

截至年底，全市户籍人员养老保险参保率达到98.82%。企业职工基本养老保险、工伤保险、失业保险参保分别达468.2万人、375.5万人、297.21万人，比上年同期分别净增15.2万人、5.6万人、15.39万人。

（二）不断提高养老保障水平。

全市118.6万名企业退休人员月人均增加养老金133.43元，人均养老金水平增至2 502.96元/月，人均增幅为5.64%。

（三）稳步推进社保改革任务。

社保费征管职责有序划转，城乡居民、灵活就业人员社保费顺利移交税务部门征缴，工作推进位列全省前茅。建成工伤保险信息一体化系统，全市121工伤保险定点医院实现工伤住院费用直接结算，破解单位个人"先垫付、后零报"难题，工伤从申报到理赔全流程"一条龙、零跑腿"走在省内前列。按照上级部署，机关事业单位养老保险制度等改革任务顺利实施。

（四）推出便民利企创新举措。

实现"领丧葬费、企业职工退休、工伤报销、社保转入、社保转出、用工参保"6项"一件事"联办，深入浙江中烟、镇海炼化等大型企业开展上门退休预审服务，实现灵活就业人员App参保缴费，上述工作受到人力资源社会保障部相关单位充分肯定。推出微信支付宝支付、取消相关证明材料、劳动能力鉴定申报网上办理、企业退休人员"四化"服务等举措受到普遍欢迎。

（五）积极防控基金安全风险。

建设推广宁波社保风控系统，完善稽核风控功能，梳理采集155个事项风险点，获得人力资源社会保障部、省人力资源社会保障厅相关单位领导的高度肯定。12月中旬，在甬召开全国社会保险经办风险防控交流会，与会各省份社保经办机构同志对该系统进行了集中观摩。

（六）实施阶段性社保费减负政策。

全年全市为15.05万家企业减负养老、工伤、医疗保险费9.31亿元，其中，对新上规模小微企业临时下浮社会保险费缴费比例，为2 300家企业减负8 543.02万元；在省内率先完成首批阶段性降低企业职工医保单位缴费任务，惠及企业14.82万家，涉及244.26万人，减负8.46亿元。另外，阶段性下调失业保险费率，为19.2万家企业减负5.5亿元；工伤保险用人单位平均费率降至0.508%。

三、人才队伍建设

（一）加大人才引进力度。

全年全市人才总量263.1万人。新引进大学生13.7万人，同比增长65.2%。新增高技能人才5.89万人，同比增长17.7%。人才净流入率居全国城市第2位，制造业人才净流入率居全国首位。

（二）推进国家级产业园落户。

8月20日，人力资源社会保障部复函浙江省人民政府，同意在宁波建立国家级人力资源服务产业园，名称定为"中国宁波人力资源服务产业园"。

（三）持续开展创新创业大赛。

11月15日，由人力资源社会保障部相关单位指导，中国人事科学研究院和宁波市人民政府联合举办2019中国（宁波）人力资源服务创新创业大赛总决赛，此项赛事始于2015年，每年举办1次。

四、人事制度改革

（一）规范事业单位人员管理。

根据党和国家机构改革部署要求，市委组织部、市人力资源社会保障局联合印发了《关于市党群系统事业单位人事综合管理有关问题的通知》，明确市本级事业单位人事管理分工和事项梳理，将党群口40家事业单位近1 000名工作人员移交市委组织部管理。

（二）提升高层次人才水平。

开展事业单位人事管理政策建设年活动。在全省率先制定出台《事业单位特设岗位设置管理实施办法（试行）》，通过制度创新体现特殊支持、分类实施体现特殊用途、条件控制体现特殊管理，为事业单位吸引和聚集高层次、高技能人才开辟"绿色通道"。制定《宁波市事业单位专业技术二级岗位拟聘人选审核认定实施细则》，首次开展自行审核认定工作，按规定程序完成了20名二级岗人员聘任工作。会同市教育局出台《宁波市中小学校专业技术三级岗位管理办法（试行）》，首批16名正高级中小学教师获评三级岗。

（三）提升公共服务质量。

推进事业单位人事管理机关内部"最多跑一次"试点。建设事业单位人事管理综合信息系统，打造市县两级"数据、平台、业务"一体化网上办理平台，实现了从"跑部门"办理向线下、线上并行办理的转变，从被动服务向互动智慧服务的跨越。

（四）加强行政队伍建设。

依法规范事业单位人事管理。全年共组织公开招聘243家次，发布公开招聘计划7 101人，公示拟聘用人员4 899人。其中市本级128家次事业单位发布招聘计划2 403人，公示拟聘用人员1 276人。连续两年开展宁波市面向应届优秀高校毕业生选聘高层次紧缺人才工作。市、区县（市）、开发园区联动推出246个岗位，共有224名考生进入考察体检环节，为本市引进储备了一批经济社会发展急需的优秀青年人才。全年共核准（调整）50家市属事业单位岗位设置方案；对市属500余家次事业单位6 500余人次进行了岗位变动认定。首次举办为期一个月的事业单位领导人员学习贯彻习近平新时代中国特色社会主义思想进修班，并纳入市委党校主体班次，85位处级领导人员圆满结业，事业单位领导人员培训走上规范化、制度化、常态化轨道。

五、劳动关系

（一）持续推进和谐劳动关系构建。

5月23日，召开主题为"温暖同行、共创和谐"的和谐劳动关系创建经验交流暨深化集体协商推进会，按照职工和企业利益双维护、行政和市场双调节、物质和精神双关怀、企业和区域双创建的要求，通过一揽子举措，和谐劳动关系构建工作成效显著。宁波市国家高新区成为全国构建和谐劳动关系模范工业园区，新增全国模范劳动关系和谐企业3家，省级先进园区和企业26家，14个单位、组织被授予"浙江省创建和谐劳动关系暨双爱活动先进组织"称号，11位先进个人获"浙江省首席技师""浙江省劳动争议优秀仲裁调解员"等称号和荣誉。

（二）扎实推进国有企业工资改革。

11月6日，市政府印发了《宁波市国有企业工资决定机制改革工作实施办法》，该办法结合本市实际，在国务院和省政府相关办法基础上，新增"对引进和培养紧缺急需高层次、高技能人才成效突出的，对主动承担社会责任、政策性吸纳安置相关人员，为区域社会经济发展和稳定做出贡献的国有企业，当年工资总额可适当调整，具体由履行出资人职责机构根据国有企业实际情况合理确定"等创新做法，为促进宁波市国有企业工资分配更合理、更有序，国有资本做强做优做大奠定了基础。实施办法的出台，为全市形成改革共识，扎实推动改革任务落到实处、取得实效，形成合理有序的收入分配格局提供了强劲动力。

（三）稳步推进"宁波无欠薪"行动。

全市各级劳动保障监察机构继续按照"宁波无欠薪"创建三年行动（2017—2019年）方案要求，持续深化制造业企业、工程建设领域和企业欠薪失信行为专项治理，第二批8个创建单位（鄞州区、慈溪市、余姚市、高新区、江北区、北仑区、象山县和镇海区）全部成功通过省政府考核验收，创建验收率达到67%，并成功申报最后一批5家单位（宁海县、杭州湾新区、保税区、大榭开发区和东钱湖管委会）为2019年度浙江省"无欠薪"县（市、区）。代表省政府顺利通过国务院部际联席会议广西核查组的考核，2018年度保障农民工工资支付工作考核获得省A级，根治欠薪工作取得阶段性成效。积极组织开展以根治欠薪夏季专项行动和冬季攻坚行动为主的各类专项检查，全市组织检查用人单位3.21万家，涉及劳动者98.3万人。处置各类工资纠纷5 814件，立案查处欠薪案件108件（同比下降76.2%），涉及劳动者2 274人（同比下降56%），涉及金额2 781万元（同比下降42%），为16 241名农民工追回工资1.67亿元，实现"两清零"目标。

六、行风建设

（一）抓标准提效能。

认真贯彻中央及省市行风建设要求，印发《关于加强全市人力社保系统窗口单位队伍建设通知》。按照强化服务理念、优化服务质量、提升服务效能的总体目标，积极实现全市人社系统窗口"无差别全科受理"的改革目标任务，专项整改人社系统行风建设中存在的证明材料多、排队时间久、办结时限长、设施不便民等四类问题，取得明显成效。宁波市政务服务办公室、宁波市公共资源交易管理办公室联合印发《关于2019年度宁波市行政服务中心示范进驻单位、先进进驻单位、先进分中心、"十佳"服务标兵及服务标兵的通报》，市人社局行政服务中心（市人社分中心）被评为2019年度"先进分中心"，也是唯一获得该荣誉称号的分中心。

（二）强素质树形象。

深入学习习近平新时代中国特色社会主义思想，严格局党组中心组理论学习和书记上党课制度，扎实推进"两学一做"常态化、制度化。开展清廉"进机关、进基层、进平台、进窗口、进考场"的"清廉五进"活动，实施廉情指数评价制度，持续强作风、正行风，人社系统风清气正的政治生态更加巩固。在全省人社技能比武中，市人社系统代表队荣获第一名。承办全国人社窗口技能练兵比武省际邀请赛和总决赛，受到人力资源社会保障部领导的好评。

七、人社扶贫

坚持"四化四率"全力推进东西部扶贫协作并取得明显成效。截至年末，贵州黔西南州、吉林延边州建档立卡贫困人员分别在宁波就业2013人和195人。在宁波建档立卡贫困人员大多从事生产制造业和普通服务业，综合待遇普遍超5 000元/月。

专业技术扶贫方面，全年全市共向黔西南州、延边州统筹选派专业技术人才572人，完成年度指标任务的126%。其中，选派12个月以上的27人，7~12个月的116人，1~6个月的429人。选派17位专家赴延边州、11位专家赴黔西南州、14位专家赴丽水市开展"专家人才对口帮扶行"系列活动。做好援疆专业技术人才选派工作。建立对口支援专业技术人才关心关爱服务保障体系。加大人才职称评定、岗位晋升、评先推优、培养使用等政策支持力度。开展体检并办理人身意外伤害保险。建立健全信息沟通和服务保障机制，在黔西南州建立10个专家人才服务站，会同黔西南州人力资源社会保障局制定出台专业技术人才生活补助政策。

社会保险扶贫方面，继续实施社会保险精准扶贫三年行动计划，全年将1.4万未参保贫困人员纳入养老保险覆盖范围，全市23.2万困难群体中应参加养老保险的21.7万人已100%参保。完成三个"100%"扶贫目标，实现贫困人员和残疾人"应保尽保、应补尽补、动态精准"。

宁波市人力资源和社会保障局

安 徽 省

2019年，安徽省各级人力资源社会保障部门以习近平新时代中国特色社会主义思想为指导，全面贯彻党的十九大和十九届二中、三中、四中全会精神，认真落实人力资源社会保障部与省委、省政府的决策部署，牢牢把握稳中求进的工作总基调，坚持民生为本、人才优先工作主线，坚持在发展中保障和改善民生，砥砺奋进、锐意攻坚、精准施策、扎实工作，积极推动全省人力资源社会保障事业创新发展，为促进全省经济持续健康发展和社会和谐稳定做出了积极贡献。

一、就业创业工作

一是积极防范化解失业风险。把稳就业作为头等大事，完善就业优先政策体系，防范化解规模性失业风险，全年城镇新增就业71.03万人，创历史新高；城镇登记失业率2.63%，调查失业率控制在5.5%以内。聚焦重点地区、重点企业、重点人群、鼓励创业和职业培训等5个方面，全力稳定和扩大全省就业。落实《进一步完善稳定就业和支持创业若干政策措施》，给予人力资源服务机构转移就业补助，对跨地区转移就业的就业困难人员给予交通补贴，给予重点企业用工调剂补助，支持重点企业开展转岗培训或技能提升培训，向1.75万名参保职工发放技能提升补贴2552.04万元。加大援企稳岗力度，全年向1.8万家企业返还失业保险费6.9亿元，向1106家重点企业发放稳岗资金27.4亿元。

二是创新开展"2+N"招聘活动。省市县三级联动，精心谋划实施每周三、周六主题招聘活动，同时围绕重点工作部署和地方经济社会发展要求，协同推进特殊群体招聘日、地方特色招聘日等自选活动。年初发布年度专场招聘信息，按季度统一发布全省五大主题招聘工作安排。全省累计举办各类招聘会13506场，其中，"周三招工"主题招聘会5031场，"周六招才"主题招聘会4564场，"N"主题招聘会3911场。参会用人单位26.3万家，提供就业岗位685.5万个，进场求职275.3万人次，达成就业意向64万人，签订劳动合同18.1万人。

三是突出抓好高校毕业生就业。对毕业生赴小微企业就业实施"双向激励"，在给予小微企业社保补贴的同时，对毕业生给予每人3000元就业补贴。同时，鼓励毕业生灵活就业或在新业态就业，给予灵活就业社保补贴。打造不同层次、不同类别的校园招聘会，全年举办招聘会1.4万余场，提供岗位90万个。加大校园就业市场支持力度，创新落实校园招聘会补贴，按照签订三方就业协议人数，以每人60元标准，为119所高校累计发放补贴资金2334.8万元。采取政府购买服务方式，集聚社会力量参与高校就业指导。做好应届离校未就业高校毕业生实名制就业帮扶和就业见习工作，组织就业见习2.3万余人。创新推进"启明星"就业指导专家进校园活动，开展就业指导网络直播，"启明星"专家团赴高校开展48场次形式多样的就业指导活动，受众大学生超过19万人次。安徽"启明星"就业指导项目首次亮相全国创业就业服务展示交流活动并获"优秀项目奖"。2019届高校毕业生年末总体就业率达96%。

四是统筹做好其他群体就业工作。深入推进就业创业促进民生工程，全省累计开发就业困难人员公益性岗位54 596个，组织22 964名未就业高校毕业生和失业青年人参加就业见习。建立退役军人就业创业工作部门协调联动机制，建立首批省级退役军人就业创业培训基地，举办全国首场跨区域退役军人专场招聘会，开展退役士兵就业服务月活动，累计举办专场招聘会200余场，提供就业岗位15万个，帮助2.35万退役士兵就业。举办两期"巾帼风采"女性专场招聘会，组织近1.7万名妇女参加创业培训，1 321名女性成功实现自主创业。为1 564家企业办理残疾人就业增值税退税2.78亿元，省直单位带头安置残疾人1 060人。规范残疾人就业保障金使用，推动残疾人辅助性就业。积极推进社区矫正、刑释解戒人员和长江经济带退捕渔民等特殊人群就业创业工作。

五是稳步实施"创业江淮"行动计划。推进"整贷直发"创业担保贷款模式，为大学生发放创业担保贷款2.1亿元；发挥青年创业引导资金作用，为高校毕业生等青年累计发放信用贷款6亿多元。持续优化安徽省创业服务云平台功能，新增个人创客用户约12.63万人、创业企业用户1.2万家，发放电子创业券6 320万元。认定青年创业园25个、省级大学生创业孵化基地61个。提升大学生创新创业能力，将创业培训对象扩大至毕业前1年，重点开展创业意识培训、创业模拟实训，分别给予100元、1 300元补贴，全年补贴5 000多万元。在高校认定创业学院40所，组建省级"筑梦"创业导师百人团，为毕业生创业提供专业化指导。组织开展各类创业培训，全省共培训9.1万人。全省举办创业师资培训班16期，培训各类创业培训师资419人。组织开展第二届全省创业培训讲师大赛，安徽省参赛选手获全国创业培训讲师大赛总决赛二等奖，安徽省荣获优秀组织奖。组织参加第二届全国创业就业服务展示交流活动，荣获优秀组织奖，11个参展项目均获优秀项目奖。联合省直有关单位组织开展10期"创业江淮·未来新徽商"特训营，免费培训小微企业经营管理人员350人。

二、社会保障工作

一是加快推进社会保障制度改革。提请省政府出台《关于进一步规范企业职工基本养老保险省级统筹制度的实施意见》，推进实施企业职工基本养老保险省级统筹制度。按照国家统一部署，自5月1日起养老保险单位缴费比例直接降至16%，改用全口径城镇单位就业人员平均工资核定缴费基数上下限。至年底，降费率为参保企业减负63.1亿元，调基数后减收55.9亿元。稳步推进工程建设领域农民工按项目参加工伤保险，在六安市开展小微民营企业、扶贫车间优先参加工伤保险试点，助力人社系统脱贫攻坚工作。出台《关于建立城乡居民基本养老保险待遇确定和基础养老金正常调整机制的实施意见》，推动城乡居民基本养老保险待遇水平随经济发展逐步提高，确保参保居民共享经济社会发展成果，促进城乡居民基本养老保险制度健康发展。促成省政府与全国社会保障基金理事会签订260亿元城乡居民养老保险基金委托投资合同。

二是大力推进全民参保计划。引导鼓励中小微企业从业人员、新业态就业人员、农民工等群体参加城镇职工养老保险。落实各项社会保险参保补贴政策，推动就业困难人员、下岗失业人员、残疾人员等群体持续参保缴费。社会保险覆盖面进一步扩大，全省职工基本养老、城乡居民养老、失业、工伤保险参保人数分别达到1 217.06万人、3 501.72万人、518.79万人、639.96万人，全部超额完成年度任务。

三是稳步提高社会保险待遇。连续15年提高企业退休人员基本养老金，自2016年开始连续4年同步调整企业和机关事业单位退休人员基本养老金。企业退休人员养老金从2005年的629元提高至2019年的2 411元。

全省343万名退休人员参与基本养老金调整，人均增幅达5%。全年为922.51万人发放城乡居民养老保险金136.57亿元，月人均123元，发放率100%。

四是着力提升基金监管和经办服务能力。组织开展社保基金管理风险防控专项检查，开展省本级社保基金安全风险排查和落实专项检查整改情况"回头看"活动。应用社保基金监管信息系统开展数据分析和信息比对，以重复领取、重复缴费、死亡冒领等为重点组织核查处理。推进社保基金监管机构队伍专业化建设，建立省级社保基金监督检查专家库。

开展三代社保卡发放工作，推进电子社保卡签发，拓展社保卡应用，推进电子社保卡在医保移动支付应用，全省社保卡持卡人数5731万人，常住人口覆盖率达90%。依托全省人社数据共享交换平台，实现养老保险数据省级集中，支持省级统收统支业务经办。推进省集中职工社会保险信息系统建设，编制《安徽省职工社会保险业务事项标准》，确定了202个业务事项。

三、人才队伍建设工作

一是大力推进职称制度改革。认真贯彻落实《职称评审管理暂行规定》，召开全省专业技术人才工作会议，对人才分类评价体制机制改革文件和职称工作有关问题进行详细宣传解读、统一解答口径。加快推进异地职称互认进程，共确认高级职称35个。推动职称评审工作科学化与规范化，重点指导相关行业主管单位修订自然科研系列、工程系列、卫生系列和会计系列职称评审标准条件，批准新设通用航空工程、工业设计工程和文房制作3个专业中、高级职称评审。推动高校、医院、科研院所等单位按照管理权限自主开展评审，将中职中专院校副高级职称评审权下放到各省辖市。建立职称评审巡查工作机制，会同省卫健委、省教育厅对部分卫生系列和高校教师系列自主评审情况进行联合督查调研。

二是大力实施新时代"江淮英才计划"。加快推进长三角区域各省（市）间的职称互认进程，逐步拓展职称资格互认范围和领域，进一步畅通专业技术人员流动。持续推进合肥国家综合性科学中心建设，成功举办首届"长三角一体化博士后学术论坛"。全省高层次技术人才达到25.6万人，较上年度新增4万人。选拔推荐6人获"安徽省突出贡献人才奖"，169人获批享受国务院和省政府特殊津贴，240人被评为省学术和技术带头人及后备人选，7人被评选为"百千万人才工程"国家级人选，选拔认定247名战略性新兴产业领军人才，高端人才选拔培养力度不断加大。面向留学回国人员、博士后、学术和技术带头人及后备人选及创新创业人才，开展科研项目经费资助评审活动，扶持科研项目和创新创业项目204个，投入资金约1440万元。印发《关于进一步加强博士后科研工作（流动）站建设工作的实施意见》，加强博士后研究人员和平台载体建设的日常管理与经费保障。新设省级博士后科研工作站69个，获批国家级博士后科研流动站8个。新增专业技术人才38万人，同比增长10.8%。组织实施国家和省级专业技术人才高研班65期、6期非公企业人才培训。通过网络远程教育、面授等形式，培养专业技术人员近20万人。

三是深入推进技工大省建设。印发《安徽省职业技能提升行动实施方案（2019—2021年）》，召开技工大省建设工作推进会暨高技能人才表彰会。新认定国家级和省级高技能人才培训基地11个、技能大师工作室45个。开展补贴性技能培训69万人次，分别完成年度任务的115%；全年新增技能人才33.15万人，其中高技能人才9.04万人，分别完成年度任务的132.6%、113%。全省技工院校招生6.28万人，实现"四连增"。安徽省选手在第45届世界技能大赛中夺得建筑石雕项目金牌，实现金牌零的突破。成功举办全省农民工职业技能竞赛。

四是大力发展人力资源服务业。开展人力资源服务机构诚信服务主题创建活动暨机构信用等级评定工作，全年共评定99家"A"信用等级以上机构。中国合肥人力资源服务产业园成功获批国家级产业园。围绕长三角地区一体化发展战略规划，成功举办主题为"汇聚人力资本新动能、助力长三角一体化发展"的首届长三角地区人力资源一体化发展论坛暨2019年高校毕业生秋季招聘会。

四、人事制度改革工作

一是深化事业单位人事制度改革。推动建立统筹管理和动态调控机制。在省直单位推行"退二聘一""高岗低用"等岗位聘用统筹管理的改革措施。安徽省第五批事业单位专业技术二级岗位聘用44人。研究细化中小学教师"县管校聘"、基层事业单位人员服务基层30年不受岗位结构比例限制评聘相应专业技术职务政策。密切关注水利系统"定向评价、定向使用"和基层医疗卫生机构"县管乡用"等行业人事制度改革进程，指导督促改革政策落实。稳慎实施事业单位专业技术人员创新创业政策。配合做好行政职能事业单位改革。

二是平稳实施人事薪酬制度改革。承担省政府交办中小学教师待遇优先保障工作，建立中小学教师工资联动机制、财政保障机制、财政挂钩机制，负责督促各地按照"同步考核、同步审核、同步发放"的原则，对公务员普遍发放奖励性补贴时，统筹考虑中小学教师。2019年，全省各地中小学教师平均工资收入水平普遍高于当地公务员平均工资收入水平。出台改革国有企业工资决定机制实施意见，开展2019年企业薪酬调查工作，发布了2019年企业工资指导线。

三是认真做好表彰奖励工作。完善表彰奖励配套制度，研究起草安徽省《贯彻〈评比达标表彰活动管理办法〉实施细则》《贯彻〈功勋荣誉表彰奖励获得者待遇规定（试行）〉实施细则》和《贯彻〈生活困难表彰奖励获得者帮扶办法（试行）〉实施细则》，规范市县级党委和政府表彰奖励项目实施和申报工作，做好庆祝中华人民共和国成立70周年有关工作。

五、劳动关系工作

一是着力构建和谐劳动关系。出台《安徽省创建和谐劳动关系示范企业、示范园区、示范社区（村）、示范乡镇（街道）、示范县（市、区）评价办法》。推动全省省级以上96家开发区开展和谐劳动关系综合试验区建设。举办全国模范劳动关系和谐企业（安徽站）巡回演讲活动，全省2 000余家企业参加。组建"规范企业用工帮帮团"，开展"服务进万企"活动，积极为企业提供劳动关系公共服务，服务企业数达19 700余家。加强对企业提高劳动合同签订率和履约质量的督促指导，推动全省各类企业签订劳动合同，进一步规范企业用工行为。截至年底，全省企业签订劳动合同594万人，签订率97%。开展集体协商"春季要约行动"，在马鞍山市召开了全省集体协商现场会和启动仪式，报经全省人社系统备案审查的企业集体合同44 620份，覆盖职工486万人，集体合同签订率达84%。

二是不断健全劳动人事争议调处机制。加强调解仲裁政策制度建设，规范养老保险费补缴处理程序和仲裁文书邮政专递业务，健全劳动人事争议多元化解机制，开展农民工工资"护薪行动"，建立"快立、快裁、快结"特别程序，加强裁审衔接机制建设，探索建立案件处理标准体系。圆满完成人力资源社会保障部在安徽省开展的"互联网+调解"和"乡镇（街道）调解组织规范化建设"两项试点任务。建立仲裁员联系企业制度，开展"百名仲裁员服务千家企业"活动。深化长三角调解仲裁战略合作，全省13个市与江浙沪仲裁机构开展结对共建。成立省劳动人事争议仲裁委员会，制定仲裁委工作规章制度，完善仲裁制度体系建设。全年全省共受理劳动人事争议案件46 940件，仲裁结案率97.91%，调解成功率达60%以上，终局裁决率达35%以上。

三是持续加大劳动监察执法力度。印发考核细则和绩效考核方案，完成2018年度保障农民工工资支付考核。组织开展根治欠薪工作中期检查评估,加大欠薪失信惩戒力度。全年共检查各类用人单位3.57万家,公布拖欠劳动报酬典型案件30起和拖欠农民工工资"黑名单"信息40条,为2.77万名劳动者追发工资等待遇2.69亿元。全省查处欠薪案件数、涉及人数、涉及金额同比下降30.05%、25.53%、29.39%,未发生重大群体性事件。在国务院农民工治欠保支考核中,安徽省位列A类。

四是扎实做好为农民工服务工作。推进农民工享有城市基本公共服务,全面消除随迁子女就学障碍,全面开放户口迁移政策,实现除合肥市实行就业满两年、缴纳社保费满一年的落户政策外,其他15个市基本实现自愿落户城镇"零门槛"。全年全省新增农业转移人口落户城镇159万人,制发居住证30.1万张。深入开展"家政培训提升行动",全年全省培训家政从业者8.4万人次。规范驻省外8个皖籍农民工综合服务站(点)建设。成功举办全省农民工职业技能竞赛和"春运邮情 情暖江淮"关爱外出务工人员返程赠送万张火车票活动。

六、打好人社领域扶贫攻坚战

一是高位推进就业脱贫工程。深入推进"三业一岗"就业扶贫模式,聚力就业扶贫车间问题整改。全年共帮扶4.27万名贫困劳动力实现就业。开发居家就业岗位吸纳5 618名贫困劳动力就业,开发公益性岗位吸纳25 633名贫困劳动力就业。招募50家企业为省级就业扶贫基地,提供就业岗位3 878个。扎实开展"春风行动"、就业脱贫服务月等专项活动,深化两皖对接机制,促进贫困劳动力转移就业。进一步规范就业扶贫车间认定管理,明确认定标准和认定程序,建立完善动态调整、监督管理机制,调整优化带贫比例。重新认定就业扶贫车间946个,吸纳劳动力就业27 933人,其中贫困劳动力8 649人、60岁及以上贫困人口1 711人,带贫率为37.09%。

二是精准实施人才人事扶贫。实施高校毕业生基层成长计划。认真贯彻落实安徽省《关于进一步引导和鼓励高校毕业生到基层工作的实施意见》和中央五部委相关文件精神。依托"三支一扶"计划,持续为贫困地区输送专业人才,招募计划、培训指标等向贫困地区倾斜,低保贫困家庭学生免考试费。2018年招募到岗"三支一扶"人员1 068名。在全省"三支一扶"人员中开展"不忘初心、牢记使命,扎根基层、砥砺青春"主题演讲比赛。实施人力资源服务机构助力攻坚脱贫行动计划。

三是扎实开展技能扶贫。指导各地扎实开展职业技能培训工作,抓好技能脱贫培训、就业技能培训、企业新录用人员岗前培训、岗位技能提升培训等项目实施。开展技能脱贫培训4.2万人次,完成年度任务的231%。在全国率先制定技工院校招收建档立卡贫困户家庭学生支持政策,在校贫困学生达到1万余人。在西藏山南举办建档立卡贫困农牧民烹饪技能培训班,中央电视台进行了报道。

四是落实社保扶贫政策。全面落实城乡居保扶贫政策。认真落实人力资源社会保障部、财政部、国务院扶贫办《关于切实做好社会保险扶贫工作的意见》和安徽省人社厅《关于贯彻落实社会保险扶贫工作的实施意见》精神,积极推动国家和省社会保险扶贫政策落地,确保符合参保条件的贫困居民全部纳入城乡居保。全省各地为建档立卡贫困户、低保对象、特困人口、重度残疾人和计生对象等特困群体共计251.73万人代缴保费3.68亿元。

七、行风建设不断深化

贯彻"基层减负年"部署要求,深入实施"放管服"改革,加快"互联网+政务服务"建设,深化"一网一门一次"改革,推进"减证便民",取消各类证明材料34项。精简文件,改进文风,厅发规范性文件同比减少36.3%,全省性会议同比减少58.3%,督查检查考核事项大幅压缩。推进政务事项网上办理，认领国家行政审批和公共服务事项169项，逐项编制标准化清单。认真落实专业技术人员资格考试报名证明事项告知承诺制改革，12项改革试点全面落地，22.2万名考生受益。推进行风建设向基层拓展延伸，对证明材料多、排队时间久、办结时限长、工作纪律差、热线不好打、设施不便民等6个方面问题进行专项整改，开展全覆盖式明察暗访6次。召开"改善营商环境、提升服务质量"视频会，实施劳动力市场监管提升行动，规范劳动力市场秩序。深入推进"互联网+安徽人社"建设，全省人社数据交换平台、统一公共服务平台上线运行，整合汇聚319个服务事项。启动智慧就业、省集中职工社会保险系统建设。在人力资源社会保障部政策满意度调查中，安徽省总体政策满意度达80.16分，较上年提高7.11分，行风建设政策指标得分居全国第九位。

八、不断加强自身建设

深入学习贯彻习近平新时代中国特色社会主义思想，全面落实新时代党的建设总要求，以政治建设为统领，切实加强思想、组织、作风和纪律建设。扎实开展"不忘初心、牢记使命"主题教育，聚焦守初心、担使命、找差距、抓落实，坚持边学边查边改，组织包括流动人才党员在内的党员干部读原著、学原文、悟原理，召开专题民主生活会、全省人社系统流动人才党建经验交流会，推动主题教育和人社工作融合发展。深入推进党风廉政建设，认真做好省委巡视整改落实工作，扎实开展"三个以案"警示教育，力戒形式主义、官僚主义，在全系统开展以蚌埠市劳动保障事务服务中心违规收取档案托管费为案例举一反三整改工作，对厅内2家单位进行巡察。在中央党校举办为期5天的专题培训班，对全省人社系统领导干部进行培训。加强意识形态工作，规范舆论阵地管理。

安徽省人力资源和社会保障厅

福 建 省

2019年，福建省人力资源社会保障系统围绕全面建成小康社会奋斗目标，坚持稳中求进工作总基调，强化责任担当，扎实开展工作，持续转变作风，有效防范化解风险，确保就业局势稳定，深化社会保障制度改革，加强人才人事工作，构建和谐劳动关系，扎实推进人社扶贫，坚持不懈全面从严治党，圆满完成年度各项目标任务，为新福建建设做出积极贡献。

一、就业创业

（一）加大就业创业支持。

全年全省实现城镇新增就业64.3万人，完成任务的128.6%；失业人员再就业25.3万人，完成任务的253%；就业困难人员实现就业3.74万人，完成任务的124.67%；期末登记失业率3.5%，控制在4.2%目标以内。进一步落实就业促进政策，就业局势保持总体稳定；突出以创业带动就业，完善创业扶持政策，积极培育各类创业孵化载体，累计支持170多家孵化基地。

（二）促进高校毕业生就业创业。

引导高校毕业生面向基层就业。招募561名省级"三支一扶"高校毕业生，其中派遣至省级扶贫开发重点县岗位285人；推动落实期满就业优惠政策，期满就业率达91.32%。提升毕业生就业服务水平。资助公益性专场招聘会63场，提供岗位37.3万个，核发资助资金193万元；推进离校未就业高校毕业生实名制就业服务，登记2019届离校未就业高校毕业生34 556人，登记就业率97.92%；开展就业"红娘"帮扶行动，帮助287名困难毕业生就业；发放毕业生求职创业补贴2 516.2万元，惠及12 581名应届高校毕业生。鼓励毕业生创新创业。扶持110个毕业生创业项目，共资助500万元；支持建设10个省级创业孵化基地，共补助500万元。加强信息化建设，全省65所高校14万应届毕业生档案转递信息实现实时查询。

（三）强化失业信息监测预警。

持续对2 153家企业、202家重点外贸企业进行失业动态监测，建立失业风险防控平台，对全省57万家失业保险参保企业用工变动进行监测预警。截至年底，全省失业动态监测企业在岗职工数119.63万人，较年初减少4.67万人，减幅3.76%；涉美贸易重点企业职工总数17.83万人，较年初减少1.06万人，减幅5.62%，未出现经营困难性减员。

（四）大力推进职业技能提升行动。

印发《福建省职业技能提升行动实施方案（2019—2021）年》，明确这三年全省开展各类补贴性职业技能培训75万人次。2019年，全省已开展此类培训30.95万人次，完成当年计划的123.8%。持续开展"春潮行动"，完成农民工职业技能培训23.83万人次，完成任务目标的119.15%。完善职业培训补贴政策，出台《福建省就业补助资金管理实施办法》《关于做好职业培训和技能鉴定等补助资金申报工作的通知》《关于开展免费职业技能培训相关工作的通知》，提高补贴标准，完善补贴流程。印发《福建省部分急需紧缺职业（工种）目录》，指导全省人社部门结合当地实际积极推进大规模职业技能培训。

（五）促进就业扶贫。

落实精准就业扶贫补短板政策，积极拓展就业扶贫政策渠道，支持就近就地就业。截至年底，全省有转移就业意愿贫困劳动力79 317人，实现就业79 275人。

二、社会保障

（一）企业职工基本养老保险。

截至年底，企业职工基本养老保险参保994.29万人，其中在职843.2万人、退休151.09万人。全年全省企业职工基本养老保险费收入588.07亿元，养老金支出470.85亿元，其中，省本级企业（含省机关保转企）基本养老保险费收入55.44亿元，养老金支出52.01亿元。继续实行企业和机关事业单位退休人员一致的待遇调整办法，总体调整幅度5%左右，全省共为142.08万名退休人员调整了养老金，月人均增加149.58元。完善企业职工基本养老保险省级统筹制度，积极推动厦门执行全省统一政策，并将未在用人单位就业的省内户籍适龄农村居民纳入企业基本养老保险范围。实施《福建省降低社会保险费率综合工作方案》，从5月1日起，企业职工基本养老保险单位缴费费率从18%降至16%，全省共减轻企业养老保险缴费负担23.2亿元。

（二）机关事业单位养老保险。

截至年底，全省机关事业单位养老保险参保人数143.06万人（在职95.01万人、退休48.05万人），其中，省本级参保人数19.58万人（在职12.97万人、退休6.61万人）。全年全省基本养老保险费收入195.74亿元，养老金支出280.49亿元；职业年金累计结余220.13亿元。其中，省本级基本养老保险费收入34.10亿元，养老金支出42.16亿元；职业年金累计上解归集30.77亿元，累计结余9.38亿元。机关事业单位养老保险改革重点工作稳步推进，完成征管职责划转税务部门工作；"中人"待遇重算工作全省铺开；职业年金市场化投资运营准备工作基本就绪，完成10个职业年金计划运营管理机构的匹配和合同签订；机关社保网上申报系统（一期）在全省上线使用。

（三）城乡居民基本养老保险。

截至年底，城乡居民基本养老保险参保1 554.14万人，同比增加28.50万人，增长1.87%；参保率98.7%。全面实施全民参保计划，积极推进养老保险参保精准扩面。提高城乡居民基本养老保险养老金标准，省定基础养老金最低标准从每人每月118元调高至123元，比国家标准高35元。

（四）失业保险。

截至年底，失业保险参保610.62万人，同比增加40.34万人，增长7.07%，其中农民工参保165.49万人；领取失业保险金人数5.91万人，同比增加0.90万人，增长17.96%。调整失业保险金标准，全省月人均领取失业保险金标准上调至1 236.81元。继续实施失业保险援企稳岗政策，对5.84万家企业发放一般性稳岗返还3.30亿元，对认定的2 826家困难企业发放受影响企业稳岗返还2.34亿元。

（五）工伤保险。

截至年底，工伤保险参保891.15万人，同比增加37.21万人，增长4.36%，其中农民工参保379.92万人。全省工伤保险实现省级统筹，工伤职工伤残津贴、生活护理费、供养亲属抚恤金三项定期待遇较大幅度提高，全省建筑业在建和新开工项目工伤保险参保率100%。

（六）社保扶贫。

落实城乡居民社保扶贫代缴工作，2019年起将所有建档立卡贫困人员纳入代缴范围。截至年底，累计65.97万贫困人员（含建档立卡贫困人口、低保对象、特困人员）参加基本养老保险，35.46万人享受贫困人员政府代缴政策，代缴金额7 006.17万元。

（七）社会保险基金监督。

组织开展社会保险基金管理风险防控专项检查，健全风险防控体系。联合省公安厅开展打击骗取养老、工伤、失业等社会保险金行为专项行动，严肃查处涉及社会保险基金的违法行为。积极推动基本养老基金委托投资工作，与全国社保基金理事会签署保底收益合同，委托投资城乡居民社会保险基金50亿元，首批委托投资资金32.6956亿元已划转到位。

三、人才队伍建设

（一）人才智力引进。

全年全省新增引进高层次人才（ABC类）839人，工科青年人才支持对象1993人。会同有关部门举办2019年"中国福建人才创业周"活动，吸引海内外人才及各类机构代表约3800人，累计达成人才全职或柔性引进意向3924人次，项目转化及成果对接意向380项。会同省委组织部举办"人才福建周"活动，共接洽高校毕业生1595人次，达成初步意向848人次。开展海外高层次人才福建行活动，达成人才引进和项目合作对接意向或协议47项。创新柔性引才方式，发挥人才服务基层作用。持续开展"师带徒"医疗帮扶，组织22批136名北京医务专家先后41次赴省内20个革命老区及扶贫开发工作重点县进行医疗帮扶，其中"龙岩模式"入选人力资源社会保障部"2019年人社扶贫典型事例"。深入开展"智惠八闽"专家服务乡村振兴专项行动，全年共组织14批149人次专家深入基层一线和宁夏开展多种形式的帮扶活动。开展"海归英才八闽行"，组织留学人员前往漳州云霄指导生态农业园区的绿色施肥技术。

（二）高层次人才选拔与培养。

积极推进高层次人才和青年优秀人才选拔，72人入选享受国务院政府特殊津贴专家，19人入选省"特支计划"百千万工程领军人才，30人入选省青年拔尖人才，实地考评首批省企事业人才高地建设单位3家。举办高层次人才国情省情研修班两期，共有120名高级专家参加。完成发放在闽"两院"院士和百千万人才工程国家级人选年度科研资助经费344万元，下拨第三批省青年拔尖人才和百千万工程领军人才首期补助资金862.5万元。实施"海峡博士后交流资助计划"，引进培养33人，资助600万元。引进招收博士后350人，省级资助640万元，全省在站博士后1079人。

（三）技能人才队伍建设。

探索创新职业技能鉴定工作。全年全省组织参加技能鉴定21.85万人次，新增技能人才17.53万人，其中高技能人才3.41万人（含技师、高级技师4305人）。省人力资源社会保障厅出台《关于开展企业职业技能等级认定试点工作的通知》，全省共23家企业成为首批职业技能等级认定试点企业。推进职业技能资格考试向台湾同胞全面放开，共有373名台湾同胞参加鉴定考试，340名取得国家职业技能资格。实施高技能人才振兴计划，新增建设国家级高技能人才培训基地5个、国家级技能大师工作室5个、省级技能大师工作室98个。积极组织参加职业技能竞赛。在第45届世界技能大赛中，福建省共5名选手入围全国集训队，省集训基地培养的选手获得1个项目金牌、2个项目优胜奖。组织优秀技能人才参加7场次30个项目的全国性职业技能竞赛，全省共组织举办24场次46个项目省级竞赛。出台《关于提高技术工人待遇的实施意见》，提出提高技术工人政治、经济和社会待遇的17条政策措施。组织开展机关事业单位工勤人员升级考核5717人，获得证书2483人，其中高级工485人、技师422人。

（四）专业技术人才队伍建设。

截至年底，全省专业技术人才达273万人，其中高级专业技术人才25.9万人。开展各系列（专业）高级职务任职资格评审工作，全省评审通过1.05万人，其中首批正高级工艺美术师8人。组织开展特殊人才认定（评审）工作，57名高层次特殊人才取得相应专业高级职称。开展规划建设类引进生职称直评，2人获工程系列土建专业高级工程师职称，13人获工程师职称。会同相关行业主管部门组织专业技术人员职业资格考试，报考人数近45万人。加强专业技术人才培养，举办专业技术人才知识更新工程国家级高级研修班5期，350多人参加；选送30多名中高级专技人员参加省外举办的国家级高级研修项目；实施全省高级研修项目计划64个，其中示范班43个，并对示范班项目给予7 000~9 000元的经费补助。

（五）技工教育改革发展。

推进技工院校基础建设，全省新增达标技工学校1所，完成技师学院评估1所。全年全省技工院校共招收新生4.1万人，在校生总量达8.8万人，毕业生2.2万人。组织举办第一届全国技工院校学生创业创新大赛福建省选拔赛，选拔优秀选手集训后参加全国赛，获得一等奖1项。全省技校评审出高级职称教师42名（正高级职称教师11名）、中级职称教师27名、初级职称教师25名。

（六）人才公共服务。

继续推进专家服务基地建设，全年新增省级专家服务基地15家，累计达57家。会同省委组织部组织专家休假活动4期，各类专家及家属共109人参加。积极推进福建留学人员创业园建设，共17家留学人员企业入驻园区；在晋江市创业创新创造园挂牌成立晋江留学人员创业园。全省共4家留学人员企业入选人力资源社会保障部"留学人员回国创业启动支持计划"，获得创业启动资金资助共110万元。组织第三批福建人才限价房申购选房工作，50名高层次人才顺利购房。

（七）人力资源市场建设。

深化闽台人力资源服务交流合作，新设立2家台资独资人力资源机构，累计达11家。组织开展人力资源服务机构诚信主题活动，37家机构入选省级人力资源诚信服务示范机构。加强人力资源服务业人才队伍建设，组织人力资源服务机构负责人赴省外高校参加专题培训。加强流动人员人事档案管理服务，推进档案信息化建设工作。

四、事业单位人事薪酬制度改革

（一）深化事业单位人事管理。

贯彻落实《事业单位工作人员奖励规定》，明确定期奖励的周期、比例及一次性奖金标准。依托机关事业单位人事管理平台，共办理省属事业单位人员岗位调整备案389件、5 000多人次。支持专业技术人员创业创新，全省事业单位专业技术人员离岗创业100多人。

（二）深化职称制度改革。

会同省工信厅、省社科院等部门修订工艺美术、社会科学研究、技工院校教师、图书资料等4个系列职称评价标准。畅通人才发展通道，出台《关于支持工程技术领域高技能人才与专业技术人才贯通发展的通知》《关于建立部分专业技术职业资格和职称对应关系的通知》。出台《关于开展台湾地区专门职业及技术人员（技术士）直接采认相应职称有关事项的通知》，首次在平潭综合试验区开展采认工作，颁发7本直接采认大陆职称证书。贯彻落实《福建省高校教师职称评审监管实施细则》，新建全省高校职称评审委员库，首批入库委员1 000多人，为高校职称评审提供评审委员近600人次。开展全省专业技术职称评审委员会清理工作，向社会公布评审委员会749个；按照动态管理原则调整评委库委员3 000多人。

（三）事业单位公开招聘稳步开展。

做好省直、中直事业单位招聘工作，全年共招聘1 700人。创新台湾居民来闽事业单位就业政策，截至年底已聘用台湾人才93名。会同省教育厅组织开展全省中小学幼儿园新任教师公开招聘工作，招聘教师13 000人。会同有关部门组织实施2019年医疗卫生、地质、气象等行业专项招聘，特岗医师和乡镇卫生院医生、林业站人员定向培养招聘，消防员招聘，公安边防士兵转改聘用工作，积极为相关行业和基层事业单位补充急需紧缺专业人才。严格审批程序，为省属事业单位调配人员

1 200人次。

(四) 完善事业单位工资分配激励机制。

配合省科技厅出台《关于进一步促进高校和省属科研院所创新发展政策贯彻落实的七条措施》,规范科研绩效工资管理,对不纳入绩效工资管理或不受绩效工资总量限制的项目进一步明确,切实发挥政策激励效用。积极推进公立医院薪酬制度改革,联合省财政厅、卫健委修订《省属公立医院工资总额管理暂行办法》,建立健全体现行业特点的省属公立医院收入分配制度。积极支持省疾控中心综合改革方案,在薪酬制度改革方面给予适度倾斜。开展381家省属事业单位第二轮"1+X"专项督查全覆盖交叉检查工作,进一步严肃工资政策、规范津贴补贴发放秩序。推动落实核增中小学绩效工资总量,向重点人员和一线岗位人员倾斜。积极推进落实林业有毒有害特岗津贴。

五、劳动关系

(一) 构建和谐劳动关系。

全面实行劳动合同制度,开展非公有制企业落实劳动合同制度专项行动和工资集体协商"要约行动月"活动,截至年底,全省各类企业劳动合同签订率达97.25%,集体合同签订率达88.14%。在全国率先建立劳动关系风险防控机制,切实加强对重点行业、重点企业劳动关系风险分析研判。发布《关于开展2019年和谐劳动关系创建活动的通知》,明确被认定为省级劳动关系和谐单位可享受的14条激励政策。实施全省首个劳动关系地方性标准——《劳动关系和谐企业评价规范》,开展新一轮省级和谐劳动关系单位创建活动。截至年底,全省有6个工业园区、40家企业被评为全国劳动关系和谐工业园区与和谐企业,66个工业园区、1 325家企业、20个乡镇、14个街道被评为省级劳动关系和谐工业园区、和谐企业、和谐乡镇(街道)。

(二) 企业工资分配宏观调控。

全面落实国有企业负责人薪酬制度改革任务,制定出台了《福建省深化国有企业负责人薪酬制度改革工作规程》等17个文件,严格规范组织任命的企业负责人薪酬分配。积极推进国有企业工资决定机制改革,各设区市、平潭综合实验区均出台了改革实施意见及配套政策,省直18个部门出台了改革实施办法,涉及76家省属企业。组织开展国有企业工资内外收入情况调研,进一步规范国有企业工资收入分配秩序。建立企业薪酬调查和发布制度,全年共对全省5 025家企业、75万余名职工开展薪酬调查工作,按季度对福州、泉州、南平共74家企业开展人工成本监测,指导各地在调查监测基础上发布人力资源市场工资指导价位、行业人工成本和企业工资增长指导线(其中省级企业工资指导线基准线为8%,下线为3%)。调整高温津贴标准,明确5月份按实际高温天数12元/天计发、6—9月按260元/月计发或按实际高温天数12元/天计发。

(三) 劳动人事争议调解仲裁。

推进劳动人事争议预防调解工作,联合多部门出台《关于预防和化解劳动人事争议的意见》。省级层面首次向社会公布在人社部门备案的劳动人事争议调解组织和调解员名册。对乡镇(街道)劳动争议调解综合示范工作予以验收。开展"护薪行动",快速处理农民工工资争议案件,依法保障农民工劳动报酬权益。在全省范围内统一开展以仲裁专递方式邮寄送达劳动人事争议仲裁有关文书工作。落实终局裁决制度,当年终局裁决率达到46.54%,同比提高6.77个百分点。推进虚假劳动人事争议仲裁预防工作,及时总结泉州市、德化县工作经验并向全省推广。推广"互联网+调解"服务平台,进一步优化仲裁办案系统,仲裁机构办案系统覆盖率达100%。全年全省共处理争议案件5.8万件,同比上升30.93%。其中,仲裁机构立案受理3.50万件,涉及劳动者5.1万人,涉案金额29.39亿元,仲裁结案率93.14%;各类调解组织共受理1.86万件,其中仲裁机构案外调解0.37万件,调解成功率74.56%。

（四）劳动保障监察。

成立福建省根治拖欠农民工工资工作领导小组，明确责任分工，凝聚根治欠薪工作合力。全面开展创建"无欠薪项目部"活动，落实农民工实名制管理、农民工工资专用账户管理、施工总承包单位代发工资等制度，规范施工企业工资支付行为。强化对突出违法问题的专项整治，开展清理整顿人力资源市场秩序专项行动、根治欠薪夏季行动和冬季攻坚行动。推动落实劳动保障诚信制度，加强欠薪失信联合惩戒。全年全省共检查用人单位2.35万家，办结案件708件，协调处理案件9 637件，为1.97万名劳动者追发工资等待遇1.62亿元。

（五）劳动能力鉴定。

全年全省受理劳动能力鉴定25 429件，其中伤残等级鉴定19 628件，因病鉴定1 358件，停工留薪期确认4 443件；省本级完成786件，其中伤残等级鉴定635件，因病鉴定21件，停工留薪期确认130件。受理鉴定及时办结率100%，再次鉴定改变等级152件，改变率23.17%。信访按时办结率100%，实现零投诉。省本级劳动能力初次鉴定从2019年起全面下放到设区市，实现顺利衔接。

六、行风建设

深化"放管服"改革。累计委托下放审批和公共服务19项，取消11项，并将省级行政审批事项全面授予自贸区实施。严格执行国家职业资格目录，全部停止了国务院分七批取消的434项职业资格认可和认定事项。全面清理证明事项和中介服务，取消厅本级设定的全部证明事项3项，提出证明事项清理建议29项。依法保留中介服务事项1项。公布四批次"最多跑一趟"事项16项，"一趟不用跑"事项12项。印发福建省推动养老保险政策待遇"看得懂、算得清"工作方案。开展全省人社系统练兵比武活动。通过全国在线学习答题平台组织在线学习答题活动，累计参加学习16.5万人次，答题16.9万人次；举办全省练兵比武决赛，选拔优秀队员参加全国赛，获"优秀组织奖"。加强窗口经办队伍建设。组织62名窗口单位干部参加全国行风工作培训班，各地加强业务技能、礼仪知识、心理调适等培训，全省培训2 200多人次。经向人力资源社会保障部推荐，全省12个单位被评为2017—2019年度优质服务窗口，5名窗口工作人员被评为优质服务先进个人。

福建省人力资源和社会保障厅

厦 门 市

2019年,厦门市人力资源社会保障部门紧紧围绕人力资源社会保障工作大局,坚持以"服务企业、招工招才"为主线,以求实效、看实效、比实效为核心,高标准开展"不忘初心、牢记使命"主题教育,统筹推进服务发展、服务民生、服务社会,各项工作卓有成效。

一、加大力度服务企业和实体经济

(一)工作机制更加完善。

在本次机构改革中市人力资源社会保障局设立了产业企业服务职能处室,搭建了产业企业服务中心协同平台,主动加强与经济主管部门、民生事业主管部门、产业行业协会、骨干和重点企业、研发机构、众创空间等方面的互动协同。建设政企互动平台,完善"常态化"政企沟通协商、"精准化"涉企政策落实和"闭环式"诉求反馈解决机制。截至年底,入库"三高"企业2 079家、"一企一策"重点企业4 116家、规模以上工业企业2 101家、上市公司49家、重点上市后备企业301家、众创空间185个、高新技术企业2 325家、军民融合企业75家。出台加强人力资源服务支持实体经济发展意见,形成了企业用工、企业人才、技能培训、劳动关系、直接减降成本的政策和服务产品集成。出台厦门市产教融合企业创新示范基地认证办法,认定产教融合企业创新示范基地2个,探索产教融合工作思路。

(二)加强失业预警和企业用工监测。

开展企业用工需求登记、信息推送,全年共有6 864家次企业上报用工需求数274 812人。健全完善就业登记管理规范,截至年底,全市登记用工企业16.06万家,登记在职职工228.16万人,同比增加11.55%。加强重点产业企业人力资源保障监测分析,跟踪分析全市500人以上用工企业、"三高"企业和受中美贸易摩擦影响企业的用工运行情况,完成分析报告24期次。

(三)做好减降企业成本工作。

全年为企业减降社保成本32.89亿元,向53 450家企业发放稳岗补贴1.68亿元,发放暂时性生产经营困难企业失业保险金返还1.09亿元,向302家企业发放工业企业结构调整专项奖补资金6 687.99万元。发放社保补贴等各类补贴8亿元左右。

二、加大力度开发人力人才资源

截至年底,引进人才58 126人,增长23.36%。其中,入厦大专以上院校毕业生50 781人,同比增长24.76%;引进成熟人才5 837人,同比增长10.23%;引进留学人员1 519人,同比增长20.84%,其中博士265人、同比增长45.6%,硕士996人、同比增长10.91%。

(一)强化30万院校毕业生招聘行动。

确定福州、合肥、南昌、西安、武汉、成都、长沙、哈尔滨、长春、郑州等10个城市为招聘招才重点基地城市,实施"六个一"(一个城市一支队伍、搭建一个网上集成发布平台、选择一校重点发布、一张海报宣传推广、一日一校线下招、线下与线上联动)招聘活动,覆盖高校、职业院校、技工院校

1 000多所。全年共组织8 587家（次）用人单位赴192所本市及省内外各类院校开展校园招聘，提供岗位5.68万个次，收到简历5.43万份，达成意向2.5万人。成功举办重点高校就业办座谈对接会及厦门市企事业单位招聘会（北京站）、厦门市2020届毕业生需求信息和入厦政策发布会（南昌站、合肥站）。结合推介活动配套开展"一日一校"招聘活动68场，覆盖省内外院校约500所。携手厦门大学、集美大学等厦门高校举办"相约高校·携手未来"校园招聘会26场。在福建省内福建师范大学、福建农林学院、龙岩学院等12所院校开展"30万院校毕业生招聘行动"配套校园招聘会。

（二）深化厦台人力资源开发合作。

积极贯彻落实国家、省、市惠台政策，印发《2019年厦台两地人力资源合作工作方案》，继续做好厦台两地人力资源合作工作和服务台商台企专项工作。全年牵线搭桥助推745名台生参加实习见习，拨付158家单位共计840名台生实习见习补贴743.79万元。首次组织41家厦门台资企业赴高雄举办以"勇往职前，寻梦厦门"为主题的征才博览会，提供2 000余个岗位需求。举办"第十一届海峡论坛·第十四届台湾专业人才就业创业暨台生实习见习厦门对接会"，115家用人单位、8家政策咨询机构、6家海峡两岸青年就业创业基地（示范点）以及来自两岸约300余名台湾专业人才和学生竞相参与。

（三）精心建设招才汇智平台。

举办"海外高层次人才福建行·厦门站暨2019年厦门市海外留学人才项目对接洽谈会"。首次承办"春晖杯"留学人才厦门行活动，邀请120余位海外高层次留学人才来厦深度对接洽谈。加强境外引才联络，邀请北美、韩国和中国香港、中国台湾等地高校与人才顾问6批14人来厦对接交流引才工作。借势助力留学人才企业发展。选报32个高层次留学人才项目获得国家、市级各类资助810万元，其中入选人力资源社会保障部创业启动支持计划重点类数量排名副省级城市第一名。推荐1家优秀留学人员企业入选全国"最具成长潜力的留学人员创业企业"。推荐20位优秀留学人员参加全国、省留学人员回国创业研修班和训练营。

三、加大力度协同留才环境建设

（一）持续深化职称制度改革。

全年全市共评审、确认中高级职称4 122人。出台《关于深化项目评审、人才评价、机构评估改革的实施意见》，力破"四唯"。扩大海沧生物医药和自贸区航空维修产业职称评审改革试点范围，增加副高级职称，首次分别评出高级工程师24人和34人。复制推广改革试点经验，推动物联网、智能输配电行业开展职称改革试点工作，首次分别评出36人和181人。首次开展龙头企业（宏发电声公司）职称评审工作，85人通过评审，取得工程师中级职称。

（二）继续推进台湾人才工作。

启动第六批台湾特聘专家（专才）申报评审工作，共56家单位申报140人，其中专家61人、专才79人。开展在厦台湾人才职称认定工作，共认定52人。完善企业接收台湾人才就业补助业务系统，共办理21家企业接收29人，提供87万元企业接收台湾人才就业补助业务金。

（三）有序做好专家服务及博士后工作。

认真做好各类专家服务工作，发放188位国务院特贴专家补贴134.89万元，101位福建省高层次引进人才津贴57.25万元。有序推动博士后工作。截至年底，博士后科研工作站28家、省级创新实践基地6家、进站博士后24人、出站博士后6人、在站博士后总数52人，核发博士后补助经费60人次400万元。

四、加大力度促进民生型就业服务

（一）加强政策扶持。

出台《关于加强困难群体就业帮扶促进困难群体增收开发困难群体人力资源的意见》

《关于印发就业困难群体实名制管理服务工作方案的通知》，建立就业困难人员数据库，实现实名制管理。出台《厦门市人民政府关于加强就业服务促进就业稳定的通知》，从9个方面29条具体措施确保当前和今后一个时期就业目标任务完成和就业局势持续稳定。全年全市城镇新增就业26.18万人，年底城镇登记失业率为2.84%。

（二）服务困难群体就业。

建立全市就业困难群体数据库，截至12月底，登记在册实名制就业困难人员135 233人。开发就业困难人员和灵活就业人员线上登记系统，方便就业困难人员不出家门即可线上申请登记，全年新增灵活就业人员登记3 385人。开展以"送政策、送岗位、送服务"为主题的就业援助月活动，活动期间共走访就业困难人员2 225人。登记认定的未就业困难人员726人，帮助就业困难人员实现就业696人。

（三）促进毕业生就业创业。

印发《关于转发做好当前形势下高校毕业生就业创业工作的通知》，推进离校未就业应届高校毕业生实名制就业服务工作。共实名登记2 665人，实现登记就业率99.7%；登记困难毕业生31人，帮扶就业率达100%，完成率均居福建省前列。加强毕业生求职创业补助发放工作，全年发放4 000余名毕业生求职创业补贴资金800余万元。加强毕业生见习工作。审核317家单位职业见习岗位589个需求1 997人，发放167家单位432名厦门生源待就业毕业生见习补贴金590.57万元。

（四）积极落实创业扶持政策。

落实创业补贴奖励优惠政策，全年累计发放创业扶持资金1 621.96万元，其中创业场地补贴1 438人次、1 076.26万元，自主创业奖励1 103人次、521.7万元，创业带动就业奖励69家次120人、24万元。落实创业担保贷款政策，累计发放有关创业担保贷款贴息及奖补金额4 299.01万元。

（五）积极推进东西部劳务协作。

定期推送招聘信息并赴甘肃省临夏州招聘，整理汇编《厦门市重点用工企业临夏州招聘信息》7期，推送重点用工企业195家次，提供工作岗位31 403个，其中适合建档立卡贫困劳动力岗位23 048个，共计组织71场次招聘活动，参会企业247家次，提供岗位29 410个，有组织输转临夏州建档立卡贫困人口2 913人。及时发放劳务输转各项奖补，全年发放各类补助1 660.23万元。推进东西帮扶职业培训工作，开展建档立卡贫困人员培训124期4 523人，完成年度任务4 075人的110.99%；创业致富带头人培训638人，完成年度任务530人的120.38%；厦门技师学院共录取79名临夏州建档立卡贫困家庭应往届"两后生"在本校各专业就读。

五、加大力度推进产业工人队伍技能建设

（一）完善技能培训提升政策体系。

出台《厦门市职业技能提升专项行动实施方案（2019—2021年）》，加大政府兜底性扶持培训力度，支持企业多形式开展职工职业技能培训，并对来厦并依法办理就业、失业登记的台湾同胞，明确在技能培训方面与厦门户籍劳动者享有同等待遇，同时将台湾技术士等级证书与国家职业资格证书的匹配使用扩大到全市。出台《职业技能培训机构参与政府补贴培训项目实施办法》，实现补贴培训项目向具备法定办学资质且设立在厦的各类职业技能培训机构全开放。出台《关于营利性职业技能培训机构和营利性民办技工院校审批设立登记管理有关事项的通知》，提高市场化培训资源供给能力。出台《关于进一步加强技能培训政府补贴项目监管的通知》，规范政府补贴项目开展。

（二）积极开展各项职业技能培训考核工作。

全年全市开展各类培训73 856人，其中，"一企一策"职工职业技能培训58 095人，本市农业富余劳动力转移（失地失海人员）培

训3 030人，本市户籍人员就业培训（失业人员培训）3 244人，其他类培训9 487人。开展职业技能鉴定考核31 011人次，核发职业资格证书12 701本。

（三）组织开展各项技能人才选拔竞赛活动。

参加世界技能大赛福建省选拔赛，获得焊接、时装技术、糖艺/西点制作、烹饪、汽车技术、电子技术、塑料模具工程、原型制作、网络系统管理、信息网路布线、精细木工11个项目第一名。参加2019年福建省电工职业技能竞赛并获得学生组第一名、第二名和教师组第二名、第七名，代表福建参加2019年中国技能大赛"振兴杯"电工全国决赛取得第十三名和第十五名，并同时获得共青团中央"全国青年岗位能手"称号。参加2019年中国技能大赛暨第四届全国茶艺职业技能竞赛福建省选拔赛，包揽前4名。参加全国决赛，其中2人获得个人赛铜奖，2人获得单项优秀奖。参加2019年中国技能大赛新能源汽车关键技术项目，获职工组第一名。开展厦门市第25届职工技术比赛，举办25个市级A类赛、54个市级B类赛。

六、加大力度加强社会保障工作

（一）加快推进全民参保计划。

加快推进全民参保登记计划，2019年度福建省对市绩效考核指标"基本养老保险参保率"继续保持第一。截至年底，全市基本养老、工伤、失业保险参保人数分别达到315.79万人、239.43万人和237.91万人，分别同比增长6.46%、5.96%、5.62%。出台《厦门城乡居民基本养老保险待遇确定和基础养老金正常调整机制的实施意见》，最低缴费标准从100元提高到200元。有序推进企业职工养老保险全省、全国统筹的衔接工作。

（二）加强工伤保险经办工作。

加强工伤保险协议服务机构管理，全市共有协议医疗机构34家，康复机构4家，辅助器具配置机构4家。加大培训教育工作力度，开设工伤保险政策与工伤事故预防培训班60班次，培训5 800多人次，覆盖重点项目和企业2 000个。发布《2018年度厦门市工伤事故预防报告》，推出多部门联动的现场互动与可持续改善式工伤预防培训项目。

（三）扎实做好退休人员社会化管理服务工作。

截至年底，全市纳入社会化管理的退休人员35.3万人，社会化管理率为99.99%，社区管理率100%。全面推广退休人员人脸识别资格认证工作，通过认证人数333 056人，认证完成率为100%。纳入社会化管理的退休人员足不出户完成领取养老保险待遇资格认证率达89.44%。

（四）严格做好社保基金稽核管理工作。

开展社会保险经办风险管理专项行动，做好人力资源社会保障部下发疑点信息核实工作，涉及疑似重复领取待遇疑点人员137人，涉及疑似养老保险待遇死亡冒领215人。开展基本养老保险、工伤保险业务季度互检9次，监督检查覆盖率100%。推进"双随机、一公开"工作，被抽取的19名养老保险待遇领取人员、4名工伤保险待遇领取人员及4所工伤保险协议机构均已完成核查，检查结果均为合格。

七、加大力度推进主动创稳工作

（一）深入开展和谐劳动关系创建活动。

出台《关于对劳动关系和谐企业给予正向激励的意见》，推进思明、湖里两区开展和谐劳动关系综合试验区试点建设。印发《关于开展非公有制企业劳动用工服务专项行动的通知》，引导非公有制企业守法合规经营，用好用足各项惠企政策，加强风险防范，实现健康、稳定、可持续发展。完善劳动关系领域风险预警机制，按月收集劳动关系预警信息，按季度汇总分析劳动关系形势。开展新行业新业态劳动关系的研究，出台企业淡旺季用工调剂、特殊工时、休息休假等3项政策规范指引。

（二）指导监督企业工资收入分配。

稳妥实施国有企业负责人薪酬制度改革，测算发布2018年度市属国有企业负责人基本年薪计发基数，部署开展全市全面落实国有企业负责人薪酬改革自查自纠工作。出台《关于改革国有企业工资决定机制的实施意见》及相关配套文件。发布2018年企业人工成本水平及构成情况、2019年部分工种（职位）工资指导价位和企业工资增长指导线。2019年工资指导价位的工种（职位）增加到420个，并对其中135个工种按不同专业（技术）等级发布。

（三）加强基层调解仲裁组织建设。

推进驻镇街派驻庭调解点建设，完成10个点建设任务，实现派驻庭调解点从无到有、从有到优的发展。推进企业调解组织建设，截至年底，全市组建684家，同比增长23%。建立"全市仲裁调解地图"数据库，方便公众了解、查询和联系调解组织。加强调解仲裁工作，全年全市劳动争议仲裁机构共审结立案案件10 004件，同比提高43.45%，调撤率65.19%，审限结案率100%。

（四）根治欠薪工作全速推进。

在福建省治欠保支考核中继续保持A级第一名，全年全市劳动保障监察机构共处理工资纠纷案件补发金额6 161万元，涉及1.34万人，其中追发农民工工资1 819万元，涉及4 006人。创新建筑工程领域"项目制用工登记"模式，全市460个在建工程全部设立无欠薪项目部，其中政府投资项目268个。

八、加大力度推进事业单位管理服务工作

（一）加强人事管理制度化。

开展2019年秋季事业单位市、区联合招聘，共征集发布189家单位423个岗位计划招聘480人，实际开考410个岗位计划招聘462人，规模历年最大。审核办理事业单位补充编内工作人员调动（接收）手续2 025人。积极服务建立和推进"政校企"交流合作机制，联合市教育局印发《关于支持市属公办高校发展若干措施的通知》。

（二）做好工资福利审核工作。

加强事业单位绩效工资管理，出台《进一步保障中小学校教师工资待遇贯彻落实方案》《厦门市中小学校长职级工资实施办法（试行）》《厦门市属公立医院工资总额管理办法》和《厦门市属公立医院院长目标年薪制管理办法》，促进事业单位收入水平合理增长。做好"1+X"工作，全年检查4次，检查单位11个，发现问题线索1条，移送问题线索1条。

（三）做好评比表彰工作。

做好厦门市改革开放杰出贡献表彰推荐人选工作与国家功勋和国家荣誉称号推荐提名工作。发放中华人民共和国成立70周年纪念章，符合发放条件297人。开展2018年度全市两项评比表彰工作，科技经济卫生工作42家先进集体、106名先进个人和40家青年、妇女工作先进集体与100名先进个人获得表彰。

九、加大力度持续抓好行风建设

（一）做好权责清单新一轮公布和动态调整工作。

全年公布权责清单并动态调整82条次，现有权责事项208项，其中行政许可9项，行政处罚62项，行政强制2项，行政给付1项，行政监督检查5项，行政确认5项，其他行政权力35项，公共服务32项，其他权责事项57项。

（二）持续推进"全程网办"和"15分钟服务圈"建设。

取消45项规范性文件设定的证明材料，实现"全程网办"事项68项，占比近60%。"一趟不用跑""最多跑一趟"占比97%，"15分钟便民服务圈"窗口前移事项71项。

（三）统筹事中事后监管及信用体系建设。

出台经营性人力资源服务机构、民办技工院校、民办职业培训机构、工伤保险协议服务机构等事中事后监管评价办法和职工劳动保障

诚信记录、养老工伤失业保险申领相对人诚信记录、人事考试考生诚信记录等群体诚信记录管理办法。

（四）广泛开展惠民政策宣传咨询。

组织开展进社区宣讲活动160场。加强12333咨询电话服务，受理服务277.94万人次，同比增长5.74%。在全省率先开通"厦门人社"今日头条号、抖音号，办好门户网站等新媒体发布平台，门户网站发布信息3 105条，"厦门人社"微信订阅号发布微信371条、阅读量约284万人次，微信订阅号用户22.2万人，在清博大数据"厦门政务微信"榜单中排名第5。

厦门市人力资源和社会保障局

江 西 省

2019年，江西省人力资源社会保障部门以习近平新时代中国特色社会主义思想为指导，全面贯彻党的十九大和十九届二中、三中、四中全会精神，从更高层次贯彻落实习近平总书记对江西工作的重要指示，按照党中央国务院战略部署，提高政治站位，强化使命担当，坚持稳中求进，保民生、防风险、促发展、强基础，各项工作取得了新的成效。

一、就业局势保持稳定

（一）就业目标任务全面完成。

全省实现城镇新增就业54.34万人，完成年计划的120.8%，确保有就业能力的零就业家庭至少有1人就业；新增转移农村劳动力62.51万人，其中省内转移42.87万人。全省开展企业职工岗位技能培训27.26万人，完成年计划的151.46%，创业培训14.12万人，完成年计划的117.64%。从失业保险基金结余中提取18亿元作为提升行动资金，专项用于支持职业技能提升行动，全省共开展补贴性职业技能培训75.3万人次，完成目标任务的107.6%；使用失业保险基金支持职业技能提升行动专账资金1.82亿元，为19 198名参保职工落实技能提升补贴3 520.03万元。为4 011家企业发放稳岗补贴1.88亿元，稳定职工74.99万人。全省失业保险参保职工289.68万人，超额完成全年目标任务；全省累计3.37万名失业人员享受不同期限的失业保险待遇，发放失业保险金2.63亿元。

（二）就业政策进一步完善。

省政府办公厅制订《江西省稳就业三年行动计划（2020—2022年）》《江西省职业技能提升行动方案（2019—2021年）》，进一步加大政策创新和服务优化，出台《江西省就业补助资金管理办法》《江西省就业补助资金职业培训补贴管理办法》《关于做好失业保险基金支持职业技能提升行动资金使用管理工作的通知》《关于进一步落实就业补助政策有关事项的通知》等资金补贴类政策，进一步扩大补贴范围，增加支出项目，简化审批程序，释放政策红利。出台支持困难企业稳定就业岗位、三年青年见习计划、促进高校毕业生就业创业、重点群体创业就业有关税收政策、扶持残疾人自主就业创业、促进新时代退役军人就业创业等支持各类重点群体就业创业文件，提出了针对性强、操作性好、含金量高、具有江西特点的政策措施，织牢织密就业创业政策防护网，确保全省就业局势稳中有进。

（三）重点群体就业渠道进一步拓展。

全省实名登记应届高校毕业生5.83万人，其中4.61万人通过帮扶实现就业。积极组织发放高校毕业生一次性求职补贴，共为4.07万名六类困难应届高校毕业生发放补贴4 074万元，较上年增长23.13%。按2019—2021年每年组织1.1万名离校未就业高校毕业生和16~24岁失业青年参加就业见习的目标，2019年达1.29万人。积极培育劳务品牌，广昌物流和资溪面包两个劳务品牌被人力资源社会保障部认定为全国典型劳务品牌。统筹做好就业困难人员、长期失业人员、化解过剩产能职工、退役军人、禁捕退捕渔民等重点群体的就业工作。全省实现失业人员再就业18.4万人，就业困难人员就业 5.14 万人，分别完成年度计划目标的 122.7% 和 128.6%。实施高校毕业生"三支一扶"计划，全年招募 2 077 人，继续保持全国前列。通过调配方式落实安置体制内随军家属 85 人，享受生活补助随军家属 1 170 人。

（四）创业促进就业效应进一步显现。

加大创业孵化基地工作力度。全省建设创业孵化平台 226 家，其中 5 家被认定为全国创业孵化示范基地，86 家为省级创业孵化示范基地，入驻创业实体 10 584 个，带动就业 8.1 万人。认真落实创业孵化基地补贴政策，为 2 家国家级创业孵化示范基地发放补助 400 万元。全省新增发放创业担保贷款 154.9 亿元，完成全年民生工程任务的 140.82%，位列全国第一。通过创业担保贷款直接扶持个人创业 11 万人（次），带动就业 43.1 万人（次），还款率达 99.95%。国务院第六次大督查在赣督导期间，以专报形式刊发"一扩一简一配套"的创业担保贷款"江西模式"。截至年底，全省累计发放创业担保贷款 1 208 亿元，累计扶持个人创业 114 万人（次），带动就业 445 万人（次），各项指标均位居全国前列。举办江西省第二届创业培训讲师大赛，江西省两名参赛选手成功晋级全国创业培训讲师大赛十强，获得三等奖，实现历史性突破。举办 2019·江西省（宜春）"创领美好"创业就业服务系列活动，组织开展第二届"江西省青年创业风云人物"评选活动，继续举办"江西省大学生创业公开课"活动等，打造具有江西特色的创业服务活动品牌。

（五）公共就业服务水平不断提升。

积极组织开展多项促进就业活动以及就业政策落实服务落地专项行动，做到"月月有招聘活动，时时有就业服务"。就业援助月期间，走访零就业家庭和就业困难人员 10 881 户（人），帮助 9169 名就业困难人员实现就业。"春风行动"期间，举办各类招聘会 1 847 场次。高校毕业生就业服务行动期间，实名登记应届高校毕业生 26 271 人，组织专场招聘活动 182 场次，提供就业岗位 8.47 万个。2019 江西省高校毕业生就业服务进校园活动深入 15 所高校。金秋招聘月活动期间，共组织 7 733 家企业参加，举办招聘活动 390 场次，提供招聘岗位 20.3 万个。

二、社会保障体系更加完善

（一）社会保险减负政策落实到位。

省政府办公厅出台《降低社会保险费率综合实施方案》，人力资源社会保障厅会同有关部门印发《关于贯彻落实降低社会保险费率综合实施方案的通知》，将降低社会保险费率政策落实情况纳入省政府《2019 年市县高质量发展考核评价指标》，压实各级政府责任，并建立人社、财政、税务、医保等部门参加的协调机制。5 月 26 日，在全省统一开展以"社保降费减负助推高质量跨越式发展"为主题的现场宣传日活动，向全省 66 万企业法人发送降费减负短信。全省全年减轻企业和个人社保缴费负担 93.36 亿元，其中企业职工基本养老保险 76.65 亿元，工伤保险 4.15 亿元，失业保险 12.56 亿元。

（二）社会保险改革任务落地见效。

进一步完善企业职工养老保险省级统筹制度，省政府印发《江西省企业职工基本养老保险基金省级统收统支实施方案》，明确从 2020 年 1 月 1 日起实行企业职工基本养老保险基金省级统收统支，实现全省政策、基金收支、预算管理、责任分担、信息系统、经办管理、绩效管理七统一。制定出台全省统一的机关事业单位养老保险经办流程，实现机关事业单位和企业之间退休待遇计发标准的并轨，建立退休待遇与缴费水平挂钩的新机制，基本完成养老保险经办体系建设。出台《关于划分为生产经营类但尚未转企改制到位事业单位及工作人员参加养老保险有关问题的通知》，明确已划分为生产经营类但尚未转企改制到位的财政拨款事业单位及工作人员和自收自支事业单位及编制内工作人员参保有关政策与具体衔接办法，确保转企事业单位转企改制工作的顺利实施，保障职工社保合法权益。出台《关于机关事业单位基本养老保险关系和职业年金转移接续有关问题的补充通知》，进一步规范对全省事业单位养老保险参保人员基本养老保险关系和职业年金转移接续政策。出台军队文职人员参加机关事业单位养老保险贯彻意见，明确军队文职人员属地参加机关事业单位养老保险有关政策。按照《江西省关于建立城乡居民基本养老保险待遇确定和基础养老金正常调整机制的实施意见》要求，各设区市、县（区）出台相应的贯彻落实办法，规定的硬性指标全部调整落实到位。认真落实机构改革部署要求，自7月1日起，省本级工伤保险1 058家参保单位、19.29万名参保人员，全部下放各设区市进行属地管理。出台《江西省工伤保险省级调剂金管理办法》，建立工伤保险基金省级调剂金制度，并按各市本季度实际征缴工伤保险费总额的3%提取，提高基金使用效率，增强保障能力和抗风险能力。

（三）社会保险目标任务超额完成。

扎实开展全民参保扩面专项行动，制播专题宣传片和宣传动画，开展社保政策线上有奖竞答活动。截至年底，全省基本养老保险参保人数较上年同期增加50万人，完成目标任务的106.4%。全省企业职工基本养老保险、机关事业单位基本养老保险、城乡居民基本养老保险、失业保险和工伤保险参保人数分别达到941.32万人、155.58万人、1 888.92万人、289.68万人、539.43万人，分别完成全年目标任务的101.5%、105.0%、104.9%、100.6%、100.8%。全省全年企业职工基本养老保险、机关事业单位基本养老保险、城乡居民基本养老保险、失业保险和工伤保险基金征缴收入分别达到543.22亿元、198.74亿元、112.16亿元、11.83亿元、10.66亿元。累计办理"助保贷款"12 631人（次），发放贷款41 102万元，各级政府贴息资金累计1 548万元，共为5 467名困难助保对象办理了领取养老金手续。开展退役军人养老保险关系转移接续集中清理核实行动，切实做好转移接续工作，全省累计办理退役军人养老保险转入8 533人（次），转入金额3亿元。

（四）社会保险待遇水平稳步提高。

根据国家统一部署，连续第15年提高企业退休人员基本养老金水平，连续第4年同步调整企业和机关事业单位退休人员基本养老金，调整总体水平按照上年全省企业和机关事业单位退休人员月人均基本养老金水平的5%左右确定，339万名退休人员受益。

（五）社会保险基金安全增值。

健全经办风险防控组织架构，制定监督和评估工作计划，完成机关事业单位养老保险7个大项98个细项的业务事项风险点的梳理。对全省11个设区市开展"三个全面取消"进展情况及风险管理专项行动"回头看"。加强稽核内控，全省核查享受养老保险待遇159.93万人（次），查出欺诈冒领239人，追回欺诈金额469万元，排查出438人在押服刑人员冒领社会保险待遇，追回冒领金额145.26万元。出台《关于职业年金启动投资运营前个人账户记账利率和投资收益率有关事项的通知》，明确相关标准，有力保障机关事业单位参保人员职业年金待遇。完成职业年金受托人、托管人、投资管理人评选工作，正式开始投资运营，使江西成为全国第5个完成评选、第8个正式开始投资运营的省份。投资运营资金150.79亿元，投资收益2.91亿元，累计投资年化收益率为6.75%，高于3年定期存款利率4个百分点。

（六）社会保险经办水平全面提升。

以群众需求和问题为导向，着力打造"便民服务，便我管理"新格局，进一步提升经办管理服务水平。推进省级集中社会保险信息系统上线运行，建立全省社保"一张网、一个系统、一套数据、一个经办模式"。推进单位业务网上办，推进个人业务手机办，"江西人社"App正式上线，提供30余项高频社保业务服务，实现"不进人社门，能办人社事"。全省参保人员通过手机端自助缴费127万笔、金额86.62亿元。退休人员通过"江西人社"App、"赣服通"支付宝生活号等渠道进行养老金待遇领取资格在线自助认证。推进窗口业务"简单办",完成95项社保事项"八统一"标准化,办理材料平均精简45.3%、办理时限平均压减26.5%,6项社保事项证明材料试行告知承诺。全省业务"一体办",出台省本级便民服务8条措施、全省便民服务15条措施,4项业务办理时限由15个工作日压减为即时办结,提供7项延时服务、5项预约服务。增设自助一体机,提供信息查询、权益单打印等8项便民服务。开展岗位技能比武,全省3 500余名经办人员参加。群众对省社保经办大厅满意度保持在90%以上。《中国劳动保障报》《中国社会保障》21次报道江西省社保经办工作。

三、人才队伍建设成效显著

（一）专业技术人才队伍建设进一步加强。

截至年底,全省专业技术人员292万人,增长3.5%。组织开展百千万人才工程人选选拔推荐工作,选拔150名省百千万人才工程人选、6人入选国家百千万人才工程,资助11名百千万人才工程人选赴国内外研修。会同省委人才办组织开展春季和秋季引才活动,组团到华北、东北、西南、西北等地24所985高校、211高校举办形式多样的引才活动,全职引进到岗工作的高层次人才4 462人,其中,博士毕业生1 261人,同比增长14.7%;硕士毕业生3 201人,同比增长182%。加快博士后事业发展,新增8家博士后科研流动站,全省共有博士后科研流动站34个,累计招收1 196人,其中在站627人,新招175人,同比增长17%。全年博士后科研项目获得专利80项,转化经济效益2.2亿元,比上年增长12%。

（二）技能人才队伍建设进一步推进。

截至年底,全省技能人才483.7万人,同比增长2.9%;高级工以上147.2万人,占技能劳动者的30.4%,同比增长2.9%;新增高技能人才4.2万人,完成目标任务的113.5%。全省现有88所技工院校,在校生15.4万人,新招生6.2万人,同比增长13.8%,完成目标任务的114.8%。全省建成国家级高技能人才培训基地27家、省级高技能人才培训基地74家,建有国家级技能大师工作室35家、省级技能大师工作室143家、省级以上竞赛集训基地28家。在新钢、江铃、南昌轨道交通、江西洪都航空等8家企业开展职业技能等级评价自主认定试点工作,共发放职业技能等级证书384本。组织3名选手代表中国参加第45届世界技能大赛,取得2枚金牌、1枚银牌的优异成绩,位列金牌榜全国第2。组织开展江西省"振兴杯"职业技能大赛,其中省级一类赛事2项、涉及75个职业（工种）,省级二类赛事32项、涉及100个职业（工种）,省级三类赛事15项、涉及99个职业（工种）,带动技术比武岗位练兵70万人。省政府召开参加世界技能大赛表彰会,对金牌选手、专家团队分别奖励30万元,对银牌选手和专家团队分别奖励18万元,对代表江西参赛队员奖励20万元,代表江西入选国家集训队队员奖励10万元。开展"双千计划"高技能领军人才审核评审工作,12名高技能人才入围。推荐中华技能大奖获得者在中央电视台"大国工匠"系列节目宣传高技能人才。

（三）人事考试和职业技能鉴定平稳有序。

全年共组织实施公务员考录、公务员遴选、事业单位公开招聘、军转干部考试、"三支一扶"、专业技术资格等各类人事考试68项,参加考试63.7万人,比上年增加4.04万余人,考试129.7万科次,比上年增加9.25万科次。全年完成职业技能考核鉴定15.47万人次,核发职业资格证书13.65万人次,同比分别减少22.94%和24.42%。其中,高级工以上鉴定5.18万人（次）,核发职业资格证书4.18万人（次）,同比分别增加15.35%和24.38%。

（四）人力资源服务业加快发展。

切实贯彻落实省政府《关于加快人力资

源服务业发展的意见》，会同省财政厅印发《江西省人力资源服务业发展扶持资金管理暂行办法》。9月5日，在南昌成功举办以"新使命·新理念·新发展"为主题的第二届中国（江西）人力资源服务创新发展论坛，1000余人参加现场活动，近170万人（次）在线观看。加强人力资源服务产业园规划布局，共建成人力资源服务产业园11个，其中国家级1个、省级5个、市级3个、县（区）级2个。中国（南昌）人力资源服务产业园已入驻机构176家，发挥了显著的集聚效应和引领作用。全年共举办4期人力资源服务机构高级管理人员研修班。注册成立人力资源服务产业发展基金，建设首个省级人力资源服务孵化基地。截至年底，全省人力资源服务机构数达到1636家，较上年同期增加302家；从业人员2.2万人，同比增长39%；全年营业收入突破380亿元，同比增长42%。

四、人事制度改革稳步推进

（一）事业单位人事制度不断完善。

印发《关于进一步规范事业单位人员同时在两类岗位上任职的通知》，以规范和释放事业单位人员干事创业活力。印发《关于进一步支持高校"双一流"建设有关事项的通知》，为高校改革发展提供坚实的人才人事支撑。完成在九江市柴桑区推进县以下事业单位管理岗位职员等级晋升制度试点的各项工作任务。分行业分类别开展事业单位公开招聘工作，完成全省中小学教师招聘工作，组织开展全省卫生专业技术人员统一招聘工作。全省省级事业单位共招聘1989名高层次人才。

（二）职称制度改革持续深化。

不断深化职称制度改革，分类推进高校教师、技工院校教师、乡村教师职称制度改革，高校职称评审实行"四个自主"，乡村教师职称推行"定向评价、定向使用"。加强企业专技人才职称工作，出台畅通职称申报渠道、降低申报门槛、完善评价机制等12条优企惠企举措。在鹰潭、新余分别开展全省铜加工行业、锂电行业高级职称评审试点工作，助力地方特色产业发展。

（三）表彰奖励工作高标准推动。

出台《江西省贯彻〈国家功勋荣誉表彰条例〉实施办法》，起草《江西省评比达标表彰活动管理实施细则》《功勋荣誉表彰奖励获得者待遇规定（试行）》《生活困难表彰奖励获得者帮扶办法（试行）》等实施细则，印发《关于进一步规范评比达标表彰活动的通知》，规范评比达标表彰活动的组织实施。开展评比达标表彰项目设立调整工作，新增省级工作部门项目4项、市级项目21项、县级项目86项，调整省级项目9项、省级工作部门项目5项。启动评比达标表彰项目资料库建设，全面梳理现有项目基本情况，夯实规范管理基础。组织68名省部级以上先进工作者进行休假疗养。

（四）政府任免工作稳步推进。

完成9批次205人省政府任免的国家工作人员的材料整理、报批和任命书发放等相关工作。组织省政府任命的国家工作人员首次宪法宣誓活动，取得良好效果。督促指导省直单位和设区市政府做好宪法宣誓工作，所有省直单位、设区市政府均已完成首次宪法宣誓工作。

五、工资收入分配更加合理有序

（一）事业单位工资政策进一步落实。

强化全省义务教育教师工资待遇保障，发文明确义务教育教师与当地公务员工资收入的比较口径，确保义务教育教师平均工资水平不低于当地公务员平均工资水平。督促乡镇工作补贴政策落实。推进公立医院薪酬制度改革试点，认真总结试点做法经验，全省53家市级公立医院参加改革，较好地落实了公立医院收入分配自主权，提高了医务人员工资收入，规范了发放秩序。核定495家省直事业单位绩效工资总量，完善省直事业单位绩效工资政策，突出"保障公平体现效率"原则，建立"托低、控高"的动态调控机制，合理调节不同群体间分配关系。做好中华人民共和国成立

70周年纪念章统计发放工作，共发放纪念章4 222枚。推进工资业务办理信息化建设，在省直20个主管部门下属100余家事业单位开始试运行省人事人才工资系统，实行工资业务网上办理。

（二）建立并实行了及时奖励制度。

在省委、省政府的领导下，省人力资源社会保障厅会同省公务员局、省财政厅在全省建立及时奖励制度，并组织开展3个批次的申报评选工作，92个集体和个人获得及时奖励，社会反响良好，正向激励广大干部担当作为的制度效果明显。

（三）国有企业工资制度改革不断创新。

扎实推进全省国有企业负责人薪酬制度改革和工资总额决定机制改革，人力资源社会保障部以《江西创新国企负责人薪酬管理制度卓有成效》的专报形式报中办、国办2017年度省属企业负责人薪酬监督检查报告，经省领导审核同意，公开向社会发布监督检查公告。完善国有企业负责人薪酬管理制度，省薪酬改革小组印发《关于省属国有企业职业经理人薪酬制度改革的指导意见》《省属国有企业负责人薪酬追索扣回暂行规定》和《关于调整完善省属国有企业规模系数计算确定办法的通知》，形成"1+12"的省属企业负责人薪酬管理制度体系，政策体系基本完备。开展省属企业负责人薪酬备案和国有企业在岗职工平均工资统计调查，2019年度省属企业负责人薪酬计算基数为9.62万元，比上年增长11.08%。推进落实国有企业工资决定机制改革，在全国率先完成设区市和省直单位改革实施办法审批。发布2019年全省企业工资指导线和非竞争类国有企业工资增长调控目标。建立规范统一的企业薪酬调查报表制度，完成2019年度企业薪酬调查工作，共调查4 720家企业39万职工薪酬数据，首次发布全省各类职业（工种）、各等级专业技术人员和技能人员的工资价位、初次就业大学生工资价位和企业人工成本信息。

六、劳动关系更趋和谐稳定

（一）和谐劳动关系创建工作取得新进展。

深入实施"和谐劳动·幸福江西"三年行动计划，将构建和谐劳动关系工作纳入《中共江西省委关于贯彻落实〈中共中央关于坚持和完善中国特色社会主义制度推进国家治理体系和治理能力现代化若干重大问题的决定〉的实施意见》，全省劳动关系持续保持总体和谐稳定。完善协调劳动关系三方工作制度，经省政府同意，省协调劳动关系三方委员会印发《江西省劳动关系协商协调制度》，增补省个体私营经济协会为协调劳动关系三方成员单位，使江西成为全国第一个出台省级协调劳动关系三方委员会协商协调制度的省份。开展全国模范劳动关系和谐企业与工业园区推荐评选，江西省11家企业、2个工业园区获得全国模范劳动关系和谐企业与工业园区荣誉称号，被国家协调劳动关系三方会议表彰。积极推进深化构建和谐劳动关系综合配套改革试点，召开全省深化构建和谐劳动关系综合配套改革试点动员部署会，重点围绕景德镇市开展改革试点工作进行动员部署。加强和谐劳动关系创建宣传，组织开展全国模范劳动关系和谐企业巡回演讲（江西站）活动，媒体现场直播在线观看54万人，使江西成为全国参与人数最多的省份。推进全省妇女儿童权益保护工作呈现新局面，受到全国妇联表彰。

（二）调处劳动人事争议工作扎实推进。

高度重视涉农民工劳动争议案件和集体劳动争议案件，及时高效处理各类劳动人事争议。全年劳动人事争议调解仲裁机构共依法受理劳动人事争议案件22 587件，同比增长12.63%；结案22 224件（含上期结存案件431件），仲裁结案率96.5%，调解成功率70.7%，终局裁决率40.8%，仲裁终结率69%，调处10人以上集体案件177件，涉农民工案件4 056件。

(三) 劳动保障监察工作有序开展。

发挥考核指挥棒作用，成立省根治拖欠农民工工资工作领导小组，高位推动与部门联动相结合，扎实有力开展根治欠薪工作，拖欠农民工工资高发、多发态势得到明显遏制。全年共查处欠薪案件1 476件，为2.22万名劳动者追偿工资待遇2.5亿元，同比分别下降30.8%、46.7%和43.4%。组织开展根治欠薪夏季行动和冬季攻坚行动、打击强迫劳动、使用童工等违法行为专项执法检查，以及清理整顿人力资源市场秩序专项检查等执法检查活动。全省劳动监察机构日常巡视检查用人单位2.5万家，涉及劳动者92.69万人，发放宣传资料42.7万份，开展法律咨询服务1 547次，责令退赔求职者中介服务费、押金和其他费用3.5万元，劳动监察案件结案率99.93%。加快劳动监察应急指挥平台建设，推进各级平台互联互通，省劳动监察指挥平台已与7个市县实现互联互通。

七、人社领域精准扶贫深入推进

(一) 就业扶贫成效进一步提升。

未脱贫贫困劳动力持续减少，截至年末，本地户籍未脱贫贫困人口中还有6.38万贫困劳动力。就业扶贫措施不断强化，全年为贫困劳动力开展就业创业培训2.99万人（次），开发就业扶贫公益性岗位吸纳10.16万贫困劳动力就业。结合江西就业扶贫的情况和特点，完善了"二扩二贷十补贴"就业扶贫政策，探索出一套符合实际、具有特色、在全国有影响的就业扶贫模式。全国创业就业展示交流活动期间，江西省就业扶贫馆作为独立展区参展，为全国5个独立展区之一。永新县开发公益性岗位促进贫困劳动力就业入选全国2019年人社扶贫20个典型事例之一。

(二) 技能扶贫取得新成果。

印发《关于深入推进技能脱贫千校行动的通知》，招收建档立卡贫困家庭学生3 611名接受技工教育，建档立卡贫困家庭在校学生8 091人，组织93名技工院校领导开展一对一定点帮扶，共帮扶学生303人。

(三) 社会保险扶贫工作全面推开。

及时转发人力资源社会保障部办公厅《关于利用人社扶贫信息平台做好社会保险扶贫数据核实报送工作的通知》，全省各地迅速行动，提前完成数据核查工作。截至年底，全省符合参加城乡居民养老保险条件的建档立卡贫困人员、低保对象和特困人员等贫困群体共有289.12万人，已经全部纳入城乡居民基本养老保险体系，实际享受待遇人数83.47万人。共为205.65万人代缴基本养老保险，财政代缴金额2.07亿元。

(四) 人才智力扶贫取得新成效。

充分发挥人事人才工作职能，吸引优秀人才到贫困地区帮助脱贫致富。放宽贫困县事业单位招聘条件。"三支一扶"人员招募继续向贫困地区倾斜，招募599人，占全省总数的28.8%。在划定江西省卫生专业高级技术资格考试成绩合格标准时，适度降低贫困县专业技术人员考试合格分数线，151人享受此项优惠政策。

八、行风建设全面推进

(一) 深化人社领域"放管服"改革。

实施人社公共服务体系建设"首位工程"，着力解决群众办事堵点问题，以服务模式创新规范权力运行，编制全省统一的权力清单和公共服务清单，首次实现同一事项在省市县乡的名称、类型、依据、编码"四级四同"，基本完成195项服务事项"八统一"标准化，"全省通办"基础打牢夯实。

(二) 加快推进信息化建设。

基本建成省级集中的人社一体化综合信息系统，集成接入一批业务信息系统，首批60项服务事项上线运行。完成与全国统一的社会保险公共服务平台对接，在"赣服通"和"江西人社"App提供32项线上服务，12333电话咨询服务量突破千万人次，电话接通率显著提高。全面拓展社保"一卡通"应用，实体卡持卡人数达4 463万人，覆盖全省97%的人口；开通15个电子社保卡签发渠道，累计签发343万余张。完善社保卡制发服务体系，全省165个人社窗口、655个金融服务网点开通即时制卡服务，在银行网点实现申领、挂失、密码修改、激活"一站式"服务，让群众办事"就近办、一次办"。开展服务窗口标准化建设，统一标识，打造形象统一、设施齐全、办事规范、服务热情、群众满意的标准化窗口。通过App、支付宝、微信、12333为群众提供社保卡申领、查询、挂失、密码修改等服务，让群众办事"线上办"。拓展社保卡在看病就医、公积金贷款、交通出行、景区入园、政务服务等领域的"一卡通用"，实现农业、林业、民政、残疾人等待遇补贴"一卡通领"，群众办事生活更加方便。11月15日，李克强总理亲临省社保中心经办大厅视察，得知通过相关部门对接，社保卡集合了社保、就医结算、金融支付等多种功能，不仅办事一卡通，而且能申请政府贴息贷款进行创业，总理高兴地说，这不但是一个保障平台，还是一个支持创业的舞台，可总结推广。

（三）持续抓好窗口单位作风建设。

在全省依法治省年度考评和法治政府建设考评中，分别被评为"全面依法治省优秀单位"和"法治政府建设优秀单位"。出台加强窗口单位经办队伍建设意见，开展岗位技能练兵比武和法治知识竞赛活动，有效提升全系统干部职工的服务意识和能力。在全省人社系统组织开展养老保险、劳动人事争议仲裁、创业担保贷款三个专项业务比武活动，共有2 000余个窗口30 000余名工作人员参加。组织人员参加全国人社系统业务技能练兵比武省级邀请赛和全国赛，两项赛事分别获得第六名和挑战奖。组织参加全国人社系统法治知识竞赛获三等奖。认真做好全国人社系统2017—2019年度优质服务窗口和优质服务先进个人评选推荐工作，全省12个单位、5名个人获表彰。建立群众不满意工作台账，及时跟进处理情况，实行销号管理。组织对全省人社系统窗口单位开展暗访督察并下发通报，及时组织整改。

江西省人力资源和社会保障厅

山 东 省

2019年,山东省人力资源社会保障系统在省委、省政府坚强领导下,坚持以习近平新时代中国特色社会主义思想为统领,深入贯彻山东省八大发展战略,抓重点、攻难点、治堵点、办试点、现亮点,迎难而上、砥砺前行、担当作为、狠抓落实,人社工作取得新进展、新成效,为全省经济社会发展做出了积极贡献。

一、就业局势保持总体稳定

突出就业优先,大力实施稳就业20条、"六稳"30条等一揽子政策措施,城镇新增就业138.3万人,完成全年任务的125.7%;登记失业率3.29%。山东省"推出组合拳,夯实就业基础"的做法,入选国务院第六次大督查典型经验,受到国务院通报表扬。

(一)就业政策有效落地。

提请省政府成立就业和农民工工作领导小组,开展政策落实服务落地专项行动,推动"人找政策"向"政策找人"转变。实施更加积极的稳岗返还政策,发放资金11.44亿元,惠及1.95万家企业、379万名职工。重点群体就业规模扩大。高校毕业生总体就业率93.4%,招募"三支一扶"高校毕业生1790名。失业人员再就业51.7万人,就业困难人员就业11.6万人。外出农民工983万人,同比增长0.6%。

(二)职业技能培训加力增效。

建立终身职业技能培训制度,大力实施职业技能提升行动,筹集专账资金62亿元,全面推行"五单式"培训模式,开展各类职业技能培训123.8万人次。

(三)创业带动就业动能增强。

加大创业资金支持力度,发放一次性创业补贴8.16亿元,超过过去3年的总和;发放创业担保贷款153.3亿元、8.8万笔,带动(吸纳)就业31万人,同比分别增长91.7%、78%、122.5%。

(四)就业服务扎实推进。

率先制定市县公共就业人才服务机构编制标准,对市县公共就业和人才服务机构的机构设置、人员编制、主要职责等标准进行明确。深入开展"春风行动"、就业援助月等特色招聘活动,服务求职者142万人次。

(五)人力资源服务业快速发展。

加强政策引导、资金扶持、载体建设、环境营造,多措并举推动人力资源服务业健康发展。服务机构达到3295家,从业人员6.98万人,行业年收入711亿元,同比分别增长23.9%、43.03%和33.15%。

二、社会保障体系建设取得新突破

紧紧牵住改革这个"牛鼻子",加快制度创新、流程再造,织密扎牢社会保障"安全网"。

(一)制度体系日臻完善。

率先建立与基金缺口挂钩的政府责任分担机制,比国家要求提前1年实现企业养老保险基金省级统收统支。在全国率先建立与企业养老保险基金缺口挂钩的各级政府责任分担机制,有效解决各地基金负担畸轻畸重问题,增强基金运行抗风险能力。

推进降费率、调费基,减轻企业、个人缴费负担300亿元。放宽困难企业缓缴社保费条件,出台规范职工养老保险缴费政策,制定企事业单位高级专家延迟退休办法。率先启动职业年金投资运营,投资534亿元,累计收益率、年化收益率分别达到4.75%、6.99%。提前一年建立工伤保险省级统筹制度,工伤预防全面启动。

（二）覆盖范围持续扩大。

实施全民参保计划,职工基本养老、失业、工伤保险参保人数分别达2868万人、1366万人、1710.7万人,比上年同期分别增加105.3万人、47.4万人、77.8万人;居民养老保险参保人数4560.3万人。建设领域新开工和在建项目全部实现按项目参加工伤保险。全省认定（视同）工伤人数6.8万人,依法保障了工伤职工合法权益。

11月19日,省政府印发《关于实行企业职工基本养老保险基金省级统收统支的意见》,确定自2020年1月1日起,启动企业养老保险基金省级统收统支,实现全省基金统一管理使用。同时,建立基金缺口责任的统筹分担机制,明确省、市、县三级政府责任,确保离退休人员基本养老金按时足额发放。

（三）待遇水平稳步提高。

连续15年提高退休人员基本养老金,2019年总体调整幅度5.07%,月人均养老金增加158元,共惠及675万名退休人员。落实失业保险金标准与最低工资标准挂钩联动机制,各地失业保险金标准与当地最低工资标准挂钩比例由70%提高至80%,三个档次标准分别达到1528元、1384元、1240元。连续第15年提高工伤保险定期待遇,一级至四级工伤职工伤残津贴月人均分别增加190元、180元、170元、160元,供养亲属抚恤金、生活护理费月人均分别增加52元、137元。

（四）深化机关事业养老保险制度改革。

全面完成省属和各市机关事业单位准备期清算和按新制度计发工作,落实"中人"待遇,并按规定发放职业年金待遇。职业年金投资收益率位居全国前列,283.6万参保人员享受到投资收益,27.1万改革后退休人员的职业年金待遇实现省级发放,发放职业年金待遇2.8亿元。全面完成中央驻鲁机关事业单位参保登记和信息采集工作,共完成参保登记159家,涉及13.85万人,其中在职9.27万人,退休4.58万人。

（五）服务效能显著提升。

实施社保、医保联合征缴,推行关联事项"一链办理",退休资格审核、社保减员、待遇核定和养老金发放等高频事项办理时限由60个工作日压缩到20个工作日。即办事项和一个工作日内完成事项占比达到49%。公布159项"一次办好"事项清单,实现省、市、县社保经办事项"三级十七同"。大力推行分类综合柜员制,实施社保医保联合征缴。养老保险关系省内跨市转移接续的正常办理时间压缩至30个工作日以内。新建养老保险关系电子材料传输平台,取消省内跨市转移接续纸质材料邮寄,转移接续质效进一步提升。

实现省内跨地区、跨业务、跨部门通用,社保卡持卡人数9222.4万,全省均实现全国统一电子社保卡的签发,签发量达779万。社保卡加载残疾人证,实现残疾人一卡多用。

（六）大力推进社保基金管理风险防控工作。

贯彻落实人力资源社会保障部关于加强社保基金管理风险防控工作的意见,坚持政策、经办、信息、监督四位一体,统筹防控基金管理风险。开展全省社保基金管理风险专项检查,扎实开展社保基金管理风险警示教育活动,严厉打击社保基金违法违规行为,社保基金监管和风险防范能力持续提升。

三、人才人事工作扎实推进

深入学习贯彻习近平总书记关于技能人才工作的重要指示精神,着力打通人才培养、引进、评价、使用链条,创新创业创造活力不断迸发。

(一）技能人才发展步伐加快。

提高技术工人待遇，营造技能光荣、创造伟大的社会氛围。下放技能人才评价权，率先制定《关于开展企业技能人才自主评价的实施意见》，首批评出3651位技能人才，并兑现相应待遇。组织技工院校扩招，全省招生15.1万人、在校生36.08万人，分别增长12.6%、9.4%，均居全国第二。新增高技能人才12.1万人，其中技师、高级技师1.9万人；新型学徒制培养14 202人。

(二）高层次人才引进培养力度加大。

制定《山东省人才发展促进条例》，出台柔性引才办法和加强哲学社会科学人才队伍建设的措施，完善引才育才制度体系。实施企业博士（后）集聚计划、"青年优秀人才引进计划"，开展12场"山东—名校人才直通车"活动，分别引进46名名校博士后、2 776名名校博士。加强人才载体建设，博士后站达471个，全年招收博士后1 401名，累计招收博士后突破1万人。优化高层次人才服务，向5 042名人才发放"山东惠才卡"。新增住鲁院士8人、百千万人才工程国家级人选13人、省有突出贡献中青年专家120人，总量分别达到73人、189人、1 536人。优化证书办理流程，新增取得专业技术人员职业资格证书人数212 753人。

（三）职称制度改革纵深推进。

着力推进职称制度创新。与省委组织部等15个部门联合制定《关于分类推进人才评价机制改革的实施意见》，分类推进人才评价机制改革。印发《关于向开发区下放特色专业职称评审权有关问题的通知》，在开发区建立特色专业职称评审制度，促进开发区人才集聚、产业发展。修订出台建设工程、自然资源工程、工艺美术、哲学社会科学、实验技术等系列标准条件，并增设统计、审计、实验等系列正高级职称。出台《山东省高层次专业技术人才高级职称评审"直通车"暂行办法》，开通高层次人才高级职称评审"直通车"，符合条件的高层次人才可直接申报副高级或正高级职称。增设快递工程专业并实行"以考代评"，增强了快递工程技术人才的获得感。开展高级会计师职称社会化评审试点，推进卫生职称"双自主"试点。制定《关于建立部分专业技术类职业资格和职称对应关系的通知》，建立部分专业技术类职业资格和职称对应关系，减少重复评价。通过制度创新，职称"指挥棒"作用得到有效发挥。

着力推进基层职称制度改革。建立基层中小学教师高级职称评审制度，印发《关于建立山东省基层中小学教师高级职称制度的通知》，建立基层中小学教师职称制度，引导优秀教师扎根基层、建功立业。开展基层工程、基层农业高级职称评审试点，畅通基层专业技术人才职业发展通道。扩大新型职业农民职称评定试点，将试点范围扩大到14个市，并在东营开展新型职业农民高级职称评定"直通车"试点，截至年底，全省新型职业农民已评出高、中、初级职称898人（含高级11人），进一步鼓励人才把论文写在祖国的大地上，增强"田秀才""土专家"获得感。

着力提升职称服务质效。制定《关于进一步下放职称服务管理权限有关事项》，将外地调入人员高级职称资格确认权限下放给各市、省直部门（单位）办理，简化了办理手续；将中小学教师、卫生技术、工程技术、经济、农业技术等系列（专业）副高级职称评审权下放至设区的市，提高各市职称评审自主性。印发《关于进一步简化职称申报评审程序有关问题的通知》，着力解决群众在职称申报评审中的堵点难点问题，取消不必要的证明和材料，对能通过信息共享获取的，不再要求申报人员另行提供，切实减轻专业技术人才填表、提供证明等材料的负担。印发《关于简化中央驻鲁单位高级职称委托评审手续的通知》，中央驻鲁单位委托山东省评审高级职称，不再需要每年单独出具委托函，可由其主管部门（单位）按照"多个年度、多个系列、一次委托"的原则，出具一个总的委托函，简化委托手续。全面推行职称电子证书，明确电子证书与纸质证书同等效力，专业技术人才办理证书可以网上打印"零跑腿"，实现"一键出证"，同时提供网上查验，提高服务质效。

（四）事业单位人事制度改革不断深化。

优化事业单位人事管理，推出14条创新举措，落实事业单位用人自主权，激活发展动力。在幼儿园、乡镇基层事业单位增设正高级岗位，在30家省属事业单位开展公开招聘放权试点，完善事业单位工作人员奖励机制。全面实施事业单位绩效工资制度，提高基层事业单位人员待遇，乡镇工作补贴人均达到每月425元。

年末，省委组织部、省人力资源社会保障厅联合印发《关于优化事业单位人事管理的通知》，新规首次提出，通过直接颁发程序持有"山东惠才卡"的高级专家等高层次人才，可按规定直接聘用，不占本单位专业技术高级岗位数量。政策出台后，省属事业单位即可释放高级岗位1740个。在严格遵守国家控制高级岗位数量的原则下，适应人才队伍建设需要，首次提出高等级岗位可借用到低等级使用、在一个行业或区域内统筹设置和使用高级岗位，以及拓宽特设岗位设置范围等灵活的岗位使用政策，进一步化解刚性岗位结构与单位用人之间的矛盾。

（五）表彰奖励工作有序开展。

严格规范评比达标表彰活动，设立"攻坚克难奖""勇于创新奖"表彰项目，圆满完成中华人民共和国成立70周年纪念章发放工作。

四、劳动关系保持和谐稳定

（一）农民工治欠保支力度加大。

在工程建设领域，率先建成全省农民工工资支付监管平台，采集在建工程项目10071个，实名制信息87万人。开展根治欠薪夏季专项行动、冬季攻坚行动、护薪行动，查处拖欠农民工工资案件4152件，为4.02万名农民工追回工资6.21亿元。公布重大欠薪违法行为136件，将22家企业或自然人列入拖欠"黑名单"，向公安机关移送涉嫌拒不支付劳动报酬犯罪案件85件，公安机关立案79件。

（二）劳动关系协调有力有效。

成立省协调劳动关系三方委员会，部署开展全省性集体协商集中要约暨集中签订集体合同活动，组织全国模范劳动关系和谐企业巡回演讲活动（山东站）。出台《山东省女职工劳动保护办法》，3月1日起实施。济宁市深化构建和谐劳动关系综合配套改革试点实施方案获得人力资源社会保障部批复。印发《山东省新旧动能转换过程中职工安置工作指南》，煤炭行业化解过剩产能企业3435名职工得到安置。提出《关于建立劳动关系领域风险监测预警制度的实施意见》，建立部门协同、系统联动风险防控机制。加大劳动人事争议调解仲裁力度，受理各类争议11万件，为劳动者和用人单位挽回经济损失24.2亿元。

企业工资收入分配合理调控。省政府发布2019年企业工资指导线，职工货币工资增长基准线为7%。对全省6111家企业168万职工开展薪酬调查，发布50个技能岗位工资基准价位和18个行业人工成本信息。国有企业工资决定机制改革全面启动，省属企业职业经理人薪酬制度改革试点稳妥推进。

五、人社扶贫成效进一步巩固拓展

加大就业扶贫力度，扎实做好扶贫车间、劳务输出、返乡创业、公益性岗位安置等工作，贫困人口转移就业50.4万人，国定标准贫困劳动力转移就业8848人，超额完成目标任务。实施技工院校服务脱贫攻坚行动计划，招收贫困家庭学生2093人。将临沂、菏泽以及20个县（市、区）失业保险金标准提高到最低工资标准的90%。落实贫困人员代缴城乡居民养老保险费、贫困老人领取城乡居民基本养老保险待遇等政策，239.7万名贫困人口实现应保尽保、待遇应发尽发。在人力资源社会保障部贫困人口参保数据核验中，山东省比对成功率99.97%，居全国第二。

六、人社系统行风建设和"一次办好"改革成效明显

开展创业服务质效提升行动,聚焦思想观念、制度安排、体制机制、工作作风、能力素质等短板弱项,开展"五查五提",有效提升人社管理服务质效。聚焦制度创新、流程再造,全力推进"一次办好"改革,编制"一次办好"事项159项,实现省、市、县"三级十七同",删减申请材料548份,压缩比例64.6%,缩短办理时限21.5%,全程网办暨"零跑腿"事项达到56项,网上可办率达到100%。开展人事考试报名告知承诺制试点,制定强化人社窗口单位经办队伍建设的实施意见,建立健全"分类综合柜员制""窗口吹哨,处室报到""吐槽找茬"等系列服务制度,有效提高群众满意度。组织岗位练兵比武,在全国比赛取得较好成绩,14个单位、6名个人被评为全国优质服务先进典型。

山东省人力资源和社会保障厅

济　南　市

2019年，济南市人力资源社会保障部门认真贯彻落实人力资源社会保障部、山东省人力资源社会保障厅部署安排，紧紧围绕济南市委、市政府"1+474"体系，以建设"温暖人社"为主题，解放思想、开拓创新，凝心聚力、积极作为，全市人力资源社会保障事业稳步健康发展，为全市经济社会发展做出了重要贡献。

一、就业创业

（一）完善和落实稳就业政策措施。

出台《关于进一步做好促进就业创业工作的实施意见》，在6个方面推出28条稳就业"组合拳"，构建完善稳就业促创业政策体系。将创业担保贷款额度由10万元提高到20万元，降低一次性创业补贴和创业岗位开发补贴申领门槛。全市发放创业担保贷款17亿元，发放一次性创业补贴2.5亿元。全年实现城镇新增就业19.4万人，城镇登记失业率2.05%，全市就业局势保持稳定。

（二）突出做好重点群体就业。

坚持把高校毕业生放在就业工作的首位。举办两场"选择济南　共赢未来"高校毕业生就业创业大型招聘会，1 000余家知名企事业单位、10万余名大学生到场，达成就业意向3.4万个。举办2019年优秀大学生创业就业"泉城行"训练营活动，来自国内28所重点院校和韩国全北大学等国外大学的100名优秀大学生参加。"三支一扶"计划重点向扶贫领域倾斜，将工作生活补贴标准提高到每人每月5 300元。以离校未就业高校毕业生、登记失业人员为服务对象，开展"敲门式"服务行动。援助就业困难人员2.16万人，落实公益性岗位补贴2 248万元，社会保险补贴1.16亿元，城镇零就业家庭保持动态清零。

（三）创新提升创业服务质效。

开展了创业服务"四进四送四建"活动，高标准建设创业指导服务平台，聘请40余名专家提供"线上线下"创业指导服务，助力300余名创业者成功创业。强化创业孵化服务，市创孵中心孵化成功率达98.5%。

（四）扎实开展职业技能提升行动。

举办山东省暨济南市职业技能提升行动服务周，职业技能提升行动在全市深入开展。全面提高培训补贴标准，将享受补贴培训向所有职业培训机构全面放开，将职业院校学生、外地来济从事家政服务人员纳入补贴范围，对企业新招录职工全部给予培训补贴。建立"自主评价、创业培训、岗前培训"三个试题库，培训各类人员8.4万人。

（五）不断提升农民工服务成效。

完善农民工五级服务体系和网上服务（维权）平台功能，直接协调帮助农民工追讨工资3 800余万元，惠及农民工1 800多人。组织开展春季送岗位、夏季送清凉、秋季送健康、冬季送温暖等"情系农民工"系列主题活动，成功举办习近平总书记视察农民工综合服务中心六周年系列活动以及第五届"劳动者之歌"2019年济南外来务工（农民工）才艺大赛。

二、社会保障

(一) 狠抓扩面参保。

实施全民参保计划扩面专项行动,开展退役士兵社会保险接续工作,全市职工养老、居民养老、失业、工伤保险参保人数分别达到403.9万、293.6万、193.1万和265万,基本实现保险人群全覆盖。

(二) 提高社保待遇。

连续15年提高退休人员养老金,人均月养老金达到3 194.9元,惠及全市57.3万名退休人员。建立居民养老保险基础养老金正常调整和倾斜激励机制,居民养老保险基础养老金达到每人每月120元。连续15年提高1~4级工伤职工及供养亲属的定期待遇。实施失业保险金标准与最低工资标准挂钩联动机制,将失业保险金发放标准由全市最低工资标准的70%调整为80%,分别提至1 528元和1 384元。

(三) 深化社保改革。

实行"多证合一、一照一码"商事登记制度,企业在工商注册的同时完成社保登记,共享简易注销企业数据,同步实现企业社保注销登记。精简证明材料,在6项社保业务中推行告知承诺制,最大限度实现"减证便民"。落实社保降费减负政策,全年累计为参保单位减负35.8亿元。扩大失业保险基金支付范围,发放稳岗返还资金8 569万元,惠及企业1 019家,涉及职工22.8万人,发放职工技能提升补贴11 683万元,惠及企业职工78 399人。加强统筹协调,工伤保险实现市级统筹。顺利完成医疗保险和生育保险职能划转、社保"核心三版"系统升级改造、机关事业单位和居民基本养老保险费征收职能移交等工作。推进企业职工基本养老保险省级统筹,在全省率先完成机关事业单位职业年金省级归集。发放实体社保卡800万张,电子社保卡84.5万张。

(四) 完善风险内控制度。

加强对重点经办业务、关键环节的监督,以强化系统管控为核心,以全面取消业务手工办理为重点,建立健全完善的风险防控体系,形成自我约束、自动预警、自行纠错的长效机制,聘请第三方开展社保基金风险专项检查。全年社保基金总收入354.3亿元,累计结余316.9亿元,基金收支保持平衡稳定。

三、人才队伍

(一) 完善创新人才政策体系。

配合市人才办出台《关于支持人才创新创业发展的若干政策》,通过实施五大人才集聚计划,打造"人才新政30条"升级版。出台《济南市高层次人才生活和租房补贴申请发放实施细则(试行)》,梳理发布《济南市人才政策清单》。深化职称制度改革,大力拓宽非公领域工程技术人才成长通道。重新理顺各类专业技术人员职称申报的渠道,简化初级职称评定程序,除必须参加职业资格考试的职称系列外,其他系列初级职称均采用考核认定的办法。首次在乡镇及以下中小学、幼儿园建立中小学教师基层职称制度,设置正高级和副高级职称。

(二) 加大高层次人才引进培养力度。

紧紧围绕"四个中心"建设人才需要,开展"才聚泉城"名校行活动,签约"双一流"高校增至83家,引进急需紧缺人才3 285人。新增百千万人才工程国家级人选1人,"省突贡"专家3人,累计分别达到4人和52人。考察引进泉城"5150"引才倍增计划人才32人,高层次创新团队2个,"泉城学者"35人,审核认定高层次人才7 810人,累计15 818人,新设8家全球人才工作联络站。新增高级工程师2 217人,卫生技术高级职称795人。组织开展牛津海外博士菁英泉城行活动,新引进各类海外留学人才1 000余人。

(三) 抓好技能人才队伍建设。

出台《关于推行终身职业技能培训制度的实施意见》和《济南市企业新型学徒制实施办法》。新建成省级世界技能大赛集训基地1家、"齐鲁技能大师特色工作站"3家,4家单位被确定为全省企业技能人才自主评价首批试点单位。新增泰山产业领军人才（产业技能类）6人、齐鲁首席技师19人，新增数量位列全省第一，总量继续保持全省首位。技能人才总量达到128万，其中高技能人才36万。市属技工院校全日制在校生达到4.5万人，居全省首位。8名选手进入第46届世界技能大赛选拔赛山东集训队，53名学生获评中等职业教育国家奖学金。

（四）不断优化公共人才服务。

新增省级专家服务基地1家、省级乡村振兴专家服务基地2家、省博士后创新实践基地7家，国家、省、市三级专家服务基地达133家、博士后工作站117家。全市留学人员创业孵化基地面积突破120万平方米，新增留学人员创业企业26家，全市留学人员创业企业累计达到650多家，留学人员上市企业6家，累计营业收入1.5亿元，转化高新技术项目1 630项，申请各类专利500余项，为社会提供就业岗位4万余个。

（五）人力资源服务业持续快速发展。

全市经营性人力资源服务机构达到403家，实现营业收入150亿元。加强对全市人力资源服务机构监管，进行"双随机"现场监督检查。加强人力资源服务机构诚信建设，争取省级人力资源服务业发展扶持资金230万元。举办骨干企业高级管理人员研修班。加快发展人力资源服务产业园区，国际金融城园区一期21层7.9万平方米工程完成封顶，高新园区新入驻机构37家，历下园区、高新园区实现税收6 000余万元。

四、人事管理

（一）创新公开招聘方式。

探索采取先面试、后笔试、再能力考察的方式招聘教师97人，面向教育部直属师范类高校引进优秀毕业生137名，招聘公立医院总量控制人员479人。采取直接面试方式为公立医院引进博士研究生、副高级职称人员12人。组织12个区县事业单位公开招聘工作人员4 520人。

（二）鼓励专业技术人员创新创业。

充分发挥事业单位在科技创新和"大众创业、万众创新"中的示范引导作用，更好地激发市属高校、科研院所等事业单位专业技术人员科技创新活力和干事创业热情，鼓励和支持事业单位专业技术人员创新创业，12名专业技术人员离岗创新创业。

（三）做好收入分配改革和表彰奖励工作。

加强事业单位绩效工资管理，出台《关于印发〈进一步完善市属事业单位绩效工资管理办法〉的通知》，全面实施绩效工资制度。做好区划调整后原莱芜事业单位人员工资福利待遇兑现工作。加大基层干部工资待遇保障和落实力度，配合市委组织部完成市域内机关工勤和事业单位人员工资福利待遇拉平工作。全力推进表彰奖励工作新体系，牵头完成市委市政府推进"1+474"工作体系担当作为奖和"平安济南建设"表彰奖励项目有关工作。

（四）创新提升考试服务水平。

深入实施"考务管理精细化、基础建设标准化、考试命题科学化、考试服务信息化、考试队伍专业化"的"五化"工作模式，细化制度流程，强化风险管控，确保人事考试公平公正，全年安全顺利组织48项人事考试，涉及考生35万余人。大力推动人事考试领域的制度创新、流程再造，积极落实"告知承诺制"，创新推出证书邮寄的人事考试后续服务，百万考生实现了报名审核和领取证书的"全程网办""秒批秒办""零跑腿"。

五、劳动关系

（一）推进劳动用工信息备案系统建设。

1月1日起，实现备案业务"零跑腿"办理。劳动者可通过"泉城办"App查询本人劳动合同备案信息，该项工作全省领先。7月12日，成功上线运行新劳动用工备案系统，备案实现秒办，"三口合一"工作稳步推进。

全市共有劳动用工备案单位43 633家，涉及职工110.8万人；建筑业备案单位3 568家，涉及农民工31.7万人。

（二）加强企业收入分配宏观调控。

完成876家企业、约15.5万名职工的企业薪酬调查任务，发布292个岗位（工种）的高位数、上四分位数、中位数、下四分位数、低位数五个档次工资价位。对市属国有企业负责人2017年度薪酬进行审核汇总，经市政府同意后予以兑现，全市19家市属国有企业主要负责人平均年薪为489 242元，按可比口径较上年增长16.1%。积极推进国有企业工资决定机制改革，指导市国资委制定管理办法，拟纳入管理的国有企业213家，涉及职工91 154人。贯彻落实省政府企业工资指导线意见，由市政府印发通知，确定企业职工货币工资增长基准线为7%。

（三）抓好劳动人事争议调解仲裁。

依法公正及时处理劳动人事争议，全年立案11 471件，同比增长52%，当期结案率100%，终局裁决率47.9%，调解成功率69.4%，共为劳动者挽回经济损失27 250.7万元。加强专业性调解工作，发挥基层调解组织建设综合示范引领作用，组织全市11家行业协会（商会）成立了劳动人事争议调解仲裁联盟。落实"裁审衔接"联席会议制度，联合市中级人民法院召开研讨培训会，为统一全市劳动人事争议仲裁与诉讼法律适用标准、提升劳动人事争议办案效能提供遵循。进一步整合完善调解仲裁智能化管理系统，实现全市调解仲裁管理工作的信息共享，仲裁办案系统全覆盖率和线上办案率均达到100%。充分发挥法律援助工作站专业、便捷和低成本优势，劳动人事争议法律援助实现线上线下无缝对接。创新工作方式提升仲裁服务精细化水平，推行全员"周末无休"值班服务模式，实现仲裁专递和法律援助站全市仲裁机构全覆盖。

（四）强化劳动保障监察。

落实市保障农民工工资支付工作联席会议制度，市县两级成立根治农民工欠薪工作专班，健全保障农民工工资支付工作机制。在市人社局网站开通"根治欠薪正在进行"专栏，在全市项目工地张贴农民工维权二维码，畅通投诉举报渠道。开展根治欠薪夏季、冬季两次攻坚行动，加大农民工工资清欠力度，开展的驻在式督导检查、劳动者维权双向联动机制等典型做法在全省推广。积极推进省农民工工资支付监管平台建设，各项监管平台指标位列全省前列。累计检查用人单位2 272家，涉及职工12.6万人，清欠社会保险费924万元，为4 149名劳动者追发工资3 079万元，协调处理案件5 450件，立案查处1 242件，行政处理处罚462件。

六、人社扶贫

（一）稳步推进就业精准扶贫。

深入推进农村富余劳动力和贫困人员就业，组织开展"春风行动"专场招聘会116场，提供就业岗位19.8万个。积极推进就业扶贫工作，实现全市贫困劳动力转移就业和就近就业1.1万人。

（二）东西扶贫协作取得积极进展。

扎实开展与湖南湘西、重庆武隆和山东临沂的对口扶贫协作，转移来济务工377人，帮助贫困劳动力20 363人实现就近就业，超额完成省市对口帮扶任务。继续定向招收湘西建档立卡贫困学生来济接受全日制技工教育，山东蓝翔、阳光大姐在湘西开设分校，对口扶贫协作经验被国务院推广。

（三）落实社保精准扶贫政策。

为3.77万名建档立卡贫困人口代缴居民养老保险费405.53万元，代缴完成率100%。完成部级平台和省扶贫系统在全国范围内统一组织的精准扶贫首次线上信息核查比对，信息核查率达到100%。为451名建档立卡贫困人口、661名低保对象、77名特困人员落实居民养老保险待遇。

七、作风建设

（一）精简优化服务流程。

深入推进政务服务事项标准化，完成政务服务事项权责清单认领、梳理和编制工作，并对社会公布。及时在省政务服务事项管理系统上发布济南市人社局依申请办理政务服务事项目录，对依申请办理的权责项拆分成实施项，确保事项网上运行的可操作性。

（二）扎实推进"一网通办"。

按照"能上尽上"原则，推动全市各级人社政务服务事项与网上政务服务大厅深度融合，依申请办理的政务服务事项已全部进入市政务服务平台运行，全局共有202项业务实现网上办理，其中全程网办（"零跑腿"）事项167项，在线申办（"只跑一次"）事项35项，10项高频事项已经实现全程网办，30个事项实现智能"秒办"。

（三）"智慧人社"提速扩容。

新版网站整合后正式运行，"济南人社"手机App3.0版正式上线，可办理就业创业、社会保险、人事考试、技能鉴定等34项业务。加快人社内部数据共享与业务联动，梳理数据共享目录68项，实现社保、就业、劳动关系等10多类人社内部业务数据互联互通。打通与市场监管、民政、公安等16个部门数据共享通道，提供社保缴费、劳动用工备案等18项人社信息查询接口。

（四）扎实推进公共服务建设。

以经办大厅为重点，着力推动落实基本公共服务标准化"六个规范"。进一步梳理明确了市、区县、街镇、村居四级人社服务平台所承担的各项业务，明确了层级分工。加强与财政等部门协调对接，修订完善基层平台标准化建设考核意见，制定区县人社服务大厅星级管理办法，组织开展了对12个区县人社服务大厅和163个街镇人社服务平台的考核工作，并向基层拨付考核奖补资金。组织开展了全市人社系统基层平台负责人和业务骨干培训班，扎实提高公共服务能力水平。

（五）建立行风建设长效机制。

在服务大厅设立"找茬"窗口，接受办事群众监督和投诉。在市农民工综合服务中心设置纪检监察服务窗口，受理信访举报、开展监督检查。先后6次组成暗访小组，采取"四不两直"形式，对窗口单位进行明察暗访，委托第三方拍摄了系统窗口行风建设暗访片，以问题为导向，补短板抓落实，切实把行风建设工作做实做细。加大宣传力度，用身边事激励身边人，营造良好的社会氛围。

济南市人力资源和社会保障局

青岛市

2019年，青岛市人力资源社会保障部门坚持以习近平新时代中国特色社会主义思想为指导，学习贯彻习近平总书记关于人社领域重要论述和视察山东、视察青岛重要讲话、重要指示批示精神，贯彻落实人力资源社会保障部、山东省人力资源社会保障厅和市委市政府决策部署，以改革谋突破、以创新增活力、以开放促发展，加强制度创新，深化流程再造，统筹做好稳就业促创业、惠民生保稳定、优环境聚人才、建平台强服务、抓党建促发展等各项工作，持续不断推进人力资源社会保障事业高质量发展。

一、稳就业，以政策创新牢牢抓实民生之本

面对经济增速放缓、结构调整深化以及中美经贸摩擦等下行压力加大新情况，将稳定和扩大就业作为重大政治任务和长期战略任务，打出就业创业政策"组合拳"。全年全市城镇新增就业75.10万人，完成年计划的250.33%；新增城镇登记失业人员7.73万人，同比下降22.69%，期末城镇登记失业率为2.97%，始终严格控制在4%以下；就业困难人员实现就业4.57万人，就业率96.66%。

一是加强政策供给，提供稳定就业支撑力。出台《青岛市关于进一步稳定和扩大就业的实施意见》，将稳定和扩大就业纳入新旧动能转换重大工程；出台《关于进一步简化流程优化服务加快落实就业创业政策有关问题的通知》，统一规范经办流程，全面推行全程网办、全市通办；推出就业创业政策"一本通"，为市场主体提供便捷高效的政策查询平台。二是完善就业服务，增强帮扶就业助推力。启用市级就业智慧大厅，实现就业登记、社保登记、劳动用工备案"三口合一"。全面推行一网通办、一窗通办、一证通办，实现36项事项全程网办、34项服务事项全市通办，就业创业业务网通率达到84%，全市通办率达到80%。创新搭建"青岛人社·学历汇"信息采集平台，实现毕业生学历信息全市共享，打造高校毕业生公共服务"加速器"。三是加强技能培训，提升就业择业适应力。率先出台技工院校新旧动能转换培养奖补试点政策，引导技工院校和社会培训机构与产业发展、企业岗位需求有效对接。培育家庭服务新业态，为家庭服务机构和从业人员提供更加智能化、一体化、精细化服务，实现家庭服务业提质扩容，高质量发展。

二、促创业，以政策扶持激发各类市场主体创业动力

全年全市政策性扶持创业4.07万人，同比增长111.3%；发放创业扶持资金4.93亿元，同比增长287.7%；发放创业担保贷款5.96亿元，同比增长47.4%。

一是升级创业政策。大幅提高创业政策支持力度，将小微企业补贴由1万元提高到最高3万元，将创业担保个人贷款额度提高到最高45万元，小微企业最高可贷300万元。全面降低补贴申领门槛，取消创业补贴社保缴费时限要求，取消现场核实和扶持期限规定，激发市场主体创业动力。二是升级创业服务。举办两届优秀创业项目遴选活动，在全国范围内遴选优质项目并推动落地青岛。169名创业者在试点银行网点办理创业担保贷款4 529万元。三是升级创业载体。推动完善四级创业孵化体系，对认定的市级以上创业孵化载体，最高给予500万元奖补资金。全市已创建市级及以上创业孵化载体23家（其中国家级2家），累计孵化创业实体3 700余家。四是助力乡村振兴战略。确定培训新型职业农民、扶持返乡就业创业、完善乡村留才环境等乡村人才振兴措施。

三、惠民生，以改革思维着力提高社会保障能力

截至年底，全市基本养老保险参保人数达744.31万人，其中企业基本养老保险在职参保人数达326.7万人，较上年同期净增5.48万人；工伤保险参保人数达285.11万人，较上年同期净增15.42万人；失业保险参保人数达239.34万人，较上年同期净增15.65万人，实现参保人数和基金征缴总额双提升。

一是降费率政策全面落地。为企业减负力度创历史新高，将工伤保险在现行费率基础上再降50%。二是连续第15年为企业退休人员调整基本养老金。三是完善养老保险大数据认证平台。积极扩展数据源，推进部门间数据互联互通，健全完善认证体系，认证服务质效持续提升，基本实现"寓认证于无形"的目标。全市已认证202.51万人，近12个月大数据静默认证率达92.6%。相关经验做法入选中央党校教学案例和山东省"群众办事百项堵点疏解行动"典型案例，在全国人社系统推广经验。四是打造电子社保卡融合应用平台。开发了电子凭证、信息记录、待遇领取和金融支付等102项典型应用，实现多渠道全天候"不打烊"服务。全市持卡人数达870.17万人，覆盖率99%，累计签发电子社保卡104万张，青岛市成为首批"全国电子社保卡金融应用试点城市"，《人民日报》等媒体给予报道。

四、揽人才，以开放型措施开启招才引智新攻势

全年全市共引进集聚各类人才25万人。创新开展的人才引进赛事活动，在中央电视台《朝闻天下》、《人民日报》海外版、《大众日报》头版报道，新华网、凤凰网头条推送。

一是加强人才政策供给。首创"金种子"人才储备工程，瞄准国内"双一流"大学在校学生和国（境）外在读研究生，下好人才储备"先手棋"。实施青年人才"留青行动"，首次将住房补贴扩大至本科毕业生、"先落户后就业"扩大到专科毕业生，实现外地户籍毕业生来青就业人数同比增长10%。出台高层次技能领军人才引进培养奖励新政，加大高层次技能领军人才培养引进力度。完善博士后培养留青计划，推动博士后政策全链条升级，累计惠及博士后1万余人次，全市累计招收博士后4 100人，超过全省总量的1/3，博士后出站留青率达76%。二是创新平台建设。多措并举招才纳智，首次在香港、澳门地区设立境外招才引智工作站，建立面向亚洲、辐射全球的人才信息发布"基站"，已发布人才需求2 000余个，引荐100余名境外博士来青对接。成功举办首届中国青岛国际人力资源高峰会、第19届"蓝洽会"，共有80个"高精尖"重点项目签约落户青岛，项目签约率达到100%。三是搭建高层次创业平台。科研成果产业化实现新突破，启用国际博士后创新创业园，获批成为山东省首家博士后创新创业成果转化基地，已有45家企业入驻园区。举办首届中国博士后创新创业成果大赛，30个项目获奖，10个项目签订入驻意向协议。四是加强高层次技能人才培养。创新开展高层次人才直接参评高级职称试点，在青岛港、青岛啤酒集团试点开展企业技能人才自主评价，充分调动企业选才育才积极性，已有青岛啤酒集团、海尔集团的130名员工获得全省首批企业自主认定的职业技能等级证书。五是完善高层次人才服务机制。建立高层次人才服务工作协调小

组，编制《青岛市高层次人才服务指南》，涉及出入境居留、户籍、交通出行、子女入学、医疗保健等37个服务事项落地落细。全年已累计办理"高层次人才服务绿卡"862张，办理服务事项2 200余项。

五、保稳定，以法治化标准构建和谐劳动关系

全年全市劳动人事争议仲裁机构共受理案件18 159件，比上年同期增长34.3%；全市劳动保障监察机构立案查处各类违法案件4 891件，案件按期结案率达100%，为1.98万名劳动者追回工资3 965万元。青岛市劳动力市场监管工作在全国营商环境评价中成绩突出，在国家发改委全国优化营商环境经验交流会上做劳动力市场监管领域典型发言。一是继续深化国有企业负责人薪酬改革。推进国有企业工资决定机制改革，制定《关于改革国有企业工资决定机制的实施意见》，健全工资分配监管机制。二是做好重点时段、重点群体、重点行业的用工指导和风险防控工作。建立全市协调劳动关系三方委员会协调新模式，创新组建人力资源服务机构、新业态企业、交通运输等行业性劳动争议调解联盟。完善和谐劳动关系企业评价示范标准和正向激励机制，在全国率先成立劳动人事争议调解预防中心。三是推动与工会系统建立双向联动维权工作机制。由劳动保障监察机构、工会及法律援助律师联动办案240起，调解成功199起，调解成功率达83%，办案时间由原来的60个工作日缩减至5个工作日，开辟了劳动者维权快速通道。四是加大劳动维权专项治理力度。抓好重点领域风险防控，开展农民工工资治欠保支专项行动，在打击非法用工等违法犯罪活动考核中位列全省第一。排查新增用人单位10 045家，为9 137家用人单位提供了用工指导，涉及劳动者42 280人，从源头上减少劳动用工违法行为。

六、提质效，以行风建设提升人社服务新高度

贯彻落实人力资源社会保障部和省人力资源社会保障厅关于行风建设工作部署，按照"创业服务质效提升行动"工作安排，聚焦"五查五提"主要内容和全市人社系统行风建设突出问题，深入开展行风作风整治"百日攻坚"和"百日巩固提升"行动，大力提升人社服务质量和效能。

一是全面梳理为民服务流程。进一步优化内部工作规程，制定"减、放、提、扩、比"5方面21项流程再造计划目标。推出"就业创业政策一本通""社保政策一本通""职业培训政策一本通""人才政策词典"，为市场主体提供便捷高效的政策查询平台。二是开展"政策找人""政策找企"服务。聚焦解决企业和群众反映强烈的"办事难""多头跑"等问题，以创业补贴、担保贷款等9项政策为试点，依托大数据技术主动比对分析符合相关政策的服务对象，主动推送、主动联系，提升政策落实水平。三是深化"一次办好"改革。梳理对标110项"一次办好"政务服务事项，对标深圳达标率达87%，对未达标事项明确时间表，挂牌督办。深化"放管服"改革，实施综合柜员制，推行帮办代办、午间延时、双休日预约、快递送达等系列便民服务，125项业务实现"一窗式"受理，其中经营劳务派遣许可等6项审批事项的审批时限实现全国最短。

七、抓精准，打赢人社扶贫攻坚战

将2019年作为全市人社系统扶贫攻坚的"巩固提升年"，围绕就业扶贫、技能扶贫、社保扶贫、人才扶贫、对口扶贫五个重点，持续加大人社扶贫攻坚力度，圆满完成各项目标任务。

一是巩固提升就业扶贫。提高扶贫公益岗位补贴标准，拓宽岗位开发渠道，开发各类扶贫公益岗位，降低扶贫就业项目认定门槛，实

行就业岗位精准对接。二是巩固提升社保扶贫。确保农村贫困人口100%参保。做好建档立卡贫困人口动态调整，以信息化手段提升工作效率。开发社保扶贫程序，通过信息化手段动态掌握贫困人口参保情况，减轻经办机构对比数据等工作压力。三是巩固提升技能扶贫。建立技能培训期间生活费补贴制度，实施"以工代训"鼓励吸纳贫困劳动力就业。落实技工院校扶贫计划。通过青岛就业网等渠道及时发布技工院校技能扶贫招生专业目录，引导贫困劳动力就地就近参加免费技能培训。四是巩固提升人才扶贫。持续开展专家基层扶贫活动，提高毕业生服务基层扶贫能力。支持扶贫地区乡村教师人才队伍建设，按照事业单位公开招聘相关规定，以区市为单位，不分城区、农村学校岗位，实行统一招聘、统一分配，并向乡村学校倾斜。五是巩固提升对口扶贫。开展"春风行动"劳务扶贫招聘活动和对口帮扶对接活动，持续宣传落实"1+11"政策，深入开展订单定向式培养，探索劳务合作新模式。举办对口援助培训活动，做好岗位对接、跟踪服务工作，通过微信、电子邮件等形式，累计向甘肃省陇南市和贵州省安顺市发送5万余个就业岗位信息。

青岛市人力资源和社会保障局

河 南 省

2019年，河南省人力资源社会保障系统以习近平新时代中国特色社会主义思想为引领，在省委省政府的坚强领导下，在人力资源社会保障部的有力指导下，坚持稳中求进工作总基调，全面贯彻新发展理念，全力推进人力资源社会保障事业高质量发展，各项工作取得显著成绩。

一、多措并举稳就业，就业局势保持总体稳定

全省城镇新增就业138.3万人，省委省政府确定的"新增城镇就业110万人"重点民生实事超额完成，新增农村劳动力转移就业45.76万人，城镇登记失业率3.17%，控制在预期目标之内。就业工作连续两年受到国务院督查激励。

（一）积极就业政策落地见效。

落实省政府《关于做好当前和今后一个时期促进就业工作的实施意见》，修订就业见习管理暂行办法，出台实施促进高校毕业生就业创业"15条"、支持返乡下乡创业"14条"等政策措施，大力促进高校毕业生、农民工、去产能和处置"僵尸企业"职工、退役军人、就业困难人员等就业创业，重点群体就业保持稳定。

（二）创业活力持续激发。

开展创业培训40.14万人次，新增发放创业担保贷款117.15亿元，扶持8.16万人自主创业，带动就业25.88万人。推动国家级创业孵化平台建设和中国中原大学生创业孵化园建设，新增2家国家级创业孵化示范基地，加强省级创业孵化示范基地建设，评估认定第五批省级创业孵化示范园区16家，落实一次性奖补资金700万元，组织开展第六批省级创业孵化基地申报工作。组织开展创业服务系列活动，服务各类创业者近8万人次。积极参与第二届全国创业就业服务展示交流活动，省人社厅获得优秀组织奖，参展的中国中原大学生创业孵化园等9个项目获得优秀服务项目奖。组织开展河南省大众创业导师"走基层"创业服务系列活动，发挥河南省大众创业导师特长，助推"双创"升级。实施政策推动、乡情感动、项目带动，新增返乡下乡创业25.67万人，带动就业124.06万人。习近平总书记对河南省返乡创业工作作出重要批示，相关领导先后批示予以肯定。

（三）援企稳岗加力增效。

开展失业保险援企稳岗"护航行动"，累计返还失业保险金35.37亿元，惠及企业1.17万家、职工164.07万人。全面实施职业技能提升行动，完成补贴性培训208.45万人次。

（四）就业服务不断优化。

全省"互联网+就业创业"信息系统全面上线运行，线上业务办理日均4.76万笔。探索"掌上就业""智慧就业"新模式，推出"打工直通车""工作啦"等智慧就业平台，就业服务更加精准。贯彻实施《人力资源市场暂行条例》，深入开展人力资源诚信服务主题创建活动，评估确定23家河南省人力资源诚信服务示范机构。发挥中国中原人力资源服务产业园区功能，入驻企业总营业收入70.6

亿元，服务515.2万人。

二、降费减负提待遇，社会保障能力不断增强

持续推进全民参保计划，全省基本养老保险、失业保险、工伤保险参保人数分别达到7 328.42万人、837.26万人、966.24万人，覆盖面进一步扩大。

（一）降费政策成效明显。

自2019年5月1日起，降低社会保险费率，调整缴费基数，全年降费181.85亿元，实现企业降成本、市场增活力、个人得实惠。

（二）社会保险制度改革取得突破。

机关事业单位养老保险改革深入推进，新老待遇平稳衔接，兑现"退休中人"待遇22.33万人。城乡居民基本养老保险基金实施省级管理，"老农保"遗留问题基本解决，全省73个县级单位实现清零。完善被征地农民社会保障政策，新纳入保障人员25万人。工伤保险省级统筹全面实施，工伤认定、预防工作不断规范。

（三）待遇水平稳步提高。

同步提高企业和机关事业单位退休人员养老保险待遇，全省企业、机关事业单位退休人员养老金月人均增加140元。城乡居民基础养老金最低标准年人均增加60元。调整工伤保险伤残津贴和供养亲属抚恤金待遇，月人均分别增加138元、85元。失业保险月人均实际发放达到1 481.9元，待遇水平进一步提高。

（四）服务能力不断提升。

社会保障卡累计持卡人数达到9 932.7万人，制卡周期从60天压缩到30天以内，全省787个制卡窗口实现立等可取。省内社保关系转移接续办理时间从45个工作日压缩到10个工作日以内。

（五）基金监管得到加强。

出台《加强社会保险基金管理风险防控工作的实施意见》，建立政策、经办、信息、监督"四位一体"的风险防控机制。组织开展基金管理风险防控专项行动，实现现场监督全覆盖。启动城乡居民基本养老保险基金委托投资工作，首批105.6亿元投入运营。制定职业年金基金管理实施办法，274亿元职业年金投资运营。

三、引才育才激活力，人才人事工作成效显著

坚持"培""引""服"并重，持续打好人才培育"永久牌"、人才招引"凤凰牌"、人才服务"贴心牌"。

（一）人力资源优势更加厚植。

持续开展全民技能振兴工程，完成各类职业技能培训340.76万人次，新增高技能人才15.47万人。省政府新批准组建11所技师学院，全省技工院校在校生规模再创新高，达到27万人。在第45届世界技能大赛上，河南省取得历史好成绩。高层次人才队伍规模不断扩大，9人入选2019年国家百千万人才工程，并被授予"有突出贡献中青年专家"荣誉称号，评选出第三批享受省政府特殊津贴人员150名，评选出省职业教育教学专家79名，遴选出11名2019年度省高层次人才特殊支持"中原千人计划"——中原基础研究领军人才拟推荐人选。新设立国家级博士后科研流动站17个，新招收博士后789人，新增留学回国人才3 813人。

（二）招才引智品牌更加靓丽。

成功举办第二届中国·河南招才引智创新发展大会，1 530名诺贝尔奖获得者、国内外院士和顶尖人才到河南建言献策、开展项目合作，5.09万名各类人才达成岗位意向，515个人才项目成功签约。完善网上人才招聘信息系统，开辟高层次人才引进"绿色通道"，现场办理高层次人才入职3 970人。请进来与走出去相结合，举办6场省外人才招聘活动，取得丰硕成果。

（三）人才工作体制机制更加完善。

一是优化事业单位岗位管理机制。优化各行业专业技术岗位结构比例，高级专业技术岗位结构比例在原有基础上上浮了5个百分点左

右。创新岗位管理方式，向高层次人才密集单位和基层一线单位倾斜，基层事业单位中、高级专业技术岗位结构比例在原有基础上各提升5%~10%，实行差异化的激励政策。完善事业单位岗位动态调整机制，岗位设置方案变更备案由集中受理改为及时受理，进一步落实事业单位岗位设置自主权。按照国家统一部署，指导试点县圆满完成事业单位管理岗位职员等级晋升试点实施工作。二是完善公开招聘政策措施。进一步改进优化招聘备案机制，对博士以上高层次人才引进实行事后一次性结果备案。指导县乡基层及贫困县落实相关贫困地区招聘政策，着力解决基层及贫困县事业单位招人难问题。全省事业单位共招聘35 914人，其中省直事业单位招聘3 047人，省辖市事业单位招聘31 439人。三是全面落实深化职称制度改革任务。将中小学一级教师职称评审权全部下放到县级，向部分省辖市下放卫生系列副高级职称评审权。在全省推广职称信息系统，全面实现网上申报、网上评审。加强人才人事工作事中、事后监管，实现"放得下、接得住、管得好"。四是做好提高教师待遇工作。制定了班主任津贴、地方教龄津贴有关配套政策，从2019年7月1日起，发放全省中小学班主任津贴，每月不低于400元。提高中小学教师教龄津贴标准，在落实国家规定标准的基础上，增高地方教龄津贴，按照每增加一年教龄每月增加10元标准累计计算核定。五是会同相关部门开展表彰奖励。完成庆祝中华人民共和国成立70周年、第11届全国少数民族运动会表彰奖励的有关任务，完成省政府干部任免和国家工作人员宪法宣誓工作。

四、完善机制防风险，劳动关系和谐稳定

（一）根治欠薪取得扎实成效。

在全省推广应用农民工工资支付监管系统，6 034个工程项目、71 496人登记入库，受到国务院"互联网+监管"验收组充分肯定。开展根治欠薪"夏季行动""冬季行动"，基本实现"两清零"，为4.36万名农民工追讨工资报酬3.62亿元，欠薪案件数、人数、金额分别下降38.4%、45.2%、47.5%。推进劳动保障信用体系建设，向社会公布重大欠薪违法行为57起，45家企业列入欠薪"黑名单"。

（二）劳动关系调整平稳有序。

劳动合同制度全面落实，企业劳动合同签订率稳定在98%左右。和谐劳动关系创建活动深入开展，17家企业和2个工业园区获得全国荣誉称号。企业工资分配宏观指导调控工作稳步推进，完善最低工资评估机制，开展全省企业薪酬调查，指导完成国有企业负责人2018年年薪兑现工作，研究制定国有企业职业经理人薪酬管理和建立长效激励机制的指导意见。

（三）调解仲裁效能稳步提高。

加强调解仲裁信息化建设，166个仲裁院实现数字化仲裁庭直录播，乡镇（街道）"互联网+调解"服务平台使用率达92%以上，仲裁案件线上办案率达到93.6%。健全裁审衔接机制，与省高级人民法院联合印发了第一批劳动人事争议典型案例，统一裁审标准，仲裁效率和公信力显著提高。仲裁当期结案率97.7%，调解成功率65.3%。

五、精准施策抓攻坚，人社扶贫措施落地见效

（一）就业扶贫载体更加丰富。

充分发挥"六个一批"就业渠道作用，组织人力资源服务机构结对帮扶贫困县，实现有就业能力和就业愿望的建档立卡贫困劳动力184.09万人"应就业尽就业"。争取资金2 010万元支持深度贫困县建设基层服务平台，投入8 000万元支持贫困县建设城乡劳动者转移就业培训品牌基地。

（二）技能扶贫作用更加凸显。

组织技工院校与贫困县签订帮扶协议，免费开展实用技能培训、定点培训和新型学徒制培训，大规模开展"以工代训"，实现有培训意愿且符合受训条件的169.36万人"应培训尽培训"。

(三) 社保扶贫兜底更加有力。

督促各级政府为 178.41 万贫困群众代缴城乡居民养老保险费 1.75 亿元，建档立卡贫困人员全部参保，符合条件的贫困老人全部享受养老保险待遇。失业保险基金助力扶贫支出 2.35 亿元，惠及 2.68 万人。

六、提升效能优服务，系统行风进一步转变

(一) "放管服"改革进一步深化。

将省本级原有的 74 项行政职权事项精简为 25 项，平均办理时限由 36 个工作日减少到 15 个工作日，取消各类证明材料 125 项。梳理省、市、县三级政务服务事项，逐项编制办事指南，全部实现"一网通办"。

(二) 窗口单位作风建设进一步加强。

广泛开展"文明服务我出彩、群众满意在窗口"活动，对全省人社系统部分窗口单位进行暗访，实施窗口服务慢作为不作为专项整治。在全系统开展业务技能练兵比武，在线学习 33.3 万人次。全省有 14 家优质服务窗口单位、5 名优质服务先进个人受到人力资源社会保障部表彰。

(三) "互联网+人社"信息系统进一步完善。

建成人社公共服务综合调度平台，就业服务、社保经办、专业技术人员公共服务、职称评审、根治欠薪和招才引智 2.0 等信息系统实现数据集中、并网运行、网上可办。

七、砥砺初心强使命，主题教育扎实开展

在全系统开展以"五抓五治五提升"活动为载体的"不忘初心、牢记使命"主题教育，在各党支部深入开展"四个一"活动，检视梳理问题 50 个，专项整改 24 项，打通了一批民生"堵点难点"，办好了一批惠民实事。加强厅属单位党风廉政建设和内部审计工作，建立与驻厅纪检监察组协调联动机制，选聘特邀监督员，加强内外部监督，持之以恒正风肃纪。组织开展人社服务标兵巡回宣讲活动，宣树一批先进基层干部典型。出台为基层减负 15 条具体措施，切实改进学风、文风、会风，全厅会议、发文、督查同比减少 45% 以上。

河南省人力资源和社会保障厅

湖 北 省

2019年，在湖北省委省政府的坚强领导和人力资源社会保障部的有力指导下，全省人社系统牢固树立以人民为中心的发展思想，践行初心使命，积极担当作为，抓重点、攻难点、补弱点、创亮点，圆满完成年度目标任务，人社事业高质量发展迈出坚实步伐。

一、就业局势保持总体稳定

坚决贯彻落实党中央决策部署，把稳就业作为头等大事，全力稳住就业基本盘，为全省经济平稳运行提供了有力支撑。全年城镇新增就业92.15万人，共发放创业担保贷款3.46万笔、44.64亿元。返还失业保险费12.12亿元，惠及企业1.74万家，稳定岗位239.11万个；降低失业保险费率为用人单位减支23.29亿元。

（一）援企稳岗持续发力。

联合七部门出台《湖北省失业保险费稳岗返还实施办法》，降低政策门槛，提高返还标准，着力为企业减负，稳定就业岗位。会同省税务局出台《关于做好企业吸纳重点群体就业认定工作的通知》，促进企业吸纳就业税收优惠落地。持续服务企业用工，鼓励各地举办"招聘夜市""产业用工联盟"促进人岗对接。

（二）促进重点群体就业精准发力。

集中开展高校毕业生就业服务行动，深入实施"我选湖北"计划，吸引48.5万大学生在鄂实习实训，38.9万大学生在鄂就业创业。出台《湖北省青年见习三年行动计划》，扩大补贴范围，21 113名青年参加就业见习。"三支一扶"计划品牌影响力持续提升，报名人数创历史新高，期满就业率达到94.6%，荆门市推荐的优秀"三支一扶"代表被评为全国"最美基层高校毕业生"。开展"春风行动"、就业援助月、民营企业招聘周等专项活动，促进农村转移劳动力、就业困难人员等就业。扎实做好农民工转移就业、退役军人就业创业、就业困难人员帮扶等工作，重点群体就业保持稳定。会同省台办实施"千岗迎台青"活动。

（三）创业带就业深入推进。

大力推进创业带动就业，连续8年实施大学生创业扶持项目，创新创业蔚然成风，活力倍增。深入推进返乡创业三年行动计划，全力创树"我兴楚乡、创在湖北"品牌，在内蒙古呼和浩特市举办湖北省返乡创业首场推介活动，认定全省首批返乡创业示范县10个、示范园20个、示范项目100个，全年新增返乡创业5.9万人，带动就业24万人。成功承办"第二届全国创业就业服务展示交流活动"，吸引342个优秀项目参展，湖北省29个项目获优秀项目奖，省人力资源社会保障厅获优秀组织奖和突出贡献奖，人力资源社会保障部、湖北省相关领导出席活动并给予高度评价。

（四）就业形势监测密切开展。

建立外贸企业监测（70家）、企业失业动态监测（2 229家）、农村劳动力转移就业监测（30县300村）、重点地区（武汉市）监测4项就业监测制度，按月调度，建立预警机制。及时向省政府报送就业形势动态信息。联合省政府新闻办举办"稳定和扩大就业"新闻发布会，介绍稳定和扩大就业的情况。

（五）大力推动人力资源服务业发展。

《湖北省人力资源市场条例》立法项目高票通过省人民代表大会专家评审会，印发《关于进一步规范人力资源服务行政许可及备案工作的通知》，将中外合资机构审批权限下放到自贸区，在武汉、襄阳、宜昌等地开展人力资源服务许可告知承诺制试点，持续开展诚信创建活动，人力资源服务业高质量发展显著加快，全年营业总收入近670亿元，武汉人力资源服务产业园晋升国家级人力资源服务产业园。

（六）加快发展家庭服务业促进就业。

提请省政府办公厅印发《关于加快发展家庭服务业的实施意见》，立足行业全面发展，从就业创业、社会保障、人才支撑、资金支持、权益保护、发展环境等方面，首次系统地提出十项扶持政策和工作要求。会同相关部门举办家庭服务业提质扩容培训班，以"互联网+家政"为重点，邀请省内外专家学者、成功企业家，对180名骨干企业管理人员和家庭服务职业培训机构师资进行培训，受到业内好评。

二、社保制度改革深入推进

直面矛盾、勇于担当，着力促改革、补短板、防风险、稳预期，社保工作实现多重目标下的动态平衡。全省企业职工基本养老保险、机关事业单位基本养老保险的单位缴费比例分别从19%、20%降至16%，工伤保险全省平均费率从0.59%降至0.52%。

（一）落实社保降费率政策。

着眼解决当前问题与化解长期矛盾相结合，提请省政府印发文件，加强政策培训、宣传指导、调研督导、分析汇报，督促各地执行到位，确保企业负担有实质性降低。全年降费145亿元，实现了企业降成本、市场增活力。同时，稳慎做好调费基工作，全省统一社保缴费基数取得突破性进展。

（二）优化基础管理。

坚持完善政策体系，启用新办法计发机关事业单位养老保险"中人"待遇，出台城乡居民养老保险待遇确定和基础养老金正常调整机制，开发并顺利上线省本级企业职工基本养老保险综合柜员制信息系统，扎实推进全省养老保险数据清理，在全国首批启动职业年金投资运营，全面做实工伤保险市级统筹。

（三）持续推进全民参保计划。

坚持扩大覆盖范围与提升保障水平相结合，全省养老保险参保人数迈过4 000万人大关，失业、工伤保险参保人数分别达到619.5万人、717.58万人。企业退休人员基本养老金实现15连调，机关事业单位退休人员基本养老金同步4连调。

（四）确保社保基金安全。

坚持防范运行风险与防控管理风险相结合，落实中央调剂金制度，加大对穿底地区帮扶力度。开展社保基金专项检查、管理风险警示教育，严厉打击社保欺诈违法行为，基金监管向规范化、专业化、智能化迈进。加强社保经办风险防控，印发《湖北省重复领取养老保险待遇处理暂行办法》，明确重复领取待遇行为的处理。

三、人事制度改革深入推进

深化人事制度改革，搞活用人机制，改革管理体制，加强规范管理，为事业单位提供人事人才保障。

（一）深化人事制度改革。

率先在全国完成县以下事业单位管理岗位职员等级晋升制度试点工作，得到中央组织部和人力资源社会保障部肯定。起草《优化事业单位岗位设置和聘用管理的若干意见》，指导各地落实中小学教师岗位结构比例调整和岗位设置工作。推进人事管理信息系统建设，将事业单位岗位设置方案申报审核纳入线上运行。会同省委组织部印发《关于贯彻实施〈事业单位工作人员奖励规定〉有关工作的通知》。配合相关部门做好教科文卫等行业体制改革，指导全省环保监测垂管体制改革人员划转、东湖实验室创建人事管理工作。

（二）满足事业单位用人需要。

坚持统分结合灵活引才，支持58家（次）省属高校院所"一校一策"引进副高、博士学位以上层次人才。坚持分类设考，组织省直事业单位、10个市州参加全省统一笔试考务平台。指导贫困地区落实公开招聘倾斜政策，推进保康、宜城县乡事业单位人才引进培养体制机制创新试点。促进扶贫与扶志相结合，在恩施州试点开展面向建档立卡贫困家庭人员专项公开招聘。落实农村义务教育学校教师省级统筹招聘机制，会同省教育厅等部门实施中小学教师"县管校聘"改革。实施人才定向引进培养，开展2019年援藏援疆事业单位专项公开招聘。

（三）规范事业单位人事管理。

会同省委组织部调整省直事业单位人事综合管理职责分工。在县以下事业单位管理岗位职员等级晋升制度试点和奖励工作中，注重将年度考核工作和考核结果挂钩。加强人事综合监督，迅速逐一调查处理群众反映的公开招聘、岗位聘用、"吃空饷"等问题线索；制定人事考试工作规程和实施细则，实现考评操作标准化。修订省评比达标表彰活动管理实施细则，圆满完成国家勋章、国家荣誉称号提名评选和庆祝中华人民共和国成立70周年纪念章发放工作。

四、人才队伍建设不断加强

抢抓中央高度重视技能人才发展的历史性机遇，全方位推进人才队伍建设各项工作。

（一）健全完善技能人才政策体系。

深入实施部省共建技能强省战略，出台《关于推行终身职业技能培训制度的实施意见》。稳步推进职业技能等级认定试点，公布第一批24家试点企业名单。印发《湖北省工程技术领域高技能人才与专业技术人才职业发展贯通办法（试行）》，打破技能人才与工程技术专业人才职业发展壁垒，积极开展首批示范县申报认定工作，推动技能强省各项政策在县市落地。

（二）大力推进职业技能提升行动。

出台《湖北省职业技能提升行动实施方案（2019—2021年）》，落实专账资金37.7亿元，开展补贴性职业技能培训660 674人。开展省级一类、二类职业技能竞赛48项；18个项目19名选手入围第45届世界技能大赛国家集训队。向人力资源社会保障部推荐国家级高技能人才培训基地3个、国家级技能大师工作室6个，评审产生省级高技能人才培训基地10个、技能大师工作室20个，开展第四届湖北省首席技师遴选。

（三）高层次人才队伍建设不断加强。

大力实施博士后人才倍增计划，报请省委、省政府同意，省委办公厅出台《关于实施博士后人才倍增计划的意见》，新设立博士后创新平台49个，累计达到467个，新招收博士后920人、在站3 500人，累计培养9 546人。积极推进海外优秀人才倍增计划，将其列入全省开放发展标志性工程，以重点人才工程为牵引，华创会等为平台，湖北自贸试验区为重点，留学生创业园为载体，聘用、职称、薪酬、社保等政策为保障，努力打造国际人才高地。据调查，吸引10万余名留学回国人员来鄂就业创业。开展"千百万"工程国家级人选推荐、省有突出贡献享受省政府特殊津贴专家评选等工作。举办2019"智慧之光"专家成果转化对接活动，现场签约金额14亿元，带动产值约80亿元。开展"国家高层次人才服务行——走进大别山集中连片贫困地区"活动，签订技术、项目合作协议60项，40多个项目完成实质性合作。

（四）职称制度改革纵深推进。

深化职称制度改革，修订18个系列专业评价标准，向16个市州和44家公立三甲医院下放卫生高级职称评审权。开辟特殊人才和急需紧缺人才职称评审绿色通道，选取宜昌、荆门、孝感、黄冈、咸宁、恩施开展乡村中小学教师专业技术职务任职资格申报评审试点，实施企业人才直接评审高级经济师倾斜政策。承接继续教育工作职能，组织实施5个国家级知识更新工程项目和5个省级高级研修项目，积极支持军民融合发展，完善军队专业技术干部转业到地方后职称评审政策。

五、劳动关系更加和谐稳定

突出源头治理，狠抓制度落实，着力构建规范有序、互利共赢、和谐稳定的劳动关系。

（一）健全劳动关系协商协调机制。

联合三方四家举办全省劳动关系业务培训班，共同起草《关于进一步加强协调劳动关系三方机制建设的意见（征求意见稿）》。不断落实、完善劳动合同和集体合同制度，全省企业劳动合同签订率达到94%以上。加强劳务派遣监管，落实带薪年休假、高温津贴发放、女职工权益保护和特殊工时等制度。

（二）调解仲裁工作彰显新作为。

制定《湖北省劳动人事争议仲裁代理暂行规定》《关于以仲裁专递方式邮寄送达劳动人事争议仲裁有关文书的通知》《湖北省拖欠农民工工资集体劳动争议处理应急工作预案》《湖北省劳动人事争议仲裁要素式办案规范（试行）》，全省仲裁办案制度体系基本建成。依法及时公正处理争议案件，全年审结案件33 619件，仲裁结案率、调解成功率分别达94.42%、69.25%。制定劳动保障监察处理群体性和突发公共事件应急预案。

（三）全力治理拖欠农民工工资问题。

全力根治欠薪，升格成立省政府工作领导小组，大力推进治理欠薪夏季行动和冬季攻坚行动，全面落实工资支付保障制度，从严惩处欠薪行为。全省办结工资类案件3 290件，为4.4万劳动者追发工资4.7亿元，实现"三下降、三个不发生"目标。探索信用监管机制，开展劳动保障诚信制度建设课题调研，建立拖欠农民工工资"黑名单"信息推送制度，会同省发展改革委研究拟定以信用为基根治欠薪的新型监管机制。开展劳动保障诚信等级评价，完成人社领域信用目录调整、更新工作。

（四）工资收入分配制度逐步完善。

印发《湖北省省属企业工资内外收入监督管理办法（试行）》，发布针对非充分竞争类省属企业2019年度的调控目标和调控水平。全面开展企业薪酬调查，报批2019年全省最低工资标准调整方案和全省企业工资指导线方案。深入推进公立医院薪酬制度改革试点，初步建立符合医疗行业特点的薪酬制度；出台《关于完善基层医疗卫生机构绩效工资政策保障家庭医生签约服务工作的实施意见》。出台事业单位工作人员奖励配套措施，完善义务教育教师工资待遇保障政策，落实事业单位工作人员基本工资标准定期调整机制。

（五）深入开展"为农民工办实事"活动项目。

充分发挥省政府农民工工作领导小组综合协调作用，深入开展"为农民工办实事"活动64项，积极开展"人社惠民政策进工地"暨"全民阅读进工地"活动，现场开展劳动权益、社会保险、就业创业、技能培训等相关政策培训宣讲，与湖北工建集团共同为"农民工书屋"授牌。

六、人社扶贫工作精准推进

强化政治担当，深入推进就业、技能、社保、人才人事"四位一体"扶贫工作。

（一）大力推进就业扶贫机制建设。

推广扶贫车间工作经验扩大就业，加强劳务协作促进转移就业，开发公益性岗位安置就业，强化个性化服务帮扶就业，履行定点扶贫和对口帮扶咸丰县的双牵头责任，做好就业扶贫领域腐败和作风问题专项治理工作。全省累计实现69万贫困劳动力就业增收，较上年增加7.63万人。加大对贫困地区资金支持力度，在分配中央就业补助资金时，将贫困因素权重提高了1.5个百分点，并对9个深度贫困县分别给予255万元额外支持。

（二）深入实施技能扶贫专项行动。

组织贫困地区、插花贫困地区人社部门对"两后生"进行劳动预备制培训和就读技工院校，全省有培训意愿的1.98万建档立卡上年初、高考后未升学"两后生"实现全覆盖。

（三）拓展社保扶贫功能。

聚焦"应保尽保、应发尽发"，狠抓信息核实比对，为162.9万名符合条件贫困人员代缴社保费1.8亿元，全省467.2万贫困人员参加基本养老保险，154.7万人享受待遇。

（四）强化人才扶贫引导。

举办国家高层次人才走进大别山、博士后科技服务团湖北恩施行、海外赤子农业技术下乡等系列活动，组织省老科协专家赴大悟县、嘉鱼县开展"银龄扶贫行动"，全面落实基层艰苦边远地区公开招聘政策，探索面向贫困家庭人员专项公开招聘。

七、行风建设深入推进

适应人民群众对更加优质高效公共服务的需要，狠抓行风建设，建标准、优方式、强素质，人社服务质效不断提升。围绕打造"23℃人社服务"品牌，制定《湖北省人社系统窗口单位"23℃人社服务"标准》，全省统一行动，提供环境舒心、服务贴心、办事省心、群众放心的公共服务。开展"人社惠民政策进万家"活动，为企业和群众提供面对面政策服务。高标准推进"互联网+政务服务"，集中编制事项要素模板，推进自建业务系统与省政务服务平台对接联通，进一步减流程、减材料、减时限，实现同一事项办事标准基本统一，更多事项"网上办""一次办"，省人力资源社会保障厅在省政府考核中位居省直前列。加强信息化建设，全省社保卡累计持卡人数达5 920万人，电子社保卡签发1 100万张，全省12 333人工接听量达150.6万人次。建设高素质干部队伍，开展业务技能练兵比武，促进业务技能提升。2019年，全省人社系统涌现出一批先进集体和个人，宜昌市劳动就业管理局获第九届全国"人民满意的公务员集体"称号，省人才服务局获第二届湖北改革奖，13个服务窗口和5名先进个人受到人力资源社会保障部表彰。

湖北省人力资源和社会保障厅

武 汉 市

2019年，武汉市人力资源社会保障系统认真贯彻全国、湖北省人社工作会议精神，紧紧围绕武汉市委市政府决策部署，坚持以人民为中心的发展理念和"民生为本、人才优先"的工作主线，抓改革、补短板、转作风、强服务，推动人社事业发展迈上新台阶。

一、推动创业带动就业

坚持就业优先战略和积极就业政策，保持全市就业形势稳中向好。

(一) 就业局势稳中向好。

落实稳就业要求，制定出台新一轮就业创业政策11项配套措施，推动落实各项就业扶持政策，城镇新增就业24.25万人，扶持创业3.62万人，创历史新高。城镇登记失业率2.02%，继续保持低位运行。集中开展为期三个月的"送政策送服务稳就业"专项活动。组织开展高校毕业生招聘市场专项检查。建立就业歧视联合约谈机制。启动武汉市公共就业服务信息系统和人力资源市场升级改造。圆满完成第二届全国创业就业服务展示交流活动服务保障。

(二) 精准服务企业用工。

组织各类社会招聘活动209场次，服务企业1.15万余家次，提供各类岗位30.1万个次。开展"百名就业专员服务千企"等活动，进行个性化帮扶，有针对性缓解部分企业"招工难留人难"问题。全年为4 049家企业审核拨付稳岗补贴资金3.46亿元。接受企业和参保职工申请技能提升补贴7 040人次。认定就业创业培训定点机构105家，组织培训定点机构开展岗前培训及"订单式、定向式、定岗式"培训。

(三) 深入实施"百万大学生留汉创业就业工程"。

举办第六届跨区域（春季）高校毕业生巡回招聘"武汉站"招聘活动和50余场高校校园巡回招聘活动，提供就业岗位29万余个次。建立大学生就业见习基地38家、大学生实习实训基地766家，开展实习实训25.1万人。新增10所创业学院，开展380场创业活动，培训青年创新创业人才2万人。788个省、市优秀大学生创业项目获得资助3 050万元。启动实施武汉市青年见习三年行动计划，组织7 400名青年参加就业见习。

(四) 积极帮扶重点群体就业。

举办"春风行动"、就业援助月等招聘活动，开展分类帮扶，发放社保补贴、公益性岗位补贴、困难大中专毕业生求职补贴11.6亿余元，稳定和促进就业18万人次。全年转移农村劳动力2.3万人，帮扶就业困难人员就业3.82万人，确保零就业家庭动态清零。为6 544名武汉籍离校未就业高校毕业生提供"一对一"就业帮扶，2 764人实现就业。

(五) 主动服务乡村振兴战略。

落实支持农民工等人员返乡创业三年行动计划，新洲区获评湖北省返乡创业示范县、2家单位获评省级返乡创业示范园、1个项目获评省级返乡创业示范项目，将农村自主创业农民纳入创业担保贷款支持范围，发放自主创业农民担保贷款298笔、3 888万元，新增返乡创业人员5 669人，带动就业2.12万人。为近130万武汉户籍外出务工农民办理人身意外伤害保险。

（六）大力发展人力资源服务业。

成功获批建设国家级人力资源服务产业园，9家企业和9名机构负责人分别入选首届湖北省十大人力资源服务业领军企业、十大人力资源服务业领军人才。制定实施相关规定，促进人力资源服务业高质量发展。

二、提高民生保障水平

不断完善社会保障体系，增强人民群众幸福感和获得感。

（一）全民参保计划扎实推进。

社保扩面新增60.14万人次，社保综合覆盖率超过99%。

（二）不断提高社保待遇水平。

企业、机关事业单位退休人员基本养老金月人均上调约167元。启动建立城乡居民养老保险待遇确定和基础养老金正常调整机制工作，年满60周岁的老被征地农民养老保险补偿待遇全部按月正常发放。

（三）深入推进社保制度改革。

出台实施降低社保费率政策，全年为12.82万户企业减负44.82亿元。研究企业退休人员养老金计发过渡办法，妥善处理退役士兵、国棉农民工、"刑罚处分"人员等群体参保历史遗留问题。顺利启用机关事业单位退休"中人"待遇新办法。平稳解决国企剥离教师、地税系统等参保问题。修改出台《武汉市工伤康复管理暂行办法》，基本实现工伤保险市级统筹工作目标。

（四）加强社保基金监管。

印发实施社保基金内部监督办法和网络监管实施细则。首次在工伤保险内控和社保缴费基数专项检查中引入第三方监督。建立全市养老基金月报制度，加强基金预警分析。加强"刑罚处分"人员信息比对核查及养老待遇追回。

三、加强人才队伍建设

加强高层次高技能人才队伍建设，广聚人才第一资源。

（一）加速集聚高层次人才。

推荐7名留学人员入选海外高层次留学人才回国创业资助和留学人员回国创业启动支持计划等国家留学项目。推进人才超市建设，5家人才超市全部获批省级奖励性建设补贴。继续实施"千企万人"计划，确定第三批支持企业107家。推荐15人参加百千万人才工程国家级人选选拔，15人为省有突出贡献中青年专家和享受省政府专项津贴人员。向48家院士工作站55名院士发放津贴。累计办理海外高层次人才居住证172张，社保补缴手续106人次。

（二）大力培育高技能人才。

率先在湖北省实施新型学徒制培训，公布首批推行企业新型学徒制的33家企业和39家培训机构目录。印发实施《关于切实提高技术工人待遇的通知》《武汉市技工院校管理办法》。评选出首批23名"武汉工匠"、20名"武汉市首席技师"、40名"武汉市技能大师"，新建7个市级技能大师工作室。推行高技能人才培养工程项目，完成两批510人培训任务。全年1 276人取得高级技师或技师职业资格。

（三）统筹推进技能竞赛。

建设15个世界技能大赛武汉市集训基地。统筹开展武汉市第21届职业技能大赛，499名优秀选手荣获43个赛项优胜奖励。举办第46届世界技能大赛武汉选拔赛。组织参加湖北省第二届技工院校教师职业能力大赛，所获奖项取得历史性突破。

四、深化人事制度改革

深化人事制度改革，切实加强事业单位人事管理。

（一）有序推进人事制度改革。

制定《武汉市事业单位公开招聘面试规程（试行）》，将武汉商学院、江汉大学附属医院、东西湖人民医院纳入公益二类事业单位人事制度改革试点范围，开展试点中期评估并及时纠正问题。选取4个区部分学校探索开展中小学教师岗位聘用总量管理试点。

（二）深化职称制度改革。

市政府常务会议审议通过《武汉市深化职称制度改革实施意见》。制定试行武汉市高中级职称评审委员会工作规程，进一步规范高中级职称评审。试点开展市属三甲医院卫生系列和自然科学系列医学研究专业高级职称自主评审，推动中小学教师职称评审组织实施工作向教育主管部门转移。

（三）持续加强人事管理。

完成事业单位工作人员招聘1754人，主要补充中小学教师、医疗卫生系统基层工作人员。贯彻落实《国家功勋荣誉表彰条例》，做好中华人民共和国成立70周年纪念章颁发等工作，推荐1人被授予共和国勋章，完成24项国家、省级表彰项目先进集体和先进个人推荐，完成市、区表彰项目申报。完善考评安全体系，人事考试整体安全。市直机关幼儿园师资力量、保育水平持续提升。

五、构建和谐劳动关系

加强法治建设，推进分配制度改革，保持劳动关系和谐稳定。

（一）加强劳动保障监察执法。

完善"双随机、一公开"抽查事项清单，抽查检查对象1146家，发现问题并责令整改183家。加大监察执法力度，检查使用农民工用人单位1.78万家，涉及劳动者60.51万人。立案查处举报投诉案件2281件，全市劳动保障机构举报投诉案件法定期限内结案率100%。对拖欠劳动者工资29件、重大劳动保障违法行为52件移送相关部门实施惩戒。开展企业劳动保障守法诚信等级评价，建立"一家一档"诚信档案，实施分类监管。

（二）全力根治拖欠农民工工资。

成立由分管副市长任组长、25家成员单位组成的市根治拖欠农民工工资工作领导小组，组织开展根治欠薪夏季专项行动、冬季攻坚行动、农民工工资支付情况专项检查、治欠保支百日攻坚战行动，扎实做好"迎大庆、保军运"平安稳定战时期间欠薪问题清零归零工作，招标确定监管平台农民工工资专用账户开户银行，依法依规将26家企业列入拖欠劳动者工资"黑名单"，向社会公布27件重大劳动保障违法行为。

（三）积极推动劳动关系和谐。

全市13个行政区和2个功能区全部建立区级劳动关系三方委员会。开展新就业形态劳动者权益保障问题专题调研。修订印发《武汉市劳动合同（范本）》。推进和谐劳动关系创建活动，烽火科技、卓尔控股、九州通医药3家企业被授予"全国模范劳动关系和谐企业"称号。加强调解仲裁工作，开展"百名仲裁员服务千家企业"活动，将完善劳动人事争议多元处理机制纳入全市综治考评，组织指导全市15家仲裁机构全面开展仲裁专递工作，发布武汉市劳动争议十大典型案例，全市劳动人事争议仲裁案件法定期限内结案率100%。

（四）稳步推进工资薪酬制度改革。

稳慎推进国有企业工资决定机制改革，确定市属企业负责人2018年基本年薪基数。启动新一轮最低工资标准调整，发布375个职位（工种）的人力资源市场工资指导价位。落实机关事业单位调整基本工资标准工作，新增3家公益二类事业单位作为多种分配方式改革试点单位。扩大公立医院薪酬制度改革试点，落实义务教育教师工资待遇保障措施。

六、推进人社扶贫攻坚

聚焦贫困地区和贫困群体，实现人社扶贫全覆盖。

（一）全力推进就业扶贫。

制定扶贫车间认定、公益性岗位安置等政策措施，帮助1083名建档立卡贫困劳动力实现就业，完成全市3年目标任务的69.4%。在人力资源社会保障部农村贫困劳动力就业信息平台中，对登记为武汉户籍未脱贫的7095人信息全部进行核实。加强与大悟、长阳、郧西等贫困县劳务协作对口帮扶，贫困村对口帮扶工作成效明显。

（二）全面落实社保扶贫。

完成4个新城区43 850名建档立卡贫困人员城乡居民养老保险费代缴，27 366名建档立卡贫困人员享受城乡居民养老保险待遇，符合条件的建档立卡贫困人员城乡居民养老保险实现应保尽保。

七、加强人社能力建设

全市人社系统深入学习贯彻落实党的十九大和十九届二中、三中、四中全会精神，以习近平新时代中国特色社会主义思想为指引，坚决做到"两个维护"，着力增强"四个意识"，全面加强党的建设，深入推进党风廉政建设，驰而不息反对"四风"，着力打造高素质专业化的人社干部队伍。

（一）纵深推进"放管服"改革。

发布2019年"放管服"改革事项清单，推进"四办""网上办"，湖北政务服务网上可办理人社事项102项，取消人社领域证明事项152项，推行74项社保常规业务全月办理，实行"新开办企业工商、社保业务联办"新受理模式，启动市内企业职工基本养老保险关系跨统筹区转移接续"即办即转"，开通投诉咨询24小时自动语音服务，推动30项功能事项与全市政务服务自助设备完成对接、10余项热门查询和业务办理在"鄂汇办"App上线。

（二）深化行风建设问题整改。

结合"不忘初心、牢记使命"主题教育，全方位、不间断开展作风巡查督导，发现问题93个，连同城市留言板、市长热线、"双评议"不满意件、电视问政等渠道反映的问题，逐一进行整改。制定完善廉政风险防控机制意见，加强监督执纪。

（三）着力优化营商环境。

选派代表参加"劳动力市场监管""人才流动便利度"两项指标国家测评，完成营商环境十大"痛点"整改。硚口区、武昌区、青山区、经开区、洪山区等社保处率先全面推行社保业务经办综合柜员制。实行"特殊人才特殊评审、急需人才专场评审、实用人才放宽评审"，为民营企业提供职称评价服务。

（四）提高党员干部治理能力。

通过加强思想淬炼、政治历练、实践锻炼、专业训练，推行"23℃人社服务"，不断提升党员干部做好人社各项工作的能力和水平。武汉市人社部门一基层单位和一名工作人员分别荣获全国人社系统2017—2019年度优质服务窗口、优质服务先进个人。市人力资源社会保障局代表队在省人社系统窗口单位业务技能练兵比武竞赛中获奖。

（五）全面提升人社信息化水平。

确立社保信息系统"一张网"建设模式，全面完成社保业务"四统一"系统改革，4个新城区全面纳入全市统一业务经办系统。局门户网站"网上办事大厅"和"武汉人社"手机App等全面实现社保信息全市通查。全市社保卡持卡总人数超过989万，社保卡代办网点数量近440家。与蚂蚁金服（支付宝）、腾讯（微信）等第三方合作，在全国率先推出电子社保卡应用，签发用户230余万，并平稳过渡到全国统一标准的电子社保卡。完成网上群众工作部信息管理系统、事业单位管理系统、工伤认定和劳动能力鉴定网上办理平台系统等开发应用。建立待遇发放数据与民政、交管、医院等同步比对，以支付宝、"武汉人社"手机App人脸识别认证为主的社保年审制度。

（六）做好法治和信访维稳工作。

坚持依法行政，落实行政机关负责人出庭应诉要求，认真开展普法教育和诚信建设，加强人社政策宣传，规范性文件合法性审查、行政争议案件按时办结率达到100%。大力推进"五统一"网上群众工作模式，完善网上办理平台、市区联动等机制，扎实推进信访案件包案化解稳控到位。

武汉市人力资源和社会保障局

湖 南 省

2019年,湖南省人力资源社会保障系统积极应对经济增速放缓、就业增长动力减弱、保障支出增加等方面的压力,克难奋进、扎实工作,各项目标任务圆满完成,人社事业发展取得积极成效。

一、就业

坚持把稳就业摆在突出的位置,加大投入、落实政策、优化服务,就业局势保持总体稳定。

一是主要就业指标运行平稳。全年实现城镇新增就业80.8万人,同比增长1.7%。城镇登记失业率2.73%,处于历史低位。城镇调查失业率为5.4%,走势与全国相同,在中部地区处于中间水平。新增农村劳动力转移就业45.5万人,农村劳动力转移就业总规模达到1 632万人,年创劳务总收入约5 000亿元。全省2019届高校毕业生初次就业人数33.2万人,初次就业率为86.3%,连续9年高于全国平均水平,年底离校未就业高校毕业生就业率达98%。公共人力资源市场四个季度求人倍率分别为1.41、1.32、1.25、1.29,总体保持动态平衡。

二是就业优先政策逐步落实。调整完善省就业和农民工工作领导小组成员单位,将稳定和扩大就业作为经济社会发展优先目标,纳入重点民生实事和政府绩效考核内容。加大就业资金投入,省本级就业资金3.8亿元,同比增加3 000万元,投入额度居中部省份之首。制定实施促进就业工作先进地区激励实施办法,评选出了岳阳市、湘潭市、湘西自治州、永州市4个市州及望城区等10个县市区为促进就业工作先进地区。实施援企稳岗政策,发放稳岗补贴1.1亿元,惠及2 240家单位、47.8万人;发放技能提升补贴1 822万元;发放创业担保贷款31.6亿元,直接扶持2.3万人创业。评选各类创新创业示范典型229个,发放奖补资金3 995万元。完成失业人员再就业33.9万人,困难人员就业12.4万人。

三是就业服务机制更加健全。开展就业政策落实服务落地专项行动,公布政策、服务、经办机构三个清单,突出高校毕业生、贫困劳动力、困难人员三大群体帮扶,做好常规招聘、重点企业招聘、重点群体招聘三类招聘,省市县举办各类招聘会3 000余场,开展免费职业介绍、职业指导300万余人次。出台就业失业求职登记实施细则,首次将农村劳动者纳入就业失业求职登记,推动城乡均等享受公共服务。做实重点企业用工监测、农村劳动力转移就业监测、农民工回流监测,企业用工总体平稳,农民工流动有序,6—12月全省农民工回流总人数44万人。建立重点企业用工服务制度,全省人社部门直接联系服务重点企业824家,为企业发布岗位信息6 418条,向劳动者推送岗位信息18万余人次。实施三年3万青年见习计划,完成青年见习15 425人。

二、社会保障

坚持以深化改革为主线,覆盖范围不断扩大,制度不断健全,社保待遇按时足额发放。

一是扩面提标再上台阶。社会保险覆盖范围持续扩大,全省参加养老保险4 972.1万人、工伤保险807.6万人、失业保险606.6万人，同比分别增加164.3万人、14.6万人、22.4万人。调整提高退休人员待遇，全省退休人员人均增加基本养老金140元/月，平均增幅5%。全面落实国有企业老工伤人员统筹管理专项补助资金，做到"残有所养、伤有所医"。

二是企业养老保险实现全省统筹。省政府出台了省级统筹总体方案以及政策完善、责任分担、预算管理3个配套文件，基本实现了统一养老保险政策、统一基金收支管理、统一编制基金预算、统一责任分担机制、统一集中信息系统、统一经办管理服务和统一考核奖惩机制"七个统一"要求，企业养老保险率先实现了省级统收统支。省本级收到各地上缴统筹基金334亿元，下拨统筹基金504亿元，确保了各地待遇按时足额发放，大大增强了基金统筹调剂能力。

三是机关事业单位养老保险制度改革全面落地。出台军队文职人员等特殊群体参保制度，完善机关事业单位工作人员被采取强制措施和受行政刑事处罚养老保险有关问题暂行操作办法，制定机关事业单位养老保险成建制跨统筹区转移的相关规定。出台湖南省职业年金基金管理办法，划转249.4亿元职业年金进行市场化投资运营。

四是城乡居民养老保险制度更加完善。研究建立城乡居民养老保险待遇确定和基础养老金正常调整机制的实施意见，探索建立待遇确定、基础养老金正常调整、个人缴费档次标准调整、缴费补贴调整、补缴与缴费约束、个人账户基金保险增值6个方面的机制。督促落实被征地农民社保政策，全省享受待遇156.8万人，保障率为59.3%。

五是社保降费减负成效明显。省政府印发降低社保费率实施方案，实施新一轮更大力度的社保降费政策。企业社保缴费基准值由城镇非私营单位在岗职工社会平均工资，调整为城镇在岗职工全口径平均工资，缴费基准值降幅达22%。企业养老保险单位缴费比例普降至16%，继续阶段性降低失业保险、工伤保险费率，降低社保费率全年累计为企业降费超过60亿元。

三、人才人事

深入实施"芙蓉人才行动计划"，全面落实人才发展各项政策，人才总量、质量、增量不断增加和提高。

一是高层次人才支撑不断增强。认真落实"产业项目建设年"引进"100个科技创新人才"的要求，择优遴选认定114名高层次人才。创新柔性引才新模式，设立15个联湘创新创业人才服务工作站，加大产业人才引进。全省评选产生"121创新人才培养工程"第一批469名创新人才，评选表彰20名优秀专家、10名技能大师、30名技术能手。出台职称评审"双10条"措施，贯通技能人才职称评审路径，职称评审向产业人才、基层人才特别是民营企业人才倾斜。大力发展人力资源服务业，在长沙成功创建国家级人力资源服务产业园。

二是职业技能人才队伍不断壮大。出台实施终身职业技能培训制度，全面推行企业新型学徒制，发布湖南省职业技能培训补贴标准目录，启动职业技能提升三年行动，提取失业保险基金28.6亿元，完成职业技能培训67.6万人，组织职业技能鉴定35.3万人次，全省新增高技能人才91 256人。推进技工学校扩招，全省68所技工院校招生4.55万人，增长19%，学生就业率达到98%。组织开展各业职业技能竞赛46项，湖南基地培养的选手在第45届世界技能大赛上获1金、1银、1铜。

三是人事管理制度更加规范。修订出台事业单位公开招聘人员办法，落实事业单位工作人员奖励规定，规范岗位聘用备案。持续推进公立医院薪酬制度改革试点，进一步保障义务教育教师待遇。考试基础能力建设不断加强，平稳完成128万人次人事考试组考。优化省直单位绩效评估指标体系，完善考核重点，加强日常评估，推动省委省政府决策部署落实。着力办好民生实事，12件实事16项指标全面完成。规范表彰奖励工作，完成共和国勋章等30项国家评选推荐和22项省直评选表彰。

四、劳动关系

坚持预防与处理结合、维护劳动者权益与加强企业指导结合，提升劳动关系治理法治化水平。

一是大力推进根治欠薪。切实履行省根治拖欠农民工工资工作领导小组办公室牵头抓总职责，建立健全实名制管理、工资保证金、工资专用账户等各项长效机制，开展根治欠薪"冬病夏治"和冬季攻坚行动，实施农民工工资争议处理"护薪"行动，推动部门联动打击恶意欠薪行为。全省查处工资类违法案件1 363起，同比下降65%；追发劳动者工资待遇金额为26 716万元，同比下降63%；追发工资待遇涉及28 552人，同比下降59%。

二是加强劳动权益保护。以政府规章的形式，出台湖南省女职工劳动保护特别规定，加强对女职工四项特殊生理时期的保护，调整提高了卫生费标准。建立省级劳动关系协商协调机制，着力排查和化解经济下行中的劳动关系矛盾，处置了一批劳动关系舆情。全省规模企业动态劳动合同签订率保持在90%以上，已建工会企业集体合同签订率为93.8%。共处理劳动人事争议案件46 027件，其中仲裁立案受理22 588件，涉及劳动者24 853人，涉案金额9.6亿元，审结案件21 886件，结案率97%；调解立案受理23 439件，涉及劳动者27 171人，涉案金额5.4亿元，调解成功率71%。

三是加强工资宏观调控。巩固国企负责人薪酬制度改革成果，核定省属企业负责人基本年薪基数为8.52万元；推进国有企业工资决定机制改革，出台国有企业工资总额执行结果备案办法、工资分配信息披露办法、工资内外收入监督检查办法。上调最低工资标准，月最低工资标准提高到1 220~1 700元/月，小时最低工资标准提高到12.5~17元/小时。发布工资指导线，最低增长幅度为2%、基准线为8%、预警线为12%。

五、人社扶贫

坚持就业、技能、社保、人才人事扶贫同向发力，四位一体推进人社扶贫。

一是加强就业扶贫增收入。大力开发扶贫就业岗位，6.8万贫困劳动力在扶贫基地和扶贫车间就业，8.1万通过扶贫公益性岗位实现就业。建立省际、省内多层次劳务协作机制，累计有组织劳务输出贫困劳动力90万人。创新贫困劳动力就业创业服务，推广"311"就业帮扶，打造"创业培训+创业担保贷款+创业孵化"三创联动创业帮扶模式，建立"政府+劳务公司+劳务经纪人+贫困劳动力"四位一体扶贫模式，培训配备1.9万名农村劳务经纪人，打通就业扶贫"最后一公里"。贫困劳动力转移就业总人数达190.7万人，占有就业意愿的99.5%，月人均工资2 623元，稳定就业率达97.3%。

二是加强技能扶贫强素质。着力提升贫困劳动力素质，采取定点、定员、定向、定岗的"四定"就业导向培训方式，培训贫困家庭"两后生"1.3万人。推行"输出有订单、计划到名单、培训列菜单、政府后结单"的"四单"培训模式，完成贫困劳动力素质提升培训9.8万人。

三是加强社保扶贫保生活。落实社保代缴政策，全省贫困人员参保人数452.7万人，参保率100%；为187.4万人次代缴社保费1.8亿元，将2万名60周岁以上未享受待遇贫困人员全部纳入城乡居民养老保险制度并发放待遇。发挥失业保险保生活的功能，11个深度贫困县失业保险金标准提高到最低工资标准的90%。

四是加强人才人事扶贫促发展。招募398名"三支一扶"人员，支援基层发展。实施专家服务基层计划、湘西特聘专家支持计划，激励引导近1 000名高层次专家深入贫困地区扶贫扶智扶业。

六、行风建设

注重与业务工作的有机结合,坚持问题导向、群众导向,采取有力措施,系统行风建设取得明显成效。

一是深化"放管服"改革。分级编制全省人社系统行政审批和公共服务事项清单,其中省本级166项,政务服务事项实现"应上尽上""四级四同"。大力推进"一件事一次办"改革,下放机关事业单位工勤技能岗位考核权限,下放劳动能力初次鉴定及其他确认事项,职业资格证书核发、劳务派遣审批、特殊工时审批的办结时限均缩短50%以上。启用职业技能鉴定网上报名系统,职业资格考试全部实现告知承诺制。

二是加强信息化建设。加快"一网通办",在省政府一体化平台上建成人社"旗舰店",接入了44项政务服务应用。推动人社服务事项"掌上办""指尖办","智慧人社"注册用户数突破1 000万人,累计办理人社业务、接受咨询约800万人次。全面推广即时制作社保卡,全省已上线运行即时制卡网点1 130个,制卡周期由原来的3个月缩短到10分钟左右,基本实现了立等可取。启动省本级社保发卡,制卡22.3万张。

三是提高服务水平。组织27.7万人次参与系统"练兵比武"网络答题活动,举办省内各类晋级赛262场。开展养老保险待遇政策"看得懂、算得清"活动,全省印发政策宣传手册,统一口径。抓好"全国人社服务标兵"先进事迹宣讲活动,全省共有17万余人次集中进行了收听和收看。推荐14个全国人社系统2017—2019年度优质服务窗口、6名优质服务先进个人;评选出30个全省人社工作先进集体、99名先进个人和6名"省级人社服务标兵",挖掘典型,树立榜样。

七、党的建设和基础工作

深入开展"不忘初心、牢记使命"主题教育,把理论学习、调查研究、问题检视、整改落实贯穿始终,整改各类问题75项,全厅党员干部思想受到洗礼,党性得到锻炼,解决了一批关系群众切身利益的突出问题,得到中央和省委主题教育巡回指导组的高度肯定。认真落实"一岗双责",强化警示教育,全面排查廉政风险,完善监管举措。集中整治形式主义、官僚主义突出问题,清理取消责任状6项,切实减轻了基层负担。开展5大主题宣传,刊发、转载宣传报道1 000余篇次,唱响了人社声音。深入开展调查研究,完成主题教育专题调研报告9篇、年度调研报告53篇,为解决重点难点问题理清了思路,提供了参考。

湖南省人力资源和社会保障厅

广 东 省

2019年，广东省人力资源社会保障系统坚持以习近平新时代中国特色社会主义思想为指导，全面贯彻党的十九大和十九届二中、三中、四中全会精神，深入贯彻习近平总书记对广东重要讲话和重要指示批示精神，坚决落实中央和省委省政府决策部署，聚焦点、抓重点、破难点，各项工作取得新进展、新突破、新成效。

一、服务中心大局

（一）支持粤港澳大湾区建设取得创新突破。

省政府与人力资源社会保障部签署大湾区部省战略合作协议，赋予广东58个政策创新点，聘任港澳籍仲裁员试点等15项政策已落地实施，制定支持深圳、珠海横琴人社事业优先发展政策举措。高水平建设港澳青年创新创业基地，省政府出台《关于加强港澳青年创新创业基地建设实施方案》，"1+12+N"港澳青年创新创业孵化基地建设全面启动，有11家已投入运营。全力推进湾区"人才通""社保通"，全面取消港澳居民内地就业许可。出台大湾区职称评价和职业资格认可方案，开展港澳导游及领队换证执业试点。制定大湾区事业单位公开招聘港澳居民管理办法。出台完善广东省港澳台居民养老保险措施意见。探索创新在生证明跨境协查模式，推动社保卡加载金融功能跨境通用。积极主动支持深圳先行示范区建设，会同省委组织部完成支持深圳先行示范区人才建设等工作调研，制定《关于支持深圳建设中国特色社会主义先行示范区推进深圳人力资源和社会保障事业优先发展的若干政策措施》。贯彻落实粤港澳大湾区人才高地建设相关部署，对广州等8市报送的境外高端人才和紧缺人才个人所得税优惠政策予以备案。

（二）扶贫攻坚成效更加突出。

坚持因地制宜，实施人社精准扶贫"1+4"三年行动方案，确保如期高质量完成脱贫攻坚任务。扎实做好省外对口帮扶支援，牵头制订并全面落实七省区劳务合作协议，新增来粤就业建档立卡贫困劳动力12.62万名，将"粤菜师傅""南粤家政"等惠民工程导入省际技能扶贫协作。深入实施省内精准扶贫，就业分类帮扶、技能特色帮扶、社保兜底帮扶，贫困人员实现就业40.14万人，为121.3万符合条件的贫困人员代缴城乡居保费1.64亿元，66.38万贫困人员领取待遇。省人力资源社会保障厅会同省委组织部等18个省直单位组建省委实施乡村振兴战略人才振兴专项组，推动落实乡村人才振兴硬任务。

二、促进就业创业

（一）创新就业政策。

全年全省城镇新增就业139.96万人，失业人员再就业55.13万人，就业困难人员实现就业13.89万人，分别完成年度任务的127.2%、122.5%和138.9%。实施"促进就业九条"，狠抓新一轮政策实施。完成十余项配套政策出台，包括会同海关、税务部门出台受影响企业和职工认定办法，联合财政部门就进一步促进就业若干政策中有关资金使用管理问题发出通知。落实社保"两不变、两降低"

等措施为企业减负 549.4 亿元，援企稳岗返还失业保险费 28.45 亿元、惠及企业 35.08 万家。

（二）稳定重点群体。

针对性促进重点群体就业，实施高校毕业生就业创业促进计划，扎实做好异地务工人员、退役军人等群体就业，帮扶就业困难人员实现就业 13.89 万名，保持零就业家庭动态归零。维护公平就业，进一步规范招聘行为，促进妇女就业，建立解决就业性别歧视工作机制和性别歧视部门间约谈机制，营造良好环境。

（三）激发创业活力。

促进创业扶持政策提标扩面，一次性创业资助标准从 5 000 元提高到 1 万元，对象范围扩大到返乡创业人员，将符合条件的驿道客栈、民宿、农家乐纳入一次性创业资助和租金补贴对象范围。完善创业投融资扶持机制，联合省财政厅、省金融局和中国人民银行广州分行出台《关于创业担保贷款担保基金和贴息资金管理办法》，全年共发放创业担保贷款 21.89 亿元。提升创业孵化基地运营水平，举办 2019 广东"众创杯"创业创新大赛推介会暨全省创业孵化基地专项培训，为基地运营方和创业者提供交流互通、资源对接的良好平台。加大返乡创业支持力度，部署全省返乡创业孵化基地认定工作，为返乡下乡创业人员提供场地保障、创业培训（实训）与指导、项目展示对接等服务。鼓励引导各地完善创业孵化服务体系，落实补贴政策，撬动社会资源投入创业孵化基地建设及运营，提升运作水平，全省建设认定创业孵化基地 684 家。

（四）完善公共服务。

印发就业领域基层政务公开标准指引，出台公共就业服务专项活动方案，修订高校毕业生就业创业扶持政策清单，发布急需紧缺人才岗位需求信息清单。指导各地落实好就业困难人员认定管理暂行办法，在全省推广使用"受影响企业和职工实名制信息系统"。建立重点用工企业服务直通机制，全省安排 258 名就业服务专员为 988 家重点企业用工提供服务。调整优化职业指导讲师团，分级分类提供职业指导服务，服务劳动者 79 343 人次、用人单位 7 297 家。实施"南粤家政"工程，开展母婴、居家、养老和医护服务 4 个具体培训项目。大力推进农村电商等工作以挖掘创业带动就业切入点，强化公共创业服务。大力抓好就业援助，瞄准政策落实聚焦点，全年共发放就业创业政策类补贴等 31.95 亿元。实施离校未就业高校毕业生就业促进计划，举办"一企一岗"各类招聘活动 2 258 场，达成就业意向 22.3 万人次。组织开展就业援助月活动，活动期间帮助 8 098 名就业困难人员实现就业。做好异地务工人员就业服务，举办"南粤春暖"专场招聘活动 2 130 场，促进约 42 万劳动者达成就业意向。组织开展节前返乡和节后返岗免费专列活动，直接惠及贫困劳动力 3 200 多人。推动就业服务管理实名制，加强用工监测。提高公共就业服务信息化水平，推进 13 项省就业创业补贴申领业务进驻广东政务服务网、粤省事、粤商通等平台。依托省职业介绍系统，通过广东政务服务网、厅门户网站、广东就业网等多渠道发布空岗招聘信息 62 万个。

三、完善社会保障体系

（一）稳步提高全民社会保障水平。

完善企业养老保险省级统筹，出台政策文件解决历史遗留问题，及时足额上缴中央调剂金，全年净上解中央调剂金 617 亿元。推动职业年金实账积累，启动投资运营前期准备工作。推进养老保险基金委托投资运营。全省三大险种累计参保 1.46 亿人次、基金结余 1.37 万亿元，新增企业养老保险缴费人数 181.6 万人，企业退休人员基本养老金、城乡居保基础养老金最低标准、失业保险金、工伤伤残津贴月人均标准分别提高至 2 721 元、170 元、1 702 元、3 866 元。做好企业和机关事业单位退休人员、城乡居保、工伤保险等待遇年度调整工作。

（二）建立更加公平更可持续的养老保险制度体系。

巩固完善养老保险省级统筹，省人民政府

出台《关于贯彻落实企业职工基本养老保险基金中央调剂制度的实施意见》，省人力资源社会保障厅等四部门联合印发《关于企业职工基本养老保险省级统筹若干问题处理意见的通知》，会同省财政厅共同制定企业养老保险省级统筹基金支付项目和标准，完成2018年度企业养老保险省级统筹考核工作。及时公布2019社保年度职工养老保险缴费基数上下限，继续执行分片区确定缴费基数下限政策。落实养老金调整政策，按时完成全省退休人员养老金调整工作。完善机关事业单位养老保险政策，推动落实改革后退休"中人"基本养老金按新办法计发。建立企业职工基本养老保险病残津贴制度，做好国有企业退休人员社会化管理服务的相关工作，配合退役军人事务部门研究落实部分退役士兵养老保险补缴政策。牵头做好降低企业社会保险成本相关工作，仅养老保险为企业和职工减负188.6亿元。开展养老基金委托投资运营，促进基金保值增值能力，研究制定2019年企业养老保险基金1 000亿元和城乡居保30亿元委托投资运营计划并经省政府常务会议审议通过。修订《广东省城乡居民基本养老保险实施办法》，完善城乡居保待遇确定机制，建立基础养老金正常调整机制、个人缴费标准调整机制、缴费补贴调整机制，实现个人账户基金保值增值。

（三）加大工伤保险制度改革力度。

稳步推进工伤保险基金省级统筹改革，修订《广东省工伤保险条例》，7月1日起按照"六统一"模式实施省级统筹。全省统筹结余基金274.80亿元，可支付50个月。伤残津贴、生活护理费、供养亲属抚恤金平均标准分别提高至3 866元、2 880元、1 560元，伤残待遇"托底线"平均提高20%，长期待遇平均提高15%，相关待遇基数差距从2.04倍缩小到1.24倍。平均费率降至0.17%，全年为企业减负34.6亿元。截至年底，工伤保险参保3 816万人，参保工程建设项目29 231个，新开工工程项目参保率99%。出台公务员参加工伤保险政策，从6月1日起公务员纳入工伤保险范围，同步解决原公伤人员工伤保障问题，实现机关单位与企业、事业单位工伤保险制度并轨。持续加强工伤预防和康复工作，投入使用工伤预防费4 085万元，工伤康复协议机构38家，基金支付工伤康复费2.48亿元，工伤康复6 521人次，经综合康复后再就业率约82%。

（四）充分发挥失业保险制度功能。

截至年底，全省失业保险参保3 501万人，稳居全国第一位。全年失业保险基金征缴收入95.88亿元，滚存结余631.01亿元，可支付67个月。全年为44.34万失业人员按月发放失业保险金35.94亿元，人均1 702元/月，比上年的1 533元/月增加11%。全年共向1 063家受影响企业返还失业保险费7.21亿元、惠及职工11.27万人，向34.96万家参保企业发放稳岗补贴21.24亿元、惠及职工1 307.07万人。做好失业保险技能提升补贴工作，向3.4万人发放补贴5 766.78万元。持续降低失业保险费率，从10月1日起平均费率降为0.64%，其中用人单位0.44%、个人0.2%，均为全国最低，全年共为企业减负110.8亿元。从失业保险基金中提取专项资金促进就业和创业担保贷款担保基金与贴息，共计35.05亿元。

（五）全面确保社会保险基金安全。

规范现场监督行为，实现非现场监督常态化，畅通社保基金监督举报流程，完善要情报告制度，开展风险防控专项检查和风险警示教育活动。全年各级人社部门开展1 588次基金监督检查，处理约1万个问题，追回被贪污、欺诈、非法获取的社保基金2 664.42万元，处理处罚人员47人次。加强基金监督能力建设。优化企业年金备案服务。配合外部审计工作，开展内部审计。抓预决算强化监测，全力保障社保基金安全运行。

（六）加强对参保人合法权益维护。

全年各级人社部门共收到行政复议申请1 057件，立案受理1 018件，其中养老保险类、工伤保险类案件分别为488件、382件，当年结案954件，其中83件改变行政机关决定，占8.7%；通过协调后申请人撤回行政复议申请101件，占10.59%。进一步畅通行政复议渠道，对被申请人的监督力度持续增强，妥善减少和化解行政争议，切实维护参保人的合法权益。

（七）推进社会保险领域公共服务信息化建设。

加快数字化转型，以"数据比对"方式替代待遇领取资格现场认证，以"大联网""广覆盖"便利参保群体办事。548家服务协议机构实现工伤医疗费联网结算，422家完成接口改造。1 239家定点医疗机构实现跨省异地就医直接结算，较上年增长34%。全面实现医疗救助"一站式"结算，困难群众7 530人次享受医疗救助"一站式"结算便捷服务。大力推动全省社保经办标准化建设，支持粤东西北市、县（区）建设标准化经办服务大厅67个。省集中社保系统已在省本级及珠海等13个地市上线应用，省集中式工伤认定、劳动能力鉴定、工伤预防、基金管理业务模块在全省（除深圳外）上线使用。稳定推进社保卡发放，截至12月底，全省实体社保卡持卡人数1.05亿人，常住人口持卡率达97%。其中香港持卡人数53 879人，澳门持卡人数6 307人。

四、人才队伍建设

（一）技能人才培养体系逐步形成。

启动"广东技工"工程，实施服务现代产业发展、技工教育大发展等"七大行动"，打造国内领先、世界知名的广东人才品牌。纵深推进"粤菜师傅"工程，全省177所技工院校、职业院校开设粤菜相关专业，在校生达6.5万人，累计培训3.7万人次，带动就业创业11.8万人。全面实施"南粤家政"工程，出台工作方案，实施技能提升、就业创业、品牌创建、权益保障四项行动计划，各地涌现出"羊城家政""鹏城管家""瑶山月嫂""客家大嫂"等家政服务品牌，全年培训24.54万人次。全年职业技能提升补贴33.65万人次，完成"省政府十件民生实事"30万人次目标的112.17%。

（二）加强高技能人才培养。

大力推动技师学院纳入高等职业教育，制定试点方案，在粤港澳大湾区率先试点、分批推进。调整技工教育区域布局，建设10所高水平技师学院。支持粤东西北大力发展技工教育，新增8所高级技工学校，所有地级以上市均建有1所高级技工学校。提升生均拨款标准，省属技工院校生均拨款标准提高至8 500元/年。完善教师轮训制度，全年开展师资培训86期3 483人次。深化技工院校职称制度改革，教师获评正高职称17人、副高职称212人。深化校企合作，85家世界500强企业及国内700多家大型企业与技工院校深入对接。加强对外合作，10家技工院校与境外高校、协会组织共建合作学院（班）。实施精准扶贫，在校建档立卡贫困家庭学生1.5万人。全省现有技工院校163所，其中技师学院37所，在校生57.77万人，占全国1/6；开设专业417个，基本覆盖广东现代产业主要领域。参加第45届世界技能大赛获得8金3银1铜8个优胜奖，金牌数占全国金牌总数的一半，金牌数和奖牌数均居全国第一。

（三）深化人才发展体制机制改革。

出台加强新时代专业技术人才队伍建设意见和32个职称制度改革方案，推进基层卫生技术人员和教师职称制度改革落地见效，建立高层次人才和急需紧缺人才高级职称直接申报评审"绿色通道"。加快博士和博士后人才发展，共设立博士后科研工作站399家、科研流动站178家、创新实践基地401家、博士工作站426家，当年新招收博士后3 800余人，在站博士后8 000余人。严格贯彻落实国家职业资格目录，目录之外一律不再许可和认定职业资格。全年组织技能人员鉴定70.3万人次，获证44.1万人次。推进继续教育"放管服"改革，为全省专业技术人员提供公需科目免费学习培训服务，200多万专业技术人员参加线上学习培训。深入实施专业技术人才知识更新工程，举办6期国家级、9期省级高级研修项目培训班，培训省内外高层次专业技术人才1 050人次。推动华南理工大学成功入选第九批国家级专业技术人员继续教育基地。全面推行人才优粤卡制度，为高层次人才提供入户、安居、出入境等"一站式"服务，共受理3 852人次、发放2 294张，提供服务6 000多人次。搭建产学研成果转化平台，举办海内外高层次人才地市行活动13场次，累计邀请476名海内外院士等高层次人才与780多家企事业单位进行接洽，现场达成人才项目合作意向180多项，累计合作资金逾30亿元。全省人才驿站服务体系初步建立，已在肇庆等14个地市建立了人才驿站，实现粤东西北地级市全覆盖，并逐步向珠三角地区延伸。全年人才驿站共组织活动1 539场，柔性引才3 554人，签约合作项目432个。挂牌运营中国广州、中国深圳国家级人力资源服务产业园，省内产业园建成正式运营的有9家、在建的有7家，出台省级人力资源服务产业园建设管理办法，成立省人力资源服务产业园联盟。开展以"诚信服务树品牌、规范管理促发展"为主题的诚信创建活动，评选确定50家省级人力资源服务诚信示范机构。加大招才引智力度，做好大学生就业和急需紧缺人才招聘洽谈工作，依托"线上匹配+线下洽谈"的引才模式，组织18场招聘洽谈会，约10.1万高校毕业生进场洽谈，初步达成就业意向20 826人。狠抓人事考试科学化、规范化、信息化建设和考试风险防范化解重点工作，全年共组织各类考试84项，考生225.7万人次，其中专业技术资格考试162.2万人。专业技术人才和技能人才总量分别达670万人和1 249万人，其中高层次、高技能人才分别达79万人、401万人。全年招募派遣"三支一扶"人员由上年的1 700人增加至2 000人，人均工作生活补贴由2 000元/月提高至3 600元/月。开展最美基层高校毕业生遴选推荐工作，全省各有一人入选"最美基层高校毕业生"（全国10名）和"最美基层高校毕业生提名奖"（全国30名）。

五、事业单位人事管理

（一）推进事业单位人事制度改革。

制定出台《粤港澳大湾区（内地）事业单位公开招聘港澳居民管理办法（试行）》，贯通"三地"间选人用人体制"立交桥"，紧扣对象、范围、考察、聘用、待遇、管理等核心问题提出21条具体举措。出台《关于充分发挥市场作用促进人才顺畅有序流动的实施意见》，进一步畅通急需紧缺高层次人才、高技能人才引进绿色通道，全年省本级引进高层次人才2 800多名。召开随军家属和用人单位双选会，省本级安置随军家属38名。按照国家统一部署要求，指导完成珠海香洲区县以下事业单位管理岗位职员等级晋升制度改革试点。

（二）组织事业单位专项公开招聘。

组织开展2019年粤东西北地区乡镇事业单位急需紧缺人才专项公开招聘，聚焦乡镇卫生院最紧缺的临床医生和农林牧渔、水利水电、规划建筑类人才，组织拉网式补录，确保人才资源合理使用。组织开展西藏籍少数民族高校毕业生专项公开招聘，向5家省直单位、粤港澳大湾区7个地市38家事业单位征集管理和专业技术岗位50个，共招聘49人。

（三）开展事业单位人事政策业务培训。

举办三期事业单位人事综合管理政策业务培训班，分别对省直单位、粤东西北地区和大湾区市（县、区）事业单位人事管理负责人共计450人进行业务培训。

六、工资收入分配

（一）建立和完善国有企业工资分配机制。

出台《广东省改革国有企业工资决定机制的实施意见》，印发《关于做好省属国有企业工资决定机制改革有关工作的通知》，及时审核批复省直部门所监管国有企业工资决定机制改革具体实施办法，督促各监管部门改革工作自2019年1月1日起实施。

（二）深化企业工资分配调控改革。

完善企业人工成本监测制度、薪酬调查和信息发布制度、最低工资标准评估机制。发布人力资源市场工资指导价位及行业人工成本信息，涵盖18个行业门类、6个职业大类、63个职业中类、326个职业小类、661个职业细类。

（三）首次全面开展省直事业单位绩效考核工作。

根据事业单位性质和特点，创造性提出分部门、分类别、分层级开展考核工作方式方法，并对高等院校、公立医院、科研机构开展重点考核。

（四）推进扩大公立医院薪酬制度改革试点。

全省纳入试点医院96家，覆盖综合医院、专科医院，既有市级医院，也有县区医院。承接国家深化公立医院薪酬制度改革指导意见（稿）验证试点工作，选定省第二人民医院、东莞市人民医院作为全国试点直接联系医院开展模拟运行和论证验证。

（五）加大高层次人才工资分配激励和服务力度。

开展省直重点单位高层次人才工资分配激励与服务专题调研，会同省财政厅研究贯彻人力资源社会保障部、财政部《关于完善事业单位高层次人才工资分配激励机制的指导意见》的具体措施，结合广东发展实际提出科学合理确定实施范围、简化优化审核备案程序、精准服务强化工资激励、落实科技成果转化等有关待遇、建立健全评价管理机制等方面的补充意见，使政策更好更快落地落实。

（六）推动规范调整省属事业单位绩效工资。

落实国家有关规范津贴工作要求，统筹规范省属事业单位绩效工资水平，调整项目设置，完善内部分配关系，优化绩效工资总量核定办理流程，进一步落实简政放权。

七、劳动关系构建

（一）多措并举巩固劳动关系。

加强劳动关系风险点防范，开展化解国有"僵尸企业"职工安置风险调研，制定专项工作方案，加强形势分析研判，妥善做好职工安置工作。推进和谐劳动关系综合试验区建设，注重党政领航，将其列为"一把手工程"；注重激发各方动力，推行"1个综合试验区+1所高校"建设模式；注重探索体制机制创新，在综合试验区规范有序引入社会力量参与和谐劳动关系建设、特殊工时管理改革试点、小微企业劳动关系事务托管、集团公司（社区）参与基层劳动关系治理与服务。完善劳动关系协调体系建设，着力规范劳务派遣用工，开展劳动合同实名制课题研究，举办劳动关系和谐企业巡回演讲活动。

（二）创新劳动人事争议处理方式。

全年受理劳动人事争议案件33.99万件，涉及劳动者60.75万人，同比分别上升16.88%、14.77%。全年调（审）结案31.89万件，涉案金额86.76亿元，同比分别上升18.74%、17.69%，调解成功率68.44%，仲裁结案率92.73%。

示范引领，推进基层调解模式创新。完成4个部级和37个省级劳动争议调解综合示范乡镇（街道）检查验收，形成各具特色的基层调解工作模式。

制度先行，推进社会力量参与调解。在全国率先出台政府向社会力量购买劳动争议专业性调解服务办法，鼓励支持引导社会力量规范参与劳动争议调解。

统筹布局，推进在线业务集中运营。根据在线服务需求和办案力量配备，分类分批开通粤省事在线调解仲裁服务，成立全国首个省级区域性劳动人事争议调解中心，委托社会力量推进在线调解业务集中运营。

速调快裁，推进治欠保支落实落地。建立农民工工资争议案件速调快裁机制，确保农民工工资争议案件按期审结。全年仲裁审结相关案件2.42万件，为4.65万农民工追回工资8.40亿元。

对接港澳，推进湾区调解仲裁交流。开展聘任港澳籍仲裁员试点，挂牌成立粤港澳大湾区劳动争议联合调解中心暨珠海（横琴）速调快裁服务站，面向在粤的港澳用人单位和劳动者提供办事指引、法律咨询和纠纷调解服务。

（三）全力推进劳资纠纷专项治理工作。

全年查处劳动保障违法案件和处置30人以上劳资纠纷群体性事件同比分别下降10.89%和下降49.3%。

对标"根治欠薪"要求扎实推进欠薪治理。全年共为12.64万名劳动者追回工资等待遇11.93亿元。依托省解决企业拖欠工资问题联席会议，对各市政府开展保障农民工工资支付工作考核，强化治理欠薪制度、措施和责任落实。全省在建工程项目三项制度覆盖率分别达到94.97%、90.39%、89.51%。制订行动计划，加大重大欠薪违法行为打击曝光力度，完善劳动保障监察行政执法和刑事司法衔接机制，严厉打击恶意欠薪。

提升劳动保障监察执法维权维稳效能。各级劳动保障监察机构巡察企业19.04万户，排查劳资纠纷舆情信息430多条，加大重大案件督办力度，协调处理跨地区监察协查案件和网络舆情反映案件，联合省市场监督管理局组织开展清理整顿人力资源市场秩序专项行动。进一步完善用人单位基本信息库，实施企业劳动保障守法诚信等级评价。畅通劳动者多元维权渠道，确保投诉"有门"。

推进劳资纠纷治理由集中式、运动式整治向常态化、制度化、法治化治理转变。修订工程建设领域工资专户管理办法，出台工资保证金管理办法和工程建设领域用工实名制管理办法。制定《广东省保障农民工工资支付工作责任追究暂行办法》，完成《广东省劳动保障监察条例》修订。

（四）着力化解信访矛盾。

落实厅领导接访、包案制度，先后推动解决一批"骨头案"，有效化解信访突出问题。全面开展信访矛盾化解攻坚专项行动，372宗交办案件按时保质办结，全部事了息访无反弹。全省各级人社部门接待处理群众信访204 925批次285 426人次；省本级接待处理群众信访2 044批次6 647人次，全省信访形势总体平稳。

八、行风建设

一是全面梳理人社政务服务事项。编制《全省人力资源社会保障系统行政审批和公共服务事项清单》，涵盖人社政务服务事项54个主项，209个一级子项，73个二级子项，并按照一事项一指南的要求向社会公布。

二是大力推动人社信息化建设。省集中式人社一体化项目建设完成量达90%，推进网上服务大厅与实体政务大厅融合，线上线下功能互补。粤省事人社服务专区上线203项人社服务事项，137项实现"零跑腿"。增强广东人社数字融媒体系统功能，将"省—市—县—镇—村"五级矩阵宣传平台254个政务自媒体纳入系统管理，并通过融合中央、省、市"报、网、端、微、屏"各级各类媒体资源，构建广东人社全媒体宣传平台。

三是推进政务服务事项标准化建设。制定实施方案，完善通用目录，确定依申请办理行政权力事项和公共服务事项清单，规范办理程序、材料和时限等，实现全省人社政务服务事项名称（主项）、子项拆分、基本编码、事项类型、设定依据办理材料、业务表单、办理时间等要素相对统一，69.8%实现网上申办。

四是加快推动流程优化再造。压减办事环节88个，精简证明材料147份，办理时限总量减少50%以上，"最多跑一次"服务事项达100%。

五是推进群众监督常态化。在12333咨询服务热线增设行风问题投诉举报选项，处理行风问题投诉举报86宗，做到有诉必应、有举必查、查必有果、纠必到位。

六是加强窗口单位建设。从完善各项制

度、标准化建设、发挥典型示范、落实经费保障等方面提出系列针对性举措。开展全省人社系统窗口单位业务技能练兵比武活动，有力提升服务能力和效率。全面推动统一的实体政务服务大厅建设，推行"一窗通办"。

七是狠抓群众办事堵点痛点难点问题解决。收集梳理群众普遍反映的问题，深入分析原因，研究具体措施，逐项加以整改。10月底，全面解决省政府推进"百项梳堵行动"中涉及人社业务的18项堵点。组织开展2次全省窗口单位明察暗访，发现295个问题，全部以清单的形式通知各市限期整改。

八是加快人社数据资源互联互通、整合共享。实现省集中系统与国家、省级公共服务平台对接，向省政务信息资源共享平台"上挂"75项信息资源类，共享数据5.4亿条，签发电子证照40种共1亿多张。与民政、扶贫、残联、教育、法院、工商、税务等部门实现数据共享，并获取48个数据接口。

广东省人力资源和社会保障厅

广 州 市

2019年，广州市人力资源社会保障系统坚持以习近平新时代中国特色社会主义思想为指导，全面贯彻落实党的十九大和十九届二中、三中、四中全会精神，深入贯彻习近平总书记对广东重要讲话和重要指示批示精神，在广州市委、市人民政府坚强领导下，在人力资源社会保障部、广东省人力资源社会保障厅的正确指导下，以新担当新作为奋力开创人社工作新局面，为广州实现老城市新活力、"四个出新出彩"做出了应有贡献。

一、劳动就业

（一）就业。

坚持就业优先战略，扎实做好稳就业工作，就业形势持续保持稳定，提前超额完成各项就业工作目标任务。全年城镇新增就业33.73万人，失业人员实现再就业17.72万人，帮扶9.07万名就业困难人员就业，城镇登记失业率为2.15%，控制在3.5%的目标以内。广州生源应届毕业生就业率94.1%。全市共促进创业4.23万人，带动就业14.59万人。实施积极就业政策，出台就业补助资金使用管理办法和促进就业政策项目办理程序，就业创业资金使用管理制度更加完善，全年安排就业补助资金19.06亿元（含从失业保险基金列支部分）。促进穗港澳就业融合，举行粤港澳青年职业训练营，帮助港澳青年提高岗位适应能力和适应内地就业环境，重点打造暨南大学港澳青年创新创业基地。出台《广州市实施"南粤家政"羊城行动工作方案》，启动"南粤家政"羊城行动。做好重点企业帮扶，积极应对中美贸易摩擦影响，为重点企业制定"一企一策"帮扶方案。稳定重点群体就业，举办"零距离"就业招聘会397场、高校毕业生专场招聘服务活动83场，组织"春风行动"、民营企业招聘周等专题公共就业服务。开展与贵州毕节、黔南，西藏林芝、波密，四川甘孜，黑龙江齐齐哈尔和本省清远、梅州等地的对口就业帮扶工作。鼓励创业促就业，搭建多元化创业带动就业孵化平台，积极整合各类资源，为入驻企业提供创业指导、创业实训、办公场地、工商注册、专利申请、投融资等一体化服务。启动新一轮创业担保贷款业务，做好提取失业保险基金用于创业担保贷款担保基金和贴息资金工作。完善公共就业服务，利用"互联网+就业"提升就业服务质量，深化线上与线下服务一体化建设，构建以服务大厅、网上办事大厅、微信、自助服务终端、移动服务终端为一体的多元服务体系，提升政务服务便利化水平，推动实现就业创业补贴等业务网上办理。

（二）劳动关系。

加强劳动关系源头治理，健全劳动关系协调机制，规范劳动用工，深入推进和谐劳动关系创建活动，劳动关系整体和谐稳定。制定《广州市劳动关系集体协商争议调停暂行办法》，起草调停员从事调停工作的补贴标准，征求相关单位意见，进一步加强集体协商争议调停工作。深入开展和谐劳动关系创建活动，全市3家企业荣获"全国模范劳动关系和谐企业"称号。出台《关于进一步加强全市劳动人事争议调解仲裁完善多元处理机制的实施意见》，建立和完善劳动人事争议多元处理机制。全年共处理劳动人事争议调解仲裁案件75 717件，涉及131 439人，其中10人以上争议案件1 871件，涉及57 656人次，调解成功率70.39%、仲裁结案率91.64%、终局裁决率51.12%。积极做好国有企业工资决定机制改革和工资指导工作，联合市财政、国资部门，出台《关于做好国有企业工资决定机制改革有关工作的通知》，推进国有企业工资决定机制改革工作。发布《广州市2019年人力资源市场工资指导价位及2018年企业人工成本信息》，首次发布新业态技能等级人才工资指导价位。

（三）劳动保障监察。

切实抓好保障工资支付工作，在广东省2018年度保障农民工工资支付工作考核中被评为A级。筑牢预防治理欠薪坚强防线，重点对建筑业、劳动密集型制造业等农民工工资支付情况进行排查检查。严厉查处欠薪违法线索，严厉打击恶意欠薪，严格曝光欠薪违法典型。重新修订《广州市建设领域施工企业工人工资支付保证金管理办法》。截至年底，全市劳动保障监察机构主动检查用人单位6.33万家，为1.59万名劳动者追回工资1.58亿元。

（四）职业技能培训和竞赛。

全面实施劳动力技能晋升培训补贴制度，全市开展补贴性培训29.58万人次。在第45届世界技能大赛中，广州市12名选手参加了11个项目比赛，获得4金7优胜奖的历史佳绩（其中11名选手是技工院校学生，获3金7优胜奖），金牌数占全国的1/4、全省的1/2，奖牌总数占全国的22%、全省的55%。广州市政府会同广东省人力资源社会保障厅成功举办第二届粤港澳大湾区"粤菜师傅"技能大赛暨粤菜产业发展交流活动，组织12名粤菜师傅参赛，获4个第一名、5个第二名、3个第三名、2个第四名、2个第五名，5名选手被评为"广东省技术能手"，4个选手所在单位获"人才伯乐奖"，同时获"优秀组织奖"。

在2019年"一带一路"国际技能大赛中，广州市选手参加4个项目斩获3金1银，居全国榜首，在中国队10块金牌的总数中占了近1/3。举办广州市第六届产业人员职业技能竞赛，决出"羊城工匠杯"金银铜奖共48个，4个单位获"广州市技能人才培育优秀单位"。全年开展市级二类竞赛共9个项目7个工种。通过各类竞赛活动，带动岗位练兵达10万人次。

二、社会保障

（一）养老保险。

积极落实国家和省的各项养老保险改革制度，持续扩大养老保险覆盖面，严格执行企业职工养老保险中央调剂金制度和省级统筹制度，平稳实施机关事业单位养老保险制度改革，将农转居参保人员纳入城乡居民养老保险制度统一管理。做好全市企业和机关事业单位退休人员养老保险待遇的同步调整工作，调整后，企业退休人员人均基本养老金3 586元/月。城乡居民基础养老金标准进一步提高至221元/月，调整后，城乡居民人均基本养老金739元/月。截至12月，全市企业职工养老保险缴费人数599.87万人，离退休人数102.71万人；城乡居民养老保险参保人数140.09万人，其中领取待遇人数57.8万人。落实降费减负促发展政策，养老保险方面为企业降费减负15.64亿元。

（二）工伤保险。

提高工伤残疾退休人员的退休待遇，人均伤残津贴为5 107元/月，工亡一次性补助金标准78.502万元（不含供养亲属抚恤金）。实施阶段性下调工伤保险费率政策，完成"民生实事"关于工伤保险降费率要求。印发实施《关于调整广州市工伤保险费率及有关问题的通知》，自1月起，在现行工伤保险八类行业基准费率和浮动费率政策的基础上，现行缴费费率统一阶段性下调30%；自5月起，下调比例从30%统一调整为50%。全年工伤保险为企业减负11.1亿元。落实工伤保险基金省级统筹和公务员参加工伤保险工作，印发

《广州市公务员和参照公务员法管理单位工作人员纳入工伤保险制度统筹管理实施办法》，自6月1日起将全市公务员纳入工伤保险制度范围予以保障。积极推进落实建筑业参加工伤保险"同舟计划"工作，推进工伤预防专项试点，积极开展工伤保险集中宣传活动。截至12月，全市工伤保险参保人数732.26万人。

（三）失业保险。

继续执行失业保险降费率和浮动费率政策。市人力资源社会保障局、市财政局、市税务局印发《关于转发阶段性调整我省失业保险浮动费率实施办法的通知》，从10月起，实施新的用人单位失业保险浮动费率，整体下调用人单位的费率，全年为企业减负41.06亿元。启动实施失业保险技能提升补贴申领工作，按规定放宽技能提升补贴申领条件。启动了上年度企业稳岗补贴和受影响企业失业保险费返还的审核和发放等经办工作。申请稳岗补贴企业28 840家，审核通过9 465家，已发放到位8 271家，发放金额共14 351.90万元，涉及职工643 477人；受影响企业申请受理6 610家，审核认定5 834家，申请失业保险费返还企业2 567家，审核通过103家，已返还到位90家，返还金额共10 811.56万元，涉及9 571人。截至年底，全市失业保险参保缴费人数644.20万人。

（四）退休人员社会化管理。

截至12月底，全市共有93.38万企业退休人员纳入社区管理，社区管理率97.22%。协助异地退休人员办理待遇资格认证4.36万人，为74.09万名退休人员办理待遇资格认证，认证率99.9%。发放中华人民共和国成立前参加工作退休老工人的困难生活补贴229.15万元，发放社会化管理退休人员春节、中秋节节日慰问金5 566万元。上门探访慰问孤寡、特困、重病等十类退休人员11.9万人次，发放慰问品和慰问金1 761.14万元。组织约5 000名退休人员进行健康体检。为69名获奖者颁发庆祝中华人民共和国成立70周年纪念章，开展以"歌唱祖国，夕阳争辉"为主题的文艺汇演、摄影大赛、登山、游园、一日游等文体活动，首次开展"自管互助服务之星"评选表彰活动。

三、人事人才

深入学习贯彻习近平总书记"人才是第一资源"重要论述精神，加快建设人才高地，全力推动人才发展体制机制改革，优化人才发展环境，集聚创新创业人才。出台实施"广聚英才计划"和境外人才个人所得税优惠政策财政补贴措施，优化提升产业领军人才"1+4"政策，评选支持创新领军人才20人、产业发展和创新人才2 977人；深入实施高层次人才认定、服务保障、培养资助方案，通过认定高层次人才898人（其中杰出专家99人、优秀专家372人、青年后备人才427人）；实施"岭南英杰工程"首期选拔工作，共选拔两个梯队104名后备人才，累计发放人才绿卡6 333张。截至年底，在穗院士98人（含柔性引进），其中全职工作院士38人，市属"百千万人才工程"国家级人选11人，享受国务院政府特殊津贴人员413人。

（一）引进人才入户。

市属单位全年共引进在职人才67 679人，比上年增长34.1%。出台实施《广州市引进人才入户管理办法实施细则》，将市直机关事业单位及市属国有企业以外其他用人单位引进人才审核事权全部下放各区。贯彻落实审批服务便民化，对于引进人才申报方式进行重大改革，符合条件的引进人才可以通过公共就业和人才服务机构申报，也可以通过用人单位及主管部门申报，还可以选择个人直接申报入户。在市直单位试点"移动端申报+全流程网办"，实现在职人才引进入户的"零预约、不见面、高效率"的新模式。

（二）随军家属就业安置。

积极拓宽随军家属就业安置渠道，丰富就业扶助手段。通过召开见面会，广泛动员各区和市直单位、国有企业及大型民营企业共157家用人单位参加，提供1 288个就业岗位，通过双选会达成就业意向166人（其中机关事业单位在编人员107人），另有100人选择自谋职业，结合随军家属个人专业、从业经历和部队驻地等情况，指导性安置有就业意愿的94人。全年实际安置随军家属360人。

（三）事业单位人事管理。

认真贯彻国家、省关于深化事业单位人事制度改革的决策部署，统筹推进全市事业单位人事制度改革向纵深发展。配合市委编办制定《广州市深化市级事业单位改革工作方案》，着力推进事业单位改革。配合市教育部门推进教师"区管校聘"改革，指导中小学和幼儿园贯彻落实《支持广州市中小学和幼儿园教师"区管校聘"人事制度改革的意见》。配合印发《广州市职业院校引进高层次人才办法》和《关于印发〈广州市教师招聘综合素质评估工作指引（试行）〉的通知》以及市委、市政府关于全面深化新时代教师队伍建设改革的有关文件，开展教师招聘制度改革工作。配合市卫健部门深化卫生医疗体制改革，做好深化医药卫生体制改革及公立医院综合改革中人事管理制度改革相关工作。聚焦高水平大学建设目标，深化广州大学和广州医科大学人事制度改革，进一步落实"五个自主"，加强对两所高校人事制度改革事中事后的监管和服务。贯彻落实国家、省、市关于加快发展现代技工（职业）教育有关精神，联合市教育局以及13所市属高职中职院校与华南师范大学、西南大学、广州大学签订战略合作协议，开展定向培养技工（职业）教育硕士试点工作。

（四）专业技术人才管理。

优化人才管理服务政策体系，出台《广州市贯彻落实〈关于加快新时代博士和博士后人才创新发展的若干意见〉的实施意见》，制定《广州市博士后管理服务工作实施办法》等政策措施。搭建人才培养平台，广州大学教育学学科获批设立国家博士后科研流动站。截至12月，全市共设有工作（流动）站、分站100个（流动站5个、工作站77个、工作站分站18个），博士后创新实践基地98个。采取省、市、区三方共建的形式，推动组建粤港澳大湾区博士后科技创新（南沙）公共研究中心。推荐博士后青年人才申报省各类培养项目，2名博士后入选省青年优秀科研人才国际培养计划博士后项目；28人入选省博士后人才引进计划。组织实施市博士后国际培养计划，资助25名博士后出国（境）深造。截至12月底，在站博士后研究人员717人，新进站博士后人数同比增长23%。修订《广州市"菁英计划"留学项目实施办法》，组织实施年度"菁英计划"，全年入选47人。

优化职称制度，出台实施《广州市深化职称制度改革实施方案》，推进职称"放管服"改革，选取广州建筑集团、广州地铁集团、广州港集团开展企业主体人才系列副高级以下职称自主评审试点，向南沙区下放工程系列建筑、交通专业副高级及以下职称评审权。落实科技型企业家申报职称评价试点工作，全市14名科技型企业家通过高级职称评审。全面梳理全市评委会，截至年底，全市高、中级评委会共有110个（含自主评审），其中高评委52个，中评委58个。

（五）高校毕业生接收和就业管理。

2019届广州生源高校毕业生53 658人，就业率94.1%，与上年同期基本持平，就业困难家庭高校毕业生10人，11月底前100%实现就业，全市高校毕业生就业形势保持稳定。全市共建立29家市级大学生创业（孵化）基地。多渠道促进高校毕业生实现就业，举办"阳光就业"校园供需见面会和网络匹配会41场，参会单位10 501家次，累计提供就业岗位28.9万个，用人单位收取简历数超过23万份，约6万名高校毕业生达成就业意向，其中线上发布国有企业公开招聘信息超过1.2万条。在30所高校举办"阳光就业·事业扬帆"就业创业指导进校园讲座活动82场，服务学生近9 500人次。加大招才引智工作力度，组织本市重点企事业单位于春、秋两季赴北京、上海、武汉、哈尔滨等11个城市近30所重点高校开展省外招聘活动，举办综合性供需见面会42场，参会用人单位累计1 038家次。开展"汇聚英才"重点高校学生来穗实习活动，成功组织来自36所全国重点高校的261名学生来穗在51家企事业单位进行暑期实习活动。全面实施"大学生创业引领计划"，组织第八届"赢在广州"暨粤港澳大湾区大学生创业大赛，全省103所高校积极举办校内选拔赛，海选项目多达1.57万个，数量再创新高；首次设立港澳赛区，来自香港大学、澳门大学等9所港澳高校的24个大学生创业项目报名参赛，促进粤港澳大湾区创业青年深入交流，大赛最终选拔出46个获奖创业项目。拓宽公共服务新路径，落成并正常运作华南农业大学、广东工业大学两所高校创业就业e站，为高校学生提供就业岗位推荐、就业帮扶、创业指导、职业培训等全方位"一条龙"服务。

（六）技工教育。

全市27所技工院校（其中技师学院7所、高级技校3所）全日制在校生10.63万人，全年招生33 683人，毕业2.84万人，毕业生平均就业率95.49%，其中7所技师学院就业率99.48%，全年社会职业培训12.6万人次。新增省市重点和特色建设专业92个，省高水平技师学院建设单位3所。市公用事业技师学院、广州港技工学校获得市政府颁发的"教育工作先进集体"；市轻工技师学院通过"市长质量奖"评审，成为首家荣获政府质量奖的技工院校；市公用事业技师学院获评"传统武术培训基地"，市蓝天技工学校通过高级技工学校评估。

深化与港澳技能人才合作交流机制。全面落实与香港机电工程署签订的技能人才发展合作备忘录，双方在共建世界技能大赛和技能人才培训基地、缔结姊妹学校、强化技能人才培训等领域开展全面合作。开展世界技能大赛项目选手培养与集训、见习技术员技能培训，累计为港澳培训371人；与港方共建"穗港世赛电气安装项目在穗联合集训基地""香港机电行业在穗人才培训基地"等6个培训基地；市机电技师学院、市公用事业技师学院与香港中华电力有限公司下属的中电学院缔结为"姊妹校"，市工贸技师学院与澳门工联职业技术中学就缔结"姊妹校"达成初步共识。

四、人社扶贫

市人力资源社会保障局扎实推进对口帮扶贵州毕节、黔南工作，实现人社领域多方面深入合作。全年共组织589家次企业赴毕节、黔南对口地区开展招聘活动48场次，向毕节、黔南及辖下各县推送岗位5.6万个；实现珠三角岗位信息与毕节"就业云"的实时互通，每天同步发布就业岗位超10万个。建成南方人才毕节分市场，举办就业培训173场，培训人数9 443人，促进毕节、黔南建档立卡贫困劳动力9 192名转移广东就业。制定转移就业工作方案及"党建促就业 温暖务工路"东西部扶贫协作工作方案，全年与两地人社部门互访9次，签订《2019年对口帮扶合作协议》，落实年中转移就业工作通报及年底周报制度，掌握工作进度。印发《毕节市、黔南州建档立卡贫困劳动力转移广东（广州）就业数据管理工作方案》，完成260万两地贫困劳动力在广东省就业情况的核实工作。出台《广州市做好对口帮扶贵州省毕节市、黔南州建档立卡贫困劳动力转移就业稳岗工作的实施意见》，全年为822名转移广州就业的两地贫困劳动力发放补贴488.09万元。捐赠20万元建设资金及价值30万元的招聘会O2O系统软件共建南方人才市场毕节分市场，成为贵州首家配备O2O智能招聘系统的公益市场。与毕节市人力资源社会保障局合作开展首期"粤菜师傅"培训班，培训纳雍县30名贫困劳动力；联合广州彩道公司开展"致富带头人"培训项目，扶持2名学员在荔波设立就业扶贫车间，吸纳当地92人就业，项目成果获新华社报道。发动广州市技工院校与毕节、黔南合作，其中市工贸技师学院与贵州省电子信息技师学院组建"工贸·TCL校企双制黔南脱贫班"、市技师学院延续与黔南民族医学高等专科学校的合作办学,全市共招收贵州籍学生526名;加大对"黄埔·三都民族技工班"的政策支持,在三都县成立黄埔·三都民族技工班电商创业实践基地,这一项目入选人社扶贫典型事例。开展智力帮扶,组织来自农业生产、医疗卫生、职业教育等专业领域的18名专家赴毕节开展智力帮扶活动,通过座谈交流、现场指导、专题讲座开展人才平台建设合作、专家智力帮扶等工作,促成帮扶专家与毕节建立长效的指导合作机制。

五、行风建设

市人力资源社会保障局把行风建设作为"一号工程"抓紧抓实,以加强行风建设为抓手推动人社事业上水平走前列。召开全市人社系统行风建设工作会议,系统深入学习贯彻国家、广东省、广州市对行风建设的部署要求,分析形势、布置任务。持续紧抓窗口明察暗访工作,在节假日前后对窗口单位开展明察暗访,委托第三方机构对全市人社系统市、区、街镇三级服务大厅进行抽查暗访,对抽查对象考评打分,通报存在问题,有效提升全市人社系统窗口服务水平。广泛开展窗口业务技能练兵比武活动,开展业务技能知识学习及全员过关考试,全市练兵比武决赛在新华社等多个网络平台实时直播,营造了"比学赶超"的良好学习氛围。7月,组队参加广东省练兵比武决赛,广州市代表队荣获"团体优秀奖""优秀组织奖",1名队员被抽选进省代表队参加全国赛。积极开展优质服务窗口和优质服务先进个人申报,海珠区仲裁院获评"全国人力资源社会保障系统2017—2019年度优质服务窗口"。

广州市人力资源和社会保障局

深圳市

2019年，深圳市人力资源社会保障系统以习近平新时代中国特色社会主义思想为指导，在上级人力资源社会保障部门的大力指导和支持下，全面贯彻落实市委、市政府决策部署，牢固树立以人民为中心的发展思想，化挑战为机遇，变压力为动力，以党建为引领，以粤港澳大湾区建设为纲，以深圳先行示范区建设为各项工作的总牵引、总要求，着力"稳就业防风险、聚人才促创新、优服务惠民生"，各项工作取得新进展。

一、坚持政治统领夯实基层基础，党建引领作用全面发挥

落实新时代党的建设总要求，突出政治标准，把严和实的要求落实到党的建设各方面，为推进人社事业高质量发展提供坚强保证。

（一）全面加强新时代党的建设。

严明政治纪律和政治规矩，扎实推进"大学习、深调研、真落实"，营造风清气正的良好政治生态。全面落实基层党组织党建标准化规范化建设，开展党支部书记集体谈话、年度基层党建工作述职评议。召开党风廉政建设工作会议，分层级签订党风廉政建设责任书，压紧压实管党治党主体责任。

（二）主题教育成果丰富。

围绕"不忘初心、牢记使命"主题教育，深入各区、街道政务服务大厅及重点企事业单位开展调研，11项集中治理任务、8个立行立改事项完成整改，14项专项整治任务取得明显成效。

二、坚持简政放权创新服务模式，服务型人社创建亮点纷呈

188个依申请事项，除1个广东省省垂系统事项和1个市外协助事项外，全部实现全流程网上办理。其中，128个事项实现"不见面审批"，72个事项实现"马上办"，28个事项实现"秒批（办）"。

（一）智慧人社服务体系建设走在全国前列。

转变审批服务理念，广泛运用互联网、大数据等信息技术，在全国率先开展人才引进业务"秒批"改革，同时全面取消人才引进代理中间环节和收费，荣获2019年度全国第二届党建创新成果服务创效组十佳案例。通过刷脸认证、信息共享核查等举措，进一步在社保征收、社保待遇领取等事项实现"秒批"，形成以"秒批"为代表的人社政务服务"深圳模式"，引领深圳市政务服务"秒批"改革。

（二）人社政务服务水平全面提升。

实行"网上办、移动办"，大力推进"一网、一次"建设，通过微信平台和"i深圳""粤省事"等渠道，借助邮政、银行等服务网点，开设人社服务专区，让市民轻松方便完成人社业务办理。利用信息化手段，精准推送稳岗补贴政策，累计向近32万家企业发放13亿元，约占全国发放企业数的30%，快速落实国务院稳就业部署。实行"就近办、便捷办"，以"一门、一窗"为目标，在全面实现社保业务"同城通办""综合柜员制"基础上，深入推进社保业务进驻区、街道政务服务

大厅，全市近200个网点开通24小时"不打烊"服务，98%以上业务量实现线上办理，社保业务经办"超市化"服务体系逐步成型。

（三）放管服改革向纵深推进。

坚持能简则简，将人力资源服务机构、职业培训机构等设立许可改为备案登记，仅保留行政审批事项1项。坚持应转尽转，在率先实现社会化职称评审基础上，积极向光启、华大基因、北科生物等企业下放职称评审权。坚持应放尽放，累计将毕业生接收、留学人员引进等近40项审批服务事项下放各区，方便企业群众就近办事。坚持能省则省，在全国率先开展证明事项告知承诺制试点，16个事项实现"容缺收件"，5个事项实现"容缺受理"，11个事项实现"无感申办"，切实为群众办事减负。

三、坚持就业为本强化落实举措，更充分更高质量就业形势稳中有进

全年全市城镇新增就业人数16万人，就业人口规模1 166.6万人，同比增长3.5%；城镇登记失业率2.18%，"零就业家庭"动态归零。

（一）稳就业政策协同发力。

抓好《深圳市进一步促进就业若干措施》贯彻落实，推动就业政策与财政、税收、产业等经济社会政策综合联动，有效应对中美贸易摩擦。全年全市社保费减负134.67亿元，返还受影响企业失业保险费1.39亿元，发放职业技能培训补贴1.26亿元，实现稳企稳岗稳预期。

（二）创新创业有力带动就业。

创业担保贷款"扩面提效"，提取失业保险基金16.47亿元用于创业担保贷款，为更加普惠、更加有力的创业担保贷款政策提供资金保障，当年发放贷款2.76亿元，同比增长594%。举办"2019深圳'逐梦杯'大学生创新创业大赛"，对30个优秀项目资助360万元。制定深圳市建设工作方案，加快港澳青年创新创业基地建设。

（三）促进重点群体高质量就业。

深入实施高校毕业生促进就业计划，落实青年群体就业见习计划，举办高校毕业生就业双选会等专场活动，促进高校毕业生多渠道就业。开展就业援助月、职业指导下基层和"南粤春暖""春风行动"及促进春运期间异地务工人员有序流动等活动，落实就业困难实名制台账管理，加强困难人员和异地务工人员公共就业服务。

（四）技能提升工作打开新局面。

印发《深圳市职业技能提升行动实施方案（2019—2021年）》，开展各类补贴性培训26.5万人次，完成广东省下达任务的2.2倍。新建15家粤菜师傅培训基地和大师工作室，培养粤菜师傅6 875人。开展家政从业人员培训4.9万人次，超额完成年度计划。

四、坚持普惠共享完善社保体系，民生福祉持续改善

截至年底，全市社保（不含医疗、生育保险）总参保3 567.5万人次，同比增长4.1%；社保基金当年结余734.97亿元，累计结余5 974.89亿元，其中企业养老保险基金结余5 391.77亿元。

（一）社会保障体系不断完善。

全市60周岁以上困难群体实现基本养老保险待遇"应发尽发"。推进工程建设领域按项目参加工伤保险，妥善解决公务员工伤保障问题。落实机构改革部署，稳妥有序划转社保费征缴职责，经办业务平稳衔接。顺畅粤港澳大湾区社保衔接，做好港澳台人员、海外高层次人才在深圳参保工作。建立社保内控信息系统，内控工作理念被作为先进典型在全国予以推广。

（二）养老保险制度改革稳步推进。

启动《深圳经济特区社会养老保险条例》修订程序。完成企业退休人员2019年基本养老金调整，调待后人均基本养老金3 881元/月。推进机关事业单位养老保险制度改革，开展机关事业单位养老保险清算和职业年金实

账积累，向广东省归集职业年金136.72亿元。

（三）积极落实中央调剂和省级统筹。

向广东省预上解企业养老保险基金（含中央调剂金）312.65亿元，为养老保险基金中央调剂制度做出深圳贡献。平稳实施工伤保险基金省级统筹，向广东省上解工伤保险基金12.1亿元。

五、坚持人才优先完善政策环境，人才吸引力显著增强

全年接收应届毕业生10.1万人，引进市外在职人才16.4万人，引进海外留学人员2.3万人。

（一）人才政策体系更加完备。

出台杰出人才选拔培养实施办法等政策，会同有关部门研究制定粤港澳大湾区境外高端紧缺人才个税优惠等措施。继续实施产业发展与创新人才奖，进一步加大对实体经济和创新型人才的支持力度。

（二）引才引智提速提效。

依托中国深圳创新创业大赛国际赛、海外高层次人才联络处等引智平台，促进引人才与引项目结合，中国深圳创新创业大赛第三届国际赛吸引了来自88个国家（地区）的1 850个项目参加。全面推进人才一体化项目建设，为人才提供"精准化、主动式"服务。

（三）技能人才培养再上新台阶。

全市新获评8个国家级、省级高技能培训基地和技能大师工作室。新增"全国技术能手"20名、"广东省技术能手"36名，遴选资助"技能菁英"100名，评选"鹏城工匠"10名。全市10家企业成为广东省职业技能等级认定首批试点单位，占全省近一半，并颁发广东省首批企业职业技能等级证书。全面推行企业新型学徒制，培养规模为广东省第一。市人力资源社会保障局直属单位深圳技师学院的选手在第45届世界技能大赛中获得1银1优胜。

（四）人力资源服务管理水平持续提升。

深圳市"一园多区"国家级人力资源服务产业园共吸引80余家国（境）内外知名机构入驻，引进高端人才1.2万人。稳步推动粤港澳大湾区专业人士就业执业便利化，为拥有香港测量师、香港规划师协会会员资格的专业人士打通职称申报通道。

（五）事业单位人事薪酬制度改革深入推进。

推进人员总量管理改革，出台公立医院人事薪酬制度改革实施意见，赋予用人单位更多自主权。推动高校人事薪酬制度改革。圆满完成130项人事考试工作任务，报考57.1万人，报考人数创历史新高。

六、坚持底线思维完善治理方式，和谐劳动关系有效构建

全年参与处置30人以上劳资纠纷42件，同比下降41%；劳动人事争议仲裁机构受理案件49 096件，同比增长23%，办结案件48 950件，同比增长27%。全市劳动关系总体和谐稳定。

（一）劳动关系调处机制先行示范。

探索形成构建和谐劳动关系的"深圳样本"，"坪山经验"被选入全国干部学习培训教材，"盐田经验"被中央组织部选入"贯彻落实习近平新时代中国特色社会主义思想，在改革发展稳定中攻坚克难"生动案例。

（二）工资支付保障制度全面落实。

"欠薪保障基金、应急周转金、工资保证金'三金'兜底工资支付保障体系"获得国家保障农民工工资支付工作核查组高度肯定，保障农民工工资支付工作在国家考核、广东省考核中均被评为A级。全年运用欠薪保障基金垫付3 837.5万元。工程建设领域实名制、分账制管理，工资保证金制度实现全覆盖。

（三）违法行为打击保持高压态势。

全市人力资源部门向公安机关移送涉嫌拒不支付劳动报酬犯罪案件67宗。落实公布违法信息、"黑名单"认定和推送等信用监管措施，让违法者"一处违法、处处受限"。

（四）仲裁办案机制改革成效显著。

开展"标准+仲裁"体系建设，积极推进简易速裁程序改革。在全国仲裁机构率先实现E键送达，提升仲裁智能化水平。

七、坚持加强人社系统行风建设，打造群众满意人社服务标杆

（一）深入推进行风建设三年行动。

以"正行风、树新风，打造群众满意的人社服务"为总体目标，持续深入推进人社系统行风建设三年行动，推出21项具体措施，狠抓窗口服务作风，取得扎实成效。深圳人才园服务大厅综合受理窗口被评为全国人社系统2017—2019年度优质服务窗口；市人力资源社会保障局在广东省人社系统行风建设练兵比武活动总决赛中取得第二名，在深圳市模范机关创建活动知识竞赛中获得三等奖。

（二）不断强化标准化和信息化建设。

出台市人力资源社会保障局《落实场景式服务及"一件事一次办"改革实施方案》《收集、化解政务服务中难点、堵点、痛点问题管理办法》《业务流程制定及办理进度告知规范》等制度，规范业务流程，健全监督机制。

（三）不断提升窗口管理服务水平。

推出预约优先办、午间服务、大企业直通车、绿色通道等举措，实行预约与现场取号相结合的不限号服务，实现白天服务"不打烊"。窗口人员走出柜台，加强业务导办、帮办、自助办，引导、帮助群众把事情"快办、办成、办好"。完善窗口服务监督机制，聘请第三方专业机构对窗口工作作风及服务质量进行暗访、监测，累计完成266人次"神秘顾客"调查，发现各类服务扣分问题249个。针对人社系统行风建设中出现的证明材料多、排队时间久、办结时限长、工作纪律差、设施不便民、热线不好打六个方面问题，提出整改措施，从严从实抓好整改。

八、坚持打赢扶贫攻坚战，人社扶贫各项工作成效突出

（一）持续加大就业扶贫工作力度。

研究制定并印发《关于进一步加大对口广西百色河池就业扶贫政策支持力度的通知》，加强与帮扶地区人社部门沟通对接，强化扶贫数据更新和使用，充分运用信息化技术手段提供全面、系统、及时的就业服务。扎实开展对口广西百色、河池劳务协作，新增就业贫困劳动力10 207人，超额完成任务。促进贫困劳动力在深稳定就业和融入发展，开展了"爱心福彩——广西春节返乡专列"活动，举办了2019年来深青工文体节"行走鹏城—感受深圳"惠民活动。深圳市龙华区"龙凤就业+"异地就业帮扶模式获得人力资源社会保障部肯定，在全国广泛宣传。深圳市龙岗区引入专业机构促进贫困劳动力在深实现更充分更高质量就业，获评深圳关爱行动"百佳市民满意项目"。

（二）不断丰富技能扶贫工作成效。

深圳技师学院在全国首创新型学徒制智力扶贫新模式，入选全国人社系统20个典型扶贫案例，为广东省唯一入选案例。新型学徒制通过"招生即招工，入校即入企，学生毕业即可入深户，提前就业，提前脱贫"的模式，致力于探索智力扶贫、技能扶贫的新路径。全市各技工院校累计招收对口帮扶贫困生1 559人，补贴1.4亿元。

（三）深化贫困人员社保帮扶举措。

积极贯彻国家城乡居保扶贫工作战略部署，落实国家及广东省系列城乡居保扶贫政策要求，在6月底完成了贫困人员待遇"应发尽发"工作，7月底提前完成了贫困人员"应保尽保"工作。

（四）强化智力支撑和人才服务。

鼓励专业技术人员通过挂职、兼职、在岗创业、离岗创业等方式返乡服务，加强智力支撑和人才服务，助力实施人才扶贫行动计划。重点推动与贵州省毕节市、黑龙江省哈尔滨市

的人才帮扶和人才合作，签订深化对口帮扶机制和合作交流模式的工作协议，在人力资源开发、人力资源产业园建设、技能大师工作室建设以及人才交流等方面加大帮扶及合作力度。

深圳市人力资源和社会保障局

广西壮族自治区

2019年，在人力资源社会保障部的精心指导和自治区党委、政府的坚强领导下，广西人力资源社会保障部门坚持解放思想，开拓创新，担当实干，突出抓好就业、社会保障、人才人事制度改革、劳动关系、人社扶贫、行风建设等重点工作，圆满完成全年各项目标任务，为促进广西经济社会发展、民生改善和维护社会稳定做出积极贡献。

一、就业局势保持总体稳定

全年累计实现城镇新增就业41.37万人，完成年度目标任务的137.90%；失业人员实现再就业10.92万人，完成年度目标任务的136.50%；就业困难人员实现就业4.88万人，完成年度目标任务的243.80%；农村劳动力转移就业新增78.55万人次，完成年度目标计划的151.64%；年末城镇登记失业率为2.60%。

（一）支持和帮助重点群体就业。

认真抓好高校毕业生就业创业工作，举办线上线下毕业生招聘活动465场，提供毕业生就业岗位超过60万个；组织830家就业见习基地吸纳4355名毕业生参加见习，见习期满留用率51.84%；对69821名广西离校未就业应届高校毕业生开展实名登记服务，年底实现就业、升学入伍等61760人，占96.8%。加大公益性岗位开发力度，统筹做好就业困难人员、退役军人等群体就业以及去产能职工安置工作，确保零就业家庭动态清零。实施农民工创业就业补贴政策，对农民工新创办实体及其带动就业进行奖补，提高农民工创业就业积极性。全年累计发放农民工创业就业奖补资金4630.29万元，支持创业并带动就业1.3万人。

（二）支持企业稳定岗位取得实效。

从5月起继续落实降低社保费率政策，全年养老、失业、工伤三项保险为企业减费总额达86.04亿元，其中企业缴纳养老保险费减负58.36亿元，缴纳失业保险费减负21.44亿元，缴费工伤保险费减负6.24亿元。全面落实援企稳岗政策，对不裁员、少裁员的参保企业加大失业保险稳岗返还力度，对吸纳就业困难人员的企业给予社保补贴。全年累计发放稳岗返还资金6.38亿元，惠及企业2.02万家，帮助企业稳定职工就业127.19万人。其中享受应急稳岗返还的企业691家，发放应急稳岗返还资金3.45亿元，稳定企业用工8.87万人。

（三）培育"双创"源头活水带动就业。

以创新创业基地为平台，加快创新创业融通发展。广西·中关村创业创新人才基地引进高层次人才20位，其中国家重大人才项目人选7位。推动9项重大技术创新成果在广西实现落地转化，其中医疗设备项目更是打破国际医疗巨头在中国30多年的垄断。连续举办海内外高端人才创新创业成果展，引进和落地一大批人才创业项目。广西人力资源社会保障厅联合广西总工会组织举办了首届广西农民工创业大赛，激发农民工创业激情。

二、社会保障网不断织密扎牢

（一）全民参保计划继续深入实施。

持续加大参保扩面工作力度，覆盖城乡居

民的社会保障体系不断健全，越来越多的人纳入保障范围，改革发展成果更多更公平惠及广大人民。全区参加基本养老保险人数达到2 853.20万人，其中参加城镇职工基本养老保险869.52万人，同比增长5.29%；参加城乡居民基本养老保险1 983.68万人，同比增长4.98%。参加失业保险362.96万人，同比增长12.19%。参加工伤保险442.23万人，同比增长7.18%。年底社会保障卡实际持卡4 690.12万人，新增656.56万人。

（二）深化社会保险制度改革。

将规范企业职工养老保险省级统筹制度列为深化养老保险制度改革的重点工作，《广西壮族自治区人民政府关于规范企业职工基本养老保险自治区级统筹制度的通知》《广西壮族自治区企业职工养老保险基金自治区级统收统支工作实施方案》等文件，对企业职工基本养老保险改革在统一政策、统一基金收支管理、统一基金预算管理、统一责任分担机制、统一集中信息系统、统一经办管理服务、统一激励约束机制七个方面作出明确规定，取得突破性进展。自治区人力资源社会保障厅印发《关于做好小微民营企业参加工伤保险有关问题的通知》，允许小微民营企业优先参加工伤保险，先行缴纳工伤保险费用，切实保障小微民营企业职工工伤保险权益。

（三）不断增强社保基金保障能力。

基金规模不断扩大，截至年底，养老、失业、工伤三项保险基金累计结余1 117.06亿元。落实基金缺口各级政府责任分担机制，对支撑能力较弱的地区给予调剂补助，进一步均衡地区间基金负担，确保基本养老金按时足额发放。积极推进社会保险基金保值增值，通过归集上解社保基金委托全国社保基金理事会投资运营，委托投资收益稳步增加。积极推进职业年金基金委托投资运营，按照"宽进竞争，后位淘汰"理念，确定长江养老保险股份有限公司等11家机构作为广西职业年金计划受托人，首创职业年金基金差异化分配办法，12月9日首笔职业年金基金进入投资市场运营。

同时，运用大数据核查、处置违规领取待遇问题，严防社会保险基金"跑、冒、滴、漏"风险。

（四）社保待遇进一步提高。

连续4年同步调整增加企业和机关事业单位退休人员基本养老金，企业和机关事业单位统一实行"定额调整、挂钩调整与适当倾斜相结合"的调整办法。全年共为258.13万名退休人员调整基本养老金，月人均增资149.54元。连续5年统一调整提高全区工伤保险待遇标准，其中2019年伤残津贴、供养亲属抚恤金和工伤保险基金补差待遇月标准分别增加230元、55元和80元，生活完全、大部分和部分不能自理的生活护理费月标准分别提高到2 942元、2 354元和1 765元。

（五）加强社会保险基金监管。

实行一把手负责制，首次将社会保险基金安全管理纳入对市、县两级党政主要领导绩效考评范围，压实社会保险基金管理风险防控责任。开展社会保险基金管理风险专项检查，自查率100%；抽查自治区本级6个单位、9个市和42个县（市、区），抽查同级、下级经办机构覆盖率分别为40%、36.8%，发出执法建议书42份。加大违法行为查处力度，追回基金损失453.28万元。加大基金监管人员培训力度，全年培训基金监管人员468人次，95名新入职人员获取执法资格。

三、人才人事制度改革深入推进

（一）推进人才评价制度改革。

坚持放权、松绑、搞活和服务原则，通过下放评审权限、完善评审条件、推行网络化申报、精简申报材料等措施，不断深化职称制度改革。破除机制障碍，从3月15日开始，实行部分职业领域建立职称资格对应关系办法，使相同领域具有同等专业水平专业技术人员得到认同，促进职业领域专业技术人才队伍的发展。从6月起，启动企业职业技能等级认定试点工作，广西柳州钢铁集团有限公司成为全国首批发放职业技能等级证书的地方试点企业。

实施基层职称评审倾斜政策，适当降低评审条件，有效提升基层专业技术人员晋升空间。全年乡村教师申报副高职称人数达到3.2万人，部分地区出现教师向乡镇流动趋势。专业技术人才不断增加，新增8.4万人取得专业技术人员资格证书，新增3.1万人取得高级职称证书。

（二）推进职业技能培训。

出台《广西职业技能提升行动实施方案（2019—2021年）》，组织实施"千村万企"职业培训大行动和"技能脱贫千校行动"等各类培训，得到人力资源社会保障部肯定，并向全国转发。创新实施"双千结对"岗位技能培训，提升企业职工岗位技能，促进企业稳岗扩岗。全年组织开展各类职业技能培训59.82万人。实施高技能人才振兴计划，加强人才培养平台建设。同步推进37个公共实训基地建设，累计建立高技能人才培训基地57个（当年新增9个），技能大师工作室85个（当年新增15个）。新增高技能人才1.55万人，完成计划的140.47%，其中技师和高级技师0.28万人，完成计划的232.67%。开展"全域竞技"比赛，2人获得"中华技能大奖"，104人获得"全国技术能手"，近1500人获得"广西技术能手"。在"2019年中国技能大赛——第三届全国智能制造应用技术技能大赛决赛"中，由广西机电职业技术学院3位选手组成的参赛队以第一名的好成绩荣获"精密模具智能制造单元综合应用"赛项学生组一等奖，这是广西技能选手在国家级一类职业技能竞赛中首次夺冠。

（三）加强高层次创新型专业技术人才队伍建设。

大力推进人才小高地、特聘专家、十百千人才工程、博士后科研流动站和工作站、博士后创新实践基地、专家服务基地等人才平台建设，新增国家博士后科研流动站4家、自治区博士后创新实践基地12家。广西留创企业首次获得国家留学人员回国创业启动支持计划重点项目资助50万元。全年新增25名自治区特聘专家、12家自治区人才小高地、31名十百千第二层次人选。实施专业技术人才知识更新工程，遴选新增3家自治区级继续教育基地，组织实施国家级和自治区级有关培训。

（四）深化事业单位人事制度改革。

改革创新事业单位专业技术二级岗位聘用工作，从2019年起，专业技术二级岗位实行自治区行业主管部门组织评议，高校自主评聘，促进高校人才培养。继续健全事业单位工作人员待遇激励保障制度体系，落实各项事业单位收入分配改革政策。印发《广西持续增加城镇居民收入工作方案》，提出23项措施提高城镇居民收入。出台相关政策文件，进一步保障义务教育教师工资待遇稳步提高。加大重点领域事业单位薪酬制度改革力度，分别出台推进高校科研院所、职业院校和公立医院薪酬制度改革的政策文件。完善乡镇机关事业单位工作人员乡镇工作补贴机制等。

（五）探索促进人才流动与引进新举措。

针对人才流动不够畅通的症结，研究有效措施，出台《关于充分发挥市场作用促进人才顺畅有序流动的实施意见》，创新做法在《人民日报》刊发宣传。首次发布《广西壮族自治区2019年度重点产业急需紧缺人才目录》，明确16个行业214个岗位为急需紧缺岗位，为引才用才提供有效指引。持续开展重点领域急需紧缺高层次人才区外招聘活动，组织甄选173家企事业单位参加招聘，提供7591个急需紧缺岗位，现场达成意向1817人次，创历年新高。

四、劳动关系总体保持和谐稳定

（一）根治欠薪工作有力维护社会和谐稳定。

全面推进"三个严禁"的落实，拖欠农民工工资案件数、涉及金额及人数同比分别下降76.90%、79.43%和81.87%，实现"三个大幅度下降"的工作目标。全年未发生因欠薪引发的重大群体性事件和极端事件。组织开展了根治欠薪夏季专项行动和冬季攻坚行动，夏季专项行动期间共为537名农民工补发工资待遇532.57万元，冬季攻坚行动期间共为758名农民工补发工资待遇639.70万元。

（二）劳动关系协调工作有效开展。

进一步推进劳动关系领域风险防控机制建设，以柳州市为试点，探索建立新机制新办法。全面推进劳动合同制度实施，推进和谐劳动关系创建活动，召开构建和谐劳动关系先进表彰会。发布2019年广西企业工资指导线。调研测算调整2020年广西最低工资标准。

（三）稳步提升劳动人事争议案件调解仲裁工作效能。

各级劳动人事争议仲裁机构集中力量抓好案件源头排查和管理，提高工作能力和水平，切实提高劳动人事争议调解成功率和仲裁结案率。2019年劳动人事争议调解成功率64.92%，仲裁结案率95.52%。

五、人社扶贫工作全力推进成效显著

（一）着力做好就业扶贫。

聚焦贫困地区和贫困群体，特别是极度深度贫困地区和贫困户，通过深化粤桂劳务协作、提高劳务输出组织化程度、加快贫困地区扶贫车间建设、加大公益性岗位安置、鼓励返乡创业带动等多种渠道和方式，吸纳和帮助贫困人员就业创业，实现就业脱贫。全年累计认定就业扶贫车间3233家，吸纳建档立卡贫困劳动力就业3.45万人，开发扶贫公益性岗位4.26万个吸纳贫困劳动力就业。自治区38个农民工创业园入驻企业946家，吸纳农民工就业2.70万人。2018年与2019年，农村贫困劳动力实现就业共计96.81万人，完成人力资源社会保障部下达的2018—2020年就业扶贫目标任务53万人的182.66%。

（二）着力做好技能扶贫。

大力推进贫困地区职业技能培训全覆盖，确保贫困家庭的劳动力至少掌握一门实用技能。全年共培训建档立卡贫困劳动力19.28万人次，其中人社部门培训9.40万人次。深入推进技能脱贫千校行动，扎实开展贫困家庭子女技工教育，继续实施"两后生"职业培训专项计划，贫困家庭子女在校学生2.41万人，招收"两后生"0.27万人。评审认定脱贫攻坚"重点技工院校"20所、"重点专业"40个。围绕地方特色和贫困人员职业技能培训需求，开发专项职业能力项目24项。

（三）着力做好社保扶贫。

大力推进贫困人员应保尽保，为符合条件的建档立卡贫困人口等缴费困难群体代缴全部或部分养老保险费，切实减轻贫困人口养老保险负担。符合参保条件的建档立卡贫困人口449.95万人，已全部参保缴费，其中为333.77万名缴费困难人员代缴养老保险费3.27亿元。60周岁以上符合领取待遇条件的建档立卡贫困人员96.67万人，全部按规定享受相应待遇，参保率和待遇发放率均为100%。

（四）着力做好人才人事扶贫。

面向基层及贫困地区实施人才人事倾斜政策，促进贫困地区人才招得进、留得住、用得上。放宽年龄、学历、专业、户籍等条件，支持艰苦边远地区事业单位公开招聘人才。对基层教育、卫生等专业技术人员实行分类评价、定向使用，拓宽专业技术晋升渠道。印发《广西人力资源服务机构助力脱贫攻坚行动实施方案》，出台13条政策措施，实施6大专项行动，发挥人力资源服务机构助力脱贫作用。引导各类人才服务贫困地区，"三支一扶"招募人员指标重点向扶贫类岗位、向贫困地区倾斜。全年共招募861人，其中扶贫类岗位722人，20个深度贫困县共257人。

六、行风建设工作高质量完成

（一）不断优化行政审批服务。

根据新修订的《劳动法》和人力资源社会保障部的要求取消2项行政许可事项，按照"六个一律"的要求梳理证明材料。编制并发布2019版自治区、市、县三级人社系统行政审批和公共服务事项清单与办事指南。自治区本级共清理证明材料86项，其中不需提交证明材料31项。不断优化办事流程，压减办事时限，加强信息共享，切实减少群众"来回跑"。

（二）不断增强人社服务效能。

实施村级就业社保服务平台提升行动，在上年实现14 268个行政村村级社保就业服务中心全覆盖的基础上，进一步提高服务能力水平，实现群众享受就业公共服务"不出村"的目标。持续推进"互联网+人社"信息化建设。构建纵向全贯通、横向全覆盖的人社公共服务"一张网"建设，为群众提供更加高效便捷的服务。开发建设统一的社会保险经办管理信息系统，年底广西15个统筹地区有12个上线运行该信息系统，实现业务财务、智能监管等功能一体化。在此基础上，建设广西统一的"数字人社"信息系统，创新"一门式"经办服务改革，推动人社业务一网通办、一事通办、异地通办。2019年，自治区厅本级窗口的政务服务事项网上办理率为96.76%。组织开展2次集中明察暗访，及时发现整改解决问题38个。着力推动养老保险政策待遇"看得懂、算得清"工作，为群众提供政策解读、信息查询、待遇测算等人性化、便捷化服务。

（三）不断提升经办队伍整体素质。

贯彻落实人力资源社会保障部窗口单位经办队伍建设文件要求，举办150人参加的窗口人员培训班。在全区范围组织开展区、市、县、乡、村五级人社窗口2万多名工作人员参加的技能练兵比武活动，培养了一大批业务骨干和行家里手，选拔出6名选手参加业务技能练兵比武全国赛，获得"优胜奖"。在人力资源社会保障部"全国人社服务标兵"宣讲活动的基础上，开展广西人社先进典型事迹巡回宣讲活动，组织先进典型人物到桂林、北海等5个市进行宣讲，本系统近1 000名干部职工现场观看，在全区人社系统营造了学先进、赶先进、当先进的浓厚氛围。组织系统干部职工、各行业职工、大中专院校学生等9.8万余人参与全国人社法治知识竞赛网络答题，获得"优秀组织奖"。

广西壮族自治区人力资源和社会保障厅

海 南 省

2019年，海南省人力资源社会保障系统深入学习贯彻习近平新时代中国特色社会主义思想，坚决落实省委、省政府决策部署，认真贯彻落实全国人力资源社会保障工作会议精神和人力资源社会保障工作要点，坚持稳中求进工作总基调，提高站位、强化责任、锐意进取、实干担当，各项年度目标任务稳步推进，推动人力资源社会保障事业取得新发展。一年来，全省就业形势保持总体稳定，社会保障制度改革取得新突破，技能人才发展打开新局面，根治欠薪取得扎实成效，劳动关系保持总体和谐稳定，人社扶贫各项政策措施落地见效，为海南全面深化改革开放和民生事业发展提供了有力支持和坚实保障。

一、聚焦重点群体，就业局势保持总体稳定

认真落实中央和省委、省政府决策部署，牢牢把握自贸区（港）建设和全省重点产业发展对就业工作提出的新要求，帮扶重点群体和鼓励企业吸纳就业双向发力，就业援助、资金补贴等多措并举，落实和完善了就业优先政策。全年全省城镇新增就业14.49万人，失业人员再就业3.42万人，就业困难人员实现就业1.28万人，农村劳动力转移就业13.41万人，农村贫困劳动力转移就业10 076人，均完成年度任务。

（一）积极完善就业创业政策体系。

先后印发《关于做好农民工等人员返乡创业有关工作的通知》《海南省就业见习管理暂行办法》《关于做好企业吸纳重点群体就业有关工作的通知》，起草《海南省创业担保贷款管理办法》，修订就业补助资金管理办法，不断完善扶持政策，进一步促进就业创业工作。

（二）做好农民工等重点群体就业帮扶工作。

组织"春风行动"、就业援助月等专项活动，促进农村劳动力特别是建档立卡贫困劳动力转移就业。推动就业扶贫信息统计系统上线使用，做好实名制登记，建立返乡就业创业农民工信息库和数据统计分析机制。推动落实"三年青年见习计划""就业启航计划"，开展就业见习宣传月、就业见习招聘周等活动，全省实现就业见习4 180人，为8 440名困难毕业生发放求职创业补贴1 266万元，指导全省实名登记离校未就业高校毕业生29 589名，强化困难毕业生就业援助，落实学费补偿、求职创业补贴等优惠政策。同时，组织企业赴全国各地高校开展系列招聘和"送岗位进校园""海创杯"海南创业大赛等活动。

（三）助力职业技能提升。

报请省政府办公厅印发《海南省职业技能提升行动实施方案（2019—2021年）》，面向企业职工等重点就业群体大规模开展职业技能培训，全年共完成补贴性培训12.07万人次。出台《海南省全面推行企业新型学徒制实施方案》《海南省企业职业技能等级认定实施办法（试行）》《海南省技工院校职业技能等级认定办法（试行）》《关于职业技能考核鉴定机构实行备案管理的通知》《海南省失业保险基金支持职业技能提升行动资金管理办法》等配套政策，调整设置25个专项职业能力考核项目,从失业保险基金中安排7.3亿元支持职业技能提升行动。印发《关于失业保险参保职工取得专业技术职业资格证书申领技术技能提升补贴有关问题的通知》,将企业参保职工申领技术技能补贴范围扩大到专业技术职业资格证书,全年全省共发放技术技能提升补贴2 235人次238.63万元,发放特种作业人员安全技能培训补贴919人次91.9万元。探索建立共享职业技能培训新模式,印发《海南省共享职业技能培训试点工作方案》。第45届世界技能大赛中国组委会通报表彰海南省人力资源社会保障厅为"做出突出贡献单位"。举办以"新时代、新技能、新梦想"为主题的2019年海南省职业技能大赛。开展技能大师工作室评选,以海南12个重点产业、民族传统技艺为重点,评选30个省级技能大师工作室,并给予相应建设经费。全年鉴定考核技能人才25 331人。组织开展2019年度海南省优秀高技能人才奖评选。

二、推进制度改革,不断提升社会保障水平

(一)全面实施全民参保计划。

印发《关于全面实施全民参保计划实施方案》《海南省2019年全民参保计划扩面专项行动实施方案》。组织开展扩面专项行动,完成部省全民参保库信息同步更新。全省城镇职工基本养老保险参保280.95万人,城乡居民基本养老保险参保304.97万人,城镇职工基本医疗保险参保236.11万人,城乡居民医疗保险参保684.54万人,工伤保险参保159.62万人,生育保险参保168.76万人,失业保险参保178.79万人。

(二)推进社保领域改革。

持续推进老农保人员制度衔接和机关事业单位养老保险制度改革工作。推进跨省异地就医住院医疗费用直接结算,异地定点医疗机构累计达到90家。制定《工伤预防费用使用管理办法》《工伤保险辅助器具配置目录和费用限额标准》《劳动能力鉴定医疗卫生专家管理办法(试行)》,不断完善工伤保险制度。加快推进"互联网+政务效能"与政务服务"一网通办",企业工商注册和社保登记等17项业务实现全流程网上办理,商事登记、人口户籍、工伤认定等信息实现数据共享。

(三)加大社保惠企惠民力度。

5月,印发《海南省降低社会保险费率综合方案》,全省城镇职工基本养老保险(包括企业和机关事业单位基本养老保险)单位缴费比例统一降为16%,继续阶段性降低失业保险、工伤保险费率,5—12月为企业和机关事业单位减轻基本养老保险缴费负担25.22亿元,全年为用人单位降低失业保险缴费成本3.8亿元、工伤保险缴费成本2.62亿元。省人力资源社会保障厅等七部门印发《关于转发人力资源和社会保障部等四部委〈关于失业保险支持企业稳定就业岗位的通知〉的通知》,全年全省发放稳岗返还420家企业5 351.72万元,其中困难企业7家3 675.73万元。制定当年基本养老金调整方案,企业和机关事业单位退休人员月人均养老金增加141元。

(四)加强社保基金收支运行管理。

出台《海南省社会保险基金和就业补助资金安全监管督办实施办法》。组织开展全省2016—2018年就业补助资金审计工作,对各市县人社局资金运行监管情况、资金收支计划及年度预算执行情况和资金支出落实情况等方面进行全面审计。全年全省城镇职工养老、医疗、工伤保险基金总收入425.16亿元,总支出349.45亿元,累计结余459.69亿元;城乡居民养老、医疗保险基金总收入57.87亿元、总支出33.87亿元,累计结余123.37亿元;失业保险基金总收入8.20亿元,总支出7.37亿元,累计结余30.12亿元。

三、积极引进人才,推动人力资源服务业发展

贯彻落实省委《百万人才进海南行动计

划（2018—2025年）》，先后开展硕博毕业生专场对接会、省外高校巡回招聘会等12场招才引智系列活动。首次举办外籍人才招聘活动。指导人才"一站式"服务，受理高层次人才认定6319人、流动人员专业技术资格确认277人、留学回国人员身份认定153人。出台国企、事业单位专业技术和管理人才在海南兼职兼薪暂行办法，明确合作共建、顾问指导、项目合作、服务外包、对口支援5种具体兼职方式，扩大兼职兼薪的外延，为人才在海南兼职兼薪创造条件。积极引进高端人力资源服务机构，截至年末，全省经营性人力资源服务机构144家，全年营业收入65.66亿元。

四、持续深化人事制度改革，人事管理工作成效明显

（一）加强事业单位人事管理。

出台《海南省事业单位聘用外国人管理办法（试行）》，进一步规范外国人招聘方式、薪酬管理等。制定《海南省事业单位专业技术二级岗位管理办法（试行）》，采取直聘加竞聘的"双轮"驱动方式，开展事业单位专业技术二级岗位聘任工作。配合省教育厅制定印发《海南省中小学教师"县管校聘"管理改革实施方案》。配合省卫健委推进基层医疗卫生人员"县管乡用、乡管村用"体制改革。

（二）稳步推进收入分配制度改革。

制定《海南省事业单位实行协议工资制、年薪制、项目工资分配管理办法（试行）》，在遵循人才工作和市场机制规律基础上，通过优化收入分配方式，激励和引导更多的高层次、急需紧缺人才投身自贸区（港）建设。会同省财政厅印发《海南省调整交通运输厅所属水上作业事业单位船员和潜水员工资标准问题的通知》《海南省调整自然资源和规划厅所属水上作业事业单位船员和潜水员工资标准问题的通知》，推进相关工作。

五、切实维护劳动者合法权益，构建和谐劳动关系

（一）健全根治欠薪长效机制。

出台《海南省建设领域以银行保函方式缴纳农民工工资保证金实施办法》和《海南省政府性投资项目以银行保函方式缴纳农民工工资保证金实施办法》，减轻企业负担，优化营商环境。全年全省落实工资保证金差异化缴存办法共核查231家企业，减免217家企业费用共5.4亿元。完善欠薪预警系统，创建全省劳动保障监察智慧平台，实现"两网化"全覆盖，将农民工实名制管理系统、"双随机一公开"系统、劳动用工诚信系统纳入省劳动保障监察信息化管理系统。

（二）加大劳动保障监察行政执法维权力度。

加大主动监察力度，强化日常监管，突出重点领域的隐患排查。全年全省各级劳动保障监察机构查处拖欠工资案件173件，追发金额3343万元，处置突发性案件2件。组织开展2019年春节前保障农民工工资支付工作专项检查活动，查处拖欠工资的用人单位178家，为1387名农民工补发工资3438.79万元。组织开展清理整顿人力资源市场秩序专项行动。印发《关于进一步做好劳动保障监察诚信建设工作的通知》，定期组织开展企业劳动保障守法诚信等级评价工作，加大重大劳动保障违法案件社会公布力度，加强拖欠农民工资"黑名单"管理工作和失信联合惩戒，全年向社会公布4批14件重大劳动保障违法行为案件和3批7件拖欠工资"黑名单"。

（三）加强劳动关系协调机制建设。

召开全省模范和谐劳动关系先进表彰暨经验交流会，对海南春光食品有限公司等51家和谐企业和2个模范工业园区进行表彰。以海南生态软件园为试点单位，把共建共享作为构建和谐劳动关系的基本原则，不断健全矛盾预防、公共服务、纠纷化解三大体系。开展乡镇（街道）劳动争议调解综合示范工作总结验收。全省推广使用"互联网+调解"服务平台。出台《海南省省属国有企业在岗职工平均工资审核认定暂行办法》，合理确定省属国有企业负责人薪酬增长水平。印发《关于确立企业薪酬调查和信息发布制度的通知》。制定印发《海南省拖欠劳动者工资重大集体劳动争议处理应急工作预案》和《关于加强劳动人事争议调解仲裁制度建设的通知》，统一使用调解仲裁制度范本。联合印发《关于建立健全劳动关系领域风险防控机制的通知》《关于开展以仲裁专递方式邮寄送达劳动人事争议仲裁有关文书工作的通知》。

六、加强行风建设，提升公共服务能力

（一）开展专项活动。

深入开展"不忘初心、牢记使命"主题教育，编印主题教育学习材料，开展集中学习研讨，组织学习党的十九届四中全会和省委七届七次全会精神，前往中共琼崖一大会址开展现场体验教学。结合中华人民共和国成立70周年，组织党员开展"颂祖国、赞海南、作表率"主题系列活动。在全省人社系统集中开展全面防控资金监管和基金管理风险、人社扶贫领域腐败和作风问题、根治欠薪问题、系统行风建设突出问题四大专项治理。部署全省人社系统积极开展宪法宣传周活动。举办全省人社法治知识竞赛，并组织全省人社系统干部职工与社会公众积极参加全国人社法治知识竞赛网络答题，获得"优秀组织奖"。相关机构和工作人员荣获"七五"普法先进集体、先进个人称号。

（二）抓好窗口服务。

开展全省行风建设练兵比武活动，举办两期人社系统干部综合能力提升培训班，提升窗口单位干部综合能力水平。组织全省范围的明察暗访专项活动，对全省市县的行业风气进行察访。畅通投诉举报渠道，加强网络舆情监控，对出现的问题及时派出工作组赴市县经办窗口一线进行调查核实。

（三）深化放管服改革。

印发《海南省人力资源社会保障系统行政审批和公共服务事项清单》，制订《海南省人力资源社会保障系统证明事项告知承诺制试点工作实施方案》。开展行政审批和公共服务事项"四放"工作，推进"一窗受理、一网通办、一门审批"，将厅机关实施的46项政务服务事项下放至市县人社部门或移交下属单位和厅行政审批办办理，将省人力资源社会保障厅审批办承担的18项政务服务事项全部纳入省政务中心综合窗口"一窗受理"，提高政务服务效能。

（四）加快一卡通建设。

省政府印发《关于加快推进海南省社会保障卡"一卡通"服务管理工作的指导意见》，出台《海南省社会保障卡一卡通服务管理条例》，成为全国社会保障卡领域首个地方性法规。成立海南省社会保障卡一卡通中心，指导推动各市县成立一卡通服务管理机构。全面启动第三代社会保障卡发放，截至年底全省发卡量831.91万，电子社会保障卡签发量49.73万。拓宽社会保障卡应用，推动多卡合一，人社领域各项社保待遇通过社会保障卡发放达到97%以上。实现社会保障卡在公积金提取、海南省户籍落户、省政务服务网扫码登录、省图书馆图书借阅等领域应用。

（五）行业标准化与信息化。

推动人社服务窗口的标准和统计口径的统一，规范并公布行政审批和公共服务清单，组织编制全省统一的办事指南。深入推进"互联网+人社"2020行动计划，强化数据共享和数据质量。全面梳理省社会保险服务中心政务服务事项登记表，整合统一人社部门分散的政务信息系统，打造人社政务服务网上经办大厅。

七、落实人社扶贫，坚决打赢脱贫攻坚战

（一）以就业创业带动贫困劳动力增收。

出台《海南省就业扶贫基地、就业扶贫车间、阳光助残扶贫基地、阳光助残扶贫车间

认定和补贴办法》，拓宽农村贫困劳动力就业渠道。印发《关于规范外出务工奖补申报审核发放工作的通知》，精简业务经办流程，加快惠民就业政策落地生效。第十届"海创杯"海南省创业大赛首次设立扶贫专项赛。组织创业专家深入10多个市县的贫困村提供帮扶指导。全年全省共组织招聘会298场、就业创业宣讲会273场，帮助农村劳动力和就业困难人员实现就业。全省贫困劳动力36.02万人，已就业29.59万人，就业率82%。全年全省新建就业扶贫车间78家，累计建立138家；当年新开发就业扶贫公益专岗2 096个，累计开发20 915个。

（二）不断织密织牢社会保障网。

印发相关文件，对建档立卡贫困人员范围、补缴范围、保费补缴、待遇发放等问题进行明确。对全省建档立卡贫困人口、低保对象、特困人员组织数据分析比对和情况核实工作，为符合条件人员落实社保扶贫政策，基本实现了应发尽发、应保尽保的阶段性目标。

海南省人力资源和社会保障厅

重 庆 市

2019年是中华人民共和国成立70周年，是全面建成小康社会、实现第一个百年奋斗目标的关键之年。一年来，重庆市人力社资源社会保障系统深学笃用习近平新时代中国特色社会主义思想，坚持稳中求进工作总基调，积极凝聚思想共识，强化责任担当，夯实工作举措，圆满完成年度目标任务。

一、顶压前行强措施，全市就业局势保持总体稳定

面对复杂多变的国内外发展环境和经济下行压力加大的风险挑战，坚决贯彻落实中央、市委关于"六稳"决策部署，把稳就业作为重大政治任务和头等大事，建机制、强举措，超额完成年度目标任务，确保了就业局势总体稳定。全市城镇新增就业75万人，完成目标任务的125%；城镇调查失业率5%、登记失业率2.4%，分别低于控制目标0.5个百分点和1.6个百分点。

（一）抓实就业优先导向，构建就业工作"一盘棋"格局。

市委、市政府主要领导同志专题调研稳就业工作，多次听取稳就业工作汇报。市就业创业联席会议制度升格为市就业工作领导小组，增强对就业工作的统筹领导，提高各部门对就业工作的重视程度和支持力度。各区县对标对表成立了相应工作机构，全市就业工作合力不断增强。

（二）聚焦重点群体，兜牢稳定就业"基本盘"。

大力促进高校毕业生就业创业，密集开展各类专项服务活动，深入实施万名青年就业见习计划，强化未就业毕业生实名制管理，建成"1+10"大学生就业创业服务体系，应届高校毕业生年底就业率超过90%。创新公共就业服务方式，大力推进就业服务超市建设，积极帮扶27.33万登记失业人员、13.16万就业困难人员就业，实现农民工返乡就业创业36.3万人，城镇零就业家庭保持动态为零。

（三）加强政策协同，打好促进就业"组合拳"。

落实援企稳岗政策，从"降、返、补"三方面着力，继续降低失业保险费率，向1.44万户企业发放稳岗补贴3.1亿元，向6 356户困难企业返还社保费34.6亿元，稳定岗位76.3万个。开展"渝创渝新"创业促进行动，建立创业者能力提升和跟踪扶持长效机制，发放创业担保贷款45.2亿元，全市新增创业超过40万人。深入实施《人力资源市场暂行条例》，充分发挥中国重庆人力资源服务产业园聚集、示范、带动作用，成功召开西部人力资源服务博览会，推动全市人力资源服务产业加快发展，人力资源服务机构达到1 680家，从业人员2.5万人。

二、增添举措强保障，社保制度建设取得积极进展

全市养老、失业、工伤保险参保人数分别为2 280万人、514万人和670万人，城乡养老保险参保率巩固在95%以上；全年养老、失业、工伤三险基金总收入1 366亿元、支出1 320亿元。

（一）实施惠民政策稳预期。

积极推进社保降费率、调费基等降费减负政策，全年养老、失业、工伤三险累计降费减负272亿元。建立城乡居民基本养老保险待遇确定和基础养老金正常调整机制。连续15年调整增加企业退休人员基本养老金，连续4年同步调整机关事业单位养老保险待遇，惠及全市350.6万企业退休人员、37.2万机关事业单位退休人员。调整了工伤职工及工亡职工供养亲属的定期待遇。

（二）落实改革举措稳运行。

机关事业单位养老保险制度改革持续深化，退休"中人"待遇复算稳步推进。全面建立职业年金制度，覆盖机关事业单位72万人。城乡居民养老保险费如期平稳划转税务部门征收。出台工伤预防费使用管理暂行办法。加强基金抗风险能力建设，累计划转养老保险基金60亿元开展投资运营，实现增值2.86亿元。

（三）优化管理服务强效能。

完成社保经办流程再造设计，梳理开发15个板块243项业务事项。实现首批22个区县6 700万页社保档案数字化。建立61个退休人员社会化管理市级示范社区。开展基金管理风险防控专项检查和工伤保险内控制度检查，严厉打击欺诈骗保不法行为，确保基金安全可持续运行。

三、乘势而上聚人才，人才人事工作水平持续提升

（一）聚焦产业发展需求，强化技能人才培养。

出台关于提高技术工人待遇的实施意见和推行终身职业技能培训制度的实施意见，启动企业职业技能等级认定试点。以"巴渝工匠2020"计划为统揽，加快推进技能人才培育，新增全国技术能手42名、全市技能大师10名、全市技术能手50名、高技能领军人才30名，全市高技能人才达到102.5万人，占技能人才总数的27.3%。加强技能人才平台建设，中国（重庆）职业技能公共实训中心工程建设进入尾期，新建国家级高技能人才培训基地3个、国家级技能大师工作室3家。大力推进职业技能提升行动，开展政府补贴培训50万人次。积极推进以赛促培，高质量举办"一带一路"国际技能大赛，吸引44个国家和地区698名技能人才参赛；在第45届世界技能大赛上，重庆市培养的技能人才赢得4枚金牌、4枚银牌、2枚铜牌，创历史最好成绩；办好"巴渝工匠"杯系列职业技能竞赛，选拔高技能人才3 000余名。

（二）聚焦放权松绑，加强专业技术人才培养。

深化人才评价机制改革，推动出台人才分类评价"1+10"实施方案，进一步向高校、科研院所下放职称评审权，301名特殊人才通过"绿色通道"获得高级职称。制定重庆英才计划优秀科学家、名家名师项目实施办法，选拔优秀科学家31名、名家名师综合领域人选10名、市级学术技术带头人及后备人选910名，推荐入选国家百千万人才9名。出台支持博士后发展的若干措施，新增国家级博士后科研流动站10个。新创建国家级继续教育基地1个，完成国家级专家服务基地建设，全年开展各类专家服务活动45场，完善5 078名专家库专家信息。

（三）聚焦高精尖缺，大力引进高层次人才。

承办重庆英才大会"一赛一会两洽谈三仪式"，首次举办重庆英才大会新时代西部大开发人才发展峰会，发起成立西部人才服务联盟，引进海内外优秀人才608人，签约创新创业创造项目201个。深入实施"百万英才兴重庆"系列引才活动，新认定高层次人才53人、"鸿雁计划"人才248人，新建海内外引才联络站15个，聘请引才大使10名。设立"重庆市杰出英才奖"，发放人才服务证1 719张，落实人才服务专员1 317人。

（四）聚焦激发活力，深化事业单位人事制度改革。

开展事业单位工作人员选拔制度改革，在全市"我最喜欢的10项改革"评选中位列第七。创新事业单位岗位政策，动态调整高校岗位设置，推进岗位"能上能下"聘用考核试点，完成16个高校岗位重新设置。落实事业单位绩效工资动态调整机制，扩大内部分配自主权，实行特殊激励报酬在总量外单列，探索人才工资政策精准激励。推进公立医院薪酬制度改革试点，范围覆盖全市67家公立医院。同时，圆满完成中华人民共和国成立70周年表彰慰问系列活动，颁发纪念章5 581枚。加强考试安全防控体系建设，全年组织人事考试92项（次）。开展职业技能鉴定37.4万人次。完成142万流动人才档案数字化信息化。

四、持续发力保稳定，和谐劳动关系构建取得新突破

树立底线思维，坚持"预防"和"处置"双管齐下，切实构建社会安定和谐基础。

（一）抓源头，做好协调预防。

进一步完善市级协调劳动关系三方委员会，三方组织实现区、县级全覆盖。深入推进和谐劳动关系示范点建设，示范企业扩大至1 600家。开展和谐劳动关系综合改革试验，九龙坡区被列为全国八个综合配套改革试点地区之一。新评定AAA级和谐劳动关系企业126家。落实劳动合同和集体协商制度，全市劳动合同签订率维持在95%以上。开展国企负责人薪酬执行情况和工资决定机制改革监督检查，推进企业薪酬调查和人工成本调查。加强劳动纠纷调解预防，完善调解、仲裁衔接机制。开展劳动监察诚信企业等级评价，评价企业8 365家。

（二）抓处置，强化权益保障。

加大根治欠薪工作力度，组织实施夏季专项行动和冬季攻坚行动，加强问题查处，层层压实监管责任，扎实推进"两金三制"，取得"三升三降"明显成效，即农民工实名制、工资专户制、银行代发制覆盖率较上年分别增长0.6个、3.1个、3.8个百分点，基本实现全覆盖；全市接受处理拖欠农民工工资案件、涉及人数、涉及金额，较上年分别下降60.3%、82.7%、85%。在全国保障农民工工资支付工作考核中，重庆市列全国第13位、列西部省市第一位。在15个区县开展劳动保障监察执法示范区创建，出台仲裁场所建设等地方标准，立案受理争议案件3.6万件，结案率96.7%，法定期限内结案率首次实现100%。

五、靶向定位强施策，人社扶贫取得良好成效

围绕"精准"下功夫，统筹推进就业扶贫增收入、技能扶贫强素质、社保扶贫保生活、人才人事扶贫促发展、对口扶贫增实效。

（一）精准压实责任。

出台打赢人社脱贫攻坚战政策措施27条，市局建立完善脱贫攻坚、问题整改两个领导小组，成立4个专项工作组，建立局党组成员包区县指导推动人社扶贫工作责任制，形成"领导小组+专项小组+定点包干"工作责任体系，确保脱贫攻坚工作知责、明责、履责、追责具体到事到人。

（二）精准对接帮扶。

开发信息采集系统，摸清全市140.4万16周岁以上贫困人员就业状况和就业需求，帮扶6.9万贫困劳动力就业。开发141个特色培训项目，组织6.7万名贫困劳动力接受培训。落实社保代缴政策，全市129万应参保贫困人口城乡居民基本养老保险实现应保尽保，33万超龄贫困人员养老待遇实现应享尽享。充分发挥人才对脱贫攻坚的支撑作用，派驻国家扶贫开发重点区县的"三支一扶"人员占全市比例提高至56.3%，遴选45个专家服务团队赴贫困区县开展扶贫对接，在贫困区县新增设市级专家服务基地4个。

（三）精准整改问题。

2019年迎接国家扶贫巡视检查1次、市级扶贫巡视督查考核3次。针对检查中反映出的就业帮扶不到位、易地扶贫搬迁就业支撑不

足、省（市）际协作劳务转移效果不佳、公益性岗位管理有待加强等短板问题，照单全收、立行立改，全部整改到位。向贫困劳动力发放就业创业政策资金1.74亿元，惠及贫困劳动力3.7万人；为贫困人员提供就业服务超过10万人次；创建就业扶贫示范车间224个，吸纳贫困人员就业2 304人；按需培训易地扶贫搬迁人员9 952人，开发公益性岗位过渡性安置9 700人；与山东省人力资源社会保障厅签订鲁渝劳务扶贫协作落实方案，14个重点区县转移贫困人口到山东就业531人，山东帮扶就地就近就业2 268人，分别完成两地协议目标任务的266%和162%。创新开展"劳动最光荣、幸福靠奋斗"宣讲活动，激发贫困人口内生动力。同时，扎实开展对口帮扶开州区大进镇、岳溪镇、满月镇工作，落实各类帮扶资金近300万元，巩固对口扶贫成果。人社扶贫工作先后5次得到市领导肯定性批示，被中央媒体正面宣传报道20多次。

六、效果导向转作风，系统行风建设取得新变化

围绕提升公共服务质量和群众满意度，以"清、减、压"为重点，持续深入开展系统行风建设。

（一）全面清事项。

按照职权法定原则，全面取消无设定依据审批服务事项，制定出台市、区县、街镇三级政务服务事项目录清单，编制政务服务事项办事指南210项。现存行政权力事项40项，公共服务事项157项，为企业和群众办事创业提供清晰指引。

（二）大力减材料。

持续推进"减证便民"，开展"人社局长走流程"活动，取消各类"无谓"证明195项，办事材料压缩60%以上。制定印发八大便民惠企举措，建立便民惠企举措集中公布机制。

（三）全力压时限。

全面推进当场办结、限时办结等服务模式，市级37个、区县34个审批和公共服务事项完全实现马上办、网上办、就近办、一次办。针对群众反映较强烈的社保卡办卡周期长等问题，抓紧抓实专项整改，实现个人新办卡立等可取、批量新办卡不超过10个工作日，较规定期限分别缩减5个工作日、20个工作日。同时，不断夯实工作基础，组织开展业务技能练兵比武活动，部署推进"树行业新风、优营商环境"工作。深入实施"互联网+人社"行动计划，70项政务信息资源接入市共享平台，完成部市业务协同平台对接，初步形成信息资源共享机制。12333咨询服务电话接听群众来电380万次，"掌上12333"新增便民功能13项。全面推进法治人社建设，高质量承办全国人社系统法治知识竞赛。

重庆市人力资源和社会保障局

四 川 省

2019年，四川省人力资源社会保障系统坚持以习近平新时代中国特色社会主义思想为指导，在省委、省政府坚强领导下，围绕中心、服务大局，抓重点、攻难点、创亮点，圆满完成年度目标任务，为经济社会发展做出了积极贡献。

一、深入实施农民工战略性工程，农民工工作提质增效

坚持把农民工作为战略性资源，把服务保障农民工作为战略性工程来抓。全省农村劳动力转移输出2 480余万人，返乡创业68.2万人，创办企业17.6万家，实现创业产值4 000余亿元。四川农民工返乡创业工作得到国务院领导的充分肯定。

一是组织保障更加有力。把农民工服务保障工作作为"一把手"工程，纳入目标考核。在全国率先充实调整农民工工作领导小组，在省本级、10个劳务输出大市、122个劳务输出大县设立农民工服务中心，配备专职人员1 500余名。

二是人才资本有效转化。大规模开展农民工技能培训，全年共培训农民工87.4万余人次、新型职业农民14.2万人。积极引导农民工返乡创业，促进农民工由一般劳动力向人才资本转化，全省农民工劳务收入和返乡创业产值超过8 000亿元。

三是农民工人才工程深入实施。推动建立优秀农民工、农民工后备力量、农民工村干部"三本台账"。全省新增2 544名农民工村党支部书记、2.5万名农民工村干部和3.9万名农民工村干部后备人选。

四是关爱帮扶常态开展。推动落实以居住证为主要依据的入学政策，实施"农民工住房保障行动"，推进农村"三留守"人员关爱活动，举办首届"在外川籍农民工运动会"。组织开展专列专车、走访慰问、证照办理、根治欠薪和就业招聘五大专项行动，全省共走访慰问农民工1 435万人次，为100余万川籍农民工提供专车专列返乡返岗。建立"农民工个人档案"基本信息库，建成线上农民工服务平台，累计办理事项3.3万余项。

二、多措并举抓好稳就业工作，全省就业局势总体稳定

坚持把稳就业作为重大政治任务，大力实施就业优先战略，全省就业形势保持总体平稳、稳中有进良好态势。全年城镇新增就业107.82万人，完成全年目标任务的126.84%，连续5年超过百万；城镇登记失业率3.31%，保持较低水平；城镇调查失业率控制在5.5%以内，好于预期目标。争取中央就业补助资金31.5亿元，比上年增加7.24亿元，总量创历史新高，排名全国第二。

一是稳就业政策落实落细。认真落实降低社保费率和调整缴费基数政策，为企业减轻负担。加大对面临暂时性生产经营困难且恢复有望企业的稳岗返还力度，大幅提高失业保险稳岗返还标准；对不裁员或少裁员的参保企业，返还其上年度实际缴纳失业保险费的50%。对符合条件的小微企业和自主创业条件人员，给予300万元、15万元的创业担保贷款。在

全国率先探索实施技术技能提升补贴，发放人次和金额均位居全国前列。全年为企业减少社会保险费243.92亿元，发放稳岗返还资金25.95亿元、创业担保贷款22.48亿元。

二是重点群体就业保持稳定。组织实施高校毕业生就业创业促进计划和基层成长计划，应届高校毕业生就业率达88.28%，比全国平均水平高10%。出台促进退役军人就业创业扶持政策，统筹做好就业困难人员、去产能职工、农民工等重点群体就业，动态消除零就业家庭。全年共帮扶9.9万名就业困难人员实现就业，完成全年目标任务的165.05%。

三是人力资源服务产业加快发展。印发《加快发展人力资源服务业的意见》，建成成都国家级人力资源服务产业园，筹建绵阳、乐山、泸州3个省级产业园。率先出台省人力资源服务许可备案管理规定，制定本省首个关于人才流动配置的改革性文件。编制发布首个省级重点领域急需紧缺人才目录，首次举办"智汇天府、赋能未来"2019中国（西部）人力资源协同发展高峰论坛。

四是就业创业服务持续优化。首次举办"2019暖风行动"高校残疾毕业生就业专场招聘会，受到省委省政府、中残联领导充分肯定。常态化举办"春风行动"、就业援助月、民营企业招聘周等就业服务专项活动，举办第二届"天府杯"创业大赛、第四届大学生创新创业峰会，参加全国创业就业服务活动获"优秀项目奖"5个。

三、稳步推进社保制度改革，筑牢社会保障"安全网"

按照兜底线、织密网、建机制要求，稳步推进社保制度改革，兜牢保障底线，基本养老保险、失业保险、工伤保险参保人数达到6 069.07万人、950.24万人、1 177.14万人。社保卡持卡人数8 904万人，覆盖户籍人口97.6%。

一是社保制度改革稳慎推进。调整完善退休"中人"待遇计发方案，对接落实企业职工基本养老保险基金中央调剂制度，推进《四川省工伤保险条例》立法工作，出台《四川省工伤保险基金省级统筹实施办法》，圆满完成基本养老金计发基数口径调整待遇过渡办法测算任务，为人力资源社会保障部政策决策提供有力支撑。

二是社保待遇水平稳步提高。全省企业退休人员月人均待遇水平增幅达5.8%，机关事业单位退休人员月人均待遇水平增幅达3.98%，城乡居民基础养老金最低标准每人每月100元，失业保险、工伤保险待遇稳步提升。

三是社保基金运行总体平稳。在全国首次开展特殊工种提前退休审批专项审计，开展套取社会保险基金专项整治行动，追回基金2 099万元。在全国首例开展城乡居民基本养老保险基金结余省级归集管理，完成1 000亿元基本养老金委托投资运营，稳步推进职业年金投资运营。

四、深化人才人事制度改革，不断激发创新创造活力

持续推进人才体制机制改革，最大限度激发人才创新创造活力，全面提升人事管理科学化水平。全省技能人才总量达883万人，其中高技能人才171万人；专业技术人才总量达359万人，其中高级职称44.8万人。

一是技能人才队伍不断壮大。启动实施职业技能提升行动，计划3年时间从失业保险基金结余中筹集62.8亿元，支持开展220万人次以上职业技能培训。大规模开展职业技能培训，全年共组织补贴性培训73.5万人次，完成年度培训计划的113%。技工教育蓬勃发展，招生人数连续3年逆势增长。开展企业职业技能等级认定试点，首设技工院校教师正高级职称评审。举办第三届"四川工匠杯"职业技能大赛，参加第45届世界技能大赛夺得1金1银，争取财政支持安排1 580万元专项奖补参加世界技能大赛有功单位、个人和受国家表彰的优秀技能人才。

二是专业技术人才有效强化。深化职称制度改革，指导行业主管部门制定修订完善评价标准。技能人才评价制度改革取得突破，有序推进军民融合发展，继续开展职业农民职称工作试点，实行国家职业资格目录清单动态调整机制。创设"天府学者"特聘专家制度，大力实施领军人才培养工程，91名专家获国务院特殊津贴，5名专家获"国家百千万人才工程突出贡献中青年专家"称号。新设博士后科研流动站12家，已建博士后科研流动（工作）站及创新实践基地423个、在站博士后3 006名，再创历史新高。

三是人事制度改革稳步推进。在江油、隆昌平稳完成县以下事业单位管理岗位职员等级晋升制度试点工作，研究印发《事业单位工作人员奖励规定》《事业单位人事管理回避规定》贯彻意见，研究完善优化和规范岗位管理的相关措施，事业单位人事管理水平稳步提升。研究完善高层次人才薪酬激励机制和省直事业单位完善绩效工资政策试点工作方案，扩大公立医院薪酬制度改革试点范围，不断提高事业单位相关群体待遇水平。

四是表彰奖励工作成效显著。出台《四川省贯彻〈国家功勋荣誉表彰条例〉实施办法》《四川省评比达标表彰活动管理实施细则》等系列文件，在全国率先搭建起全省性表彰奖励制度框架。扎实开展国家勋章和国家荣誉称号首次提名评选工作，圆满完成英模赴京参加国庆观礼系列活动。

五、欠薪治理提档加速，劳动关系更加和谐稳定

积极防范化解劳动关系矛盾风险，强化农民工等群体权益维护，构建和谐劳动关系。全年共处理欠薪案件1 614件，案件数量、涉及人数和金额同比下降25%、85%、87%，劳动人事争议仲裁结案率达96%。

一是根治欠薪成效显著。成立由省政府领导担任组长的根治拖欠农民工工资工作领导小组，组织开展市级政府保障农民工工资支付工作考核，加强工程建设领域欠薪源头治理，全面落实农民工工资支付核心制度，加快建立实名制管理系统，千方百计保障农民工工资支付。加大违法行为惩戒，公布重大违法行为74件，纳入拖欠农民工工资"黑名单"28条，移送司法案件92件。探索公益律师、社会监督员进工地进项目，"遵法守法、携手筑梦"农民工公益法律服务。持续开展夏季、冬季根治欠薪专项行动，全年共为9 528名农民工追讨工资1.06亿元。

二是和谐劳动关系创建扎实推进。大力推进构建和谐劳动关系综合试验区建设，成都市新都区确定为全国8个试点地区之一并承办全国试点启动大会。深入开展和谐劳动关系创建活动，14家企业、2个园区被评为全国模范劳动关系和谐单位。

三是企业工资分配制度改革持续推进。推动改革国有企业工资决定机制实施意见落地落实，继续深化国有企业负责人薪酬制度改革，建立全省企业薪酬调查制度，制定发布企业工资指导线，全省国有企业工资收入分配进一步规范。

四是劳动人事争议调解仲裁效能不断提升。在全国率先研究制定以需求确定供给的分类建设标准。全年共处理劳动人事争议案件4.57万件，涉及劳动者5.12万人，涉案金额16.7亿元，仲裁结案率96%。

六、强化人社扶贫政治责任，助力打赢脱贫攻坚战

聚焦深度贫困地区，自觉扛起攻坚政治责任，就业、技能、社保和人才人事扶贫全面推进，为全省脱贫攻坚大局做出了积极贡献。

一是就业扶贫增收入。持续抓好就业扶贫15条、支持大小凉山彝区贫困群众转移就业8条等政策措施落地落实，通过扶贫载体建设吸纳一批、返乡下乡带动一批、劳务协作输出一批、公益性岗位安置一批等，贫困劳动力就业渠道不断拓宽。截至年底，贫困劳动力转移就业规模达112.7万人，公益性岗位安置贫困劳动力14.2万人。

二是技能扶贫强素质。全面实施深度贫困县技能培训全覆盖行动，做实培训需求清单、年度培训任务清单、参训人员清单"三张清单"，全年培训贫困劳动力9.48万人次。印发《四川省深入推进技能脱贫千校行动实施方案》，落实45家优质技工院校"一帮一"对口帮扶。

三是社保扶贫兜底线。将757万建档立卡贫困人口、低保对象、特困人员等困难群体全部纳入基本养老保险范围，为237.61万名建档立卡未标注脱贫贫困人口、低保对象、特困人员等困难群体代缴城乡居民养老保险个人缴费，完成目标任务的132.01%。大力推进惠民惠农资金"一卡通"发放，通过社保卡发放财政补贴2 111万笔，1 066万群众受益。深入开展"工伤保险走进扶贫车间"主题普法集中宣传活动，政策宣传实现全域覆盖。

四是人才人事扶贫促发展。持续贯彻落实鼓励引导人才向基层流动的"10条措施"、基层"18条意见"、深度贫困县人才振兴工程、扩大人事自主权"10条政策"，首次开展"三州"和乐山"两县一区"事业单位脱贫攻坚专项奖励，得到人力资源社会保障部领导充分肯定并在全国工作会介绍经验。建立"定向评价、定向使用"职称制度，更多优秀人才下沉艰苦边远和基层一线，深度贫困地区县、乡两级空编率明显下降。举办首届专家智力服务基层论坛，开展30期专家智力服务基层示范活动，实现对88个贫困县专家智力全覆盖。

七、实施"温暖人社"行动，服务供给水平明显提升

结合"不忘初心、牢记使命"主题教育，持续深化"放管服"改革，大力实施"温暖人社"行动，优化服务供给，改进系统行风，"社银一体化"经验全国推广，练兵比武活动勇夺全国总决赛冠军，群众满意度测评位列全国第4。

一是基层平台提档升级。打造"城市10分钟+农村5公里"人社服务圈，强化"社银一体化"建设，建成标准化服务网点822个，市、县两级覆盖面达70%。

二是信息支撑能力明显增强。认真落实一体化在线政务服务平台建设要求，加快推进省、市两级公共服务信息平台建设，拓展线上服务渠道，创新服务方式，人社服务"应上尽上"。

三是服务协同能力显著提升。编制完成人社服务事项清单，开展"疏堵去痛解难"专项行动，深入推进综合柜员制，实现"四川人社事、最多跑一次"。

四是服务专业化水平不断提高。实施"人社公共服务能力提升计划"，扎实开展练兵比武活动和"人社服务标兵"主题宣传，常态化推进暗访督查，制定出台《创新人社公共服务方式推行多样化便民服务措施》，群众获得感幸福感不断提升。

四川省人力资源和社会保障厅

成 都 市

2019年，成都市人力资源社会保障部门坚持以习近平新时代中国特色社会主义思想为指导，深入学习贯彻党的十九大精神和习近平总书记对四川及成都工作系列重要指示精神，全面落实党中央和省委、市委系列决策部署，坚持在大局下谋划推进工作，聚焦"重点工作、重大项目、重要环节"，凝心聚力促发展、履职尽责惠民生，为建设全面体现新发展理念的城市提供坚实的人力资源社会保障支撑。

一、全力确保就业局势稳定，稳住经济运行"底盘"

认真落实中央"六稳"决策部署，坚持把"稳就业"作为首要工作目标，健全完善促进就业工作机制，推动就业优先政策全面发力。一是保障重点群体就业。实施大学生就业创业促进行动，新增大学生就业创业7.76万人，困难家庭毕业生100%实现就业。实施农民工服务保障"五大行动"，出台支持返乡创业15条措施，举办农民工专场招聘会256场、提供岗位25.7万个。二是保障重大项目用工。建立招商签约项目落地用工联动机制、企业用工调剂机制，搭建校企合作平台，制定支持东部新城发展15条措施，承接9批次378个签约重大项目岗位需求5 303个，协助富士康、仁宝、纬创等重点企业招募26.15万人，为东部新城9 509家企业输送13.12万人。三是强化失业风险监控。积极应对中美贸易摩擦，对2 509家涉外贸易企业、118家涉美重点企业开展岗位监测和风险预警。深入实施援企稳岗，为22.06万人发放失业保险金27.51亿元，为1.89万家企业发放稳岗补贴6.08亿元，覆盖职工301万人。全市就业形势保持稳定，被新华社《瞭望东方周刊》评为"幸福就业强市"。

二、织密扎牢社会保障网，兜牢民生福祉底线

坚持兜底线、织密网、建机制的总要求，加强以养老保险为重点的多层次社会保障体系建设。一是进一步完善社保制度体系。在全国率先出台新经济新业态从业人员参保办法，全市新经济样本企业在职参保人数达74.67万人。完善被征地农民养老保障办法，将61个征地项目4 919名被征地农民纳入保障范围。二是持续提高并及时兑现养老金待遇。全市企业退休人员月人均养老金3 324.91元，城乡居民基本养老保险月人均养老金572元，分别较上年增长5.33%、9.16%。三是优化社保服务供给。创新实现全市46大项70小项惠民惠农财政补贴资金通过社会保障卡"一卡通"发放监管，发放资金40亿元、惠及300.61万人。成功创建"全国社会保险标准化先行城市"，电子社保卡服务荣获天府市民云"十佳市民口碑服务"。

三、精准提升人力资源协同水平，助推经济高质量发展

紧扣城市发展战略和"5+5+1"开放型现代化产业体系建设，深化人才发展体制机制改革，集成创新人力资源引育留用政策。一是促

进能级提升。实施全民技能提升行动，发布《现代产业体系建设重点技能目录》，促进技能提升精准到产业链、生产链，推动实现劳动者技能就业、技能成才、技能增收。深化职称制度改革，在全国率先增设技术经纪人、人工智能、大数据、集成电路、新能源等职称专业，下放民营企业职称评审自主权，畅通工程技术领域技术技能人才职业发展通道。二是推动精准配置。编制发布《成都市人才开发指引》《重点项目人才开发指引》，梳理出445类岗位需求清单，推动人才配置精细到产业、精确到行业、精准到岗位。中国成都人力资源服务产业园新增入驻企业58家，总量达181家，全年营业收入超过300亿元。组织产业园企业与产业功能区300余家重点企业对接，同步实施线下签约服务和线上平台交易。三是深化人事制度改革。首次组织市、县两级事业单位组团赴北京、上海、重庆等地知名高校开展专场招聘，提供岗位2 300余个，达成意向1 400余人。出台规范事业单位岗位管理10条措施和创新型人才激励政策。出台产业功能区机关事业身份人员管理实施细则和员额内人员薪酬制度改革指导意见。成立事业单位工作人员申诉公正委员会，维护事业单位工作人员合法权益。

四、全面优化劳动力市场管理服务，助力国际化营商环境建设

坚持国际化、法治化、市场化、便利化导向，出台《优化劳动力市场管理服务行动计划》，实施4大类10项举措提升人社涉企服务质效。一是加强人力资源市场监管。开展人力资源服务机构、民办培训机构专项整顿，首次实施人力资源服务机构全面年报制度，建立失信警示约谈制度，规范人力资源市场秩序。二是降低企业用工成本。落实社保"降率调基"政策，全年企业减少社保缴费161.48亿元；出台暂时困难企业稳岗补贴办法，为361家暂时困难企业发放稳岗补贴3.93亿元。三是巩固发展和谐劳动关系。创建和谐劳动关系公共服务标准体系，全市劳动合同、集体合同签订率分别达97%、98%，劳动纠纷调解成功率63%，劳动争议仲裁结案率达95%。开展根治欠薪攻坚行动，全年检查用人单位1.38万家，处理欠薪案件1.06万起，为2.2万名劳动者追发工资等待遇（含工程款）2.4亿元。四是提升涉企服务质效。234项审批服务事项100%实现网上可办，95%以上实现"最多跑一次"，办理时限压缩30%以上。

五、落实全面从严治党要求，推动人社系统自身建设不断加强

认真贯彻新时代党的建设总要求，坚持全面从严治党，深入抓好党风廉政建设和干部队伍建设，夯实人社事业发展根基。一是坚持政治引领。深入学习贯彻党的十九大精神和习近平总书记对四川及成都工作系列重要指示精神，引导全系统党员干部增强"四个意识"，坚定"四个自信"，坚决做到"两个维护"。扎实开展"不忘初心、牢记使命"主题教育。二是持续正风肃纪。开展"领导干部利用地方特产谋取私利""党员干部赌博敛财""忽视群众利益诉求，漠视群众疾苦"等专项整治，深化"微腐败"专项治理。三是加强干部队伍建设。稳妥推进机构改革相关工作，加强干部队伍教育培训和实践锻炼，开展"五个十佳"选树表扬活动，引导全系统干部职工在比学赶超中转理念、转方法、转作风、提能力。

六、全面强化行风建设质量，全力提升人社公共服务水平

围绕"练兵比武强技能、人社服务树新风"主题，在全市人社系统集中开展大学习、大宣传、大练兵、大竞技、大比武活动，主要成效体现在5个方面。一是岗位练兵全员覆盖。市本级和各区（市）县人社部门依托"练兵比武题库"，通过"练兵比武微信小程序"，学政策法规、行业制度、经办流程，掀起业务学习和技能提升热潮。二是单项比武形式多样。7个业务板块结合行业特点组织单项业务竞技，分头开展上机答题、模拟处置、现场竞答、热点辩论、预赛决赛等，形式多样，各具特色。三是网络竞答广泛参与。通过召开部署动员会、专题推进会，每周公布"微信学习平台答题人数排行榜"，发动系统内外、编内编外干部职工群众积极参与网络学习和答题，全市参与网络答题17万余人，既提升了全市人社系统干部职工业务素养和经办能力，也增进了广大群众对人社工作的理解和支持。四是活动氛围浓厚热烈。通过在全市人社经办大厅张贴练兵比武海报、制作和播放练兵比武形象宣传片、深入企业园区和街道乡镇开展专题活动，大大提升了干部职工和广大群众的知晓度、参与率。五是练兵比武成果丰硕。一大批学习能手和业务尖兵脱颖而出，成为练兵比武的优胜者、行业领域的佼佼者。在全省人社系统练兵比武总决赛中，斩获团体二等奖，2名同志获"综合业务全能标兵"、9名同志获"单项业务标兵"等荣誉，2名同志入选省代表队参加省邀请赛和全国总决赛，荣获全国一等奖，经市政府同意，给予二等功奖励。

七、贯彻落实中央与省市部署，扎实开展专项扶贫

一是就业扶贫。开展贫困家庭技能培训和就业促进扶贫，在全市贫困村脱贫摘帽的基础上实施巩固提升工作，对全市4.1万名贫困劳动力进行"一库五名单"信息化动态管理。开展各类培训50余期1 568人。举办就业扶贫专场招聘会46场，提供就业岗位2.3万余个；向贫困村发布140批次用工信息和4.3万余个岗位信息，各项扶贫招聘活动共达成意向性协议6 500余份；开展扶贫政策宣讲15场，发放资料7万余份。加强公益性岗位管理，公益性岗位安置贫困劳动力563人，给予每人每月500元的岗位补贴，发放岗位补贴337万余元。加强"就业扶贫车间"建设，扶贫车间和灵活就业增收基地吸纳贫困劳动力150人，发放吸纳就业奖补15万元。

二是援藏扶贫。全年投入资金583万余元，开展送岗位、送培训、送服务行动，带动藏区群众脱贫奔康。结合藏区贫困群众实际，有针对性地收集岗位供当地劳动者选择。组织成都企业到藏区贫困县举办就业扶贫专场招聘会29场，提供就业岗位3万余个，达成用工协议3 017人。对藏区来蓉务工劳动者提供就业优先服务，开展定期回访，确保稳定就业。为适应藏区贫困县产业发展和对技能人才需求，筛选餐饮服务、汽车摩托车维修、农牧种养殖等最实用的培训项目，带上优质师资和先进设备，把培训直接送到藏区群众家门口。采取藏区群众喜闻乐见、易于接受的形式，将本地培训与到成都异地实训相结合，增强培训的吸引力、参与度和实效性。指导技工院校与藏区贫困县进行"一帮一"对口培训帮扶，增强职业培训能力。全年共在藏区开展就业扶贫专项培训3 858人。为提高藏区人社公共服务水平，组织藏区人社干部到成都参加业务能力专项培训班，参观成都基层公共服务平台，与成都市人社一线干部面对面交流，提升能力，开阔视野，全年共组织藏区人社干部到成都参加业务能力提升培训、交流培训201人。

成都市人力资源和社会保障局

贵 州 省

2019年，贵州省人力资源社会保障系统以习近平新时代中国特色社会主义思想为指导，全面贯彻党的十九大和十九届二中、三中、四中全会精神，贯彻落实习近平总书记对贵州工作的重要指示批示精神，深入开展"不忘初心、牢记使命"主题教育，自觉增强"四个意识"，坚定"四个自信"，做到"两个维护"，聚焦三大战略行动，坚持以脱贫攻坚为引领，统筹抓好就业创业、技能培训、社会保障、人才人事和劳动关系等工作，坚持抓具体抓深入，各项工作扎实推动，目标任务顺利完成。

一、就业局势总体稳定

全省人社系统坚持基础数据、培训组织、促进就业、资金使用、组织领导"五个精准"，不断健全促进就业政策体系，统筹推进重点群体就业，实现就业局势总体稳定。

一是目标任务超额完成。实现城镇新增就业78.49万人，超额完成目标任务，城镇登记失业率控制在3.11%的较低水平。组织易地扶贫搬迁安置点培训和就业服务体系建设、农民全员培训三年行动计划等12个项目参加第二届全国创业就业服务展示交流活动并获得优秀项目奖。

二是政策基础不断夯实。省委、省政府印发《关于加强和完善易地扶贫搬迁后续工作的意见》，加上省政府上年底出台的《关于做好当前和今后一个时期促进就业工作的实施意见》和省财政厅、省人力资源社会保障厅《关于进一步加大就业扶贫政策支持力度着力提高劳务组织化程度的通知》，以及《贵州省就业补助资金管理办法》等政策措施，促进就业创业政策体系更加精准有效。

三是重点群体就业总体稳定。引导高校毕业生到基层就业、促进农民工转移就业和返乡创业、稳定退役军人就业创业、就业困难人员帮扶、化解过剩产能职工安置就业等工作积极推进，稳住就业基本盘。全年全省创建创业孵化基地122个，农民工创业示范园（点）186个。

四是就业服务能力全面增强。就业核心业务系统优化升级，贵州公共招聘网建成并投入使用，建设形成覆盖全民、贯穿全程、辐射全域、便捷高效的公共就业服务体系。12月，全国就业工作会议在贵州遵义召开。

二、人社扶贫成效明显

以就业扶贫为主，将资金、人员、政策向贫困地区倾斜，深入开展扶贫资金管理使用不规范、驻村帮扶不扎实、政策落实不到位、扶贫协作有差距、攻坚打法不精准"五个专项治理"，强化对毕节、关岭等地区的脱贫攻坚指导支持，统筹推进各项人社扶贫工作取得积极成效。

一是稳住基本盘。加强与对口帮扶城市沟通对接，充分发挥劳务协作站点的作用，稳定已输出就业人员。强化省内市县劳务公司的培育和支持力度，加强省、市、县三级劳务协作站（点）建设，搭建用工企业与贫困劳动力的供需平台。全年全省建立劳务协作工作站点145个，农业劳动力转移就业84.33万人。

二是抓住搬迁点。聚焦易地扶贫搬迁点和深度贫困县，制定出台一系列支持政策，在搬迁点建立就业创业服务中心、就业指导站、就业服务窗口等，全年促进贫困劳动力就业创业36.22万人，易地扶贫搬迁劳动力就业创业23.78万人，动态实现了搬迁家庭"一户一人"以上就业目标。

三是聚焦产业链。聚焦12个农业特色产业、10大千亿元级工业产业，结合用工需求，大力开展种养殖、电工、建筑工、农村专业合作社经营管理人才等适用技能培训，促进贫困劳动力就业创业。全年开展建档立卡贫困劳动力技能培训48.74万人次，易地扶贫搬迁劳动力技能培训14.95万人次。

四是筑牢兜底线。开发公益性岗位、就业援助补贴岗位，安置贫困劳动力和易地搬迁劳动力等就业困难人员就业。全省下达就业援助补贴指标10万个，公益性岗位安置6.31万人，享受就业援助补贴人数累计10.2万人。

五是扩大新增量。积极争取东部地区支持，引进一批适合贫困劳动力就业的劳动密集型企业或生产线，在当地和安置点建立就业扶贫车间，吸纳贫困劳动力和易地搬迁劳动力就业。全年全省共建立就业扶贫车间和基地2 048个，吸纳就业21.2万人。

六是兜底保脱贫。将全省60周岁以下建档立卡贫困人口全部纳入城乡居民基本养老保险。出台城乡居民基本养老保险省级层面调待政策，基础养老金由每人每月70元提高到93元（其中中央提高18元，贵州省提高5元），城乡居民基本养老保险年人均养老金提高至1 224元。

七是人才助脱贫。出台关于《鼓励支持有关人员到贫困地区领创办龙头企业或合作社助力按时打赢脱贫攻坚战的通知》等政策文件，鼓励引导人才向贫困地区流动助力脱贫攻坚。推动东西部扶贫协作人力资源开发，促进8个市州与对口帮扶城市签署合作协议。开展"万名专家服务基层活动"，组织专家深入贫困地区，开展人员培训，解决技术难题，助推脱贫。

三、全员培训扎实开展

按照"全员培训、规定培训、精准培训、建档培训、持续培训"的要求，围绕农民全员培训和企业职工技能提升两个方面开展工作。

一是实施农民全员培训三年行动计划。不断创新培训方法，丰富培训内容，积极整合培训资源，围绕12个特色产业、10个千亿元级工业、5大现代服务业发展及省内外用工需求，聚焦易地扶贫搬迁点和贫困地区，对全体农民开展感恩培训、政策培训、技能培训、方法培训、示范培训等短训实训，激发劳动者内生动力，提升劳动者就业技能，全年累计开展综合素质提升培训1 235.49万人次、技能培训100.13万人次。

二是实施贵州省职业技能提升三年行动计划。在三年内从失业保险基金中提取17亿元，用于支持职业技能提升培训。全年统筹开展职业技能提升培训86.12万人次，超额完成培训指标，完成率位列全国第二。贵州省全员培训工作得到了人力资源社会保障部和省政府领导的充分肯定。

三是技工教育稳步推进。印发《关于实施贵州省技工院校全日制技工教育招生资质定期公布制度的通知》，并与省教育厅共同印发《关于公布贵州省2019年具有中等职业学校（技工院校）学历教育招生资质的通知》，进一步规范技工院校招生工作。联合省教育厅印发《推进职业教育与技工教育深度融合发展的实施方案》，推进职业院校与技工院校深度融合。下达2018—2019学年技工院校教育精准扶贫资金和助学金共计2.4亿元，惠及学生12万人。

四、社保制度改革稳步推进

着眼"全""统""降""返""增"五个重点，使制度更完善、企业降成本、个人得实惠。截至年底，全省城镇职工基本养老保险、城乡居民基本养老保险、失业保险、工伤保险参保人数分别为677.44万人、1822.76万人、276.07万人、408.26万人,同比增长5.88%、2.95%、7.28%、14.84%。

一是"全"。持续推进全民参保计划和贫困人口应保尽保工作,全省各项社会保险参保总量达3217.53万人次,450万60岁以下建档立卡贫困人口参加城乡居民基本养老保险,基本实现建档立卡贫困人口全覆盖。

二是"统"。实施企业职工基本养老保险省级统筹,贵州省成为全国较早实现基金统收统支的省份之一,得到了人力资源社会保障部的表扬,并在全国推广。工伤保险省级统筹经验得到人力资源社会保障部的肯定,入选中央组织部"贯彻落实习近平新时代中国特色社会主义思想 在改革发展稳定中攻坚克难案例"。

三是"降"。截至年底,全省降费减负政策为机关企事业单位减负71.75亿元(企业48.84亿元,机关事业22.91亿元)。其中,职工基本养老保险减负49.6亿元(企业31.49亿元,机关事业18.11亿元),失业保险减负19.01亿元(企业14.8亿元,机关事业4.21亿元),工伤保险减负3.14亿元(企业2.55亿元,机关事业0.59亿元),减轻了企业负担,优化了营商环境。

四是"返"。落实援企稳岗政策,全年共为5843家企业发放稳岗返还约3.42亿元。

五是"增"。调整企业和机关事业单位退休人员基本养老金,月人均增加5%,全省150万人受益。同时,积极稳妥做好社保费征缴和医保职能业务划转。

五、人才集聚效应逐步显现

着力建机制、搭平台、强基础、重引导,积极做好人才人事工作。

一是建机制。职称评审"放管服"全面深化,职称分类评价工作积极推进,大数据、水利、通信类职称评审条件相继出台。搭平台,举办第七届贵州人才博览会,现场接待各类人才8.3万人次,引才落地4627人,较第六届人才博览会增长94.3%。赴北京、广州、重庆等地高校开展专项引才活动。持续深化东西部扶贫协作人力资源开发。

二是强基础。新建博士后流动站3家,获批建立全省首个国家级农业专家服务基地。评选了一批国家级和省级高技能人才培训基地和技能大师工作室。推荐的南仁东同志荣获"人民科学家"国家荣誉称号,开展中华人民共和国成立70周年系列表彰,全省共表彰先进个人3452名、先进集体1586个。

三是重引导。出台《关于加强和改进贵州省贫困地区事业单位人事管理工作的通知》,放宽年龄、学历、专业要求,招聘贫困地区事业单位人员,实施专项招聘为贫困地区招聘基层项目人员3163人。

六、积极构建和谐劳动关系

在"坚决治理、持续改革"方面发力,和谐劳动关系建设有效推进。

一是抓"坚决治理"。全面实施治理拖欠农民工工资问题"1+8"系列配套文件,加快推进工程建设领域农民工实名制管理全覆盖和大数据监管工作,加大联合惩戒力度,依法向社会公布重大违法案件和"黑名单",形成了113万人的农民工信息库,为10.74万人次追发被拖欠工资19.08亿元,根治欠薪"两清零"工作取得明显成效,拖欠势头得到有效遏制。

二是抓"持续改革"。持续深化收入分配制度改革,国有企业工资决定机制改革和国有企业负责人薪酬制度改革积极推进,规范机关事业单位带薪年休假、加班误餐补助、值班补助、死亡丧葬补助、最低工资标准和企业工资指导线等一系列政策措施相继出台,有效规范了收入分配秩序。

七、行风建设持续推进

全面深化"放管服"改革,围绕"清、减、压"持续发力,开展"减证便民"行动,全省人社系统服务事项证明材料削减106件，事项办理时限压缩199天，整改解决办事堵点问题29个，即时办理的服务事项达到67个。积极推动人社系统信息化建设，基本完成人社政务服务平台与贵州政务服务网的对接。省本级各项社保经办业务整体进驻省政务服务大厅集中办理，经办服务事项全部实现"最多跑一次"，得到省政府通报表扬。开展全省人社系统岗位技能练兵比武活动，人社服务质量和水平明显提升，全省12家单位获评全国优质服务窗口，5人获评全国优质服务先进个人。

八、党的建设全面加强

深入开展"不忘初心、牢记使命"主题教育，认真学习《习近平关于"不忘初心、牢记使命"重要论述选编》《习近平新时代中国特色社会主义思想学习纲要》，深入学习习近平总书记对贵州重要指示批示精神，及时跟进学习习近平总书记最新重要讲话精神，开展"人社大调研"活动，认真对照检视，扎实整改落实，积极开展联动整改，主题教育达到预期效果。坚持把政治建设放在首位，把"四个意识""四个自信""两个维护"落实到人社工作时时事事处处。全面落实党建主体责任，认真落实党风廉政建设主体责任和监管责任，把纪律和规矩挺在前面，狠抓意识形态工作，干部队伍政治素养不断增强，能力素质有效提升，党的建设科学化水平有了明显进步。

贵州省人力资源和社会保障厅

云 南 省

2019年，云南省人力资源社会保障系统坚决贯彻落实党中央、国务院和人力资源社会保障部、省委、省政府的决策部署，紧紧围绕全省经济社会发展大局，坚持以人民为中心的发展思想，坚持民生为本、人才优先的工作主线，突出稳就业、强保障、抓人才、维权益、促脱贫、优服务、强党建，人社事业发展顺利推进，各项重点工作顺利完成。

一、就业创业

准确把握中央关于"稳就业"的政治要求，大力实施就业优先战略和积极就业政策，先后出台促就业5个方面20条意见措施，完善规范就业补助资金管理使用、社保降费援企稳岗、推进高校毕业生就业创业等新一轮配套政策，实施大规模职业技能提升行动，推动就业状况持续改善、就业结构不断优化、就业质量稳步提升。

截至年底，全省实现城镇新增就业53.43万人，完成全年计划数50万人的106.86%，同比增长2.91%；帮助城镇失业人员再就业15.31万人，完成全年计划数13万人的117.77%，同比增长2.82%；帮助就业困难人员实现就业12.45万人，完成全年计划数11.5万人的108.26%，同比增长1.8%。开发公益性岗位就业5.36万人，完成计划数4万人的133.89%。青年见习人数12 957人，完成计划数1.1万人的117.79%，同比增长9.29%。

全年完成各类培训415.76万人次，完成培训300万人次目标的138.59%。其中，培训贫困劳动力172.9万人次，完成全年70万人次目标的247%；贫困劳动力技能性培训59.07万人次，完成全年20万人次目标的295.35%。新增农村劳动力转移就业125.11万人次，完成计划数80万人次的156.39%。其中，贫困劳动力转移就业30.01万人，完成全年任务数10万人的300.1%。

"贷免扶补"扶持创业人数4.22万人，完成计划数4万人的105.5%；创业贷款扶持创业人数4.31万人，完成计划数4万人的107.75%。全年新发放"贷免扶补"创业担保贷款125.18亿元，完成计划数100亿元的125.18%，同比增长16.05%。共扶持创业8.53万人（含小微企业209家），带动（吸纳）就业22.37万人。

截至年底，城镇登记失业人数22.93万人，控制在计划指标23万人以内。全省城镇登记失业率为3.25%，控制在计划指标4.2%以内。

总的来看，全省就业各项指标完成较好，特别是下半年以来就业走势呈现出加快向好趋势，就业形势呈现出总体稳定、稳中有进的良好态势。

二、社会保险

按照兜底线、织密网、建机制的要求，稳步推进养老、工伤保险省级统筹，顺利完成城乡居民基本养老保险费征管职能移交划转，有序推进被征地农民养老保障制度改革，全面启动512家中央驻滇机关事业单位基本养老保险经办服务，配合做好退役军人基本养老保险接续工作,准确计发 6.3 万"中人"养老金,兑现比例超过 86%。全面推进全民参保计划,全省基本养老保险、工伤保险、失业保险参保人数达 3 787.6 万人次。基金征缴收入规模进一步扩大,累计结余 1 735.6 亿元,基金持续能力进一步增强,社会稳定"安全网"进一步织密扎牢。扎实推进城乡居民基本养老保险待遇确定和基础养老金正常调整"双机制"措施落地,企业退休人员养老金月人均增加 148.8 元,实现"15 连调";连续第 4 年调整机关事业单位退休人员基本养老金,惠及 177.58 万人。第 14 次提高工伤保险伤残津贴、供养亲属抚恤金和生活护理费三项长期待遇标准。向 29.19 万人发放临时价格补贴 1 936.7 万元,及时把党和政府的关怀送到困难群众手中。全面实现养老保险、工伤保险数据省级大集中,统一 75 项社会保险政务服务事项,上线运行网上社保大厅,实现 21 项业务网上办理。社保卡持卡人数达 4 416.3 万人,提前完成人力资源社会保障部年度任务指标。

参保方面具体情况:全省基本养老保险参保人数 3 059.92 万人,其中城镇职工基本养老保险参保人数达到 649.88 万人,城乡居民基本养老保险参保人数达到 2 410.04 万人。全省失业保险参保人数为 289.17 万人。全省工伤保险参保人数为 438.51 万人,建筑业新开工建设项目工伤保险参保率 100%。

待遇方面具体情况:全省领取基本养老保险待遇人员共 720.17 万人,其中退休人员 181.47 万人,领取城乡居民基本养老金人员 538.7 万人。全省享受工伤保险待遇人员 4.85 万人。2019 年企业退休人员月人均基本养老金约 2 775 元,比上年增加 146 元。全省领取失业保险金人数为 10.96 万人,12 月人均失业保险金水平为 1 012 元。各项社会保险待遇水平稳步提升。

基金运行情况:全年企业职工养老保险基金收入 582.85 亿元,支出 450 亿元;机关事业单位养老保险基金收入 343.87 亿元,支出 314.46 亿元;城乡居民基本养老保险基金收入 104.3 亿元,支出 75.89 亿元。工伤保险基金收入 13.35 亿元,支出 17.4 亿元。失业保险基金收入 19.43 亿元,支出 13.13 亿元。基金累计结余 1 735.6 亿元。职业年金基金收入 78.33 亿元,支出 4.23 亿元,累计结余 256.41 亿元。全年社保基金实现增值 45.1 亿元。企业年金基金规模累计约 245 亿元,投资收益率为 6.81%,年化收益率为 7.43%。

三、人才队伍建设

全面深化人才领域制度改革,高标准完成县以下事业单位管理岗位职员等级晋升制度改革试点。出台 12 项政策文件,进一步顺职称评审委员会管理关系,完善申报评审程序,建立职业资格制度与职称制度衔接机制,完善会计、中等专业学校教师等职称制度和评价标准条件,并将选人用人权限全面下放到 81 所高校。持续加大高层次人才培引力度,成功举办 1 期云南省青年人才省情研修班、2 期高层次专家省情研修班、3 期省委联系专家轮训班。加强与英、法两国人才交流合作,遴选 51 个省院省校合作人才培训实施项目,举办 47 期培训班,培训各类急需紧缺人才 3 110 人。先后举办 6 场"广聚贤才、共创滇峰"人才招聘会和第四届云南国际人才交流会,引进各类人才 1 797 人。推荐 8 名人才入选国家百千万人才工程(入选人数居西部省区第一),99 名专业技术人才和技能人才成功申报省政府特殊津贴,评选产生 303 名云南省"万人计划"青年拔尖人才。持续抓好技能人才培养,成功举办 2019 年"三区三州"职业技能大赛暨"技能中国行 2019——走进三区三州"技能展示交流活动,选派 2 名选手参加第 45 届世界技能大赛,夺得 1 金 1 铜,实现云南选手获得技能大赛世界第一"零的突破"。

新增高技能人才 7.8 万人,完成计划数 5 万人的 156%,同比增长 26.44%。新增技师和高级技师 6 028 人,完成计划数 4 000 人的

150.7%，同比增长 6.26%。

技工院校招生 52 236 人，完成计划数 40 000 人的 130.59%，同比增长 17.51%。

开展补贴性职业技能培训 69.88 万人，其中新型学徒制培训 8 000 人，完成计划数 5 000 人的 160%。

新增取得专业技术人员职业资格证书 7 万人，完成计划数 7 万人的 100%，同比减少 10.26%。新招收博士后 200 人，完成计划数 180 人的 111.11%，同比增长 25%。新增留学回国人员 161 人，完成计划数 150 人的 107.33%。新增引进省外高层次人才 1 044 人，完成计划数 1 000 人的 104.40%。

四、劳动关系

执法力度进一步加大，在保障劳动关系双方合法权益上发挥了更加积极的作用，全省劳动关系保持和谐稳定。紧盯"两清零"目标，扎实开展保障农民工工资支付情况专项检查，根治欠薪夏季专项行动、冬季攻坚行动，主动监察用人单位 4.57 万家，全年处理劳动人事争议案件 2.46 万件，帮助 1.23 万名农民工追发工资 1.31 亿元。

企业劳动合同签订率 97%，超过 93% 的计划目标。劳动人事争议仲裁结案率 99.06%，超过 90% 的计划目标。劳动人事争议调解成功率 70.51%，超过 60% 的计划目标。查处工资类违法案件降幅 23.39%，超过 20% 的计划目标。追发劳动者工资等待遇涉及金额降幅 26.44%，超过 20% 的计划目标。追发劳动者工资等待遇涉及人数降幅 28.75%，超过 20% 的计划目标。

五、社保降费援企稳岗

社保降费减负成效显著。省人力资源社会保障厅全面落实党中央、国务院减税降费重大决策部署，有效激发市场主体活力，为稳就业、保增长、创造更加公平良好的营商环境做出了积极贡献。截至 12 月底，全省通过落实降低社会保险费率政策，共减少企业和个人社保缴费支出 97.94 亿元（其中养老保险 80.88 亿元、失业保险 13.52 亿元、工伤保险 3.54 亿元），惠及全省约 10 万家企业、250 多万企业职工、70 多万灵活就业人员及个体工商户从业人员。

失业保险稳岗返还补贴政策惠企利民。根据《国务院关于做好当前和今后一个时期促进就业工作的若干意见》和《云南省人民政府关于做好当前和今后一个时期促进就业工作的实施意见》精神，对不裁员或少裁员的失业保险参保缴费企业，根据其上年度实际缴纳的失业保险费，将返还标准提高至 50%，对深度贫困地区的失业保险参保缴费企业将返还标准提高至 60%。大力推进暂时性生产经营困难且恢复有望企业失业保险稳岗返还工作，省人力资源社会保障厅、省财政厅、省发展和改革委、省工信厅出台了《关于做好 2019 年度暂时性生产经营困难且恢复有望企业失业保险稳岗返还工作有关问题的通知》，省人力资源社会保障厅还印发了《关于落实好暂时性生产经营困难且恢复有望企业失业保险稳岗返还有关工作要求的通知》等政策文件，按 6 个月的当地月人均失业保险金和参保职工人数确定返还数额，返还资金主要用于职工生活补助、缴纳社会保险费、转岗培训、技能提升培训等相关支出。全年全省累计有 5 857 家企业享受了失业保险稳岗返还补贴政策，发放补贴资金 3.84 亿元，惠及职工 76.14 万人。

六、人社领域深化改革

省人力资源社会保障厅以高度的政治自觉、强烈的责任担当，严格按照省委、省政府的部署要求和省委深改委赋予的任务，注重将改革的力度、发展的速度、社会各方面可承受度有机结合起来推进改革，先后在建立城乡居民基本养老保险待遇和基础养老金正常调整机制、完善基层医疗卫生机构绩效工资政策、改革完善被征地农民养老保障政策等方面取得了重大政策性突破。在加大职称申报评审监管、下放职称评审权限、完善人事人才助力脱贫攻坚政策等领域，一批具有基础性决定性作用的自主改革迈出重要步伐。指导省级涉改事业单位及其工作人员平稳转隶，积极参与5个行业协会改革。认真谋划推动服务中国（云南）自贸区建设，积极推进涉及人社部门的8项改革任务。主动抓好自身机构改革，圆满完成厅机关和17个厅属事业单位改革，做到了改革期间人心不散、秩序不乱、队伍不懒、工作不断，真正把机构改革的过程变成加强人社工作的过程。

七、人社扶贫

始终把脱贫攻坚作为最大的政治，研究制定《2019年全省人社扶贫工作要点》，聚焦"两不愁三保障"，组成由厅党组成员带队的工作组，分赴33个重点县（市、区）督导检查，共查找人社扶贫领域问题81个，按照"村不漏组、组不漏户、户不漏人"的原则，扎实开展18项"清零"行动，实现人社扶贫"四个精准""四个全覆盖"。

就业扶贫成效明显。积极推进贫困劳动力转移就业，深入开展"转移就业百日行动""就业扶贫行动日"等公共就业服务活动，组织各类招聘会3 634场次，提供就业岗位124.52万个，达成就业意向11.12万人。深化东西部劳务协作，先后在上海、广东等地设立121个劳务工作站，在易地扶贫搬迁安置点设立就业创业服务站（点）263个，服务窗口281个，向上海、广东定向输出贫困劳动力3.01万人，全年累计实现贫困劳动力转移就业30.01万人。因地制宜建立就业扶贫车间1 676个，吸纳贫困劳动力就业3.3万人。大力开发各类乡村公共服务岗位，安置"无法离乡、无业可扶、无力脱贫"的贫困家庭劳动力24.09万人。将返乡创业农民工、农村自主创业农民、建档立卡贫困人口列为"贷免扶补"创业担保贷款扶持对象，扶持农民工创业4.46万人，带动农村劳动力就业11.12万人，其中贫困劳动力0.17万人。

技能扶贫扎实推进。放开培训市场，取消培训机构定点认定制度，将多个农村实用特色种养殖、民族手工制品、旅游产品等项目纳入培训内容，广泛开展定单、定向、定岗培训。全省完成各类培训415.76万人次，其中培训贫困劳动力172.9万人次，贫困劳动力技能性培训59.07万人次。建立34所技工院校与27个深度贫困县培训对接机制，制定贫困家庭学生专门培养方案，全省技工院校共有建档立卡贫困家庭学生18 202人，补助免学费资金2.18亿元，发放助学金1.07亿元。

社保扶贫全面覆盖。紧扣"三个时间节点"，紧盯"三个百分之百"目标，成立社保扶贫工作专项小组和工作专班，召集16个州市专职人员集中分析研判，跟进督导落实。截至11月底，实现552.05万名符合条件的建档立卡贫困人员等群体100%参保，168.36万名年满60周岁以上的贫困老人100%领取养老保险待遇，300.23万符合代缴条件的特殊困难群体100%由政府代缴社保费。

人才扶贫持续发力。认真落实特殊倾斜人才政策，研究出台涵盖工资福利、职称评定、人才引进、人员招录等方面特殊优惠政策50多条，对"三区三州"地区和27个深度贫困县实行招募计划单列，招募678名人员充实到基层贫困地区。借助人力资源社会保障部专家服务基层、中国博士后科技服务团、国家高层次人才服务行等项目活动，开展培训讲座55场，培训人员1 360人次。举办6期脱贫攻坚干部教育培训班，累计培训459人次。开展贫困地区事业单位脱贫攻坚专项奖励工作，依照奖励权限，为146个集体、1 689名个人记功，对640个集体、12 587人嘉奖。这两项工作，激励作用明显，社会反响较好。

八、自身建设

坚持以党的政治建设为统领，认真落实省委"基层党建创新提质年"部署要求，着力深化理论武装，全面提升党建质量，抓好党风廉政建设，全面从严治党。大力弘扬"跨越发展、争创一流、比学赶超、奋勇争先"精神，持之以恒提升能力、改进作风、优化服务，人社系统自身建设不断加强。

着力深化"放管服"改革。以深化"放管服"和政务服务"一网、一门、一次"改革为契机，推行"多证合一"商事登记制度改革，认真开展人社领域营商环境6项重点问题整改，进一步梳理权责清单，在原有169项权责事项基础上精简权力事项91项，保留78项，精简比例达53.85%。全面梳理规范政务服务事项268项，实现全省人社服务办事无差别，服务均等化。大力加强信息化建设，推动246项政务服务事项"一网通办"，推送"一部手机办事通"项目161项，完成人社领域17项政务服务数据、12个电子证照数据、2项政务服务业务办件数据、"互联网+监管"等数据资源汇聚，推动2项政务服务事项实现统一身份认证系统对接。

着力推进系统行风建设。制定《2019年全省人力资源社会保障系统行风建设工作要点》，区分工作责任、明确工作任务。通过开展"人社风险大排查""人社工作大督查"，查找整改问题隐患800多个。跟踪处理行风投诉170余件，并针对全省民营企业评议人社部门具体案例、人力资源社会保障部暗访发现问题，扎实抓好整改。在全省民营企业对30个政府职能部门评议中，省人力资源社会保障厅位列第6名。

着力建强人社队伍。广泛开展"人社岗位大练兵""人社政策大竞赛"活动，自下而上、层层比武，全省组队参加全国竞赛，取得第13名，荣获优胜奖。在全系统组织评选"十大优质服务集体""十大优质服务明星""十大业务能手"，并开展"人社服务标兵"先进事迹巡回宣讲，营造"比学赶帮超"的良好氛围。加大干部培养力度，选派5名干部到深度贫困县挂职，举办各类培训班33期、培训4 000余人次。突出政治标准，注重德才兼备、以德为先选拔任用干部，进一步匡正用人导向，有效提振干事创业的工作激情。

云南省人力资源和社会保障厅

西藏自治区

2019年，在西藏自治区党委、政府的坚强领导下，在人力资源社会保障部的有力指导下，西藏人力资源社会保障部门始终坚持以习近平新时代中国特色社会主义思想为指导，全面贯彻党的十九大和十九届二中、三中、四中全会精神及中央第六次西藏工作座谈会精神，以"不忘初心、牢记使命"主题教育成果检视工作，坚持稳中求进、进中求好、补齐短板，以处理好"十三对"关系为根本方法，坚持民生为本、人才优先，惠民生与促发展相结合，凝心聚力、攻坚破难，人社工作实现了"量"和"质"的双提升、"稳"和"进"的双保证。

一、就业形势稳中向好，就业质量不断提高

全年应届高校毕业生就业率达到98.1%，市场就业率71%，区外就业1730人；农牧民培训和转移就业行动、就业启航行动深入实施，全区城镇登记失业率控制在3%以内，城镇调查失业率控制在5%以内；城镇新增就业5.2万人，城镇零就业家庭持续动态清零；农牧民技能培训6.5万人，农牧民转移就业57.1万人，实现劳务收入34.8亿元。

（一）构建高校毕业生"大就业"格局。

成立自治区高校毕业生就业创业工作领导小组，进一步完善促进高校毕业生就业创业的一系列政策措施，全面拓宽高校毕业生就业渠道，累计开发就业岗位6.22万个。市场招聘全面铺开，开发农牧、扶贫、住建、旅游等行业岗位，组织开展资本市场、金融行业等专场招聘会，在区内外举办高校毕业生专场招聘会230余场次。各地市依托高校毕业生就业实名制信息系统，落实属地责任，按照毕业生户籍，对未就业高校毕业生实行领导干部"一对一""多对一"跟踪帮扶。建立高校毕业生区外就业分片区联络协助机制，自治区政府驻北京、上海、西安和成都四个办事处，按片区开展区外就业高校毕业生联络服务工作。全面加大就业援藏工作力度，援藏省市提供企事业单位就业岗位19 592个，区外西藏高校毕业生专项招录工作取得新突破。

（二）农牧民转移就业组织化规模化程度不断提高。

实施《西藏自治区2019—2020年农牧民培训和转移就业行动方案》，实现农牧民转移就业在综合就业政策、就业市场化方向发展、就业技能培训上的改革突破。各地市充分发挥政府和市场"两只手"的作用，推进劳务市场主体建设，大力发展农牧民施工、务工组织，政府投资项目中农牧民用工达到工程用工总量的30%以上，挖掘独具当地特色的资源禀赋，探索推进"公司（企业）+专业合作社+农牧民"的发展模式，农牧民转移就业组织化程度逐步提高。

（三）城镇困难群体就业实现兜底保障。

将就业资源有侧重地、更加精准地向就业困难群体倾斜，建立城镇就业困难人员和城镇困难职工家庭档案，准确掌握就业意愿，开展专项培训、职业介绍和专场招聘。城镇零就业家庭持续动态清零。

（四）职业技能提升行动持续开展。

制定《职业技能提升行动实施方案

(2019—2021)》，有效整合就业补助资金、农牧民培训补贴资金、失业保险基金，面向各类群体持续实施专项培训计划，将培训补贴覆盖农牧民终身职业生涯，对有培训意愿的建档立卡贫困劳动力，全部纳入培训范围。建立了培训考核评价体系，完善培训资金使用方式，突出培训合格率和就业率考核，要求培训机构对每个培训合格人员推荐1个以上的就业岗位，并进行不低于3个月、不少于2次的跟踪服务。

（五）稳定的就业政策体系趋于完善。

自治区人民政府出台《关于做好当前和今后一个时期促进就业工作的实施意见》，自治区党委、自治区人民政府发布《关于西藏高校毕业生稳就业若干举措的实施意见》，一系列含金量更高、支持力度更大、吸引力更强、覆盖面更广的激励保障政策发挥了重要作用。

二、社会保障持续扩面，保障体系日臻完善

基本养老保险、失业保险、工伤保险参保达到275.02万人次，建立了更加健全的城乡居民基本养老保险待遇确定和基础养老金正常调整机制，退休人员、城乡居民待遇水平稳步提升，失业保险援企稳岗力度加大，社会保险降费率工作累计减少收费12.5亿元，社会保障卡制发突破300万张。

（一）社会保障待遇水平稳步提升。

1月1日起，全区城乡居保参保人员基础养老金标准由2018年月人均170元提高至180元，企业退休人员基本养老金月人均提高5.57%，机关事业单位退休人员基本养老金月人均提高4.13%。制定《西藏自治区关于建立城乡居民基本养老保险待遇确定和基础养老金正常调整机制的实施意见》。

（二）降费专项行动深入开展。

出台《西藏自治区降低社会保险费率综合方案》。自5月1日起，企业职工基本养老保险单位缴费比例由19%降至16%，机关事业单位基本养老保险单位缴费比例由20%降至16%；继续阶段性降低失业保险、工伤保险费率，延长失业保险阶段性降低总体费率1%至2020年4月30日。

（三）社保基金风险防控能力切实增强。

印发《西藏自治区基本养老保险、失业保险、工伤保险基金监督暂行办法的通知》，明确了社会保险基金管理风险防控工作任务清单和基本养老保险、失业保险、工伤保险基金监督暂行办法等制度措施，进一步健全了风险防控机制。

三、人才人事改革深化，基层导向更加鲜明

艰苦边远和基层一线专业技术人才职称评审条件进一步放宽，事业单位岗位设置全面推进，人才引进有序开展，人事考试规模创历史新高，公立医院薪酬制度改革试点、国有企业负责人薪酬制度改革取得重要阶段性成效。

（一）职称制度改革持续深化。

围绕深化职称制度改革的实施意见，完善职称制度改革"1+N"政策体系，印发《西藏自治区关于加强基层专业技术人才队伍建设的实施办法（试行）的通知》，适当放宽艰苦边远地区基层专业技术人才年限、学历等条件，实行单独分组、评审和确定通过率，对全区县、乡事业单位专业技术人员实行"定向评价、定向使用"，着力解决基层专业技术人才"招不进、留不住、评不上、用不好"等问题。

（二）事业单位岗位设置工作积极推进。

进一步加快推进全区事业单位岗位设置管理实施工作，区直政府系统事业单位除涉改的自治区广播电视台等少数事业单位外，已基本完成岗位设置工作，完成量达到90%以上。

（三）全面贯彻落实《人力资源市场暂行条例》。

印发《关于规范全区人力资源市场秩序的通知》，充分发挥市场在人力资源配置中的决定性作用，降低市场准入门槛，简化审批流

程，进一步规范人力资源市场管理，促进全区人力资源市场健康、稳定、和谐发展。

（四）工资福利机制更加健全。

完成机关事业单位基本工资标准调整和西藏特殊津贴增资兑现工作，公立医院薪酬制度改革试点工作取得阶段性成效，稳慎推进提前退休和离岗休养工作，调研摸底义务教育教师待遇落实情况，事业单位高层次人才工资分配激励工作进展明显。

四、根治欠薪系统推进，劳动关系和谐稳定

劳动保障监察举报投诉案件结案率和劳动人事争议仲裁结案率均达到97%以上，企业劳动合同签订率94.5%，为1.4万名农民工追发工资待遇约2亿元。

（一）坚定不移实施根治欠薪行动。

通过案件处置、监督惩戒、隐患排查、组织协调等健全完备的治欠保支工作机制，实现了全区"零拖欠""零越级上访""零群体性事件""零恶性讨薪事件"，有力推动了治欠保支工作向"根治欠薪"稳步迈进。西藏自治区劳动监察局被评为第九届全国"人民满意的公务员集体"。

（二）调解仲裁工作科学化信息化发展。

仲裁机构建设不断加强，自治区本级和7个地市均设立调解仲裁管理机构，成立劳动人事争议仲裁委员会，5个地市、20个县区成立劳动人事争议仲裁院，区本级、山南市仲裁院实体化建设稳步推进。裁审衔接机制不断完善，建立日常联系、联席会议、信息共享、办案联动协作、疑难复杂案件研讨、庭审互听等制度。实施"互联网+调解仲裁"2020行动计划，区本级在线办案率达到100%，7个地市在线办案率均保持在70%以上。

（三）和谐稳定的劳动关系得到强化。

自治区人民政府办公厅出台《关于改革国有企业工资决定机制的实施意见》等政策举措。开展和谐劳动关系创建示范活动，西藏仁布县达热瓦建设工程有限公司被评选为全国模范劳动关系和谐企业。开展劳务派遣用工专项监督检查，促进劳务派遣市场规范有序发展。

五、人社扶贫精准聚焦，民生担当有力彰显

全区贫困人口转移就业3.9万人，实现劳务收入3.2亿元；有意愿就业的贫困家庭高校毕业生连续4年实现100%就业；34.7万名建档立卡贫困人口享受政府代缴城乡居民养老保险费，人社扶贫为消除绝对贫困贡献了重要力量。

（一）精准制定政策措施。

出台《关于贯彻落实人力资源社会保障部 财政部关于进一步支持"三区三州"等深度贫困地区人力资源社会保障扶贫攻坚工作的实施意见》，从就业扶贫政策资金、农牧民组织化转移就业、职业技能培训等10个方面加大支持力度，人社扶贫政策体系趋于完善。

（二）精准推进就业扶贫。

加强就业岗位开发和就业意愿调研，建立完善岗位供给清单和就业需求清单，为贫困人口和用人单位提供精准就业对接服务。累计发展劳务经纪1 600余个、务工联队1 100余个、劳务合作社1 900余个，实现劳务输出7万余人。开发应用农牧民转移就业实名制信息系统，录入58.47万条转移就业数据，实现了包括贫困人口在内的农牧民转移就业单位、务工收入、就业时间等信息可查询、可跟踪。

（三）精确推进技能扶贫。

锁定培训对象，统筹整合培训资金和资源，以市场需求确定培训方向，推行产教融合、校企合作的"订单定向式"培训模式。下达贫困人口技能培训补助资金7 000万元，其中"订单定向式"培训达30%以上。

（四）精准推进社保扶贫。

落实贫困人口各项参保优惠及代缴补贴政策，进一步提高城乡居民养老保险待遇水平，完成74.16万名建档立卡贫困人口数据比对工作，贫困人口中44.53万人参加了城乡居民基本养老保险，38.05万人享受了政府代缴城乡居民养老保险费优惠政策，6.69万名60周岁以上贫困人口享受了城乡居民养老保险待遇。

（五）精准推进人才扶贫。

将新引进的人才、新录用的机关事业单位工作人员、新招募的西部志愿者和"三支一扶"人员60%以上安排到未脱贫地区，对贫困地区专业技术人员职称考试给予倾斜，努力将贫困地区"无人区"打造成人才的"聚宝盆"。组织实施面向贫困地区专家服务基层项目国家级7个、自治区级9个，涵盖农牧、医疗、科技等领域，培训农村实用人才和专业技术人员800余人。

（六）精准推进定点扶贫。

扎实开展强基惠民活动，组织5个驻村点"两委"班子成员11人，赴拉萨、林芝实地调研考察。驻村工作队走村入户50余次，召开扶贫专项会议36次，各驻村工作队组织贫困人口开展驾驶、装载机、木工等技能培训，投入86.3万元，帮扶项目13个。

六、行风建设纵深开展，自身建设持续加强

深入扎实开展"不忘初心、牢记使命"主题教育，将行风建设融入主题教育之中。人社系统党的建设、思想政治建设、干部队伍建设不断加强，发布人社政务服务事项共159项，清单内事项网上可办率自治区级达到了100%，群众对人社工作的满意度不断提升。

（一）坚持党建引领。

坚持抓政治建设，教育引导党员干部增强"四个意识"，坚定"四个自信"，做到"两个维护"。坚持抓思想建设，持续深入学习贯彻习近平新时代中国特色社会主义思想和党的十九大精神，第一时间启动"不忘初心、牢记使命"主题教育，及时召开动员部署大会，研究制定主题教育实施方案，通过召开专题学习研讨会、举办"人社大讲堂"等方式，丰富学习内容、创新学习方式、增强学习效果。坚持抓组织建设，设立"党员先锋岗""党员示范岗"，进一步激发党员队伍活力。

（二）作风建设取得新成效。

开展不作为、慢作为集中整治，扎实开展解决形式主义突出问题为基层减负工作，精文简会，统筹开展督导调研，为基层松绑减负。组织开展全区人社系统窗口单位岗位练兵比武活动，选拔6名选手代表西藏赴宁波参加全国人社系统练兵比武决赛。全国人社系统服务窗口标兵先进事迹巡回宣讲团到西藏开展事迹宣讲活动，在干部职工中掀起"比学赶超"热潮。持续推进"放管服"改革，开展"互联网+政务服务"，认领发布159项人社政务服务事项，完成无谓证明事项清理。动态调整权责清单，对本年度国务院取消和下放行政许可事项提出衔接落实意见，编制"双随机、一公开"的"一单两库"，进一步健全了事中事后监管机制。

（三）标准化信息化建设迈出重要步伐。

持续加快"互联网+人社"推进进度，积极推进省级集中的业务系统建设，建成了省级集中的人社基础数据支撑平台（微服务总线）、异地就医结算平台、机关事业单位和企业职工社会保险系统、财务业务一体化系统、城乡居民养老保险系统、机关事业单位工资福利系统、就业系统、事业单位人员管理系统等。持续加快推进社保卡发放和应用，逐步实现养老金从社保卡发放。

西藏自治区人力资源和社会保障厅

陕 西 省

2019年，陕西省人力资源社会保障部门以习近平新时代中国特色社会主义思想为指导，在省委、省政府的坚强领导下，坚持稳中求进工作总基调，将党的建设与业务工作同谋划、同部署、同推进、同考核，持续稳就业、惠民生、防风险、促发展，工作成效明显。

一、就业创业

（一）实施就业优先政策。

始终把"稳就业"摆在突出位置，全年城镇新增就业45万人，完成目标任务的121.6%；城镇登记失业率3.23%，低于4.5%的控制指标，就业局势保持总体稳定。印发《陕西省人民政府关于进一步做好稳就业工作的意见》，实施5方面16条政策措施。

（二）统筹抓好重点群体就业。

聚焦高校毕业生、返乡农民工、贫困劳动力、就业困难人员等重点群体，实施"就业政策落实服务落地专项行动"，组织开展精细化分类帮扶。全省登记2019届离校未就业高校毕业生7.33万人，就业6.45万人，实现就业88%。农村劳动力实现转移就业623.1万人。以就业援助月专项活动为引领，帮助就业困难群体尽快就业，失业人员再就业17.34万人，就业困难人员就业6.82万人，818户零就业家庭动态清零。

（三）鼓励创业带动就业。

全省就业培训22.62万人，创业培训6.34万人，超额完成年度任务。新认定省级创业孵化示范基地12个，在批国家级创业孵化示范基地2个，实施百县千镇标准化创业中心创建行动，建成县、镇两级标准化创业中心581个，入选2019年全国地方就业创新事件。16个项目荣获第二届全国创业就业服务展示交流活动"优秀项目奖"，获奖项目数量排位全国第五。优化创业担保贷款政策，降低贷款门槛，开展创业担保贷款政策宣传月活动，全年新增发放创业担保贷款48.4亿元，完成目标任务的110.32%；新建信用乡村111个，完成目标任务的158.57%。

二、社会保障

（一）扩大社会保险覆盖范围。

截至年底，全省基本养老、失业、工伤保险参保人数分别达到2835万人、426万人、577万人，分别净增加68万人、54万人、49万人，失业保险参保扩面工作完成情况居全国首位，城镇职工基本养老保险参保扩面工作完成情况排名全国第二。

（二）实施社保降费政策。

贯彻落实社会保险降费稳岗决策部署，企业直接受益168.74亿元，368万人社保待遇再提升。深入1193家参保企业开展"降费服务千企行"活动，全年减轻企业缴费负担134.8亿元。积极开展"援企稳岗护航行动"，向7135家企业返还失业保险费33.94亿元，惠及企业职工135.98万人，超额完成年度目标任务。

（三）稳步提高社会保险待遇。

企业退休人员基本养老金"15连调"，月人均达到2853元；机关事业单位退休人员第4次同步调整；6大类18个群体社保待遇一并调整，共惠及368万人。

（四）进一步完善社会保险制度。

织密扎牢城乡居民养老保障网，印发《陕西省关于建立城乡居民基本养老保险待遇确定和基础养老金正常调整机制的实施意见》。企业职工养老保险省级统筹制度进一步完善，属全国13个实现统收统支的省份之一。机关事业单位养老保险"中人"待遇计发工作在全国社保局长工作会议上做了交流发言，职业年金市场化投资运营试点工作位列全国第六。失业保险、工伤保险省级统筹工作稳步推进。持续实施全民参保计划，积极做好宗教教职人员参加养老保险工作。

（五）优化经办服务和基金监管。

推行"不见面"社保经办服务，"陕西养老保险"手机App下载量达到5 497万人次，参保、缴费、转移、资格认证等8项功能实现全天候"网上办、掌上办"服务。强化基金保值增值，委托全国社保基金理事会投资运营250.67亿元养老保险基金，2019年年化收益率9.62%，累计收益37.29亿元，走在全国前列。完善社保基金安全风险防控体系，基金监管工作在全国会议上介绍经验。

三、人才人事

（一）面向世界引才聚才。

举办第四届丝绸之路青年学者论坛暨陕西省人才政策展。积极实施人才项目，推荐6人入选国家百千万人才工程，30人入选人力资源社会保障部博士后创新支持计划，6人入选人力资源社会保障部高层次留学人才回国资助支持计划项目。支持10家高校19个学科获批国家级博士后科研流动站，新设博士后创新基地16家。开展系列校园引才活动，面向全国14所"985""211"院校，为全省160多家军工单位和重点国有企业招聘硕士以上人才4 000多名。

（二）健全完善人才服务政策。

持续深化职称制度改革，建立健全符合专业技术人才职业特点的职称制度，分类推进人才评价机制改革。160多名突出贡献人才和引进高层次人才通过绿色通道，采取考核认定方式取得高级职称。发挥表彰奖励的激励导向作用，印发《陕西省评比达标表彰活动管理实施细则》。为1.65万人颁发中华人民共和国成立70周年纪念章。

（三）实施职业技能提升行动。

依托国有大中型企业、技工院校等，围绕企业职工和7类重点群体，大规模开展职业技能培训。发布首批培训机构、工种专业和评价机构目录清单，筹措资金36.64亿元。全年培训26.37万人次，专账资金支出5 058万元，任务完成情况排名全国第七。技工院校招生6.36万人，新增高技能人才5.83万人，均位居全国第五。组织参加第一届全国技工院校创业创新大赛，获奖牌数居全国第五。认真筹备参加第45届世界技能大赛，受到人力资源社会保障部表彰肯定。

（四）事业单位人事制度改革向基层倾斜。

周密开展事业单位公开招聘工作，9个市（区）及省属事业单位参加了公开招聘笔试全国联考，共招聘工作人员20 773名，其中县级以下基层单位招聘15 890人，占招聘总数的76.5%。招募"三支一扶"计划人员325名。推荐2名候选人参加中央宣传部、人力资源社会保障部组织的2019年"最美基层高校毕业生"活动，其中1人入选，1人获提名奖。为省属事业单位招聘高层次紧缺特殊人才1 048人。圆满完成安康市紫阳县事业单位管理岗位职员等级晋升制度试点工作，受到人力资源社会保障部肯定。加强事业单位绩效工资管理，督办保障义务教育教师工资待遇。率先在全国建成人事考试指挥平台，同江苏、广东等5个省份迈入全国第一方阵，人事考试有关工作在全国座谈会上做了经验交流。

四、劳动关系

（一）高位推进根治欠薪。

成立省人民政府根治拖欠农民工工资工作

领导小组。开展根治拖欠农民工工资夏季专项行动和冬季攻坚行动，排查化解工程建设领域以及政府、国企项目欠薪风险隐患。全面落实保障农民工工资支付制度，畅通投诉举报维权渠道，对侵害农民工合法权益行为实施联合惩戒，全年向社会公布重大劳动保障违法行为103件，认定拖欠农民工工资"黑名单"信息80条，查办欠薪案件数、涉及人数、金额同比分别下降19%、54.3%、42.9%。清理整顿人力资源市场秩序专项执法行动工作受到人力资源社会保障部、国家市场监管总局通报表扬。

（二）构建和谐劳动关系。

发挥省协调劳动关系三方委员会作用，劳动关系领域重大风险基本可控。全省10家企业和1个工业园区被人力资源社会保障部、全国总工会表彰为全国模范劳动关系和谐企业。组织承办"全国模范劳动关系和谐企业巡回演讲（陕西站）"活动，受到人力资源社会保障部的肯定和表扬。持续推进"互联网+调解仲裁"工作，咸阳、铜川、延安、安康被列为全国首批试点城市，陕西作为7个省市之一，在全国推进会上做交流发言。健全完善职工工资决定和正常增长机制，发布2019年度企业工资指导线，调整提高最低工资标准，一类区每月1 800元，位于全国第14位。

五、政务服务

"四位一体"推进"放管服"改革、优化营商环境、"互联网+政务服务"和加强行风建设工作。成立"一网通办"工作专班，分级分类分步梳理人社系统政务服务事项，开展"清、减、压"专项行动，省级政务服务清单事项网办率达到96%；取消136项证明事项，精简43%；48项高频事项实现全省通办。指导市县做好涉及人社领域行政审批事项相对集中改革工作，落实自贸区"证照分离"全覆盖试点。"一网通办"年度任务圆满完成，入选国务院办公厅"放管服"典型案例。建成人社政务服务网，实现与陕西省政府门户网站互联互通。加快推进社保卡更新换代，制发社保卡2 890万张，第三代社保卡在4个市试点发放，电子社保卡在"陕政通"、陕西人社、合作银行App以及"陕西省政务服务网"等20多个渠道开通了应用。提升12333电话服务能力，综合接通率从66.55%提高到81.3%。在124个经办机构、近600个经办窗口开展岗位练兵比武竞赛，窗口单位经办服务能力大幅提高。全省12个集体和5名同志获评全国人社系统2017—2019年度优质服务窗口和先进个人。

六、扶贫工作

始终把决战脱贫攻坚作为重大政治任务，实施精准就业扶贫。按照"全员参与，尽锐出战，县分三类，全面包抓"原则，包抓56个贫困县，精准指导基层就业扶贫工作。全年扶持农村贫困人口实现转移就业42.98万人，累计121.8万人；新建社区工厂526家，累计达到1 073家，1.31万名贫困劳动力实现"楼上居住，楼下上班"。全年共为49.5万名贫困群众缴纳城乡居民养老保险费2 965.4万元，建档立卡贫困人口实现了应保尽保。紫阳县技能培训就业扶贫模式，被联合国粮农组织等7家国际权威机构评为"全球首批100名最佳减贫案例"。丹凤县顺利脱贫摘帽、阳阴村实现脱贫出列。

七、党建及法治工作

以党的政治建设为统领，全面加强机关党建工作，领导班子和干部队伍建设全面加强。始终把学习贯彻习近平新时代中国特色社会主义思想作为首要政治任务，坚持"两学一做"学习教育，扎实开展"不忘初心、牢记使命"主题教育，党员干部思想政治受到深刻洗礼。认真开展"讲政治、敢担当、改作风"专题教育和纪律教育。以庆祝中华人民共和国成立70周年为契机，举办"爱祖国、讲奉献、敢担当"主题演讲和"人社服务标兵"先进事迹宣讲。大力弘扬宪法精神，切实增强宪法意识。开展"12·4宪法宣传周"系列活动，牵头组织完成2019年度陕西省人民政府任命的82名国家工作人员向宪法宣誓仪式。全面梳理现行有效规范性文件，将其中公开发布的516份文件汇编成册，印发全省各级人社机构。优化升级陕西人社政策法规数据库，向社会公众提供更加优质、高效、便捷的政策法规综合查询服务。组织4.3万人参与全国人社法治知识网络答题活动，成功举办全省人社法治知识竞赛，共有62万人通过网络直播观看决赛，创凤凰网直播收视率新高。组队集训参加全国人社法治知识竞赛，获竞赛优秀奖。

陕西省人力资源和社会保障厅

西 安 市

2019年，西安市人力资源社会保障系统以习近平新时代中国特色社会主义思想为指导，全面贯彻党的十九大和十九届二中、三中、四中全会精神，坚持稳中求进工作总基调，坚持民生为本、人才优先，紧扣"追赶超越"和"五个扎实"要求，着力抓重点、补短板、强弱项、稳预期，确保就业局势稳定，深化社会保障制度改革，加强人才人事工作，构建和谐劳动关系，扎实推进人社扶贫，坚持不懈全面从严治党，持续优化行风作风。

一、就业局势稳中提质

坚持把"稳就业"作为重大政治责任，坚定不移实施就业优先战略。截至年底，全市城镇新增就业16.1万人，城镇登记失业率为3.27%；发放创业担保贷款5.8亿元，激发了市场活力，稳定了就业岗位。

（一）政策体系进一步充实完善。

印发《关于做好当前和今后一个时期促进就业工作的通知》，提出包括支持企业稳定就业、鼓励创业带动就业等5个方面25条扶持重点群体就业创业的政策措施。印发《关于实施西安市三年万名青年就业见习行动计划的通知》，将见习人员范围由离校未就业高校毕业生扩展到16~24岁失业青年，见习期限放宽到3~12个月。出台2019年就业奖、留才奖操作细则，细化社保补贴、创业贷款贴息及奖补政策等。全年全市就业资金支出4.5亿元，7.7万人享受到各类就业补助政策。

（二）就业困难群体援助力度加大。

出台公益性岗位开发管理办法，强化政府对就业困难人员的兜底制度性保障。持续开展常态化的就业援助活动，在全市范围内组织开展就业援助月专项活动，走访就业困难人员和零就业家庭3163户，帮助984名就业困难人员实现就业。举办128场次"2019春风行动"专场招聘会，提供公共就业创业服务9.8万人次。首次组织举办退役军人及未就业随军家属专场招聘会。

（三）青年群体就业创业扶持力度加大。

出台《西安青年就业启航计划》，组织开展以"相约新西安、放飞新梦想"为主题的大学生开学季系列活动，举办"2019西安大学生开学盛典"。举办10场"'西'纳英才、'安'心乐业"大型巡回招聘会，累计组织2454家单位提供就业岗位8.8万个。扶持青年群体创业，推进新建一批创业孵化基地、树立一批创业典型。截至年底，认定创业孵化基地70家，其中全国示范基地5家、省级示范基地23家；评选出10名"2019西安市创业明星"，奖励标准由1万元提升至3万元。组织"雁归西安"返乡农民工创业服务活动，举办西安第四届大学生求职大赛、"2019大学生创客节"。

二、社会保障惠企利民

全面实施全民参保计划，全力推动社会保障体系改革。截至年底，全市参加城镇职工养老保险438.5万人、机关事业单位养老保险27.6万人、城乡居民养老保险248.1万人、失业保险218.6万人、工伤保险264.8万人。

（一）减轻企业社会保险负担。

印发《关于做好降低社会保险费率工作

的通知》，贯彻落实国务院办公厅、陕西省政府办公厅文件精神，自5月1日起，城镇职工基本养老保险单位缴费比例由20%降至16%；失业保险费率继续执行1%，延长阶段性降低费率期限至2020年6月30日；自5月1日起，继续实施阶段性降低工伤保险费率至2020年6月30日，工伤保险费率以现行基准费率为基础下调50%。自1月1日起，调整社会保险缴费基数政策和就业人员平均工资计算口径。据统计，全市累计为参保单位减负40.4亿元，其中养老保险29.2亿元、失业保险7.6亿元、工伤保险3.6亿元。

（二）扎实推进失业保险支持企业稳定发展。

7月实施失业保险稳岗返还。对不裁员或少裁员的参保企业，返还其上年度实际缴纳失业保险费的50%；对面临生产经营困难且恢复有望、坚持不裁员或少裁员的参保企业，返还标准按6个月的本市月人均失业保险金和参保职工人数确定。截至年底，已审批3 626家企业稳岗返还，涉及资金12.1亿元；审批困难企业267家，返还资金9.7亿元；发放到位9亿元，其中困难企业已发放6.7亿元。同时，放宽技能提升补贴申领条件，鼓励职工提升技术技能水平。截至年底，技能提升补贴累计审核通过9 769人次，拨付7 204人次1 136.9万元。

（三）稳步提高社会保险待遇水平。

连续4年同步调整企业和机关事业单位退休人员养老金水平。企业退休人员基本养老金实现15连涨，平均涨幅约5%，月人均基本养老金达2 946元。城乡居民基本养老保险标准调整为每人每月168元。失业保险金标准统一为1 620元/月。调整工亡补助金、伤残津贴、抚恤金、护理费以及事业单位原因公伤残人员残疾抚恤金等工伤保险待遇标准。对4—6月正在享受失业保险待遇的13 639名失业人员，按每人每月30元标准发放价格临时补贴。

（四）社会保险经办服务不断优化。

上线失业保险金网上办理和自主一体机查询办理服务系统，实现失业保险金"畅通领"。城乡居民基本养老保险待遇年检工作通过手机客户端办理。失业动态监测企业样本不断优化，监测企业达500家涉及68万个岗位数据。

（五）社保基金监督不断完善。

开展社保基金管理风险专项检查和社保基金管理风险警示教育活动，规范企业职工养老保险基金欺诈冒领等问题查处，加强社保基金非现场监督力度。核查城乡养老保险死亡冒领及重复领取6次，查实859人，追回211.7万元。

三、招才引智成效显著

始终把人才资源作为第一资源，创新理念、拓宽渠道，努力引进培养更多人才。组织"'西'纳英才、'安'心乐业"巡回招聘活动10场、事业单位高水平大学巡回招聘7场，赴16城31所高校举办35场引才招聘推介宣讲活动，举办第三届中国西安留学回国人才招聘节、高端人才西安行、西安海归人才暨博士硕士研究生专场招聘等活动。截至年底，新审批人力资源服务机构634家，从业人员1.2万人；累计认定D类人才11 046人、E类人才37 775人；新设立7家博士后创新基地，新聘任15名招才大使、16名引才特使，设立首批西安海归人才驿站3家；引进培养各类人才37.73万人。

（一）高层次人才队伍建设不断强化。

增设博士后创新基地7家，引进博士13位。落实"放管服"改革，向区县和市级有关部门下放本区域、部门档案托管人员中、初级职称认定权限，向大型企业下放高、中级职称和高、中级技能人才评审权，鼓励行业协会等社会力量参与人才评价工作。组织专家智力帮扶，先后组织35名医疗、农业、教育、科技类专家赴区县开展35场培训服务活动，培训4 711人。深入推进D类、E类人才分类认定，完成D类、E类人才认定系统升级。截至年底，全市新增认定D类、E类人才48 821人。

（二）全面推进职业技能提升。

印发《职业技能提升行动实施方案（2019—2021年）》，计划3年间开展各类补贴性职业技能培训18万人次以上，其中2019年补贴性培训5.5万人次以上。力争到2021年底，技能劳动者占就业人员总量的比例达到25%以上，高技能人才占技能劳动者的比例达到30%以上。截至年底，实际开展职业技能培训58 786人，其中就业培训41 220人、创业培训15 057人、岗位技能提升培训2 177人，建档立卡贫困劳动力职业技能培训332人。连续第3年举办"西安十佳工匠之星暨西安工匠"评选活动，评选出90名西安工匠和10名西安十佳工匠之星。评审出5家西安市高技能人才基地、5家技能大师工作室和10名首席技师。

（三）事业单位人事管理更加规范。

开展岗位分级聘用调研，全面签订聘用合同，依法规范事业单位人事管理工作。适度调整专业技术人员比较集中的单位中、高级岗位的结构比例，打通专业技术、工勤与管理岗位之间的转岗聘用通道。有序推进事业单位分类招聘，为各类事业单位招聘工作人员4 033人，其中市级单位888人、区县2 723人、开发区管委会及公办学校422人。首次参加人力资源社会保障部全国统一命题联考，计划招聘2 307人，6万余名考生报名。组织开展高层次急需紧缺特殊人才招聘、校园招聘、县及县以下医学类本科毕业生定向招聘、博士专项招聘、用人单位自主招聘、开发区管委会招聘等，多种渠道进行人才补充。出台《关于进一步深化中小学、幼儿园人事制度改革的通知》，从2020年开始，赋予教育事业单位更多的招聘自主权、专业技术岗位设置权和更加灵活的招聘方式。

四、劳动关系稳定和谐

全年市人力资源社会保障局共查处欠薪案件724起，为1 489名劳动者讨回工资1 360万元，同比分别下降21%、19.3%和22.5%，连续3年实现"三下降"。向公安机关移送涉嫌拒不支付劳动报酬罪案件77起，依法申请法院强制执行124件，公布3批18个恶意欠薪典型案例和11家欠薪"黑名单"，保持了根治欠薪问题的高压态势。全市已有1 287个项目、18.9万名农民工纳入实名制管理平台，项目上线率、农民工在线率分别达到84.1%、92.5%。全市全年未发生因拖欠农民工工资引发的50人以上群体性事件或造成严重后果的极端事件。

（一）积极构建和谐劳动关系。

以市三方委员会名义召开全市构建和谐劳动关系工作先进表彰暨经验交流会，对78家劳动关系和谐企业和1家和谐工业园区进行了表彰。陕鼓动力、市公交总公司等5家单位获得全国模范劳动关系和谐企业称号。

（二）稳妥推进集体协商机制建设。

截至年底，已建工会企业已签订2.7万份工资专项合同，涉及95.3万职工。启动为期3年的集体协商"稳就业促发展构和谐"行动计划，明确集体协商建制率和专项集体合同具体标准。全市已建工会企业集体合同签订率达到91.67%。

（三）不断强化企业用工指导服务。

加强国企工资决定机制建设，印发《关于贯彻落实省政府关于改革国有企业工资决定机制实施意见的通知》。规范完善企业薪酬调查和信息发布制度，引导企业合理确定工资水平。规范企业薪酬调查信息发布，发布部分职位工资指导价位和人工成本以及2019年工资指导线意见，适时调整最低工资标准。从5月起，最低工资标准地区类别从四类调整为两类，月最低工资标准由1 680元/月提高到1 800元/月。

五、人社扶贫工作扎实推进

印发《打赢人力资源社会保障扶贫攻坚三年行动实施方案》，提出到2020年确保其劳动力有就业意愿的贫困家庭至少1人稳定就业创业，有就读技工院校意愿的建档立卡贫困家庭"两后生"都能接受技工教育；贫困人口基本养老保险实现全覆盖，新开工工程建设项目工伤保险参保率达到90%以上，贫困地区符合条件的失业人员应保尽保，基层经办服务能力明显提升，落实各项社会保险待遇；人才人事服务支撑贫困地区脱贫能力显著增强。还重点提出全力推进精准就业扶贫、持续推进技能扶贫、加强社会保险扶贫、加大人才人事扶贫力度，突出加强周至县扶贫工作以及加强脱贫攻坚工作组织保障等具体措施。印发《2019年就业扶贫六项工程行动方案》，狠抓就业创业帮扶和问题整改等重点工作。推进苏陕劳务协作，先后两次赴苏州对接，并与苏州联合举办6场就业扶贫专场招聘会。推进与陕南三市对口帮扶工作，从劳务协作、技能培训、权益维护三个方面强化深度合作。开展以"工伤保险走进扶贫车间"为主题的普法宣传活动。组织医疗、农业、教育、科技专家以及特贴专家到帮扶村开展扶贫活动。

截至年底，全市实现贫困劳动力转移就业4 685人，贫困劳动力创业127人，贫困劳动力技能培训1 774人。新建就业扶贫基地10家，新建社区工厂14家。贫困人员城乡居民基本养老保险实现应保尽保、参保扩面任务清零。已参保的60岁及以上贫困人员待遇全部发放。

六、行风建设有序推进

不断深化行政效能革命，"一网通办"事项达到100项，办事指南准确率达95%以上，"网上可办"率97%，"最多跑一次"占比96%，43项办事项实现全省或全市通办。做实做优实体服务大厅，持续开展"技能大练兵""作风大整治"活动，着力为企业和群众提供"五星级"服务。加强干部队伍作风建设，常态开展督导检查，对全市系统窗口单位进行明察暗访，进一步净化了风气。

西安市人力资源和社会保障局

甘 肃 省

2019年，甘肃省人力资源社会保障系统以习近平新时代中国特色社会主义思想为指引，全面贯彻党的十九大和十九届二中、三中、四中全会精神，深入落实习近平总书记视察甘肃重要讲话和指示精神，认真落实省委、省政府各项重大决策部署，坚持稳中求进工作总基调，牢固树立以人民为中心的思想，紧盯脱贫攻坚任务，聚焦绿色发展崛起，深化改革创新支撑，坚持目标导向和问题导向，提高站位，突出重点，兜牢底线，强化保障，扎实推进各项工作。

一、就业

（一）就业目标任务全面完成。

全年全省城镇新增就业39.22万人，完成年度计划任务的103.2%，其中失业人员实现再就业16.2万人，就业困难人员实现就业5.95万人；城镇登记失业率3%，低于4%的年度控制目标。输转城乡富余劳动力518.5万人，完成年计划的104%，创劳务收入1 167.7亿元，完成年计划的104%。

（二）高校毕业生就业。

甘肃生源应届高校毕业生总计14.7万人，年底未就业1.03万人，应届高校毕业生就业率为93%，与上年相比提高0.2个百分点，高校毕业生就业总体稳定。统筹实施"三支一扶""特岗教师""西部计划"等基层服务项目，通过统一发布公告、统一组织考试，引导6 574名高校毕业生到基层服务。采取省财政适当补贴、毕业生与用人单位双向选择的方式，支持1万名未就业普通高校毕业生到省内战略性新兴产业骨干企业、十大绿色生态产业企业和市县所属的其他企业以及经营管理规范的新型农业经营主体就业。政策资金扶持的企业共计2 610家，其中绿色生态企业222家，新型农业经营主体111家。为3.5万余名符合条件的省内应届高校困难毕业生，在离校前每人发放1 000元求职创业补贴。

（三）城镇企业就业。

实施社保降费政策，切实减轻企业负担，促进全省经济持续健康发展。认真贯彻落实《甘肃省降低社会保险费率综合实施方案》，从2019年5月1日至2020年4月30日，企业职工养老保险单位缴费比例由19%下调至16%，工伤保险全省平均缴费率降至0.7%，失业保险继续执行阶段性降低费率政策。全省企业职工基本养老、工伤、失业保险共降费减负42.13亿元，其中企业职工基本养老保险为企业降低成本31亿元，惠及4.66万家企业；工伤保险累计为各类企业减负1.43亿元，惠及3.56万家企业；失业保险减少用工单位成本9.7亿元，惠及4.9万家企业。实施失业保险援企稳岗"护航行动"和支持参保职工技能提升"展翅行动"，全省稳岗补贴惠及职工82.55万人，享受补贴的企业4 175家，稳岗补贴支出6.28亿元。

（四）创业带动就业。

切实发挥创业扶持资金作用，积极推进创业孵化基地建设，加大创业担保贷款支持力度，激发全社会创业创新活力。全省新发放创业担保贷款32.63亿元，同比增长28.21%，吸纳带动就业6.06万人。全省累计建成省级创业就业孵化示范基地（园区）127家（国家级创业孵化基地3家），吸纳带动就业7万余人。省级创业带动就业扶持资金年投入7 000万元，对符合条件的创业对象给予扶持。为全省2.79万名个人、2 937名高校毕业生、859名建档立卡贫困人口、140家小微企业新发放创业担保贷款。农民工返乡创业取得新成效，认定30家企业（单位）为省级农民工返乡创业示范基地；确定白银市靖远县、临夏州和政县等7个县区为省级农民工返乡创业示范县，给予1 000万元资金扶持，全省返乡创业示范县总数达到22个。

（五）富余劳动力输转就业。

着力加强劳务输转供给和需求对接，多措并举优化供给服务，全省共输转城乡富余劳动力518.5万人（任务数500万人），其中有组织输转381.3万人，有组织输转率为73.5%；创劳务收入1 167.7亿元，完成年计划1 120亿元的104.3%，比上年同期增长5.2%。其中，输转建档立卡劳动力116.9万人，创劳务收入236.2亿元（建档立卡未脱贫贫困劳动力19.4万人，创劳务收入43.9亿元）。

（六）提升职业技能培训。

报请省政府办公厅印发《职业技能提升行动实施方案（2019—2021年）》，对今后3年全省职业技能培训作出整体规划。举办了全省职业技能提升行动专题培训班，对实施方案、资金使用和报表制度等进行解读，确保行动落地见效。印发《关于公布甘肃省重点产业职业培训需求、职业资格指导目录（2019）的通知》，开展有针对性的职业培训和职业资格鉴定工作。全年全省共完成职业技能培训42.84万人，完成年度目标任务32万人的133.9%。会同省扶贫、农业农村、教育、妇联等部门和组织制订实施培训计划，紧盯就业去向和个人需求设立培训项目，因人、因产、因岗施培，强化实操培训，全面提高培训的针对性和有效性。全省享受技能提升补贴5 570人，技能提升补贴支出1 045.15万元。

（七）公共就业服务。

制定出台《关于推进全方位公共就业服务的实施意见》，积极推进全方位公共就业服务。在全省组织开展"春风行动"和民营企业招聘周等公共就业服务活动，帮助城乡劳动者就业创业。省人力资源市场共举办各类人才招聘会141场次，累计提供就业岗位37.67万个，达成意向性就业协议10.05万份。对全省失业动态监测企业样本进行了优化，涉及18个行业、67.3万名职工，全年未发生Ⅲ级以上失业预警警报。

（八）就业援助。

出台《甘肃省就业政策落实服务落地专项行动实施方案》，聚焦高校毕业生、农民工、退役军人、就业困难人员等重点群体，认真落实职业培训补贴、就业见习补贴、求职创业补贴、一次性创业补贴、社会保险补贴、创业担保贷款、税收优惠等政策，稳定重点群体就业。采取针对性帮扶措施，积极为就业困难群体提供各项就业创业服务，不断加大就业援助力度，确保零就业家庭动态消零。全年共帮助16.2万名失业人员和5.95万名就业困难人员实现就业。

二、人才人事

（一）专业技术人才队伍建设。

向人力资源社会保障部推荐37名高层次人才入选"享受国务院政府特殊津贴专家"，推荐上报"百千万人才"工程候选人13人、入选3人。对新入选的享受国务院政府特殊津贴专家，给予一次性4万元奖励（其中国家奖励2万元，省配套奖励2万元）。积极推进省领军人才队伍建设，修订《甘肃省领军人才队伍建设实施办法》，组织开展省领军人才聘期考核工作，与续聘、补选的868名省领军人才签订目标责任书，对考核为优秀等次的51名省领军人才分别兑现一次性10万元、20万元奖励。开展2019年甘肃省领军人才补充选拔工作，计划补选100名左右。遴选确定1 832人为2019年度享受甘肃高层次专业技术人才津贴人员，落实每人每月1 000元津贴待遇。继续为在甘"两院"院士、省领军人才、省属高校博士生导师分别按月落实津贴待遇，积极做好服务保障工作。

（二）事业单位人事制度改革。

推进事业单位人事管理规范化，与省委组织部联合印发《关于省直事业单位引进高层次和急需紧缺人才相关工作的补充通知》，全面梳理政策，废止与省委引进高层次人才改革举措不相符的政策文件，对外公布服务事项，优化业务流程，积极推进网上办理，努力提升服务水平。加强岗位管理和公开聘用，完成75家省直事业单位招聘公告发布，计划招聘2 229人；共为963家（次）省直事业单位的9 493人办理了人员聘用备案手续，兑现岗位待遇。圆满完成人事考试工作，考试安全制度建设和风险防控进一步强化。

（三）职称评审。

全面落实习近平总书记对"特殊人才要有一些特殊政策"的重要指示精神，分19批对甘肃省做出重大贡献的特殊人才进行评价，111人获得高级职称。建成"甘肃省职称申报评审管理信息系统"，是继江西之后全国第2个实现申报、评审、电子证书一体化的省份，促进了职称科学化、规范化管理。制定出台全省有效评价条件标准39个。完成2019年度基层高级职称单独评审工作，8 204人获得高级职称，其中正高242人、副高7 962人。专门安排针对乡村教师的职称评审，印发《关于在全省中小学教师系列中专门开展一次乡村教师职称评审工作相关事项的紧急通知》，对"乡村教师从教20年以上的评聘中级职称和从教30年以上的评聘高级职称不受指标限制"人员专门安排职称评审，7 362人获得高级职称，4 132人获得中级职称。为深入贯彻落实习近平总书记民营企业座谈会重要讲话精神及关于"快递小哥"的重要指示精神，首次设置快递工程专业，确定职称专业主管部门，核准组建评审机构，制定出台评价条件标准，有402名"快递小哥"获得职称。进一步下放事业单位岗位管理、公开招聘、年度考核等多项权限，按照"零门槛""零障碍"的要求，实行服务事项限时办结和承诺制。

三、工资收入分配

（一）工资制度改革。

全省改革国有企业工资决定机制工作稳步推进，各市州、有关单位均已出台实施方案和管理办法。印发《关于做好2018年度省属国有企业负责人薪酬审核工作的通知》，依据标准规范企业负责人薪酬，同时按照《甘肃省省属国有企业负责人薪酬管理监督检查办法》的规定，加强实施过程和兑现结果的监督检查。发布企业在岗职工工资增长调控目标，调整后的企业货币工资增长上限为12%，下限为4%，基准线为7%。

（二）城镇居民收入。

全年全省城镇居民人均可支配收入32 323.4元，同比增长7.9%，完成7%的年度增长目标。建立企业薪酬调查和信息发布制度。全面完成扩大公立医院薪酬制度改革试点工作，统筹考虑各市州经济发展水平、财政保障能力、公立医院规模、医疗医技服务水平、绩效工资实施情况等因素，全省试点公立医院初步建立以公益性为导向的考核评价机制和薪酬分配机制，在酒泉市探索出适合自身特点的基础上，逐步构筑起维护公益性、调动积极性、保障可持续性的运行新机制。将乡村教师乡镇工作人均月补助标准提高到不低于400元，按照"以岗定补、合理分档、在岗享受、离岗取消"的办法，乡村教师实际月工资收入水平高于同职级县市区教师月工资水平近1 000元。离退休（职）人员基本养老金和失业保险、工伤保险待遇均有不同程度提高。

四、劳动关系

（一）根治欠薪工作。

认真贯彻落实习近平总书记关于根治欠薪问题的重要指示批示要求和李克强总理的批示要求，以实现农民工工资基本无拖欠为主线，坚持把功夫下在平时，督促各地各部门和用人单位切实履行主体责任，强化源头治理，完善长效机制，加大惩戒力度，全省拖欠农民工工资案件、涉及人数、拖欠工资总额同比分别下降35.7%、75.6%、75.8%，2018年考核被评为B级。省政府成立了根治拖欠农民工工资工作领导小组，省联席会议成员单位严格按照工作责任制的要求，重点对各包保市州排查欠薪隐患苗头、检查政府投资项目工资支付、查处历史欠薪存量案件等工作开展情况跟进掌握，督促各地按照《专项行动方案》要求，完成工作任务。以工程建设领域和政府投资工程项目为重点，组织开展"夏季专项行动"和"冬季攻坚行动"，对各类在建工程项目及已竣工但仍存在欠薪的工程项目进行全面核查，依法处置拖欠农民工工资违法行为，实施信用惩戒，严厉打击拒不支付劳动报酬犯罪行为。加大对重点欠薪案件的督办盯办，督促省广电网络公司于底前分三批支付农民工工资8 332万元，涉及农民工7 204人次，这一涉及市州最多、拖欠金额最大、风险隐患最高的欠薪问题得以解决。向社会公布拖欠农民工工资重大违法案件52件，将18家企业列入拖欠农民工工资"黑名单"。

（二）和谐劳动关系创建。

积极推进和谐劳动关系创建活动，甘肃路桥建设集团有限公司、中铁二十一局集团有限公司、甘肃扶正药业科技股份有限公司、金微酒股份有限公司和甘肃嘉峪关工业园区荣获全国模范劳动关系和谐企业称号，为全省企业园区树立了榜样。进一步完善劳动合同制度实施，全省劳动合同签订率93.1%，企业集体合同签订率84.2%。14个市州劳动用工备案工作成效明显，备案单位3 911家，涉及劳动者10.22万人。

（三）劳动人事争议调解仲裁。

加强调解仲裁多元处理机制建设，依法公正及时处理争议、化解风险。全年全省共处理劳动人事争议案件9 441件，同比增长22.8%，仲裁结案6 623件，结案率98.7%；仲裁调解3 415件，基层调解组织调解2 124件，调解成功率62.3%；仲裁结案率、调解成功率分别高出人力资源社会保障部提出的目标要求8.7个、2.3个百分点。

五、社会保障

（一）社会保险参保扩面。

全面实施全民参保计划，加强与就业促进工作对接，精准扩面，努力做到应保尽保。全年全省参保登记入库总人数2 718万，入库率98%。人力资源社会保障部下达甘肃当年养老保险入库任务55万人，实际完成66.28万人，完成率121%。推动按工程建设项目参加工伤保险工作，做好机关事业单位工作人员参加工伤保险工作。全省城镇职工基本养老、失业、工伤保险参保887万人次，城乡居民基本养老保险参保1 372.56万人。

（二）社会保障制度改革。

推动建立城乡居民基本养老保险待遇确定和基础养老金正常调整机制，督促指导各地出台实施方案。积极落实社会保险费征管职责划转税务部门工作，14个市州、矿区、省直五险合一和省城乡居民养老、省机关事业单位养老等19个系统数据全部完成移交，行业养老保险数据按照原始数据通过介质拷贝进行移交，累计移交数据1.03亿条。省政府办公厅印发《甘肃省规范企业职工基本养老保险省级统筹制度实施方案》，明确自2020年7月1日起，在全省实施企业职工基本养老保险"七统一"的工作任务。落实工伤保险基金省级调剂金制度，为武威、金昌、嘉峪关调剂工伤保险基金6 900万元，解决了3市基金缺口问题。加快便捷化社保经办服务体系建设，简化优化社保经办服务，全面开展证明事项告知承诺制试点和推广运用，深入推进社保政策"看得懂、算得清"。

（三）社会保障待遇调整。

继续调整提高各项社会保险待遇水平。其中，离退休（职）人员基本养老金平均增幅5.1%，人均月增加基本养老金131元。居民基础养老金月最低标准提高到103元。将失业保险金标准一次性提高至最低工资标准的90%，月均达到1 391元。工伤保险月人均伤残津贴达到3 045元，生活护理费和工亡职工供养亲属抚恤金也同步调整。调整机关事业单位退休（职）人员基本养老金29.84万人，人均月增加190.75元，采用新办法计发待遇2.2万人。

六、人社扶贫

（一）就业扶贫。

制定印发《2019年甘肃省精准扶贫劳动力培训实施计划》，分类精准施策，因人因产因岗施培，对农业从业人员开展养殖、种植等实用技术培训，对居家妇女开展手工编织、农家乐经营等居家就业培训，对有创业意愿且具有一定基础的劳动力开展产业经营、商业营销等创业培训，对外出务工人员开展电工、电焊、汽修、家政服务等就业技能培训。推进培训输转一体化，依托当地龙头企业开展农业实用技术培训，依托用人单位开展就业技能培训，依托东西部扶贫劳务协作开展定向定岗培训，培训期间同步跟进开展技能鉴定上门服务。将建档立卡贫困劳动力培训补助纳入财政专项扶贫资金列支范围，及时落实各类培训补贴。全省用于劳动力培训资金共计3.07亿元，其中就业补助资金和失业保险结余资金支出1.4亿元，扶贫资金1.67亿元。

多措并举提高劳务组织化程度，组织开展"春风行动"、就业援助月等公共就业服务活动，积极发挥劳务派遣公司、中介机构及经纪人和带头人队伍作用，开展有组织输转。促进贫困家庭劳动力就地就近输转，兑现奖补政策，鼓励企业等各类经济组织吸纳建档立卡贫困劳动力就业，全年累计兑现奖补资金5 507.75万元，涉及企业1 825家。

大力推进扶贫车间建设，引导扶贫车间规范发展。采取多种方式扶持创办，通过引导本地企业创建、各类龙头企业到村创办、争取东部对口协作市企业创办、鼓励返乡创业农民工创办等，稳步扩大规模。同时鼓励多领域多业态发展，既注重扶持创办特色农产品加工、手工工艺等扶贫车间，又鼓励结合当地产业基础，积极创办来料加工、工业产品零部件加工、商贸物流、营销服务等扶贫车间，不断延伸当地扶贫产业链。对吸纳贫困劳动力人数和稳定就业时间达到一定条件的给予奖补，共落实财政奖补资金2 046万元。全省新增扶贫车间1 263个，累计达到1 982个，吸纳建档立卡贫困劳动力3.34万人，在扶贫车间就业的贫困劳动力年收入可达2万元以上。

深入开展东西部扶贫劳务协作，认真落实年度东西部扶贫协作责任书，完善协作机制，强化跟踪服务，累计向天津、福州、厦门、青岛帮扶四市输出建档立卡贫困劳动力6 983人（年度目标为3 170人），通过引导对口帮扶市创办扶贫车间、开发公益性岗位等方式，就近就地输转建档立卡劳动力5.17万人（年度目标为3 335人）。累计与东部四市签订劳务协作协议50份，建立59个劳务工作站。

积极开发乡村公益性岗位，制定《2019年开发乡村公益性岗位实施细则》，拨付省级补助资金1.2亿元，全省共开发乡村公益性岗位12 259个，完成年计划的122.6%，其中省级补助资金开发5 000个，市县配套开发7 259个。全省乡村公益性岗位累计达到4.9万个。同时，组织实施全省乡村公益性岗位补贴资金"一卡通"管理专项治理，对发现违规使用的及时予以纠正，督促各地将岗位补贴发放方式由个人银行账户全部调整到"一卡通"账户。

（二）社保扶贫。

对做好建档立卡贫困人口等困难群体参加城乡居民基本养老保险数据核实比对、清零见底和参保冲刺清零行动等作出安排，用3个多月时间，实行日调度通报制度，加强与扶贫、民政、公安等部门的实时数据核实比对，做好动态参保清零工作，确保实现应参尽参。继续对贫困人口保留最低100元的缴费档次并由政府代缴，确保实现应代尽代；对年满60周岁的建档立卡贫困人口、低保对象、特困人员，及时纳入养老待遇发放范围，按时足额发放养老金，确保实现应发尽发。全省困难群体实际参保纳入人数524.69万人，其中实际代缴人数418.88万人（含建档立卡贫困劳动力341.95万人），代缴总金额4.15亿元。实际享受待遇的各类困难群体110.7万人，其中建档立卡贫困人口85.93万人。

（三）人才扶贫。

鼓励人才向基层贫困地区流动，全省52名县及以下贫困地区基层专业技术人员享受甘肃高层次专业技术人才津贴待遇。制定《关于加强和改进全省卫生健康人才引进工作的通知》，为基层医疗卫生机构引进急需紧缺人才开辟绿色通道。推动特殊人才职称特殊评价，18名基层专业技术人员取得职称资格并全部落实聘用岗位。鼓励专家服务基层，依托人力资源社会保障部"万名专家服务基层行动计划"，组织4期专家服务团，选派省内外30余名专家赴甘南、临夏、庆阳等贫困地区基层开展技术帮扶活动，为地方培训专业技术人员600余名，有效帮助基层解决发展技术难题。依托东西部扶贫协作，协调天津市组织专门针对甘肃省的高级研修班1期，选派70名专业技术人员参训。

七、行风建设

深入推进人社系统"一网一门一次"改革，现有6项行政审批项目全部入驻省政府政务大厅实行集中受理、统一办结，全部实行网上公开办理。梳理全省人社系统权责事项，编制形成了《省人社厅权责清单》（共85项）和《全省人社系统权责清单指导目录》（共101个主项168个子项）。分两批取消102项规范性文件设定的证明材料，并及时向社会公布。按照全程网上申请、网上办理的举措，积极推行人社"不来即享"服务，25项重点事项实现"不来即享"、45项事项实现"只跑一次"。开发了人事代理档案管理系统，推进"平行窗口"和"一站式"服务。全省22项专业技术人员职业资格考试实现"一网通办"，同时实行资格证书网上受理补办制度。建立全省首个智能化人才招聘服务平台，为用人单位和求职者提供信息化就业服务。完善"双随机一公开"抽查机制，制定《甘肃省劳动保障监察推广随机抽查规范事中事后监管工作实施方案》。积极开展"互联网+监管"行动，认领了21项全省人社领域监管事项，编制了6项检查实施清单。完成全省886家人力资源服务机构年度报告的上报汇总工作。人社信息化建设积极推进，建成全省统一的人社网上办事大厅，与省政府政务服务网、"大就业"信息系统、社保信息系统等实现对接，实现统一用户登录、统一事项名称、统一办件反馈。顺利完成省政府数据共享平台接入工作，按时完成2019年省直单位数据共享责任清单任务，完成省集中社保信息系统与省市场监管局系统的接口对接，实现企业注销信息共享和注销业务"一网办理"。进一步完善社会保险信息系统，社会保险公共服务平台实现与国家对接，全省社保卡持卡人数达2540万人，完成人力资源社会保障部下达任务2310万张的110%。组织开展了全省人社系统窗口单位技能比武活动，有力促进窗口单位人员能力素质提升。

甘肃省人力资源和社会保障厅

青海省

2019年，青海省人力资源社会保障系统坚持以习近平新时代中国特色社会主义思想为指导，坚决贯彻落实党中央、国务院和人力资源社会保障部的决策部署，牢牢把握"以人民为中心"的发展思想，坚持稳中求进，突出改革创新，抓重点、补短板、强弱项、求突破，全省就业形势持续平稳，社会保障能力有效提升，人才人事工作有序推进，劳动关系和谐稳定，行风建设机制成熟，人社扶贫成效显著，各项工作呈现稳中向好的发展态势，人社事业取得新进步，获得新提升，为全省经济社会发展做出了积极贡献。

一、就业

全年全省城镇新增就业6.3万人，农牧区劳动力转移就业113万人次，分别完成年度目标任务的105%、107.6%；高校毕业生总体就业率89.2%，超过年度目标任务4.2个百分点；城镇登记失业率为2.3%。就业工作成为全省经济平稳运行的突出亮点。

（一）实现全省就业失业登记实名制。

通过推进"互联网+就业"工作，建立与省内社保、工商、公安部门信息共享机制，全年共实名登记新就业84 037人、当年自然减员20 887人。

（二）抓好重点群体就业工作。

印发《关于做好当前全省高校毕业生就业创业工作的通知》《支持和鼓励高校毕业生创办领办农牧业新型经营主体的若干措施》《青海省人力资源和社会保障厅关于实施三年千名青年见习计划的通知》和《关于印发高校毕业生基层成长计划实施方案的通知》等文件，实施高校毕业生就业创业促进计划，启动三年千名青年见习计划，统筹实施"三支一扶"等基层服务项目，鼓励高校毕业生到企业就业、到基层就业。全年共有21 433名高校毕业生登记就业。通过组织开展就业政策落实服务落地专项行动，对就业困难人员实施优先扶持和重点帮助，共帮扶4 560名就业困难人员实现就业，超额完成年度3 000人的目标任务。

（三）扎实开展公共就业服务活动。

全省累计举办"春风行动"、就业援助月民营企业招聘周、农村贫困残疾人就业帮扶活动、金秋招聘月活动、就业扶贫行动日等各类专场招聘会390场，提供就业岗位23.1万个，达成意向性协议3万余人。

（四）全面落实各类就业促进资金。

全省共计下达就业补助资金82 374万元。其中，社会保险补贴41 638万元，公益性岗位补贴28 142万元，见习补贴760万元，职业培训补贴9 315万元，技能鉴定补贴490万元，求职创业补贴145万元，就业创业服务补贴1 188万元，其他补贴696万元。

（五）失业保险稳定就业功能持续增强。

印发《关于失业保险支持企业稳定就业岗位的通知》，对面临暂时性生产经营困难且恢复有望、坚持不裁员少裁员的参保企业，给予稳岗返还政策倾斜。全年共向1 644家参保企业发放稳岗返还资金4.17亿元，惠及职工25.41万人。其中，向1 583家企业发放普惠型稳岗返还资金0.95亿元，惠及职工21.42

万人；向61家困难企业发放应急稳岗返还资金3.22亿元，惠及职工3.99万人。

二、社会保障

截至年末，全省基本养老保险参保413.92万人，其中职工养老保险参保152.77万人，完成目标任务148万人的103.2%；失业保险参保43.75万人，完成目标任务42.88万人的102%；工伤保险参保73.99万人，完成目标任务70万人的105.7%。基本养老保险收缴基金200.83亿元，其中城镇企业职工基本养老保险收缴基金97.22亿元，机关事业单位基本养老保险收缴基金97.65亿元，城乡居民基本养老保险收缴基金5.96亿元；失业保险收缴基金3.59亿元；工伤保险收缴基金4.35亿元。

（一）进一步提高各项社会保险待遇水平。

印发《关于2019年调整退休人员基本养老金的通知》，从1月1日起，为2018年年底前已按规定办理退休手续并按月领取基本养老金的企业和机关事业单位退休人员提高基本养老金水平。调整后，企业和机关事业单位退休人员月人均增加养老金约213元，全省约45万名退休人员受益。印发《关于2019年提高我省城乡居民基本养老保险基础养老金标准的通知》，从1月1日起，为65～69周岁城乡居民基本养老保险参保人员每人每月增加5元基础养老金，70周岁及以上城乡居民基本养老保险参保人员每人每月增加10元基础养老金（年满70周岁的从次月起增加）。调整后，青海省65～69周岁城乡居民基础养老金标准为每人每月180元，70周岁及以上城乡居民基础养老金标准达到每人每月185元，全省约37万65周岁以上参保居民受益。印发《关于调整工伤保险有关待遇的通知》，从1月1日起，为全省2018年12月31日（含）以前发生工伤的，调整伤残津贴、生活护理费、供养亲属抚恤金标准：一至六级工伤职工按月领取伤残津贴的，每人每月增加236元，平均提高7.24%；按月领取生活护理费的工伤职工，部分生活自理障碍的，每人每月调整到1 913元；大部分生活自理障碍的，每人每月调整到2 551元；完全生活自理障碍的，每人每月调整到3 189元，平均提高13.23%。按月领取工亡职工供养亲属抚恤金的人员，每人每月增加103元，实际领取额低于每人每月1 148元的，调整到每人每月1 148元，平均提高7.3%。

（二）全面落实社会保险降费率、调费基政策。

印发《青海省降低社会保险费率综合实施方案》，从5月1日起，全省统一降低城镇职工基本养老保险（包括企业和机关事业单位养老保险）单位缴费比例，由前期执行的20%降至16%。延长阶段性降低失业保险、工伤保险费率的期限至2020年4月30日。其中，工伤保险基金累计结余可支付月数在18～23个月的统筹地区以现行费率为基础下调20%，累计结余可支付月数在24个月以上的统筹地区以现行费率为基础下调50%。从1月1日起，以全省城镇非私营单位就业人员平均工资和城镇私营单位就业人员平均工资加权计算的全口径城镇单位就业人员平均工资，核定社保个人缴费基数上下限，合理降低部分参保人员和企业的社保缴费基数。个体工商户和灵活就业人员可在全省全口径城镇单位就业人员平均工资的60%～300%之间选择缴费基数。截至年底，累计为企业、单位（包含参保人员）减负26.5亿元，其中企业职工养老保险16.55亿元，机关事业单位养老保险5.1亿元，失业保险4.04亿元，工伤保险0.81亿元。

（三）建立工伤保险省级统筹政策体系。

印发《青海省工伤保险省级统筹实施意见》，建立了工伤保险基金统收统支统管的工作机制，进一步提高工伤保险基金使用效率、增强保障能力，推进工伤保险制度公平可持续发展。

（四）稳步推进养老基金、职业年金投资

运营。

印发《关于开展城乡居民养老保险基金委托投资工作的通知》，全面启动城乡居民养老保险基金委托投资工作。12月26日，青海省政府与全国社会保障基金理事会签署委托投资合同，委托投资资金50亿元。印发《青海省职业年金基金管理机构评选委员会章程》《青海省职业年金基金管理机构评选办法》及职业年金基金归集管理办法、经办规程、职业年金计划资金分配暂行办法、受托人绩效评估办法等一系列配套文件，12月底，完成7家受托机构的合同签订和资金拨付工作并投入运营。

（五）全面加强社会保险基金管理风险防控工作。

持续开展基本养老保险"死亡冒领、重复领取、在押服刑人员领取养老金"三项指标核查工作，向公安机关移交欺诈冒领案件11件。9月，与28个部门联合签署了《青海省对社会保险领域严重失信企业及其有关人员实施联合惩戒的合作备忘录》，建立了社保领域失信行为跨部门联合惩戒机制。

三、人才队伍建设

（一）专业技术人才队伍进一步壮大。

发布《青海省急需紧缺人才需求目录（2019—2021年）》，其中涵盖全省8个市（州）、48个省直机关和7个省直企事业单位在内的365家用人单位报送的3 740个急需人才需求。设立青海师范大学中国史专业和地理学专业、青海大学作物学专业3个博士后科研流动站，实现了青海省博士后科研流动站"零"的突破。组织开展各类国家级和省级高层次人才选拔，青海省3人入选"百千万人才工程国家级人选"；353人入选青海省"第四批高端创新人才千人计划"，40名专业技术人员入选2018—2019年度青海省优秀专业技术人才。

（二）技能人才队伍建设成效显著。

印发《2019年城乡劳动力技能培训计划实施方案》和《青海省职业技能提升行动实施方案（2019—2021年）》，突出贫困劳动力、新生代农民工等重点群体，实施技能脱贫攻坚行动、新生代农民工职业技能提升行动等十个重点项目，全年全省各级人社部门共组织补贴性技能培训10.27万人次，完成目标任务8万人次的128%。完成1个高技能人才培训基地、2个技能大师工作室建设，持续实施高技能人才振兴计划。截至年底，全省累计建设国家级高技能人才培训基地6个，国家级技能大师工作室5个，省级技能大师工作室4个。组织全省职工技能大赛、青年技能大赛、残疾人技能大赛、茶艺师技能大赛等11项技能大赛，90人通过职业技能竞赛荣获"青海省技术能手"称号，131名选手通过竞赛晋升了国家职业资格等级。同时，参加全国2019年"三区三州"职业技能大赛，赢得2金1银4铜的优异成绩。

四、人事制度改革

（一）稳步推进事业单位人事制度改革。

印发《2019年全省事业单位工作人员招聘总体方案》，分2个批次为全省事业单位招聘工作人员3 255人，其中省直事业单位招聘723人，市州事业单位招聘2 532人。按照青海省直事业单位机构改革方案，对67个进行机构改革的省直事业单位重新核准岗位设置方案。积极开展事业单位工作人员培训工作，全年共组织全省事业单位人事管理业务骨干轮训、事业单位公开招聘面试考官培训和2019年省直事业单位公开招聘新聘人员岗前培训10期，累计培训1 399人。印发《关于组建青海省事业单位工作人员申诉公正委员会的通知》，成立了青海省事业单位工作人员申诉公正委员会，受理申诉案件。印发《青海省高层次人才配偶就业安置暂行办法》，为20名在青创业服务博士配偶解决就业问题。

（二）稳步推进职称制度改革。

印发《关于建立我省部分专业技术类职业资格和职称对应层级的通知》，在职称与职业资格密切相关的职业领域，明确了55项专业技术类职业资格与职称对应层级，促进职业资格制度与职称制度有效衔接，减少对各类人才的重复评价。印发《关于做好2019年度职称评审工作的通知》，在全省各级讲师团、各级团校、各级党政群机关职工培训教育机构增设人力资源培训专业，职称等级设到正高级；打破职业技能评价与专业技术职称评价界限，畅通技能人才评价通道，支持符合申报评审条件的工程技术领域高技能人才参加工程系列职称评审。印发《关于印发〈青海省深化会计人员职称制度改革实施方案〉和〈青海省会计人员职称评价标准（试行）〉的通知》和《关于印发〈青海省深化中等职业学校教师职称制度改革实施方案〉和〈青海省中等职业学校教师职称评价标准（试行）〉的通知》，明确改革任务，健全完善评价机制，创新评价方式和强化监督。

（三）进一步完善事业单位工资福利政策，提高工资待遇。

印发《关于完善青海省事业单位绩效工资有关问题的通知》，进一步发挥事业单位绩效工资激励导向作用，调动事业单位工作人员的积极性。同时，深化公立医院薪酬制度改革试点工作，调整提高了体育运动员津贴标准、人民警察基本工资标准，并审核兑现了全省员额内法官、检察官调整基本工资标准增资。

（四）实施职业技能等级认定试点工作。

印发《青海省人力资源和社会保障厅关于在企业开展职业技能等级认定试点工作的通知》和《青海省人力资源和社会保障厅关于做好技工院校学生职业技能等级认定试点工作的通知》并于10月起，启动全省职业技能等级认定试点工作，受理职业技能等级认定机构评估备案。截至年底，全省已完成5家职业技能等级认定机构备案。

（五）加强表彰奖励工作。

印发《青海省评比达标表彰活动管理实施细则》，进一步规范全省评比达标表彰活动，加强评比达标表彰管理工作。同时，认真做好庆祝中华人民共和国成立70周年纪念章颁发对象统计工作，经国家审核后共发放纪念章2514枚，并向纪念章获得者发放慰问金502.8万元。

五、劳动关系

全年共为1.1万名农民工追发工资1.2亿元，违法案件数、涉案金额、涉案人数分别同比下降40.8%、49.7%、49%，超额完成三项指标"下降25%"的年度目标任务。全省企业劳动合同签订率94%，较年度目标任务93%高1个百分点。全省劳动人事争议仲裁结案率98%、调解成功率65%，分别较年度目标任务高8个百分点和5个百分点。第10次提高全省最低工资标准，发布企业工资指导线及工资指导价位。

（一）有力打击欠薪违法行为。

建立完善了欠薪责任约谈、欠薪抄告、欠薪企业"黑名单"、媒体曝光等一系列制度措施，严格实行农民工工资保证金、工资专用账户实名制管理等制度规定，全省保障农民工工资支付工作力度进一步加大，工作机制进一步健全，制度体系日臻完善。大力推进劳动保障监察诚信体系建设，在全省1048家企业组织开展了企业守法诚信等级评价工作，参与、配合住建部门分别对2018年度全省18986家施工监理、房地产、物业服务企业、房地产评估机构及个人开展了信用等级评价，先后3次向社会公布29起欠薪典型案件，将6家严重失信企业列入"黑名单"实施联合惩戒。全省各级劳动保障监察机构先后组织开展了保障农民工工资支付、清理整顿人力资源市场秩序、劳动用工年检、根治欠薪夏季专项行动和冬季攻坚行动等专项执法检查，共检查用人单位8205家，查处各类劳动保障违法案件609件。

3月29日，《中国劳动保障报》在专版头条上刊登青海省保障农民工工资支付工作的经验做法。7月17日，《人民日报》刊登了题为《让农民工不再"忧薪"——青海多部门联动打击拒不支付劳动报酬犯罪》的文章，全方位介绍青海省人社厅创新思路、多管齐下、综合施策，把劳动用工信用监管作为根治欠薪的主要措施取得的成效。

（二）深入开展构建和谐劳动关系工作。

会同有关部门在全省范围内开展了劳动关系情况、劳务派遣用工情况和最低工资制度执行情况三项重点调研，并结合调研情况对劳动关系领域主要风险隐患进行分析研判，制定防控措施，促进了全省劳动关系形势的总体稳定。积极开展构建和谐劳动关系创评活动，会同协调劳动关系三方成员单位开展全国模范劳动关系和谐企业与工业园区评选推荐以及全省和谐企业与工业园区评选工作，评选推荐3家企业和1个工业园区获得国家协调劳动关系三方表彰，授予36家企业"全省模范劳动关系和谐企业"称号、2个工业园区"全省模范劳动关系和谐工业园区"称号。加强和创新协调劳动关系三方机制，组织召开了省协调劳动关系三方第十八次会议，并共同开展了多次劳动关系调研和监督检查等工作，各级三方机构在构建和谐劳动关系中的作用得到更有效发挥。8月23日，在西宁市召开中国民营企业500强峰会"构建和谐劳动关系专场"会议，中央统战部、全国工商联、青海省有关部门负责同志，中国民营企业500强代表以及青海省中小企业代表共160余人参加专场会议。

（三）继续加强企业工资分配管理。

出台《青海省省属出资企业工资总额管理办法》，做好国有企业工资决定机制改革任务落实，指导各地各有关部门积极推进改革工作，认真审核各地各部门改革实施办法并批复执行。深化国有企业负责人薪酬制度改革，核定省属国有企业负责人2018年度基本年薪基数为7.31万元，审核汇总省属有关企业负责人2017年度薪酬兑现结果，责令5家企业清退违规发放的负责人薪酬款项。开展2019年度企业薪酬调查工作，调查1 400余家企业，涉及职工141 892人。测算发布青海省2019年企业工资指导线以及全省8个地区人力资源市场部分工种（职业）工资指导价位。

（四）全面提高劳动人事争议处理质效。

依托"金保工程"二期平台，建成全省劳动人事争议调解仲裁办案系统。在全省开展劳动人事争议调解仲裁案件评查活动，并完成全省18家乡镇（街道）劳动争议调解示范组织总结验收。截至年底，全省47家劳动人事争议仲裁委员会共处理劳动人事争议案件2 184件。

六、行风建设

制定印发全省人社系统和省本级《行政审批事项清单》《公共服务事项清单》，下放、取消行政审批事项3项，全省人社系统只保留行政审批事项8项（省本级6项），公共服务事项159项，公共服务事项全部做到"一事项一指南"，人社领域12个高频事项和23个依申请类政务服务事项全部实现"一网通办"。在巩固2018年减少28件证明材料的基础上，全省人社系统再次取消84项证明材料，减少71.8%。优化、简化企业参保登记办理流程，实现工商注册与社会保险登记同步完成，新增参保企业950家。试点6项社保经办业务和12项专业技术人员资格考试报名事项告知承诺制，快捷办理社保业务485件，方便专业技术资格考试考生2万人。出台加强人社窗口经办队伍建设实施意见，组织开展全省窗口单位业务技能练兵比武活动，明察暗访实现全省人社窗口全覆盖。印发《人力资源社会保障行政处罚裁量标准》等10余项制度规定。

七、人社扶贫

全年全省1.3万贫困劳动力实现稳定就业，扶持贫困劳动力创业139人，分别完成年度目标任务的133%、139%；组织贫困劳动力技能培训1.7万人次，完成年度目标任务的142%；将36.35万符合条件的建档立卡贫困人口全部纳入城乡居民基本养老保险，为6.85万60岁以上贫困老人按时足额发放养老金1.4亿元。

（一）就业和技能扶贫。

召开拉面产业推进会议，印发《关于印发支持青海省拉面产业高质量发展若干措施的通知》和《关于印发青海省劳务经纪人激励服务暂行办法的通知》，以拉面产业带动贫困劳动力增收，海东市发展拉面产业助力脱贫攻坚做法入选人力资源社会保障部"2019年人社扶贫典型事例"。签订江苏、青海两省劳务协作协议，召开东西部扶贫协作座谈会，出台易地搬迁就业帮扶、深度贫困地区人社扶贫若干政策，实施人力资源服务机构助力脱贫攻坚活动，贫困劳动力省内和跨省就业渠道进一步拓宽。开展全省贫困劳动力培训需求调查，出台《全省贫困劳动力技能培训需求指导目录》，各县区全部建立贫困家庭技能培训需求档案，全面加强技能培训的针对性、实效性。

（二）社保扶贫。

纳入城乡居民养老保险的36.35万建档立卡贫困人口中，60岁以上的6.85万人全部享受养老保险待遇，为24.28万名贫困人员代缴保费2 693.68万元，为8 405名未参保老年贫困人员直接发放养老金991.47万元。继续实施失业保险基金支持脱贫攻坚政策，为符合条件的579家藏区6州及去产能参保企业发放资金11 869.08万元，惠及职工88 411人。将参保职工技能提升补贴申领条件由企业在职职工累计缴纳失业保险费36个月及以上，放宽至累计缴纳失业保险费12个月及以上，全年为6个藏区州参保职工发放补贴146.4万元，惠及职工861人次。8月，启动青海省社会救助和保障标准与物价上涨挂钩联动机制，发放价格临时补贴144.94万元，惠及领金人员11 536人次。全面推进工伤保险"同舟计划"，将13.3万名农民工纳入工伤保险参保范围。

（三）人才人事扶贫。

印发《关于鼓励引导向艰苦边远地区和基层一线流动的若干措施》，引导人才向基层和艰苦边远地区一线流动。印发《关于在省内六州开展基层职称"定向评价、定向使用"的工作方案（试行）的通知》，并单独制定《青海省基层水利工程系列定向评价、定向使用评审条件》《青海省基层林草工程系列定向评价、定向使用评审条件》和《青海省基层农牧系列定向评价、定向使用评审条件》3个基层评价标准，将"双定向"实施范围由基层卫生领域拓展至农林牧水等领域，评审权限下放至各市州，单独核定专业技术高级、中级岗位结构比例，州级事业单位增加高级比例4%~5%、增加中级比例5%，县与乡事业单位增加高级比例4%~5%、增加中级比例10%~15%。首次拓展后评审共有195人取得"双定向"职称。组织开展了国家级（省级）高级研修项目和"博士后科技服务活动""专家基层服务行"等人才智力帮扶活动7次，邀请生态农牧业、新能源、环保、医疗卫生等多学科互补的120名国内外专家来青开展理论知识交流和实践技术指导。10月17日全国"扶贫日活动"期间，对接天津市邀请卫生、教育、农牧领域8名专家赴黄南藏族自治州开展帮扶指导活动。在海北州成功设立高原现代生态畜牧业专家服务基地，成为青海省"三区三州"地区首个专家服务基地。在全省6个民族自治州开展"三区三州"事业单位脱贫攻坚专项奖励工作，共评选出嘉奖857个，记功91个，记大功12个（其中个人5个，集体7个）。奖励工作充分体现向基层和艰苦边远地区事业单位倾斜，向基层一线工作人员倾斜的导向，个人记大功中驻村扶贫干部4人，扶贫行业部门工作人员1人，集体记大功中县、乡镇事业单位4个。

青海省人力资源和社会保障厅

宁夏回族自治区

2019年,宁夏人力资源社会保障系统以习近平新时代中国特色社会主义思想为指导,全面贯彻党的十九大和十九届二中、三中、四中全会精神,认真落实自治区党委、政府和人力资源社会保障部决策部署,坚持以人民为中心的发展思想,坚持"民生为本、人才优先"工作主线,坚持惠民生、促发展的工作理念,扎实做好就业创业、社会保障、人才人事、劳动关系、人社扶贫等工作,圆满完成各项任务,为促进全区高质量发展做出了积极贡献。

一、就业创业

把稳就业作为头等大事,进一步落实完善更加积极的就业政策,优化公共就业服务,多措并举促进就业。全区城镇新增就业7.83万人,完成年度目标任务的104.4%。城镇登记失业率3.74%,低于控制目标0.76个百分点。

(一)完善稳就业措施。

出台吸引支持大学生在宁创新创业就业、降低社会保险费率、实施青年就业启航计划、做好易地扶贫搬迁就业帮扶、推进农村劳动力暨建档立卡贫困劳动力转移就业等政策措施,配套支持就业补助资金10.9亿元。

(二)突出抓好重点群体就业。

深入实施高校毕业生就业创业促进计划和基层成长计划,实行实名制服务,高校毕业生总体就业率达96.6%。深化闽宁等省际劳务协作,农村劳动力转移就业79.42万人,实现工资收入101.44亿元,分别完成全年任务的113.46%和135.26%。持续开展失业保险援企稳岗"护航行动"和"展翅行动",为1 900家企业发放稳岗补贴9 408.9万元、涉及29.48万名职工,为28家经营困难且恢复有望企业稳岗返还1.34亿元、惠及1.86万名职工,为2 879名职工发放提升职业技能补贴387万元。开发购买公益性岗位8 379个,带动近万名城乡就业困难人员就业。妥善安置10家贺兰山自然保护区外围重点区域退出关停企业职工845名。

(三)深化创业带动就业。

新认定2家国家级和8家自治区级创业孵化示范基地,给予一次性奖补资金1 200万元,累计建成创业孵化基地173个。投入292万元扶持56个大学生优秀创业项目,组织30名创业专家深入100余家企业实地指导。简化创业担保贷款办事流程,推行"创业培训+担保贷款+创新服务"三位一体帮扶机制,加大创业融资和创业扶持力度。组织创业能力培训1.33万人,培育创业实体1.38万家,创造新岗位3.54万个,发放创业担保贷款11.17亿元,创业带动就业6.32万人。

(四)加强培训提升就业。

全面落实终身职业技能培训制度,大力实施职业技能提升行动,开展订单、定岗、定向式培训,实行"先垫后补"资金补贴方式和"随时申报考核、随时鉴定发证"考核鉴定模式,培训城乡劳动力7.27万人,完成年度目标任务的121.2%。

(五)强化服务促进就业。

加强"互联网+"公共就业服务平台建设和就业失业监测预警,开展就业援助月、"春风行动"等专项活动,组织招聘活动444场次，提供就业岗位30.4万个，为34万人次提供公共就业和人才服务。

二、社会保障

将社会保险作为经济社会发展的"稳定器"，进一步深化改革完善制度，持续推进全民参保计划，努力做到法定人员全覆盖。

（一）深化社会保险制度改革。

落实企业职工养老保险基金中央调剂制度，制定规范企业职工基本养老保险省级统筹制度实施意见及相关配套政策，全区企业职工基本养老保险基金实行统收统支。继续实施降费调基政策，共为参保单位和个人减负近40亿元。为41.3万城乡居民每人每月调增基础养老金5元，为63.67万机关企事业单位退休人员月人均增加养老金167元，2.14万机关事业单位退休"中人"待遇实现"预发"转"实发"。22.25万被征地农民按新政策稳定参加养老保险，政府资金筹集率达83.6%，其中12个市、县（区）资金筹集率达100%。

（二）着力抓好参保登记成果转化应用。

全区城镇职工养老（含机关事业单位）、失业、工伤、城乡居民养老保险参保分别达到226.6万人、97.36万人、119.58万人、194.66万人，同比分别增长4.8%、5.9%、28.1%、7.3%。建档立卡贫困人口基本养老保险参保53.26万人，基本实现全覆盖。新开工工程建设项目工伤保险参保率达100%，高于目标任务10个百分点。

（三）强化基金监督管理。

推进基金预决算管理和内控制度落实，实施政策、经办、信息、监督"四位一体"风险防控，深入开展社会保险基金管理风险专项检查，为10个市县调剂基金缺口15.28亿元。核查24.35万人次，追回违规支出基金182万元、社会保险费266万元。

（四）提升经办服务能力。

率先在全国建立养老保险待遇集中统一发放新模式，养老金发放时间由3天缩短至8小时；率先在全国整省推进电子社保卡签发应用和手机App养老认证；率先在全国整省推进工伤医疗费即时结算，个人费用实现"零垫付"。社保卡综合应用功能进一步拓展，开通电子社保卡20个签发渠道，实现在全区所有协议医药机构持卡就医购药即时结算，新增人员使用社保卡领取养老保险待遇，灵活就业人员、城乡居民等使用社保卡缴纳养老保险费。累计发放社保卡688.14万张，签发电子社保卡60.45万张。

三、人才工作

以激发高层次专业技术人才、高技能人才创新创业活力为方向，进一步健全完善人才激励和服务保障政策措施，改革创新人才评价机制。

（一）加强人才服务保障。

制定出台高层次人才认定办法和高层次人才服务指南，建立高层次人才证制度和21项服务事项办理指南。出台博士补助发放办法，为历年全职引进和自主培养的1 310名全日制博士、重点院校重点学科硕士发放补助和安家费5 500多万元。优化升级高层次人才服务窗口，建设人才服务"两库一平台"，完成首批1 891名高层次人才认定工作。

（二）加强人才培养引进。

实施重点领域人才引进和培养工程，选拔"塞上英才"10名、自治区政府特贴40名、青年拔尖人才100名；预引进优秀在读博士14名，选派52名中青年优秀人才赴区外深造；组织40多家企事业单位赴陕西、吉林等省高校招聘，与452名高层次人才达成引进协议。实施专业技术人才知识更新工程，组织50期急需紧缺人才培训项目，培训1万余人；分类精选1 229门课程上线继续教育平台，网络培训10.9万人次。实施高技能人才培养计划，新建高技能人才培训基地3个、技能大师工作室7个，遴选技工院校急需特色专业2个。评选第三届"塞上技能大师"18名、自治区"技术能手"30名。组织技工院校校长和骨干教师赴河北、广东参加企业新型学徒制和校企合作、产教融合培训。实施职业技能提升行动，全面推行企业新型学徒制，新增高技能人才3 120名。实施人力资源服务业发展行动计划，推动落实闽宁等人力资源服务发展合作框架协议，在福建、重庆、银川组织3期专题培训，提升了人力资源管理人员能力素质。

（三）深化职称制度改革。

分类推进人才评价机制改革，制定中等职业学校教师资格及工程系列等15个系列职称评审资格条件，下放新闻、卫生系列高级职称评审权限。推进职称制度与职业资格制度有效衔接，打通高技能人才与工程技术人才职业成长通道，57项职业资格可直接认定职称。全面实行职称评审委员会清单制管理，公布363个目录清单。开展职称评审信息化建设全国试点，实现职称评审任职资格文件在线查询。

（四）加强人才载体建设。

遴选人才小高地15个，新建专家服务基地10个、院士工作站4个、专家工作站1个，组织完成人才载体考评工作。新建国家级专家服务基地1个，争取国家专家基层服务团项目、留学人员回国资助试点项目和创业启动计划项目各1个，人才服务工作得到新的加强。

四、人事薪酬工作

坚持将规范管理作为目标要求，继续推进人事薪酬制度改革，不断加强事业单位规范化管理。

（一）深化事业单位人事制度改革。

在公立医院、高等院校等事业单位推行人员总量管理，配合做好媒体融合发展改革人事管理工作，新增8名事业单位专业技术人员离岗创新创业。优化事业单位公开招聘方式，实行统一招聘、自主招聘、专项招聘以及急需紧缺高层次人才招聘，对博士及以上高层次人才开通"绿色通道"，不受编制总量和岗位结构比例限制随招随聘，为各级各类事业单位公开招聘工作人员4 658人。完成事业单位专业技术岗位二级评定工作。完善事业单位人事综合管理平台功能。

（二）深化工资制度改革。

落实以增加知识价值为导向的分配激励政策，在核定绩效工资总量时向高等院校、科研院所、公立医院等专业技术人才比较集中的事业单位倾斜。深入推进公立医院薪酬制度改革试点工作，改革后试点单位职工工资水平较改革前平均增长17.3%。落实保障义务教育教师工资待遇政策，人均月增资200元。出台《自治区国有企业工资内外收入监督检查实施办法》《自治区国有企业工资总额执行结果备案办法》等配套政策，发布年度企业工资指导线。

（三）加强评比表彰管理。

规范自治区评比表彰活动审批、报备、监督工作，出台《评比达标表彰活动管理实施细则》。完成共和国勋章、国家荣誉称号、行业系统先进表彰推荐和庆祝中华人民共和国成立70周年纪念章发放等工作。

（四）加强人事考试管理。

完善安全风险防控管理措施，实行报名证明事项告知承诺制，开通网上办事平台，组织完成62项人事考试，涉及50.2万人次。

五、劳动关系

（一）构建和谐劳动关系。

坚持以和谐稳定为工作导向，进一步健全完善协调劳动关系三方机制，制定出台劳动关系领域风险监测预警制度实施意见，加强重点行业企业、重点群体、重点地区风险监测预警，及时化解劳动关系领域风险隐患和突出问题。组织开展企业关爱职工、职工热爱企业活动和全国模范劳动关系和谐企业（工业园区）先进事迹巡回宣讲活动，促进劳动关系共建共治共享。联合开展"春季要约"行动，大力推进集体协商和集体合同制度建设，全区企业劳动合同、集体合同签订率均达93%以上。

（二）根治拖欠农民工工资。

持续实施治欠保支三年行动计划，开展农民工签订劳动合同"春暖行动"、清理整顿人力资源市场秩序专项检查和根治欠薪夏季专项行动、冬季攻坚行动及"无欠薪"示范项目县（区）创建活动，公布重大劳动保障违法行为17件，将3家企业列入拖欠工资"黑名单"。全区各级劳动保障监察机构检查用人单位1.12万家，为3 419名劳动者追发工资等待遇3 270万元，同比分别下降80.1%、83.8%。

（三）劳动人事争议调解仲裁。

规范劳动人事争议调解仲裁工作，建立仲裁专递工作机制，加强劳动人事争议办案质量管理，受理劳动人事争议案件7 477件，劳动人事争议仲裁结案率和调解成功率分别达到91%、63.4%。

六、人社扶贫

坚持将脱贫富民作为责任担当，扎实做好就业扶贫、技能扶贫、社保扶贫、人才扶贫和定点扶贫。

（一）精准实施就业扶贫。

落实闽宁协作就业扶贫政策，推动出台由政府主导的"铁杆庄稼保"政策，开展就业扶贫"百千万"行动，新创建就业扶贫示范基地53个，开发购买专项公益性岗位3 750个，发放支持建档立卡户创业担保贷款3 249万元，帮助建档立卡贫困劳动力实现就业6.83万人，其中向福建输出建档立卡贫困劳动力1 712人，超额完成全年任务。

（二）实施精准技能扶贫。

落实打赢脱贫攻坚战三年行动职业技能培训工作计划，开展精准脱贫技能培训3.59万人，完成年度任务的211.4%。组织4.2万建档立卡贫困家庭劳动力参加职业技能鉴定或专项职业能力考核，其中3.6万人取得证书。协调福建飞毛腿技工学校在原州区建立分校，招收南部山区贫困学生197名。

（三）实施精准社保扶贫。

坚持脱贫不脱政策，为2018年脱贫建档立卡贫困人员代缴100元城乡居民养老保险费，并享受30元财政补贴；对年满60周岁、未领取养老保险待遇的建档立卡贫困人员直接发放城乡居民养老保险待遇。

（四）实施精准人才扶贫。

组织11个服务团、134名专家赴贫困地区基层一线开展智力扶贫活动508场次。

（五）实施精准定点扶贫。

在定点帮扶的西吉县田坪乡燕李村、赵坪村创新实施的"全赠半返""返租代养"养羊扶贫产业不断壮大，羊只滚动发展到1.16万只，户均增收7.6万元，村集体每年稳定增收3万元，被国务院扶贫办评为"东西协作与定点扶贫优秀案例"，被人力资源社会保障部评为"扶贫典型事例"。

七、行风建设

扎实开展"不忘初心、牢记使命"主题教育，集中整治违反中央八项规定精神侵害群众利益突出问题和形式主义、官僚主义问题，全面落实为基层减负各项政策措施，人社系统为民服务解难题的能力进一步增强。深入推进人社系统行风建设三年行动，大力开展窗口单位业务技能练兵比武活动，宁夏代表队荣获全国总决赛二等奖，窗口工作人员能力水平得到新的提升。持续深化"放管服"改革，完成"四级四同"政务服务目录编制工作，人社政务服务事项可不见面办理率达97.6%。持续推进"减证便民"，取消115项规范性文件设定的证明材料。大力实施"互联网+人社"2020行动计划，网上人社、12333咨询服务电话、手机App等"六位一体"信息化公共服务平台功能进一步完善，83%的单位在线办理参保登记、缴费核定，87项人社政务服务在"我的宁夏"App实现"掌上办"，12333接听咨询电话92.2万个，解答问题47万余个，人社信息化惠民效果进一步显现。宁夏人社"七五"普法工作被全国普法办通报表彰，自治区人力资源社会保障厅"五有"党建新模式入选"2019年全国党刊基层党建优秀创新案例"。

宁夏回族自治区人力资源和社会保障厅

新疆维吾尔自治区

2019年是中华人民共和国成立70周年，是打赢脱贫攻坚战的关键之年，大事多、喜事多，新疆维吾尔自治区各级人力资源社会保障部门始终聚焦新疆工作总目标，贯彻新发展理念，坚持稳中求进工作总基调，提高政治站位，强化责任担当，不断提升保障和改善民生，较好地完成了各项目标任务。

一、聚焦稳就业目标，就业形势保持总体稳定

坚定贯彻落实党中央、国务院"稳就业"决策部署，坚决落实更加积极的就业政策，全区就业形势持续保持稳定。全年全区实现城镇新增就业48.09万人，完成目标任务的106.87%，城镇登记失业率3.14%。城镇就业困难人员实现就业4.91万人，完成目标任务的122.75%，零就业家庭24小时动态清零。农村富余劳动力转移就业287.35万人次，完成目标任务的106.4%。职业技能培训113.7万人次，完成目标任务的103.4%。旅游业通过"七个一批"渠道吸纳就业5.41万人，完成目标任务的135.15%。

一是在落实稳就业政策上全面发力。在持续开展"就业政策落实年"活动的基础上，深入开展"就业政策落实服务落地"专项行动，形成政策清单、服务清单和经办机构清单，面向社会公开；加强就业政策落实、就业资金使用管理和预算执行进度监管，充分发挥就业资金使用效益和杠杆导向作用；着眼稳定红利不断释放，积极推进旅游促就业工作，促进旅游业成为吸纳就业的重要渠道和新增长点；实施失业保险"护航行动""展翅行动"，稳定企业就业岗位。全区共落实就业补贴资金33.88亿元，享受各项就业补贴政策81.03万人；发放失业保险稳岗补贴6.13亿元，惠及2.11万家企业、181.04万名职工。

二是在推动就业扶贫上全面发力。聚焦南疆四地州22个深度贫困县建档立卡贫困家庭劳动力，通过"六个一批"渠道有组织转移就业76 232人，加上上年度转移就业的74 837人，累计转移就业151 069人，提前完成自治区党委确定的三年10万人就业扶贫规划；统筹做好43个有扶贫任务的非贫困县就业扶贫工作，转移建档立卡贫困家庭劳动力73 970人；做好全国各地新疆籍务工经商人员服务管理工作，整建制有组织转移就业18 087人。

三是在帮扶重点群体上全面发力。坚决抓好农民工、高校毕业生、就业困难人员、退役军人等重点群体就业，多渠道多形式推进高校毕业生就业创业，区属应届普通高校毕业生就业率90.36%，返疆的各省高校新疆籍少数民族毕业生就业率95.08%，两项指标均创历史新高；积极稳妥推进去产能职工安置工作，分流安置企业职工549人。

四是在推进创业带动就业上全面发力。印发《关于进一步做好创业担保贷款工作的通知》《关于做好进一步支持和促进重点群体创业就业有关税收政策的通知》，不断激发市场活力，充分发挥创业带动就业的倍增效应；开展创业孵化示范基地建设、创新创业大赛、创业服务地州行、创客训练营等活动，帮助提高创业能力。全区新增创业7.47万人，带动就业14.43万人。

五是在深化职业技能培训上全面发力。大力推进职业技能提升行动，推动全自治区在方案出台、资金拨付管理等方面走在全国前列，多次在人力资源社会保障部有关会议上介绍经验；组织南疆四地州48名企业职工和职业学校学生，参加全国首届"三区三州"职业技能大赛，名列金牌榜、奖牌榜"双第一"。技工院校办学水平全面提升，实现全日制技工教育招生2.9万人，在校生8.2万人；全面落实国家"三免一补"政策，拨付补助资金2.28亿元。

六是在提升公共就业服务能力上全面发力。重点指导南疆四地州加快村级平台建设，全区已建成村级就业和社会保障工作站8 668个，覆盖率95.2%；常态化举办各类公共就业服务专项活动，为劳动者求职和用人单位招聘搭建平台。坚持线上线下同步发力，建设城乡劳动力就业培训一体化信息管理系统，开发手机版"新疆高校毕业生就业服务平台"，全面升级职业培训信息管理系统，实现系统的协同和数据共享。

二、坚持覆盖全民，不断健全社会保障体系

充分发挥社会保险"稳定器""安全网"作用，统筹推进社会保障体系建设。

一是实施全民参保计划，有效扩大社会保险覆盖面。积极推动和引导未参保企业、中小微企业、新业态从业人员等重点群体参保，做好工伤保险"同舟计划"二期工作。截至年底，全区养老、失业、工伤三项社会保险参保1 890.03万人次，比上年增加99.79万人次；新增发放社会保障卡62.66万张，累计发放1 964.61万张，签发电子社会保障卡62.17万张。

二是不断完善制度体系，平稳推进社会保险领域改革。持续推进机关事业单位养老保险制度改革。推动企业职工基本养老保险基金统收统支，明确工伤保险基金自治区级统筹的时间表和路线图。

三是扎实推进社保扶贫工作，实现贫困人员应保尽保。全面落实贫困人员政府代缴政策和享受待遇政策，全区建档立卡贫困人口313.18万人，应参保183.71万人，已参保183.70万人，参保率99.99%。60周岁以上贫困人员养老保险待遇应发尽发，新增人员动态清零。

四是深入推进社保惠民工程，让发展成果惠及更多群众。全面落实降低社会保险费率政策，养老、失业、工伤三项社会保险为企业减免缴费62.17亿元；连续第15年调整企业退休人员基本养老金，连续第4年调整机关事业单位退休人员基本养老金，142.68万退休人员受益，人均月提高待遇5%左右；连续第15年调整工伤（亡）职工工伤保险待遇，7 215人受益；实现职业年金账实匹配和待遇全区统一发放。

五是持续强化基金监管，维护基金安全。开展社保基金管理风险防控专项检查，建立了政策、经办、信息、监督四位一体的风险防控体系和部门间信息比对机制，坚决防范基金安全风险隐患；开展划转部分国有资本充实社保基金工作，2家国有企业完成划转；委托全国社保基金理事会对企业职工基本养老保险基金开展投资运营。

六是完善经办工作机制，提高社保服务水平。推进全国统一的社会保险公共服务平台建设，实现自治区个人权益记录单查询服务、社会保险关系转移与全国系统的联网对接；加强领取待遇资格认证网络平台建设，推广使用"新疆智慧人社"App进行自助式认证，注册人数达75.19万人，通过自助方式完成领取待遇资格认证22.09万人次；全面推行"社保卡补（换）卡不出乡"工作，已覆盖全区14个地州市，为基层群众办理补换社保卡24.08万张。

三、深化人才人事制度改革，激发人才队伍活力

以深化"放管服"改革为动力，最大限

度为用人单位和人才"松绑"。

一是深入推进人才评价制度改革。全面修订30个职称系列（67个专业）评价标准，新增幼儿园教师、安全生产、邮政快递等3个专业技术职务任职资格评审条件，向41所高等院校、7个地州市、7个行业部门、2家企业、1个事业单位、2个协会下放职称评审权；面向南疆四地州开展职称"定向评价、定向使用"工作，下放所有系列高、中、初级职称评审权。截至12月底，全区共成立评审委员会581个，申报参评人数98 049人，评审通过59 522人。

二是加大人才培养选拔力度。加强少数民族科技骨干特殊培养工作，推荐400名特培学员进行培养；申报并获批国家博士后科研流动站3家，推荐并入选国家"百千万人才工程"人选3名；做好博士后人员进出站服务管理，全年进站78人、出站39人、在站385人；开展自治区博士后资助经费评审工作，15家优秀博士后工作站、35名优秀博士后人员获得资助；做好2019年度自治区引进高层次人才"天池百人计划"项目实施工作，评审推荐入选人员83名。

三是放活事业单位人事管理。取消空缺岗位审核业务，下放岗位晋升、首聘和续聘审核权限，将公开招聘计划、岗位设置方案、专业技术二级岗位聘用由审核调整为备案，扩大赴全国各地招聘自主权，允许高校、科研院所等高层次人才密集事业单位自主设置岗位结构比例，打通了具有实践能力的技能人才进入职业院校的通道。在南疆四地州集中开展脱贫攻坚专项奖励，共奖励集体453个、个人16 288名。

四是深化事业单位收入分配制度改革。将工龄核定、退休审批、岗位调整工资变动、每年正常晋升薪级、第十三个月奖励工资、新增人员工资审核等6项审批事项下放各主管部门，初步形成以事业单位岗位绩效工资制度为支柱的工资管理新模式；印发《自治区事业单位高层次人才工资分配激励机制实施意见》，指导各事业单位自主确定和调整高层次人才范围，自主确定高层次人才薪酬水平，自主确定高层次人才薪酬发放形式；印发《自治区公立医院薪酬制度改革实施方案》，明确公立医院可在核定的绩效工资总量内自主分配；开展2019年度急需紧缺人才1.12万人的目录编制发布工作，组织643家事业单位和国有企业赴各地举办10场招聘会，提供岗位3 485个；放宽人力资源市场准入，开展市场秩序专项清理整顿行动，推荐6家服务机构参加全国诚信示范机构评选。

四、积极维护劳动者合法权益，着力构建和谐劳动关系

坚持系统治理、依法治理、源头治理、综合治理，努力构建规范有序、公正合理、互利共赢、和谐稳定的劳动关系。

一是完善劳动关系协调机制。定期召开自治区构建和谐劳动关系三方例会，指导各地健全协调劳动关系三方机制；发布2019年企业工资指导线，促进职工工资正常增长。

二是加强调解仲裁规范化、标准化、专业化、信息化建设。进一步完善调解仲裁制度，推广使用调解仲裁办案系统；加大劳动人事争议案件处理力度，办案质量和效率稳中有升。全区各级调解组织和仲裁机构共受理争议案件17 689件。

三是扎实开展劳动保障执法监察。依法打击扰乱人力资源市场秩序、欠薪欠保、违反用工管理规定等违法行为，全区各级劳动保障监察机构主动监察用人单位3.07万家，查处举报投诉等案件2 375件，为3.5万名劳动者追发工资待遇4.54亿元，督促用人单位缴纳社会保险费192.34万元。

四是全力做好根治拖欠农民工工资工作。组织对各地州市2018年度保障农民工工资支付工作进行考核；组织开展2019年春节前农民工工资支付情况专项检查、根治欠薪夏季行动和冬季攻坚行动，面向社会公布重大欠薪案件4批18件。

五、牢记初心使命，不断加强行风建设

以"不忘初心、牢记使命"主题教育为契机，锻造忠诚干净担当的人社干部队伍。

一是扎实开展主题教育。全区各级人社部门坚持把"不忘初心、牢记使命"作为加强党的建设的永恒课题，做到思想认识、检视问题、整改落实、组织领导"四个到位"，努力实现理论学习有收获、思想政治受洗礼、干事创业敢担当、为民服务解难题、清正廉洁作表率，切实把主题教育的成果转化为推动人社工作的强大动力。

二是加强行风建设。在人力资源社会保障部举办的"全国人社系统2017—2019年度优质服务窗口和优质服务先进个人"评选活动中，伊犁州奎屯市社保服务窗口等12家单位被评为"优质服务窗口"，全自治区有5名同志被评为"优质服务先进个人"。

三是严守纪律红线。坚决落实中央"八项规定"精神，紧盯节假日等关键节点，不断强化党员干部红线意识、纪律意识；严格落实"基层减负年"要求，着力精简会议文件、改进文风会风、规范督查检查考核；组织召开全区人社系统集中整治漠视群众利益问题视频推进会，推进干部作风建设和人社工作迈上新台阶。在自治区党委直属机关工委举办的区直机关纪检干部"大练兵"竞赛活动中，人力资源社会保障厅代表队晋级总决赛，获一等奖。

六、大力推进法治人社部门建设，依法行政能力进一步提高

持续深化"放管服"改革，出台人社系统行政审批和公共服务目录清单，自治区人力资源社会保障厅本级行政审批事项仅3项，其他116项均为公共服务事项。政务公开及时有效，政务信息报送数量大幅增加、质量明显提高，有效服务了党委、政府决策。网络保持安全运行，"两微一站"等新媒体宣传作用显著增强。

新疆维吾尔自治区人力资源和社会保障厅

新疆生产建设兵团

2019年，新疆生产建设兵团人力资源社会保障部门在人力资源社会保障部关心支持和兵团党委的坚强领导下，以习近平新时代中国特色社会主义思想为指导，深入贯彻落实党的十九大和十九届二中、三中、四中全会以及中央经济工作会议精神，坚决贯彻落实新时代党的治疆方略和对兵团的定位要求，紧紧围绕社会稳定和长治久安总目标，坚持以民生为本、人才优先为主线，服务深化改革和向南发展，履职尽责、攻坚克难，扎实推动年度目标任务全面完成，重点工作实现新的突破。

一、就业工作

一是全力实施就业优先政策。坚持把稳就业作为"六稳"工作之首，摆在更加突出的位置。细化目标任务，逐级压实责任，采取"月调度、季分析"的方法，大力开展"10+N"就业服务专项活动，着力推进扩大就业工作。充分发挥"以业聚人"作用，综合运用农牧一线安置就业、园区企业吸纳就业。

二是统筹推进重点群体就业。扎实推进技能扶贫，组织建档立卡贫困劳动力参加职业技能培训，实现具有劳动能力、有就业意愿人员全覆盖。开展创业培训、团场职工转移就业培训、少数民族培训。以4个深度贫困团场为重点，扎实开展"一户一就业"专项扶贫行动，帮扶建档立卡贫困劳动力实现就业，提前完成"一户一就业"目标任务。

三是不断强化职业能力建设。全力推进职业技能提升行动，建立月调度、旬快报制度，将任务细化到天、责任到人，强力推进职业技能提升。推进企业开展职业技能等级认定试点，确定新疆梅花氨基酸有限公司、新疆天润乳业股份有限公司等8家企业为首批职业技能等级认定试点单位。印发了《兵团职业技能定点培训机构管理办法（试行）》，进一步规范培训机构管理。

全年累计实现城镇新增就业11.01万人，完成目标任务的110.1%；城镇登记失业率2.51%，与上年同期持平，低于4%的控制目标。支持6.66万名新引进全国各地劳动力在一、二、三产业融合就业，同比增长55.24%。开展各类职业技能培训12.86万人次，完成年度计划116.9%。使用技能提升行动专账资金4 218.67万元，完成年度计划的105.5%，使用专账资金开展职业技能培训7.91万人次。组织实施高技能人才振兴计划，开展高技能人才培训0.77万人次，完成年度计划的110%；新增高技能人才6 639人，完成年度计划的221.3%；新增技师和高级技师353人，完成年度计划的117.7%。

二、社会保障工作

一是扩大基本养老保险、失业保险、工伤保险覆盖面。以新增人口、灵活就业人员和中断缴费人员为重点，以全民参保工作为契机，进一步加强政策宣传，加大参保扩面力度。截至年底，三项保险参保人数分别达到195.61万人、68.95万人、85.42万人。

二是落实社会保险降费率政策。印发《新疆生产建设兵团降低社会保险费率实施方案》，自5月1日起，职工基本养老保险单位缴费比例统一降至16%，并继续实施阶段性降低失业保险、工伤保险费率政策。全年共减轻企业社会保险缴费负担15亿元，其中职工养老保险9.69亿元、失业保险4.63亿元、工伤保险0.68亿元。

三是推进机关事业单位养老保险制度改革。落实机关事业单位养老保险制度改革后退休"中人"养老金计发工作。建立职业年金个人账户12.35万人，其中在职10.45万人、退休1.9万人。职业年金累计归集资金32.19亿元，完成职业年金计划建立、基金管理机构招标评选、合同签订工作，12月26日开展首期投资运营，首期投资31.12亿元。

四是调整退休人员基本养老金。印发《关于2019年调整退休人员基本养老金有关问题的通知》，7月底前将调整增加的基本养老金发放到位，共惠及67.85万名退休人员，其中企业退休人员61.05万人、机关事业单位退休人员6.8万人。调整后，月人均基本养老金达到3312元，月人均增加166元。其中企业退休人员月人均基本养老金3163元，月人均增加132元；机关事业单位退休人员月人均基本养老金5413元，月人均增加211元。

五是完善工伤保险基金兵团级统筹。按照工伤保险省级统筹"六统一"的要求，印发《兵团工伤保险基金兵团级统筹实施意见》，在兵团范围统一工伤保险参保范围和参保对象，统一工伤保险费率政策和缴费标准，统一工伤认定和劳动能力鉴定办法，统一工伤保险待遇支付标准，统一工伤保险经办流程和信息系统，统一工伤保险基金收支管理。印发《兵团工伤保险浮动费率办法》，统一各参保单位工伤保险浮动费率。为保障工伤职工及工亡职工供养亲属的基本生活，印发《关于调整2018年兵团工伤（亡）职工工伤保险待遇的通知》，与自治区同步调整2017年12月31日前已按月享受伤残津贴、生活护理费、供养亲属抚恤金的工伤人员相关待遇，从2018年1月1日起执行。

六是做好失业保险支持企业稳定就业岗位工作。充分发挥失业保险支持企业稳定就业岗位的作用，加大援企稳岗力度，维护就业局势稳定。会同财政局、发改委、工信局、国资委印发《关于失业保险支持企业稳定就业岗位有关问题的通知》，全面落实失业保险稳岗返还、经营困难且恢复有望企业稳岗返还政策，畅通技能提升补贴申领通道。全年共发放稳岗返还资金12152.37万元，惠及企业1577家，职工53.37万人；发放经营困难且恢复有望企业稳岗返还资金4865.39万元，惠及企业38家，职工7466人；发放职业技能提升补贴4212.06万元，惠及职工3.15万人。

七是推进社会保险精准扶贫工作。贯彻落实《关于切实做好社会保险扶贫工作的通知》，继续加强对各师（市）社会保障扶贫工作定期调度和督导力度，确保落实代缴贫困人员城乡居民养老保险费和待遇发放工作。加大社会保险扶贫政策宣传力度，采取"上门宣传、阵地宣传、媒体宣传"相结合的宣传模式，广泛宣传社会保险扶贫各项政策措施及取得的成效，营造良好社会氛围。全年全兵团贫困人口6.88万，基本养老保险应参保人数3.8万，已参保3.8万，参保率100%。财政代缴城乡居民养老保险费2.95万人，代缴率100%，代缴金额295万元。同时，将1613名年满60周岁、未领取国家规定基本养老保险待遇的贫困人员全部纳入城乡居民基本养老保险范围，并按月发放城乡居民基本养老保险待遇，纳入率100%。

三、人才队伍建设

一是开展了兵团2019年百千万人才工程国家级人选选拔推荐工作和自治区第十一批突出贡献优秀专家候选人的选拔推荐工作，2名专家入选百千万人才工程国家级人选，推荐11名自治区突出贡献优秀专家候选人选。

二是根据全国博士后管理委员会关于开展2019年博士后科研流动站新设站申报工作的要求，组织了申报推荐工作，石河子大学化学工程与技术、农业工程2个博士后科研流动站被人力资源社会保障部和全国博士后管理委员会批复同意成立。完成2019年度兵团博士后资助经费的申报工作，拨付给各博士后工作站和博士后个人资助经费150万元。

三是组织实施了5个国家级和兵团级高级研修项目，投入经费91万元，培训兵团高级专业技术人才400名。同时，选派各类高层次专业技术人才40人次，参与自治区组织的各类专业技术人才高级研修班，促进了兵团专业技术人才素质能力的进一步提升。

四是依托国家万名专家服务基层行动计划，围绕脱贫攻坚组织实施服务团项目申请，3项国家级专家服务基层项目和1项国家级专家服务基地立项，投入经费50万元，累计培训656名专业技术人员。

五是全面落实《专业技术人员继续教育规定》，制定印发了《新疆生产建设兵团专业技术人员继续教育管理办法（试行）》，建立和推广兵团专业技术人才公共服务平台，规范专业技术人才继续教育培训工作。全年平台注册84 634人，71 357人参加了继续教育培训，参训率84.3%。注册人数中正高级职称人数842人，副高级职称人数12 776人，中级职称人数27 412人，初级职称以下人数43 604人。同时，加强行业系统队伍建设，举办兵团事业单位人事管理政策业务培训班4期，累计培训管理骨干450名。

六是依托人力资源社会保障部少数民族科技骨干特殊培养项目，组织各单位向自治区推荐了18名少数民族科技骨干，14名被获批赴疆内外高校、科研院所进行特殊培养和实践锻炼，其中疆外长期6人，疆内中长期8人。

七是组织开展了专家慰问、体检和疗养工作。春节期间慰问专家504人，组织了2批次71名专家及家属开展疗养活动。继续采取向南疆倾斜的政策，对一师、三师、十四师、塔里木大学参加疗养的享受政府特殊津贴人员等8类人员进行全额资助。组织开展专家体检工作，对468名高层次人才进行体检，为143名终身享受国务院政府特殊津贴的专家发放131万元相关费用。

八是分类推进人才评价机制改革。兵团党委办公厅、兵团办公厅印发《兵团贯彻落实〈关于分类推进人才评价机制改革的指导意见〉实施方案》，创新人才评价机制，坚持"四不唯"，做好"放管服"。修订完成26个系列62个专业的职称评审条件。下放各师市中小学、高职院校职称评审权。指导石河子大学和塔里木大学自主开展职称评审工作，创新职称评审方式方法。认真贯彻落实《职称评审管理暂行规定》，充分运用信息化手段，建立和推广兵团专业技术职称服务平台，实现了网上申报、网上评审、网上公示、网上反馈，基本实现了无纸化申报、无纸化办理。管理规范、运转协调、评价科学、服务全面的职称管理制度体系正在逐步形成。平台注册10 131人，审核初步通过3 513人。认真做好援疆人才职称评审工作，认真贯彻《关于进一步加强援藏援疆援青专业技术人才职称评审工作的通知》精神，积极落实援疆专业技术人才职称评审政策，上半年完成87名援疆专业技术人才职称评审工作，49名援疆专业技术人才取得各类专业技术资格。加大向南疆团场及偏远贫困地区的政策倾斜力度，全面落实《在南疆师市开展定向评价定向使用工作方案》，通过开展"定向评价""定向使用"，鼓励专业技术人才扎根基层、服务基层。

四、人事制度改革

一是深入贯彻落实《事业单位人事管理条例》，创新事业单位人事管理方式方法，建立和推广兵团人事人才信息平台。平台使用覆盖了14个师（市）和兵直事业单位，导入录入2 100家事业单位的相关信息，实现了岗位设置、岗位变动、岗位聘任、年度考核网上办理，提高了兵团事业单位岗位管理规范化、科学化水平。

二是按照《兵团党委关于印发〈中共新疆生产建设兵团委员会关于推进团场综合配套改革的实施方案〉的通知》精神，积极主动配合做好兵团团场综合配套改革工作，落实团场"五大中心"实名制管理。团场"五大中心"纳入事业单位管理，实名制登记 8 971 人，符合退休政策 2 953 人，在岗登记 6 018 人。在做好登记工作的同时，要求师（市）团场规范事业单位岗位管理，签订聘用合同，明确岗位职责和工作标准。

三是制定印发《关于进一步做好兵团事业单位工作人员招聘工作的通知》，改进人才招聘方式，通过随时招聘、单独招聘、常规招聘，扩大用人单位招聘自主权。在下放事业单位自主招聘权的同时，加大监管力度，坚决杜绝"因人设岗""萝卜招聘"等现象的发生。要求招聘单位拿出 15%左右的岗位面向基层四项目人员开展招聘工作，为基层四项目人员畅通"出口"。全年累计组织和审批招聘工作 6 次，招聘各类事业单位工作人员 1 083 人。

四是按照《事业单位工作人员奖励规定》精神，在南疆师团事业单位和塔里木大学集中开展脱贫攻坚专项奖励工作，对在脱贫攻坚工作中做出突出贡献的专业技术人员进行奖励，共嘉奖个人 411 人、集体 8 个，记功个人 66 人、集体 2 个，记大功个人 3 人、集体 1 个。

五是对兵团直属以及兵团机关部门所属事业单位工作人员年度考核工作进行审核，共审核 77 家兵直事业单位年度考核工作方案及考核结果，并对各师（市）事业单位工作人员年度考核工作进行指导。

五、工资收入分配工作

一是积极落实保障义务教育教师待遇政策。印发《关于做好保障义务教育教师工资待遇工作的通知》，建立健全义务教育教师工资随当地公务员待遇调整的联动机制，把依法保障义务教育教师工资待遇作为一项重要任务抓实抓好。按照国家文件要求，定期报送兵团义务教育教师和公务员工资平均水平，确保义务教育教师工资平均水平不低于公务员的平均水平。

二是完善事业单位高层次人才绩效工资管理制度。印发《关于完善兵团事业单位高层次人才工资分配激励机制的通知》，加大对高层次人才的绩效工资倾斜力度。在核定绩效工资总量时，对高层次人才集中、知识技术密集、国家战略发展重点扶持、承担重大工作任务的单位，给予适当倾斜。对事业单位聘用的急需紧缺、业内认可、业绩突出的极少数高级专业技术人才、高级管理人才和高端技能人才，可参考人才市场价格合理确定薪酬水平，相应增加单位绩效工资总量。高校和科研院所自主确定绩效工资水平，进一步扩大单位绩效工资分配自主权。鼓励高校和科研院所对业务骨干、特殊人才、关键岗位建立特殊的薪酬制度，自主制定实施年薪制、协议工资和项目工资等灵活多样的分配办法。落实高层次人才科技成果转化现金奖励政策，事业单位高层次人才获得职务科技成果转化的现金奖励计入当年本单位绩效工资总量。保障高层次人才兼职或创业待遇。为推进落实好政策，赴高层次人才集中的兵团党委党校、石河子大学等单位开展调研，帮助解读政策，提供服务指导。

三是积极推进公立医院薪酬制度改革试点工作。在一师阿拉尔市、八师石河子市、十三师哈密市的二级、三级公立医院，石河子大学医学院第一附属医院和兵团医院开展公立医院薪酬改革试点。召开试点公立医院及行业主管部门培训会议，对工作进行安排部署，通过调研，不断探索，推进"两个允许"政策的落实。通过总结成功经验，结合国家、自治区文件精神，印发《公立医院薪酬制度改革实施方案》，在全兵团范围内的公立医院推行。

四是优化服务，下放部分工资业务审核审批权限。根据"放管服"工作三位一体协同推进的要求，坚持立足本职、简政放权、放管结合、优化服务的指导思想，加强工资福利政策的宏观指导，增强服务能力，不断完善工资收入分配制度和工作措施。将原来工资福利管理中年度薪级工资正常晋升等 6 项审批业务下放给事业单位或主管部门，将工资基金审批等 4 项审批业务予以保留，并通过举办兵团事业单位工资业务培训班和推行人事人才工资管理系统，帮助事业单位及主管部门对下放的业务顺利承接，确保工资政策落实不走样。

六、劳动关系工作

一是健全兵团劳动关系三方机制，持续推进和谐劳动关系创建。积极开展和谐劳动关系创建活动，经企业申报、师（市）协调劳动关系三方推荐、社会公示和兵团协调劳动关系三方审核，并经兵团批准，授予20家企业"兵团模范劳动关系和谐企业"称号、2个工业园区"兵团模范劳动关系和谐工业园区"称号，并颁发奖牌、印发通报。其中2个模范劳动关系和谐企业被国家协调劳动关系三方授予"全国模范劳动关系和谐企业"称号。为发挥先进典型的示范引领作用，先后在《中国劳动保障报》《兵团日报》以及兵团政务网等多个媒体上对获奖单位的先进经验进行宣传报道，同时组织安排全国模范劳动关系和谐企业代表在兵团劳动关系政策培训班上做经验介绍，取得良好效果。

二是全面落实劳动合同制度，推进集体协商和集体合同制度实施。加强劳动合同法律法规和政策宣传，对劳动关系、调解仲裁、劳动保障监等相关工作协同配合共同举办业务培训，统一政策认识，整合工作力量，合力解决劳动合同制度实施过程中的劳动合同签订不规范、履行不到位、法规认识不统一等问题。修订完善企业劳动合同和劳务派遣劳动合同示范文本并在局官网上发布，供各类用人单位参考借鉴，全年企业劳动合同签订率为99.82%。积极推进企业工资集体协商和集体合同制度，印发《关于实施集体协商"稳就业促发展构和谐"行动计划的通知》。发布兵团2019年企业工资指导线，为各类企业开展工资集体协商创造条件。

三是加强劳动关系形势分析研判，防范化解劳动关系风险。制定《关于开展兵团劳动关系风险监测预警实施方案》，组织各师（市）人社局落实劳动关系运行重要节点日报和日常月报制度，基本建立并落实了兵团协调劳动关系三方成员单位、师（市）人社局劳动关系及局属相关单位三个层面劳动关系形势分析制度。

四是妥善处理改革国有企业人员分流安置和劳动关系问题。把改革企业职工人员分流安置和劳动关系处理作为重中之重，工作中严格按照《关于做好师（市）国有企业和团办企业人员分流安置工作的意见》要求，指导各师（市）对改革企业职工安置方案进行审核，逐一出具审核意见书，并平稳操作。截至10月底，兵团共有3 629家改革企业分流安置职工52 096人，没有出现一起因劳动关系工作不到位引发的群体性、突发性事件。同时，全力做好去产能企业和僵尸企业人员分流安置工作。全兵团国有、民营去产能企业和僵尸企业有400多家，截至10月底，共欠缴社会保险费7 331.36万元、欠付薪酬2 060.84万元，需要分流安置4 985人。这些企业存在的问题历史积淀时间长，情况复杂，处理十分困难。经积极协调相关部门和企业，主动靠前，有所作为，牢牢守住不发生系统性、区域性风险的底线，已安置3 856人。

五是稳定推进国有企业薪酬制度改革政策落实。相继发布2017年、2018年兵团本级国有企业负责人薪酬基数和兵团2019年企业工资指导线，并进行了4次国企薪酬制度政策宣讲。

六是加强连队职工管理工作，积极推进职工实名制信息管理。截至年底，已录入职工信息34.51万人，38项指标基本录入完毕。起草了《兵团连队职工实名制信息管理办法（试行）》，提交兵团电子政务领导小组会议审定。先后对六个师的《连队职工管理办法实施细则》提出修改意见。

七是做好劳动人事争议调解仲裁。贯彻落实人力资源社会保障部《第一批劳动人事争议调解仲裁基本制度目录及范本》和《关于实施"护薪行动"全力做好拖欠农民工工资争议处理的通知》精神，加强仲裁办案标准化建设，指导各师（市）及时处理因支付劳动报酬引发的争议，全年共受理劳动人事争议案件3 375件。

七、基础性工作

一是社保基金风险防控工作稳步推进。开展了社会保险经办机构"三个全面取消"自查和检查工作，截至年底，"三个全面取消"工作已基本完成。以社会保险综合检查工作为抓手，对兵师人社系统风险防控和社保经办工作进行综合检查。以疑点信息排查工作为切入点，倒查经办漏洞，梳理经办风险点，狠抓整改落实，共追回多领、冒领社会保险待遇761万元。通过基金监管系统对社会保险基金进行非现场监督，全年共下发疑点数据2 376条，有效促进了社保基金事后监督向事前、事中监督转变，实现基金监督工作由手工操作向网络化转变。

二是印发《关于进一步加强兵团人力资源社会保障窗口单位经办队伍建设的意见》，结合兵团实际，提出合理配置人员、提升服务能力、规范服务行为、完善保障措施、抓好组织实施6个方面16条具体措施，着力解决力量薄弱、能力不足、队伍不稳、保障不健全等问题，全面加强人社窗口单位经办队伍建设。统筹开展兵团人社系统窗口单位群众性岗位练兵和比武竞赛活动，并参加全国人社系统比武活动。

三是大力做好相关工作。如期完成兵团社会保险费征管职责划转任务，支持基本养老保险费、基本医疗保险费、失业保险费、工伤保险费和生育保险费等各项社保费交由税务部门征收，实现税费统征统管、同征同查，基本实现社保费平稳有序征收。加强社会保障卡发放应用工作，累计发放社会保障卡257万张。完成兵团金保工程二期项目初验、部省人社系统一体化在线服务试点及兵团职业年金信息管理系统和兵团基层服务信息管理系统上线工作。落实机关事业单位养老保险制度改革后退休"中人"养老金待遇发放、兵团连队职工减负资金发放。实现了就业失业登记、社会保险登记、劳动用工备案三项业务统一登记。顺利完成57项全国职业（执业）资格和专业技术人员资格考试兵团考区考务工作和兵团内部组织的人事考试工作，报名人数总计77 686人，报考159 951科次。积极组织开展各类技能人员职业技能鉴定和职业技能等级认定工作，技能人员参加职业技能鉴定和认定95 428人次。

新疆生产建设兵团人力资源和社会保障局

工作卷

人力资源和社会保障统计资料

（一）综 合

表1-1　　　　　　　　　　　　　　　国内生产总值增长及构成

年份	国内生产总值	第一产业	第二产业	第三产业
一、绝对数（亿元）				
2000	100 280	14 717	45 665	39 898
2001	110 863	15 503	49 661	45 700
2002	121 717	16 190	54 106	51 422
2003	137 422	16 970	62 697	57 754
2004	161 840	20 904	74 287	66 649
2005	187 319	21 807	88 084	77 428
2006	219 439	23 317	104 362	91 760
2007	270 092	27 674	126 631	115 788
2008	319 245	32 464	149 953	136 828
2009	348 518	33 584	160 169	154 765
2010	412 119	38 431	191 627	182 062
2011	487 940	44 781	227 035	216 124
2012	538 580	49 085	244 639	244 856
2013	592 963	53 028	261 952	277 984
2014	643 563	55 626	277 283	310 654
2015	688 858	57 775	281 339	349 745
2016	746 395	60 139	295 428	390 828
2017	832 036	62 100	331 580	438 356
2018	919 281	64 745	364 835	489 701
2019	990 865	70 467	386 165	534 233
二、比上年增长（%）				
2000	8.5	2.3	9.5	9.8
2001	8.3	2.6	8.5	10.3
2002	9.1	2.7	9.9	10.5
2003	10.0	2.4	12.7	9.5
2004	10.1	6.1	11.1	10.1
2005	11.4	5.1	12.1	12.4
2006	12.7	4.8	13.5	14.1
2007	14.2	3.5	15.1	16.1
2008	9.7	5.2	9.8	10.5
2009	9.4	4.0	10.3	9.6
2010	10.6	4.3	12.7	9.7
2011	9.6	4.2	10.7	9.5
2012	7.9	4.5	8.4	8.0
2013	7.8	3.8	8.0	8.3
2014	7.4	4.1	7.2	8.3
2015	7.0	3.9	5.9	8.8

续表

年份	国内生产总值	第一产业	第二产业	第三产业
2016	6.8	3.3	6.0	8.1
2017	6.9	4.0	5.9	8.3
2018	6.7	3.5	5.8	8.0
2019	6.1	3.1	5.7	6.9
三、构成（%）				
2000	100.0	14.7	45.5	39.8
2001	100.0	14.0	44.8	41.2
2002	100.0	13.3	44.5	42.2
2003	100.0	12.3	45.6	42.0
2004	100.0	12.9	45.9	41.2
2005	100.0	11.6	47.0	41.3
2006	100.0	10.6	47.6	41.8
2007	100.0	10.2	46.9	42.9
2008	100.0	10.2	47.0	42.9
2009	100.0	9.6	46.0	44.4
2010	100.0	9.3	46.5	44.2
2011	100.0	9.2	46.5	44.3
2012	100.0	9.1	45.4	45.5
2013	100.0	8.9	44.2	46.9
2014	100.0	8.6	43.1	48.3
2015	100.0	8.4	40.8	50.8
2016	100.0	8.1	39.6	52.4
2017	100.0	7.5	39.9	52.7
2018	100.0	7.0	39.7	53.3
2019	100.0	7.1	39.0	53.9

注：按第四次经济普查数据，对2007年及以后的数据进行了修订。

表1-2　　全国分城乡就业人员年末人数及构成　　单位：万人

年份	就业人数			构成（%）		
	合计	城镇	乡村	合计	城镇	乡村
1998	70 637	21 616	49 021	100	30.6	69.4
1999	71 394	22 412	48 982	100	31.4	68.6
2000	72 085	23 151	48 934	100	32.1	67.9
2001	72 797	24 123	48 674	100	33.1	66.9
2002	73 280	25 159	48 121	100	34.3	65.7
2003	73 736	26 230	47 506	100	35.6	64.4
2004	74 264	27 293	46 971	100	36.8	63.2
2005	74 647	28 389	46 258	100	38.0	62.0

续表

年份	就业人数			构成（%）		
	合计	城镇	乡村	合计	城镇	乡村
2006	74 978	29 630	45 348	100	39.5	60.5
2007	75 321	30 953	44 368	100	41.1	58.9
2008	75 564	32 103	43 461	100	42.5	57.5
2009	75 828	33 322	42 506	100	43.9	56.1
2010	76 105	34 687	41 418	100	45.6	54.4
2011	76 420	35 914	40 506	100	47.0	53.0
2012	76 704	37 102	39 602	100	48.4	51.6
2013	76 977	38 240	38 737	100	49.7	50.3
2014	77 253	39 310	37 943	100	50.9	49.1
2015	77 451	40 410	37 041	100	52.2	47.8
2016	77 603	41 428	36 175	100	53.4	46.6
2017	77 640	42 462	35 178	100	54.7	45.3
2018	77 586	43 419	34 167	100	56.0	44.0
2019	77 471	44 247	33 224	100	57.1	42.9

注：1990年及以后的数据根据劳动力调查、人口普查推算，2001年及以后的数据根据第六次人口普查数据重新修订（下表同）。

表1-3　　　　　　　　　　全国分产业就业人员年末人数及构成　　　　　　　单位：万人

年份	就业人数				构成（%）			
	合计	第一产业	第二产业	第三产业	合计	第一产业	第二产业	第三产业
1998	70 637	35 177	16 600	18 860	100	49.8	23.5	26.7
1999	71 394	35 768	16 421	19 205	100	50.1	23.0	26.9
2000	72 085	36 043	16 219	19 823	100	50.0	22.5	27.5
2001	72 797	36 399	16 234	20 165	100	50.0	22.3	27.7
2002	73 280	36 640	15 682	20 958	100	50.0	21.4	28.6
2003	73 736	36 204	15 927	21 605	100	49.1	21.6	29.3
2004	74 264	34 830	16 709	22 725	100	46.9	22.5	30.6
2005	74 647	33 442	17 766	23 439	100	44.8	23.8	31.4
2006	74 978	31 941	18 894	24 143	100	42.6	25.2	32.2
2007	75 321	30 731	20 186	24 404	100	40.8	26.8	32.4
2008	75 564	29 923	20 553	25 087	100	39.6	27.2	33.2
2009	75 828	28 890	21 080	25 857	100	38.1	27.8	34.1
2010	76 105	27 931	21 842	26 332	100	36.7	28.7	34.6
2011	76 420	26 594	22 544	27 282	100	34.8	29.5	35.7
2012	76 704	25 773	23 241	27 690	100	33.6	30.3	36.1
2013	76 977	24 171	23 170	29 636	100	31.4	30.1	38.5
2014	77 253	22 790	23 099	31 364	100	29.5	29.9	40.6
2015	77 451	21 919	22 693	32 839	100	28.3	29.3	42.4
2016	77 603	21 496	22 350	33 757	100	27.7	28.8	43.5
2017	77 640	20 944	21 824	34 872	100	27.0	28.1	44.9
2018	77 586	20 258	21 390	35 938	100	26.1	27.6	46.3
2019	77 471	19 445	21 305	36 721	100	25.1	27.5	47.4

表 1-4　　　　　　　　　　分登记注册类型城镇单位就业人员构成　　　　　　　　单位：万人

年份	合计	国有单位	集体单位	股份合作单位
1998	21 616	9 058	1 963	136
1999	22 412	8 572	1 712	144
2000	23 151	8 102	1 499	155
2001	24 123	7 640	1 291	153
2002	25 159	7 163	1 122	161
2003	26 230	6 876	1 000	173
2004	27 293	6 710	897	192
2005	28 389	6 488	810	188
2006	29 630	6 430	764	178
2007	30 953	6 424	718	170
2008	32 103	6 447	662	164
2009	33 322	6 420	618	160
2010	34 687	6 516	597	156
2011	35 914	6 704	603	149
2012	37 102	6 839	590	149
2013	38 240	6 365	566	108
2014	39 310	6 312	537	103
2015	40 410	6 208	481	92
2016	41 428	6 170	453	86
2017	42 462	6 064	406	77
2018	43 419	5 740	347	66
2019	44 247	5 473	296	60

年份	联营单位	有限责任公司	股份有限公司	私营企业
1998	48	484	410	973
1999	46	603	420	1 053
2000	42	687	457	1 268
2001	45	841	483	1 527
2002	45	1 083	538	1 999
2003	44	1 261	592	2 545
2004	44	1 436	625	2 994
2005	45	1 750	699	3 458
2006	45	1 920	741	3 954
2007	43	2 075	788	4 581
2008	43	2 194	840	5 124
2009	37	2 433	956	5 544
2010	36	2 613	1 024	6 071
2011	37	3 269	1 183	6 912

续表

年份	联营单位	有限责任公司	股份有限公司	私营企业
2012	39	3 787	1 243	7 557
2013	25	6 069	1 721	8 242
2014	22	6 315	1 751	9 857
2015	20	6 389	1 798	11 180
2016	18	6 381	1 824	12 083
2017	13	6 367	1 846	13 327
2018	12	6 570	1 875	13 952
2019	12	6 608	1 879	14 567

年份	港澳台商投资单位	外商投资单位	个体	其他
1998	294	293	2 259	5 689
1999	306	306	2 414	6 817
2000	310	332	2 136	8 134
2001	326	345	2 131	9 299
2002	367	391	2 269	9 907
2003	409	454	2 377	10 338
2004	470	563	2 521	10 680
2005	557	688	2 778	10 749
2006	611	796	3 012	10 950
2007	680	903	3 310	11 038
2008	679	943	3 609	11 177
2009	721	978	4 245	10 960
2010	770	1 053	4 467	11 097
2011	932	1 217	5 227	9 362
2012	969	1 246	5 643	8 666
2013	1 397	1 566	6 142	5 747
2014	1 393	1 562	7 009	4 167
2015	1 344	1 446	7 800	3 368
2016	1 305	1 361	8 627	2 830
2017	1 290	1 291	9 348	2 143
2018	1 153	1 212	10 440	1 754
2019	1 157	1 203	11 692	827

表1-5　　分登记注册类型城镇单位就业人员年末人数　　单位：万人

年份	合计		国有单位	
		在岗职工		在岗职工
1998	12 696	12 337	9 058	8 809
1999	12 130	11 773	8 572	8 336
2000	11 612	11 259	8 102	7 878
2001	11 166	10 792	7 640	7 409

续表

年份	合计	在岗职工	国有单位	在岗职工
2002	10 985	10 558	7 163	6 924
2003	10 970	10 492	6 876	6 621
2004	11 099	10 576	6 710	6 438
2005	11 404	10 850	6 488	6 232
2006	11 713	11 160	6 430	6 170
2007	12 024	11 427	6 424	6 148
2008	12 193	11 515	6 447	6 126
2009	12 573	11 824	6 420	6 078
2010	13 052	12 251	6 516	6 145
2011	14 413	13 681	6 704	6 362
2012	15 236	14 403	6 839	6 467
2013	18 108	17 057	6 365	6 012
2014	18 278	17 212	6 312	5 956
2015	18 062	16 977	6 208	5 856
2016	17 888	16 768	6 170	5 811
2017	17 644	16 508	6 064	5 708
2018	17 258	16 070	5 740	5 389
2019	17 162	15 938	5 473	5 146

年份	城镇集体单位	在岗职工	其他单位	在岗职工
1998	1 963	1 900	1 675	1 628
1999	1 712	1 652	1 846	1 785
2000	1 499	1 447	2 011	1 935
2001	1 291	1 241	2 235	2 142
2002	1 122	1 071	2 700	2 563
2003	1 000	951	3 094	2 920
2004	897	851	3 492	3 287
2005	810	769	4 106	3 849
2006	764	726	4 519	4 264
2007	718	684	4 882	4 595
2008	662	623	5 084	4 766
2009	618	578	5 535	5 168
2010	597	558	5 938	5 548
2011	603	562	7 106	6 757
2012	590	549	7 808	7 387
2013	566	522	11 177	10 523
2014	537	494	11 429	10 762
2015	481	444	11 373	10 677
2016	453	418	11 265	10 539
2017	406	374	11 174	10 426
2018	347	318	11 171	10 363
2019	296	270	11 393	10 522

注：本表2010年及以后在岗职工人数包含单位使用的劳务派遣人员数。

表 1-6　分行业城镇单位在岗职工年末人数（1995—2002 年）　　单位：万人

年份	合计	农、林、牧、渔业	采掘业	制造业	电力、煤气及水的生产和供应业	建筑业	地质勘查业、水利管理业	交通运输、仓储及邮电通信业
1995	14 908	660	914	5 439	257	1 053	134	824
1996	14 845	617	886	5 293	272	1 035	128	830
1997	14 668	612	851	5 083	282	1 004	128	824
1998	12 337	546	702	3 769	281	846	115	701
1999	11 773	519	650	3 496	283	778	110	682
2000	11 259	494	581	3 240	282	744	109	659
2001	10 792	458	544	3 010	284	733	104	629
2002	10 558	430	537	2 907	285	756	96	613

年份	批发和零售贸易、餐饮业	金融、保险业	房地产业	社会服务业	卫生、体育和社会福利业	教育、文化艺术和广播电影电视业	科学研究和综合技术服务业	国家机关、政党机关和社会团体	其他
1995	1 828	273	77	449	438	1 291	178	1 027	66
1996	1 807	288	82	458	451	1 345	176	1 075	103
1997	1 774	298	84	480	464	1 403	179	1 080	125
1998	1 256	301	89	451	469	1 451	168	1 084	108
1999	1 110	300	90	453	473	1 480	165	1 088	96
2000	977	294	93	457	476	1 500	164	1 091	99
2001	840	292	97	463	481	1 512	154	1 088	104
2002	733	287	107	483	480	1 517	151	1 056	120

表 1-7　　分行业城镇单位在岗职工年末人数（2003—2011 年）　　单位：万人

年份	合计	农、林、牧、渔业	采矿业	制造业	电力、燃气及水的生产和供应业	建筑业	交通运输、仓储和邮政业	信息传输、计算机服务和软件业	批发和零售业	住宿和餐饮业
2003	10 492	460	481	2 899	292	774	610	104	592	159
2004	10 576	438	491	2 960	294	778	598	111	551	163
2005	10 850	414	498	3 096	294	854	579	117	508	167
2006	11 161	402	518	3 250	296	910	579	125	486	170
2007	11 427	386	524	3 358	298	962	584	137	479	172
2008	11 515	362	526	3 329	297	971	583	144	487	178
2009	11 824	328	539	3 380	297	1 050	589	158	493	185
2010	12 251	328	546	3 519	299	1 133	582	168	506	191
2011	13 681	311	600	4 022	324	1 519	642	208	622	228

年份	金融业	房地产业	租赁和商务服务业	科学研究、技术服务和地质勘查业	水利、环境和公共设施管理业	居民服务和其他服务业	教育	卫生、社会保障和社会福利业	文化体育和娱乐业	公共管理和社会组织
2003	286	108	168	206	164	47	1 402	472	122	1 146
2004	287	120	176	208	165	47	1 425	477	118	1 170
2005	295	133	199	213	170	47	1 445	491	117	1 213
2006	300	140	215	220	176	50	1 466	506	117	1 235
2007	311	151	223	228	181	51	1 484	522	119	1 260
2008	326	157	247	240	179	50	1 491	536	119	1 292
2009	347	175	263	255	184	55	1 502	564	122	1 337
2010	370	195	281	273	193	56	1 527	595	124	1 365
2011	417	233	273	282	203	57	1 563	644	128	1 406

表 1-8　　分行业城镇单位在岗职工年末人数（2012—2019年）　　单位：万人

年份	合计	农、林、牧、渔业	采矿业	制造业	电力、热力、燃气及水生产和供应业	建筑业	批发和零售业	交通运输、仓储和邮政业	住宿和餐饮业	信息传输、软件业和信息技术服务业
2012	14 403	291	618	4 192	334	1 739	683	648	246	218
2013	17 057	256	622	5 166	389	2 513	854	816	282	319
2014	17 212	252	583	5 152	389	2 518	850	830	268	327
2015	16 977	240	534	4 980	382	2 416	843	823	256	340
2016	16 768	230	477	4 805	377	2 354	834	819	250	355
2017	16 508	219	443	4 553	367	2 284	805	812	240	385
2018	16 070	159	404	4 104	358	2 338	783	792	234	412
2019	15 938	118	359	3 765	363	1 952	794	791	228	437

年份	金融业	房地产业	租赁和商务服务业	科学研究和技术服务	水利、环境和公共设施管理业	居民服务、修理和其他服务业	教育	卫生和社会工作	文化、体育和娱乐业	公共管理、社会保障和社会组织
2012	441	258	278	313	213	59	131	1 594	1 467	681
2013	447	352	399	368	226	69	138	1 623	1 491	727
2014	467	379	426	386	232	72	137	1 657	1 518	765
2015	478	394	450	389	233	70	140	1 665	1 550	794
2016	498	407	463	398	229	71	142	1 657	1 584	819
2017	501	419	495	400	230	73	143	1 656	1 632	850
2018	494	441	492	391	224	72	1 658	865	137	1 713
2019	539	486	618	414	212	81	1 822	955	142	1 864

表 1-9　　分登记注册类型城镇单位在岗职工平均工资及增长情况　　单位：元

年份	平均工资				比上年增长（%）
	合计	国有单位	城镇集体单位	其他单位	
1998	7 479	7 668	5 331	8 972	15.6
1999	8 346	8 543	5 774	9 829	11.6
2000	9 371	9 552	6 262	10 984	12.3
2001	10 870	11 178	6 867	12 140	16.0
2002	12 422	12 869	7 667	13 212	14.3
2003	14 040	14 577	8 678	14 574	13.0
2004	16 024	16 729	9 814	16 259	14.1
2005	18 364	19 313	11 283	18 244	14.6
2006	21 001	22 112	13 014	20 755	14.4
2007	24 932	26 620	15 595	24 058	18.7
2008	29 229	31 005	18 338	28 387	17.2
2009	32 736	35 053	20 958	31 319	12.0
2010	37 147	39 471	24 430	35 843	13.5
2011	42 452	44 695	29 261	41 449	14.3
2012	47 593	49 750	34 431	46 682	12.1
2013	52 388	54 225	39 669	51 972	10.1
2014	57 361	58 992	43 631	57 092	9.5
2015	63 241	67 415	47 638	61 611	10.3
2016	68 993	74 990	51 708	66 371	9.1
2017	76 121	84 043	56 762	72 459	10.3
2018	84 744	92 988	62 501	81 139	11.3
2019	93 383	102 709	64 499	89 570	10.2

表 1-10　　城镇非私营单位在岗职工平均工资　　单位：元

年份	合计	企业				事业				机关	
		小计	国有	集体	其他	小计	国有	集体	其他	小计	国有
1998	7 479	7 405	7 644	5 264	8 970	7 620	7 689	6 206	10 858	7 740	7 746
1999	8 346	8 168	8 350	5 670	9 828	8 665	8 748	6 970	10 913	8 925	8 930
2000	9 371	9 189	9 324	6 144	10 985	9 634	9 749	7 388	10 560	10 020	10 025
2001	10 870	10 453	10 619	6 667	12 136	11 491	11 640	8 518	14 628	12 125	12 136
2002	12 422	11 873	12 109	7 426	13 206	13 246	13 438	9 399	15 568	14 005	14 020
2003	14 040	13 578	14 028	8 401	14 575	14 564	14 770	10 448	15 147	15 736	15 757
2004	16 024	15 559	16 336	9 513	16 255	16 489	16 690	11 773	17 335	17 869	17 887
2005	18 364	17 853	19 069	10 909	18 242	18 720	18 926	13 602	18 621	20 828	20 840
2006	21 001	20 555	22 246	12 547	20 756	21 259	21 466	15 887	20 668	23 360	23 370

续表

年份	合计	企业				事业				机关	
		小计	国有	集体	其他	小计	国有	集体	其他	小计	国有
2007	24 932	24 046	26 284	14 882	24 053	25 805	26 029	19 828	25 048	28 763	28 773
2008	29 229	28 359	30 780	17 616	28 388	29 758	30 004	22 682	28 205	33 869	33 878
2009	32 736	31 622	34 778	20 041	31 362	34 053	34 276	26 900	31 924	37 397	37 410
2010	37 147	36 256	39 938	23 338	35 891	38 411	38 626	31 260	36 661	40 512	40 561
2011	42 452	42 020	46 288	28 115	41 550	43 254	43 522	36 378	37 218	44 303	44 388
2012	47 593	47 284	51 698	33 274	46 780	48 426	48 683	41 400	43 097	48 513	48 608
2013	52 388	52 270	56 962	38 322	52 032	53 291	53 463	47 439	51 914	51 894	51 905
2014	57 361	57 359	62 236	42 036	57 164	58 125	58 304	52 246	56 344	55 939	55 962
2015	63 241	61 904	67 303	45 857	61 655	67 828	68 197	56 629	60 720	65 829	65 853
2016	68 993	66 580	71 533	49 100	66 437	76 216	76 655	63 818	66 278	75 124	75 172
2017	76 121	72 703	78 275	53 267	72 525	85 450	86 016	70 894	69 895	85 304	85 358
2018	84 744	81 065	85 237	57 188	81 209	94 688	95 019	81 606	92 998	94 259	94 329
2019	93 383	89 505	91 670	53 667	90 032	105 845	106 148	98 185	102 744	101 554	101 608

年份	机关		民间非营利组织				其他			
	集体	其他	小计	国有	集体	其他	小计	国有	集体	其他
1998	6 675									
1999	7 827									
2000	8 718									
2001	8 960									
2002	9 302									
2003	9 742									
2004	12 101									
2005	15 365									
2006	17 897									
2007	21 803									
2008	25 298									
2009	30 394	26 434	29 529	49 985	24 868	26 439	24 249	38 003	16 991	21 532
2010	31 338	26 214	33 750	54 207	27 953	30 867	26 264	37 897	18 222	24 708
2011	39 612	30 197	37 015	57 700	29 235	34 741	30 663	42 019	24 550	28 505
2012	39 608	29 971	42 887	67 214	39 755	40 635	35 421	46 635	29 206	33 225
2013	41 020	47 424	46 849	67 401	43 004	44 792	44 167	58 328	35 120	38 828
2014	41 702	42 494	49 530	69 474	45 816	47 834	53 341	72 950	39 144	43 661
2015	49 879	50 654	53 477	60 775	53 823	52 414	58 923	64 220	43 570	57 340
2016	52 920	48 145	57 995	66 405	60 678	56 662	63 333	76 424	52 067	56 227
2017	59 609	53 159	71 802	101 446	59 121	70 038	69 569	86 467	52 717	59 385
2018	67 804	68 532	70 270	105 366	67 247	66 193	75 671	98 450	57 901	62 833
2019	84 178	94 519	58 917	77 024	58 231	57 647	86 761	117 646	50 805	65 863

注：从2009年起新增列民间非营利组织和其他两个分类，以前年度民间非营利组织和其他单位按照登记注册情况列入了机关、事业和企业单位。

表 1-11　　分行业城镇单位在岗职工平均工资（1995—2002 年）　　单位：元

年份	合计	农、林、牧、渔业	采掘业	制造业	电力、煤气及水的生产和供应业	建筑业	地质勘查业、水利管理业	交通运输、仓储及邮电通信业
1995	5 500	3 522	5 757	5 169	7 843	5 785	5 962	6 948
1996	6 210	4 050	6 482	5 642	8 816	6 249	6 581	7 870
1997	6 470	4 311	6 833	5 933	9 649	6 655	7 160	8 600
1998	7 479	4 528	7 242	7 064	10 478	7 456	7 951	9 808
1999	8 346	4 832	7 521	7 794	11 513	7 982	8 821	10 991
2000	9 371	5 184	8 340	8 750	12 830	8 735	9 622	12 319
2001	10 870	5 741	9 586	9 774	14 590	9 484	10 957	14 167
2002	12 422	6 398	11 017	11 001	16 440	10 279	12 303	16 044

年份	批发和零售贸易、餐饮业	金融、保险业	房地产业	社会服务业	卫生、体育和社会福利业	教育、文化艺术和广播电影电视业	科学研究和综合技术服务业	国家机关、政党机关和社会团体	其他
1995	4 248	7 376	7 330	5 982	5 860	5 435	6 846	5 526	6 295
1996	4 661	8 406	8 337	6 778	6 790	6 144	8 048	6 340	7 184
1997	4 845	9 734	9 190	7 553	7 599	6 759	9 049	6 981	6 838
1998	5 865	10 633	10 302	8 333	8 493	7 474	10 241	7 773	8 481
1999	6 417	12 046	11 505	9 263	9 664	8 510	11 601	8 978	10 068
2000	7 190	13 478	12 616	10 339	10 930	9 482	13 620	10 043	11 098
2001	8 192	16 277	14 096	11 869	12 933	11 452	16 437	12 142	12 590
2002	9 398	19 135	15 501	13 499	14 795	13 290	19 113	13 975	14 215

注：本表和表 1-12、表 1-13 为城镇非私营单位在岗职工平均工资。

表 1-12　分行业城镇单位在岗职工平均工资（2003—2011 年）　单位：元

年份	合计	农、林、牧、渔业	采矿业	制造业	电力、燃气及水的生产和供应业	建筑业	交通运输、仓储和邮政业	信息传输、计算机服务和软件业	批发和零售业	住宿和餐饮业
2003	14 040	6 969	13 682	12 496	18 752	11 478	15 973	32 244	10 939	11 083
2004	16 024	7 611	16 874	14 033	21 805	12 770	18 381	34 988	12 923	12 535
2005	18 364	8 309	20 626	15 757	25 073	14 338	21 352	40 558	15 241	13 857
2006	21 001	9 430	24 335	17 966	28 765	16 406	24 623	44 763	17 736	15 206
2007	24 932	11 086	28 377	20 884	33 809	18 758	28 434	49 225	20 888	17 041
2008	29 229	12 958	34 405	24 192	39 204	21 527	32 796	56 642	25 538	19 481
2009	32 736	14 911	38 224	26 599	42 668	24 625	36 224	59 919	29 031	21 193
2010	37 147	17 345	44 496	30 700	48 323	28 127	41 536	66 598	33 520	23 812
2011	42 452	20 393	52 569	36 494	53 723	32 657	47 646	70 619	40 295	27 847

年份	金融业	房地产业	租赁和商务服务业	科学研究、技术服务和地质勘查业	水利、环境和公共设施管理业	居民服务和其他服务业	教育	卫生、社会保障和社会福利业	文化体育和娱乐业	公共管理和社会组织
2003	22 457	17 182	16 501	20 636	12 095	12 900	14 399	16 352	17 268	15 533
2004	26 982	18 712	18 131	23 593	13 336	14 152	16 277	18 617	20 730	17 609
2005	32 228	20 581	20 992	27 434	14 753	16 642	18 470	21 048	22 885	20 505
2006	39 280	22 578	23 648	31 909	16 140	18 935	21 134	23 898	26 126	22 883
2007	49 435	26 425	26 965	38 879	19 064	21 550	26 162	28 258	30 662	28 171
2008	61 841	30 327	31 735	46 003	22 182	23 801	30 185	32 714	34 494	32 955
2009	70 265	32 591	34 318	50 866	24 551	25 704	35 042	36 380	38 319	36 268
2010	80 772	36 392	38 502	57 316	27 229	28 665	39 624	41 132	42 245	39 329
2011	91 364	43 345	45 900	65 238	30 750	33 713	43 907	47 258	48 711	43 214

表1-13　分行业城镇单位在岗职工平均工资（2012—2019年）　　单位：元

年份	合计	农、林、牧、渔业	采矿业	制造业	电力、热力、燃气及水生产和供应业	建筑业	批发和零售业	交通运输、仓储和邮政业	住宿和餐饮业	信息传输、软件业和信息技术服务业
2012	47 593	23 419	57 471	41 483	59 215	37 284	46 165	53 923	31 898	80 402
2013	52 388	26 557	60 787	46 290	68 552	42 839	50 264	58 869	34 990	91 404
2014	57 361	29 058	62 172	51 225	74 893	46 661	55 870	64 376	38 232	101 434
2015	63 241	32 971	59 920	55 192	80 528	49 767	60 449	69 772	41 773	112 935
2016	68 993	34 746	61 229	59 346	85 260	52 805	65 381	74 638	44 306	123 447
2017	76 121	38 139	70 300	64 402	91 749	56 384	71 640	81 332	47 456	134 278
2018	84 744	38 392	82 371	72 081	101 869	61 498	81 204	89 568	51 751	149 440
2019	93 383	40 877	92 300	78 114	109 480	66 794	89 649	98 131	54 664	164 621

年份	金融业	房地产业	租赁和商务服务业	科学研究和技术服务	水利、环境和公共设施管理业	居民服务、修理和其他服务业	教育	卫生和社会工作	文化、体育和娱乐业	公共管理、社会保障和社会组织
2012	100 690	47 327	52 315	70 441	34 584	35 586	48 566	53 753	54 414	47 471
2013	112 330	51 887	62 260	77 921	38 595	38 888	52 882	59 371	60 486	50 723
2014	122 049	56 543	66 421	83 671	42 001	42 266	57 709	64 804	65 646	54 745
2015	132 788	61 381	71 410	90 786	47 046	45 524	68 090	73 444	74 301	64 431
2016	140 421	66 736	76 123	98 153	51 950	48 206	76 242	82 031	81 187	73 403
2017	150 426	70 608	80 925	109 595	56 698	51 464	85 472	91 838	88 974	83 321
2018	162 897	76 841	85 682	125 740	61 212	56 781	94 819	100 583	99 635	91 363
2019	176 083	81 750	88 830	135 604	66 340	61 435	100 343	111 564	108 542	98 500

表 1-14　分地区城镇单位就业人员在岗职工平均工资

（2019 年）　　　　　　　　　　单位：元

地区	合计	企业	事业
全国	**93 383**	**89 505**	**105 845**
北京	173 205	166 622	221 618
天津	111 602	103 844	149 836
河北	75 775	75 458	80 875
山西	72 207	74 401	70 049
内蒙古	83 277	83 110	85 063
辽宁	75 264	73 623	80 799
吉林	76 401	75 245	77 907
黑龙江	72 603	70 031	77 179
上海	151 772	153 224	175 117
江苏	98 669	89 350	137 006
浙江	101 996	89 006	149 439
安徽	82 127	73 405	109 103
福建	84 374	77 020	111 146
江西	76 131	68 978	89 393
山东	84 089	76 932	105 168
河南	68 305	64 049	77 674
湖北	81 524	76 126	91 845
湖南	77 563	73 516	87 704
广东	100 689	92 996	140 540
广西	79 516	74 899	86 765
海南	84 656	78 551	99 978
重庆	89 714	81 043	114 663
四川	86 855	79 300	101 530
贵州	87 970	84 807	94 870
云南	91 811	79 967	106 627
西藏	123 045	96 873	141 584
陕西	82 114	83 416	83 031
甘肃	77 336	71 266	84 851
青海	93 506	87 284	101 743
宁夏	88 153	87 885	90 524
新疆	82 052	86 933	84 394

注：本表为城镇非私营单位在岗职工平均工资。

续表

地区	机关	民间非营利组织	其他
全国	**101 554**	**58 917**	**86 761**
北京	177 101	114 781	67 678
天津	137 102	61 637	92 068
河北	71 268	46 677	71 191
山西	68 642	39 184	93 013
内蒙古	83 300	41 919	91 739
辽宁	78 899	41 742	58 830
吉林	81 055	48 826	88 236
黑龙江	78 013	48 882	40 451
上海	173 327	61 463	66 504
江苏	147 713	64 483	137 036
浙江	155 449	72 403	182 562
安徽	99 279	50 063	82 630
福建	112 462	58 988	98 044
江西	92 833	51 429	82 652
山东	96 340	54 482	94 135
河南	77 260	54 229	89 782
湖北	98 590	62 256	54 720
湖南	79 548	49 219	73 174
广东	140 700	63 349	87 912
广西	83 178	46 705	60 153
海南	90 106	51 902	123 866
重庆	110 483	55 953	112 749
四川	101 915	59 144	108 013
贵州	88 610	53 665	93 796
云南	106 843	51 781	90 842
西藏	139 438	125 143	161 445
陕西	78 930	44 636	79 230
甘肃	83 489	48 350	88 322
青海	102 889	40 520	110 798
宁夏	84 685	52 300	116 533
新疆	70 338	49 309	69 743

表 1-15　　居民消费价格指数和商品零售价格指数

（以上年为 100）

年份	全国居民消费价格指数	城市	商品零售价格指数	城市
1998	99.2	99.4	97.4	97.4
1999	98.6	98.7	97.0	97.0
2000	100.4	100.8	98.5	98.5
2001	100.7	100.7	99.2	98.9
2002	99.2	99.0	98.7	98.5
2003	101.2	100.9	99.9	99.6
2004	103.9	103.3	102.8	102.1
2005	101.8	101.6	100.8	100.5
2006	101.5	101.5	101.0	100.9
2007	104.8	104.5	103.8	103.3
2008	105.9	105.6	105.9	105.5
2009	99.3	99.1	98.8	98.7
2010	103.3	103.2	103.1	102.8
2011	105.4	105.3	104.9	104.7
2012	102.6	102.7	102.0	101.9
2013	102.6	102.6	101.4	101.3
2014	102.0	102.1	101.0	101.0
2015	101.4	101.5	100.1	100.0
2016	102.0	102.1	100.7	100.7
2017	101.6	101.7	101.1	101.1
2018	102.1	102.1	101.9	101.9
2019	102.9	102.8	102.0	101.9

表 1-16　　　　　　　　　　　城乡居民收入及增长情况　　　　　　　　　　单位：元

年份	城镇居民人均可支配收入	农村居民人均纯收入	扣除物价因素比上年实际增长（%）	
			城镇居民人均可支配收入	农村居民人均纯收入
1998	5 425	2 162	5.8	4.3
1999	5 854	2 210	9.3	3.9
2000	6 280	2 253	6.4	2.0
2001	6 860	2 366	8.2	4.2
2002	7 703	2 476	13.4	4.8
2003	8 472	2 622	9.0	4.3
2004	9 422	2 936	7.7	6.8
2005	10 493	3 255	9.6	6.2
2006	11 760	3 587	10.4	7.4
2007	13 786	4 140	12.2	9.5
2008	15 781	4 761	8.4	8.0
2009	17 175	5 153	9.8	8.5
2010	19 109	5 919	7.8	10.9
2011	21 810	6 977	8.4	11.4
2012	24 565	7 917	9.6	10.7
2013	26 955	8 896	7.0	9.3
2014	28 844	9 892	6.8	9.2
2015	31 195	10 772	6.6	7.5
2016	33 616		5.6	
2017	36 396		6.5	
2018	39 251		5.6	
2019	42 359		5.0	

注：自 2016 年起，国家统计局不再推算农村居民人均纯收入。

（二）就业与失业

表 2-1　分地区城镇非私营单位就业人员年末人数

（2019年）　　　　　　　　　　　　　　　　　　　　　　　　　　　单位：万人

地区	合计	企业	事业	机关	民间非营利组织	其他
全国	**17 161.8**	**12 023.3**	**3 179.0**	**1 698.1**	**216.6**	**44.8**
北京	791.3	632.6	102.6	40.4	9.9	5.8
天津	269.4	216.6	34.8	16.1	1.7	0.1
河北	576.0	325.2	151.0	90.6	8.8	0.4
山西	441.1	281.7	102.4	49.9	6.7	0.5
内蒙古	280.9	155.0	76.0	46.3	3.0	0.7
辽宁	499.9	341.0	103.2	48.9	4.6	2.2
吉林	277.3	163.7	77.4	32.2	3.3	0.7
黑龙江	349.6	224.4	83.4	39.9	1.9	0.04
上海	716.1	599.5	62.9	21.0	25.1	7.6
江苏	1 332.3	1 066.3	168.9	79.6	15.1	2.3
浙江	987.3	764.8	134.7	69.9	15.6	2.3
安徽	581.0	416.0	100.2	55.2	8.9	0.9
福建	639.6	498.3	89.5	45.9	5.5	0.3
江西	451.7	301.7	94.7	51.2	3.1	1.1
山东	1 072.0	746.7	198.2	112.4	13.5	1.2
河南	968.0	654.2	201.0	99.2	9.8	3.9
湖北	653.8	449.7	144.5	55.7	2.0	1.8
湖南	596.7	368.9	141.6	77.4	7.4	1.4
广东	2 064.6	1 678.0	220.0	132.2	30.5	3.8
广西	404.1	224.2	123.5	52.9	2.8	0.6
海南	102.2	61.8	24.5	13.5	2.3	0.1
重庆	374.4	270.5	67.6	30.8	4.5	1.0
四川	788.9	513.8	168.6	97.2	8.5	0.9
贵州	321.1	172.9	87.3	57.8	2.5	0.5
云南	367.5	193.1	102.2	65.8	5.4	0.7
西藏	44.8	18.1	9.4	16.8	0.1	0.4
陕西	501.3	330.8	108.1	52.2	9.2	1.0
甘肃	253.0	135.1	72.1	44.1	1.0	0.7
青海	67.0	34.7	18.8	12.3	1.1	0.2
宁夏	70.0	38.6	20.7	10.4	0.2	0.1
新疆	318.8	145.5	89.0	80.3	2.4	1.6

表 2-2　　分地区城镇非私营单位在岗职工年末人数

（2019 年）　　单位：万人

地区	合计	企业	事业	机关	民间非营利组织	其他
全国	15 937.7	11 094.1	3 002.7	1 594.4	205.2	41.3
北京	727.8	578.4	98.0	37.9	8.2	5.2
天津	247.6	197.8	33.1	15.1	1.5	0.1
河北	532.8	294.6	142.7	86.5	8.6	0.4
山西	412.9	261.0	97.4	47.8	6.3	0.4
内蒙古	264.7	144.1	72.8	44.3	2.8	0.7
辽宁	465.8	315.7	97.2	46.4	4.4	2.1
吉林	258.2	150.9	72.9	30.6	3.1	0.7
黑龙江	316.5	199.4	77.7	37.5	1.8	0.04
上海	668.6	559.6	59.3	20.4	23.1	6.3
江苏	1 252.8	1 004.0	156.9	75.3	14.5	2.2
浙江	932.6	721.2	128.0	66.5	14.7	2.1
安徽	522.2	366.3	95.9	50.6	8.6	0.7
福建	578.8	447.8	83.0	42.3	5.3	0.3
江西	407.1	267.0	88.2	47.8	3.0	1.0
山东	1 000.1	688.5	190.0	107.5	13.0	1.1
河南	922.3	619.2	194.0	95.8	9.5	3.8
湖北	602.7	411.3	135.0	52.7	1.9	1.7
湖南	541.9	325.2	133.7	74.4	7.2	1.4
广东	1 971.5	1 596.7	212.9	128.6	29.6	3.7
广西	373.5	204.3	116.7	49.3	2.7	0.5
海南	96.5	58.1	23.6	12.5	2.2	0.1
重庆	342.1	243.0	64.0	29.8	4.3	0.9
四川	722.2	464.8	158.5	90.1	7.9	0.8
贵州	290.4	158.7	78.8	50.0	2.4	0.5
云南	332.5	174.1	94.0	58.4	5.3	0.6
西藏	41.8	16.5	8.9	15.9	0.1	0.4
陕西	455.4	297.5	100.4	47.8	8.7	1.0
甘肃	228.5	120.3	66.8	39.8	1.0	0.6
青海	64.1	33.1	18.1	11.7	1.0	0.2
宁夏	65.2	36.4	18.9	9.6	0.2	0.1
新疆	298.7	138.2	85.5	71.4	2.2	1.5

表 2-3　　　　　　　　　分地区城镇私营个体就业人员年末人数
（2019 年）　　　　　　　　　　　　单位：万人

地区	合计	私营企业就业人员	个体就业人员
全国	26 258.2	14 566.6	11 691.6
北京	708.6	673.6	35.0
天津	214.2	90.0	124.2
河北	711.4	253.5	457.8
山西	428.9	123.3	305.6
内蒙古	395.2	189.1	206.1
辽宁	553.8	238.4	315.4
吉林	412.2	151.3	261.0
黑龙江	472.8	58.7	414.2
上海	799.4	755.4	44.1
江苏	2 703.6	1 767.3	936.3
浙江	1 897.4	1 252.6	644.7
安徽	1 106.3	429.0	677.2
福建	1 157.3	777.1	380.2
江西	732.8	386.6	346.2
山东	1 135.3	490.0	645.3
河南	1 191.7	499.3	692.4
湖北	1 021.9	403.3	618.7
湖南	655.9	161.4	494.5
广东	4 225.6	3 059.4	1 166.2
广西	642.7	292.1	350.5
海南	159.8	93.2	66.6
重庆	1 117.0	823.0	294.1
四川	1 048.8	437.8	610.9
贵州	350.0	91.8	258.2
云南	550.9	289.6	261.3
西藏	68.2	22.9	45.3
陕西	914.7	363.6	551.1
甘肃	274.8	150.6	124.1
青海	91.0	30.1	60.9
宁夏	100.5	21.3	79.2
新疆	415.4	191.4	224.0

表 2-4　　历年全国城镇登记失业人数及登记失业率

年份	登记失业人数（万人）	登记失业率（%）
1997	577	3.1
1998	571	3.1
1999	575	3.1
2000	595	3.1
2001	681	3.6
2002	770	4.0
2003	800	4.3
2004	827	4.2
2005	839	4.2
2006	847	4.1
2007	830	4.0
2008	886	4.2
2009	921	4.3
2010	908	4.1
2011	922	4.1
2012	917	4.1
2013	926	4.1
2014	952	4.1
2015	966	4.1
2016	982	4.0
2017	972	3.9
2018	974	3.8
2019	945	3.6

表 2-5　　　　　　　　　　分地区城镇登记失业人数及登记失业率
（2019 年）

地区	登记失业人数（万人）	登记失业率（%）
北京	7.4	1.3
天津	26.1	3.5
河北	36.0	3.1
山西	21.3	2.7
内蒙古	28.1	3.7
辽宁	45.6	4.2
吉林	23.9	3.1
黑龙江	34.7	3.5
上海	19.3	3.6
江苏	35.1	3.0
浙江	34.4	2.5
安徽	26.8	2.6
福建	16.8	3.5
江西	27.5	2.9
山东	44.2	3.3
河南	49.4	3.2
湖北	37.6	2.4
湖南	31.1	2.7
广东	36.9	2.3
广西	19.7	2.6
海南	5.6	2.3
重庆	17.5	2.6
四川	50.4	3.3
贵州	15.3	3.1
云南	22.9	3.3
西藏	2.1	2.9
陕西	23.8	3.2
甘肃	10.8	3.0
青海	3.1	2.2
宁夏	5.0	3.7
新疆	8.4	2.1
新疆兵团	3.7	2.5

表 2-6 分地区城镇登记失业基本情况

（2019 年） 单位：万人

地区	上年末结转登记失业人数	本年新登记的失业人数	女性	就业转失业人数	本年失业人员就业人数
北京	7.9	15.8	6.4	13.7	15.6
天津	25.8	7.4	3.2	5.2	7.1
河北	35.6	40.7	17.3	8.7	40.3
山西	24.6	17.4	7.2	3.9	18.6
内蒙古	27.0	21.6	11.0	7.0	18.4
辽宁	44.4	73.7	33.4	45.8	62.4
吉林	26.8	21.3	9.6	4.7	22.2
黑龙江	39.3	40.0	17.9	15.3	41.9
上海	19.4	30.7	12.8	20.3	30.8
江苏	34.4	130.3	59.9	92.7	129.1
浙江	34.1	50.3	24.1	28.0	42.5
安徽	28.1	19.8	10.6	5.7	20.4
福建	17.3	19.9	10.7	13.6	18.6
江西	27.9	15.7	7.0	2.4	15.6
山东	45.7	65.7	29.8	37.6	62.8
河南	48.6	31.2	10.8	5.2	26.5
湖北	36.1	49.1	24.3	11.7	39.0
湖南	40.4	85.6	11.0	5.3	22.3
广东	36.6	49.2	24.9	25.8	44.8
广西	16.7	15.9	8.7	5.1	11.9
海南	5.5	2.9	1.3	2.0	2.8
重庆	17.3	47.6	26.0	18.5	27.4
四川	53.3	46.7	23.6	24.4	44.7
贵州	15.1	13.8	6.1	2.3	13.5
云南	20.9	49.7	21.3	12.7	46.3
西藏	2.1	0.4	0.2	0.0	0.3
陕西	23.2	21.8	10.0	2.6	21.0
甘肃	10.0	23.4	12.0	10.1	23.6
青海	4.6	3.1	1.6	1.1	3.3
宁夏	5.4	7.6	4.0	3.5	8.0
新疆	9.5	32.7	16.4	4.9	33.0
新疆兵团	3.7	5.3	2.5	2.5	5.2

续表

地区	本年末登记失业人数	女性	长期失业者	登记失业率（%）
北京	7.4	3.0	0.1	1.3
天津	26.1	12.5	0.02	3.5
河北	36.0	14.9	2.3	3.1
山西	21.3	6.7	2.3	2.7
内蒙古	28.1	13.9	4.1	3.7
辽宁	45.6	21.7	11.3	4.2
吉林	23.9	10.9	1.4	3.1
黑龙江	34.7	15.0	0.9	3.5
上海	19.3	7.1	7.0	3.6
江苏	35.1	14.8	1.9	3.0
浙江	34.4	15.2	4.2	2.5
安徽	26.8	7.3	0.6	2.6
福建	16.8	8.6	1.1	3.5
江西	27.5	12.4	1.4	2.9
山东	44.2	18.9	2.3	3.3
河南	49.4	17.7	2.0	3.2
湖北	37.6	18.2	4.2	2.4
湖南	31.1	15.4	3.4	2.7
广东	36.9	16.8	1.8	2.3
广西	19.7	10.4	1.6	2.6
海南	5.6	2.6	0.2	2.3
重庆	17.5	8.1	0.3	2.6
四川	50.4	23.8	1.4	3.3
贵州	15.3	6.5	0.9	3.1
云南	22.9	10.0	2.9	3.3
西藏	2.1	1.1	0.4	2.9
陕西	23.8	8.3	1.9	3.2
甘肃	10.8	5.5	1.9	3.0
青海	3.1	1.5	0.5	2.2
宁夏	5.0	2.7	0.1	3.7
新疆	8.4	4.1	0.6	2.1
新疆兵团	3.7	1.8	0.1	2.5

（三）技工教育、职业培训与技能鉴定

表 3-1　历年技工院校综合情况　　单位：万人

年份	技工院校个数（个）	招生人数	在校学生人数	毕业生人数	在职教职工人数
一、绝对数					
1998	4 362	59.5	181.3	69.5	29.0
1999	4 098	51.5	156.1	66.2	26.9
2000	3 792	50.4	140.1	64.6	24.0
2001	3 470	55.1	134.7	47.7	22.0
2002	3 075	73.3	153.0	45.4	20.3
2003	2 970	91.6	193.1	45.3	20.2
2004	2 884	109.7	234.4	53.5	20.4
2005	2 855	118.4	275.3	69.0	20.4
2006	2 880	134.8	320.8	86.4	21.5
2007	2 995	158.5	367.1	99.7	24.0
2008	3 075	161.4	397.5	109.0	24.7
2009	3 064	156.4	414.3	115.2	25.8
2010	2 998	158.6	421.0	121.3	26.5
2011	2 914	163.5	429.4	118.9	26.5
2012	2 892	156.8	422.8	120.2	26.7
2013	2 882	133.5	386.6	116.9	26.9
2014	2 818	124.4	339.0	106.8	26.5
2015	2 545	121.4	321.5	94.6	26.0
2016	2 526	127.2	323.2	93.1	26.5
2017	2 490	130.9	338.2	90.5	26.9
2018	2 379	128.5	341.6	90.3	26.7
2019	2 392	143.0	360.3	98.4	27.2
二、比上年增长（%）					
1998	-0.8	-19.0	-6.1	-0.7	-6.5
1999	-6.1	-13.3	-13.9	-4.6	-7.1

续表

年份	技工院校个数（个）	招生人数	在校学生人数	毕业生人数	在职教职工人数
2000	-7.5	-2.3	-10.2	-2.5	-11.0
2001	-8.5	9.4	-3.8	-26.1	-8.3
2002	-11.4	33.0	13.6	-4.9	-7.4
2003	-3.4	24.9	26.2	-0.2	-0.7
2004	-2.9	19.8	21.4	18.1	1.0
2005	-1.0	7.9	17.4	29.0	0.0
2006	0.9	13.9	16.5	25.2	5.4
2007	4.0	17.6	14.4	15.4	11.6
2008	2.7	1.8	8.3	9.3	2.9
2009	-0.4	-3.1	4.2	5.7	4.6
2010	-2.2	1.4	1.6	5.4	2.6
2011	-2.8	3.1	2.0	-2.0	0.0
2012	-0.8	-4.1	-1.5	1.1	0.8
2013	-0.3	-14.8	-8.6	-2.8	0.9
2014	-2.2	-6.8	-12.3	-8.6	-1.6
2015	-9.7	-2.4	-5.2	-11.4	-1.8
2016	-0.7	4.7	0.5	-1.6	1.8
2017	-1.4	2.9	4.7	-2.8	1.3
2018	-4.5	-1.8	1.0	-0.2	-0.7
2019	0.5	11.2	5.5	9.0	1.9

年份	文化技术理论课教师	生产实习指导教师	兼职教师人数	培训社会人员人次数	培训社会人员结业人数
一、绝对数					
1998	11.0	3.8	2.7	165.1	
1999	11.2	3.8	2.9	149.1	144.6
2000	10.5	3.5	2.7	158.5	156.7
2001	10.0	3.4	2.6	151.7	163.9
2002	9.5	3.2	2.6	208.6	196.9
2003	9.6	3.4	3.0	226.9	223.7
2004	9.6	3.8	2.9	265.6	257.5
2005	9.7	3.8	3.2	273.3	270.1
2006	10.4	4.2	3.6	337.7	330.2
2007	11.2	5.0	3.8	380.7	369.8
2008	12.2	5.4	4.1	400.0	389.8

续表

年份	文化技术理论课教师	生产实习指导教师	兼职教师人数	培训社会人员人次数	培训社会人员结业人数
2009	12.5	6.0	4.3	484.1	382.9
2010	12.7	6.3	4.4	468.4	371.3
2011	12.9	6.3	4.3	527.5	416.1
2012	13.0	6.6	4.3	551.3	441.6
2013	13.4	6.5	4.1	525.3	397.1
2014	13.2	6.2	4.2	508.5	372.3
2015	13.2	6.0	4.1	476.6	378.9
2016	13.7	6.0	4.3	451.6	349.9
2017	14.0	5.9	4.4	456.4	326.1
2018	14.2	5.6	4.4	420.6	301.6
2019	14.4	5.7	4.4	432.3	308.8
二、比上年增长（%）					
1998	-4.6	-4.0	0.8	20.0	
1999	1.9	-0.1	9.5	-9.7	16.5
2000	-6.9	-6.7	-6.3	6.3	8.4
2001	-4.9	-3.7	-4.1	-4.3	4.6
2002	-5.0	-6.8	-2.4	37.6	20.2
2003	1.5	7.3	17.4	37.6	20.2
2004	0.0	11.8	-3.3	17.1	15.1
2005	1.0	0.0	10.3	2.9	4.9
2006	7.2	10.5	12.5	23.6	22.3
2007	7.7	19.0	5.6	12.7	12.0
2008	8.9	8.0	7.9	5.1	5.4
2009	2.8	11.6	5.2	21.0	-1.8
2010	1.2	4.3	1.0	-3.2	-3.0
2011	1.8	-0.4	-1.7	12.6	12.1
2012	0.3	6.1	0.6	4.5	6.1
2013	3.4	-2.1	-5.7	-4.7	-10.1
2014	-1.3	-4.3	2.8	-3.2	-6.2
2015	-0.3	-4.2	-2.5	-6.3	1.8
2016	3.5	0.3	5.7	-5.2	-7.6
2017	2.6	-1.9	2.6	1.1	-6.8
2018	1.2	-4.1	-0.6	-7.9	-7.5
2019	1.3	1.5	-0.02	2.8	2.4

表 3-2　　　　　　　　　　　　分地区技工院校综合情况

（2019 年）　　　　　单位：人

地区	技工院校个数（个）	职业培训定点培训机构数	在职教职工人数	女性	文化技术理论课教师	高级讲师	讲师	助理讲师
全国	2 392	1 213	271 810	127 644	143 675	38 452	50 880	35 424
北京	27	11	3 200	1 534	1 406	358	436	255
天津	22	8	2 449	1 178	1 124	342	411	322
河北	187	64	14 313	7 577	7 985	2 685	2 914	1 671
山西	86	30	8 888	4 636	4 314	1 154	1 584	1 146
内蒙古	60	33	7 197	3 852	3 933	1 166	1 576	741
辽宁	102	57	7 249	3 384	3 779	1 162	1 334	489
吉林	63	20	3 862	2 032	2 033	702	709	461
黑龙江	131	65	10 166	4 856	5 133	1 845	1 726	1 165
江苏	119	68	19 494	9 630	10 989	3 296	4 184	2 385
浙江	78	51	11 859	5 619	6 916	2 029	2 364	1 510
安徽	77	44	9 066	4 069	5 622	1 735	1 852	1 280
福建	62	27	4 954	2 438	2 535	741	625	501
江西	88	35	10 919	5 041	5 974	1 553	1 919	1 380
山东	181	101	29 438	13 309	17 100	4 591	6 834	4 373
河南	95	60	12 526	5 640	6 297	1 477	2 206	2 179
湖北	102	51	8 517	3 752	4 713	1 354	1 781	1 106
湖南	139	61	10 803	3 922	5 471	1 663	2 028	1 484
广东	163	49	30 910	14 373	15 267	2 703	5 588	4 199
广西	43	34	6 427	3 057	3 195	689	1 143	1 086
海南	11	7	1 675	654	943	290	356	203
重庆	51	40	4 557	2 026	1 937	449	714	518
四川	90	52	11 713	5 483	5 872	1 447	1 975	1 366
贵州	55	46	6 397	3 041	3 194	726	1 261	832
云南	35	25	4 886	2 175	2 965	1 067	1 008	804
陕西	145	47	11 545	5 154	4 474	1 038	1 407	1 265
甘肃	36	16	3 478	1 629	2 102	550	693	467
青海	14	14	941	443	502	120	167	117
宁夏	22	8	1 858	976	1 009	301	283	224
新疆	108	89	12 523	6 164	6 891	1 219	1 802	1 895

续表

地区	生产实习指导教师	高级实习指导教师	一级实习指导教师	二级实习指导教师	三级实习指导教师	技师、高级技师	一体化教师	兼职教师人数
全国	57 062	7 657	11 152	8 907	4 845	17 896	79 374	43 865
北京	482	92	77	55	14	113	865	1 207
天津	460	112	161	124	28	18	608	319
河北	2 646	430	578	437	171	840	3 397	2 170
山西	1 635	209	307	254	218	597	1 923	2 295
内蒙古	1 110	160	232	117	98	346	1 889	1 035
辽宁	987	166	226	126	26	289	1 302	1 129
吉林	757	125	110	95	71	276	1 001	784
黑龙江	1 766	311	286	177	136	577	2 551	1 128
江苏	4 394	579	762	640	357	1 661	6 860	3 383
浙江	2 717	332	509	475	131	947	4 526	1 507
安徽	1 524	201	198	183	155	579	2 581	1 500
福建	1 104	169	257	187	96	162	1 518	835
江西	2 387	245	383	347	270	780	2 818	1 759
山东	5 194	983	1 098	759	273	1 712	9 527	3 700
河南	3 174	434	647	546	243	1 169	4 175	2 150
湖北	2 040	407	387	267	148	496	1 566	1 340
湖南	3 591	494	1 086	781	370	846	4 103	2 384
广东	7 844	562	1 560	1 125	544	2 751	11 062	2 652
广西	1 576	167	310	247	93	410	2 153	670
海南	255	44	50	58	20	32	785	214
重庆	830	135	144	107	80	279	1 240	1 102
四川	2 500	265	348	391	300	849	2 806	1 791
贵州	1 733	167	184	262	260	480	1 830	1 416
云南	984	201	202	207	58	214	1 765	1 586
陕西	2 411	308	436	454	381	683	1 673	1 950
甘肃	743	80	87	109	119	162	829	782
青海	252	58	63	48	8	60	240	155
宁夏	293	81	46	39	26	80	479	497
新疆	1 673	140	418	290	151	488	3 302	2 425

续表

地区	招生人数	高级班学生	农业户口学生	在校学生人数	女生	高级班学生	毕业生人数	获得中级职业资格	获得高级职业资格
全国	**1 429 536**	**451 960**	**1 142 370**	**3 603 050**	**1 104 971**	**1 221 329**	**984 247**	**436 126**	**192 163**
北京	9 828	2 169	3 644	27 866	8 079	6 067	10 524	4 364	3 247
天津	7 214	1 616	5 721	21 268	5 275	3 406	6 936	5 406	1 519
河北	56 334	6 594	48 844	132 087	34 566	14 208	37 847	23 001	7 257
山西	29 819	4 845	20 484	87 471	26 780	23 648	29 254	18 361	4 170
内蒙古	7 539	1 090	4 234	17 173	4 416	1 959	5 639	2 441	1 331
辽宁	24 751	3 577	18 745	62 516	18 202	9 249	19 521	7 466	1 875
吉林	23 450	9 410	14 983	43 500	12 162	13 482	9 571	3 852	1 468
黑龙江	44 418	8 492	30 759	76 424	26 070	18 645	18 790	6 220	3 399
江苏	102 076	36 817	60 651	258 102	87 005	86 095	78 195	44 457	22 705
浙江	53 695	22 537	42 026	162 770	48 066	76 022	35 166	22 307	9 217
安徽	58 904	23 346	50 648	136 183	49 399	40 510	23 081	7 102	2 256
福建	40 591	6 692	31 517	88 270	31 661	13 745	22 406	17 069	2 964
江西	62 343	10 013	51 828	154 222	56 534	20 428	39 195	24 123	2 741
山东	151 122	48 499	132 287	355 409	114 625	122 503	91 679	26 243	19 390
河南	115 958	43 545	94 798	287 694	82 689	106 394	84 359	29 748	12 636
湖北	34 316	4 988	27 629	83 311	27 099	17 380	22 878	13 283	1 073
湖南	45 870	12 409	42 846	139 060	29 562	50 979	34 656	16 883	3 281
广东	212 843	96 830	169 518	577 688	177 390	289 264	184 825	62 281	32 980
广西	57 113	16 660	53 457	120 944	37 955	25 851	34 251	19 669	5 539
海南	9 189	2 150	6 709	25 112	5 668	8 232	6 067	2 481	782
重庆	31 863	8 940	20 776	78 699	26 681	27 484	19 690	11 696	5 905
四川	53 160	11 895	43 011	130 413	45 054	33 737	37 221	15 674	7 969
贵州	33 370	1 291	29 203	72 974	22 019	4 647	20 811	7 301	3 103
云南	52 236	33 031	44 607	151 681	41 648	98 092	35 169	8 271	12 465
陕西	63 597	28 585	52 243	185 876	51 357	84 860	45 952	24 248	20 445
甘肃	14 033	1 033	10 964	34 545	10 847	4 222	9 818	4 205	1 001
青海	466	122	401	1 761	277	815	1 023	121	
宁夏	2 795	304	2 049	8 224	3 011	2 342	1 355	830	281
新疆	30 643	4 480	27 788	81 807	20 874	17 063	18 368	7 023	1 164

表 3-3 分地区技工院校培训情况

（2019 年） 单位：人

地区	招生院校个数（个）	培训社会人员数（人次）	按培训对象分组				就业人数	高级班学生
			失业人员	劳动预备制人员	在职职工	农村劳动者		
全国	1 831	4 322 647	225 817	217 289	2 299 708	774 779	959 163	289 192
北京	19	109 813	2 347	950	89 401	9 327	10 484	3 175
天津	17	17 216	47	4 601	11 144	1 137	6 784	1 499
河北	106	155 353	19 346	5 672	82 024	23 999	37 218	7 763
山西	58	197 680	4 132	14 668	149 055	16 471	28 017	5 760
内蒙古	36	60 443	2 175	2 512	37 695	8 140	5 462	1 546
辽宁	52	76 458	2 370	1 217	68 037	3 327	18 788	2 695
吉林	53	43 928	2 919	976	26 359	3 803	9 415	2 214
黑龙江	90	128 447	18 062	5 132	59 523	32 313	18 519	5 270
江苏	105	385 662	19 928	23 366	246 220	29 703	76 295	22 436
浙江	73	367 649	12 725	23 280	191 576	38 633	34 508	9 538
安徽	70	199 156	8 784	3 262	121 919	26 990	21 441	3 690
福建	40	126 672	8 213	4 105	59 574	38 015	22 171	3 924
江西	76	81 183	2 105	2 517	57 577	8 358	38 321	4 737
山东	158	381 755	20 705	22 413	218 100	52 139	89 714	36 105
河南	81	303 968	7 812	4 707	186 363	53 249	81 976	22 936
湖北	71	113 241	9 632	6 180	44 021	29 377	22 424	5 293
湖南	68	132 776	5 138	5 455	43 267	36 261	33 957	9 846
广东	151	264 110	9 821	15 523	159 444	24 221	179 896	69 456
广西	37	86 739	3 680	14 296	23 566	24 734	33 516	6 474
海南	11	25 439	883	812	11 638	4 616	5 723	1 673
重庆	39	155 706	26 915	8 199	54 249	42 907	19 309	5 987
四川	70	105 419	8 693	6 870	43 244	25 329	36 406	12 305
贵州	48	76 181	1 139	1 799	19 182	44 178	19 918	2 813
云南	33	275 757	16 044	29 312	46 229	78 200	34 736	16 978
陕西	120	115 148	2 423	2 013	74 126	23 545	45 791	20 410
甘肃	36	78 287	2 495	896	58 762	7 263	8 129	1 302
青海	14	20 854	235	1 366	9 514	7 068	1 021	590
宁夏	9	11 145	771	273	4 672	4 417	1 345	515
新疆	90	226 462	6 278	4 917	103 227	77 059	17 879	2 262

续表

地区	培训社会人员结业人数	按获取证书分组			
		初级职业资格	中级职业资格	高级职业资格	技师和高级技师资格
全国	**3 087 700**	**664 220**	**473 447**	**199 785**	**75 703**
北京	82 521	17 206	7 927	4 988	3 145
天津	15 816	4 368	8 886	1 864	
河北	138 306	18 144	9 732	3 568	1 814
山西	175 815	9 169	2 875	2 878	3 345
内蒙古	25 658	5 127	4 212	1 117	490
辽宁	18 372	3 519	2 081	779	1 063
吉林	31 466	3 991	10 234	5 225	256
黑龙江	98 488	20 592	8 762	875	416
江苏	305 733	68 013	67 101	24 833	6 760
浙江	245 304	45 443	23 660	21 449	6 390
安徽	122 557	28 170	20 283	4 182	811
福建	86 620	14 461	14 505	5 191	562
江西	54 296	12 253	18 468	4 788	10 274
山东	218 010	67 331	27 733	11 532	7 827
河南	236 360	31 251	31 570	12 183	5 089
湖北	85 372	14 008	15 032	6 888	485
湖南	122 777	77 928	28 393	5 842	855
广东	213 306	22 487	36 879	20 046	1 926
广西	71 651	30 583	5 201	2 492	659
海南	24 243	1 101	1 442	122	3
重庆	152 586	45 311	75 305	25 323	6 617
四川	99 273	11 573	18 352	9 917	3 489
贵州	55 839	17 794	4 887	2 291	4 879
云南	68 658	13 566	4 625	6 829	2 704
陕西	99 550	12 977	3 505	4 741	2 082
甘肃	31 072	6 608	5 586	1 306	214
青海	11 684	3 922	253	603	94
宁夏	10 083	5 330	1 943	1 276	929
新疆	186 284	51 994	14 015	6 657	2 525

表 3-4 分地区就业训练中心综合情况

（2019 年） 单位：人

地区	就业训练中心个数（个）	在职教职工总人数	教师	兼职教师人数	培训人数	结业人数	就业人数
全国	2 456	29 640	16 768	15 999	2 592 307	2 315 296	1 213 244
北京	5	227	135	124	5 717	5 442	3 060
天津	16	98	24	46	10 858	10 800	219
河北	590	7 589	4 275	2 092	275 413	246 803	107 785
山西	60	598	144	441	44 274	41 821	12 982
内蒙古	66	304	150	187	17 622	16 956	10 981
辽宁	15	290	228	213	13 875	13 601	11 917
吉林	29	280	120	139	27 242	25 583	5 396
黑龙江	51	638	386	289	45 530	39 768	17 242
江苏	83	1 226	633	1 154	237 440	230 374	146 379
浙江	22	516	316	480	47 055	44 500	15 212
安徽	36	358	216	189	23 171	22 590	20 354
福建	6	25	6	53	70 479	69 661	2 252
江西	116	935	483	722	174 173	150 545	96 262
山东	476	5 591	3 528	3 077	287 915	244 568	134 497
河南	148	2 506	1 408	1 203	354 690	316 530	137 183
湖北	98	1 224	588	1 123	381 447	365 787	210 350
湖南	103	919	315	472	104 832	97 523	66 197
广东	84	1 734	798	1 281	208 086	125 531	90 123
广西	5	132	70	87	1 706	1 668	469
海南	3	917	742	93	6 954	3 684	
重庆	10	35	23	41	3 810	3 810	1 457
四川	99	508	290	376	31 505	30 023	13 692
贵州	15	19	7	48	4 088	4 088	2 068
陕西	237	2 135	1 318	1 377	118 276	111 046	59 875
甘肃	44	385	219	113	69 223	67 186	37 788
青海	7			16	330	330	202
宁夏	4	23	23	71	892	892	717
新疆	28	428	323	492	25 704	24 186	8 585

表 3-5　　　　　　　　　　分地区民办职业培训机构综合情况

（2019 年）　　　　　　单位：人

地区	民办职业培训机构个数（个）	在职教职工人数	教师	兼职教师人数	培训人数	结业人数	就业人数
全国	**22 496**	**357 485**	**215 282**	**149 290**	**13 332 264**	**11 511 837**	**7 267 567**
北京	340	5 161	3 152	4 285	376 676	299 499	88 759
天津	524	4 257	2 732	2 677	128 632	95 730	35 723
河北	1 024	12 768	8 845	5 348	446 149	387 343	332 825
山西	627	9 038	5 389	4 112	369 883	346 604	119 166
内蒙古	484	5 364	3 400	3 065	173 052	143 326	96 149
辽宁	737	7 503	4 405	3 431	150 296	111 825	80 055
吉林	547	4 475	2 851	2 111	164 377	147 571	74 764
黑龙江	535	3 404	2 325	1 452	99 293	75 250	37 056
上海	467	47 361	19 299	2 946	1 066 364	943 602	1 009 314
江苏	1 404	17 209	10 862	8 637	817 299	686 105	742 826
浙江	995	10 305	5 918	7 376	669 483	534 753	269 831
安徽	979	12 110	7 305	6 651	358 819	329 656	212 434
福建	480	5 918	3 418	3 115	226 759	171 617	119 605
江西	788	10 297	6 235	4 053	386 309	371 204	186 630
山东	1 666	17 942	11 378	6 798	656 494	564 482	341 965
河南	1 301	18 948	12 044	6 148	1 074 525	902 009	507 762
湖北	788	12 359	7 778	4 810	468 632	410 981	258 174
湖南	754	9 265	5 907	4 537	389 579	316 906	232 602
广东	1 394	14 072	8 112	6 430	707 822	578 116	337 380
广西	429	11 015	6 790	5 018	493 178	406 678	261 584
海南	143	1 649	1 189	362	106 296	87 623	20 884
重庆	578	8 258	4 302	2 854	268 420	238 954	2 086
四川	1 393	21 229	13 016	9 594	814 657	772 389	511 441
贵州	458	10 530	7 473	6 311	441 318	412 990	283 161
云南	730	31 516	22 188	15 224	1 064 507	916 157	411 624
西藏	124	1 943	1 275	668	83 230	68 430	22 870
陕西	923	15 704	10 083	4 588	339 494	302 708	169 136
甘肃	685	10 689	6 471	5 441	392 422	360 818	178 665
青海	230	2 989	1 862	1 778	85 214	79 249	55 389
宁夏	334	6 286	4 084	3 579	212 041	204 314	107 706
新疆	635	7 921	5 194	5 891	301 044	244 948	160 001

表 3-6 分地区职业技能鉴定综合情况
（2019 年）

地区	年末职业技能鉴定机构数（个）	鉴定所数	鉴定站数	其他
全国	9 152	6 256	2 567	329
行业合计	1 824		1 824	
地方合计	7 328	6 256	743	329
北京	46	46		
天津	128	93	24	11
河北	352	343	5	4
山西	157	157		
内蒙古	73	51	22	
辽宁	246	225	21	
吉林	42	42		
黑龙江	49	36	13	
上海	222	222		
江苏	513	224	4	285
浙江	252	170	82	
安徽	356	356		
福建	619	619		
江西	360	283	77	
山东	196	186	10	
河南	426	322	89	15
湖北	223	223		
湖南	477	462	15	
广东	423	423		
广西	98	83	2	13
海南	36	29	7	
重庆	155	155		
四川	663	534	129	
贵州	141	136	5	
云南	272	194	78	
西藏	20	6	14	
陕西	195	96	99	
甘肃	218	218		
青海	80	34	45	1
宁夏	85	84	1	
新疆	165	165		
新疆兵团	40	39	1	

续表

地区	年末考评人员人数（人）	本年鉴定考核人数（人）	初级	中级
全国	216 680	10 759 349	3 865 973	4 081 232
行业合计	41 841	2 091 145	781 278	595 058
地方合计	174 839	8 668 204	3 084 695	3 486 174
北京	2 100	85 931	43 716	16 471
天津	1 114	104 393	44 156	32 100
河北	1 707	432 947	182 629	180 429
山西	3 954	223 871	110 430	61 473
内蒙古	4 088	148 995	30 839	71 406
辽宁	1 123	142 309	32 129	69 989
吉林	1 487	59 873	17 372	30 596
黑龙江	1 264	101 407	34 066	38 110
上海	1 313	289 979	149 377	66 701
江苏	5 700	816 823	173 553	395 196
浙江	5 895	554 140	120 541	189 930
安徽	10 547	390 291	113 344	160 198
福建	6 189	218 453	42 642	121 383
江西	7 672	154 710	17 797	85 158
山东	3 560	718 191	265 438	329 731
河南	16 884	468 682	170 967	163 429
湖北	7 803	197 356	74 260	77 404
湖南	2 151	374 367	142 958	185 377
广东	18 006	702 789	230 325	286 221
广西	4 175	378 744	244 667	107 047
海南	642	23 658	11 472	7 851
重庆	3 497	266 932	61 853	168 339
四川	39 561	491 012	115 695	250 918
贵州	2 176	146 748	64 227	59 280
云南	9 040	398 596	168 849	98 903
西藏	90	9 847	9 249	527
陕西	4 767	179 567	32 519	79 716
甘肃	2 314	208 159	112 254	77 288
青海	126	29 054	20 101	6 601
宁夏	2 953	65 590	43 571	17 079
新疆	1 850	228 368	177 692	28 274
新疆兵团	1 091	56 422	26 007	23 049

续表

地区	高级	技师	高级技师	本年获取证书人数（人）	
					初级
全国	2 322 529	361 527	128 088	8 618 572	3 184 815
行业合计	645 117	53 942	15 750	1 398 424	490 644
地方合计	1 677 412	307 585	112 338	7 220 148	2 694 171
北京	10 930	11 588	3 226	61 688	38 688
天津	12 457	8 150	7 530	92 246	42 115
河北	53 984	11 328	4 577	384 955	165 714
山西	46 859	4 142	967	207 251	106 205
内蒙古	37 252	7 628	1 870	129 191	27 751
辽宁	22 301	10 648	7 242	111 720	25 422
吉林	9 118	2 055	732	46 575	14 183
黑龙江	25 145	3 516	570	93 216	31 984
上海	60 408	9 808	3 685	147 233	80 427
江苏	220 960	22 627	4 487	704 204	153 055
浙江	197 352	34 407	11 910	443 348	101 959
安徽	102 867	12 658	1 224	331 464	100 349
福建	44 477	8 180	1 771	175 324	35 196
江西	42 627	6 735	2 393	136 549	16 866
山东	107 995	10 523	4 504	637 109	244 765
河南	116 281	13 621	4 384	418 978	162 963
湖北	26 262	8 717	10 713	186 138	73 042
湖南	26 572	8 888	10 572	260 469	102 005
广东	102 750	65 619	17 874	441 370	172 378
广西	21 389	4 789	852	329 902	226 949
海南	3 619	583	133	16 937	10 050
重庆	26 128	7 435	3 177	240 784	58 801
四川	112 571	10 531	1 297	443 244	106 773
贵州	22 097	849	295	133 061	57 700
云南	118 323	11 027	1 494	367 588	161 968
西藏	71			8 500	8 193
陕西	65 622	1 402	308	149 845	27 078
甘肃	17 665	763	189	193 612	104 665
青海	2 220	107	25	24 455	17 433
宁夏	3 643	1 065	232	53 280	37 459
新疆	10 479	7 818	4 105	196 339	157 709
新疆兵团	6 988	378		53 573	24 326

续表

地区	中级	高级	技师	高级技师
全国	**3 419 359**	**1 730 493**	**205 600**	**78 305**
行业合计	**468 832**	**398 761**	**28 361**	**11 826**
地方合计	**2 950 527**	**1 331 732**	**177 239**	**66 479**
北京	13 372	4 274	4 226	1 128
天津	30 890	10 419	4 613	4 209
河北	162 089	45 320	8 638	3 194
山西	56 122	41 672	2 630	622
内蒙古	64 251	30 678	5 303	1 208
辽宁	56 603	17 702	6 945	5 048
吉林	24 510	6 369	1 052	461
黑龙江	35 765	22 158	2 853	456
上海	36 356	26 932	2 484	1 034
江苏	355 282	178 028	14 883	2 956
浙江	159 805	155 467	20 497	5 620
安徽	140 758	83 871	5 978	508
福建	106 037	29 786	3 489	816
江西	77 900	36 072	4 103	1 608
山东	294 208	88 248	6 909	2 979
河南	142 865	98 766	10 915	3 469
湖北	73 430	24 856	6 797	8 013
湖南	128 398	15 750	5 302	9 014
广东	176 786	59 624	26 493	6 089
广西	87 501	12 660	2 322	470
海南	5 140	1 582	135	30
重庆	153 649	21 366	4 911	2 057
四川	224 611	102 597	8 323	940
贵州	54 001	20 486	623	251
云南	90 151	105 450	8 968	1 051
西藏	298	9		
陕西	64 468	57 066	992	241
甘肃	71 996	16 432	406	113
青海	5 380	1 516	106	20
宁夏	12 701	2 358	615	147
新疆	22 841	7 687	5 375	2 727
新疆兵团	22 363	6 531	353	

（四）劳动关系与监察

表 4-1　　历年劳动人事争议仲裁案件处理情况　　单位：件

项目	1998 年	1999 年	2000 年	2001 年	2002 年	2003 年
上期未结案件数	3 475	3 840	6 374	8 739	12 472	16 276
案件受理情况						
当期案件受理数	93 649	120 191	135 206	154 621	184 116	226 391
#集体劳动争议案件数	6 767	9 043	8 247	9 847	11 024	10 823
劳动者申诉案件数	84 829	114 152	120 043	146 781	172 253	215 512
劳动者当事人数（人）	358 531	473 957	422 617	467 150	608 396	801 042
#集体劳动争议劳动者当事人数	251 268	319 445	259 445	286 680	374 956	514 573
争议原因						
劳动报酬				45 172	59 144	76 774
社会保险				31 158	56 558	76 181
变更劳动合同	2 840	3 469	3 829	4 254	3 765	5 494
解除劳动合同	13 069	18 108	21 149	29 038	30 940	40 017
终止劳动合同	4 752	8 031	10 816	10 298	12 908	12 043
其他	9 515	8 626	12 549			
案件处理情况						
结案数	92 288	121 289	130 688	150 279	178 744	223 503
处理方式						
仲裁调解	31 483	39 550	41 877	42 933	50 925	67 765
仲裁裁决	25 389	34 712	54 142	77 250	77 340	95 774
其他方式	35 155	47 027	34 669	35 096	50 479	59 954
处理结果						
用人单位胜诉	11 937	15 674	13 699	31 544	27 017	34 272
劳动者胜诉	48 650	63 030	70 544	71 739	84 432	109 556
双方部分胜诉及其他	27 365	37 459	37 247	46 996	67 295	79 475
案外调解案件数				63 939	77 342	58 451

续表

项目	2004 年	2005 年	2006 年	2007 年	2008 年	2009 年
上期未结案件数	17 117	17 829	22 165	25 424	33 084	83 709
案件受理情况						
当期案件受理数	260 471	313 773	317 162	350 182	693 465	684 379
#集体劳动争议案件数	19 241	16 217	13 977	12 784	21 880	13 779
劳动者申诉案件数	249 335	293 710	301 233	325 590	650 077	627 530
劳动者当事人数（人）	764 981	744 195	679 312	653 472	1 214 328	1 016 922
#集体劳动争议劳动者当事人数	477 992	409 819	348 714	271 777	502 713	299 601
争议原因						
劳动报酬	85 132	103 183	103 887	108 953	225 061	247 330
社会保险	88 119	97 519	100 342	97 731		
变更劳动合同	4 465	7 567	3 456	4 695		
解除劳动合同	42 881	54 858	55 502	67 565	139 702	43 876
终止劳动合同	14 140	14 015	12 366	12 696		
案件处理情况						
结案数	258 678	306 027	310 780	340 030	622 719	689 714
处理方式						
仲裁调解	83 400	104 308	104 435	119 436	221 284	251 463
仲裁裁决	110 708	131 745	141 465	149 013	274 543	290 971
其他方式	64 550	69 974	64 880	71 581	126 892	147 280
处理结果						
用人单位胜诉	35 679	39 401	39 251	49 211	80 462	95 470
劳动者胜诉	123 268	145 352	146 028	156 955	276 793	255 119
双方部分胜诉及其他	94 041	121 274	125 501	133 864	265 464	339 125
案外调解案件数	70 840	93 561	130 321	151 902	237 283	185 598

续表

项目	2010年	2011年	2012年	2013年	2014年	2015年
上期未结案件数	77 926	42 308	36 151	34 478	31 796	39 580
案件受理情况						
当期案件受理数	600 865	589 244	641 202	665 760	715 163	813 859
#集体劳动争议案件数	9 314	6 592	7 252	6 783	8 041	10 466
劳动者申诉案件数	558 853	568 768	620 849	641 932	690 418	784 229
劳动者当事人数（人）	815 121	779 490	882 487	888 430	997 807	1 159 687
#集体劳动争议劳动者当事人数	211 755	174 785	231 894	218 521	267 165	341 588
争议原因						
劳动报酬	209 968	200 550	225 981	223 351	258 716	321 179
社会保险		149 944	159 649	165 665	160 961	158 002
变更劳动合同						
解除劳动合同	31 915	118 684	129 108	147 977	155 870	182 396
终止劳动合同						
案件处理情况						
结案数	634 041	592 823	643 292	669 062	711 044	812 461
处理方式						
仲裁调解	250 131	278 873	302 552	311 806	321 598	362 814
仲裁裁决	266 506	244 942	268 530	283 341	313 175	368 409
其他方式	117 404	69 008	72 210	73 915	76 271	81 238
处理结果						
用人单位胜诉	85 028	74 189	79 187	82 519	82 541	90 785
劳动者胜诉	229 448	195 680	213 453	217 551	250 284	287 544
双方部分胜诉及其他	319 565	322 954	350 652	368 992	378 219	434 132
案外调解案件数	163 997	194 338	212 937	215 595	227 447	258 114

续表

项目	2016 年	2017 年	2018 年	2019 年
上期未结案件数	37 977	38 545	35 506	48 661
案件受理情况				
当期案件受理数	828 410	785 323	894 053	1 069 638
#集体劳动争议案件数	9 745	7 513	8 699	9 235
劳动者申诉案件数	801 190	762 572	869 421	1 021 334
劳动者当事人数（人）	1 112 408	979 016	1 110 175	1 274 124
#集体劳动争议劳动者当事人数	289 924	203 963	234 943	220 174
争议原因				
劳动报酬	345 685	331 463	380 751	446 572
社会保险	145 671	135 211	144 533	149 966
变更劳动合同				
解除劳动合同	188 642	169 456	195 063	259 550
终止劳动合同				
案件处理情况				
结案数	827 717	790 448	884 223	1 068 413
处理方式				
仲裁调解	389 109	390 278	458 353	552 584
仲裁裁决	366 742	336 073	357 666	430 309
其他方式	71 866	64 097	68 204	85 520
处理结果				
用人单位胜诉	92 405	89 928	93 823	112 747
劳动者胜诉	285 824	259 898	276 642	314 097
双方部分胜诉及其他	369 429	440 622	513 758	641 569
案外调解案件数	240 101	208 491	214 288	242 479

注：从 2011 年起，将解除和终止劳动合同两项合并统计，解除劳动合同数为解除、终止劳动合同数之和。

表4-2 分地区劳动人事争议仲裁案件处理情况

（2019年） 单位：件

地区	上期未结案件数	案件受理情况				
		当期案件受理数	集体劳动争议案件	劳动者申诉案件	劳动者当事人数（人）	集体劳动争议劳动者当事人数
全国	48 661	1 069 638	9 235	1 021 334	1 274 124	220 174
北京	9 470	117 347	947	115 864	117 347	17 790
天津	1 630	27 772	175	26 011	29 540	3 426
河北	314	23 892	116	23 004	29 354	2 243
山西	77	8 809	47	8 045	10 809	1 549
内蒙古	227	14 015	53	12 065	15 005	1 378
辽宁	679	36 908	344	35 525	42 697	8 819
吉林	251	10 309	98	8 722	12 423	1 857
黑龙江	202	36 254	9	35 877	36 830	362
上海	3 538	64 998	273	64 019	72 455	5 113
江苏	1 115	85 452	662	80 788	99 091	18 551
浙江	6 071	61 530	533	61 057	76 873	12 768
安徽	901	29 825	190	27 639	35 577	3 620
福建	1 537	34 956	538	30 488	51 068	15 596
江西	431	13 069	58	11 971	16 551	2 765
山东	1 863	81 810	275	81 291	91 467	6 258
河南	558	26 629	186	23 473	31 556	3 766
湖北	1 582	34 023	149	32 546	36 858	3 312
湖南	618	21 734	138	20 420	24 853	2 088
广东	9 322	148 695	3 505	144 490	233 224	85 679
广西	924	19 124	17	18 407	19 472	615
海南	530	6 381	24	6 187	6 543	656
重庆	2 459	33 834	59	33 726	35 339	865
四川	1 287	45 732	324	42 939	51 161	8 401
贵州	585	17 518	27	16 901	18 516	936
云南	40	15 200	130	14 947	15 200	3 364
西藏	16	667	22	605	1 116	482
陕西	1 416	23 189	74	17 645	24 848	1 099
甘肃	257	6 593	52	6 319	7 260	682
青海	32	1 531	21	1 516	2 851	770
宁夏	389	7 477	92	7 342	10 487	2 580
新疆	240	12 697	89	9 901	15 869	2 623
新疆兵团	100	1 668	8	1 604	1 884	161

续表

地区	案件受理情况			
	按争议类型分			解除、终止劳动合同
	劳动报酬	社会保险	其中：工伤保险	
全国	**446 572**	**149 966**	**97 246**	**259 550**
北京	59 871	2 557	1 066	27 109
天津	15 269	1 446	1 366	3 773
河北	8 421	6 049	2 658	3 631
山西	2 978	2 163	1 654	1 587
内蒙古	6 611	2 168	1 068	3 056
辽宁	22 594	3 400	2 136	4 693
吉林	4 155	1 047	654	1 485
黑龙江	13 613	6 441	2 694	1 035
上海	24 788	2 839	2 486	27 163
江苏	33 144	14 176	13 056	28 782
浙江	22 680	16 334	12 357	11 840
安徽	10 325	8 464	4 272	4 934
福建	13 994	5 682	4 034	9 585
江西	3 498	3 431	2 200	3 439
山东	36 756	6 761	5 932	20 681
河南	9 777	5 931	2 058	3 751
湖北	10 811	6 788	2 837	10 612
湖南	6 087	5 435	3 993	6 101
广东	67 049	12 326	10 964	46 276
广西	9 095	1 606	649	4 433
海南	2 464	248	121	974
重庆	13 459	5 790	5 028	7 576
四川	18 773	5 920	4 506	10 070
贵州	5 385	4 953	4 015	3 649
云南	4 928	4 733	1 584	2 255
西藏	345	98	89	157
陕西	6 877	5 843	1 200	7 245
甘肃	3 058	935	564	957
青海	809	267	205	313
宁夏	2 721	1 802	651	1 556
新疆	5 422	3 911	966	702
新疆兵团	815	422	183	130

续表

地区	案件处理情况							案外调解案件数
	结案数	处理方式			处理结果			
		仲裁调解	仲裁裁决	其他方式	用人单位胜诉	劳动者胜诉	双方部分胜诉及其他	
全国	1 068 413	552 584	430 309	85 520	112 747	314 097	641 569	242 479
北京	122 237	58 456	50 191	13 590	20 822	18 187	83 228	21 752
天津	26 582	15 134	11 448		2 519	6 324	17 739	2 193
河北	23 695	14 347	8 416	932	3 846	11 647	8 202	4 566
山西	8 765	5 364	3 177	224	1 437	4 949	2 379	2 907
内蒙古	13 927	6 295	6 316	1 316	1 185	5 557	7 185	2 660
辽宁	36 752	17 707	17 289	1 756	3 420	19 327	14 005	7 686
吉林	10 480	4 514	5 197	769	774	6 825	2 881	4 001
黑龙江	35 205	12 762	16 743	5 700	2 841	12 342	20 022	8 934
上海	64 442	35 481	25 990	2 971	12 471	7 710	44 261	8 370
江苏	84 873	47 749	25 727	11 397	9 226	30 031	45 616	27 824
浙江	63 414	38 240	13 322	11 852	3 427	17 625	42 362	598
安徽	30 085	18 029	10 982	1 074	1 809	14 576	13 700	14 026
福建	34 006	22 675	9 963	1 368	2 106	9 857	22 043	3 717
江西	13 031	6 838	5 291	902	1 632	5 008	6 391	3 385
山东	81 583	47 211	31 624	2 748	7 024	24 408	50 151	15 279
河南	26 632	14 038	11 093	1 501	2 503	12 299	11 830	8 242
湖北	33 619	19 574	12 981	1 064	2 214	9 869	21 536	6 583
湖南	21 886	11 620	9 082	1 184	1 018	12 469	8 399	14 666
广东	146 532	65 429	71 846	9 257	13 184	25 944	107 404	37 460
广西	19 149	6 879	10 615	1 655	2 500	5 675	10 974	5 325
海南	6 196	2 388	3 326	482	851	1 447	3 898	470
重庆	33 919	16 451	12 154	5 314	3 113	4 816	25 990	211
四川	45 161	23 430	18 929	2 802	4 638	16 242	24 281	15 964
贵州	17 802	8 420	8 615	767	1 998	5 653	10 151	4 010
云南	15 097	8 126	6 133	838	1 171	6 133	7 793	5 119
西藏	663	409	206	48	5	233	425	802
陕西	23 527	11 576	10 332	1 619	2 591	6 752	14 184	6 358
甘肃	6 623	3 415	2 992	216	571	2 905	3 147	2 509
青海	1 542	884	592	66	102	939	501	44
宁夏	7 147	3 393	3 018	736	472	3 138	3 537	2 101
新疆	12 208	5 340	5 804	1 064	1 195	4 792	6 221	3 656
新疆兵团	1 633	410	915	308	82	418	1 133	1 061

表 4-3　　　　　　　　　　劳动保障监察情况
（2019 年）

监察案件情况（件）	2019 年	监察执法效果情况	2019 年
结案数	111 587	**主动监察**	
案件分类		检查单位数（万户）	135
内部劳动保障规章制度	1 009	涉及劳动者人数（万人）	5 141
订立和解除劳动合同	7 439	投诉结案数（件）	87 850
女职工特殊劳动保护	77	举报结案数（件）	22 133
未成年工特殊劳动保护	204	审查用人单位报送的书面材料涉及用人单位数（万户）	161
工作时间和休息休假	6 522	补签劳动合同（万人）	79
支付工资和最低工资标准	57 758	**追发劳动者工资等待遇**	
参加社会保险和缴纳社会保险费	20 100	涉及劳动者人数（万人）	83
职业介绍	896	金额（亿元）	80
职业技能培训和职业技能考核	70	**督促缴纳社会保险费**	
其他	22 075	单位数（万户）	2
案件处理情况		金额（万元）	66 725
责令限期改正	49 434	督促办理社会保险登记单位数（户）	5 377
行政处理决定	4 512	取缔非法职业中介机构（户）	2 601
行政处罚决定	7 781	清退风险抵押金金额（万元）	1 282
警告	2 781	审查用人单位规章数（万件）	45
罚款	6 087	纠正用人单位违法规章数（万件）	3
其他行政处罚	52	向社会公布重大违法行为数（件）	3 286

（五）社 会 保 障

表 5-1　历年全国社会保险基金收支及累计结余　　　　单位：亿元

年份	合计	基本养老保险	失业保险	工伤保险	基本医疗保险	生育保险
基金收入						
1995	1 006.0	950.1	35.3	8.1	9.7	2.9
2000	2 644.9	2 278.5	160.4	24.8	170.0	11.2
2001	3 101.9	2 489.0	187.3	28.3	383.6	13.7
2002	4 048.7	3 171.5	215.6	32.0	607.8	21.8
2003	4 882.9	3 680.0	249.5	37.6	890.0	25.8
2004	5 780.3	4 258.4	290.8	58.3	1 140.5	32.1
2005	6 975.2	5 093.3	340.3	92.5	1 405.3	43.8
2006	8 643.2	6 309.8	402.4	121.8	1 747.1	62.1
2007	10 812.3	7 834.2	471.7	165.6	2 257.2	83.6
2008	13 696.1	9 740.2	585.1	216.7	3 040.4	113.7
2009	16 115.6	11 490.8	580.4	240.1	3 671.9	132.4
2010	19 276.1	13 872.9	649.8	284.9	4 308.9	159.6
2011	25 153.3	18 004.8	923.1	466.4	5 539.2	219.8
2012	30 738.8	21 830.2	1 138.9	526.7	6 938.7	304.2
2013	35 252.9	24 732.6	1 288.9	614.8	8 248.3	368.4
2014	39 827.7	27 619.9	1 379.8	694.8	9 687.2	446.1
2015	46 012.1	32 195.5	1 367.8	754.2	11 192.9	501.7
2016	53 562.7	37 990.8	1 228.9	736.9	13 084.3	521.9
2017	67 154.2	46 613.8	1 112.6	853.8	17 931.6	642.5
2018	79 254.7	55 005.3	1 171.1	913.0	21 384.2	781.1
2019	83 550.4	57 025.9	1 284.2	819.4	24 420.9	
基金支出						
1995	877.1	847.6	18.9	1.8	7.3	1.6
2000	2 385.6	2 115.5	123.4	13.8	124.5	8.3
2001	2 748.0	2 321.3	156.6	16.5	244.1	9.6
2002	3 471.5	2 842.9	186.6	19.9	409.4	12.8
2003	4 016.4	3 122.1	199.8	27.1	653.9	13.5
2004	4 627.4	3 502.1	211.3	33.3	862.2	18.8
2005	5 400.8	4 040.3	206.9	47.5	1 078.7	27.4
2006	6 477.4	4 896.7	198.0	68.5	1 276.7	37.5
2007	7 887.9	5 964.9	217.7	87.9	1 561.8	55.6
2008	9 925.1	7 389.6	253.5	126.9	2 083.6	71.5

续表

年份	合计	基本养老保险	失业保险	工伤保险	基本医疗保险	生育保险
2009	12 302.6	8 894.4	366.8	155.7	2 797.4	88.3
2010	15 018.9	10 755.3	423.3	192.4	3 538.1	109.9
2011	18 652.9	13 363.2	432.8	286.4	4 431.4	139.2
2012	23 331.3	16 711.5	450.6	406.3	5 543.6	219.3
2013	27 916.3	19 818.7	531.6	482.1	6 801.0	282.8
2014	33 002.7	23 325.8	614.7	560.5	8 133.6	368.1
2015	38 988.1	27 929.4	736.4	598.7	9 312.1	411.5
2016	46 888.4	34 004.3	976.1	610.3	10 767.1	530.6
2017	57 145.0	40 423.8	893.8	662.3	14 421.7	743.5
2018	67 792.5	47 550.4	915.3	742.0	17 822.5	762.4
2019	75 346.6	52 342.3	1 333.2	816.9	20 854.2	
累计结余						
1995	516.8	429.8	68.4	12.7	3.1	2.7
2000	1 327.5	947.1	195.9	57.9	109.8	16.8
2001	1 622.8	1 054.1	226.2	68.9	253.0	20.6
2002	2 423.4	1 608.0	253.8	81.1	450.7	29.7
2003	3 313.8	2 206.5	303.5	91.2	670.6	42.0
2004	4 493.4	2 975.0	385.8	118.6	957.9	55.9
2005	6 073.7	4 041.0	519.0	163.5	1 278.1	72.1
2006	8 255.9	5 488.9	724.8	192.9	1 752.4	96.9
2007	11 236.6	7 391.4	979.1	262.6	2 476.9	126.6
2008	15 225.6	9 931.0	1 310.1	384.6	3 431.7	168.2
2009	19 006.5	12 526.1	1 523.6	468.8	4 275.9	212.1
2010	23 407.5	15 787.8	1 749.8	561.4	5 047.1	261.4
2011	30 233.1	20 727.8	2 240.2	742.6	6 180.0	342.5
2012	38 106.6	26 243.5	2 929.0	861.9	7 644.5	427.6
2013	45 588.1	31 274.8	3 685.9	996.2	9 116.5	514.7
2014	52 462.3	35 644.5	4 451.5	1 128.8	10 644.8	592.7
2015	59 532.5	39 937.1	5 083.0	1 285.3	12 542.8	684.4
2016	66 349.7	43 965.2	5 333.3	1 410.9	14 964.3	675.9
2017	77 311.6	50 202.2	5 552.4	1 606.9	19 385.6	564.5
2018	89 775.1	58 151.6	5 817.0	1 784.9	23 439.9	581.7
2019	96 977.8	62 872.6	4 625.4	1 783.2	27 696.7	

注：

1. 从2008年起，工伤保险基金累计结余中含储备金。
2. 从2010年起，基本养老保险基金中含城乡居民基本养老保险基金。
3. 从2019年起，基本医疗保险基金中含生育保险基金。

表 5-2　历年全国基本养老保险基金收支及累计结余　单位：亿元

指标	1995 年	2000 年	2001 年	2002 年	2003 年	2004 年	2005 年	2006 年
一、基金收入	950.1	2 278.1	2 489.0	3 171.5	3 680.0	4 258.4	5 093.3	6 309.7
（一）城镇职工	950.1	2 278.1	2 489.0	3 171.5	3 680.0	42 58.4	5 093.3	6 309.7
1. 企业	950.1	2 088.3	2 235.1	2 783.6	3 209.4	3 728.5	4 491.7	5 632.5
2. 事业、机关		189.8	253.0	387.8	470.6	529.9	601.6	677.2
（二）城乡居民								
二、基金支出	847.6	2 115.5	2 321.3	2 842.9	3 122.1	3 502.1	4 040.3	4 896.7
（一）城镇职工	847.6	2 115.5	2 321.3	2 842.9	3 122.1	3 502.1	4 040.3	4 896.7
1. 企业	847.6	1 970.0	2 116.5	2 502.8	2 716.2	3 031.2	3 495.3	4 287.3
2. 事业、机关		145.4	204.4	340.1	405.9	470.9	545.0	609.4
（二）城乡居民								
三、累计结余	429.8	947.1	1 054.1	1 608.0	2 206.5	2 975.0	4 041.0	5 488.9
（一）城镇职工	429.8	947.1	1 054.1	1 608.0	2 206.5	2 975.0	4 041.0	5 488.9
1. 企业	429.8	761.0	818.6	1 243.5	1 764.8	2 499.3	3 506.7	4 869.1
2. 事业、机关		186.1	233.2	364.5	441.7	475.7	534.3	619.8
（二）城乡居民								

指标	2007 年	2008 年	2009 年	2010 年	2011 年	2012 年	2013 年	2014 年
一、基金收入	7 834.2	9 740.2	11 490.8	13 872.9	18 004.8	21 830.2	24 732.6	27 619.9
（一）城镇职工	7 834.2	9 740.2	11 490.8	13 419.5	16 894.7	20 001.0	22 680.4	25 309.7
1. 企业	7 010.6	8 800.1	10 420.6	12 218.4	15 484.8	18 363.0	20 848.7	23 305.4
2. 事业、机关	823.6	940.1	1 070.3	1 201.1	1 409.9	1 638.0	1 831.7	2 004.2
（二）城乡居民				453.4	1 110.1	1 829.2	2 052.3	2 310.2
二、基金支出	5 964.9	7 389.6	8 894.4	10 755.3	13 363.2	16 711.5	19 818.7	23 325.8
（一）城镇职工	5 964.9	7 389.6	8 894.4	10 554.9	12 764.9	15 561.8	18 470.4	21 754.7
1. 企业	5 153.6	6 507.6	7 886.6	9 409.9	11 425.7	14 008.5	16 741.5	19 847.2
2. 事业、机关	811.3	882.0	1 007.8	1 145.0	1 339.3	1 553.3	1 729.0	1 907.4
（二）城乡居民				200.4	598.3	1 149.7	1 348.3	1 571.2

续表

指标	2007 年	2008 年	2009 年	2010 年	2011 年	2012 年	2013 年	2014 年
三、累计结余	7 391.4	9 931.0	12 526.1	15 787.8	20 727.8	26 243.5	31 274.8	35 644.5
（一）城镇职工	7 391.4	9 931.0	12 526.1	15 365.3	19 496.6	23 941.3	28 269.2	31 800.0
1. 企业	6 758.2	9 241.0	11 774.3	14 547.2	18 608.1	22 968.0	27 192.3	30 626.3
2. 事业、机关	633.2	690.0	751.8	818.1	888.5	973.3	1 076.9	1 173.7
（二）城乡居民				422.5	1 231.2	2 302.2	3 005.7	3 844.6

指标	2015 年	2016 年	2017 年	2018 年	2019 年
一、基金收入	32 195.5	37 990.8	46 613.8	55 005.3	57 025.9
（一）城镇职工	29 340.9	35 057.5	43 309.6	51 167.6	52 918.8
1. 企业	26 613.2	28 692.6	32 929.8	37 392.1	38 101.9
2. 事业、机关	2 727.7	6 364.9	10 379.7	13 775.5	14 816.9
（二）城乡居民	2 854.6	2 933.3	3 304.2	3 837.7	4 107.0
二、基金支出	27 929.4	34 004.3	40 423.8	47 550.4	52 342.3
（一）城镇职工	25 812.7	31 853.8	38 051.5	44 644.9	49 228.0
1. 企业	23 140.9	25 865.1	28 541.1	31 500.6	34 655.3
2. 事业、机关	2 671.8	5 988.7	9 510.4	13 144.3	14 572.8
（二）城乡居民	2 116.7	2 150.5	2 372.2	2 905.5	3 114.3
三、累计结余	39 937.1	43 965.2	50 202.2	58 151.6	62 872.6
（一）城镇职工	35 344.8	38 580.0	43 884.6	50 901.3	54 623.3
1. 企业	34 115.2	36 970.3	41 385.2	47 761.2	51 221.2
2. 事业、机关	1 229.6	1 609.8	2 499.3	3 140.0	3 402.2
（二）城乡居民	4 592.3	5 385.2	6 317.6	7 250.3	8 249.2

注：从 2010 年起，基本养老保险中含城乡居民基本养老保险。

表 5-3　历年全国参加城镇职工基本养老保险职工及离退休人数　单位：万人

年份	职工		离退休人员	
	合计	企业	合计	企业
1990	5 200.7	5 200.7	965.3	965.3
1991	5 653.7	5 653.7	1 086.6	1 086.6
1992	7 774.7	7 774.7	1 681.5	1 681.5
1993	8 008.2	8 008.2	1 839.4	1 839.4
1994	8 494.1	8 494.1	2 079.4	2 079.4
1995	8 737.8	8 737.8	2 241.2	2 241.2
1996	8 758.4	8 758.4	2 358.3	2 358.3
1997	8 670.9	8 670.9	2 533.0	2 533.0
1998	8 475.8	8 475.8	2 727.3	2 727.3
1999	9 501.8	8 859.2	2 983.6	2 863.8
2000	10 447.5	9 469.9	3 169.9	3 016.5
2001	10 801.9	9 733.0	3 380.6	3 171.3
2002	11 128.8	9 929.4	3 607.8	3 349.2
2003	11 646.5	10 324.5	3 860.2	3 556.9
2004	12 250.3	10 903.9	4 102.6	3 775.0
2005	13 120.4	11 710.6	4 367.5	4 005.2
2006	14 130.9	12 618.0	4 635.4	4 238.6
2007	15 183.2	13 690.6	4 953.7	4 544.0
2008	16 587.5	15 083.4	5 303.6	4 868.0
2009	17 743.0	16 219.0	5 806.9	5 348.0
2010	19 402.3	17 822.7	6 305.0	5 811.6
2011	21 565.0	19 970.0	6 826.2	6 314.0
2012	22 981.1	21 360.9	7 445.7	6 910.9
2013	24 177.3	22 564.7	8 041.0	7 484.8
2014	25 531.0	23 932.3	8 593.4	8 013.6
2015	26 219.2	24 586.8	9 141.9	8 536.5
2016	27 826.3	25 239.6	10 103.4	9 023.9
2017	29 267.6	25 856.3	11 025.7	9 460.4
2018	30 104.0	26 502.6	11 797.7	9 980.5
2019	31 177.5	27 508.7	12 310.4	10 396.3

表 5-4　　历年全国基本养老保险待遇水平　　单位：元/月

年份	平均离退休费							
	全部离退休人员				统筹范围内离退休人员			
	合计	企业	机关	事业	合计	企业	机关	事业
1998	495	455	656	624	413	413	—	—
1999	548	495	746	723	503	494	721	725
2000	595	526	835	827	559	544	947	871
2001	643	548	1 018	944	576	556	940	894
2002	734	636	1 147	1 068	648	618	1 077	1 031
2003	784	663	1 277	1 173	674	640	1 124	1 091
2004	810	673	1 378	1 243	705	667	1 223	1 154
2005	889	734	1 534	1 369	758	716	1 257	1 208
2006	—	—	—	—	873	832	1 364	1 290
2007	—	—	—	—	1 002	947	1 711	1 576
2008	—	—	—	—	1 168	1 121	1 822	1 663
2009	—	—	—	—	1 294	1 246	1 959	1 816
2010	—	—	—	—	1 426	1 380	2 055	1 929
2011	—	—	—	—	1 574	1 528	2 241	2 105
2012	—	—	—	—	1 750	1 700	2 352	2 380
2013	—	—	—	—	1 917	1 869	2 587	2 544
2014	—	—	—	—	2 105	2 061	2 668	2 695
2015	—	—	—	—	2 318	2 251	3 251	3 240
2016	—	—	—	—	2 519	2 373	3 858	3 921
2017	—	—	—	—	2 719	2 500	4 204	
2018	—	—	—	—	2 936	2 607	4 796	
2019	—	—	—	—	3 115	2 729	5 198	

续表

年份	平均退休费							
	全部退休人员				统筹范围内退休人员			
	合计	企业	机关	事业	合计	企业	机关	事业
1998	528	442	606	603	—	—	—	—
1999	606	481	707	702	—	—	—	—
2000	655	512	788	805	—	—	—	—
2001	689	531	964	921	—	—	—	—
2002	706	615	1 095	1 014	627	599	1 022	1 009
2003	757	644	1 221	1 151	654	621	1 069	1 069
2004	782	653	1 328	1 220	683	646	1 162	1 129
2005	861	714	1 469	1 346	737	698	1 196	1 180
2006	—	—	—	—	853	815	1 294	1 262
2007	—	—	—	—	977	925	1 639	1 543
2008	—	—	—	—	1 145	1 100	1 740	1 628
2009	—	—	—	—	1 270	1 225	1 876	1 778
2010	—	—	—	—	1 405	1 362	1 982	1 895
2011	—	—	—	—	1 555	1 511	2 167	2 073
2012	—	—	—	—	1 733	1 686	2 271	2 347
2013	—	—	—	—	1 902	1 856	2 514	2 514
2014	—	—	—	—	2 091	2 050	2 592	2 665
2015	—	—	—	—	2 304	2 240	3 193	3 210
2016	—	—	—	—	2 508	2 362	3 846	3 911
2017	—	—	—	—	2 710	2 490	4 199	
2018	—	—	—	—	2 928	2 597	4 794	
2019	—	—	—	—	3 106	2 719	5 196	

注：2016年各地启动机关事业单位养老保险制度，参保人群扩大，按政策规定参保人员范围重新界定，与往年略有不同。自2017年起，本表反映执行机关事业单位养老保险制度数据。

表 5-5　　　　　　　　　历年分地区城镇职工基本养老保险参保人数　　　　　　单位：万人

地区	2001年 合计	2001年 离退休人员	2002年 合计	2002年 离退休人员	2003年 合计	2003年 离退休人员	2004年 合计	2004年 离退休人员	2005年 合计	2005年 离退休人员
全国	14 182.5	3 380.6	14 736.6	3 607.8	15 506.7	3 860.2	16 352.9	4 102.6	17 487.9	4 367.5
中央国家机关										
北京	425.9	124.3	436.2	133.2	448.5	141.5	459.7	148.6	520.0	155.2
天津	281.4	85.2	296.0	91.4	283.3	97.6	298.1	102.9	308.3	107.7
河北	641.4	145.3	643.5	154.0	665.5	163.6	683.4	172.0	707.9	184.2
山西	365.6	81.8	361.8	85.4	364.4	88.1	376.7	93.3	383.4	98.2
内蒙古	290.6	65.3	292.9	70.8	300.9	72.6	318.8	82.0	338.9	86.1
辽宁	1 022.7	288.9	1 039.2	302.2	1 070.4	315.5	1 101.0	333.8	1 193.6	360.8
吉林	389.1	99.6	397.7	104.9	427.0	115.5	439.0	123.1	455.9	131.0
黑龙江	692.5	178.5	689.8	187.4	714.3	196.0	738.1	207.3	768.9	223.2
上海	683.5	239.9	699.8	246.9	715.6	254.6	770.9	265.3	830.0	290.7
江苏	888.1	212.7	1 063.5	252.9	1 135.2	271.4	1 214.1	288.8	1 345.6	307.9
浙江	610.4	125.1	701.1	132.6	801.2	144.2	888.0	152.4	962.3	160.9
安徽	432.7	98.5	432.3	102.8	456.6	113.6	463.9	118.8	471.7	124.8
福建	242.0	58.4	285.1	61.6	364.2	79.4	377.5	83.7	409.6	88.9
江西	328.8	78.2	339.8	82.6	355.9	93.4	371.8	99.9	387.4	105.5
山东	1 022.6	191.3	1 043.0	205.3	1 135.9	219.3	1 218.7	232.2	1 302.4	248.6
河南	736.6	141.9	757.8	161.5	751.1	171.0	781.1	181.1	814.0	194.2
湖北	612.1	137.7	628.8	147.2	732.4	177.9	780.5	195.4	804.0	206.4
湖南	603.4	148.0	616.5	157.7	636.2	167.5	691.7	185.4	718.6	195.2
广东	1 370.3	187.0	1 405.4	193.5	1 482.2	203.8	1 588.8	220.4	1 796.1	231.2
广西	248.9	58.7	257.2	63.5	264.8	66.3	279.3	70.2	288.6	73.3
海南	108.2	30.5	111.2	31.9	116.7	33.6	120.0	35.2	120.9	36.5
重庆	270.3	82.3	280.3	87.8	280.0	92.4	283.9	96.8	290.2	100.5
四川	578.9	169.4	589.2	178.1	605.5	187.5	668.0	202.7	793.4	230.7
贵州	159.0	42.4	168.9	44.9	168.0	48.0	174.9	50.0	183.7	51.7
云南	243.1	69.6	252.1	74.1	257.3	77.8	255.3	79.4	258.7	81.9
西藏	7.1	2.6	7.0	2.6	7.3	2.8	7.6	3.0	7.7	3.1

续表

地区	2001年		2002年		2003年		2004年		2005年	
	合计	离退休人员	合计	离退休人员	合计	离退休人员	合计	离退休人员	合计	离退休人员
陕西	345.4	83.4	352.0	90.8	362.4	97.4	369.3	102.5	376.1	107.8
甘肃	188.4	45.3	188.0	48.1	192.0	51.2	194.5	53.5	197.3	55.1
青海	51.9	14.9	54.2	15.0	56.4	15.9	58.5	16.5	60.0	16.9
宁夏	57.9	13.2	59.0	13.7	60.7	14.3	62.5	15.2	67.5	16.1
新疆	258.4	77.6	262.1	79.6	269.3	83.0	294.8	87.3	302.1	89.0
中国人民银行	19.8	3.1	19.8	3.3	19.8	3.4	17.1	3.5	17.1	3.7
中国农业发展银行	5.4	0.2	5.5	0.3	5.6	0.4	5.8	0.4	5.7	0.5

地区	2006年		2007年		2008年		2009年		2010年	
	合计	离退休人员	合计	离退休人员	合计	离退休人员	合计	离退休人员	合计	离退休人员
全国	18 766.3	4 635.4	20 136.9	4 953.7	21 891.1	5 303.6	23 549.9	5 806.9	25 707.3	6 305.0
中央国家机关										
北京	603.6	160.9	671.0	171.2	757.2	180.1	826.7	188.2	981.3	195.5
天津	328.2	112.7	344.8	119.2	376.5	129.3	401.5	136.5	431.5	143.6
河北	747.5	196.0	795.6	210.2	862.5	222.7	919.5	238.0	988.4	259.5
山西	486.9	112.7	506.7	120.2	539.4	128.0	563.8	136.6	591.0	147.3
内蒙古	356.6	91.1	370.9	96.6	389.5	102.9	410.8	112.8	430.7	119.2
辽宁	1 248.8	383.0	1 299.7	408.1	1 406.2	429.9	1 457.4	449.4	1 496.9	472.7
吉林	480.2	138.9	501.7	147.8	525.3	155.4	554.3	171.1	599.5	206.6
黑龙江	801.0	236.5	826.8	253.0	857.8	276.0	920.3	333.7	952.2	363.0
上海	891.7	314.4	932.4	340.5	967.7	357.8	1 001.1	376.0	1 049.5	392.2

续表

地区	2006年 合计	2006年 离退休人员	2007年 合计	2007年 离退休人员	2008年 合计	2008年 离退休人员	2009年 合计	2009年 离退休人员	2010年 合计	2010年 离退休人员
江苏	1 469.8	328.1	1 602.3	353.3	1 751.6	378.6	1 883.1	415.4	2 033.0	449.1
浙江	1 052.6	170.9	1 167.1	182.3	1 386.9	194.8	1 527.4	209.6	1 702.2	223.6
安徽	495.2	133.8	530.3	144.8	578.4	158.1	628.2	169.5	669.5	177.5
福建	456.1	93.6	512.8	98.1	557.2	102.6	585.9	108.1	635.5	113.5
江西	415.0	111.6	475.0	118.5	550.3	128.5	581.9	135.9	607.6	145.5
山东	1 368.0	261.7	1 457.1	282.2	1 565.9	305.0	1 661.0	326.0	1 773.0	345.1
河南	863.8	208.2	912.9	224.7	972.0	239.1	1 019.1	254.5	1 079.3	270.3
湖北	850.8	220.5	886.8	235.3	932.3	252.0	982.0	273.6	1 039.8	301.6
湖南	751.6	209.9	784.0	227.3	829.1	235.3	879.1	246.1	938.9	265.4
广东	1 972.3	243.5	2 226.8	257.2	2 444.3	273.0	2 716.4	294.2	3 215.2	339.6
广西	302.7	77.1	325.5	82.2	368.1	95.0	411.3	118.0	449.3	138.1
海南	132.0	38.0	141.7	39.7	156.2	42.0	168.1	43.2	180.8	45.4
重庆	317.3	107.9	344.8	112.7	406.1	130.7	492.8	176.5	584.4	192.5
四川	842.7	244.9	917.4	269.4	1 017.9	306.7	1 176.2	393.5	1 300.9	439.0
贵州	193.2	54.1	205.9	56.5	215.9	59.3	235.6	63.5	257.3	67.0
云南	267.4	83.8	279.4	87.6	293.7	89.3	306.5	90.2	317.4	92.3
西藏	7.6	3.1	8.1	3.0	8.5	3.1	9.2	3.1	9.9	3.2
陕西	391.5	111.4	408.1	117.4	433.4	124.4	458.8	131.0	550.4	150.3
甘肃	201.2	57.7	208.4	60.6	221.0	64.0	230.9	67.5	242.5	71.3
青海	62.5	17.4	65.2	18.0	68.3	18.6	71.3	19.3	74.4	20.0
宁夏	72.3	16.7	77.0	17.7	82.6	18.8	89.4	20.0	107.8	30.5
新疆	313.3	90.9	327.7	93.7	346.3	97.6	356.9	100.6	393.8	119.2
中国人民银行	17.2	3.9	17.3	4.1	17.5	4.2	17.5	4.4	17.7	4.6
中国农业发展银行	5.6	0.5	5.6	0.6	5.6	0.7	5.6	0.7	5.7	0.8

续表

地区	2011年 合计	2011年 离退休人员	2012年 合计	2012年 离退休人员	2013年 合计	2013年 离退休人员	2014年 合计	2014年 离退休人员	2015年 合计	2015年 离退休人员
全国	28 391.3	6 826.2	30 426.8	7 445.7	32 218.4	8 041.0	34 124.4	8 593.4	35 361.2	9 141.9
中央国家机关										
北京	1 089.4	201.2	1 206.4	210.7	1 311.3	220.0	1 392.6	228.9	1 424.2	236.7
天津	458.7	148.8	490.3	156.9	520.7	168.4	545.4	175.3	565.2	180.9
河北	1 059.8	285.3	1 125.6	312.3	1 194.7	335.1	1 262.0	353.6	1 320.5	368.5
山西	623.8	158.9	648.7	168.9	672.4	180.5	692.0	190.9	714.3	201.4
内蒙古	452.4	136.6	471.9	153.0	496.5	172.7	524.9	192.7	579.0	208.1
辽宁	1 556.6	486.5	1 609.2	510.4	1 729.5	557.8	1 769.2	601.9	1 780.2	640.5
吉林	617.5	221.1	632.2	234.6	655.2	248.4	676.7	261.1	693.6	273.7
黑龙江	981.0	380.0	1 013.0	401.6	1 062.1	422.2	1 090.1	443.4	1 118.0	471.1
上海	1 382.7	406.5	1 416.9	423.8	1 429.9	437.5	1 457.4	452.4	1 493.8	465.4
江苏	2 223.9	483.1	2 427.5	547.0	2 582.1	594.3	2 691.9	637.6	2 779.9	681.1
浙江	1 919.2	253.4	2 183.3	347.8	2 375.4	398.9	2 548.0	468.8	2 504.3	570.3
安徽	729.3	191.5	783.8	205.4	811.3	219.1	829.2	232.3	857.5	246.7
福建	695.1	118.2	756.5	125.5	812.8	133.2	848.3	140.2	883.7	147.1
江西	653.0	168.7	707.4	189.1	754.2	207.0	783.9	221.1	823.1	235.2
山东	1 907.1	373.1	2 063.2	416.3	2 259.6	459.2	2 370.2	511.5	2 477.5	554.4
河南	1 168.4	287.9	1 270.6	306.0	1 350.0	325.6	1 431.6	342.3	1 508.7	359.8
湖北	1 113.4	341.7	1 171.4	367.3	1 219.4	395.9	1 266.2	419.2	1 315.5	440.6
湖南	988.2	277.9	1 048.0	300.4	1 091.7	329.5	1 118.9	349.0	1 160.1	369.0
广东	3 800.7	372.6	4 034.1	390.2	4 183.0	421.3	4 809.5	445.9	5 086.5	473.3
广西	483.8	151.5	512.7	163.6	538.4	172.6	557.6	180.3	576.6	186.9
海南	199.9	47.8	214.2	52.5	231.5	57.1	242.3	59.9	249.8	62.0
重庆	647.6	220.1	716.9	247.0	773.1	275.4	825.5	293.3	849.3	304.9
四川	1 494.2	495.4	1 615.4	541.7	1 720.3	596.2	1 839.7	648.1	1 939.0	688.9
贵州	282.1	71.3	309.4	77.7	337.3	82.6	361.5	87.1	392.1	94.8
云南	342.8	104.2	364.5	110.7	384.3	115.7	397.9	118.7	412.9	121.8

续表

地区	2011年		2012年		2013年		2014年		2015年	
	合计	离退休人员	合计	离退休人员	合计	离退休人员	合计	离退休人员	合计	离退休人员
西藏	11.2	3.2	13.3	3.5	14.0	3.5	15.2	3.7	16.2	3.8
陕西	588.6	155.5	643.5	177.1	685.0	191.9	716.5	200.3	751.7	207.5
甘肃	263.0	85.1	277.4	93.7	288.4	99.9	298.8	105.0	306.2	109.2
青海	81.5	25.2	86.0	26.2	90.3	27.6	94.6	28.8	100.1	30.1
宁夏	121.4	36.4	131.2	39.9	143.8	41.9	151.4	44.2	157.5	46.4
新疆	431.5	131.9	458.8	139.0	476.3	143.8	490.8	149.1	499.4	154.8
中国人民银行	17.8	4.8	17.9	5.0	18.0	5.2	18.0	5.5	18.1	5.8
中国农业发展银行	5.8	1.0	5.9	1.0	6.0	1.1	6.5	1.3	6.7	1.4

地区	2016年		2017年		2018年		2019年	
	合计	离退休人员	合计	离退休人员	合计	离退休人员	合计	离退休人员
全国	**37 929.7**	**10 103.4**	**40 293.3**	**11 025.7**	**41 901.6**	**11 797.7**	**43 487.9**	**12 310.4**
中央国家机关					55.6	24.4	59.2	26.1
北京	1 546.6	275.4	1 604.5	283.1	1 685.8	293.5	1 748.2	302.6
天津	639.0	208.6	655.0	213.8	683.2	221.0	695.6	226.3
河北	1 403.1	391.3	1 535.8	433.8	1 586.1	455.4	1 654.5	466.7
山西	760.2	216.6	798.7	243.0	837.6	262.2	871.5	273.6
内蒙古	655.0	236.5	694.3	257.1	733.5	284.6	763.4	298.8
辽宁	1 800.3	679.7	1 949.8	754.4	1 994.8	789.6	2 026.2	816.0
吉林	706.8	286.7	814.5	332.2	862.4	356.6	882.1	375.9
黑龙江	1 144.1	488.5	1 206.1	523.9	1 308.5	576.7	1 364.9	599.8
上海	1 527.1	476.3	1 548.2	489.2	1 573.4	502.0	1 589.6	511.9
江苏	2 861.5	724.2	3 034.5	796.1	3 225.6	871.2	3 417.4	918.1

续表

地区	2016年 合计	离退休人员	2017年 合计	离退休人员	2018年 合计	离退休人员	2019年 合计	离退休人员
浙江	2 506.9	663.9	2 712.4	747.5	2 883.4	806.8	3 031.7	856.9
安徽	892.2	257.9	1 077.0	322.9	1 141.7	342.9	1 217.0	356.7
福建	979.8	174.0	1 022.1	182.0	1 074.3	190.6	1 137.3	199.1
江西	957.3	284.6	1 005.2	307.7	1 052.8	333.1	1 096.9	348.4
山东	2 576.4	607.4	2 660.9	638.8	2 762.7	677.1	2 868.0	711.2
河南	1 848.4	450.3	1 897.6	460.0	2 006.5	486.4	2 133.8	505.6
湖北	1 355.0	458.0	1 546.6	526.1	1 601.6	554.1	1 684.8	584.3
湖南	1 186.7	362.9	1 279.3	422.7	1 402.4	454.5	1 557.8	486.0
广东	5 392.4	524.6	5 287.1	569.0	4 919.7	636.6	4 633.4	671.2
广西	751.9	240.7	777.8	251.9	825.9	260.3	869.5	268.4
海南	224.9	66.5	240.9	68.9	258.0	70.5	281.0	72.7
重庆	952.2	346.3	989.2	360.8	1 051.2	388.7	1 127.7	406.6
四川	2 157.6	777.8	2 335.1	816.0	2 543.7	881.6	2 700.3	915.7
贵州	423.6	99.6	588.2	141.3	639.8	149.7	677.5	155.8
云南	581.8	168.0	591.5	171.3	616.2	176.0	649.9	181.5
西藏	21.1	6.0	42.9	9.2	46.2	9.6	48.2	10.0
陕西	790.8	213.6	953.3	246.4	992.0	258.2	1 080.7	264.1
甘肃	315.0	114.1	429.8	141.6	454.7	155.4	469.4	159.6
青海	132.3	41.4	138.3	42.8	145.1	44.7	152.8	46.7
宁夏	189.3	57.8	205.2	60.2	216.1	63.6	226.6	66.0
新疆	625.0	196.5	646.4	204.3	695.3	211.0	744.2	219.0
中国人民银行	18.2	6.1	18.2	6.1	18.6	6.8	19.0	7.1
中国农业发展银行	6.9	1.6	6.9	1.6	7.4	2.1	7.6	2.3

表 5-6　　　　　　　　　　分地区城镇职工基本养老保险情况

（2019 年）　　　　　　　　　　　　单位：万人，亿元

地区	参保职工年末人数	企业	参保离退休人员年末人数	基金收支情况		
				基金收入	基金支出	累计结余
全国	**31 177.5**	**27 508.7**	**12 310.4**	**52 918.8**	**49 228.0**	**54 623.3**
中央国家机关	33.1		26.1	262.8	224.4	81.7
北京	1 445.6	1 384.6	302.6	2 760.6	1 698.3	6 018.5
天津	469.3	425.0	226.3	1 021.2	1 000.5	556.5
河北	1 187.8	966.9	466.7	2 437.4	2 425.7	910.0
山西	597.9	480.7	273.6	1 232.5	1 168.8	1 639.8
内蒙古	464.7	373.6	298.8	1 060.9	1 201.4	595.9
辽宁	1 210.3	1 085.0	816.0	2 486.4	2 950.0	303.7
吉林	506.2	424.2	375.9	1 142.8	1 263.6	501.9
黑龙江	765.1	661.2	599.8	1 785.4	2 094.8	-433.7
上海	1 077.6	1 012.3	511.9	2 933.7	2 779.7	2 290.3
江苏	2 499.3	2 329.4	918.1	3 759.2	3 382.3	4 932.4
浙江	2 174.9	2 019.1	856.9	3 040.0	3 138.5	3 585.4
安徽	860.3	744.1	356.7	1 514.6	1 298.9	1 909.7
福建	938.2	843.2	199.1	931.8	782.2	976.2
江西	748.5	644.1	348.4	1 047.2	1 083.9	824.6
山东	2 156.8	1 904.9	711.2	2 784.7	2 872.7	2 217.2
河南	1 628.2	1 368.8	505.6	2 053.0	1 931.0	1 326.3
湖北	1 100.5	970.9	584.3	2 418.0	2 264.5	1 017.1
湖南	1 071.8	889.7	486.0	1 767.5	1 620.2	1 836.7
广东	3 962.2	3 741.6	671.2	5 593.2	3 761.5	12 343.6
广西	601.2	486.8	268.4	1 128.7	1 079.7	755.2
海南	208.3	184.6	72.7	324.5	280.1	281.4
重庆	721.1	649.3	406.6	1 238.3	1 192.5	1 090.1
四川	1 784.6	1 588.0	915.7	2 754.9	2 764.2	3 759.5
贵州	521.7	415.6	155.8	725.6	613.5	894.0
云南	468.4	343.4	181.5	951.3	764.5	1 325.2
西藏	38.2	18.1	10.0	139.1	107.4	171.2
陕西	816.7	688.2	264.1	1 254.1	1 187.5	804.2
甘肃	309.8	220.9	159.6	598.5	599.3	467.0
青海	106.1	85.7	46.7	300.5	323.3	37.0
宁夏	160.6	140.0	66.0	269.1	266.8	261.5
新疆	525.2	418.7	219.0	1 137.1	1 040.9	1 307.0
中国人民银行	11.9		7.1	45.2	50.6	9.6
中国农业发展银行	5.3		2.3	17.7	15.2	25.0
中央调剂金账户				1.0		1.5

表 5-7　历年全国养老金社会化发放人数　单位：万人

年份	社会化发放人数	纳入社区管理的企业退休人员人数	纳入社区管理的企业退休人员比例（%）
2005	4 001.0	2 655.2	68.3
2006	4 232.0	2 832.8	68.8
2007	4 535.8	3 136.0	71.2
2008	4 829.1	3 461.0	73.2
2009	5 303.3	3 879.0	75.2
2010	5 805.8	4 344.0	76.2
2011	5 367.0	4 725.0	77.3
2012	6 865.5	5 328.0	78.3
2013	7 201.0	5 620.0	79.1
2014	8 093.2	6 038.0	80.2
2015	8 383.9	6 597.0	81.1
2016	8 620.5	7 086.0	82.0
2017	9 142.9	7 589.0	83.0
2018	9 693.2	8 045.3	83.0
2019	10 759.4	7 992.1	76.9

注：社会化发放人数是指企业、企业化管理的事业单位及其他参保人员中的离退休人员。2019 年对该指标的释义进行了修改：指由社会保险经办机构委托社会服务机构发放、直接发放基本养老金的离退休（职）人数。

表 5-8　　　　　　　　　　　　　分地区养老金社会化发放人数

（2019 年）　　　　　　　　　单位：万人

地区	社会化发放人数
全国	**10 759.4**
北京	267.0
天津	195.4
河北	352.1
山西	198.6
内蒙古	293.1
辽宁	723.6
吉林	325.8
黑龙江	521.4
上海	455.3
江苏	782.1
浙江	788.2
安徽	325.6
福建	151.1
江西	348.4
山东	589.0
河南	351.7
湖北	495.1
湖南	368.4
广东	611.9
广西	268.4
海南	72.7
重庆	366.0
四川	909.6
贵州	155.8
云南	169.6
西藏	10.2
陕西	208.6
甘肃	128.5
青海	46.7
宁夏	66.0
新疆	147.3
新疆兵团	66.3

注：社会化发放人数是指由社会保险经办机构委托社会服务机构发放、直接发放基本养老金的离退休（职）人数。

表 5-9　　历年分地区基本医疗保险参保人数　　单位：万人

地区	2001年 合计	退休人员	2002年 合计	退休人员	2003年 合计	退休人员	2004年 合计	退休人员	2005年 合计	退休人员
全国	7 285.9	1 815.2	9 401.2	2 475.4	10 901.7	2 926.8	12 403.6	3 359.2	13 782.9	3 761.2
北京	240.7	89.4	321.1	113.2	436.1	134.7	483.9	141.7	574.8	155.1
天津	139.6	46.8	250.2	103.8	254.7	108.5	263.0	104.8	299.1	118.3
河北	282.5	61.5	330.4	73.0	383.2	84.7	472.5	108.9	562.1	139.6
山西	157.3	34.4	216.7	49.5	245.5	51.3	295.5	63.9	324.9	73.0
内蒙古	196.9	45.5	221.7	54.2	252.3	66.1	274.2	78.1	292.0	86.0
辽宁	313.6	90.4	619.0	188.7	697.7	217.2	783.7	247.3	864.2	280.0
吉林	124.2	27.8	176.9	39.8	230.8	55.3	270.0	67.5	283.0	73.9
黑龙江	308.3	89.2	392.8	108.2	435.2	122.1	544.1	151.7	602.9	170.4
上海	680.5	238.9	694.8	245.9	709.6	250.6	714.1	260.9	728.6	275.9
江苏	456.0	113.5	690.9	183.2	815.0	227.6	976.7	261.6	1 124.1	303.0
浙江	352.7	100.0	423.4	117.0	510.3	139.5	569.2	150.3	639.6	163.1
安徽	232.8	53.6	273.4	65.6	318.2	79.8	362.2	97.7	387.1	112.7
福建	171.0	38.3	230.0	54.7	247.8	61.8	285.9	69.5	333.0	77.2
江西	71.6	12.2	106.6	22.7	188.2	45.7	250.4	65.8	276.7	75.0
山东	490.2	86.0	625.6	119.5	691.1	138.0	771.9	153.5	861.5	176.7
河南	460.3	94.8	537.4	115.2	567.9	126.9	590.0	136.8	641.5	154.1
湖北	255.4	54.5	338.1	80.6	416.6	110.1	466.8	132.5	502.0	147.2
湖南	351.6	83.7	398.1	108.3	423.5	116.1	477.0	133.9	503.4	146.6
广东	544.8	84.4	717.7	118.8	877.0	146.4	1 034.2	168.9	1 235.3	180.3
广西	150.1	33.4	201.8	54.1	235.0	66.1	272.2	77.8	285.9	82.3
海南	40.9	8.5	52.6	11.5	63.1	15.4	78.4	22.3	87.2	24.5
重庆	36.8	9.7	58.7	18.0	121.8	41.7	206.3	76.2	237.7	91.9
四川	437.6	128.3	480.6	150.1	531.2	173.8	587.6	196.5	647.0	220.2
贵州	31.1	6.9	94.6	26.6	134.1	38.2	152.6	44.0	180.5	51.5
云南	185.7	45.6	238.4	65.0	281.5	81.4	302.3	89.6	320.7	95.5
西藏					6.0	1.8	7.1	2.8	15.2	4.8
陕西	231.4	49.4	261.8	65.1	301.0	77.4	325.6	86.8	348.8	101.3
甘肃	109.9	23.6	124.1	26.0	146.0	32.8	165.8	40.6	176.6	46.2
青海	38.3	12.6	51.1	16.3	56.4	17.8	60.2	19.5	62.0	20.4
宁夏	17.2	4.0	36.8	10.1	48.1	12.7	55.6	14.6	64.5	17.2
新疆	177.0	48.1	235.7	70.6	276.7	85.3	304.4	93.2	321.1	97.5

续表

地区	2006 年		2007 年		2008 年		2009 年		2010 年	
	合计	退休人员	合计	退休人员	合计	退休人员	合计	退休人员	合计	退休人员
全国	15 731.9	4 151.5	22 311.4	4 600.0	31 821.7	5 007.9	40 147.0	5 526.9	43 262.9	5 943.5
北京	679.5	163.9	929.4	172.9	1 017.1	182.4	1 083.9	191.8	1 207.3	215.1
天津	344.2	126.0	403.8	133.2	484.5	141.8	605.3	150.6	960.9	157.5
河北	615.9	158.6	746.3	183.9	1 083.1	199.5	1 421.1	219.7	1 518.1	238.0
山西	353.8	82.2	460.6	98.3	593.9	108.8	879.0	128.5	923.5	140.0
内蒙古	316.2	93.1	451.6	103.8	612.5	108.6	805.3	117.8	886.4	124.7
辽宁	959.3	307.4	1 200.2	346.5	1 507.5	386.5	1 895.6	444.5	2 056.2	464.1
吉林	376.3	101.2	767.2	118.2	937.4	131.8	1 242.8	147.4	1 333.8	179.9
黑龙江	708.2	192.9	826.7	202.3	1 056.3	216.0	1 544.3	256.5	1 560.8	278.4
上海	1 023.3	291.0	1 096.8	306.4	1 355.2	320.9	1 583.4	372.5	1 665.2	388.8
江苏	1 274.3	338.5	2 136.6	365.4	2 837.6	390.3	3 031.0	418.6	3 249.4	443.2
浙江	730.6	172.9	946.2	185.5	1 322.6	198.3	1 784.4	211.8	1 963.8	226.8
安徽	441.2	124.7	953.3	137.1	1 323.8	148.1	1 435.8	160.4	1 529.3	169.3
福建	370.1	85.2	477.4	91.0	796.5	101.4	1 137.2	114.7	1 200.6	120.7
江西	313.3	86.5	784.7	121.6	1 207.1	149.4	1 300.4	151.6	1 326.4	166.5
山东	996.1	199.9	1 292.3	227.8	1 847.0	256.2	2 540.2	287.8	2 770.6	316.7
河南	704.1	173.3	897.7	197.4	1 549.4	220.8	1 970.1	243.7	2 043.7	258.7
湖北	565.3	166.6	870.5	196.3	1 435.7	210.9	1 811.7	236.2	1 860.0	239.8
湖南	560.5	162.4	724.5	181.9	1 321.6	206.5	1 831.9	225.6	1 894.5	236.9
广东	1 421.1	197.9	2 281.6	218.0	3 551.8	240.3	4 568.5	259.4	5 043.2	314.5
广西	302.0	88.7	361.4	99.2	568.2	103.8	850.0	110.6	935.2	123.0
海南	91.0	25.6	155.3	29.9	249.7	34.0	283.8	41.5	323.3	43.2
重庆	257.5	97.4	327.5	104.7	550.6	115.1	769.5	120.8	830.8	125.6
四川	734.5	247.8	1 020.0	270.6	1 413.8	296.7	1 912.7	317.3	2 063.1	348.3
贵州	199.2	57.8	293.8	66.1	404.3	73.0	567.0	85.1	602.5	88.2
云南	331.5	98.8	400.3	101.8	618.2	103.6	762.5	118.3	820.5	121.4
西藏	16.5	5.0	19.2	5.8	32.4	5.3	36.0	6.4	38.6	6.6
陕西	377.1	111.4	459.3	123.2	717.3	132.8	890.0	145.2	947.2	151.2
甘肃	195.8	51.7	449.5	61.6	522.2	68.8	557.4	77.7	588.8	85.9
青海	64.5	22.0	95.8	23.0	93.6	24.5	104.8	24.6	140.3	25.2
宁夏	73.1	19.9	114.0	21.4	158.7	22.7	186.0	23.8	188.3	26.4
新疆	335.8	101.2	367.9	105.1	652.1	109.0	755.0	114.7	790.5	119.0

续表

地区	2011年 合计	退休人员	2012年 合计	退休人员	2013年 合计	退休人员	2014年 合计	退休人员	2015年 合计	退休人员
全国	**47 343.2**	**6 278.6**	**53 641.3**	**6 624.2**	**57 072.6**	**6 941.8**	**59 746.9**	**7 254.8**	**66 581.6**	**7 531.2**
北京	1 347.8	232.8	1 431.6	239.1	1 514.9	249.8	1 604.3	260.1	1 656.6	269.5
天津	972.8	162.5	981.3	168.9	1 001.5	177.3	1 023.6	183.6	1 054.1	190.4
河北	1 562.2	248.2	1 644.4	261.5	1 674.5	275.6	1 697.5	286.3	1 663.7	300.3
山西	1 005.1	150.8	1 055.9	157.2	1 086.3	166.9	1 101.2	175.5	1 113.8	179.4
内蒙古	907.3	124.3	967.7	132.4	986.2	134.5	998.1	138.6	1 008.1	141.4
辽宁	2 120.1	494.1	2 251.9	524.8	2 333.3	546.9	2 387.2	576.7	2 396.2	597.7
吉林	1 350.6	188.2	1 370.0	194.0	1 378.6	197.5	1 380.0	197.5	1 380.6	199.7
黑龙江	1 578.0	293.6	1 580.3	309.6	1 580.4	311.6	1 586.4	324.3	1 594.8	330.1
上海	1 591.8	404.1	1 638.6	421.5	1 650.5	438.4	1 678.5	453.2	1 719.2	465.8
江苏	3 500.5	470.9	3 608.8	508.9	3 427.6	543.6	3 797.5	577.0	4 014.3	610.8
浙江	2 244.1	243.3	2 806.8	277.1	4 121.1	299.5	4 847.6	324.1	4 964.1	353.7
安徽	1 612.9	181.9	1 660.0	191.5	1 660.8	203.3	1 756.4	211.9	1 737.6	221.1
福建	1 217.2	126.2	1 262.9	130.2	1 283.8	136.4	1 293.0	143.0	1 301.2	146.8
江西	1 329.7	170.9	1 438.6	180.4	1 476.6	189.8	1 494.2	197.7	1 530.4	201.3
山东	2 947.8	337.5	3 101.2	365.6	3 647.9	391.7	3 988.0	411.4	9 235.8	439.9
河南	2 122.3	272.2	2 222.2	293.2	2 297.2	313.4	2 340.0	327.2	2 344.9	336.6
湖北	1 932.5	254.6	1 960.3	264.7	1 960.6	280.7	1 968.0	286.9	1 972.1	296.3
湖南	1 941.9	242.9	2 341.9	248.8	2 316.2	257.5	2 300.7	261.8	2 662.3	267.1
广东	6 767.1	340.5	8 421.8	362.8	9 179.8	383.8	9 804.2	420.9	10 136.0	439.7
广西	981.3	128.8	1 011.5	133.6	1 031.0	137.8	1 067.3	143.8	1 077.6	148.8
海南	352.4	45.3	378.5	47.5	406.5	50.6	386.8	53.7	389.8	55.6
重庆	1 324.8	133.1	3 219.1	147.9	3 234.8	158.9	3 256.8	167.0	3 266.3	174.0
四川	2 248.4	366.0	2 383.8	381.8	2 486.0	394.5	2 576.5	407.5	2 650.7	418.8
贵州	629.0	93.3	648.3	96.3	672.1	98.1	687.1	99.9	955.5	105.2
云南	865.8	126.6	882.4	129.5	1 118.8	133.3	1 135.9	138.6	1 140.8	140.7
西藏	43.7	6.6	50.1	7.1	54.8	7.2	58.9	7.8	61.8	8.1
陕西	1 090.4	172.8	1 118.8	175.8	1 244.3	181.7	1 246.2	184.4	1 247.3	187.4
甘肃	590.8	88.2	616.5	87.7	622.8	90.2	630.6	96.2	635.0	99.8
青海	151.6	25.9	172.3	26.7	181.3	27.6	190.4	29.1	195.2	30.4
宁夏	188.8	27.1	561.8	28.5	565.5	29.5	578.6	31.0	584.8	32.2
新疆	825.2	125.2	851.9	129.6	877.1	134.3	885.1	138.2	891.0	142.6

续表

地区	2016年 合计	退休人员	2017年 合计	退休人员	2018年 合计	退休人员	2019年 合计	退休人员
全国	**74 391.6**	**7 811.6**	**117 681.4**	**8 034.3**	**134 458.6**	**8 373.3**	**135 407.4**	**8 700.4**
北京	1 708.8	277.8	1 771.4	286.2	2 018.1	296.9	2 082.7	306.1
天津	1 066.8	195.4	1 088.5	201.0	1 116.7	207.5	1 137.0	212.1
河北	6 672.1	306.2	6 883.1	312.4	6 914.3	324.7	6 937.7	337.3
山西	1 121.2	185.4	3 215.3	189.2	3 266.9	207.2	3 266.4	219.7
内蒙古	1 019.8	146.1	2 161.5	148.4	2 164.4	153.6	2 178.4	170.5
辽宁	2 376.0	612.9	2 277.5	608.4	3 968.8	622.8	3 894.7	641.0
吉林	1 380.9	204.8	1 380.9	207.6	2 607.3	209.9	2 548.1	192.3
黑龙江	1 599.9	354.0	2 892.6	350.6	2 908.6	358.2	2 837.1	377.1
上海	1 806.7	477.0	1 839.8	489.7	1 866.1	502.7	1 889.1	512.4
江苏	3 984.4	641.2	7 619.1	679.8	7 721.7	723.1	7 848.8	764.5
浙江	4 993.3	383.2	5 251.6	414.5	5 368.7	446.4	5 461.5	476.5
安徽	1 621.5	231.1	2 108.1	237.7	6 105.1	247.3	6 731.5	255.3
福建	1 297.9	150.2	3 768.6	155.1	3 804.7	161.0	3 788.1	162.6
江西	1 807.0	202.8	4 762.4	191.8	4 797.5	197.3	4 782.4	207.0
山东	9 188.8	465.6	9 295.7	486.3	9 437.1	512.0	9 569.6	549.5
河南	2 360.7	344.6	10 410.7	344.4	10 435.7	361.3	10 289.8	375.1
湖北	1 981.8	300.5	5 622.2	316.2	5 586.2	321.9	5 562.6	331.4
湖南	2 646.1	272.5	6 906.3	285.4	6 838.0	292.6	6 716.1	299.0
广东	10 150.2	460.6	10 365.1	479.1	10 615.8	505.2	10 783.5	525.6
广西	1 096.4	155.0	5 173.3	160.2	5 136.7	167.5	5 207.2	176.0
海南	387.2	57.1	419.5	60.4	915.4	62.9	920.6	64.7
重庆	3 259.3	179.5	3 248.5	184.9	3 265.3	192.4	3 272.1	200.3
四川	5 056.8	439.4	7 714.8	458.4	8 637.1	481.4	8 616.9	498.7
贵州	973.6	108.3	1 001.3	111.5	4 233.6	115.7	4 186.7	119.7
云南	1 163.6	144.5	4 463.8	147.3	4 520.9	150.3	4 533.4	154.6
西藏	65.4	8.6	69.9	9.1	342.7	9.8	347.1	11.2
陕西	1 248.0	188.5	1 251.0	190.5	3 885.9	197.6	3 960.8	204.4
甘肃	643.3	106.0	2 512.2	108.0	2 546.7	110.8	2 572.9	114.1
青海	196.7	31.8	549.0	32.8	555.3	34.2	557.9	35.7
宁夏	594.0	33.0	618.2	34.6	626.2	36.3	633.7	38.0
新疆	923.2	148.0	1 039.6	152.7	2 250.9	162.7	2 293.1	168.1

表 5-10 分地区职工基本医疗保险参保人数
（2019 年） 单位：万人

地区	年末参保人数	职工	退休人员
全国	**32 924.7**	**24 224.4**	**8 700.4**
北京	1 682.5	1 376.5	306.1
天津	595.0	383.0	212.1
河北	1 079.2	741.9	337.3
山西	702.0	482.3	219.7
内蒙古	530.7	360.2	170.5
辽宁	1 552.1	911.1	641.0
吉林	525.9	333.7	192.3
黑龙江	873.6	496.5	377.1
上海	1 539.3	1 026.9	512.4
江苏	2 954.0	2 189.6	764.5
浙江	2 426.6	1 950.1	476.5
安徽	888.1	632.9	255.3
福建	841.4	678.8	162.6
江西	579.0	372.0	207.0
山东	2 173.8	1 624.3	549.5
河南	1 281.6	906.6	375.1
湖北	1 093.2	761.8	331.4
湖南	930.6	631.6	299.0
广东	4 375.7	3 850.2	525.6
广西	620.5	444.5	176.0
海南	236.1	171.5	64.7
重庆	720.6	520.3	200.3
四川	1 778.1	1 279.4	498.7
贵州	462.0	342.3	119.7
云南	528.0	373.4	154.6
西藏	47.7	36.5	11.2
陕西	712.9	508.5	204.4
甘肃	344.3	230.2	114.1
青海	103.7	68.1	35.7
宁夏	141.1	103.1	38.0
新疆	605.1	436.9	168.1

表 5-11　分地区基本医疗保险参保人数

（2019 年）　　　　单位：万人

地区	合计	职工	城乡居民
全国	135 407.4	32 924.7	102 482.7
北京	2 082.7	1 682.5	400.1
天津	1 137.0	595.0	541.9
河北	6 937.7	1 079.2	5 858.5
山西	3 266.4	702.0	2 564.3
内蒙古	2 178.4	530.7	1 647.7
辽宁	3 894.7	1 552.1	2 342.6
吉林	2 548.1	525.9	2 022.2
黑龙江	2 837.1	873.6	1 963.5
上海	1 889.1	1 539.3	349.8
江苏	7 848.8	2 954.0	4 894.8
浙江	5 461.5	2 426.6	3 034.9
安徽	6 731.5	888.1	5 843.3
福建	3 788.1	841.4	2 946.7
江西	4 782.4	579.0	4 203.4
山东	9 569.6	2 173.8	7 395.8
河南	10 289.8	1 281.6	9 008.1
湖北	5 562.6	1 093.2	4 469.4
湖南	6 716.1	930.6	5 785.4
广东	10 783.5	4 375.7	6 407.7
广西	5 207.2	620.5	4 586.6
海南	920.6	236.1	684.5
重庆	3 272.1	720.6	2 551.4
四川	8 616.9	1 778.1	6 838.8
贵州	4 186.7	462.0	3 724.7
云南	4 533.4	528.0	4 005.5
西藏	347.1	47.7	299.3
陕西	3 960.8	712.9	3 248.0
甘肃	2 572.9	344.3	2 228.6
青海	557.9	103.7	454.2
宁夏	633.7	141.1	492.6
新疆	2 293.1	605.1	1 688.1

表 5-12 分地区基本医疗保险基金情况

（2019 年）　　　　　　　　　　　　　　　　　　　　　单位：亿元

地区	基金收入			基金支出			累计结余		
	合计	职工	居民	合计	职工	居民	合计	职工	居民
全国	**24 420.9**	**15 845.4**	**8 575.5**	**20 854.2**	**12 663.2**	**8 191.0**	**27 696.7**	**22 554.1**	**5 142.5**
北京	1 553.6	1 483.6	70.1	1 320.0	1 226.1	93.9	1 108.8	1 085.9	22.9
天津	392.2	333.0	59.2	351.5	303.7	47.8	378.0	276.9	101.0
河北	980.6	504.7	475.9	833.6	390.0	443.7	1 054.0	820.9	233.1
山西	472.4	269.3	203.1	449.5	234.4	215.1	507.9	387.2	120.7
内蒙古	382.7	245.5	137.2	325.9	197.8	128.1	419.8	348.8	71.0
辽宁	735.5	548.8	186.8	677.0	505.6	171.4	639.2	500.6	138.6
吉林	352.2	205.3	147.0	320.0	166.0	154.0	401.3	326.2	75.2
黑龙江	509.0	341.4	167.5	457.3	302.1	155.2	577.3	432.0	145.4
上海	1 445.3	1 356.6	88.6	971.1	891.8	79.4	2 931.2	2 920.4	10.8
江苏	1 801.0	1 336.4	464.6	1 556.0	1 091.8	464.2	2 089.9	1 857.7	232.2
浙江	1 625.1	1 154.5	470.6	1 370.5	950.5	420.0	2 110.3	1 941.1	169.2
安徽	787.8	351.0	436.8	710.2	266.2	444.0	710.8	502.4	208.4
福建	607.5	373.4	234.1	539.5	297.5	242.0	796.7	700.9	95.7
江西	588.9	237.1	351.8	522.4	190.9	331.5	607.6	343.4	264.2
山东	1 655.5	1 041.9	613.7	1 426.1	867.0	559.2	1 537.7	1 158.4	379.3
河南	1 142.8	487.3	655.5	1 091.2	408.5	682.7	936.9	665.0	271.8
湖北	876.6	513.1	363.6	784.0	427.4	356.6	770.6	510.7	259.9
湖南	843.6	406.4	437.2	753.4	325.6	427.9	815.9	585.8	230.1
广东	2 177.7	1 656.6	521.1	1 764.4	1 281.3	483.0	3 329.0	2 913.7	415.3
广西	638.2	276.5	361.8	561.8	221.6	340.2	786.7	401.2	385.5
海南	152.9	98.0	54.9	117.6	67.1	50.5	199.9	159.8	40.2
重庆	522.0	320.2	201.8	461.4	274.5	186.9	444.8	280.9	163.9
四川	1 311.3	753.7	557.6	1 071.2	574.8	496.4	1 694.1	1 267.2	427.0
贵州	530.3	219.1	311.2	427.3	163.1	264.2	445.1	259.5	185.6
云南	652.8	324.3	328.5	565.9	254.2	311.7	619.6	443.2	176.3
西藏	69.7	50.9	18.8	47.3	21.4	25.9	117.0	114.2	2.7
陕西	580.1	323.0	257.1	505.4	257.9	247.5	552.1	461.7	90.5
甘肃	317.6	148.6	169.0	287.3	124.1	163.2	233.1	168.3	64.8
青海	125.8	80.7	45.0	93.4	61.5	31.9	157.0	122.1	34.9
宁夏	117.3	71.5	45.8	91.6	52.0	39.6	130.2	102.6	27.6
新疆	472.6	333.1	139.5	400.3	266.9	133.4	594.3	495.5	98.7

注：基本医疗保险基金收支余中含生育保险基金。

表 5-13　　　　　　　　　　　历年分地区失业保险参保人数　　　　　　　　　　单位：万人

地区	2001年 年末参保人数	2001年 年末领取失业保险金人数	2002年 年末参保人数	2002年 年末领取失业保险金人数	2003年 年末参保人数	2003年 年末领取失业保险金人数	2004年 年末参保人数	2004年 年末领取失业保险金人数	2005年 年末参保人数	2005年 年末领取失业保险金人数
全国	10 355	312	10 182	440	10 373	415	10 584	419	10 648	362
北京	287.2	5.5	299.6	4.8	306.6	5.2	308.2	3.8	357.5	3.5
天津	214.3	10.8	196.3	12.4	193.5	9.4	195.1	5.1	197.5	3.8
河北	513.2	7.3	488.6	7.2	484.2	8.3	479.0	11.0	461.2	13.3
山西	286.0	5.9	278.9	4.5	284.1	5.7	286.5	5.4	288.5	4.8
内蒙古	217.7	5.4	219.7	7.1	221.6	5.7	222.3	5.8	222.2	4.9
辽宁	656.7	20.3	591.2	82.2	622.2	67.0	616.2	81.7	607.7	46.5
吉林	283.8	13.2	284.0	15.6	292.9	16.2	282.2	12.2	199.4	7.5
黑龙江	532.6	12.5	466.0	19.6	479.0	12.6	475.8	9.7	459.6	10.3
上海	430.7	13.1	436.0	14.4	441.1	14.0	487.8	15.9	466.1	17.8
江苏	766.5	39.5	735.6	49.7	761.6	48.9	797.1	43.6	838.3	30.2
浙江	391.1	33.0	390.0	27.5	396.8	17.4	428.4	11.3	444.7	7.2
安徽	375.2	11.5	378.8	17.5	380.8	23.4	371.1	26.4	360.3	24.3
福建	239.6	9.6	249.5	11.1	266.4	10.0	266.4	9.5	266.6	8.6
江西	235.9	2.1	226.7	3.9	215.5	5.9	226.6	7.2	230.7	6.0
山东	700.2	20.5	701.2	30.1	719.1	30.1	747.5	30.6	771.1	32.2
河南	676.1	10.0	670.4	16.8	680.0	18.7	681.6	22.3	681.9	29.2
湖北	420.8	26.1	416.1	25.1	390.1	18.7	391.3	17.0	391.5	14.8
湖南	352.0	4.4	326.6	7.9	347.5	10.5	380.2	9.8	382.7	11.3
广东	819.5	21.2	890.2	26.2	954.1	25.9	1 005.8	23.4	1 099.1	20.4
广西	217.7	5.0	215.5	7.6	219.2	8.9	226.4	9.8	219.9	9.4
海南	56.1	0.7	60.2	1.7	57.7	1.8	57.9	2.1	56.7	2.0
重庆	210.0	7.7	205.3	9.1	199.5	8.1	193.4	9.2	188.2	6.4
四川	412.2	11.9	402.9	14.0	400.0	12.6	398.6	12.6	380.5	15.6
贵州	136.4	1.2	132.2	1.6	128.0	1.3	129.9	1.2	129.3	1.3
云南	190.7	3.6	183.2	4.6	183.0	6.6	173.2	10.5	180.3	9.1
西藏	6.3		7.1		7.1		6.7		6.7	
陕西	304.9	3.5	315.7	7.3	323.3	8.2	325.5	7.2	326.7	8.6
甘肃	162.7	1.1	161.0	2.7	162.1	3.8	161.0	4.3	160.0	5.4
青海	35.7	1.4	32.2	1.0	33.2	1.3	33.1	1.2	33.2	1.1
宁夏	34.7	0.7	35.3	0.8	36.3	1.0	36.4	1.2	37.2	1.2
新疆	188.2	3.9	185.2	5.7	186.5	7.4	192.4	7.7	202.4	5.6

续表

地区	2006年		2007年		2008年		2009年		2010年	
	年末参保人数	年末领取失业保险金人数	年末参保人数	年末领取失业保险金人数	年末参保人数	年末领取失业保险金人数	年末参保人数	年末领取失业保险金人数	年末参保人数	年末领取失业保险金人数
全国	**11 187**	**327**	**11 645**	**286**	**12 400**	**261**	**12 715**	**235**	**13 376**	**209**
北京	482.2	3.1	535.3	3.0	614.3	2.6	675.7	1.8	774.2	1.6
天津	216.7	3.6	221.5	3.3	232.5	3.2	239.2	3.1	246.1	3.5
河北	470.8	13.4	473.3	11.6	481.7	9.8	484.4	10.4	493.4	9.0
山西	296.0	5.2	299.0	6.0	312.2	7.3	293.3	6.1	305.7	4.6
内蒙古	223.5	5.0	223.7	4.7	225.5	3.1	229.7	2.5	230.9	2.1
辽宁	614.1	25.9	622.1	19.6	622.7	15.7	625.3	13.4	626.9	11.4
吉林	224.4	10.2	228.7	13.9	233.7	16.5	241.4	14.3	245.1	7.8
黑龙江	457.5	17.8	464.1	15.3	467.6	10.3	471.3	9.3	472.9	8.8
上海	476.4	18.5	491.5	14.9	511.8	14.0	523.5	14.6	556.2	11.6
江苏	901.1	22.7	968.5	21.2	1 052.2	21.5	1 079.1	19.7	1 153.8	19.7
浙江	504.4	6.5	584.7	6.3	731.1	6.3	784.5	5.5	875.0	5.8
安徽	362.6	17.9	364.5	14.1	373.1	12.8	377.8	10.5	384.0	7.8
福建	293.1	6.8	318.2	5.7	338.7	4.6	348.1	3.6	374.2	3.2
江西	241.0	4.9	251.5	5.3	266.3	3.4	275.5	3.4	265.3	8.2
山东	789.7	30.3	814.9	27.8	864.1	24.9	899.5	23.0	931.2	20.7
河南	682.8	28.0	682.9	21.6	683.4	18.4	690.2	16.7	696.7	14.7
湖北	395.5	12.0	405.7	8.9	422.9	7.4	440.3	7.0	469.7	6.4
湖南	386.3	10.2	389.0	8.6	390.1	8.3	392.0	8.8	399.5	6.9
广东	1 208.2	16.7	1 295.5	14.3	1 471.9	13.7	1 470.7	12.8	1 627.3	10.6
广西	222.3	8.1	223.8	7.2	234.6	8.0	237.0	7.6	238.4	6.2
海南	59.1	2.3	66.2	2.5	84.7	3.3	97.5	2.8	112.5	1.6
重庆	193.0	4.8	196.7	4.1	210.1	4.4	215.9	4.7	237.4	3.7
四川	400.0	16.3	418.2	11.3	436.9	12.2	463.5	10.0	464.7	9.1
贵州	131.1	1.5	134.5	1.4	141.4	1.3	144.6	1.1	152.5	1.2
云南	183.0	6.4	185.8	4.3	191.9	3.7	198.7	3.5	209.6	3.2
西藏	7.5		7.2	0.0	7.8	0.0	8.8	0.0	9.3	0.0
陕西	326.5	14.1	327.2	13.6	329.3	9.1	331.0	9.3	331.6	7.5
甘肃	160.5	7.5	161.8	7.1	162.6	5.6	164.1	3.7	164.2	2.4
青海	34.0	1.0	34.7	2.1	35.4	2.3	36.0	1.0	36.6	0.4
宁夏	38.3	1.2	40.1	1.5	44.4	1.4	44.9	1.1	47.6	1.0
新疆	205.4	4.8	213.6	4.7	224.8	6.1	231.8	4.9	242.9	8.3

续表

地区	2011年 年末参保人数	2011年 年末领取失业保险金人数	2012年 年末参保人数	2012年 年末领取失业保险金人数	2013年 年末参保人数	2013年 年末领取失业保险金人数	2014年 年末参保人数	2014年 年末领取失业保险金人数	2015年 年末参保人数	2015年 年末领取失业保险金人数
全国	**14 317**	**197**	**15 225**	**204**	**16 417**	**197**	**17 043**	**207**	**17 326**	**227**
北京	881.0	2.0	1 006.7	2.3	1 025.1	2.4	1 057.1	3.0	1 082.3	3.4
天津	258.8	2.8	268.7	2.0	278.7	2.0	287.6	2.6	295.3	7.1
河北	498.7	8.4	501.7	7.9	505.0	7.1	508.7	7.1	511.0	8.0
山西	309.4	4.3	391.0	3.8	400.7	3.1	407.7	3.0	411.3	3.1
内蒙古	232.5	2.5	232.8	2.5	233.4	2.3	236.3	2.4	242.1	2.9
辽宁	632.3	9.7	660.7	7.4	663.2	7.6	664.3	8.5	665.3	9.7
吉林	247.2	5.1	251.5	4.6	258.8	6.0	258.7	2.2	261.2	2.2
黑龙江	474.5	7.1	476.2	7.7	477.4	7.1	478.4	4.8	312.8	3.7
上海	604.2	11.2	617.4	10.9	625.7	9.9	634.1	9.8	641.8	9.5
江苏	1 238.2	29.9	1 332.2	32.7	1 389.3	29.9	1 442.7	32.1	1 490.9	34.2
浙江	980.6	7.4	1 065.6	7.0	1 144.3	7.8	1 210.3	8.2	1 260.5	9.0
安徽	397.7	6.7	402.2	6.1	409.0	6.1	422.0	6.5	436.6	7.7
福建	430.9	3.6	459.1	4.6	496.7	4.2	524.1	4.5	546.3	5.0
江西	263.5	5.4	272.2	3.3	271.1	1.5	271.8	1.3	281.5	1.4
山东	964.9	19.8	1 009.8	19.1	1 089.6	17.8	1 154.3	19.9	1 203.8	21.6
河南	701.2	13.3	724.2	11.4	741.3	10.5	773.3	10.2	783.3	8.3
湖北	498.2	5.1	508.6	4.8	511.3	5.2	519.0	5.6	528.4	6.0
湖南	415.6	7.0	449.9	6.0	461.7	6.1	509.5	6.1	521.2	6.7
广东	1 875.4	10.5	2 008.7	9.8	2 702.2	8.8	2 840.2	10.9	2 930.1	13.9
广西	240.8	5.2	243.4	5.5	253.4	5.6	259.0	6.1	273.2	6.2
海南	126.0	1.8	139.5	1.8	150.8	2.1	157.5	2.0	164.8	2.0
重庆	268.6	2.9	323.5	2.8	389.7	3.4	439.1	2.8	439.5	3.5
四川	536.8	8.1	585.5	24.5	613.5	24.1	635.8	29.8	661.0	33.2
贵州	160.5	1.1	173.5	1.0	185.2	1.3	191.9	1.5	205.3	1.7
云南	216.8	3.3	224.7	3.8	232.5	4.5	236.9	5.3	243.3	5.9
西藏	9.6	0.0	10.6		11.0	0.002	12.5	0.004	11.4	0.01
陕西	332.2	4.5	339.1	3.5	339.7	3.2	344.3	2.9	347.7	3.0
甘肃	163.8	1.5	163.6	1.2	163.1	1.0	162.4	1.0	162.8	1.0
青海	37.3	0.6	37.9	0.7	38.5	0.5	39.3	0.4	40.1	0.4
宁夏	60.0	1.2	70.5	1.1	71.3	1.1	73.5	1.3	76.6	1.3
新疆	260.2	5.0	273.7	4.2	283.9	4.8	290.2	4.7	294.9	4.9

续表

地区	2016年		2017年		2018年		2019年	
	年末参保人数	年末领取失业保险金人数	年末参保人数	年末领取失业保险金人数	年末参保人数	年末领取失业保险金人数	年末参保人数	年末领取失业保险金人数
全国	18 089	230	18 784	220	19 643	223	20 543	228
北京	1 115.0	3.7	1 170.9	3.9	1 240.7	3.8	1 294.8	4.0
天津	302.5	7.4	311.3	8.4	323.4	6.9	335.5	6.6
河北	515.9	7.9	529.7	7.2	546.0	6.8	554.1	6.7
山西	415.2	3.0	420.6	3.0	431.1	2.9	443.9	3.1
内蒙古	241.1	3.0	247.1	2.5	255.5	2.5	267.4	2.3
辽宁	665.4	10.7	679.9	10.5	679.6	11.2	668.2	12.6
吉林	262.0	2.7	263.7	2.8	269.5	2.4	273.6	2.5
黑龙江	313.2	3.9	315.1	4.1	318.0	3.5	324.0	3.3
上海	947.3	10.5	961.8	11.1	977.2	10.8	984.9	10.6
江苏	1 538.1	34.0	1 583.0	32.1	1 671.3	30.4	1 794.2	30.6
浙江	1 317.0	9.0	1 380.9	8.9	1 478.4	13.0	1 561.7	13.6
安徽	448.5	8.8	472.4	8.1	505.5	7.5	518.8	7.2
福建	575.5	5.2	612.3	4.9	570.3	5.0	610.6	5.9
江西	282.6	1.6	286.3	1.7	288.0	1.7	289.7	1.6
山东	1 222.9	22.0	1 268.3	20.1	1 318.5	18.7	1 366.0	17.7
河南	788.1	7.6	805.6	7.5	819.9	7.2	837.3	6.8
湖北	541.9	6.9	561.3	6.4	590.8	6.1	619.5	6.2
湖南	537.5	7.0	563.7	6.8	584.2	5.9	606.6	6.3
广东	3 020.1	15.4	3 163.7	14.6	3 361.7	16.2	3 498.8	17.5
广西	283.7	5.9	302.1	5.4	323.5	5.5	363.0	5.5
海南	170.2	2.2	168.1	2.2	173.4	2.3	178.6	2.6
重庆	447.1	4.2	466.3	3.9	489.8	3.4	515.0	5.6
四川	702.0	29.8	776.7	27.4	875.1	33.2	953.5	32.7
贵州	218.1	2.4	235.7	2.2	257.3	2.3	276.1	2.7
云南	251.2	5.6	259.8	5.1	273.1	4.9	289.2	5.1
西藏	15.19	0.003	15.2	0.002	17.7	0.004	25.3	0.006
陕西	352.2	2.8	356.5	2.9	372.4	2.9	426.4	3.2
甘肃	164.3	1.1	165.4	0.9	168.3	1.0	173.0	0.8
青海	40.8	0.4	41.5	0.3	42.3	0.3	43.8	0.3
宁夏	95.6	1.3	88.5	1.2	92.0	1.2	97.4	1.6
新疆	298.7	4.5	310.8	4.0	328.8	3.4	352.1	3.1

表 5-14　　　　　　　　　　　分地区失业保险基金情况
（2019 年）　　　　　　　　单位：亿元

地区	基金收入	基金支出	累计结余
全国	1 284.2	1 333.2	4 625.4
北京	102.0	92.7	225.5
天津	25.2	34.1	57.0
河北	34.3	24.7	146.1
山西	23.8	14.4	164.0
内蒙古	19.7	12.3	119.2
辽宁	42.6	36.8	233.7
吉林	18.7	15.8	110.0
黑龙江	21.3	24.5	128.5
上海	105.1	127.1	92.6
江苏	114.5	115.7	349.6
浙江	87.8	187.0	248.4
安徽	38.1	51.2	84.8
福建	24.6	20.0	147.0
江西	13.8	6.6	75.8
山东	82.1	77.7	252.2
河南	42.2	48.5	157.2
湖北	37.4	25.7	162.5
湖南	24.9	15.9	123.3
广东	158.0	112.6	631.0
广西	24.3	20.7	120.4
海南	8.2	7.4	30.1
重庆	24.1	57.2	61.6
四川	98.8	102.9	370.0
贵州	17.7	12.2	73.4
云南	21.0	13.2	119.8
西藏	2.8	0.5	18.6
陕西	25.5	42.1	118.0
甘肃	12.9	8.0	75.4
青海	4.0	5.0	23.0
宁夏	6.4	4.8	32.6
新疆	22.4	15.8	74.0

表 5-15 历年分地区工伤保险基本情况 单位：万人

地区	2001年 参保人数	2001年 享受待遇人数	2002年 参保人数	2002年 享受待遇人数	2003年 参保人数	2003年 享受待遇人数	2004年 参保人数	2004年 享受待遇人数	2005年 参保人数	2005年 享受待遇人数
全国	4 345	19	4 406	27	4 575	33	6 845	52	8 478	65
北京	204.7	0.1	221.1	0.7	242.9	1.2	258.9	2.5	303.9	3.0
天津							147.2	0.1	162.9	0.9
河北	163.1	0.8	146.7	0.4	145.7	0.4	273.9	0.9	361.4	1.3
山西	71.8	0.0	46.3	0.1	48.4	0.0	104.0	0.1	151.4	0.5
内蒙古	26.7	0.5	23.8	0.2	31.8	0.3	85.0	0.5	110.2	0.7
辽宁	390.6	5.0	390.5	6.0	345.8	7.3	404.2	8.2	474.6	9.1
吉林	30.7	1.1	36.6	1.5	37.1	1.2	114.3	3.1	136.7	2.2
黑龙江	104.4	0.1	119.0	0.9	130.9	1.1	202.7	4.3	257.5	3.8
上海							488.3	0.1	523.7	0.5
江苏	473.9	0.7	480.0	1.3	503.0	1.7	577.2	2.7	680.2	3.7
浙江	219.7	0.6	226.0	1.0	287.7	1.4	360.4	2.7	453.1	4.8
安徽	73.4	0.2	69.8	0.3	68.0	0.4	102.0	0.5	148.2	1.7
福建	159.0	0.2	170.7	0.3	172.3	0.6	205.4	0.8	239.1	1.3
江西	137.8	0.2	129.3	0.2	129.7	0.3	134.7	0.4	153.6	0.8
山东	285.5	0.6	277.7	1.1	281.8	1.5	476.7	4.7	578.7	5.7
河南	196.0	0.5	218.8	0.7	210.6	0.5	324.7	1.1	404.0	1.5
湖北	182.3	1.3	183.2	1.7	189.2	1.4	187.2	1.8	230.3	1.1
湖南					8.6	0.0	203.3	0.3	228.2	0.7
广东	990.1	5.2	1 049.9	8.0	1 120.0	9.7	1 215.1	11.3	1 605.1	12.9
广西	124.1	0.1	117.3	0.2	120.3	0.3	133.5	0.7	144.4	0.8
海南	69.5	0.0	68.9	0.1	68.2	0.1	64.5	0.1	68.9	0.1
重庆	25.0	0.1	29.7	0.1	26.5	0.2	122.6	0.4	154.1	1.2
四川	179.3	0.5	167.4	0.6	161.4	1.2	195.6	1.6	270.5	2.0
贵州	1.7	0.0	1.3	0.0	1.3	0.0	1.2	0.0	65.8	0.1
云南	97.3	0.6	89.0	0.9	84.1	1.2	150.9	1.1	166.9	1.2
西藏									1.9	
陕西	24.5	0.1	25.6	0.0	35.1	0.1	115.1	0.7	149.2	1.8
甘肃	9.5	0.0	8.7	0.0	8.0	0.0	42.0	0.1	70.1	0.4
青海	7.1	0.0	6.6	0.0	6.6	0.0	15.7	0.1	20.5	0.3
宁夏	11.4	0.0	16.0	0.0	15.2	0.1	19.1	0.3	23.5	0.3
新疆	86.3	0.1	86.0	0.1	94.6	0.5	119.5	0.7	139.1	0.9

续表

地区	2006年 参保人数	2006年 享受待遇人数	2007年 参保人数	2007年 享受待遇人数	2008年 参保人数	2008年 享受待遇人数	2009年 参保人数	2009年 享受待遇人数	2010年 参保人数	2010年 享受待遇人数
全国	**10 268**	**78**	**12 173**	**96**	**13 787**	**118**	**14 896**	**130**	**16 161**	**147**
北京	465.3	1.5	609.2	1.6	666.5	1.8	747.1	4.1	823.8	4.4
天津	209.7	1.7	257.2	2.3	274.9	2.7	292.2	3.1	304.5	4.1
河北	402.4	2.4	481.3	6.0	520.8	5.3	559.3	6.0	594.4	7.5
山西	201.4	3.3	229.1	3.9	261.0	4.6	280.7	4.3	292.4	4.9
内蒙古	131.6	0.8	163.6	1.3	185.4	1.4	199.1	1.6	207.5	1.8
辽宁	510.0	8.5	572.3	9.1	659.6	8.5	695.8	9.0	730.0	10.0
吉林	174.7	3.0	206.8	2.6	234.9	4.1	272.2	3.0	300.5	3.7
黑龙江	303.0	3.9	351.7	4.9	390.9	4.5	401.8	5.6	415.1	6.2
上海	817.7	0.7	884.4	0.9	950.4	1.2	934.0	1.3	961.0	1.7
江苏	812.7	5.6	921.0	6.6	1 056.6	8.4	1 118.1	9.3	1 205.5	9.8
浙江	603.9	7.4	1 002.9	11.2	1 261.8	16.9	1 331.1	18.0	1 475.1	20.2
安徽	200.2	2.0	248.7	2.2	292.9	2.9	320.6	3.9	351.1	4.4
福建	261.0	1.5	294.8	1.9	346.1	2.2	379.4	2.3	417.7	2.4
江西	207.9	1.5	251.3	1.7	313.6	2.0	340.2	1.9	371.7	2.7
山东	647.3	5.8	745.0	7.0	865.0	8.8	1 064.6	9.2	1 211.2	10.2
河南	421.0	1.7	448.3	2.6	500.2	3.1	521.0	3.2	551.7	3.0
湖北	275.5	1.5	327.5	2.0	360.9	2.4	410.7	2.7	444.0	3.1
湖南	280.1	2.0	342.4	2.6	403.5	3.9	472.1	5.3	516.0	7.4
广东	1 868.2	13.5	2 113.9	13.8	2 302.3	15.2	2 435.5	15.0	2 657.8	14.7
广西	161.1	0.8	182.4	0.9	204.9	1.1	221.7	1.2	235.7	1.4
海南	71.5	0.2	78.4	0.2	86.1	0.2	90.1	0.3	95.8	0.3
重庆	165.4	1.8	181.1	1.6	208.2	4.2	226.5	4.7	266.0	5.6
四川	304.9	2.3	397.3	3.2	464.6	4.6	515.8	6.1	583.8	6.0
贵州	90.5	0.6	110.5	0.9	129.0	1.1	143.3	1.4	162.2	1.9
云南	173.8	1.1	188.5	1.6	202.5	2.3	215.1	2.4	227.4	4.6
西藏	2.3	0.0	3.7	0.0	5.9	0.0	8.3		8.8	0.0
陕西	210.3	0.7	232.0	1.0	247.6	1.4	264.9	1.4	278.6	1.6
甘肃	86.3	0.3	98.2	0.4	108.9	0.8	119.7	0.8	130.1	1.1
青海	23.1	0.4	25.3	0.4	29.9	0.5	40.1	0.5	43.2	0.5
宁夏	24.2	0.3	30.5	0.1	37.5	0.2	42.4	0.2	48.9	0.3
新疆	161.3	1.2	194.1	1.4	214.5	1.6	232.3	1.9	249.3	2.0

续表

地区	2011年 参保人数	2011年 享受待遇人数	2012年 参保人数	2012年 享受待遇人数	2013年 参保人数	2013年 享受待遇人数	2014年 参保人数	2014年 享受待遇人数	2015年 参保人数	2015年 享受待遇人数
全国	17 696	163	19 010	191	19 917	195	20 639	198	21 432	202
北京	862.4	4.7	897.2	4.8	920.3	4.8	961.0	5.0	1 020.1	4.7
天津	320.4	3.8	330.1	3.4	335.1	3.3	345.2	3.3	385.6	3.4
河北	640.4	8.6	694.8	9.1	737.0	10.5	778.7	10.4	809.7	9.6
山西	337.6	5.5	529.6	8.4	550.0	9.7	563.1	11.1	573.1	10.1
内蒙古	225.3	3.2	248.9	2.5	277.4	2.2	289.9	2.3	297.1	2.4
辽宁	779.1	11.3	819.1	14.0	856.7	13.2	903.1	13.2	918.6	13.8
吉林	331.6	3.3	359.4	4.2	392.1	5.3	415.6	4.6	435.6	11.3
黑龙江	450.0	8.2	470.6	6.8	493.1	7.2	505.5	6.3	512.0	6.5
上海	939.5	2.5	898.9	6.1	904.1	6.6	920.5	6.9	932.9	7.0
江苏	1 327.0	10.7	1 420.7	12.3	1 487.3	13.6	1 540.1	14.3	1 594.1	14.7
浙江	1 610.8	22.2	1 731.7	23.8	1 826.1	22.6	1 899.4	22.6	1 930.1	20.4
安徽	422.0	5.6	457.9	8.8	473.2	8.1	508.3	8.3	528.9	8.3
福建	496.9	2.8	540.9	3.4	607.5	3.5	627.3	3.9	691.0	3.9
江西	387.9	3.0	410.9	5.5	431.5	4.5	461.2	4.7	500.6	4.6
山东	1 276.1	10.8	1 339.6	11.9	1 371.9	11.2	1 421.5	11.8	1 473.5	11.1
河南	655.5	3.5	720.6	4.8	773.1	4.6	805.7	4.6	856.7	5.0
湖北	481.0	4.5	522.6	4.0	556.9	5.7	576.7	4.9	640.1	4.9
湖南	635.5	7.0	693.8	7.8	731.2	8.3	747.9	8.7	778.0	9.3
广东	2 847.8	15.4	2 962.8	16.7	3 057.3	16.7	3 092.6	17.1	3 122.7	16.8
广西	272.5	1.5	312.4	1.8	325.6	1.9	338.2	1.8	360.5	1.9
海南	104.0	0.3	119.5	0.4	123.4	0.3	126.1	0.3	131.5	0.3
重庆	337.1	6.2	374.9	8.0	406.8	8.0	426.1	8.1	428.5	7.5
四川	650.8	6.5	689.4	8.0	690.1	8.3	709.7	8.6	753.2	7.9
贵州	194.0	2.2	238.2	2.7	260.4	2.3	275.4	2.3	290.2	2.8
云南	243.4	3.6	295.3	4.0	334.3	4.4	341.7	4.0	368.1	4.3
西藏	11.8	0.0	14.2	0.1	14.8	0.0	24.3	0.1	26.9	0.1
陕西	326.8	1.9	350.4	2.2	378.1	3.0	404.0	2.9	427.3	3.0
甘肃	150.2	1.4	158.5	1.8	167.7	1.8	175.1	2.2	182.6	2.3
青海	45.6	0.5	49.2	0.6	52.3	0.6	54.7	0.6	58.0	0.5
宁夏	58.3	0.3	63.9	0.4	72.7	0.5	82.2	0.5	80.8	0.6
新疆	274.6	2.0	294.1	2.4	309.5	2.5	318.2	2.8	324.4	2.9

续表

地区	2016年		2017年		2018年		2019年	
	参保人数	享受待遇人数	参保人数	享受待遇人数	参保人数	享受待遇人数	参保人数	享受待遇人数
全国	21 889	196	22 724	193	23 874	199	25 478	194
北京	1 060.2	4.6	1 117.9	4.4	1 187.0	4.4	1 242.2	4.4
天津	388.1	3.4	395.3	3.6	398.5	3.7	400.2	4.0
河北	840.0	9.8	860.7	10.0	880.3	10.3	951.4	10.0
山西	576.0	11.4	582.6	6.3	596.6	6.8	624.2	7.4
内蒙古	303.2	2.7	307.8	2.4	325.5	2.4	338.2	2.4
辽宁	886.6	13.8	862.1	13.8	841.1	13.7	816.8	13.1
吉林	440.7	4.9	441.4	5.1	441.4	3.9	445.9	3.9
黑龙江	522.2	6.5	519.1	6.2	520.1	6.9	464.1	5.9
上海	943.5	6.5	958.1	6.4	972.9	6.5	1 084.1	6.4
江苏	1 633.9	15.1	1 690.2	14.3	1 777.5	14.8	2 016.3	15.1
浙江	1 880.7	18.7	1 977.2	19.4	2 087.8	21.6	2 257.4	22.2
安徽	544.6	8.7	565.5	10.5	603.5	11.3	639.1	7.0
福建	733.8	4.2	798.7	4.3	853.9	4.7	891.1	4.8
江西	502.1	4.5	517.1	5.1	534.6	5.2	539.4	4.2
山东	1 510.9	11.1	1 569.1	11.1	1 633.0	11.4	1 710.7	11.9
河南	877.0	4.8	900.9	5.4	926.3	5.6	966.2	4.6
湖北	651.1	7.9	656.6	6.5	675.6	5.3	717.3	5.0
湖南	773.3	11.1	782.8	11.9	793.8	13.2	807.6	13.4
广东	3 246.2	14.5	3 402.0	14.5	3 592.5	14.5	3 815.8	15.6
广西	374.1	1.8	388.8	1.6	412.6	1.7	442.2	1.8
海南	137.4	0.3	141.4	0.4	152.9	0.4	159.6	0.4
重庆	454.9	7.0	504.6	6.7	577.1	6.4	661.7	6.2
四川	799.1	7.6	876.0	7.6	1 012.6	8.2	1 177.1	8.6
贵州	305.0	2.5	332.5	2.4	355.8	2.4	408.5	2.6
云南	372.8	3.7	383.7	4.4	403.3	4.3	438.5	4.9
西藏	26.9	0.1	33.4	0.1	35.7	0.1	36.8	0.1
陕西	441.6	3.0	459.3	2.8	528.0	3.1	577.4	3.0
甘肃	188.4	2.5	198.6	1.9	219.4	2.0	244.1	1.5
青海	59.8	0.5	64.9	0.5	69.2	0.5	74.0	0.5
宁夏	83.5	0.5	90.3	0.5	93.3	0.6	119.6	0.6
新疆	331.9	2.4	345.1	2.5	372.4	2.4	410.2	2.6

注：新疆数据含新疆兵团。

表 5-16 分地区工伤保险基金情况
（2019 年）　　　单位：亿元

地区	基金收入	基金支出	累计结余	储备金结存
全国	**819.4**	**816.9**	**1 783.2**	**261.9**
北京	45.1	39.1	58.0	30.6
天津	12.6	12.3	17.7	0.8
河北	56.5	49.0	52.5	5.6
山西	38.2	41.5	57.4	6.7
内蒙古	12.2	11.8	45.7	6.0
辽宁	39.6	33.5	51.7	13.8
吉林	11.7	13.6	37.6	4.1
黑龙江	26.9	26.4	31.3	
上海	33.6	37.1	61.8	11.1
江苏	72.1	74.4	161.4	44.0
浙江	59.3	62.9	100.6	15.5
安徽	17.7	22.8	47.0	0.9
福建	19.8	20.9	62.8	12.8
江西	19.0	16.1	54.8	3.4
山东	56.9	53.8	119.7	14.3
河南	26.0	26.1	70.1	13.4
湖北	14.9	18.1	49.3	3.1
湖南	46.2	40.5	95.7	9.6
广东	52.3	65.7	274.8	20.4
广西	10.1	8.5	51.1	6.4
海南	2.6	2.3	18.5	2.4
重庆	24.5	20.3	12.5	
四川	39.0	34.1	83.9	8.8
贵州	14.9	17.8	20.9	5.4
云南	13.4	17.4	28.0	4.2
西藏	1.7	1.2	6.4	
陕西	18.2	17.0	41.6	9.7
甘肃	10.2	9.3	18.5	0.8
青海	4.5	2.9	11.9	5.8
宁夏	4.9	4.9	11.6	1.0
新疆	12.2	13.2	22.2	
新疆兵团	2.6	2.5	6.1	1.2

注：工伤保险累计结余中含储备金。

表 5-17　　分地区工伤认定情况

（2019年）　　　　　单位：人

地区	认定工伤人数	视同工伤人数	不予认定工伤人数	当期不予受理申请人数
全国	1 121 756	10 937	18 151	6 829
北京	22 352	414	218	36
天津	20 443	150	226	53
河北	50 786	729	1 080	92
山西	29 107	482	310	67
内蒙古	9 885	264	328	76
辽宁	32 222	495	418	136
吉林	8 637	269	104	19
黑龙江	13 039	316	103	106
上海	43 663	301	619	102
江苏	123 521	528	1 809	612
浙江	164 152	425	634	748
安徽	38 366	262	493	129
福建	36 743	244	425	104
江西	24 451	248	585	256
山东	67 186	802	743	229
河南	27 599	694	475	90
湖北	29 279	297	659	115
湖南	49 044	374	898	195
广东	140 629	1 143	2 879	700
广西	13 370	233	449	59
海南	3 155	57	134	45
重庆	37 757	164	866	1 995
四川	44 892	400	1 330	234
贵州	24 488	215	414	126
云南	17 534	314	570	79
西藏	777	39	30	11
陕西	20 660	323	282	236
甘肃	6 947	167	196	31
青海	2 816	41	108	6
宁夏	6 247	73	327	42
新疆	10 274	423	358	77
新疆兵团	1 735	51	81	23

表 5-18 分地区劳动能力鉴定情况

（2019 年） 单位：人

地区	申请鉴定人数						评定伤残等级人数				存在生活自理障碍人数
	小计	初次申请	再次申请	改变结论	复查申请	改变结论	小计	一至四级	五至六级	七至十级	
全国	723 161	701 938	15 421	3 028	5 802	2 195	607 072	11 790	12 419	582 863	5 760
北京	15 527	15 046	126	7	355	313	13 047	494	454	12 099	132
天津	10 243	9 967	151	38	125	78	9 522	121	238	9 163	86
河北	40 515	39 555	427	116	533	86	25 496	556	574	24 366	227
山西	21 085	20 626	294	96	165	53	19 461	1 201	752	17 508	406
内蒙古	7 875	7 527	207	67	141	43	6 878	280	239	6 359	137
辽宁	20 971	19 977	384	68	610	126	16 455	377	403	15 675	209
吉林	6 541	6 261	185	67	95	37	5 637	135	167	5 335	70
黑龙江	12 118	11 349	486	60	283	97	10 424	589	447	9 388	236
上海	37 652	36 896	622	102	134	70	34 023	211	258	33 554	103
江苏	94 828	93 445	915	60	468	52	82 899	736	1 049	81 114	414
浙江	102 033	99 301	2 593	530	139	34	92 747	518	1 068	91 161	339
安徽	23 750	22 770	842	197	138	40	20 378	289	433	19 656	219
福建	21 249	20 414	713	152	122	94	16 137	589	412	15 136	214
江西	12 692	12 054	482	139	156	87	11 827	371	314	11 142	179
山东	42 620	41 017	1 069	154	534	235	32 090	758	885	30 447	400
河南	18 968	18 325	518	150	125	56	13 018	366	390	12 262	403
湖北	15 581	14 851	567	142	163	52	13 714	315	338	13 061	332
湖南	20 085	19 585	393	63	107	28	15 843	458	355	15 030	127
广东	76 036	74 587	1 283	61	166	72	65 036	598	1 004	63 434	313
广西	5 966	5 844	117	29	5	3	4 563	109	142	4 312	52
海南	677	660	12	5	5	1	634	21	28	585	13
重庆	25 003	23 757	860	198	386	212	22 215	462	333	21 420	221
四川	35 231	33 786	1 074	275	371	137	26 917	883	692	25 342	371
贵州	17 365	17 032	257	56	76	38	15 765	297	303	15 165	131
云南	7 163	7 042	108	39	13	6	6 658	226	277	6 155	85
西藏	720	703	16	6	1	1	536	8	25	503	5
陕西	11 454	11 161	181	23	112	43	8 785	321	331	8 133	115
甘肃	4 225	4 083	87	31	55	36	3 825	176	155	3 494	60
青海	1 359	1 312	35	12	12	11	1 315	45	43	1 227	26
宁夏	4 478	4 244	112	22	122	20	3 974	149	103	3 722	47
新疆	7 647	7 290	289	53	68	28	5 946	102	148	5 696	68
新疆兵团	1 504	1 471	16	10	17	6	1 307	29	59	1 219	20

表 5-19	历年分地区生育保险基本情况									单位：万人，万人次	
地区	2001年		2002年		2003年		2004年		2005年	
	参保人数	享受待遇人次	参保人数	享受待遇人次	参保人数	享受待遇人次	参保人数	享受待遇人次	参保人数	享受待遇人次
全国	3 455	24	3 488	28	3 655	36	4 384	46	5 408	62
北京									226.1	1.1
天津									157.4	0.6
河北	131.5	0.8	95.4	0.7	94.1	0.4	114.1	0.4	215.9	0.8
山西	108.0	0.3	84.3	0.3	84.3	0.2	93.2	0.2	95.6	0.3
内蒙古	27.9	0.3	23.4	0.1	40.3	0.2	66.7	0.4	105.8	1.5
辽宁	227.8	1.2	216.1	1.2	199.1	1.5	215.9	2.1	220.1	2.7
吉林	24.0	0.1	32.7	0.1	34.0	0.1	35.1	0.2	35.3	0.8
黑龙江	68.2	0.2	153.2	1.2	167.5	2.7	187.3	3.5	156.6	2.9
上海	443.7	0.1	452.9	3.7	461.1	4.1	505.6	4.9	539.3	5.8
江苏	483.5	4.6	486.1	4.1	504.1	7.2	552.7	9.2	630.9	11.2
浙江	187.6	1.7	193.7	1.9	215.0	2.1	239.8	3.0	284.9	3.7
安徽	23.4	0.1	23.6	0.2	23.9	0.2	37.6	0.2	53.5	0.5
福建	118.2	0.9	123.7	1.0	139.4	1.4	146.5	1.7	161.8	2.1
江西	120.2	0.8	109.4	0.7	108.7	0.6	107.6	0.5	117.8	0.8
山东	331.8	3.4	322.8	3.8	336.5	4.1	390.8	4.7	461.2	5.5
河南	196.4	1.1	205.9	1.1	199.2	1.1	201.2	1.5	228.4	1.5
湖北	182.1	1.1	182.7	0.8	182.1	0.6	179.9	0.6	175.9	0.6
湖南	3.7	0.01	3.4	0.05	3.3	0.04	212.9	0.5	250.2	3.2
广东	250.1	2.4	258.7	2.5	330.8	3.0	376.7	3.6	419.4	4.2
广西	113.5	1.2	106.2	1.1	111.1	1.2	134.8	1.6	141.4	1.9
海南	10.8	0.1	23.2	0.2	28.4	0.2	31.7	0.4	34.9	0.5
重庆	23.6	0.2	19.9	0.1	16.5	0.1	12.9	0.03		
四川	178.1	1.6	166.4	1.2	165.1	1.3	187.4	1.4	212.5	1.4
贵州	1.1	0.002	0.9	0.01	0.9	0.0	2.3	0.01	52.1	0.0
云南	96.1	1.2	86.9	1.0	82.8	1.4	142.3	2.3	156.1	2.5
西藏										
陕西	4.6	0.1	5.4	0.1	14.6	0.1	36.2	0.2	43.1	0.8
甘肃	5.0	0.03	5.1	0.04	6.8	0.04	31.0	0.1	40.0	0.3
青海	6.6	0.1	4.3	0.05	5.2	0.1	5.8	0.1	6.5	0.1
宁夏	8.7	0.1	15.0	0.1	15.1	0.2	18.4	0.2	21.6	0.2
新疆	78.9	1.0	86.4	1.0	85.7	2.0	117.4	2.5	164.1	4.7

续表

地区	2006年		2007年		2008年		2009年		2010年	
	参保人数	享受待遇人次	参保人数	享受待遇人次	参保人数	享受待遇人次	参保人数	享受待遇人次	参保人数	享受待遇人次
全国	**6 459**	**108**	**7 775**	**113**	**9 254**	**140**	**10 876**	**174**	**12 336**	**211**
北京	263.3	6.7	290.6	9.8	324.1	11.8	346.8	12.8	372.2	12.6
天津	180.1	7.7	194.0	3.9	196.5	4.7	204.6	4.8	212.0	5.6
河北	264.2	1.7	338.5	2.5	408.5	5.2	489.9	6.7	561.5	5.2
山西	98.1	0.4	104.4	0.3	148.3	0.7	185.8	0.9	211.6	1.7
内蒙古	122.1	2.1	139.1	1.7	154.6	1.6	182.9	2.0	233.9	2.2
辽宁	378.7	4.9	423.0	13.2	460.2	11.7	531.2	13.5	593.0	13.5
吉林	117.7	0.6	173.6	1.6	227.9	2.5	289.9	4.6	310.5	5.6
黑龙江	172.7	3.1	216.8	3.1	241.9	3.2	270.0	3.3	290.1	3.4
上海	555.1	16.8	592.0	7.3	609.9	7.1	625.1	6.5	657.3	7.7
江苏	711.5	12.8	794.1	14.5	907.2	19.5	962.5	23.3	1 086.4	24.4
浙江	382.7	6.9	505.0	6.1	690.0	8.1	750.7	10.4	863.7	12.4
安徽	78.6	1.0	175.6	1.9	231.0	3.5	303.6	4.6	346.9	5.0
福建	173.5	2.0	250.4	2.7	273.9	3.2	317.8	4.5	374.4	4.9
江西	123.2	1.1	137.8	0.8	156.6	0.6	163.0	0.7	170.0	1.0
山东	488.8	10.0	563.3	8.2	638.0	10.3	703.0	14.4	774.1	18.0
河南	238.4	2.0	279.1	2.2	313.4	2.8	379.8	4.0	412.9	5.3
湖北	194.5	0.8	224.6	1.1	278.0	2.9	357.1	6.5	381.8	11.0
湖南	308.5	5.2	369.3	5.6	431.5	6.2	502.4	9.0	527.1	12.1
广东	464.8	4.8	659.1	6.6	1 011.2	9.7	1 586.3	12.5	2 038.5	24.3
广西	145.2	1.9	163.5	2.3	176.5	3.0	199.0	3.2	218.5	3.6
海南	40.6	0.7	66.7	0.8	79.8	1.1	85.0	1.2	92.6	1.5
重庆	96.8	0.6	116.9	2.2	141.6	2.6	155.5	3.7	175.7	4.9
四川	274.1	1.9	323.3	3.6	373.0	4.4	426.4	5.8	484.2	5.9
贵州	72.1	0.7	89.1	1.2	135.9	1.8	152.5	1.9	164.3	2.3
云南	159.5	2.6	165.1	2.2	168.4	2.6	181.1	2.8	210.2	4.0
西藏			9.4	0.0	12.4	0.1	14.2	0.2	14.8	0.3
陕西	86.3	0.5	120.9	0.9	147.6	1.6	164.4	2.1	180.1	2.4
甘肃	47.0	0.4	53.3	0.7	59.1	0.6	71.2	0.7	82.0	1.0
青海	7.2	0.2	6.2	0.2	6.3	0.1	6.3	0.1	6.4	0.1
宁夏	18.1	0.4	19.2	0.4	25.1	0.4	30.7	0.5	39.8	0.6
新疆	195.6	7.5	211.6	5.6	225.4	6.4	236.8	6.6	249.4	8.4

续表

地区	2011年 参保人数	2011年 享受待遇人次	2012年 参保人数	2012年 享受待遇人次	2013年 参保人数	2013年 享受待遇人次	2014年 参保人数	2014年 享受待遇人次	2015年 参保人数	2015年 享受待遇人次
全国	13 892	265	15 429	353	16 392	522	17 039	613	17 771	642
北京	395.3	14.9	844.7	27.9	883.2	41.1	915.6	53.2	941.6	52.8
天津	234.6	6.6	242.7	8.0	249.1	24.8	260.7	22.2	269.7	19.4
河北	593.1	5.5	634.8	9.7	667.6	15.7	684.0	22.5	713.0	18.5
山西	253.7	2.1	407.6	3.1	445.6	5.2	454.2	7.4	456.5	8.0
内蒙古	263.3	4.8	274.8	4.3	285.0	6.5	293.7	8.0	302.6	7.8
辽宁	664.7	15.1	713.9	19.4	752.3	25.9	783.9	28.5	789.3	29.6
吉林	335.9	6.7	350.4	9.4	365.9	11.2	367.0	14.0	367.5	14.0
黑龙江	350.1	3.6	353.1	4.2	355.1	6.9	356.1	7.8	357.1	6.4
上海	703.1	8.8	711.5	11.7	713.9	22.0	717.5	24.0	735.4	22.9
江苏	1 199.2	44.2	1 276.2	55.5	1 355.6	78.7	1 374.6	93.6	1 471.7	95.3
浙江	979.8	14.9	1 084.8	19.4	1 173.2	39.9	1 248.9	46.1	1 285.2	51.0
安徽	400.1	6.3	430.1	9.0	458.5	10.6	482.8	13.6	499.3	15.9
福建	451.9	5.7	484.3	8.2	539.6	12.1	556.7	12.8	598.3	14.0
江西	200.1	0.8	204.2	2.0	217.8	2.5	241.1	3.3	251.3	4.7
山东	857.8	19.7	919.0	19.9	974.4	47.1	1 046.5	56.2	1 111.3	48.1
河南	460.7	6.3	520.3	12.0	569.6	13.6	590.2	15.7	609.5	16.5
湖北	420.9	13.6	452.9	18.8	465.3	18.5	480.6	19.9	500.2	22.3
湖南	538.8	15.3	546.0	14.8	536.0	14.8	537.6	17.0	544.0	20.5
广东	2 339.7	32.6	2 484.9	40.1	2 711.6	45.0	2 801.3	50.8	3 081.8	67.0
广西	243.8	3.9	254.7	5.1	270.2	7.7	280.2	8.6	307.9	9.6
海南	100.7	2.2	116.0	3.2	120.2	4.0	122.0	3.8	127.1	4.7
重庆	216.6	5.4	253.5	8.2	280.4	10.2	347.5	12.5	354.3	18.3
四川	601.7	6.8	654.4	12.5	689.1	18.0	730.4	21.7	670.3	24.8
贵州	198.1	2.6	221.6	3.1	238.7	4.4	248.8	6.4	263.6	7.5
云南	216.5	3.5	239.2	4.6	270.9	11.2	279.3	13.2	289.8	12.0
西藏	16.1	0.3	18.2	0.4	20.7	0.5	22.8	0.5	23.8	0.7
陕西	211.6	2.8	223.7	3.1	240.3	4.3	250.8	5.3	265.3	6.4
甘肃	110.1	1.7	129.5	2.5	135.1	3.2	143.7	3.9	154.1	3.5
青海	6.7	0.2	33.8	0.3	42.8	1.7	45.8	3.4	48.0	5.0
宁夏	59.3	1.0	66.4	1.9	68.4	3.7	71.3	4.9	73.7	2.6
新疆	268.1	7.0	281.6	10.3	296.1	11.1	303.0	12.7	307.9	12.4

续表

地区	2016年		2017年		2018年		2019年	
	参保人数	享受待遇人次	参保人数	享受待遇人次	参保人数	享受待遇人次	参保人数	享受待遇人次
全国	18 451	914	19 300	1 113	20 434	1 089	21 417	1 136
北京	981.0	51.9	1 035.2	68.6	1 104.0	61.4	1 164.4	61.2
天津	285.0	28.1	296.9	27.4	330.4	25.0	341.3	24.5
河北	710.3	33.8	737.8	36.3	774.2	31.4	811.0	35.5
山西	458.5	8.9	464.2	14.2	481.9	14.2	489.6	15.7
内蒙古	305.3	8.5	307.6	11.5	319.5	11.0	320.6	11.0
辽宁	790.1	31.7	782.4	44.2	777.8	40.5	789.4	43.5
吉林	367.8	17.1	370.1	17.1	370.3	15.3	326.3	22.3
黑龙江	358.0	9.4	355.1	8.9	350.2	8.4	343.5	9.1
上海	956.1	28.2	972.0	36.4	984.9	32.2	989.6	32.4
江苏	1 510.3	170.3	1 582.0	167.1	1 694.5	166.8	1 868.8	143.5
浙江	1 294.4	62.1	1 393.0	77.2	1 477.3	72.3	1 561.1	71.6
安徽	517.6	21.8	554.1	23.5	586.3	25.8	622.3	27.9
福建	625.8	20.9	634.5	27.5	651.9	24.0	621.7	21.0
江西	258.9	7.8	279.3	13.5	290.1	10.9	303.3	12.6
山东	1 139.1	73.4	1 186.6	90.9	1 235.4	81.6	1 298.8	81.2
河南	646.8	24.5	692.7	30.5	755.4	29.3	765.3	31.6
湖北	511.9	30.2	522.1	35.2	540.0	36.1	577.7	38.5
湖南	542.9	27.4	561.9	34.0	571.8	31.2	600.4	32.0
广东	3 161.9	117.8	3 300.9	169.6	3 495.3	189.3	3 669.4	217.2
广西	319.6	13.0	338.6	20.4	366.2	19.1	405.9	18.8
海南	136.5	6.0	140.3	8.8	152.6	7.0	168.8	10.7
重庆	365.7	24.3	411.3	26.6	439.5	26.9	466.9	29.4
四川	713.1	31.8	776.3	34.3	878.2	34.1	954.9	36.8
贵州	286.3	10.8	304.0	20.5	325.9	23.5	349.6	28.1
云南	295.9	16.2	307.9	22.2	339.5	17.3	356.0	18.3
西藏	24.9	0.9	29.1	1.4	32.4	2.0	34.3	3.6
陕西	283.4	9.1	328.7	12.6	401.9	14.3	454.5	16.8
甘肃	162.7	6.8	175.3	7.7	202.9	13.5	221.8	14.2
青海	49.7	3.7	50.0	3.8	58.1	4.0	61.8	4.6
宁夏	76.5	4.4	81.7	6.2	88.1	5.7	94.7	7.1
新疆	315.0	13.0	328.4	14.6	357.5	14.4	383.6	15.9

表 5-20 分地区城乡居民基本养老保险情况

（2019 年）

地区	参保人数（万人）	实际领取待遇人数（万人）	基金收支情况（亿元）		
			基金收入	基金支出	累计结余
全国	**53 266.0**	**16 031.9**	**4 107.0**	**3 114.3**	**8 249.2**
北京	204.7	90.8	68.1	58.5	165.5
天津	164.5	82.2	60.7	45.3	279.4
河北	3 524.1	1 052.1	222.6	153.3	408.7
山西	1 627.8	422.5	95.7	64.0	234.0
内蒙古	768.2	233.9	63.7	56.3	101.3
辽宁	1 057.7	414.7	77.7	71.4	80.1
吉林	702.1	264.4	47.3	37.1	72.5
黑龙江	916.7	296.3	65.1	46.3	99.7
上海	77.1	51.6	75.9	76.9	80.5
江苏	2 336.9	1 098.2	357.3	305.5	689.8
浙江	1 199.4	531.7	176.4	178.9	154.5
安徽	3 501.7	922.5	224.9	141.1	481.8
福建	1 554.1	478.1	120.1	90.2	195.5
江西	1 888.9	492.6	107.8	73.9	253.3
山东	4 560.3	1 532.6	435.8	296.1	1 125.5
河南	5 196.6	1 406.7	283.7	203.6	555.6
湖北	2 345.4	723.3	198.0	129.7	373.8
湖南	3 413.6	872.1	188.1	135.8	363.8
广东	2 646.2	870.9	284.3	250.1	457.1
广西	1 983.7	588.7	123.8	92.5	190.4
海南	305.0	75.9	38.2	19.1	101.6
重庆	1 162.7	358.5	83.2	62.1	153.9
四川	3 368.7	1 119.5	246.7	204.0	531.1
贵州	1 855.8	462.2	71.2	59.7	135.6
云南	2 410.0	538.7	107.6	75.9	293.7
西藏	166.0	25.2	9.3	5.8	28.9

续表

地区	参保人数（万人）	实际领取待遇人数（万人）	基金收支情况（亿元）		
			基金收入	基金支出	累计结余
陕西	1 765.6	514.6	122.2	87.8	257.0
甘肃	1 372.6	312.1	75.0	47.9	193.9
青海	261.1	45.9	19.4	11.7	46.9
宁夏	194.7	40.9	15.3	10.6	37.1
新疆	734.1	112.7	41.8	23.3	106.9